Auf einen Blick

Taschenatlas der Physiologie

Stefan Silbernagl
Agamemnon Despopoulos

Illustrationen von
Rüdiger Gay und
Astried Rothenburger

5. komplett überarbeitete
und neu gestaltete Auflage

2001
Georg Thieme Verlag
Stuttgart · New York
Deutscher Taschenbuch Verlag

1. Auflage 1979
2. Auflage 1983
3. Auflage 1988
4. Auflage 1991

1. englische Auflage 1981
2. englische Auflage 1984
3. englische Auflage 1986
4. englische Auflage 1991

1. niederländische Auflage 1981

1. italienische Auflage 1981

1. japanische Auflage 1982
2. japanische Auflage 1992

1. spanische Auflage 1982
2. spanische Auflage 1985
3. spanische Auflage 1994

1. tschechische Auflage 1984
2. tschechische Auflage 1994

1. französische Auflage 1985
2. französische Auflage 1992

1. türkische Auflage 1986
2. türkische Auflage 1997

1. griechische Auflage 1989

1. chinesische Auflage 1991

1. polnische Auflage 1994

1. ungarische Auflage 1994
2. ungarische Auflage 1996

Rüdigerstraße 14, D-70469 Stuttgart
Unsere Homepage: http://www.thieme.de
http://www.dtv.de

Gemeinschaftsausgabe: Georg Thieme Verlag Stuttgart und Deutscher Taschenbuch Verlag GmbH & Co.KG, München

Printed in Germany

Satz: Druckhaus Götz GmbH, Ludwigsburg
Gesetzt auf CCS Textline (Linotronic 630)
Druck: Appl Druck GmbH & Co.KG, Wemding

ISBN 3-13-567705-2 (Thieme)
ISBN 423-03182-4 (dtv) 1 2 3 4 5 6

Prof. Dr. med. Stefan Silbernagl
Physiologisches Institut der
Universität Würzburg
Röntgenring 9
97070 Würzburg
e-mail: silbernagl@mail.uni-wuerzburg.de

Prof. Dr. Agamemnon Despopoulos, vormals:
Ciba Geigy AG,
CH-4002 Basel

Farbtafeln und Umschlaggrafik:
Atelier Gay + Rothenburger, Sternenfels

Die Deutsche Bibliothek – CIP-Einheitsaufnahme

Silbernagl, Stefan:
Taschenatlas der Physiologie / Stefan Silbernagl ; Agamemnon Despopoulos. - 5., komplett überarb. und neu gestaltete Aufl.. – Stuttgart ; New York : Thieme; München : Dt. Taschenbuch-Verl., 2001

Wichtiger Hinweis: Wie jede Wissenschaft ist die Medizin ständigen Entwicklungen unterworfen. Forschung und klinische Erfahrung erweitern unsere Erkenntnisse, insbesondere was Behandlung und medikamentöse Therapie anbelangt. Soweit in diesem Werk eine Dosierung oder eine Applikation erwähnt wird, darf der Leser zwar darauf vertrauen, dass Autoren, Herausgeber und Verlag große Sorgfalt darauf verwandt haben, dass diese Angabe **dem Wissensstand bei Fertigstellung des Werkes** entspricht.

Geschützte Warennamen (Warenzeichen) werden **nicht** besonders kenntlich gemacht. Aus dem Fehlen eines solchen Hinweises kann also nicht geschlossen werden, dass es sich um einen freien Warennamen handele.

Vorwort zur 5. Auflage

Seit der letzten Auflage hat sich das Wissen in der Physiologie auf zahlreichen ihrer Teilgebiete wesentlich erweitert und vertieft. Insbesondere die rasch fortschreitende Entschlüsselung des menschlichen Genoms und seiner Genprodukte erbrachte ganz neue Einsichten in Funktion und Kommunikation der Zelle. Dies machte es notwendig, insbesondere das Kapitel „Grundlagen und Zellphysiologie" und die Abschnitte über Neurotransmission sowie über die Mechanismen der intrazellulären Signalweiterleitung, der Immunabwehr und der Sinnesreizaufnahme sehr stark zu überarbeiten und z.T. wesentlich zu erweitern. Zur schnelleren Orientierung wurde der Anhang um eine Liste physiologischer Normalwerte sowie um eine Zusammenstellung wichtiger Formeln der Physiologie erweitert. Das umfangreiche Sachverzeichnis dient jetzt auch zugleich als Abkürzungsverzeichnis.

Was etwas gekürzt werden und teilweise ins Kleingedruckte weichen musste, sind die pathophysiologischen Anmerkungen, die ja die Relevanz des physiologischen Wissens für die Fehlfunktionen beim Patienten vor Augen führen. Andererseits hat sich aus den oben genannten Gründen auch das Wissen auf diesem Gebiet sehr vertieft. Dem ist dadurch Rechnung getragen worden, dass wir dem bewährten Physiologie-Atlas kürzlich einen ganz ähnlich konzipierten *Taschenatlas der Pathophysiologie* zur Seite gestellt haben (S. Silbernagl, F. Lang, Thieme Verlag).

Sehr dankbar war ich wieder für die vielen wertvollen Anregungen aufmerksamer Leser (einschließlich unseres Sohnes Jakob) sowie für die willkommene Kritik meiner Kollegen, insbesondere Prof. Dr. *H. Antoni*, Freiburg, Prof. *C. v. Campenhausen*, Mainz, Prof. Dr. *W. Moll*, Regensburg, Prof. *K.-H. Plattig*, Erlangen, und Dr. *Ch. Walther*, Marburg, sowie für die meiner Kollegen und Mitarbeiter am Würzburger Institut. Bei der Überarbeitung praktisch aller Bilder und der graphischen Umsetzung der zahlreichen neuen Farbtafeln war mir die hervorragend bewährte Zusammenarbeit mit Herrn *Rüdiger Gay* und Frau *Astried Rothenburger* erneut eine ganz besondere Freude. Ihr großes Engagement und ihre außergewöhnliche Professionalität haben wieder entscheidend zum Zustandekommen dieser Neuauflage beigetragen. Ihnen gebührt mein ganz herzlicher Dank. Sehr bedanken möchte ich mich auch beim Verlag, so bei Frau *Marianne Mauch* für ihre ungewöhnlich hohe Kompetenz und Einsatzfreude als Fachredakteurin, bei Herrn *Dr. Jürgen Lüthje* für die entgegenkommende Betreuung und bei Frau *Elsbeth Elwing* für ihre wertvolle Arbeit bei der Herstellung. Frau *Katharina Völker* schulde ich Dank für ihre stets aufmerksame und äußerst sorgfältige Hilfe bei der Erstellung des Registers.

Ich wünsche mir, dass dieser Atlas auch in der 5. Auflage weiterhin nützlich sein kann, dem Lernenden physiologische Zusammenhänge verständlich zu machen, und dem berufstätigen Arzt und Naturwissenschaftler Bekanntes in Erinnerung rufen und Neues vermitteln kann.

Würzburg, im September 2000
Stefan Silbernagl

Vorwort zur 1. Auflage

In diesem Buch wird versucht, das aus morphologischen Fächern der Medizin bekannte Prinzip des Atlas auf die anschauliche Darstellung physiologischer, also vorwiegend funktioneller Zusammenhänge anzuwenden.

Einleitend werden die Maßsysteme (SI-Einheiten) und die wichtigsten Grundlagen der Physiologie beschrieben. Das eigentliche Stoffgebiet ist dann in überschaubare Bild/Text-Einheiten aufgegliedert, was dem Leser ein konzentriertes Studium in sich abgeschlossener Themen erleichtern soll. Der nötige Zusammenhang zwischen den einzelnen Abschnitten wird durch ausgiebige Querverweise hergestellt. Die erste Tafel/Text-Einheit eines jeden Kapitels ist als Einführung in das betreffende Gebiet gedacht. Besonders komplizierte Themen sind in mehrere solcher Einheiten mit zunehmender Differenzierung aufgegliedert.

Es kann nicht Aufgabe eines Taschenatlas sein, die gesamte Physiologie erschöpfend darzustellen. Wir haben darum versucht, die wesentlichen Aspekte dieses Wissensgebietes anschaulich zu machen und Bezüge zur Pathophysiologie herzustellen, wobei wir für kritische Anregungen und Hinweise dankbar sind.

Das Buch soll Studenten der Medizin und Biologie in das Basiswissen der Humanphysiologie einführen, ihnen später bei der Examensvorbereitung hilfreich sein und dem klinischen Mediziner, dem Biologen und dem im Biologieunterricht tätigen Pädagogen als übersichtliches Nachschlagewerk zur Auffrischung seines bereits erworbenen Wissens dienen. Ein umfangreiches Register will dies erleichtern.

Der Atlas soll zudem bei der Ausbildung in der Krankenpflege, in medizinisch-technischen und in heil- und sportpädagogischen Berufen behilflich sein. Besonders für diesen Leserkreis wurde der Wissensstoff in Groß- und Kleingedrucktes unterteilt, um allgemein Wichtiges von speziellen und ergänzenden Abschnitten zu unterscheiden.

Schließlich möchten die Autoren auch den Schülern der Biologie-Arbeitsgruppen in höheren Schulen und anderen biologisch-medizinisch interessierten Laien das Wissen über die Funktionen des menschlichen Körpers nahe bringen. Fachausdrücke wurden deshalb großteils in die Umgangssprache übersetzt bzw. erläutert.

Das Zustandekommen dieses Buches ist ohne die qualifizierte Mitarbeit von Herrn *Wolf-Rüdiger Gay* und Frau *Barbara Gay* bei der bildlichen Gestaltung des Atlas nicht denkbar. Ihnen und den Mitarbeitern der Verlage, die unseren Wünschen in sehr großzügiger Weise entgegenkamen, möchten wir ebenso danken wie Herrn Professor Dr. *Horst Seller* und Herrn Dozent Dr. *Rainer Greger*, die bestimmte Kapitel kritisch durchsahen, Frau *Ines Inama*, Frl. *Sarah Jones* und Frau *Gertraud Vetter*, die bei der Manuskripterstellung sehr hilfreich waren, und Frau Dr. *Heidi Silbernagl*, deren fundierte Kritik beim Korrekturlesen äußerst wertvoll war.

Innsbruck und Basel, im August 1978
Stefan Silbernagl
Agamemnon Despopoulos

Aus dem Vorwort zur 2. Auflage

Am 2. November 1979, als die 1. Auflage dieses Buches gerade im Druck war, stachen *Agamemnon Despopoulos* und seine Frau *Sarah Jones-Despopoulos* mit ihrem Segelboot von Bizerta, Tunesien, aus mit der Absicht in See, den Atlantik zu überqueren. Sie sind seither vermißt, und es besteht wohl keine Hoffnung mehr, sie jemals lebend wiederzusehen.

Dieser Atlas wäre ohne den Enthusiasmus und die kreative Begabung von Agamemnon Despopoulos kaum zustande gekommen. Es war daher auch nicht leicht, dieses Buch jetzt allein fortzuführen. Unter Wahrung unseres ursprünglichen gemeinsamen Konzeptes, das offensichtlich großen Anklang gefunden hat, habe ich das Buch gründlich überarbeitet, um dem fortgeschrittenen Stand physiologischen Wissens und den willkommenen Anregungen aus dem Kreis der Leser weitgehend gerecht zu werden.

Würzburg, im Sommer 1983
Stefan Silbernagl

Dr. Agamemnon Despopoulos,

1924 in New York geboren, war bis 1971 Professor für Physiologie an der University of New Mexico, Albuquerque, USA, und danach wissenschaftlicher Berater der Fa. Ciba-Geigy, Basel.

Inhaltsverzeichnis

Grundlagen, Zellphysiologie

„... wenn man einen lebenden Organismus auseinander nimmt, indem man seine verschiedenen Teile isoliert, tut man das nur zur Erleichterung der experimentellen Analyse und keineswegs, um sie getrennt zu verstehen. In der Tat, will man einer physiologischen Eigenschaft ihren Wert und ihre wirkliche Bedeutung zumessen, muss man sie immer auf das Ganze beziehen und darf endgültige Schlussfolgerungen nur im Zusammenhang mit ihren Wirkungen auf das Ganze ziehen."

Claude Bernard (1865)

Der Körper: Ein offenes System mit innerem Milieu

Leben in der einfachsten Form führt uns die Existenz eines Einzellers vor Augen. Schon für ihn gilt es, zwei für sein Überleben notwendige, aber im Prinzip gegensätzliche Forderungen zu erfüllen: Einerseits muss er sich gegen die „Unordnung" der unbelebten Umgebung abschotten; andererseits ist er als „offenes System" (→ S. 40) auf den Austausch von Wärme, Sauerstoff, Nahrungs- und Abfallstoffen sowie von Informationen mit seiner Umgebung angewiesen.

Das „Abschotten" besorgt vor allem die **Zellmembran**, deren hydrophobe Eigenschaften die wässrigen Lösungen außerhalb und innerhalb der Zelle vor der tödlichen Vermischung ihrer hydrophilen Bestandteile bewahren. Für die Durchlässigkeit dieser Barriere sorgen Proteinmoleküle in der Zellmembran, sei es in Form von *Poren* (*Kanälen*) oder von komplexeren Transportproteinen, sog. *Carriern* (→ S. 26 ff.). Sie sind selektiv für bestimmte Stoffe, und ihre Aktivität ist meist geregelt. Für hydrophobe Moleküle (z. B. Gase) ist die Zellmembran dagegen relativ gut durchlässig. Das ist für den Austausch von O_2 und CO_2 und die Aufnahme lipophiler Signalstoffe von Vorteil, doch ist die Zelle damit auch giftigen Gasen (z. B. CO) und anderen lipophilen Schadstoffen, etwa organischen Lösungsmitteln, ausgeliefert. Als weitere Proteine enthält die Zellmembran *Rezeptoren*, die dem Empfang von humoralen Signalen aus der Umwelt dienen und Informationen ins Zellinnere übertragen (Signaltransduktion), sowie *Enzyme*, die es erlauben, extrazelluläre Substrate metabolisch aufzuarbeiten.

Stellen wir uns das Urmeer als die Umgebung des Einzellers vor (→ **A**), so lebt er in einem weitgehend gleich bleibenden Milieu, auch wenn er daraus Nahrung aufnimmt oder nicht mehr Verwertbares dorthin abgibt. Trotzdem ist auch der Einzeller bereits in der Lage, auf Signale aus der Umwelt, z. B. auf Änderungen der Nahrungsstoffkonzentration, mit Pseudopodien oder Geißeln motorisch zu reagieren.

Die Entwicklung vom Einzeller zum Vielzeller, die Spezialisierung von Zellgruppen zu Organen, das Auftauchen der Zweigeschlechtlichkeit und des Zusammenlebens in sozialen Gruppen sowie der Übergang vom Wasser zum Land haben die Leistungs- und Überlebensfähigkeit, den Aktionsradius und die Unabhängigkeit der Lebewesen immens erhöht. Voraussetzung dafür war allerdings die gleichzeitige Entwicklung einer komplexen Infrastruktur im Organismus. Die einzelne Zelle im Körper braucht nämlich nach wie vor das Milieu des Urmeers zum Leben und Überleben. Es ist die Flüssigkeit im **Extrazellulärraum**, die diese konstanten Umgebungsverhältnisse nun bieten muss (→ **B**). Ihr Volumen ist aber jetzt nicht mehr unendlich groß, ja es ist sogar kleiner als das intrazelluläre Volumen (→ S. 168). Durch ihre Stoffwechselaktivität würden die Zellen den Gehalt dieser Flüssigkeit an Sauerstoff und Nährstoffen sehr rasch erschöpfen und ihre Umgebung mit Abfallprodukten überschwemmen, wenn sich nicht Organe entwickelt hätten, die dieses **„innere Milieu"** dadurch aufrechterhalten (**Homöostase**), dass sie neue Nahrung, Elektrolyte und Wasser aufnehmen sowie Endprodukte mit Stuhl und Urin ausscheiden. Über den *Blutkreislauf* sind diese Organe mit jedem Winkel des Körpers verbunden, wo der Stoffaustausch zwischen Blut und Zwischenzellraum (Interstitium) für ein konstantes Milieu der Zellen sorgt. Für die Aufnahme von Nahrungsstoffen und deren Aufbereitung, Stoffwechsel und Verteilung im Körper sind u. a. der Verdauungstrakt und die Leber verantwortlich. Die Lunge sorgt für den Gasaustausch (O_2-Aufnahme, CO_2-Ausschei-

▶

A. Der Einzeller im konstanten äußeren Milieu des Urmeers

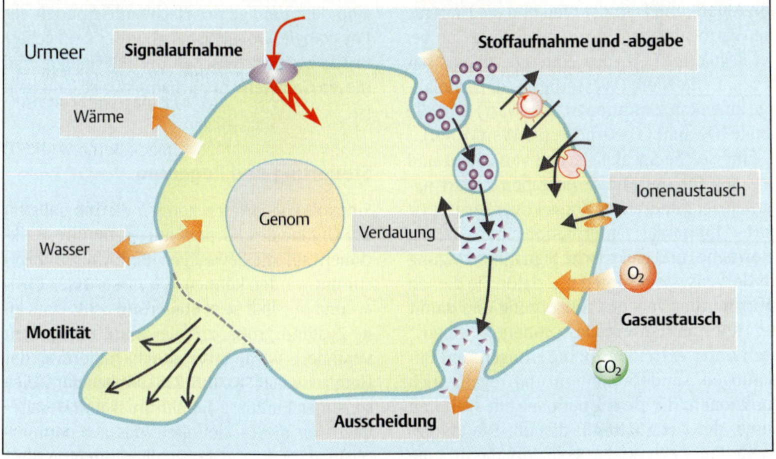

B. Aufrechterhaltung des „inneren" Milieus beim Menschen

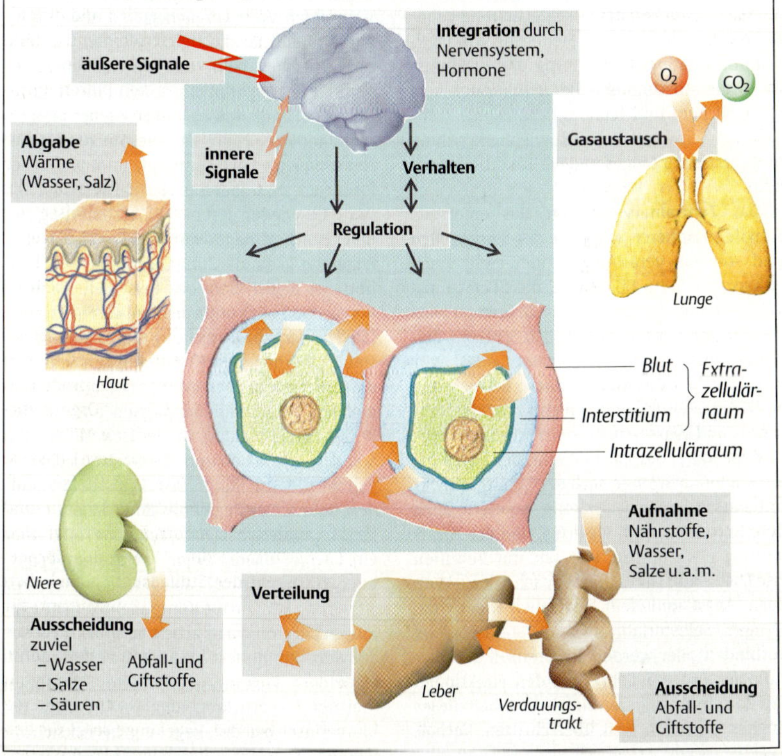

dung), Leber und Niere für die Ausscheidung von Abfall- und Fremdstoffen und die Haut für die Wärmeabgabe. Eine wichtige Funktion bei der *Regulation* (s. u.) des „inneren Milieus" haben u. a. die Niere (Wasserbestand, Osmolalität, Ionenkonzentrationen, pH-Wert) und die Lunge (O_2- und CO_2-Drücke, pH-Wert) (→ **B**).

Eine solche Spezialisierung von Zellen und Organen für bestimmte Aufgaben bedarf natürlich der **Integration.** Konvektiver Ferntransport, humorale Informationsübermittlung (Hormone) und elektrische Signalübertragung im Nervensystem sorgen u. a. dafür. Sie dienen nicht nur der Ver- und Entsorgung und damit der Konstanthaltung des „inneren Milieus" auch unter extremen Anforderungen und Belastungen, sondern steuern und regeln auch Funktionen, die dem Überleben im weiteren Sinne, der **Arterhaltung**, dienen. Die zeitgerechte Entwicklung der Sexualorgane und die Bereitstellung befruchtungsfähiger Keimzellen nach Erreichen der Geschlechtsreife gehören dazu ebenso wie die Steuerung von Erektion, Ejakulation, Befruchtung und Ei-Einnistung, die Abstimmung der Funktionen von mütterlichem und fetalem Organismus während der Schwangerschaft sowie die Regelung des Geburtsvorganges und der Laktationsperiode.

Das **Zentralnervensystem**, das einerseits Signale peripherer Sensoren, der **Sinneszellen** und -organe, verarbeitet, andererseits nach außen gerichtete Effektoren, die **Skelettmuskeln**, aktiviert und endokrine **Drüsen** beeinflussen kann, rückt schließlich ganz in den Mittelpunkt, wenn tierisches oder gar menschliches **Verhalten** in diese Betrachtung einbezogen wird. Es dient nicht „nur" der Nahrungs- und Wassersuche, dem Schutz vor Hitze oder Kälte, der Partnerwahl, der Sorge für die Kinder noch lange nach der Geburt und der Integration in Sozialsysteme, sondern auch dem Entstehen, dem Ausdruck und der Verarbeitung etwa dessen, was wir mit Begriffen wie Lust, Unlust, Neugier, Wunsch, Glück, Wut, Zorn, Angst und Neid, aber auch Kreativität, Neugier, Selbsterfahrung und Verantwortung verbinden. Hier werden die Grenzen der Physiologie, also der Lehre von den Funktionen des Körpers im engeren Sinne, die Inhalt dieses Buches ist, schon weit überschritten. Verhaltensforschung, Soziologie und Psychologie sind damit einige der Nachbardisziplinen der Physiologie, wobei bisher allerdings ein echter Brückenschlag zwischen der Physiologie und diesen Gebieten nur ausnahmsweise gelungen ist.

Steuerung und Regelung

Sinnvoll kooperieren können die spezialisierten Organe des Körpers nur, wenn ihre Funktionen auf die jeweiligen Bedürfnisse abgestimmt werden können, d. h., sie müssen steuer- und regelbar sein. **Steuerung** heißt, dass eine Zustandsgröße, z. B. der Blutdruck, gezielt verändert wird, etwa durch Änderung der Herzfrequenz (→ z. B. S. 218). Wegen der vielen sonstigen Einflüsse auf Blutdruck und Herzfrequenz ist dieses Ziel allerdings nur dann erreichbar, wenn der tatsächlich erreichte Blutdruck wiederholt registriert, mit dem gewünschten Wert verglichen und Abweichungen laufend nachkorrigiert werden. Ist etwa der Blutdruck beim raschen Aufstehen aus dem Liegen abgesunken, so wird die Herzfrequenz so lange erhöht, bis er wieder einigermaßen normalisiert ist. Die Steigerung der Herzfrequenz hört dann auf, und, wenn der Blutdruck jetzt über den Normalwert ansteigt, wird sie wieder gesenkt. Eine Steuerung mit einer solchen **negativen Rückkopplung** wird **Regelung** genannt. Zum *Regelkreis* (→ **C1**) gehört der *Regler*, dem das Regelziel (*Sollwert*) vorgegeben wird und von dem aus Funktionen (*Stellglieder*) zur Erreichung dieses Ziels angesteuert werden. Den Kreis schließen *Sensoren*, die den tatsächlichen Wert (*Istwert*) der zu regelnden Größe laufend messen und an den Regler zurückmelden, wo der Istwert mit dem Sollwert verglichen und von wo aus nachgeregelt wird, wenn *Störgrößen* den Istwert verändert haben. Der Regelkreis läuft dabei entweder im Organ selbst (*Autoregulation*) oder über ein *übergeordnetes Organ* (Zentralnervensystem, Hormondrüse) ab. Im Vergleich zur Steuerung können die Komponenten der Regelung relativ ungenau arbeiten, ohne dass der Sollwert (zumindest im Mittel) verfehlt wird. Außerdem können unerwartete Störgrößen (bei der Blutdruckregelung [→ **C2**] etwa ein Blutverlust) bei der Regelung berücksichtigt werden.

C. Regelkreis

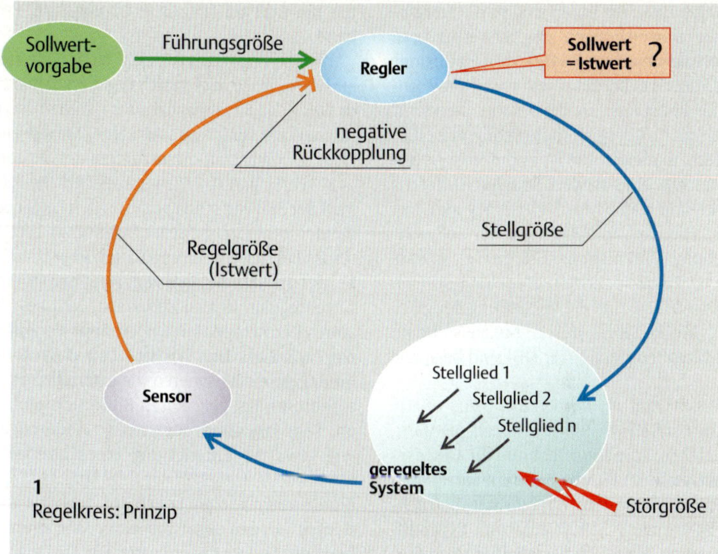

1
Regelkreis: Prinzip

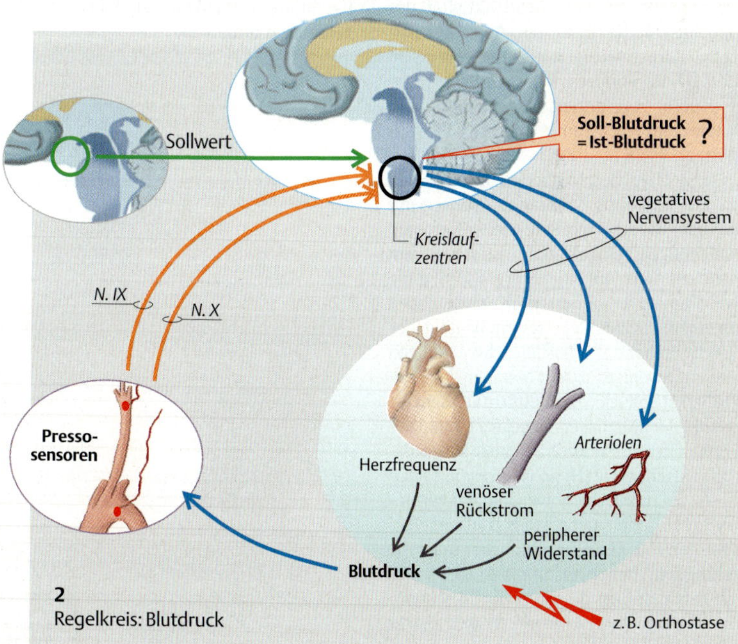

2
Regelkreis: Blutdruck

Regler, die eine Größe konstant halten, heißen **Halteregler.** Bei ihnen sind es die *Störgrößen*, die Abweichungen des Istwertes vom Sollwert verursachen (→ **D2**). Im Organismus ist der Sollwert allerdings selten eine unveränderliche Konstante, sondern kann „verstellt“ werden, wenn übergeordnete Bedürfnisse dies erfordern. In diesem Fall ist es die *Sollwertverstellung*, die eine Istwert-Sollwert-Differenz bewirkt und damit die Stellglieder aktiviert (→ **D3**). Hier folgt die Regelung der Sollwertverstellung (und nicht der Störgröße), so dass man von **Folge-** oder **Servoregelung** spricht. Fieber (→ S. 224) und die Verstellung der geregelten Muskellänge durch Muskelspindeln und γ-Motoneuronen (→ S. 316) sind Beispiele dafür.

Geregelt sind im Körper nicht nur relativ einfache Größen wie Blutdruck, Zell-pH-Wert, Muskellänge, Körpergewicht und die Glucosekonzentration im Plasma, sondern auch – und gerade – so komplexe Abläufe wie Befruchtung, Schwangerschaft, Wachstum, Organdifferenzierung sowie die Verarbeitung von Sinnesreizen und die motorische Aktivität der Skelettmuskulatur, etwa bei Aufrechterhaltung des Körpergleichgewichts im Stehen und Laufen. Der Regelprozess kann nur Millisekunden dauern (z.B. gezielte Bewegung), oder sich, wie beim Wachstum, über viele Jahre hinziehen.

In den oben beschriebenen Regelkreisen kann ein im Mittel konstanter Istwert mit mehr oder weniger großen, wellenförmigen Abweichungen eingehalten werden. Beim plötzlichen Auftreten einer Störgröße sind die Abweichungen besonders groß, doch ebben sie in einem stabilen Regelsystem bald wieder ab (→ **E**, Proband 1). Solche Schwankungen können nur wenige Prozent betragen, in anderen Fällen aber auch recht beträchtlich sein. So schwankt der Blutzuckerspiegel nach Mahlzeiten etwa um den Faktor 2. Offenbar sollen dabei nur Extremwerte (Hypo- bzw. Hyperglykämie) sowie chronische Abweichungen verhindert werden. Je genauer ein Regelziel eingehalten werden soll, desto empfindlicher muss die Regelung sein (hoher *Verstärkungsfaktor*). Dies verlängert allerdings die Dauer der Einschwingungsvorgänge (→ **E**, Proband 3) und macht die Regelung im Extremfall instabil, d.h. der Istwert schwankt dann zwischen Extremwerten hin und her (*Regelschwingung*, → **E**, Proband 4).

Die Istwertschwankungen nach Auftreten einer Störgröße, lassen sich dadurch dämpfen, dass (a) das Sensorsignal umso stärker ist, je rascher sich der Istwert aus seiner Sollage entfernt (*D[ifferenzial]-eigenschaften* des Sensors, → S. 312 ff.) und (b) das voraussichtliche Ausmaß der Störung schon vorab an den Regler gemeldet wird (*Störgrößenaufschaltung*). Letzteres ist bei der Thermoregulation verwirklicht, bei der die Kältesensoren der Haut bereits eine Gegenregulation auslösen, bevor sich der Istwert (Kerntemperatur) überhaupt verändert hat (→ S. 224). Den Nachteil von D-Sensoren im Regelkreis illustrieren die arteriellen Pressosensoren bei der akuten Blutdruckregulation: Sehr langsame, aber stetige Änderungen, wie etwa die Entwicklung eines arteriellen Hochdrucks, entgehen der Regelung, ja rasche Blutdrucksenkungen bei einem Hochdruckpatienten werden sogar mit einer Wiederanhebung des Drucks beantwortet. Für die langfristige Blutdruckregulation sind also andere Regelkreise erforderlich.

D. Regelung: Übergang nach Störung und Sollwertänderung

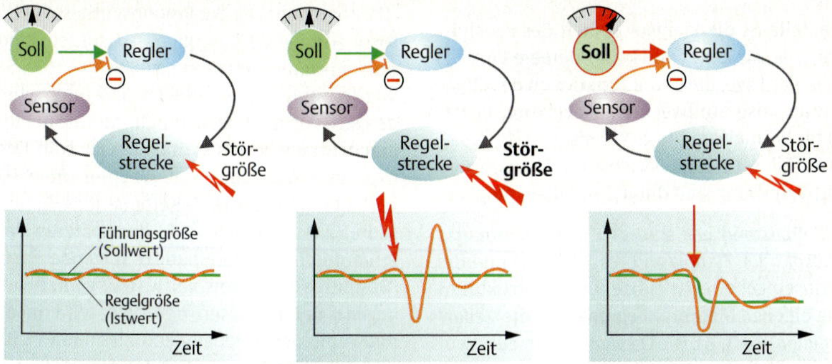

1 stabile Regelung **2** starke Störgröße **3** starke Sollwertverstellung

E. Blutdruckregelung nach plötzlichem Aufstehen

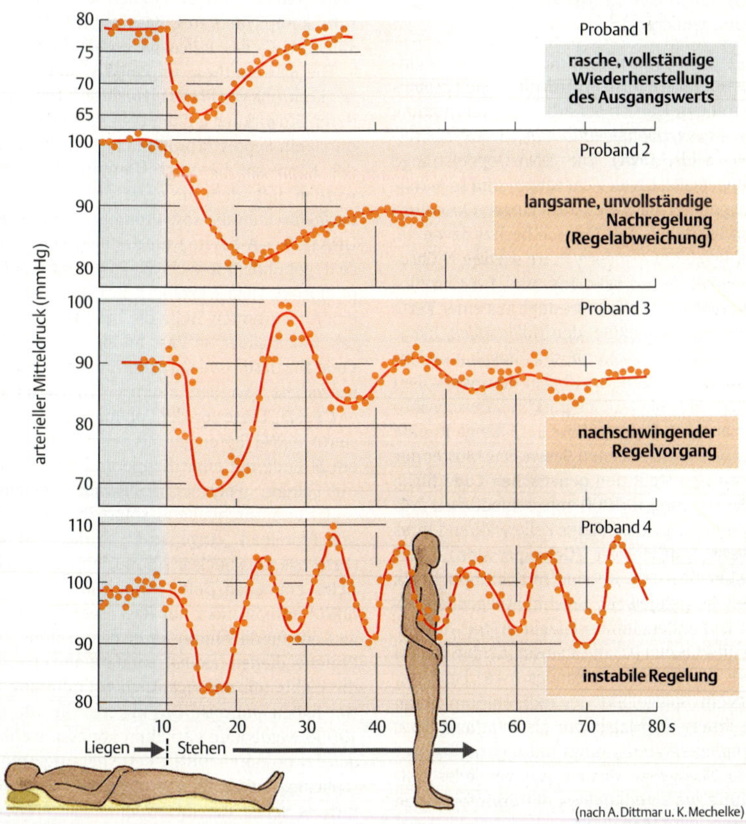

(nach A. Dittmar u. K. Mechelke)

Die Zelle

Die Zelle ist die kleinste Einheit des Lebendigen, d. h., die Zelle (und keine kleinere Einheit) ist in der Lage, die Grundfunktionen des Organismus, also Stoffwechsel, Wachstum, Bewegung, Vermehrung und Vererbung (*W. Roux*), zu erfüllen (→ S. 4). Wachstum, Vermehrung und Vererbung sind durch *Zellteilung* möglich.

Zellbestandteile sind die *Zellmembran*, das *Zytosol* oder *Zytoplasma* (ca. 50 Vol%) und die darin eingebetteten subzellulären Strukturen mit eigener Membranbegrenzung, die *Zellorganellen* (→ **A, B**). Die Organellen der eukaryotischen Zelle sind hochspezialisiert. Ihr genetisches Material z. B. ist im Zellkern konzentriert, ihre „Verdauungs"-Enzyme in Lysosomen, und ihre oxidative ATP-Produktion findet in den Mitochondrien statt.

Der **Zellkern** enthält Kernsaft (Karyolymphe), den Kernkörper (*Nucleolus*) und *Chromatin* mit den Trägern der erblichen Information, den *Desoxyribonukleinsäuren* (**d**esoxyribo**n**ucleic **a**cids, **DNA**). Die DNA-Doppelstränge (*Doppelhelix*; bis zu 7 cm Länge) sind so gerollt und gefaltet, dass die 10 μm langen *Chromosomen* entstehen. Der Mensch besitzt davon 46, nämlich 22 Autosomen-Paare sowie 2 X-Chromosomen (Frau) bzw. 1 X- und 1 Y-Chromosom (Mann). Die DNA besteht aus einer Kette dreiteiliger Moleküle, den *Nukleotiden*, die je eine Pentose (Desoxyribose), Phosphat und eine Base enthalten: Am Zucker des monotonen Zucker-Phosphat-„Rückgrats" (... Desoxyribose-Phosphat-Desoxyribose ...) hängt je eine von vier verschiedenen Basen. Das Muster der Basenfolge stellt den **genetischen Code** für je eines der rund 100 000 unterschiedlichen Proteine dar, die eine einzige Zelle während ihres Lebens synthetisiert (**Genexpression**). Zwei solcher DNA-Stränge sind in der Doppelhelix über die sich jeweils gegenüberliegenden Basen verbunden, immer *Adenin* (A) mit *Thymin* (T) und *Guanin* (G) mit *Cytosin* (C). Die Basenfolge des einen DNA-Bandes (→ **E**) ist daher stets ein „Spiegelbild" des anderen. Somit kann ein Strang als Matrix zur Neusynthese eines komplementären Strangs mit identischem Informationsgehalt dienen, was vor jeder Zellteilung zur Verdoppelung der Erbinformation genutzt wird (**Replikation**).

Die **Codeweitergabe** von der DNA im Kern (Basensequenz) an die Proteinsynthese im Zytosol (Aminosäurensequenz) besorgen Ribonukleinsäuren: **m**[messenger]**RNA** (→ **C1**). Sie werden im Zellkern gebildet und unterscheiden sich von der DNA dadurch, dass sie nur aus einem Strang bestehen und dass sie statt Desoxyribose *Ribose* und statt Thymin *Uracil* (U) enthalten. Auf der DNA-Kette ist jede Aminosäure (z. B. Glutamat, → **E**) des späteren Proteins durch drei aufeinander folgende Basen (Basentriplet, im Beispiel: C-T-C) codiert (*Codogen*). Beim Ablesen der DNA wird in die **mRNA** ein dem Codogen komplementäres Basentriplet (im Beispiel: G-A-G), das *Codon*, eingebaut (→ **E**). Die Ablesung des Codons in den Ribosomen (→ **C2**) ist Aufgabe der (relativ kurzen) **t**(ransfer)**RNA**, die ein dem Codon wiederum komplementäres Basentriplet (im Beispiel C-U-C), das *Anticodon*, enthält (→ **E**).

Die **RNA-Synthese** im **Zellkern** steht unter der Kontrolle von *RNA-Polymerasen* (Typ I – III), deren Einwirkung auf die DNA normalerweise durch ein Repressorprotein blockiert ist. Wird der Repressor beseitigt (Derepression) und werden außerdem die *generellen Transkriptionsfaktoren* an die sog. Promotorsequenz der DNA (z. B. T-A-T-A im Falle der RNA-Polymerase II) gebunden, so wird die Polymerase phosphoryliert. Derart aktiviert, löst diese nun an einer bestimmten Stelle die beiden DNA-Ketten voneinander, so dass an einer davon der Code abgelesen und in Form einer mRNA-Kette umcodiert werden kann (**Transkription**, → **C1 a, D**). Diese von der Polymerase synthetisierte *hnRNA* (heterogenous nuclear RNA) wird am 5'-Ende mit einer Kappe und am 3'-Ende mit einem Polyadenin-Schwanz versehen (→ **D**) und anschließend sofort in eine Hülle von Proteinen „eingepackt", so dass *hnRNPs* (heterogenous nuclear ribonucleoprotein particles) entstehen. Deren *primäre RNA* oder *Prä-mRNA* enthält nicht nur Basensequenzen, die als Code für die Aminosäuren des zu bildenden Proteins dienen (*Exons*), sondern auch solche, die nichts mit der eigentlichen Codierung zu tun haben (*Introns*). Die Introns, die 100 bis 10 000 Nukleotide enthalten können, werden aus der primären mRNA-Kette herausgetrennt (**Splicing**, → **C1 b, D**) und abgebaut, wobei die Introns selbst die Information zur präzisen ▶

A. Zellschema (Epithelzelle)

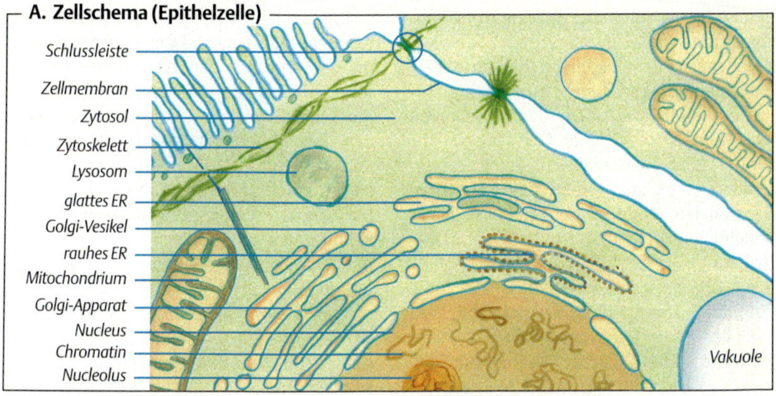

B. Zellaufbau, elektronenmikroskopisch (Epithelzelle)

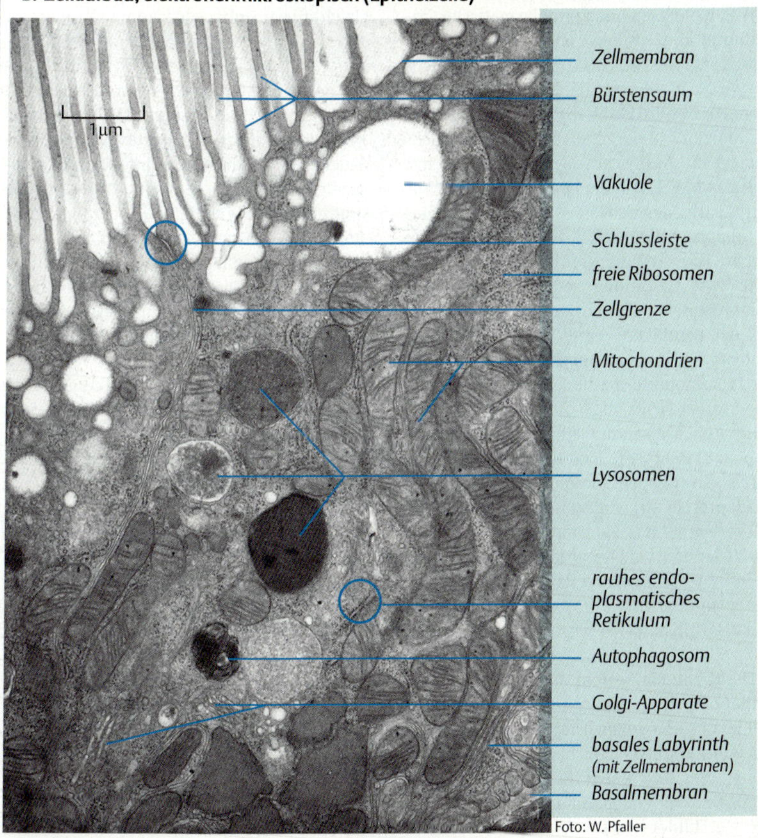

Foto: W. Pfaller

Trennstelle enthalten. Das Splicing ist ATP-abhängig und wird durch Zusammenwirken zahlreicher Proteine in einem Ribonucleoprotein-Komplex (*Spliceosom*) bewerkstelligt. Introns machen gewöhnlich den Löwenanteil der Prä-mRNA aus. Beim Gerinnungsfaktor VIII, der 25 Introns enthält, sind es z.B. 95% der Nukleotidkette. Im Rahmen dieser **posttranskriptionalen Modifikation** kann die mRNA schließlich noch modifiziert werden (z.B. Methylierung).

Die RNA verlässt nun den Kern durch die **Kernporen** (rund 4000/Zelle) ins Zytosol (→ **C1c**). Sie sind hochmolekulare Proteinkomplexe (125 MDa) in der Kernhülle, die den selektiven Transport von großen Molekülen in den Kern hinein (z.B. Transkriptionsfaktoren, RNA-Polymerasen oder zytoplasmatische Steroidhormonrezeptoren) oder aus dem Kern heraus (z.B. mRNA, tRNA) oder in beide Richtungen (z.B. ribosomale Proteine) ermöglichen. Für den (ATP-abhängigen) Durchtritt eines Moleküls in der einen oder anderen Richtung ist ein spezifisches *Signal* notwendig, mit dem das Molekül in die Pore gelotst wird. Für den Austritt der mRNA aus dem Kern ist dies die *Kappenstruktur* am 5'-Ende (s.o.), für den Eintritt von Proteinen in den Kern sind eine oder zwei bestimmte Sequenz(en) weniger (meist basischer) Aminosäuren notwendig, die Teil der Peptidkette eines solchen *nukleären Proteins* sind und wohl eine Peptidschleife auf der Proteinoberfläche bilden. Dieses *nukleäre Lokalisationssignal* ist z.B. beim zytoplasmatischen Rezeptor für Glucocorticoide (→ S. 278) in Abwesenheit des Glucocorticoids durch ein Chaperonprotein (hsp90 = heat shock protein 90) verdeckt und wird erst freigelegt, wenn das Hormon bindet und sich hsp90 dadurch vom Rezeptor löst. Der so „aktivierte" Rezeptor gelangt dann in den Zellkern, wo er an spezifische DNA-Sequenzen bindet und die Transkription bestimmter Gene reguliert.

Die **Kernhülle** besteht aus *zwei* Phospholipiddoppelmembranen, die an den Kernporen ineinander übergehen. Diese beiden Membranen sind unterschiedlich zusammengesetzt, wobei die äußere ein Kontinuum mit der Membran des *endoplasmatischen Retikulums* (*ER*; s.u.) bildet (→ **F**).

Die aus dem Kern exportierte mRNA erreicht die **Ribosomen** (→ **C1**), die entweder frei im Zytosol schwimmen oder an die zytosolische Seite des ER gebunden sind (s.u.). Jedes Ribosom besteht aus Dutzenden von Proteinen, die mit mehreren Struktur-RNA-Molekülen (**r**[ibosomale]**RNA**) assoziiert sind. Die zwei Untereinheiten des Ribosoms werden im **Nucleolus** aus zahlreichen rRNA-Genen transkribiert und verlassen getrennt den Zellkern durch die Kernporen. Zusammengefügt als Ribosom steht dann eine biochemische „Maschine" für die **Proteinsynthese** (**Translation**) zur Verfügung (→ **C2**). Zur Bildung der Peptidkette ist eine (für jede der 21 proteinogenen Aminosäuren) jeweils spezifische **tRNA** notwendig, an die an ihrem C-C-A-Ende (für alle tRNAs gleich) die einzubauende Aminosäure gebunden ist, und an der sich am anderen Ende das betreffende Anticodon befindet, das das Codon auf der mRNA erkennt (→ **E**). (Das Ribosom enthält zwei tRNA-Bindungsstellen, nämlich eine für die zuletzt eingebaute und eine für die daneben einzubauende Aminosäure; nicht in **E** gezeigt.) Die Synthese beginnt mit der Ablesung eines *Start-Codons* und endet mit der des *Stop-Codons*. Danach zerfällt das Ribosom in seine 2 Untereinheiten und löst sich von der mRNA (→ **C2**). Die Syntheserate eines Ribosoms beträgt etwa 10–20 Aminosäuren/s. Der mRNA-Strang wird allerdings meist von mehreren Ribosomen gleichzeitig (an verschiedenen Stellen) abgelesen (*Poly[ribo]somen*), so dass die Syntheserate eines Proteins wesentlich höher ist als die seiner mRNA. Im Knochenmark z.B. werden so insgesamt rund $5 \cdot 10^{14}$ Hämoglobin-Kopien à 574 Aminosäuren/Sekunde hergestellt.

Das **endoplasmatische Retikulum (ER, → C, F)** spielt eine zentrale Rolle bei der Protein- und Lipidsynthese der Zelle und dient zudem als intrazellulärer Ca^{2+}-Speicher (→ S. 17, A). Es besteht aus einem netzähnlichen Labyrinth verzweigter Kanäle und flacher Bläschen, deren Innenräume (*Zisternen*; ca. 10% des Zellvolumens) miteinander verbunden und von einer Membran umgeben sind, die bis zu 70% der Membranmasse der Zelle ausmachen kann. An der Außenseite eines Teils des ER sind diejenigen *Ribosomen* angeheftet (**raues ER**),

C. Transkription und Translation

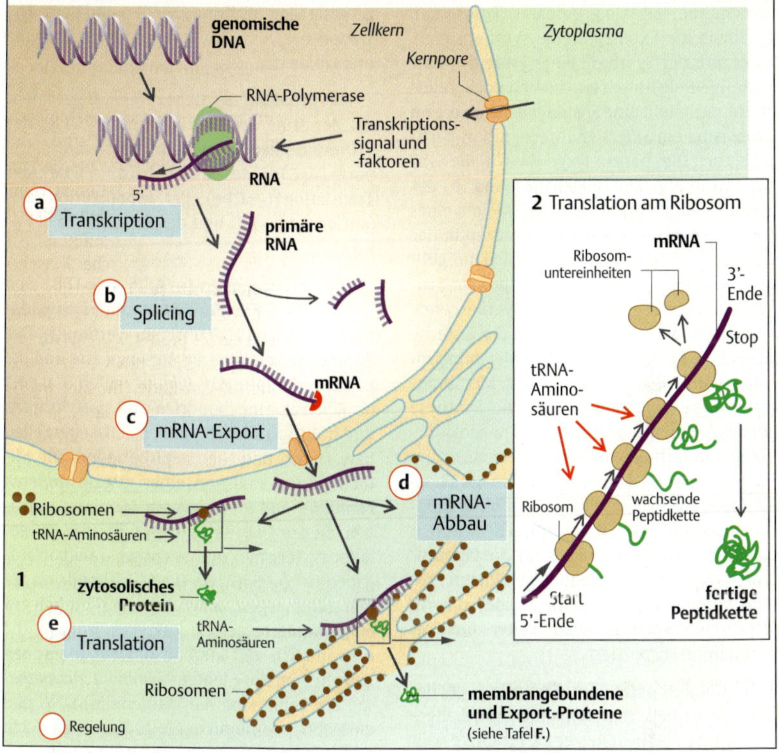

D. Transkription und Splicing

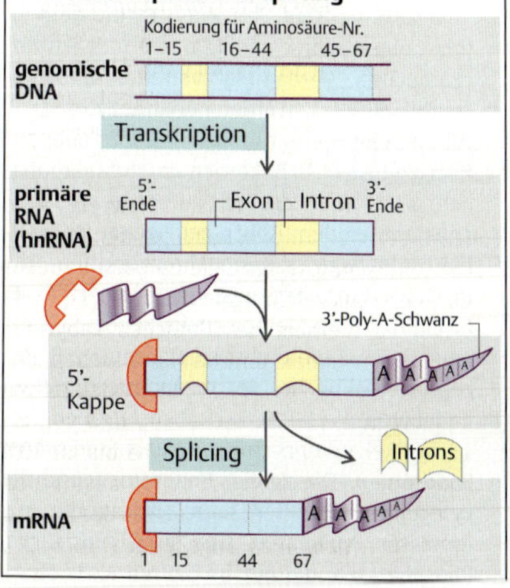

E. Proteinkodierung an DNA u. RNA

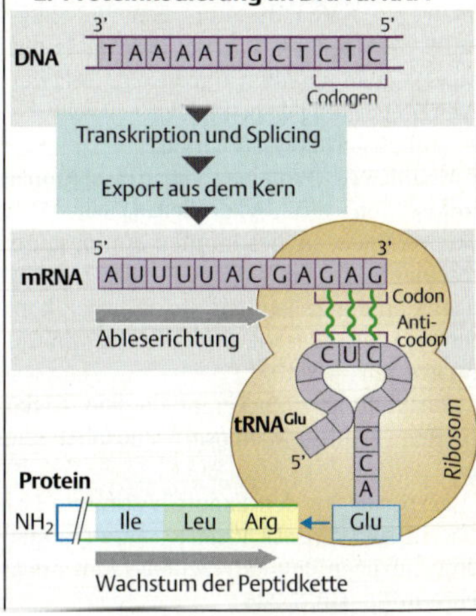

▶

die die Transmembranproteine (→ **G**) für Plasmamembran, ER, Golgi-Apparat, Lysosomen etc. sowie die Exportproteine synthetisieren. Bei Beginn der Synthese eines Proteins (Start am Aminoende) durch ein (vorerst noch freies) Ribosom entsteht eine *Signalsequenz*, an die im Zytoplasma ein *SRP* (signal-recognition particle) bindet. Dies hat zur Folge, dass (a) die Synthese vorübergehend angehalten und (b) das Ribosom (unter Vermittlung des SRP und eines SRP-Rezeptors) an einen Ribosomrezeptor der ER-Membran gebunden wird. Erst dann geht die Synthese weiter. Bei der *Exportprotein-Synthese* wird die Peptidkette nach Syntheseende durch ein Translokatorprotein in die Zisterne abgegeben. Bei der *Synthese von Membranproteinen* wird, je nach Anzahl der Membranspannenden Domänen (→ **G2**), die Synthese mehrmals durch Schließung des Translokatorproteins unterbrochen und die jeweilige (hydrophobe) Peptidsequenz seitlich in die Phospholipidmembran geschoben. Ein ohne Ribosomen wird **glattes ER** genannt. Hier werden u. a. Lipide synthetisiert (z. B. für die Lipoproteine, → S. 254 ff.). Die vom ER gebildeten Proteine werden samt Membran (Lipide) in Form sich abschnürender Bläschen weiter zum Golgi-Apparat transportiert.

Der **Golgi-Apparat** oder -Komplex (→ **F**) besitzt funktionell hintereinander geschaltete Kompartimente, in denen er ER-Produkte weiterverarbeitet. Er besteht aus dem *cis*-Golgi-Netzwerk (Aufnahmeseite, dem ER zugewandt), gestapelten, flachen Bläschen (Golgi-Stapel) sowie aus dem *trans*-Golgi-Netzwerk (Weiterverteilung = Sorting). Er

- synthetisiert Polysaccharide,
- modifiziert Proteine (**posttranslationale Modifikation**), z. B. Glykosylierung von Membranproteinen an bestimmten Aminosäuren (geschieht z. T. schon im ER), die später als Glykokalix an der Zellaußenseite zu liegen kommen (→ S. 14), oder γ-Carboxylierung von Glutamatresten (→ S. 102),
- phosphoryliert Zuckeranteile von Glykoproteinen (z. B. zu Mannose-6-Phosphat, s. u.) und
- „verpackt“ für den Export bestimmte Proteine in *sekretorische Vesikel* (Sekretgranula), deren Inhalt in den Extrazellulärraum *exozytiert* wird; → z. B. S. 246).

Der Golgi-Apparat stellt daher v. a. eine zentrale **Modifikations-, Sortier- und Verteilerstation** der vom ER übernommenen Proteine und Lipide dar.

Die **Regelung der Genexpression** geschieht auf der Stufe der Transkription (→ **C1 a**), der RNA-Modifikation (→ **C1 b**), des mRNA-Exports (→ **C1 c**), des RNA-Abbaus (→ **C1 d**), der Translation (→ **C1 e**), der Modifikation und Sortierung (→ **F f**) und des Proteinabbaus (→ **F g**).

Die **Mitochondrien** (→ **A**, **B**, u. S. 17 B) sind u. a. der Ort der Kohlenhydrat- und Lipidoxidation zu CO_2 und H_2O unter O_2-Verbrauch. Der *Zitronensäurezyklus*, die *Atmungskette* und die damit verknüpfte *ATP-Bildung* laufen u. a. dort ab. Reich an Mitochondrien sind stoffwechsel- und transportintensive Zellen, z. B. Leberzellen bzw. Darm- und Nierenepithelzellen. Die Mitochondrien sind von einer glatten *äußeren Membran* und einer *inneren Membran* umgeben, die zur Oberflächenvergrößerung tief gefaltet ist (*Cristae*) und wichtige Transportaufgaben hat (→ S. 17, B). Die Mitochondrien gehen stammesgeschichtlich wahrscheinlich auf eingewanderte aerobe Bakterien zurück, die ursprünglich mit der ansonsten anaeroben Zelle in Symbiose lebten (*Symbiontenhypothese*). Ein Relikt sind die (bakterielle) DNA und die Doppelmembran der Mitochondrien. Auch sie besitzen Ribosomen zur Proteinsynthese.

Lysosomen sind Vesikel (→ **F**), die dem ER (via Golgi-Apparat) entstammen und der **intrazellulären „Verdauung“** von Makromolekülen dienen. Diese werden per Endozytose (z. B. Albumin im Nierentubulus, → S. 158) oder per Phagozytose (z. B. Bakterien durch Makrophagen, → S. 94 ff.) in die Zelle aufgenommen oder entstammen dem Abbau zelleigener Organellen (*Autophagie*, z. B.von Mitochondrien), die in *Autophagosomen* angeliefert werden (→ **B, F**). Endozytierte Membranteile werden z. T. erneut in die Zellmembran eingebaut (z. B. Rezeptorrecycling bei der rezeptorvermittelten Endozytose, → S. 28). Zwischenstationen dieses Vesikelverkehrs sind die *frühen* und *späten* **Endosomen.** Die späten Endosomen und die Lysosomen enthalten *saure Hydrolasen* (u. a. Proteasen, Nukleasen, Lipasen, Glykosidasen, Phosphatasen, die nur im Sauren aktiv sind),

▶

F. Proteinsynthese, -sortierung, -recycling und -abbau

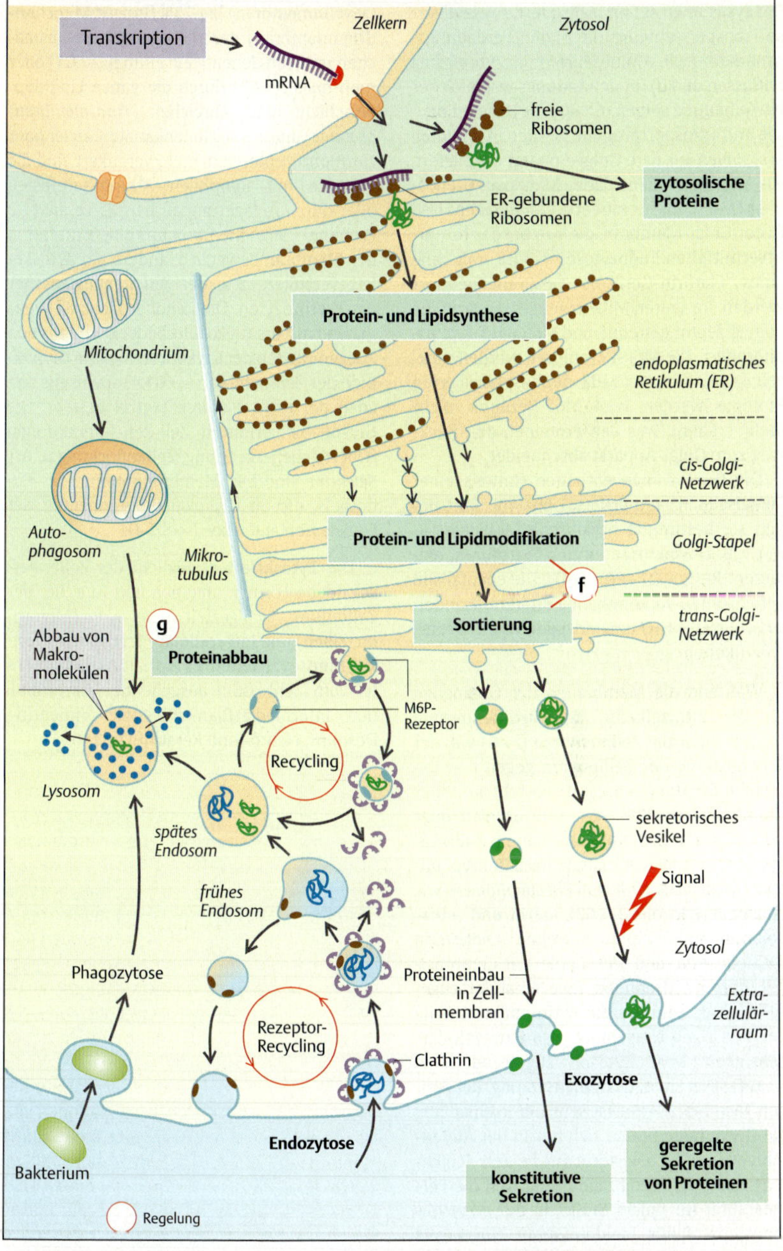

▶

die Membran eine H^+*-ATPase*, die das Innere der Lysosomen auf pH 5 ansäuert, sowie diverse Transportproteine, die a) die „Verdauungsprodukte" (z.B. Aminosäuren) ins Zytoplasma entlassen und b) für den Ladungsausgleich der H^+-Aufnahme sorgen (Cl^--Kanäle). Diese Enzyme und Transportproteine werden in *primären Lysosomen* aus dem Golgi-Apparat angeliefert. Als „Adresse" dient dabei Mannose-6-Phosphat (M6P); dieses bindet an M6P-Rezeptoren in der Golgi-Membran, die wie bei der rezeptorvermittelten Endozytose (→ S. 28) mit Hilfe eines Clathrin-Gerüstes zusammengelagert werden. Im sauren Milieu werden die Proteine vom Rezeptor getrennt, und M6P wird dephosphoryliert. Die M6P-Rezeptoren werden recycelt (→ **F**). Die am M6P dephosphorylierten Proteine werden vom M6P-Rezeptor nicht mehr erkannt, was den Proteinen den Rückweg zum Golgi-Apparat abschneidet.

Die **Peroxisomen** enthalten (mittels einer Signalsequenz importierte) Enzyme, mit denen sie bestimmte organische Moleküle ($R\text{-}H_2$), z.B. D-Aminosäuren und Fettsäuren, oxidieren: $R{-}H_2 + O_2 \rightarrow R + H_2O_2$. Die ebenfalls in Peroxisomen vorkommende *Katalase* wandelt $2\,H_2O_2$ in $O_2 + H_2O$ um und oxidiert u.a. Toxine, z.B. Alkohol.

Während die Membranen der Organellen für die intrazelluläre Kompartimentierung sorgen, dient die **Zellmembran** (→ **G**) v.a. der Abschirmung des Zellinneren gegen den Extrazellulärraum (→ S. 2). Sie besteht aus einer **Lipiddoppelschicht** (→ **G1**) und ist glatt oder tief gefaltet (z.B. Bürstensaum und basales Labyrinth; → **B**). Sie enthält, je nach Zelltyp, unterschiedliche Anteile von *Phospholipiden* (v.a. Phosphatidylcholin [→ **G3**], -serin und -ethanolamin sowie Sphingomyelin), *Cholesterin* (= Cholesterol) und *Glykolipide* (z.B. Cerebroside), deren hydrophobe Teile einander zugekehrt sind, während die hydrophilen Anteile der wässrigen Umgebung, also Extrazellulärflüssigkeit bzw. Zytosol, zugewandt sind (→ **G4**). Die Lipidzusammensetzung der beiden Membranblätter ist sehr unterschiedlich, die Glykolipide finden sich nur in der Außenschicht (s.u.). Cholesterin (in beiden Schichten) senkt die Membranfluidität und die Permeabilität für polare Stoffe. In diese zweidimensional fluide Lipidmembran eingelagert sind **Proteine**, die, je nach Membrantyp, 25 (Myelinmembran) bis 75% (innere Mitochondrienmembran) der Membranmasse ausmachen und von denen viele einmal (→ **G1**) oder mehrmals (→ **G2**) durch die ganze Lipiddoppelschicht hindurchreichen (*Transmembranproteine*) und z.B. als Ionenkanäle, Carrier oder Hormonrezeptoren dienen. Verankert sind die Proteine mit lipophilen Aminosäureresten oder durch Anlagerung an bereits verankerte Proteine. Einige Membranproteine sind frei in der Membran beweglich, andere am Zytoskelett verankert, z.B. der Anionenaustauscher der Erythrozyten. Die Zelloberfläche ist weitgehend mit der *Glykokalix* bedeckt, die aus den Zuckeranteilen der Glykoproteine und Glykolipide der Zellmembran (→ **G1,4**) sowie aus solchen der *extrazellulären Matrix* besteht. Die Glykokalix vermittelt Zell-Zell-Interaktionen (Oberflächenerkennung, Zellandockung u. Ä.). *Selektine* sind z.B. Membranproteine des Endothels, die an Glykokalixkomponenten der Leukozyten andocken (→ S. 94).

Das **Zytoskelett** ermöglicht der Zelle, verschiedene Formen anzunehmen (u.a. bei der Zellteilung), sich gezielt zu bewegen (Migration, Zilien) und intrazelluläre Transporte (Vesikel, Mitose) zu leiten. Es enthält Aktinfilamente, vom Zentrosom ausgehende Mikrotubuli und Intermediärfilamente, wie Vimentin-, Desmin-, Neuro- und Keratinfilamente.

G. Zellmembran

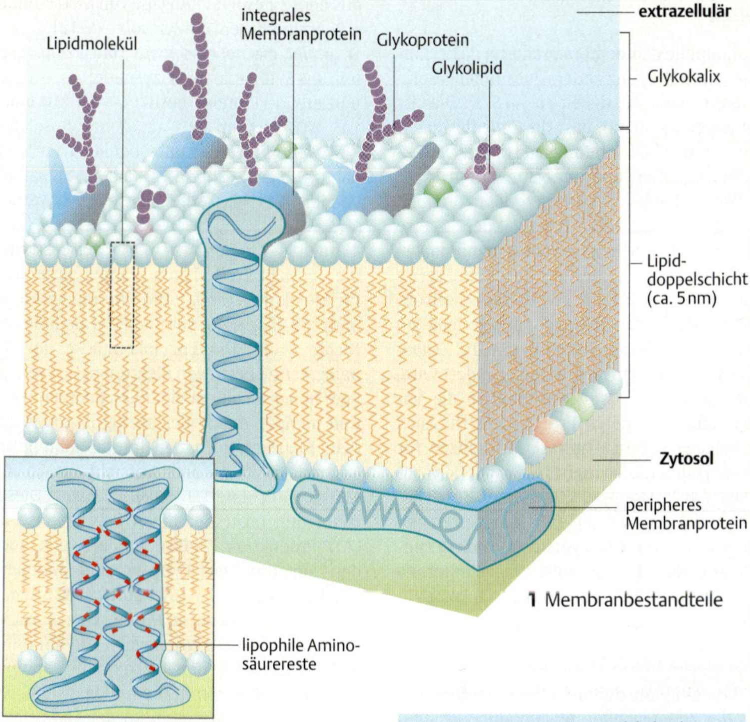

1 Membranbestandteile

2 mehrfach membranspannendes integrales Protein

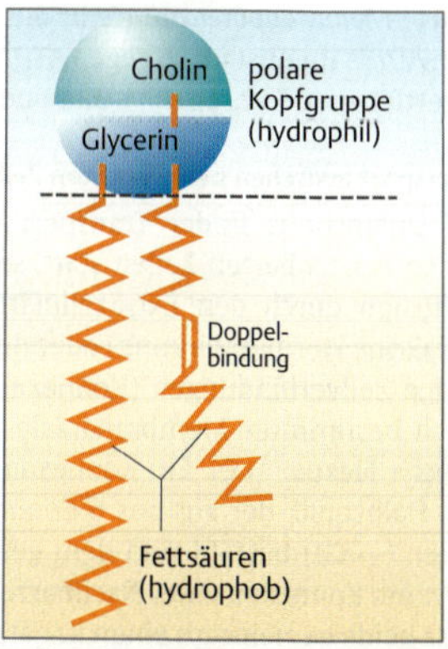

3 Phospholipid (Phosphatidylcholin)

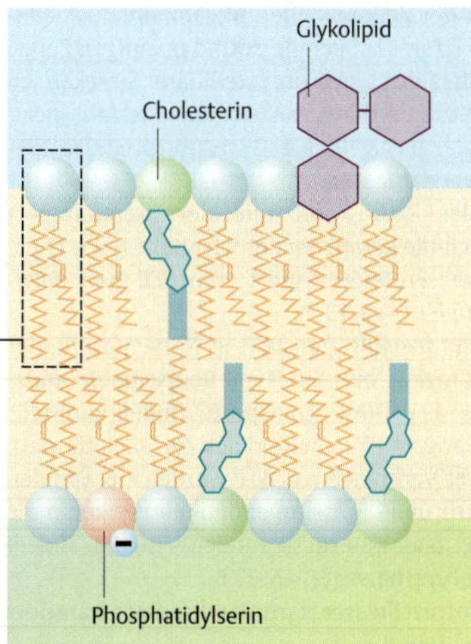

4 Membranlipide

Transport in, durch und zwischen Zellen

Die lipophile Zellmembran schottet das Zellinnere gegen die ganz anders zusammengesetzte Extrazellulärflüssigkeit ab (→ S. 2). Dies ist Voraussetzung dafür, dass die Zelle ihr *Innenmilieu* unter Aufwendung von Stoffwechselenergie schaffen und aufrechterhalten kann. Kanäle (Poren), Carrier, Ionenpumpen (→ S. 26 ff.) und der Prozess der Zytose (→ S. 28) ermöglichen den **transmembranalen Transport** nur ganz bestimmter Stoffe, sei es den Import und Export von Stoffwechselsubstraten oder Metaboliten oder den gerichteten Transport von Ionen, mit dem u. a. das *Zellpotenzial* (→ S. 32) aufgebaut und geändert wird, was bei Nerven- oder Muskelzellen die Voraussetzung für deren Erregbarkeit ist. Auch die Folgen des Durchtritts von Substanzen, für die die Zellmembran meist relativ gut permeabel ist, z. B. Wasser und CO_2, können durch gerichteten Transport anderer Substanzen gemildert werden. Unerwünschte Veränderungen des Zellvolumens und des zellinternen pH-Wertes z. B. sind so regulatorisch kompensierbar.

Intrazelluläre Transportprozesse

Da das Zellinnere durch die diversen Membranen der Zellorganellen in ganz unterschiedliche Räume aufgeteilt ist und in einigen Zellen auch sehr weite intrazelluläre Strecken zu überwinden sind, existiert eine Vielzahl spezifischer intrazellulärer Transportprozesse. Beispiele dafür sind:

- der RNA-Export und der Proteinimport durch die *Kernporen* der Kernhülle (→ S. 11 C),
- der Proteintransport vom *RER zum Golgi-Komplex* (→ S. 13 F),
- der *axonale Transport* in Nervenfasern, der Distanzen bis zu 1 m überwinden muss (→ S. 42). Diese Transporte finden großteils entlang von Filamenten des Zytoskeletts statt. Unter Verbrauch von ATP werden z. B. von den Mikrotubuli Dynein-gebundene Vesikel in die eine und Kinesin-gebundene in die andere Richtung bewegt (→ S. 13 F).

Intrazellulärer transmembranaler Transport geschieht u. a.

- an den *Lysosomen*: Aufnahme von H^+-Ionen aus dem Zytosol und Abgabe von Metaboliten, z. B. Aminosäuren, ins Zytosol (→ S. 12);
- am *ER*, das neben seinem Translokatorprotein (→ S. 10) u. a. auch zweierlei Ca^{2+}-transportierende Proteine besitzt (→ **A**): Mit einer Ca^{2+}-ATPase kann Ca^{2+} aus dem Zytosol herausgepumpt werden und über einen Ca^{2+}-Kanal das so gespeicherte Ca^{2+} auf ein Signal hin wieder ins Zytosol abgegeben werden (→ S. 36);
- an den *Mitochondrien*. Deren äußere Membran enthält große Poren (*Porine*; permeabel für Moleküle < 5 kDa) und ihre innere Membran spezifische Carrier und Enzyme in hoher Dichte (→ **B**). Die Enzymkomplexe der *Atmungskette* übertragen Elektronen (e^-) von einem hohen zu einem niedrigen Energieniveau und pumpen damit gleichzeitig H^+-Ionen aus dem Matrixraum in den intermembranösen Raum (→ **B1**). Dadurch entsteht ein in die Matrix gerichteter *H^+-Ionen-Gradient*. Dieser treibt nun nicht nur die ATP-Synthetase an (ATP-Produktion; → **B2**), sondern u. a. auch den Einstrom von Pyruvat$^-$ und anorganischem Phosphat, P_i^- (Symport; → **B2 b,c** und S. 28). *Ca^{2+}-Ionen*, die im Muskel Ca^{2+}-sensitive mitochondriale Enzyme regeln, können unter ATP-Verbrauch in den Matrixraum gepumpt werden (→ **B2**); somit können die Mitochondrien eine Art Pufferraum für den Fall gefährlich hoher Ca^{2+}-Konzentrationen im Zytosol bilden. Das (durch den H^+-Austritt) innen negative *Membranpotenzial* treibt die Aufnahme von *ADP^{3-}* im Austausch gegen *ATP^{4-}* (potenzialgetriebener Transport; → **B2 a** und S. 22).

Transport zwischen benachbarten Zellen

Im Organismus findet Transport auch zwischen benachbarten Zellen statt, sei es durch Diffusion durch den Extrazellulärraum (z. B. parakrine Hormonwirkung) oder durch kanalartige Zellverbindungen (**Konnexone**) im Bereich bestimmter Membranareale (**Gap Junctions = Nexus;** → **C**). Ein Konnexon (→ **C1**) ist ein Halbkanal, der aus aus 6 Connexin-Molekülen (→ **C2**) besteht und dem genau gegenüber ein Konnexon einer Nachbarzelle sitzt, so dass beide gemeinsam einen Kanal bilden, der Stoffe mit einer Molekülmasse bis etwa 1 kDa durchlässt. Da dies sowohl für Ionen (z. B. Ca^{2+})

A. Ca^{2+}-Transport durch die ER-Membran

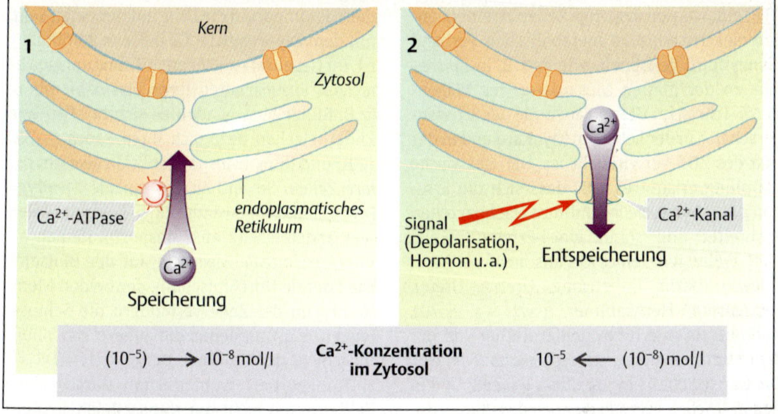

B. Mitochondrialer Transport

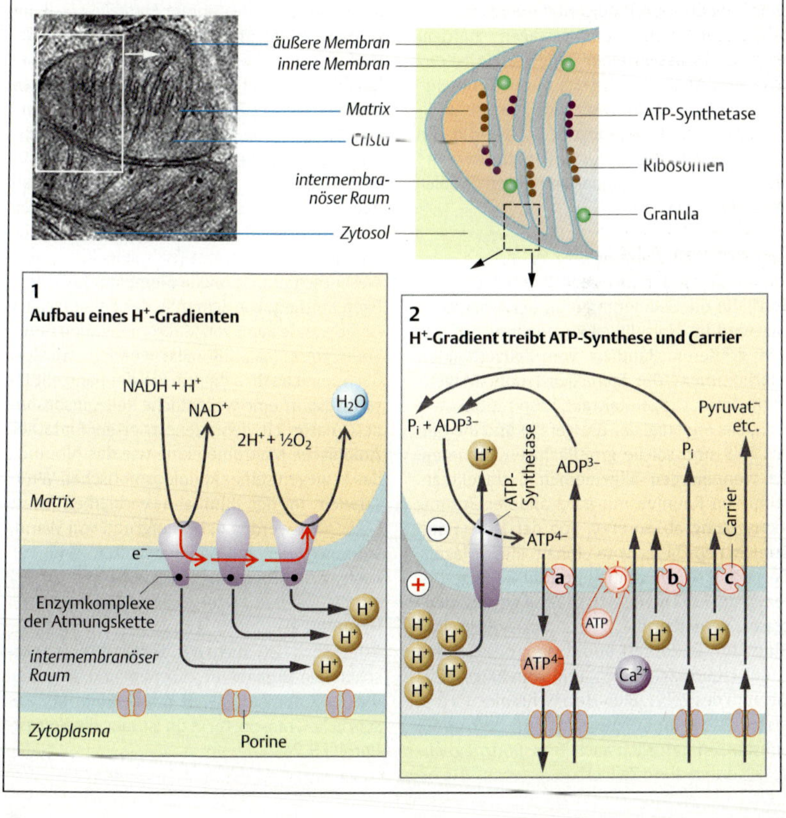

als auch für zahlreiche organische Stoffe (z.B. ATP) gilt, werden derartige Zellen zu einem engen elektrischen und metabolischen Verband (**Synzytium**) gekoppelt, wie er z.B. in Epithelien, in der glatten Muskulatur des Magen-Darm-Trakts, im Uterus (am Ende der Schwangerschaft), in der Leber, im Myokard und in der Glia des ZNS verwirklicht ist. Die elektrische Kopplung erlaubt es z.B., dass sich die Erregung von *Muskelzellen* auf ihre Nachbarzellen ausbreitet und somit eine Erregungswelle über weite Teile eines Organs auslösen kann (Magen, Darm, Gallengang, Uterus, Ureter, Herzvorhof, Herzkammer usw.; s.a. S.70). Auch bestimmte Neurone der Retina und des ZNS kommunizieren so (*elektrische Synapse*). Die Gap Junctions in der *Glia* (→ S.338) und in den *Epithelien* ermöglichen es, dass Belastungen, die im Rahmen der Transport- und Barrierefunktionen (s.u.) auftreten, vom ganzen Zellverband gemeinsam getragen werden. Steigt allerdings in einer Zelle die Ca^{2+}-Konzentration (Extremfall: Loch in der Zellmembran) oder die H^{+}-Konzentration zu stark an, so schließen sich die Konnexone (→ **C3**), d.h. die Zelle wird im Interesse des Funktionserhalts des ganzen Zellverbandes mit ihren Problemen allein gelassen.

Transport durch Zellverbände

Die Trennfunktion zwischen „innen" und „außen", die die Zellmembran an der Einzelzelle hat, wird im vielzelligen Organismus mit seinen größeren Räumen von Zellverbänden übernommen: Die *Epithelien* (Haut, Magen-Darm-Trakt, Urogenitaltrakt, Respirationstrakt u.a.), das *Endothel* der Blutgefäße und die *Glia* des ZNS sind solche großflächigen Barrieren. Sie trennen den allgemeinen Extrazellulärraum von Räumen mit ganz anderer Zusammensetzung ab, so etwa von der Luft (Haut, Bronchialepithel), vom Inhalt des Magen-Darm-Traktes, von mit Harn und Galle gefüllten Räumen (Tubulus, Harnblase bzw. Gallenblase), vom Kammerwasser des Auges, vom Blutraum (Endothel), vom Liquor des Gehirns („Blut-Liquor-Schranke") und vom Extrazellulärraum des ZNS („Blut-Hirn-Schranke"). Trotz dieser Abtrennung muss es für bestimmte Substanzen natürlich auch Transportmöglichkeiten durch diese Zellverbände geben, also eine gerichteten **transzellulären Transport**, bei dem der Import in die Zelle auf der einen Seite mit dem Export auf der Gegenseite kombiniert ist. Im Gegensatz zu Zellen mit rundum gleichartigen Eigenschaften ihrer Plasmamembran (z.B. Blutzellen), handelt es sich bei Epi- und Endothelzellen bezüglich ihres Baues (→ S.9 A, B) und ihrer Transportfunktion also um *polare Zellen*. So enthält die *apikale Membran* (nach „außen" gewandt) einer Epithelzelle einen anderen Satz an Transportproteinen als ihre *basolaterale Membran* auf der Blutseite. Die laterale Durchmischung der beiden Membrantypen der Zelle verhindern die Schlussleisten (s.u.), an denen die äußere Phospholipidschicht der Membran umschlägt (→ **D2**).

Transportiert werden kann durch solche Zellbarrieren nicht nur transzellulär, sondern auch zwischen den Zellen hindurch: **parazellulärer Transport**. Bestimmte *Epithelien* (z.B. im Dünndarm und im proximalen Nierentubulus) sind in dieser Hinsicht für kleine Moleküle relativ durchlässig („leck"), andere sind dagegen weniger leck (z.B. distales Nephron, Kolon). Dies hängt davon ab, wie stark die **Schlussleisten** (*Tight Junctions, Zonula occludens*; → **D**) ausgebildet sind, mit denen die Zellen aneinander geheftet sind. Der parazelluläre Weg und das Ausmaß seiner Durchlässigkeit, die z.B. auch kationenspezifisch sein kann, sind wesentliche funktionelle Elemente des jeweiligen Epithels. Die Schranke des *Endothels* der Gefäßwände kann von Makromolekülen durch *Transzytose* (→ S.28) überwunden werden, doch spielt auch in diesem Fall der parazelluläre Transport eine wesentliche Rolle, insbesondere natürlich beim fenestrierten Endothel. Anionische Makromoleküle wie das Albumin, das ja wegen seiner kolloidosmotischen Wirksamkeit in der Blutbahn verbleiben muss (→ S.208), werden dabei aufgrund von Wandladungen der Interzellularspalten und z.T. auch an den Fenstern zurückgehalten.

Ferntransport

Schließlich ist auch ein Ferntransport zwischen den Organen des Körpers und zwischen ihm und der Außenwelt notwendig. Das wesentliche Transportprinzip ist hier die *Konvektion* (→ S.24).

C. Gap Junction

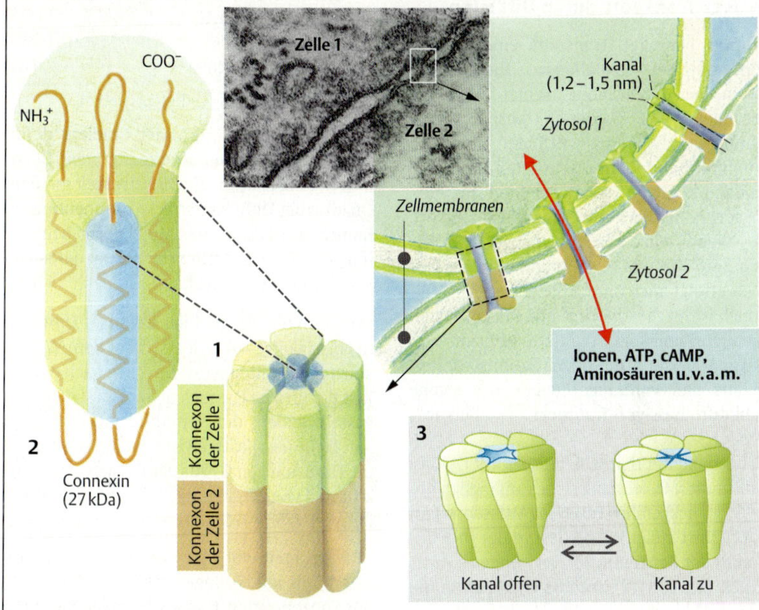

D. Apikaler funktionaler Komplex

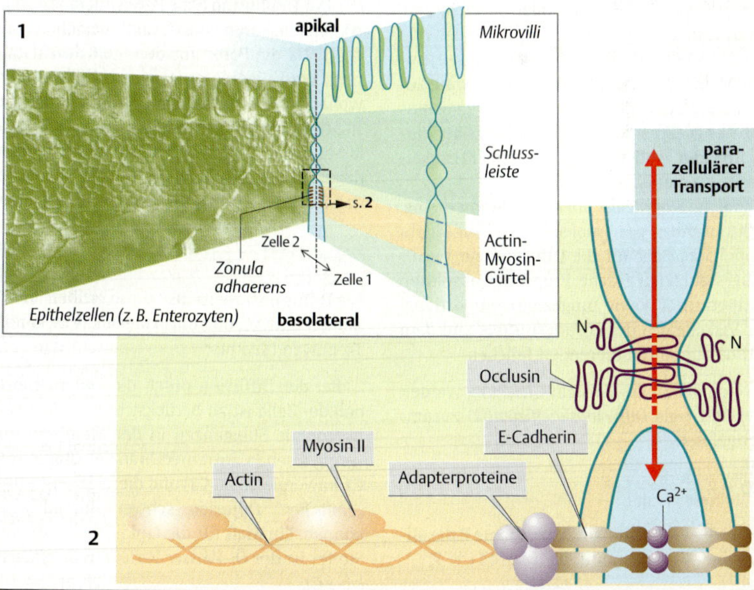

Fotos: Lodish, H. Scientific American Books, New York 1995

Passiver Transport durch Diffusion

Diffusion bedeutet Transport eines Stoffes aufgrund der zufälligen thermischen (Brownschen) Bewegung seiner Moleküle oder Ionen (→ **A1**). Da dieser Transport in alle Richtungen des Raums stattfindet, kann eine *Nettodiffusion*, d.h. ein gerichteter Transport, nur dann ablaufen, wenn der Stoff am Ausgangsort höher konzentriert ist als am Zielort, d.h. wenn ein **Konzentrationsgefälle** als Trieb„kraft" besteht. (Eine unidirektionale Diffusion erfolgt auch ohne Konzentrationsgefälle, doch ist hierbei die Hin- und Rückdiffusion gleich groß und somit die Nettodiffusion = 0.) Diffusion gleicht also Konzentrationsdifferenzen aus und verbraucht dabei ihre eigene Triebkraft: **passiver Transport** (= „Bergab"-transport).

Überschichtet man z.B. Wasser mit O_2-Gas, so diffundiert O_2 entlang seines anfänglich hohen Gasdruckgefälles rasch ins Wasser hinein (→ **A2**). Dort steigt infolgedessen der (bei Gasen statt der Konzentration verwendete) Partialdruck von O_2 (P_{O_2}), so dass O_2 gleich in die nächste, O_2-ärmere Wasserschicht weiterdiffundieren kann (→ **A1**). Allerdings wird die Steilheit des P_{O_2}-Profils oder -Gradienten, dP_{O_2}/dx, in jeder weiteren Schicht mit der Entfernung x von der O_2-Quelle (exponentiell) immer kleiner (→ **A3**), d.h. die Diffusionsrate zunehmend kleiner. Diffusion ist im Organismus also nur geeignet für einen **Transport über kurze Strecken**, wobei die Diffusion in Flüssigkeiten langsamer ist als in Gasen.

Welche *Stoffmenge pro Zeit* diffundiert (sog. *Diffusionsrate*, J_{diff} [$mol \cdot s^{-1}$]), ist außerdem proportional der für die Diffusion zur Verfügung stehenden Fläche F und der absoluten Temperatur T sowie umgekehrt proportional der Viskosität η des Lösungsmittels und dem Radius r der diffundierenden Teilchen.

Nach der *Stokes-Einstein-Gleichung* werden T, η und r als *Diffusionskoeffizient D* zusammengefasst:

$$D = \frac{R \cdot T}{(6\pi \cdot r \cdot \eta)} \, [m^2 \cdot s^{-1}], \qquad [1.1]$$

wobei die Proportionalitätskonstante R die allgemeine Gaskonstante ist (8,3144 J · K^{-1} · mol^{-1}).

Das *1. Ficksche Diffusionsgesetz* (Adolf Fick 1855) lautet demnach:

$$J_{diff} = F \cdot D \cdot \left(\frac{dC}{dx}\right) [mol \cdot s^{-1}]; \qquad [1.2]$$

(C = Konzentration, x = Diffusionsstrecke).

Da die Trieb„kraft", d.h. der Gradient dC/dx entlang der Diffusionsstrecke exponentiell abnimmt (s.o.), nimmt die *Diffusionszeit* mit dem Quadrat der Diffusionsstrecke exponentiell zu: Braucht ein bestimmtes Molekül für den ersten µm 0,5 ms, so sind es für 100 µm bereits 5 s und für 1 cm schon 14 h.

Wenn im o.g. Beispiel der freien O_2-Diffusion in Flüssigkeit (→ **A2**) der P_{O_2} über dem Wasser konstant gehalten wird, wird sich nach einiger Zeit der gleiche P_{O_2} auch in der Flüssigkeit eingestellt haben; die Nettodiffusion hört dann auf: *Diffusionsgleichgewicht*. Im Organismus ist die Diffusion von O_2 aus der Lungenalveole ins Blut und von CO_2 in umgekehrter Richtung ein Beispiel dafür (→ S. 120).

Betrachten wir jetzt zwei Räume, a und b (→ **B1**), die mit Lösungen gefüllt sind, in denen die Konzentration C eines (ungeladenen) gelösten Stoffes unterschiedlich hoch ist ($C^a > C^b$). Die Trennwand habe Poren mit einer Länge Δx und die Poren eine Gesamtquerschnittsfläche F. Da die Poren für den Stoff durchlässig sind, wird dieser von a nach b diffundieren, wobei $C^a - C^b = \Delta C$ die Trieb„kraft" ist. Berücksichtigen wir nur die zwei Räume a und b (und lassen den in **B2** gezeigten Gradienten dC/dx in der Pore vereinfachend außer Acht), so lautet das **1. Ficksche Diffusionsgesetz** (Gl. 1.2) jetzt

$$\mathbf{J_{diff} = F \cdot D \cdot \frac{\Delta C}{\Delta x}} \, [mol \cdot s^{-1}]. \qquad [1.3]$$

Die Diffusionsrate ist also umso größer, je größer F, D und ΔC, und umso kleiner, je dicker die Trennwand (Δx) ist.

Bei der Diffusion durch die **Lipidmembranen** der Zelle ist zu berücksichtigen, dass sich hydrophile Substanzen in der Membran nur wenig lösen (s. intramembranaler Gradient in **C1** im Vergleich zu **C2**) und diese daher mittels *„einfacher" Diffusion* schwer durchdringen können. Ein Maß für die Lipidlöslichkeit eines Stoffes ist der *Öl-Wasser-Verteilungskoeffizient k* (→ **C**).

A. Diffusion in homogenem Medium

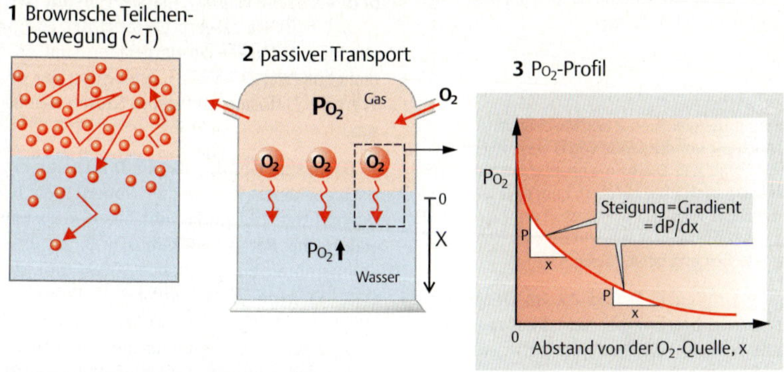

B. Diffusion durch poröse Trennwand

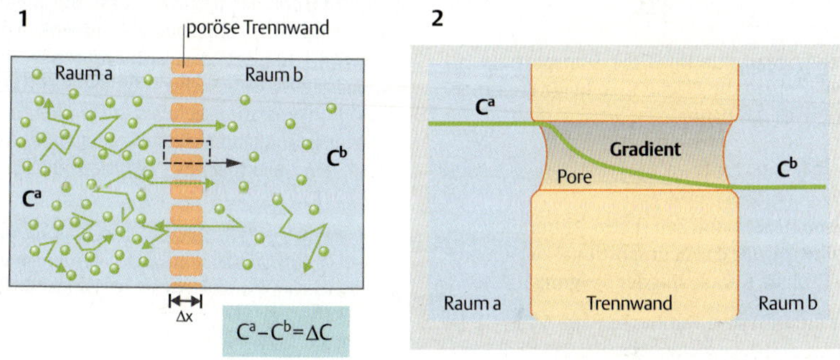

C. Diffusion durch Lipidmembran

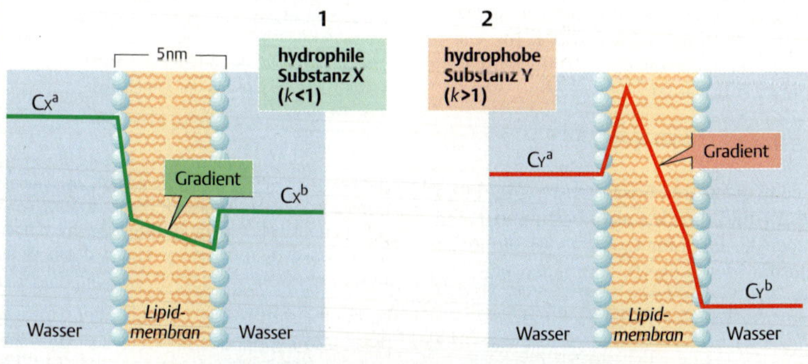

$$k = \frac{\text{Gleichgewichtskonzentration in Olivenöl}}{\text{Gleichgewichtskonzentration in Wasser}}$$

(z. T. nach S. G. Schultz)

▶

Durch eine reine Phospholipiddoppelmembran wird ein Stoff umso rascher diffundieren, je höher sein k ist. (→ **D**). Gl. 1.3 lautet nun

$$J_{diff} = k \cdot F \cdot D \cdot \frac{\Delta C}{\Delta x} \, [mol \cdot s^{-1}]; \qquad [1.4]$$

Während bei gleichem k der Molekülradius r (→ Gl 1.1) nach wie vor die Größe von D wesentlich mitbestimmt (vgl. z. B. Diethylmalonamid mit Ethylharnstoff in **D**), kann k bei gleichem r um viele Zehnerpotenzen variieren (vgl. z. B. Harnstoff mit Ethanol in **D**) und damit die Membrandurchlässigkeit (Permeabilität) entscheidend beeinflussen.

Da die Größen k, D und Δx im Organismus meist nicht bestimmbar sind, fasst man sie in der Praxis als *Permeabilitätskoeffizient P* zusammen, wobei

$$P = k \cdot \frac{D}{\Delta x} \, [m \cdot s^{-1}]. \qquad [1.5]$$

Bezieht man nun noch die Transportrate J_{diff} $[mol \cdot s^{-1}]$ auf die Fläche F, so heißt die umgeformte Gl. 1.4 dann:

$$\frac{\mathbf{J_{diff}}}{\mathbf{F}} = \mathbf{P} \cdot \mathbf{\Delta C} \, [mol \cdot m^{-2} \cdot s^{-1}]. \qquad [1.6]$$

Die pro Fläche und Zeit (netto-)diffundierende Stoffmenge ist damit proportional zu ΔC und P (→ **E,** blaue Gerade mit der Steigung P).

Für die **Diffusion von Gasen** wird ΔC in Gl. 1.4 durch $\alpha \cdot \Delta P$ (Löslichkeitskoeffizient mal Partialdruckdifferenz; → S. 126) und J_{diff} $[mol \cdot s^{-1}]$ durch $\dot{V}_{diff}$ $[m^3 \cdot s^{-1}]$ ersetzt. $k \cdot \alpha \cdot D$ wird dann zusammengefasst als „Diffusionsleitfähigkeit" oder *Krogh-Diffusionskoeffizient* K $[m^2 \cdot s^{-1} \cdot Pa^{-1}]$, so dass das 1. Ficksche Diffusionsgesetz in dieser Form lautet:

$$\frac{\dot{V}_{diff}}{F} = K \cdot \frac{\Delta P}{\Delta x} \, [m \cdot s^{-1}]. \qquad [1.7]$$

Da beim alveolären Gasaustausch (→ S. 120) F und Δx am Lebenden nicht bestimmbar sind, werden $K \cdot F/\Delta x$ für O_2 oft als *O_2-Diffusionskapazität* der Lunge D_L zusammengefasst, so dass

$$\dot{V}_{O_2 diff} = D_L \cdot \Delta P_{O_2} \, [m^3 \cdot s^{-1}]. \qquad [1.8]$$

Von einer **nichtionischen** (engl.: **non-ionic**) **Diffusion** spricht man, wenn die ungeladene Form einer schwachen Base (z. B. Ammoniak = NH_3) oder Säure (z. B. Ameisensäure = HCOOH) leichter durch eine Membran gelangt als die geladene Form (→ **F**). Für NH_3 z. B. ist die Membran also sehr viel durchlässiger als für NH_4^+ (→ S. 176 ff.). Da es vom pH-Wert der Lösung abhängt, ob solche Stoffe geladen sind oder nicht (pK-Wert, → S. 378), beeinflusst der pH-Wert die Diffusion schwacher Säuren und Basen.

Das bisher Gesagte hat die Diffusion elektrisch geladener Stoffteilchen (**Ionen**) nicht berücksichtigt. Für sie kommt hinzu, dass eine **elektrische Potenzialdifferenz**, z. B. an einer Zellmembran, eine treibende „Kraft" für Diffusion sein kann („*Elektrodiffusion*"): Positiv geladene Ionen (Kationen) werden dann auf die negativ geladene Membranseite wandern, negativ geladene Ionen (Anionen) auf die positiv geladene Seite. Voraussetzung für einen solchen Transport ist natürlich, dass die Membran durch eingebaute Ionenkanäle (→ S. 32 ff.) für das zu transportierende Ion durchlässig ist. Umgekehrt trägt jedes entlang eines Konzentrationsgefälles diffundierende Ion seine Ladung mit sich und erzeugt dadurch selbst ein elektrisches *Diffusionspotenzial* (→ S. 32 ff.).

Infolge der elektrischen Ladung von Ionen kann der Permeabilitätskoeffizient des Ions X (= P_x) umgewandelt werden in die **elektrische Leitfähigkeit** der Membran für dieses Ion, g_x (→ S. 32):

$$g_x = \frac{P_x \cdot z_x^2 \cdot F^2}{R \cdot T} \, \bar{c}_x \, [S \cdot m^{-2}], \qquad [1.9]$$

wobei R und T ihre übliche Bedeutung haben (s. o.) und z_x die Ladungszahl des Ions, F die Faraday-Konstante ($9{,}65 \cdot 10^4$ A · s · mol^{-1}) und $\bar{c}_x$ die mittlere Ionenaktivität in der Membran bedeuten (Index d = diesseits, j = jenseits der Membran):

$$\bar{c} = \frac{c_d - c_j}{\ln c_d - \ln c_j}. \qquad [1.10]$$

Im Gegensatz zu P ist g also *konzentrationsabhängig*. Wenn z. B. die extrazelluläre K^+-Konzentration von 4 auf 8 mmol/kg H_2O steigt (intrazellulär unverändert 160 mmol/kg H_2O), so steigt $\bar{c}$, und damit g, um 20 %.

Da die meisten biologisch wichtigen Stoffe so polar, also lipophob sind (kleines k), dass ihre einfache Diffusion durch die Membran viel zu langsam ablaufen würde, gibt es neben den Ionenkanälen weitere Membranproteine, sog. **Carrier** (Transporter), die das zu transportierende Molekül (z. B. Glucose) auf der einen

D. Permeabilität an Lipidmembranen

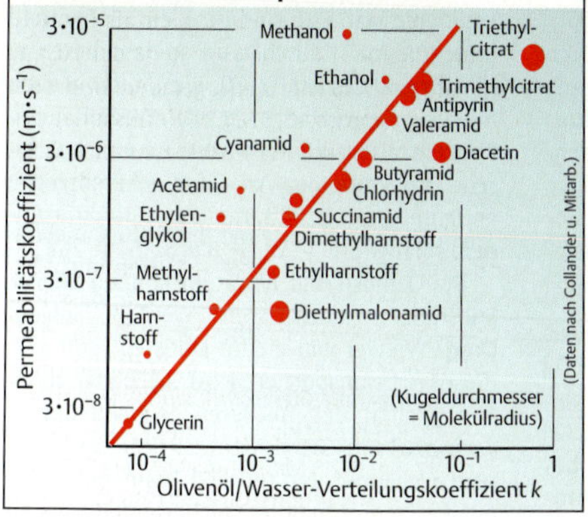

E. Erleichterte Diffusion

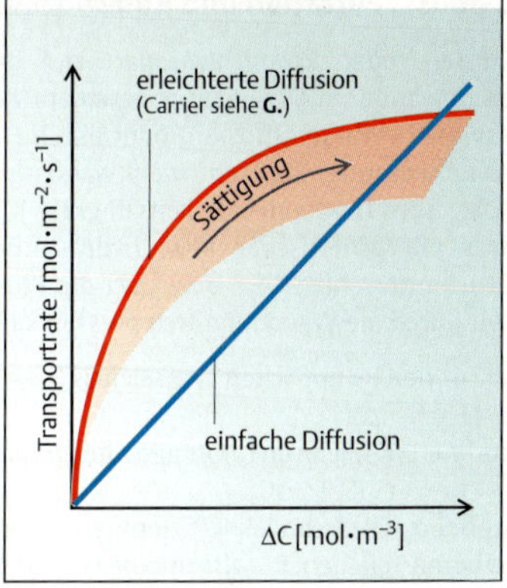

F. Nichtionische Diffusion

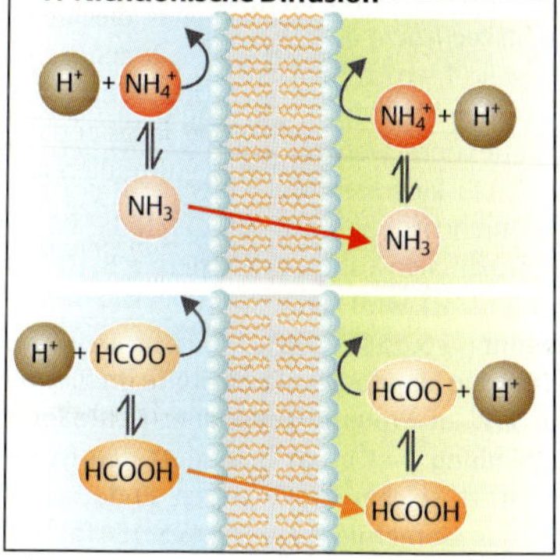

G. Passiver Carriertransport

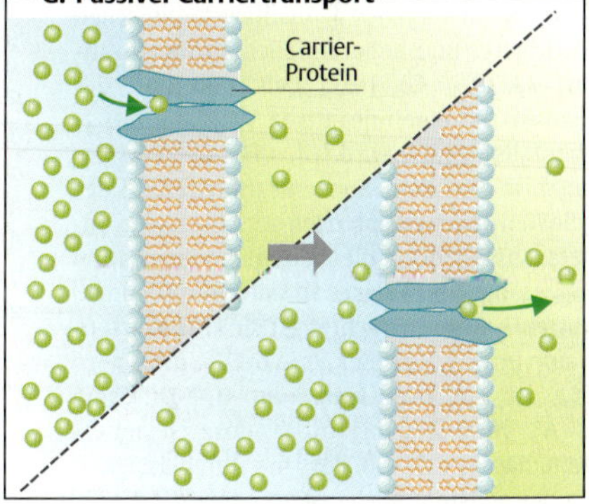

Membranseite binden und sich (nach einer Konformationsänderung) jenseits der Membran wieder von ihm trennen (→ **G**). Für den Transport durch solche Carrier (z. B. GLUT-Uniporter für Glucose, → S. 158) ist zwar, wie bei der einfachen Diffusion, ein Konzentrationsgefälle notwendig (*passiver Transport*), doch ist diese **„erleichterte Diffusion"** andererseits *sättigbar* (→ **E**) und *spezifisch* für strukturell ähnliche Stoffe, die sich auch gegenseitig *kompetitiv hemmen* können. Diese Eigenschaften haben solche Carrier mit denen für den aktiven Transport gemeinsam (→ S. 26).

Osmose, Filtration und Konvektion

Wasser- oder *Volumentransport* (J_V) durch Trennwände im Organismus geschieht durch *Osmose* (= Wasserdiffusion) oder durch *Filtration.* Dazu muss die Trennwand wasserdurchlässig sein (hydraulische Leitfähigkeit K_f), so dass ein osmotischer bzw. hydrostatischer Druckunterschied ($\Delta\pi$ bzw. ΔP) die Flüssigkeit durch die Wand hindurch pressen kann.

Für den **osmotischen Wasserfluss** (→ **A**) gilt

$$J_V = K_f \cdot \Delta\pi \quad [1.11]$$

und für $\Delta\pi$ nach *van't Hoff* und *Staverman*

$$\Delta\pi = \sigma \cdot R \cdot T \cdot \Delta C_{osm}, \quad [1.12]$$

wobei σ = Reflexionskoeffizient (s.u.) der beteiligten Teilchen, R = allgemeine Gaskonstante (→ S. 20), T = absolute Temperatur und ΔC_{osm} [osm · kgH_2O^{-1}] = Differenz zwischen niedrigerer und höherer Teilchenkonzentration (→ **A**: $C^a_{osm} - C^b_{osm}$). ΔC_{osm} als Trieb„kraft" der Osmose hat einen negativen Wert, so dass J_V ebenfalls negativ wird (Gl. 1.11). Der Wasserfluss ist also dem Konzentrationsgefälle der gelösten Teilchen entgegen gerichtet oder, anders ausgedrückt, die höhere Konzentration C^b_{osm} „saugt" das Wasser an sich. Vom Lösungsmittel H_2O her betrachtet, ist die H_2O-Konzentraion in a, C^a_{osm}, größer als in b, C^b_{osm}, d. h. $C^a_{H_2O} - C^b_{H_2O}$ ist die Trieb„kraft" der H_2O-Diffusion (→ **A**). Voraussetzung für Osmose ist außerdem, dass $\sigma > 0$, d. h. dass die Durchlässigkeit für die gelösten Teilchen geringer ist als die für Wasser.

Für den Durchlass von Wasser durch die Zellmembran besitzt diese oft Wasserkanäle (**Aquaporine**). Eine Sammelrohr-Hauptzelle der Niere z. B. enthält 10^7 solche Kanäle, und zwar in der luminalen Membran Aquaporin-2 (regelbar) und in der basolateralen Membran Aquaporin-3 und -4 (permanent?). Geregelt wird die Wasserdurchlässigkeit des Sammelrohrepithels (→ **A** rechts) durch Ein- und Wiederausbau von Aquaporin-2, das in der Membran intrazellulärer Vesikel gelagert ist. In Anwesenheit von ADH (V_2-Rezeptoren, cAMP; → S. 274) werden sie innerhalb von Minuten in die luminale Membran eingebaut und erhöhen so deren Wasserdurchlässigkeit (pro Kanal ca. $1{,}5 \cdot 10^{-17}\, l \cdot s^{-1}$).

Für die **Filtration** (→ **B**) gilt:

$$J_V = K_f \cdot \Delta P \quad [1.13]$$

Filtration findet v. a. durch die Wand der *Blutkapillaren* statt; sie sind für kleine Ionen und Moleküle meist durchlässig, so dass diese frei mitfiltriert werden (σ = 0; s. u.), nicht jedoch für Plasmaproteine (→ **B**, X). Wegen deren Konzentrationsdifferenz baut sich eine onkotische Druckdifferenz $\Delta\pi$ auf, die ΔP entgegen gerichtet ist, d. h. Filtration kann nur stattfinden, solange $\Delta P > \Delta\pi$ (→ **B** u. S. 152 u. 208).

Bei Osmose und Filtration können gelöste Substanzen „mitgerissen" werden: **Solvent Drag**. Wieviel von einem gelösten Stoff *x* in dieser Art transportiert wird (J_x), hängt außer von J_V und der mittleren *Stoffaktivität* $\bar{a}_x$ (→ S. 376) am Ort des Durchtritts davon ab, welcher Anteil der Teilchen beim Auftreffen auf die Trennwand diese nicht durchdringt, also „reflektiert" wird. Ein Maß dafür ist der *Reflexionskoeffizient* σ.

$$J_x = J_V (1 - \sigma)\, \bar{a}_x\, [mol \cdot s^{-1}] \quad [1.14]$$

Bei großen Molekülen, z. B. Proteinen, die völlig „reflektiert" werden (→ z. B. X in **B**), beträgt σ = 1; bei kleineren Molekülen ist $\sigma < 1$. Für den Durchtritt von Harnstoff durch die Wand des proximalen Tubulus der Niere z. B. ist σ = 0,68. (1− σ) wird auch *Sieb(ungs)koeffizient* genannt (→ S. 154).

Manche kleinmolekularen Stoffe im Plasma sind z. T. an Proteine gebunden: **Plasmaproteinbindung** (→ **C**). Das behindert den freien Durchtritt solcher Stoffe durch Endothelien oder das glomeruläre Filter (→ S. 154 ff.). Bei einer glomerulären Filtrationsfraktion von 20% werden auch 20% eines frei filtrierbaren Stoffes abfiltriert. Ist dieser Stoff jedoch zu 9/10 an Plasmaproteine gebunden, werden von ihm nur 2% pro Nierenpassage filtriert.

Auch beim **Transport über weite Strecken**, z. B. im Blutkreislauf oder im Harntrakt, werden die gelösten Stoffe, ähnlich wie ein Stück Holz in einem Fluss, „mitgerissen": Transport durch **Konvektion**. Die dabei transportierte Stoffmenge/Zeit (J_{konv}) errechnet sich aus dem Volumenfluss/Zeit (J_V [$m^3 \cdot s^{-1}$]) und der Stoffkonzentration (C [$mol \cdot m^{-3}$]):

$$J_{konv} = J_V \cdot C\, [mol \cdot s^{-1}]. \quad [1.15]$$

Auch der Gasstrom im Atemtrakt dient dem konvektiven Transport. Beim Wärmetransport im Blut und bei der Wärmeabgabe in Form erwärmter Luft spricht man ebenfalls von Konvektion (→ S. 222).

A. Osmose (Wasserdiffusion)

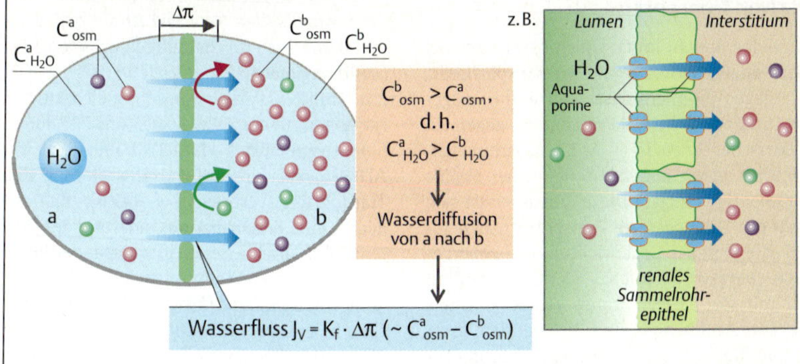

B. Filtration

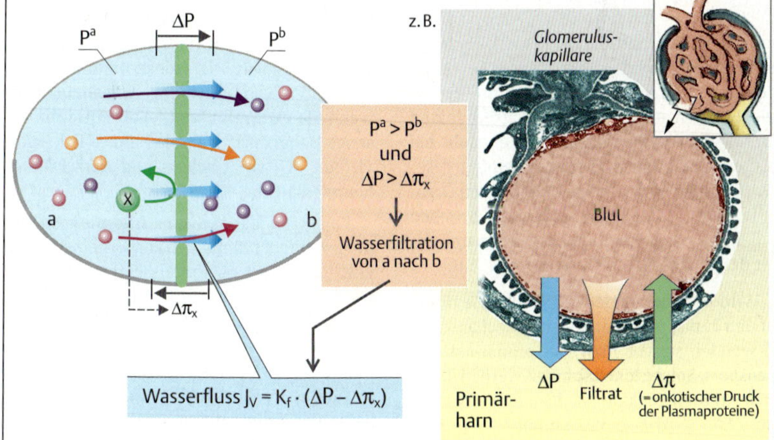

C. Plasmaproteinbindung

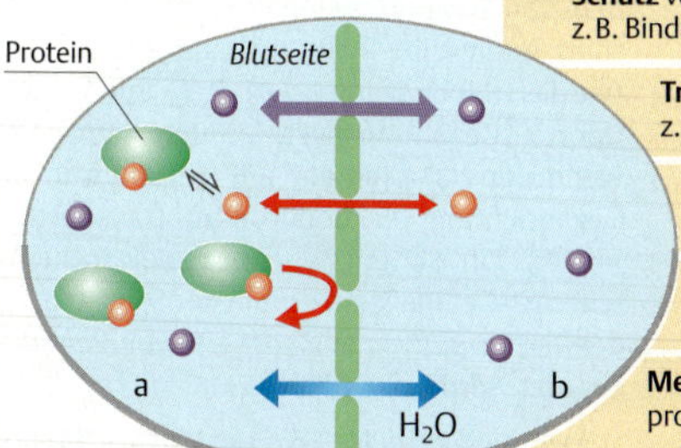

Schutz vor Ausscheidung,
z. B. Bindung von Häm an Hämopectin

Transportform im Blut,
z. B. Bindung von Fe^{3+}-Ionen an Apotransferrin

rasch verfügbarer **„Speicher“**,
z. B. von Ca^{2+} und Mg^{2+}

Lösung lipophiler Stoffe im Blut,
z. B. von unkonjugiertem Bilirubin

Medikamente (z. B. viele Sulfonamide):
proteingebundener Anteil
- nicht pharmakologisch wirksam
- nicht filtrierbar (verzögerte Nierenausscheidung)
- wirksam als Allergen (Hapten)

Aktiver Transport

An vielen Stellen im Organismus ist es nötig, Stoffe energetisch „bergauf" zu transportieren, d.h. gegen ihr chemisches Konzentrationsgefälle und/oder – im Falle von Ionen – gegen ein elektrisches Potenzial (→ S. 22), zusammengenommen *gegen ihr elektrochemisches Gefälle* (Gradient, Potenzial). Diese Aufgabe lässt sich *nicht* mit Hilfe passiver Transportprozesse lösen (die ja in der Gegenrichtung, d.h. energetisch „bergab" ablaufen; → S. 20 ff.), sondern nur mit sog. **aktiven Transportmechanismen**, die **energieabhängig** sind. Ein beträchtlicher Teil der dem Körper in Form von Nahrung zugeführten chemischen Energie wird – nach Umwandlung in unmittelbar verwendbares ATP (→ S. 41) – für den aktiven Transport verbraucht. Die Energie, die bei der ATP-Hydrolyse freigesetzt wird, treibt zahlreiche transmembranale Transporte von Ionen, Stoffwechselsubstraten und Ausscheidungsprodukten an. Mit diesem Energieaufwand entsteht bei all diesen Reaktionen, thermodynamisch gesehen, *Ordnung* in den Zellen und in deren Organellen, was Voraussetzung für das Überleben und die normale Funktion aller Zellen und damit des ganzen Organismus ist (→ S. 38 ff.).

Wird die Energie der ATP-Hydrolyse *direkt* für den Transport- oder „Pump"-Mechanismus verwendet, spricht man von **primär-aktivem Transport**. Solche **Ionenpumpen** werden daher auch **ATPasen** genannt. Sie bauen relativ langsam (Na^+-K^+-ATPase: ca. 1 µmol · s^{-1} pro m^2 Membranfläche) einen elektrochemischen Gradienten auf. Dieser Gradient wird dann, nach Erhöhung der Ionenkanaldurchlässigkeit (→ S. 32 ff.), für *schnelle Ionenflüsse* ausgenutzt (z.B. Na^+-Einstrom beim Aktionspotenzial: ca. 1000 µmol · s^{-1} · m^{-2}).

Die ubiquitär vorkommende Na^+-K^+-ATPase der Zellmembran, die Ca^{2+}-ATPasen von endoplasmatischem Retikulum und Plasmamembran, die H^+/K^+-ATPase der Magendrüsen und der renalen Sammelrohre sowie die H^+-ATPase der Lysosomen sind Beispiele dafür. Sie transportieren Na^+, K^+, Ca^{2+} bzw. H^+ primär-aktiv. Außer der H^+-ATPase sind sie aus je 2 α- und 2 β-Untereinheiten aufgebaut (sog. P-Klasse), wobei die α-Untereinheiten phosphoryliert werden und den „Transportkanal" für die Ionen bilden (→ **A1**).

Die **Na^+-K^+-ATPase** ist für die *Homöostase der intrazellulären Na^+- und K^+-Konzentration* und damit auch für die Aufrechterhaltung des Membranpotenzials der Zelle verantwortlich. Pro Transportzyklus werden gleichzeitig 3 Na^+-Ionen aus der Zelle hinaus- und 2 K^+-Ionen hinein„gepumpt" (→ **A1, 2**). Dabei wird ein ATP-Molekül für die Phosphorylierung des Transporters verbraucht (→ **A2 b**), die zunächst eine Konformationsänderung des Proteins und anschließend Affinitätsänderungen der Na^+- und K^+-Bindungsstellen auslöst. Die Konformationsänderung stellt den eigentlichen Ionentransportschritt dar, indem sie die Bindungsstellen jeweils auf der gegenüberliegenden Membranseite exponiert (→ **A2, b ⇒ d**). Die Dephosphorylierung stellt wieder den Ausgangszustand her (→ **A2, e ⇒ f**). Die Pumprate der Na^+-K^+-ATPase steigt, wenn sich die intrazelluläre Na^+-Konzentration erhöht, z.B. durch vermehrte Na^+-Aufnahme, oder wenn die extrazelluläre K^+-Konzentration ansteigt. Daher auch der volle Name Na^+-K^+-*aktivierbare* ATPase. *Ouabain* und *Herzglykoside* hemmen die Na^+-K^+-ATPase.

Von **sekundär-aktivem Transport** spricht man, wenn der Bergauf-Transport eines Moleküls (z.B. Glucose) mittels eines Carrierproteins (im Beispiel: SGLT2) an den passiven Transport eines Ions (im Beispiel Na^+) gekoppelt ist (→ **B1**). In diesem Fall stellt das ins Zellinnere gerichtete elektrochemische Na^+-Gefälle (für das die Na^+-K^+-ATPase an einer anderen Stelle der Zellmembran sorgt, → **A**) die treibende Kraft für die sekundär-aktive Aufnahme der Glucose in die Zelle dar. Eine solche Koppelung wird **Cotransport** genannt. Dabei spricht man von **Symport**, wenn die betreffende Substanz in dieselbe Richtung transportiert wird wie das treibende Ion (→ **B1, 2, 3**), und von **Antiport** (Gegentransport, Countertransport), wenn der Na^+-Gradient z.B. H^+-Ionen in die Gegenrichtung sekundär-aktiv transportiert (→ **B4**). Ein so entstehendes elektrochemisches H^+-Gefälle kann nun in der Folge u.a. für den *tertiär-aktiven Symport* z.B. von Peptiden genutzt werden (→ **B5**).

Während beim Na^+/H^+-Antiport (→ **B4**) und beim Na^+-Cl^--Symport (→ **B2**) keine elektrische Nettoladung transportiert wird (**elektroneutraler Transport**), ist dies bei Symportern ▶

A. Na^+-K^+-ATPase

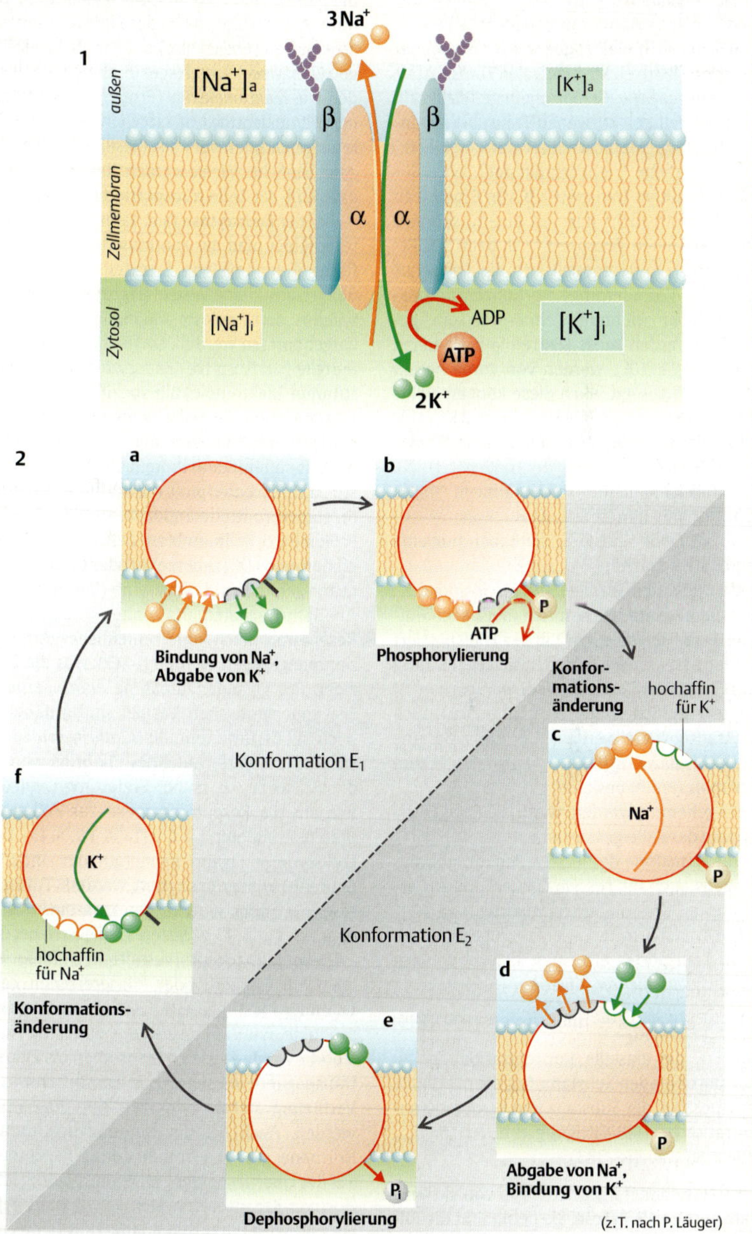

(z. T. nach P. Läuger)

▶

für Na^+ + Glucose^0 (→ **B1**), Na^+ + Aminosäure^0 (→ **B3**), 2 Na^+ + Aminosäure$^-$ oder H^+ + Peptid^0 (→ **B5**) der Fall: **elektrogener** oder **rheogener Transport.** Beim elektroneutralen Transport ist das chemische Na^+-Gefälle alleinige Triebkraft, während beim elektrogenen Transport das innen negative Membranpotenzial (→ S. 32 ff.) eine zusätzliche Triebkraft darstellt. Wird der sekundär-aktive Transport z. B. von Glucose an den Einstrom nicht nur von einem, sondern von 2 Na^+-Ionen gekoppelt (z. B. beim SGLT1-Symporter), so verdoppelt sich die Triebkraft nochmals. Wo allerdings ein Konzentrationsgefälle über mehrere Zehnerpotenzen geschaffen werden muss (Extremfall: H^+-Ionen im Magen: $1 : 10^6$), werden von vorne herein ATPasen eingesetzt. Auch diese können elektrogen (z. B. Na^+-K^+-ATPase: 3 Na^+-2 K^+; s. a. S. 46) oder elektroneutral sein (z. B. H^+/K^+-ATPase: 1 H^+/1 K^+).

Kennzeichnend für solche aktiven Transportmechanismen ist u. a., dass

- sie *sättigbar* sind, d. h., sie haben nur eine begrenzte Kapazität (J_{max}, s. u.),
- sie mehr oder weniger *spezifisch* sind, d. h., dass nur bestimmte, chemisch meist sehr ähnliche Stoffe durch einen Carrier transportiert werden; diese Stoffe hemmen sich gegenseitig beim Transport (*kompetitive Hemmung*),
- diese ähnlichen Stoffe oft unterschiedlich gut transportiert werden, d. h., dass sie eine *unterschiedliche Affinität* ($\sim 1/K_M$; s. u.) zum Transportsystem besitzen,
- sie gehemmt werden, wenn die *Energieversorgung* der Zelle gestört ist.

Mit Ausnahme des letzten Punktes gilt dies übrigens auch für *passive Carrier*, d. h. für erleichterte Diffusion durch *Uniporter* (→ S. 22).

Die Transportrate $J_{sätt}$ eines solchen sättigbaren Transportes errechnet sich meist nach der *Michaelis-Menten-Kinetik*:

$$J_{sätt} = J_{max} \cdot \frac{C}{K_M + C} \; [\text{mol} \cdot \text{m}^{-2} \cdot \text{s}^{-1}], \qquad [1.16]$$

wobei C die aktuelle Konzentration der zu transportierenden Substanz, J_{max} die maximale Transportrate der Substanz und K_M deren Konzentration bei Halbsättigung, d. h. bei $0{,}5 \cdot J_{max}$, bedeutet (s. auch S. 383).

Ein ganz anders gearteter Typ von aktivem Transport ist die **Zytose**. Sie beinhaltet die Bildung von membranumschlossenen **Vesikeln**, die 50–400 nm Durchmesser haben und sich unter ATP-Verbrauch von der Plasmamembran abschnüren (*Endozytose*) oder in diese einfügen (*Exozytose*). Durch spezifische Zytose werden v. a. *Makromoleküle* (Proteine, Lipoproteine, Polynukleotide und -saccharide) in die Zelle aufgenommen oder aus dieser exportiert. In ganz ähnlicher Weise werden diese Stoffe auch *innerhalb* der Zelle transportiert (→ S. 12 ff.).

Bei der **Endozytose** (s. a. Tafel 1.6, S. 13) unterscheidet man die kontinuierliche, unspezifische Aufnahme von Extrazellulärflüssigkeit über relativ kleine Vesikel (*Pinozytose*), mit der wahllos darin gelöste Moleküle in die Zelle aufgenommen werden, sowie die *rezeptorvermittelte* (= adsorptive) *Endozytose*, die für bestimmte Makromoleküle spezifisch ist (→ **C**). Letztere beginnt meist an kleinen Einbuchtungen (*pits*) der Plasmamembran, die an ihrer Innenseite oft mit dem Protein *Clathrin* dicht bestückt sind (*coated pits*). Die **Rezeptoren** für die rezeptorvermittelte Endozytose sind integrale Proteine der Zellmembran, z. B. solche für das Lipoprotein LDL (Leberzelle) oder für Intrinsic-factor-gebundene Cobalamine (Ileumepithel). An Clathrin-coated pits können Tausende von Rezeptoren, auch unterschiedlicher Art, zusammengezogen werden (→ **C**), was die Effizienz der Ligandenaufnahme enorm erhöht. Die endozytotischen Vesikel sind anfänglich noch mit Clathrin umhüllt (*Clathrin-coated vesicles*). Nach Entfernung des Clathrins werden die Vesikel zu sog. frühen Endosomen, von denen aus die Rezeptoren meist zur Zellmembran rezirkulieren (→ **C** u. Tafel 1.6, S. 13). Der endozytierte Ligand kann (auf der anderen Zellseite) wieder exozytiert werden (Transzytose, s. u.) oder wird in den *Lysosomen* „verdaut" (→ **C** u. S. 13). Letzteres trifft auch bei der (oft ebenfalls rezeptorvermittelten) **Phagozytose** von Erregern oder körpereigenen Zelltrümmern zu (→ S. 94 ff.). Kleine Verdauungsprodukte, wie Aminosäuren, Zucker und Nukleotide, werden aus den Lysosomen ins Zytosol transportiert, wo sie dem Zellstoffwechsel zur Verfügung stehen oder ins Blut abgegeben werden. Auch bei der Bindung bestimmter Hormone, z. B. von *Insulin*, an die Rezeptoren auf der Oberfläche der Zielzellen, wandert der Hormon-Rezeptor-Komplex in „Coated Pits" ein und wird daraufhin endozytiert („interna-

▶

B. Sekundär-aktiver und tertiär-aktiver Transport

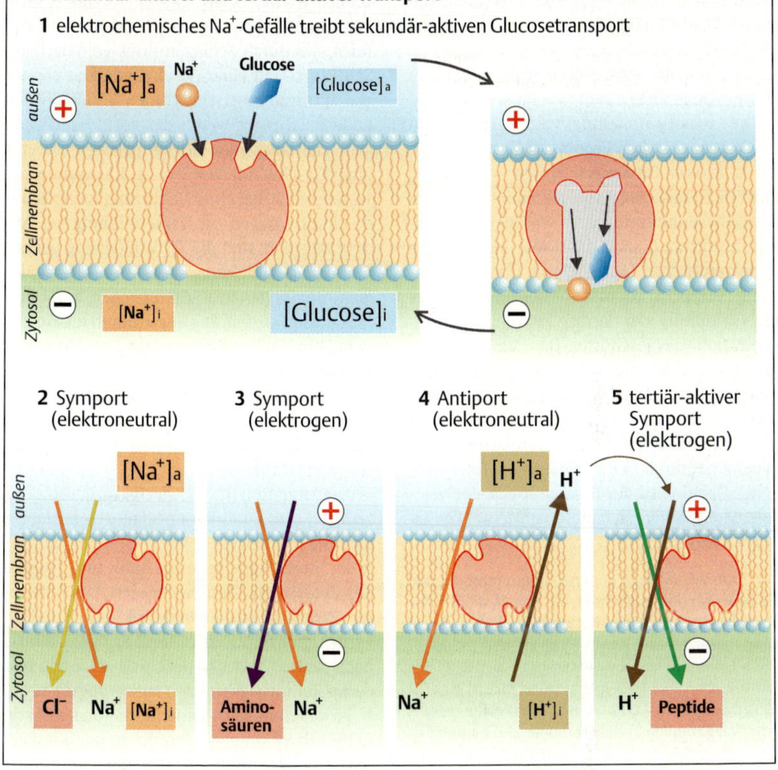

C. Rezeptorvermittelte Endozytose

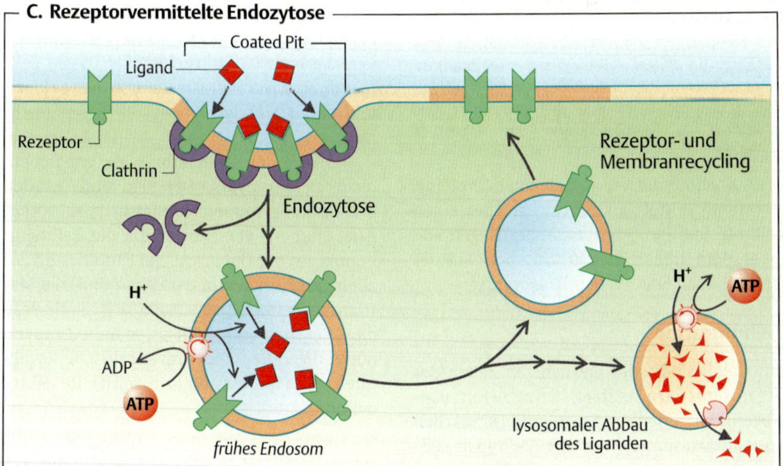

▶

lisiert"; → S. 282) und lysosomal verdaut. Damit sinkt die Dichte der zur Hormonbindung zur Verfügung stehenden Rezeptoren („*Down Regulation*" der Rezeptoren durch erhöhtes Hormonangebot).

Die **Exozytose** (s. a. Tafel 1.6, S. 13) dient zum einen dem gezielten *Export von Makromolekülen* (z. B. von Pankreasenzymen, → S. 246 ff.) oder der *Freisetzung von Hormonen* (z. B. im Hypophysenhinterlappen, → S. 280) oder *Neurotransmittern* (→ S. 50 ff.). Diese Stoffe liegen in *sekretorischen Vesikeln* (mit Clathrin-coat) fertig „verpackt" vor und werden auf ein Signal hin (Erhöhung der intrazellulären Ca^{2+}-Konzentration) ausgeschüttet. Das „Verpackungsmaterial", d. h. die Vesikelmembran, wird reendozytiert (*Recycling*). Zum anderen dient die exozytotische Membranfusion dazu, in der Vesikelmembran integrierte Proteine in die Plasmamembran einzubauen (→ Tafel 1.6, S. 13). Dabei wird der flüssige Inhalt der Vesikel zwangsläufig nach außen entleert (*konstitutive Exozytose*).

Der Proteinkomplex *Coatomer* übernimmt hierbei die Funktion des Clathrins (s. o.). Das Absenden der Vesikel vom Trans-Golgi-Netzwerk wird dadurch in Gang gesetzt, dass GNRP (guanine-nucleotide-releasing protein) der Golgi-Membran das GDP des zytosolischen ARF (ADP-ribosylation factor) zu GTP phosphoryliert (→ **D1**). ARF-GTP-Moleküle verankern sich daraufhin in der Membran und binden Coatomere (→ **D2**), so dass ein **Coatomer-coated vesicle** entsteht (→ **D3**). Dieser enthält in seiner Membran v-SNARE (vesicle synaptosome-associated protein receptor), das das t(target)-SNARE der Zielmembran (in diesem Fall die Plasmamembran) erkennt; es kommt zur Spaltung des ARF-GTPs, zur Ablösung des ARF-GDPs und der Coatomere und schließlich zu Membranfusion und Exozytose (→ **D4,5**).

Die Aufnahme von Makromolekülen (Proteine, Hormone) mittels Endozytose auf der einen Zellseite und ihre Abgabe auf der Gegenseite dient dem *transzellulären Transport* solcher Stoffe, z. B. an Endothelien: **Transzytose**.

Zellmigration

Prinzipiell sind wohl die meisten Zellen des Organismus dazu befähigt, sich aktiv fortzubewegen: *Migration* (→ **E**). Allerdings machen normalerweise nur wenige Zelltypen Gebrauch davon. Einen speziellen Antriebsmechanismus haben darunter wohl nur die *Spermien*, die durch Schlagen ihres geißelartigen Schwanzes mit einer Geschwindigkeit von etwa 2000 µm/min schwimmen können. Auch andere Zellen bewegen sich fort, wenn auch sehr viel langsamer, die *Fibroblasten* z. B. mit einer Geschwindigkeit von ca. 1,2 µm/min. Sie wandern z. B. bei einer Verletzung in die Wunde ein und tragen zur Narbenbildung bei. Andere Beispiele sind die Zellwanderung bei der *Embryonalentwicklung* oder die der *neutrophilen Granulozyten* und *Makrophagen*, die – chemotaktisch angelockt – sogar durch die Gefäßwand hindurch in Richtung auf eingedrungene Bakterien (→ S. 94 ff.) migrieren, und schließlich auch „entartete" Tumorzellen, die ihre unheilvolle Wirkung durch Einwandern in die verschiedensten Gewebe des Körpers entfalten (*Metastasierung*).

Die Migration ist ein Kriechen auf fester Unterlage (→ **E1**) und kommt dadurch zustande, dass die wandernde Zelle

◆ an ihrer „Heck"seite (a) Aktin und Tubulin des Zytoskeletts depolymerisiert, (b) Teile ihrer Zellmembran endozytiert (s. o.) und in Form endozytotischer Vesikel intrazellulär nach „vorne" transportiert, und (c) Ionen und damit Zellflüssigkeit nach außen abgibt, um

◆ an der „Bug"seite (Lamellipodium) (a) Aktin unter Mitwirkung von Profilin zu polymerisieren, d. h. Aktinmonomere anzubauen (→ **E2**), und unter Mitwirkung von Myosin I (in der Plasmamembran) nach „vorne" zu schieben (ATP-Verbrauch), (b) die Vesikel in die Zellmembran wieder einzubauen, sowie (c) Ionen und damit Flüssigkeit von außen aufzunehmen.

Die Teile der Zellmembran, die momentan nicht an der Zytose beteiligt sind, werden zwangsläufig raupenkettenartig von „vorne" nach „hinten" verschoben. Da die Zellmembran ja auf der Unterlage, bei Fibroblasten vor allem am Fibronektin der extrazellulären Matrix, angeheftet ist, verschiebt sich relativ dazu die Zelle nach vorne. Für diese Anheftung benötigt die Zelle wiederum spezifische Rezeptoren, die Fibroblasten also solche für Fibronektin.

D. Konstitutive Exozytose

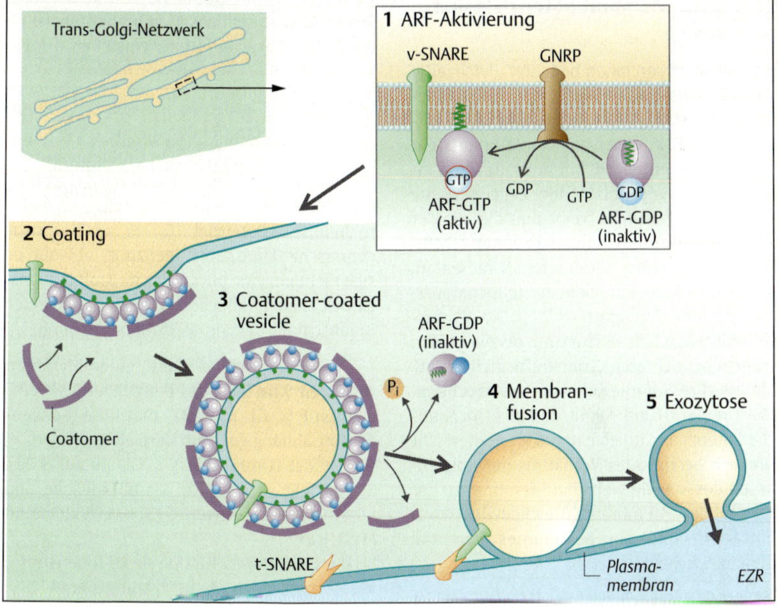

E. Zellmigration

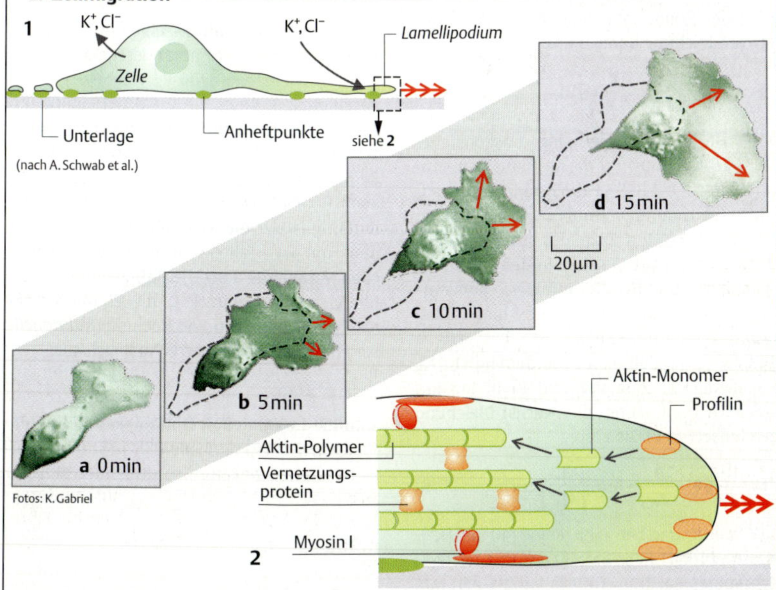

(nach A. Schwab et al.)

Fotos: K. Gabriel

(z. T. nach H. Lodish et al.)

Elektrische Membranpotenziale und Ionenkanäle

Der **Transport von Ionen** bedeutet gleichzeitig eine Ladungsverschiebung, d. h. die Entstehung einer *elektrischen Potenzialdifferenz*. Diffundieren z. B. K^+-Ionen aus der Zelle, entsteht ein **Diffusionspotenzial**, bei dem die Zelle innen negativ gegenüber der Zellaußenseite wird. Dieses Potenzial treibt nun die aus der Zelle herausdiffundierenden K^+-Ionen (Diffusion entlang eines chemischen Gradienten; → S. 20 ff.) wieder zurück in die Zelle (potenzialgetriebener Transport, → 22). Die K^+-Auswärtsdiffusion hält so lange an, bis die beiden (entgegengerichteten) Triebkräfte gleich groß, d. h. bis ihre Summe oder der **elektrochemische Gradient** (und damit das elektrochemische Potenzial, s. u.) gleich null ist. Es herrscht dann ein bestimmtes Verhältnis der Konzentration des Ions diesseits der Membran zu der jenseits der Membran (Gleichgewichtskonzentration) und ein bestimmtes Potenzial (Gleichgewichtspotenzial).

Das **Gleichgewichtspotenzial E_x** des Ions „X" zwischen der Innenseite (i) und der Außenseite (a) der Zellmembran lässt sich nach der Nernst-Gleichung berechnen:

$$E_X = \frac{R \cdot T}{F \cdot z_X} \cdot \ln \frac{[X]_a}{[X]_i} \text{ [V]}; \qquad [1.17]$$

dabei ist R die allgemeine Gaskonstante ($= 8{,}314\ J \cdot K^{-1} \cdot mol^{-1}$), T die absolute Temperatur (im Körper: 310 K), F die Faraday-Konstante, also die Ladung pro mol ($= 9{,}65 \cdot 10^4\ A \cdot s \cdot mol^{-1}$), z_X die Ladungszahl des Ions (+1 für K^+, +2 für Ca^{2+}, –1 für Cl^- etc.), ln der natürliche Logarithmus und [X] die „effektive" Konzentration (= Aktivität, → S. 376) des Ions X. Bei Körpertemperatur (310 K) ist $R \cdot T/F = 0{,}0267\ V^{-1}$. Wandelt man außerdem $\ln[X]_a/[X]_i$ in $-\ln[X]_i/[X]_a$, V in mV und ln in log um (→ S. 380 f.), so lautet die **Nernst-Gleichung** nach Einsetzen in Gleichung 1.17:

$$\mathbf{E_X = -61 \cdot \frac{1}{z_X} \cdot \log \frac{[X]_i}{[X]_a} \text{ [mV]};} \qquad [1.18]$$

Ist „X" z. B. K^+ und betragen $[K^+]_i = 140$ und $[K^+]_a = 4{,}5\ mmol/kgH_2O$, so beträgt das K^+-Gleichgewichtspotenzial $E_K = -61 \cdot 1 \cdot \log 31 = -91$ mV.

Ist die Zellmembran nur für K^+-Ionen durchlässig, so wird sich das **Membranpotenzial E_m** auf diesen Wert von –91 mV einstellen, d. h. $E_m = E_K$ (→ **A1**).

Bei ihrem Gleichgewichtspotenzial werden also von der betreffenden Ionenart X genauso viele durch den chemischen Gradienten in die eine Richtung getrieben wie durch das elektrische Potenzial in die Gegenrichtung. Das **elektrochemische Potenzial** (E_m–E_X, auch elektrochemische Trieb„kraft" genannt, obwohl es sich nicht um eine physikalische Kraft handelt) ist also gleich null, ebenso die Summe beider Ionenströme, der sog. **Netto-Ionenstrom (I_X)**.

Für die „Durchlässigkeit" einer Membran für Ionen wird statt des Permeabilitätskoeffizienten P (s. Gl. 1.5, S. 22) meist die (konzentrationsabhängige) **Leitfähigkeit g_X** [$S \cdot m^{-2}$] verwendet (Umrechnung s. Gl. 1.9 auf S. 22). Sie bezieht sich auf die Membranfläche und leitet sich vom Leitwert G [S] (= 1/Widerstand [1/Ω]) ab.

Das **Ohm-Gesetz** für den Netto-Ionenstrom/Membranfläche I_X [$A \cdot m^{-2}$] lautet somit

$$\mathbf{I_X = g_X \cdot (E_m - E_X).} \qquad [1.19]$$

I_X wird dann von null verschieden sein, wenn sich das aktuelle Membranpotenzial E_m vom Gleichgewichtspotenzial E_X wegbewegt. Dies geschieht z. B., wenn die Na^+-K^+-ATPase (elektrogen! → S. 26) vorübergehend stark aktiviert wird (Hyperpolarisation, → **A2**) oder wenn die Zellmembran nicht nur für K^+, sondern z. B. auch für Na^+ (Depolarisation, → **A3**) und Cl^- leitfähig ist. Ist die Membran für mehrere Ionenarten permeabel, so ist entscheidend, welchen Anteil die Einzelleitfähigkeiten g_K, g_{Na} und g_{Cl} an der Gesamtleitfähigkeit der Membran (g_m) haben, also wie hoch die *fraktionelle Leitfähigkeit* f_X ist. Sie errechnet sich aus:

$$f_X = g_X/g_m \qquad [1.20]$$

Sind die fraktionellen Leitfähigkeiten und die Gleichgewichtspotenziale (Gl. 1.18) der involvierten Ionen bekannt, so errechnet sich E_m aus:

$$E_m = E_K \cdot f_K + E_{Na} \cdot f_{Na} + E_{Cl} \cdot f_{Cl} \qquad [1.21]$$

A. Elektrochemisches Potential ($E_m - E_K$) und Ionenstrom

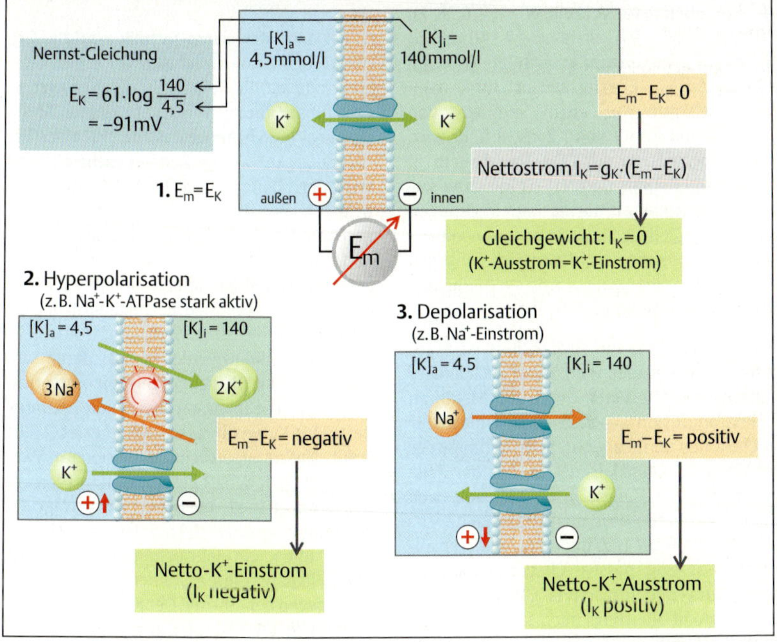

B. Einzelkanalregistrierung (Patch-clamp)

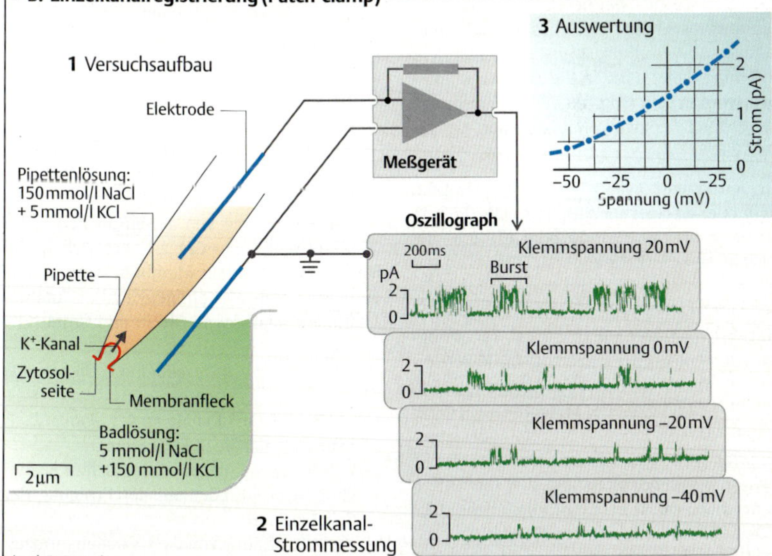

(nach R. Greger)

Setzt man in Gl. 1.21 realistische Werte z. B. für eine **ruhende Nervenzelle** ein ($f_K = 0{,}90$, $f_{Na} = 0{,}03$, $f_{Cl} = 0{,}07$; $E_K = -90$ mV, $E_{Na} = +70$ mV, $E_{Cl} = -83$ mV), so errechnet sich ein **E_m von −85 mV**. Aus $E_m - E_X$ errechnet sich für K^+ dann eine Triebkraft von +5 mV, für Na^+ von −145 mV und für Cl^- von −2 mV, d. h. K^+ wird mit geringer Triebkraft (aber bei hohem g) nach außen fließen, und Na^+ strömt trotz seiner hohen Triebkraft nur deshalb in geringen Maße in die Zelle, weil g_{Na} bzw. f_{Na} der ruhenden Zelle so klein ist. Öffnen sich hingegen beim Aktionspotenzial (→ S. 46) vermehrt die Na^+-Kanäle, so steigt I_{Na} enorm an.

Das Potenzial, das durch Transport einer Ionenart hervorgerufen wird, treibt auch andere Kationen oder Anionen durch die Membran („Elektrodiffusion", → S. 22, wenn diese für solche Ionen permeabel ist. So tritt infolge des K^+-Diffusionspotenzials z. B. Cl^- aus der Zelle aus, und zwar so lange, bis $E_{Cl} = E_m$, was nach Gl. 1.18 bedeutet, dass die intrazelluläre Cl^--Konzentration auf 1/25 der extrazellulären abgesenkt ist (sog. passive Cl^--Verteilung zwischen extra- und intrazellulär). In obigem Beispiel bestand allerdings auch für Cl^- eine geringe Triebkraft von intra- nach extrazellulär ($E_m - E_{Cl} = -2$ mV); das heißt, Cl^- ist in diesem Fall im Zytosol höher konzentriert als es einer passiven Cl-Verteilung ($E_{Cl} = E_m$) entspricht und muss daher aktiv in die Zelle aufgenommen worden sein (sog. aktive Cl^--Verteilung), z. B. durch einen NaCl-Symport-Carrier (→ S. 29 B).

Für den Ionentransport besitzt die Membran mehr oder weniger spezifische **Kanäle** (Poren), so solche für Na^+, Ca^{2+}, K^+ oder Cl^-, d. h., die Leitfähigkeit der Zellmembran (s. o.) wird davon bestimmt, welche und wieviele Ionenkanäle gerade offen sind. Die Patch-clamp- oder Saugelektrodentechnik (s. u.) hat es ermöglicht, den *Ionenstrom durch einzelne Kanäle* direkt zu messen (→ **B**). Dabei hat sich gezeigt, dass die Leitfähigkeit der Membran nicht darin besteht, dass die Ionenkanäle mehr oder weniger offen ist, sondern dass sie im Durchschnitt öfter oder seltener offen sind, d. h. ihre **Offenwahrscheinlichkeit** bestimmt die Ionendurchlässigkeit. Der Kanal öffnet sich häufig repetitiv in Salven (bursts; → **B2**), wobei eine einzelne Kanalöffnung, bei der Zehntausende von Ionen durch den Kanal strömen, nur wenige ms dauert.

Bei der **Patch-clamp-Technik** wird die Öffnung (0,3–3 μm Durchmesser) einer Glaselektrode auf die Zellmembran aufgesetzt, so dass diese Öffnung von einem kleinen Membranfleck (*patch*) bedeckt ist, der nur einen Kanal (oder ganz wenige Kanäle) enthält. (Dabei wird der Membranfleck in der Zellmembran belassen oder aber, wie in **B1** gezeigt, herausgerissen, um ihn isoliert untersuchen zu können.) Bei vorgegebener Membranspannung (Klemmspannung = voltage clamp) kann nun der jeweils zugehörige Einzelkanalstrom gemessen und die *Strom/Spannungs-Kurve* (*I/V-Kurve*) gezeichnet werden (→ **B3**), deren Steigung der Einzelkanalleitfähigkeit entspricht (s. Gl. 1.18). Die Spannung, bei der die (extrapolierte) I/V-Kurve die x-Achse schneidet (I = 0), heißt *Nullstrompotenzial*. Aus seinem Wert kann auf die Ionenart geschlossen werden, die den Strom I trägt. Im Beispiel **B** beträgt das Nullstrompotenzial −90 mV. Hier besteht nur für Na^+ und K^+ ein elektrochemischer Gradient, und E_K liegt für diesen Gradienten bei −90 mV, E_{Na} dagegen bei +90 mV. Der Kanal ist also ausschließlich für K^+-Ionen, nicht aber z. B. für Na^+-Ionen durchlässig. Die vorhandenen Kanaltypen können außerdem durch Zugabe spezifischer *Kanalblocker* unterschieden werden.

Der Öffnungszustand der Ionenkanäle kann **gesteuert** werden (→ **C**), und zwar u. a. durch

- die Höhe des *Membranpotenzials* (z. B. Na^+-, Ca^{2+}- und K^+-Kanäle an Nerven- und Muskelfasern; → **C1** z. B. S. 46 u. 50),
- Substanzen, die von außen an den Kanal binden (*Liganden* → **C2**), z. B. Acetylcholin an der postsynaptischen Membran einer nikotinischen Synapse (Kationenkanal), Glutamat (Kationenkanal) sowie Glycin und GABA (Cl^--Kanäle),
- Vermittlung *intrazellulärer Signalstoffe* (→ **C3**) wie
  - cAMP (z. B. Ca^{2+}-Kanäle an der Myokardzelle und Cl^--Kanäle in Epithelien),
  - cGMP (z. B. bei der muskarinischen Acetylcholinwirkung oder bei der Erregung der Sehstäbchen),
  - IP_3 (z. B. Öffnung von Ca^{2+}-Kanälen intrazellulärer Ca^{2+}-Speicher),

C. Steuerung von Ionenkanälen

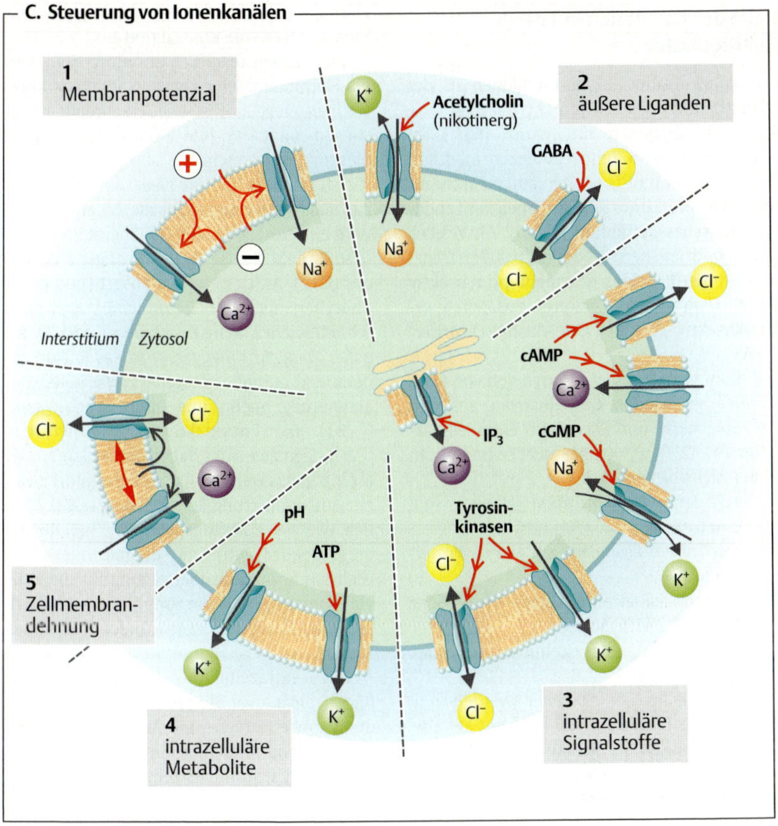

- sog. kleine G-Proteine (z. B. Ca^{2+}-Kanäle der Zellmembran),
- Tyrosinkinasen (z. B. Cl^-- und K^+-Kanäle bei der Apoptose) oder
- Ca^{2+} selbst (z. B. K^+-Kanäle oder Aktivierungsgrad sog. schneller Na^+-Kanäle, → S. 46).

◆ Vermittlung intrazellulärer *Metabolite* (→ **C4**) wie ATP (z. B. K^+-Kanäle in Herz und B-Zellen der Pankreasinseln) oder H^+-Ionen (z. B. K^+-Kanäle in Nierenepithelien),

◆ direkt oder indirekt (?) durch den *Dehnungszustand* (→ **C5**) der Zellmembran (z. B. Ca^{2+}-Kanäle in glatten Muskelfasern oder allgemein K^+- und Cl^--Kanäle bei Zellschwellung).

Rolle der Ca^{2+}-Ionen bei der Zellregulation

Die Konzentration freier Ca^{2+}-Ionen in der Interstitialflüssigkeit, **$[Ca^{2+}]_a$**, beträgt ca. 1,3 mmol/l. Diejenige im Zytosol, **$[Ca^{2+}]_i$**, ist hingegen um 4–5 Zehnerpotenzen niedriger (ca. 0,1–0,01 µmol/l), da Ca^{2+} laufend aktiv aus dem Zytosol in intrazelluläre Speicher (endoplasmatisches Retikulum [→ S. 17 A], Vesikel, Mitochondrien, Kern?) oder nach außen transportiert wird. Beides geschieht primär-aktiv (*Ca^{2+}-ATPasen*) und Letzteres zusätzlich sekundär aktiv (*Ca^{2+}/3 Na^{+}-Austauschcarrier*) (→ **A1**).

Erhöht wird $[Ca^{2+}]_i$ v. a. durch den von *Ca^{2+}-Kanälen* getragenen **Ca^{2+}-Einstrom** aus den Ca^{2+}-Speichern und aus dem Extrazellulärraum (→ **A2**). Ca^{2+}-Kanäle der Zellmembran öffnen sich vermehrt z. B.

- durch deren *Depolarisation* (Nerven- und Muskelzellen),
- durch äußere *Liganden* (z. B. via G_0-Proteine; → S. 274),
- durch *intrazelluläre Signalstoffe* wie IP_3 oder cAMP (→ S. 274 ff.) sowie
- durch Dehnung der Zellmembran oder durch Hitzereize.

Die Ca^{2+}-Kanäle der Speicher werden u. a. durch lokale Erhöhung von $[Ca^{2+}]_i$ (Ca^{2+}-Einstrom von außen als „Funke" oder „Trigger") und durch Inositoltrisphosphat (IP_3, → **A2** u. S. 276) häufiger geöffnet.

Der **Anstieg von $[Ca^{2+}]_i$ ist ein Signal** für viele wichtige Zellfunktionen (→ **A**). Er bewirkt u. a. in Muskelzellen deren Kontraktion, in den präsynaptischen Endigungen der Neurone die Exozytose von Neurotransmittern, in endo- und neurokrinen Zellen die Exozytose von Hormonen, in einigen sensorischen Zellen deren Erregung, in diversen Zellen die Schließung von Gap Junctions (→ S. 19 C) und die Öffnung von Kanälen für andere Ionen, in Leukozyten und Tumorzellen deren Migration (→ S. 30), in Thrombozyten deren Aktivierung sowie in den Spermien deren Motilität. Ein Teil dieser Wirkungen wird von **Calmodulin** vermittelt. Erhöht sich $[Ca^{2+}]_i$, so bindet Calmodulin bis zu 4 Ca^{2+}-Ionen (→ **A2**). Der *Ca^{2+}-Calmodulin-Komplex* aktiviert u. a. zahlreiche Enzyme, so die CaM-Kinase II (s. u.), und löst im glatten Muskel über die Myosin-Leichtketten-Kinase (MLCK) die Kontraktion aus (→ S. 70).

Viele Zellen reagieren auf einen Reiz oder ein Hormon mit einer ganzen Serie von kurzzeitigen, regelmäßig wiederkehrenden Anstiegen von $[Ca^{2+}]_i$: **$[Ca^{2+}]_i$-Oszillation** (→ **B**). In diesem Fall ist nicht die absolute Höhe von $[Ca^{2+}]_i$, sondern die *Frequenz* der Oszillation das quantitative Signal für die Zellantwort. So wird z. B. die Calmodulin-abhängige Proteinkinase II (CaM-Kinase II) bei *niedriger Frequenz* des $[Ca^{2+}]_i$-Anstiegs kurz aktiviert (und phosphoryliert nur seine Zielproteine), aber auch schnell wieder völlig deaktiviert (→ **B1,3**). Bei *hoher Frequenz* hingegen wird das Enzym zunehmend autophosphoryliert, was seine Deaktivierung mehr und mehr verlangsamt (→ **B3**). Die Enzymaktivität zwischen den $[Ca^{2+}]_i$-Signalen sinkt daher immer langsamer ab, d. h. jedes weitere $[Ca^{2+}]_i$-Signal führt zu einer Aufsummierung der Aktivität (→ **B2**). Ähnlich wie beim Aktionspotenzial (→ S. 46) ist diese frequenzgetragene, digitale Alles-oder-Nichts-Informationsübertragung für die Zelle viel eindeutiger als die Amplitude von $[Ca^{2+}]_i$, die ja auch aus anderen Gründen fluktuieren kann.

Die extrazelluläre Ca^{2+}-Konzentration, **$[Ca^{2+}]_a$**, die u. a. für Blutgerinnung, Knochenbildung sowie Nerven- und Muskelerregbarkeit entscheidend ist, ist eine durch Hormone (PTH, Calcitriol, Calcitonin) streng geregelte Größe (→ S. 290) und stellt auch selbst das Rückkopplungssignal im Regelkreis dar (→ S. 290). Die zugehörigen **Ca^{2+}-Sensoren** sind Membranproteine, die hohe $[Ca^{2+}]_a$-Werte an der Zelloberfläche erfassen und (vermittels eines G_q-Proteins) intrazellulär IP_3 + DAG (Diacylglycerin) als Second Messenger losschicken (→ **C1** u. S. 274 ff.). In den parafollikulären C-Zellen bewirkt IP_3 einen Anstieg von $[Ca^{2+}]_i$, was zur Exozytose des $[Ca^{2+}]_a$-senkenden Calcitonins führt (→ **C2**). In den Parathyroidzellen dagegen *senkt* ein hohes $[Ca^{2+}]_a$ die Ausschüttung des $[Ca^{2+}]_a$-steigernden PTH; dies wird durch DAG und Proteinkinase C (PKC) sowie evtl. durch die (per G_i-Protein, → S. 274) verminderte cAMP-Konzentration vermittelt (→ **C3**). Ca^{2+}-Sensoren finden sich u. a. auch in Osteoklasten und in Nieren- und Darmepithelien.

A. Zellregulation durch Ca^{2+}-Ionen

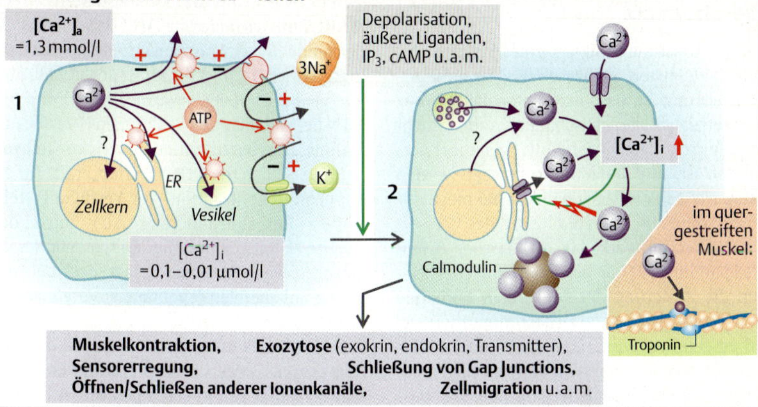

B. Ca^{2+}-Oszillation

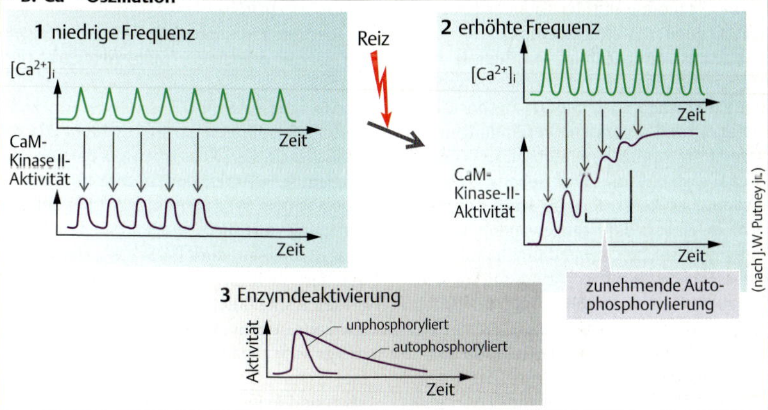

C. Ca^{2+}-Sensor

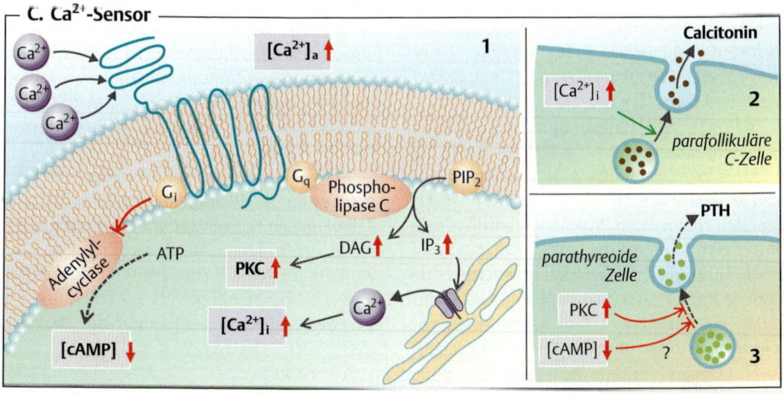

Energieumsatz

Energie [J] ist die Fähigkeit eines Systems, Arbeit [J] zu leisten. Voraussetzung für diese Arbeitsleistung ist, dass eine **Potenzialdifferenz** (= Potenzialgefälle; anschaulich, aber nicht ganz korrekt, auch Trieb„kraft" genannt) vorhanden ist, mit der Materie bewegt werden kann. Dieses Potenzialgefälle ist bei mechanischer Arbeit z. B. die Fallhöhe [m] des Wassers im Wasserkraftwerk, bei elektrischer Arbeit die Spannung [V] und bei chemischen Reaktionen die Änderung der sog. freien Enthalpie (ΔG [$J \cdot mol^{-1}$], s. u.). Um zu bestimmen, *wie viel* Arbeit geleistet wird, muss die Potenzialdifferenz (*Intensitätsfaktor*) mit dem *jeweiligen Kapazitätsfaktor* multipliziert werden, die Wasserfallhöhe also mit der Wassergewichtskraft [N], die Spannung mit der Ladungsmenge [C] und ΔG mit der Stoffmenge [mol].

Leben ist ohne Zufuhr von Energie nicht möglich. Die Pflanzen bekommen sie von der Sonne und wandeln damit CO_2 aus der Luft in Sauerstoff und organische Verbindungen um. Diese Stoffe können von Mensch und Tier direkt zur Deckung ihres Energiebedarfs genutzt werden. Das heißt, Energie kann von einer Form in eine andere umgewandelt werden. Findet eine solche Umwandlung in einem **geschlossenen System** statt (Austausch von Energie, aber nicht von Stoffen, mit der Umgebung), so bleibt der Gesamtenergiegehalt konstant. Der **Erste Hauptsatz der Thermodynamik** lautet daher, dass eine Änderung der inneren Energie, d. h. des Energiegehaltes (ΔU) eines Systems, z. B. einer chemischen Reaktion, gleich ist der Summe von aufgenommener (+W) oder geleisteter (– W) Arbeit und der Wärme, die dabei abgegeben (– Q) bzw. absorbiert wird (+Q).

$\Delta U = Q - W$ [J] (aufgenommene Wärme – geleistete Arbeit), [1.22]

$\Delta U = W - Q$ [J] (aufgenommene Arbeit – abgegebene Wärme). [1.23]

Bei allen chemischen Reaktionen wird Wärme umgesetzt. Dabei ist die bei der Umwandlung einer Substanz in eine andere entstehende Wärme immer gleich – unabhängig von dem genauen Reaktionsweg und ob sie in einem geschlossenen oder offenen (z. B. biologischen) System erfolgt (→ Brennwerte, S. 228).

Der Wärmeumsatz bei konstantem Druck heißt *Enthalpieänderung* ΔH. (Dabei ist die zu leistende Druck-Volumen-Arbeit berücksichtigt: $\Delta H = \Delta U + p \cdot \Delta V$). ΔH ist negativ bei *exothermen* Reaktionen (Wärmeabgabe) und positiv bei *endothermen* Reaktionen (Wärmeaufnahme). Um herauszufinden, welcher Teil von ΔH tatsächlich frei (z. B. als Trieb„kraft" für eine chemische Reaktion) zur Verfügung steht (= *freie* Enthalpieänderung ΔG), muss der **zweite Hauptsatz der Thermodynamik** herangezogen werden. Dieser besagt, dass bei freiwillig ablaufenden (spontanen) Vorgängen in einem geschlossenen System die „Unordnung" oder „Zufälligkeit", genannt **Entropie**, des Systems wächst ($\Delta S > 0$). Das Produkt Entropiezuwachs mal absolute Temperatur ($\Delta S \cdot T$) ist gleich der Wärme, die während eines solchen Prozesses entsteht.

Die **freie Enthalpie ΔG** wird daher folgendermaßen errechnet (*Gibbs-Helmholtz-Gleichung*):

$\mathbf{\Delta G = \Delta H - \Delta S \cdot T.}$ [1.24]

Wenn ΔS nahe null ist, sind ΔG und ΔH von ähnlicher Größe, so dass man z. B. die maximale chemische Arbeit der Glucose im Organismus aus dem Wärmeumsatz ΔH bei der Verbrennung von Glucose im Kalorimeter (Brennwert) schließen kann (→ S. 228). Die Gl. 1.24 definiert auch die Bedingungen, unter denen z. B. eine spontane chemische Reaktion ablaufen kann. Wenn $\Delta G < 0$, wird die Reaktion *exergonisch* genannt und kann spontan ablaufen; wenn $\Delta G > 0$, ist die Reaktion *endergonisch* und kann nur dann ablaufen, wenn zusätzliche freie Energie zugeführt wird. Exergonisch ($\Delta G < 0$) kann eine Reaktion auch sein, obwohl sie endotherm ist ($\Delta H > 0$), nämlich dann, wenn die Ordnungsabnahme ΔS so groß (positiv) ist, dass ($\Delta H - \Delta S \cdot T$) < 0 wird, z. B. bei der endothermen Auflösung von kristallinem NaCl in Wasser.

ΔG ist konzentrationsabhängig und lässt sich aus der *freien Standardenthalpie* ΔG^0 und den *aktuellen* Konzentrationen der beteiligten Stoffe errechnen. (Zur Ermittlung von ΔG^0 wird für alle Reaktionspartner eine Konzentration von 1 mol/l, ein pH 7,0, T = 298 K und p = 1013 hPa angenommen.) Lautet die Reaktion z. B.

$A \rightleftharpoons B + C,$ [1.25]

A. Aktivierungsenergie (E_a)

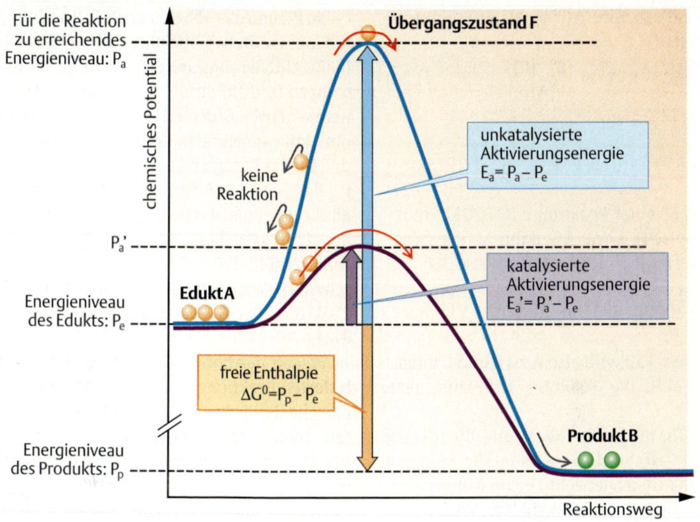

(z. T. nach J. Koolman u. K.-H. Röhm)

B. Molekülfraktion (F) mit $P_e > P_a$

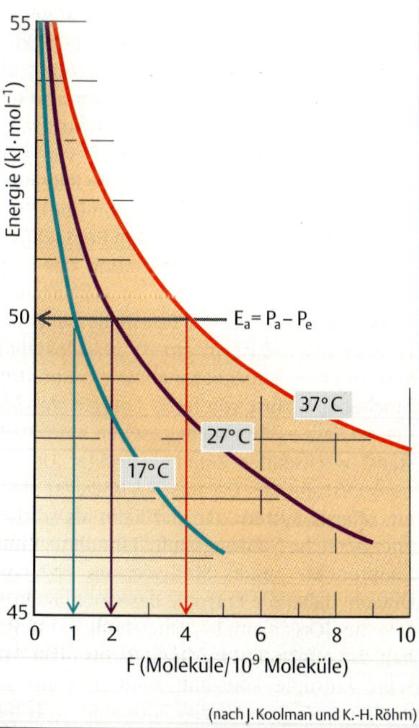

(nach J. Koolman und K.-H. Röhm)

C. Aerobe ATP-Bildung

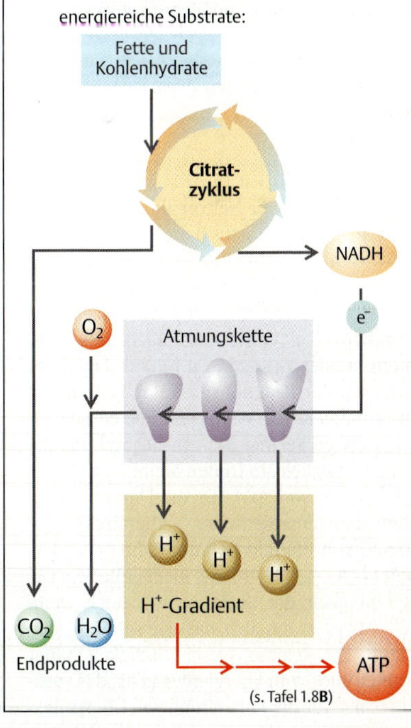

(s. Tafel 1.8B)

(wobei A = Edukt und B und C Produkte der Reaktion sind), so wird ΔG^0 in ΔG wie folgt umgewandelt:

$$\Delta \mathbf{G} = \Delta \mathbf{G^0} + \mathbf{R} \cdot \mathbf{T} \cdot \mathbf{ln} \frac{[\mathbf{B}] \cdot [\mathbf{C}]}{[\mathbf{A}]} \quad [1.26]$$

oder (bei 37 °C):

$$\Delta G = \Delta G^0 + 8{,}31 \cdot 310 \cdot 2{,}3 \cdot \log \frac{[B] \cdot [C]}{[A]} \cdot [J \cdot mol^{-1}] \quad [1.27]$$

Beträgt ΔG^0 einer Reaktion z. B. + 20 kJ · mol^{-1} (endergonisch), wird ΔG dann < 0 (exergonisch), wenn [B] · [C] beispielsweise 10^4 mal kleiner ist als [A]:

$$\Delta G = 20000 + 5925 \cdot \log 10^{-4} = -3{,}7\,kJ \cdot mol^{-1}. \quad [1.28]$$

In diesem Fall wird also A zu B und C umgewandelt, d. h. die Reaktion 1.25 läuft nach rechts.

Wenn für die gleiche Reaktion ([B] · [C])/[A] = $4{,}2 \cdot 10^{-4}$ ist, wird $\Delta G = 0$ und die Reaktion kommt ins Gleichgewicht (keine Nettoreaktion). Dieses numerische Verhältnis wird daher die **Gleichgewichtskonstante K_{eq}** dieser Reaktion genannt. Benützt man die Gleichung 1.26, kann K_{eq} in ΔG^0 und umgekehrt umgewandelt werden:

$$0 = \Delta G^0 + R \cdot T \cdot \ln K_{eq} \text{ oder}$$

$$\Delta G^0 = -R \cdot T \cdot \ln K_{eq} \quad [1.29]$$

oder

$$K_{eq} = e^{-\Delta G^0/(R \cdot T)}. \quad [1.30]$$

Ist schließlich ([B] · [C])/[A] > $4{,}2 \cdot 10^{-4}$, dann wird $\Delta G > 0$ und die Nettoreaktion läuft rückwärts ab, d. h. A wird aus B und C gebildet.

ΔG ist also ein Maß dafür, in welche Richtung die Reaktion läuft und *wie weit sie vom Gleichgewicht entfernt ist*. Aus der Konzentrationsabhängigkeit von ΔG folgt auch, dass ΔG in einem offenen System (s. u.) durch laufendes Entfernen der Reaktionsprodukte (z. B. durch eine anschließende Weiterreaktion entlang eines Stoffwechselweges) hoch-negativ und die Reaktion folglich am Laufen bleibt.

Die Höhe von ΔG^0, die die Differenz zwischen dem Energieniveau (= chemisches Potenzial) von Produkt (P_p) und Edukt (P_e) darstellt (→ **A**), sagt allerdings nichts über die **Geschwindigkeit der Reaktion** aus. Auch wenn $\Delta G^0 < 0$, ist es möglich, dass sie sehr langsam abläuft. Die Reaktionsgeschwindigkeit hängt nämlich auch vom Energieniveau ab, das *vorübergehend* für die Entstehung von Übergangszuständen mindestens erreicht werden muss (→ **A**, P_a) und das höher liegt als P_e. Die Energie, die hier zusätzlich benötigt wird ($E_a = P_a - P_e$), heißt **Aktivierungsenergie**. Sie ist gewöhnlich so hoch (≈ 50 kJ · mol^{-1}), dass sie nur von jenem winzigen Bruchteil (F ≈ 10^{-9} !) der Eduktmoleküle aufgebracht wird (→ **A, B**), deren individuelles Energieniveau zufällig höher ist als P_e, das ja nur den Durchschnittswert für alle Eduktmoleküle darstellt. F ist *temperaturabhängig* (→ **B**). Ein Abfall/Anstieg um 10 °C senkt/erhöht F (und damit die Reaktionsgeschwindigkeit) gewöhnlich um den Faktor 2–4, d. h., der **Q_{10}-Wert** der Reaktion beträgt 2–4.

Wegen der hohen E_a-Werte vieler unkatalysierter Reaktionen war es in der Evolution entscheidend, dass sich die **Enzyme** entwickelten, biologische Katalysatoren also, die die Reaktionsgeschwindigkeit enorm dadurch beschleunigen, dass sie E_a erniedrigen (→ **A**). Nach *Arrhenius* ist die Ratenkonstante k [s^{-1}] einer unimolekularen Reaktion proportional $e^{-E_a/(R \cdot T)}$. Wird daher E_a einer unimolekularen Reaktion durch ein Enzym von z. B. 126 auf 63 kJ · mol^{-1} gesenkt, so steigt die Ratenkonstante bei 310 K (37 °C) um den Faktor $e^{-63000/(8{,}31 \cdot 310)}/e^{-126000/(8{,}31 \cdot 310)}$, d. h. um das $4 \cdot 10^{10}$fache. In diesem Fall verkürzt also das Enzym die Zeit, nach der 50 % der Ausgangssubstanz metabolisiert sind ($t^1/_2$), von beispielsweise 10 Jahren auf 7 ms! Die Rate oder „Geschwindigkeit" der Hinreaktion [mol · l^{-1} · s^{-1}] errechnet sich dabei aus dem Produkt (Ratenkonstante [s^{-1}] · Konzentration des Ausgangsstoffes [mol · l^{-1}]).

Das zweite Gesetz der Thermodynamik beinhaltet auch, dass in einem geschlossenen System durch Entropiezunahme ein ununterbrochener Verlust von freier Energie stattfindet, so dass es insgesamt gesehen einem Zustand wachsender Zufälligkeit oder Unordnung zustrebt. Der Organismus hingegen stellt ein **offenes System** dar und kann als solches energiereiche Nahrungsstoffe aufnehmen und Endprodukte seines Stoffwechsels abgeben. Obwohl dabei die Entropie des geschlossenen Systems [Organismus + Umgebung] ansteigt, hält das offene System Organismus nicht nur seine Entropie konstant, sondern kann sie durch den Aufwand freier Enthalpie sogar herabsetzen. Beispiele dafür sind der Aufbau von Ionengradienten oder von hydraulischen Druckunterschieden innerhalb des Körpers. Während also ein geschlossenes System dadurch charakterisiert ist, dass es ein Maximum an Entropie besitzt, dass es sich in einem echten Reaktionsgleichgewicht befindet und dass es nur einmal Arbeit leisten kann, ist der Körper als ein offenes System in der Lage, kontinuierlich Arbeit zu verrichten, wobei nur ein Minimum an Entropie erzeugt wird. Nur ganz wenige Prozesse innerhalb des Körpers erreichen ein echtes Gleichgewicht (z. B. die Reaktion $CO_2 + H_2O \rightleftharpoons HCO_3^- + H^+$). In den meisten Fällen (Stoffwechselwege, Zellpotenzial u.v.a.) besteht nur ein **Fließgleichgewicht (steady state)**. Solche Stoffwechselwege sind gewöhnlich *irreversibel* (z. B. wegen der Ausscheidung von Endprodukten). Diese Irreversibilität wird besonders deutlich, wenn man an die Umkehrung der „Reaktion" Keimzelle → Erwachsener denkt.

In einem Fließgleichgewicht ist die *Rate* (*Geschwindigkeit*) der Reaktion entscheidend und nicht ihr Gleichgewicht. Über die Einflussnahme auf die Reaktionsgeschwindigkeit wird daher auch eine *Regulation* der Körperfunktionen möglich.

Bestimmte Reaktionen sind so langsam, dass weder Enzyme noch die Konzentrationssenkung der Produkte ausreicht, einen genügenden Umsatz zu erzielen. Hier muss der Reaktion von außen Energie zugeführt werden, z. B. dadurch, dass das Edukt durch Anhängen einer energiereichen Phosphatgruppe „aktiviert", d. h. auf ein höheres P_e gebracht wird. Der fast universell einsetzbare Träger und Überträger freier Enthalpie im Organismus ist **Adenosintriphophat**, abgekürzt **ATP**. Es ist ein Stoffwechselprodukt, das seine chemische Energie von den energiereichen Nahrungsstoffen übernimmt (→ **C**). ATP entsteht hauptsächlich bei der **Oxidation** biologischer Moleküle wie z.B. von Glucose. Oxidation bedeutet in diesem Fall *Entzug von Elektronen* von dem relativ elektronenreichen (= reduzierten) Kohlenhydrat. Die Endprodukte dieser Reaktion sind CO_2 und H_2O. Diese Oxidation (oder dieser Elektronenübergang) verläuft im Organismus in mehreren Stufen und ermöglicht es, dass ein Teil der bei der Oxidation freigesetzten Energie an die Bildung von ATP gekoppelt wird: **gekoppelte Reaktion** (→ **C** und S. 17 B).

Die freie Standardenthalpie ΔG^0 der **ATP-Hydrolyse**

$$ATP \rightleftharpoons ADP + P_i \qquad [1.31]$$

beträgt – 30,5 kJ · mol^{-1}. Wie die Gl. 1.27 zeigt, steigt ΔG der Reaktion 1.31, wenn das Verhältnis ([ADP] · [P_i]/[ATP] unter die Gleichgewichtskonstante K_{eq} der ATP-Hydrolyse sinkt. Tatsächlich führt die hohe ATP-Konzentration in den Zellen zu einem ΔG von ungefähr – 46 bis – 54 kJ · mol^{-1}.

Substanzen mit einem deutlich höheren ΔG^0 für die Hydrolyse als ATP, z. B. *Kreatinphosphat* (– 43 kJ · mol^{-1}), sind in der Lage, (aus ADP und P_i) ATP zu *bilden*. Die universell verwendbare chemische Energie des ATP kann andererseits für die Bildung anderer Verbindungen (z. B. UTP, GTP, Glucose-6-Phosphat etc.) benutzt werden, deren Energiegehalt zwar kleiner als der des ATP ist, aber immer noch relativ hoch liegt.

Die Energie, die bei der ATP-Hydrolyse freigesetzt wird, treibt Hunderte von Reaktionen im Organismus an, z. B. den aktiven Stofftransport durch Membranen, die Synthese von Proteinen und die Kontraktion von Muskeln. Mit diesem Energieaufwand entsteht bei all diesen Reaktionen, thermodynamisch gesehen, Ordnung in den Zellen und somit im ganzen Körper. Leben ist also durch eine dauernde Entropieverminderung gekennzeichnet, deren Preis der Anstieg der Entropie der Umwelt und letztendlich der des Universums ist.

Bau und Funktion der Nervenzelle

Eine erregbare Zelle reagiert auf einen Reiz mit einer Änderung ihrer Membraneigenschaften (→ S. 32). Es gibt zweierlei Typen erregbarer Zellen, nämlich *Nervenzellen*, die Impulse übertragen und im Zellverband modifizieren können, und *Muskelzellen*, die sich auf diese Impulse hin oder autonom kontrahieren (→ S. 59).

Das menschliche Nervensystem besteht aus mehr als 10^{10} Nervenzellen (Neuronen). Das **Neuron** (→ **A1**) ist *die strukturelle und funktionelle Einheit des Nervensystems*. Ein typisches (motorisches) Neuron hat einen Zellkörper (*Soma*) und besitzt, wie andere Zellen auch (→ S. 8 ff.) einen Zellkern, Mitochondrien (→ **A2**) etc. und zudem *Neurofibrillen* und *Neurotubuli*. Das Neuron hat zwei Arten von Fortsätzen, die *Dendriten* und das *Axon* (*Neurit*) (→ **A1**). Über die meist baumartig verzweigten **Dendriten** nimmt das Neuron (fördernde und hemmende) *afferente* Signale von anderen (oft von tausenden) Neuronen auf und bildet über die Zellmembran des Somas eine *Signalsumme*. Das **Axon**, das am *Axonhügel* des Somas entspringt, hat die Aufgabe, das *efferente* Nervensignal auf häufig weit entfernte *Effektoren* (Muskel- oder Drüsenzellen) sowie auf nachgeschaltete Neurone zu übertragen. Es gibt in seinem Verlauf oft Äste (*Kollateralen*) ab, die sich am Ende nochmals aufsplittern. Überschreitet die Signalsumme am Axonhügel einen Schwellenwert, wird im Axon ein **Aktionspotenzial** abgeschickt (→ S. 46), das an den *Endknöpfen* (→ **A1,3**) die nächste Synapse (s. u.) erreicht.

Vom Golgi-Komplex (→ S. 13 F) des Somas zu den Enden der Dendriten und des Axons hin findet ein *schneller* **axonaler Transport** (40 cm/d) von Vesikeln statt, die Proteine, Lipide, Zucker, Überträgersubstanz u. a. enthalten. Dieser *anterograde* Transport entlang der Neurotubuli läuft mit Hilfe des myosinähnlichen Proteins *Kinesin* unter ATP-Verbrauch ab (s. a. S. 16). *Retrograd* (aus der Peripherie zum Soma; ca. 25 cm/d) transportiert werden u. a. NGF (nerve growth factor), aber auch Herpes- und Poliomyelitisviren, Tetanustoxin u. a. Der *langsame* axonale Transport (ca. 1 mm/d) spielt beim Nachwachsen von abgetrennten Neuriten eine Rolle.

Die Zellmembran des Somas setzt sich als Axolemma (→ **A1,2**) entlang des Axons fort, das im ZNS von **Oligodendrozyten** (→ S. 338), im peripheren Nervensystem von **Schwann-Zellen** (→ **A1,2**) umgeben ist (Axon + Hülle = Nervenfaser). Bei einem Teil der Neuronen bilden die Schwann-Zellen viele konzentrische Phospholipid-Doppelschichten um das Axon herum, die sog. **Myelin-** oder **Markscheide** (→ **A1,2**). Sie wirkt als *Isolator* für Ionenströme und ist entlang des Axons ca. alle 1,5 mm an den sog. **Ranvier-Schnürringen** (→ **A1**) unterbrochen. Diese *markhaltigen (myelinisierten) Nervenfasern* haben eine sehr viel höhere **Leitungsgeschwindigkeit** als die *marklosen Nervenfasern*. Sie ist darüber hinaus umso höher, je größer der *Durchmesser* der Nervenfaser ist (→ S. 49 C).

Die **Synapse** (→ **A3**) ist die Kontaktstelle des Axons einer Nervenzelle mit den Effektoren oder einem anderen Neuron (s. a. S. 50 ff.). Bei den Säugern findet an der Synapse (mit wenigen Ausnahmen) keine elektrische, sondern eine **chemische Übertragung** statt. Dabei wird durch das elektrische Signal im Axon aus exozytotischen *Vesikeln* an der **präsynaptischen Membran** ein **Überträgerstoff** (**Neurotransmitter**) freigesetzt, der durch den *synaptischen Spalt* (10–40 nm) zur **postsynaptischen Membran** diffundiert und dort erneut elektrische Veränderungen bewirkt (→ **A3**). Je nach Art des Überträgerstoffes und je nach postsynaptischem Rezeptortyp wird die postsynaptische Membran erregt (z. B. Acetylcholin am Skelettmuskel) oder ihre Erregung gehemmt (z. B. Glycin im ZNS). Da die postsynaptische Membran (mit wenigen Ausnahmen, → z. B. S. 340) keine Neurotransmitter ausschüttet, lassen Synapsen das Signal nur in einer Richtung durch, d. h. sie haben *Ventilfunktion*, ohne die eine geordnete Informationsübertragung nicht möglich wäre. Synapsen sind außerdem der Ort, an dem die neuronale Signalübertragung durch andere (fördernde oder hemmende) Neurone *modifiziert* werden kann.

A. Bau und Funktion der Nervenzelle

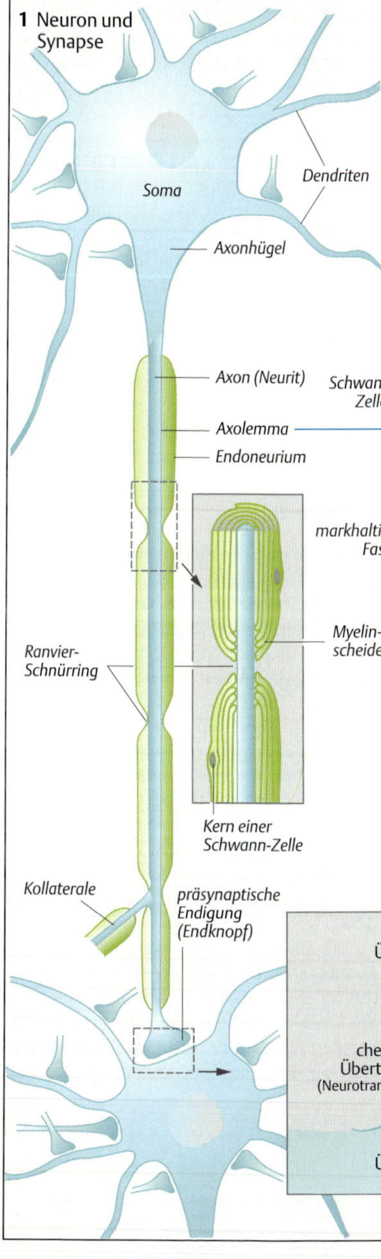

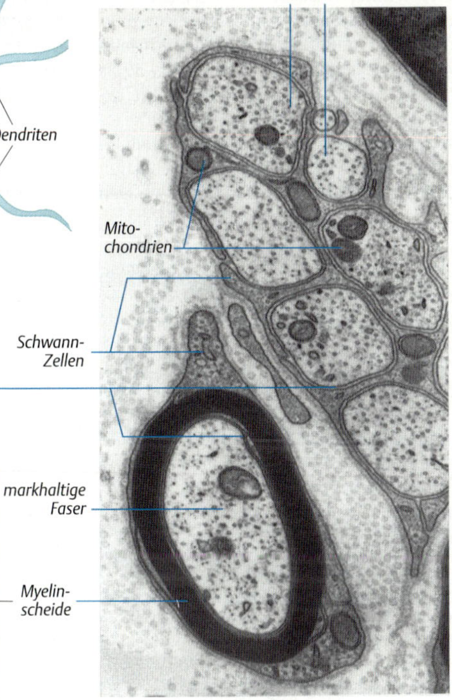

elektronenmikroskopischer Schnitt,
Vergrößerung 1:22000
Aufnahme: Dr. Lauren A. Langford

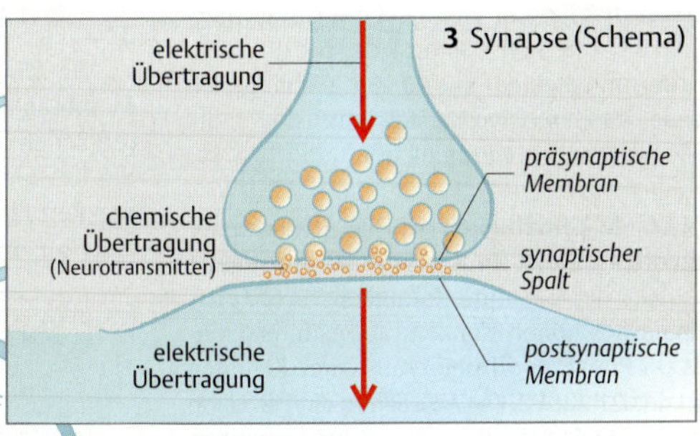

Ruhemembranpotenzial

An der Membran lebender Zellen besteht ein elektrisches Potenzial, E_m, das bei nichterregten Muskel- und Nervenzellen *Ruhe(membran)potenzial* heißt und je nach Zelltyp *– 50 bis – 100 mV* beträgt (*Zellinneres negativ*). Die Ursache des Ruhepotenzials ist eine *ungleiche Ionenverteilung* (→ **B**) zwischen der intrazellulären Flüssigkeit (IZF) und der extrazellulären Flüssigkeit (EZF). Folgende Phänomene tragen zum Ruhepotenzial bei (s. a. S. 32 ff.):

◆ **Aufrechterhaltung der ungleichen Ionenverteilung:** Durch die **Na^+-K^+-ATPase** (→ S. 26) wird laufend **Na^+** aus der Zelle und **K^+** in die Zelle „gepumpt" (→ **A2**), so dass im Zellinneren die K^+-Konzentration rund 35-mal höher, die Na^+-Konzentration jedoch ca. 20-mal niedriger ist als außen (→ **B**). Wie bei jedem aktiven Transport wird dabei Energie verbraucht, hier in Form von ATP. Bei Energiemangel oder Hemmung der Na^+-K^+-ATPase wird das Ionengefälle flacher und das Membranpotenzial bricht zusammen.

In geringem Ausmaß würden sich die diffusiblen Ionen auch schon rein passiv ungleich verteilen (*Gibbs-Donnan-Verteilung*), weil die zytosolisch hochkonzentrierten anionischen Proteine und Phosphate die Zelle praktisch nicht verlassen können (→ **A1**), so dass aus Elektroneutralitätsgründen $[K^+ + Na^+]_i > [K^+ + Na^+]_a$ sowie $[Cl^-]_i < [Cl^-]_a$. Allerdings hat dies für die Entstehung des Ruhepotenzials praktisch keine Bedeutung.

◆ **Geringe Ruhe-Na^+-Leitfähigkeit g_{Na}:** Unter Ruhebedingungen ist die Zellmembran für **Na^+**- (und Ca^{2+}-) Ionen *kaum durchlässig* (g_{Na} beträgt in Ruhe nur wenige % der Gesamtleitfähigkeit; → S. 32 ff.), so dass der Na^+-Konzentrationsunterschied (→ **A3 – 5**) nicht gleich wieder durch passive Na^+-Rückdiffusion in die Zelle aufgehoben werden kann.

◆ **Hohe K^+-Leitfähigkeit g_K:** Die Membran der ruhenden Zelle ist für **K^+** relativ *gut durchlässig* (ca. 90 % der Gesamtleitfähigkeit; → S. 32 ff.). Wegen des hohen Konzentrationsunterschiedes (→ Punkt 1) diffundieren daher K^+-Ionen von der IZF zur EZF (→ **A3**). Schon die Diffusion weniger K^+-Ionen führt wegen ihrer positiven Ladung zu einer Ladungsverzerrung (*Diffusionspotenzial*) an der Membran. Dieses Diffusionspotenzial steigt so lange an, bis es den Konzentrationsgradienten als Triebkraft für den K^+-Ausstrom fast (s. u.) kompensiert (→ **A4**): Membranpotenzial $E_m \approx$ K^+-Gleichgewichtspotenzial E_K (→ S. 32).

◆ **Cl^--Verteilung:** Da die Zellmembran auch für **Cl^-** leitfähig ist (g_{Cl} in Muskelzellen > in Nervenzellen), treibt das Membranpotenzial (elektrische Triebkraft) Cl^--Ionen aus der Zelle hinaus (→ **A4**), und zwar so lange, bis das Cl^--Konzentrationsgefälle (chemische Triebkraft) diese genauso stark zurück in die Zelle treibt, bis also im Zellinneren eine Cl^--Konzentration herrscht, bei der das Cl^--Gleichgewichtspotenzial $E_{Cl} = E_m$ (→ **A5**). Diese $[Cl^-]_i$ lässt sich nach der *Nernst-Gleichung* errechnen (→ S. 32, Gl. 1.18 mit z = – 1). Eine solche, sog. passive Cl^--Verteilung zwischen IZR und EZR besteht aber nur, solange Cl^- nicht aktiv in die Zelle aufgenommen wird (→ S. 34).

◆ **Warum ist E_m weniger negativ als E_K?** Trotz der in Ruhe sehr geringen Na^+- und Ca^{2+}-Leitfähigkeit diffundieren doch laufend Na^+-Ionen (und einige Ca^{2+}-Ionen) ins Zellinnere (→ **A4,5**), da beide Ionen ihr Gleichgewichtspotenzial weit im Positiven haben (hohe elektrische und hohe chemische Triebkraft! → **B** und S. 32 f.). Dieser Einstrom depolarisiert die Zelle, was außerdem zur Folge hat, dass für jede einströmende positive Ladung ein K^+-Ion die Zelle verlässt. $[Na^+]_i$ und $[Ca^{2+}]_i$ nähmen also laufend zu, $[K^+]_i$ nähme ab und E_K und damit E_m würden weniger negativ, wenn die Na^+-K^+-ATPase diese Gradienten nicht laufend wiederherstellen würde (bei Ca^{2+} indirekt über den 3 Na^+/Ca^{2+}-Austauscher; → S. 36).

Alle lebenden Zellen weisen ein (Ruhe-) Membranpotenzial auf, aber nur die erregbaren Zellen (Nerv, Muskel) haben die Fähigkeit, die Ionenleitfähigkeit ihrer Membran auf einen Reiz hin stark zu verändern: *Aktionspotenzial* (→ S. 46).

A. Ursachen und Folgen des Ruhemembranpotenzials

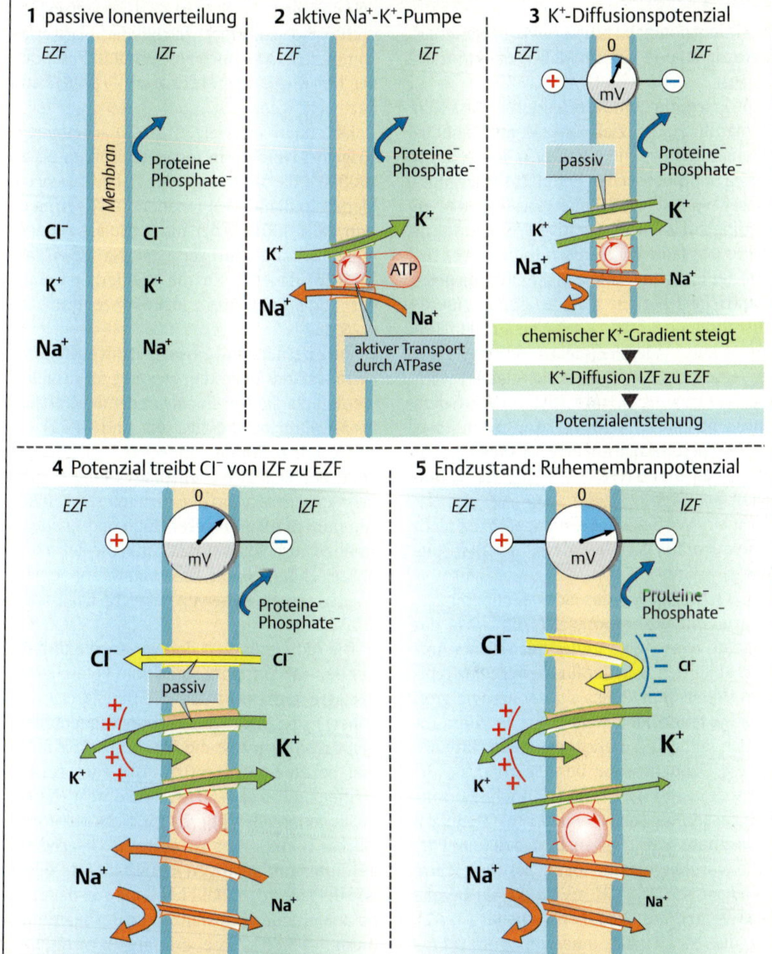

B. Typische „effektive" Konzentrationen und Gleichgewichtspotenziale wichtiger Ionen im Skelettmuskel (37 °C)

	„effektive" Konzentration (mmol/kg H_2O)		Gleichgewichtspotenzial
	Interstitium (EZF)	Zelle (IZF)	
K^+	4,5	160	– 95 mV
Na^+	144	7	+ 80 mV
Ca^{2+}	1,3	0,0001 – 0,00001	+125 bis +310 mV
H^+	$4 \cdot 10^{-5}$ (pH 7,4)	10^{-4} (pH 7,0)	– 24 mV
Cl^-	114	7	– 80 mV
HCO_3^-	28	10	– 27 mV

(nach Conway)

Aktionspotenzial

Das Aktionspotenzial ist das im *Axon* weitergeleitete Signal und löst am *Muskel* die Kontraktion aus.

Zur **Erregung** kommt es dadurch, dass sich das Membranpotenzial (E_m) z. B. am Axonhügel einer motorischen Nervenzelle (→ S. 42) oder an der motorischen Endplatte einer Muskelfaser von seinem Ruhewert (→ S. 44) in Richtung auf weniger negative Werte entfernt (relativ langsame *Vordepolarisation*, → **A1**). Ursache der Erregung kann z. B. die Öffnung postsynaptischer Kationenkanäle durch Neurotransmitter (→ S. 50 ff.) oder eine aus der Umgebung weitergeleitete (elektrotonische) Erregung sein (→ S. 48). Nähert sich das E_m während der Erregung einem kritischen Wert, dem *Schwellenpotenzial* (→ **A1**), so werden (sog. schnelle) potenzialgesteuerte *Na^+-Kanäle* aktiviert (→ **B4** und **B1**⇒**B2**), d. h. die **Na^+-Leitfähigkeit g_{Na}** (→ S. 32) steigt an (→ **A2**) und Na^+ strömt ein. Wird das Schwellenpotenzial nicht erreicht, so bleibt es bei dieser „lokalen Antwort".

Überschreitet E_m das Schwellenpotenzial, so startet ein **Aktionspotenzial** (**AP**, → **A1**), das normalerweise als **„Alles-oder-Nichts-Antwort"** abläuft, d. h. in der für diese Zellart typischen Weise ohne Rücksicht darauf, wie groß der auslösende Reiz war. Dabei werden anfänglich mehr und mehr Na^+-Kanäle aktiviert, was die Depolarisation beschleunigt, g_{Na} erhöht sich weiter usw. Dadurch bricht E_m sehr rasch zusammen (im Nerv in 0,1 ms: **Depolarisationsphase** oder „Aufstrich" des AP), und erreicht vorübergehend sogar *positive Werte* (*Overshoot*, +20 bis +30 mV). g_{Na} sinkt bereits *vor* Erreichen des Overshoots wieder (→ **A2**), weil die Na^+-Kanäle innerhalb von 0,1 ms schon wieder inaktiviert werden (→ **B2**⇒**B3**). Es kommt deshalb zur Potenzialumkehr, und der Wiederaufbau des Ruhemembranpotenzials, die **Repolarisationsphase** des AP, beginnt. Durch die Depolarisation wurden potenzialgesteuerte *K^+-Kanäle* vermehrt geöffnet, d. h. die **K^+-Leitfähigkeit g_K** ist (relativ langsam) angestiegen (→ **A2**), was die Repolarisation beschleunigt.

Da g_K oft auch noch nach Erreichen des ursprünglichen Ruhepotenzials erhöht ist (→ **A2**) und daher E_m vorübergehend besonders nahe beim E_K liegt (→ S. 44 u. 32 ff.), kann es anschließend zu einer **Nachhyperpolarisation** kommen (→ **A1**). Auch eine erhöhte Pumprate der Na^+-K^+-ATPase (elektrogen, → S. 28) kann dazu beitragen.

Es können sehr viele AP rasch nacheinander ausgelöst werden (in manchen Nerven bis zu 1000/s!), da die Menge der dabei durch die Membran fließenden Ionen äußerst gering ist (nur ca. 1/100 000 der intrazellulären Ionenmenge!). Außerdem sorgt die Na^+-K^+-ATPase (→ S. 28) dauernd für die Wiederherstellung der ursprünglichen Ionenkonzentrationen (→ S. 46).

Kurz nach Beginn eines AP kann auch durch extrem starke Reize kein weiteres AP ausgelöst werden, da die *Na^+-Kanäle in der depolarisierten Membran nicht aktivierbar* sind (→ **B3**): *absolute* **Refraktärphase**. Ihr schließt sich (gegen Ende der Repolarisationsphase) eine *relative Refraktärphase* an, in der auch mit starken Reizen nur ein AP geringerer Höhe und Anstiegssteilheit ausgelöst werden kann. Die Refraktärphase endet, wenn das Membranpotenzial wieder seinen Ruhewert erreicht hat (→ z. B. S. 59 A).

Die **Aktivierbarkeit der Na^+-Kanäle** und damit der Na^+-Einstrom I_{Na} ist vom Potenzial *vor* der Erregung (*nicht* von der Depolarisationsdauer!) abhängig: Bei einem Ruhepotenzial von ca. – 100 mV ist die Aktivierbarkeit maximal, bei einem von – 60 mV ist sie um ca. 40 % kleiner, und ab ca. – 50 mV sind die Na^+-Kanäle in Säugetierzellen überhaupt nicht mehr aktivierbar (→ **B3**). Dies ist auch die Ursache der absoluten und relativen Refraktärität (s. o.) sowie der Unerregbarkeit bei Gabe von dauerdepolarisierenden Substanzen (z. B. Suxamethonium; → S. 56). Eine erhöhte extrazelluläre **Ca^{2+}-Konzentration** macht die Zelle schwerer erregbar, weil das Schwellenpotenzial weniger negative Werte annimmt. Umgekehrt steigt die Erregbarkeit (erniedrigte Schwelle) bei Hypokalzämie (Muskelkrämpfe bei *Tetanie*; → S. 290).

Zu den Besonderheiten der APs von Herz- und glatter Muskulatur → S. 192, 70 u. 59 A.

A. Aktionspotenzial (1) und Ionenleitfähigkeit (2) (Nerv und Skelettmuskel)

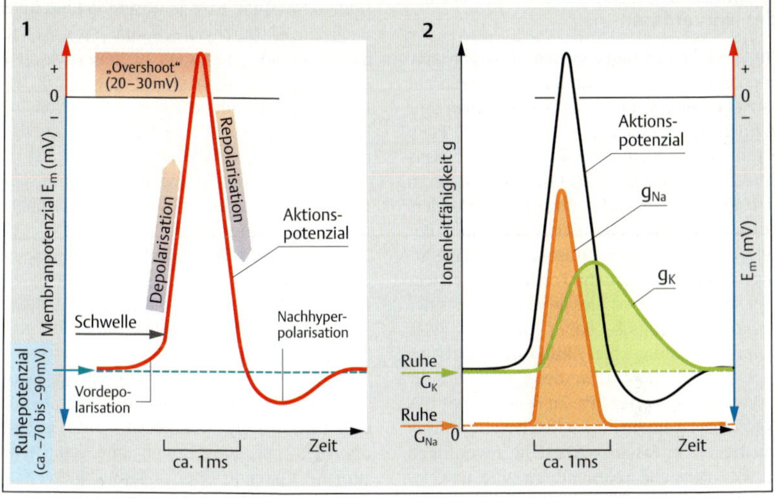

B. Potenzialgesteuerter Na^+-Kanal

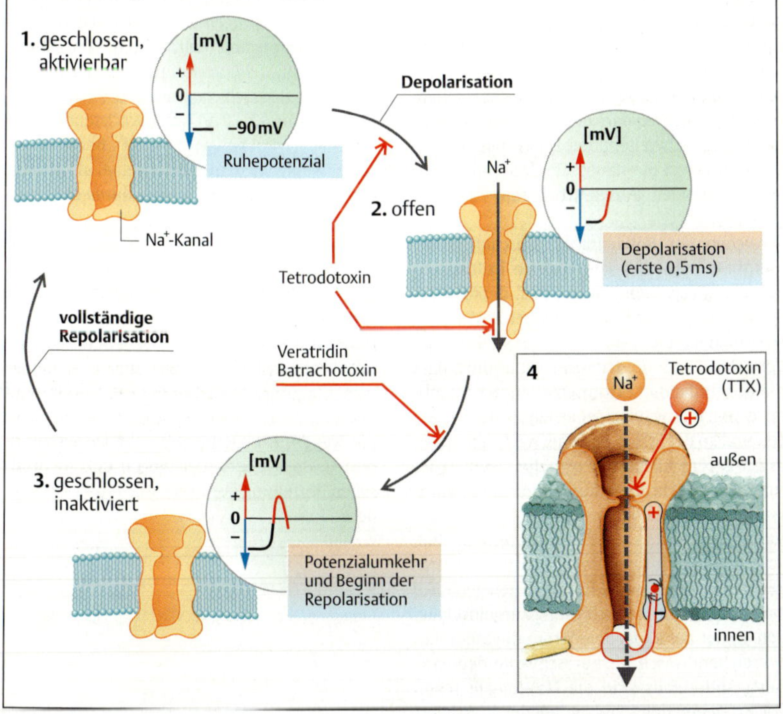

Tafel 2.3 **Aktionspotenzial: Entstehung**

Fortleitung des Aktionspotenzials in der Nervenfaser

Durch ein *Kabel* fließt ein Strom, wenn eine Spannung angelegt wird. Da der Metalldraht im Kabelinneren gut isoliert ist und einen sehr kleinen Widerstand hat (wenig Verluste), kann Strom darin kilometerweit fortgeleitet werden. Die *Nervenfaser* hat einen viel größeren *Innenlängswiderstand* R_i, und sie ist, besonders bei unmyelinisierten Fasern, gegenüber der Umgebung nicht sehr gut isoliert. Die kabelartige, sog. **elektrotonische Fortleitung** versiegt hier sehr bald. Bevor dies geschieht, muss der fortgeleitete Impuls daher immer wieder durch Neubildung eines **Aktionspotenzials** (**AP** → S. 46) „aufgefrischt" werden.

Weiterleitung des APs: Zu Beginn eines APs kommt es zu einem kurzzeitigen Na^+*-Einstrom* ins Innere der Faser (→ **A1 a**). Die zuvor innen negativ geladene Zellmembran wird *umgeladen* (innen jetzt +20 bis +30 mV), so dass ein Ladungsunterschied zu den benachbarten, noch unerregten Abschnitten (innen −70 bis −90 mV; → S. 46) entsteht. Dies führt nun *längs der Faser* zu einem passiven, *elektrotonischen Ladungsabzug* aus der Nachbarschaft, was dort eine *Depolarisation* hervorruft. Wird dabei das Schwellenpotenzial erreicht, entsteht dort jetzt ein neues AP, während das im vorhergehenden Abschnitt bereits abklingt (→ **A1 b**).

Wegen der *Kondensatoreigenschaften* der Membran stellt der geschilderte Ladungsabzug einen sog. *kapazitiven* (hier: depolarisierenden) *Strom* dar. Mit räumlicher Entfernung wird er kleiner und steigt weniger steil an, weil der relativ hohe R_i der Faser dazu führt, dass die ausgreifenden Stromschleifen die Membran schon relativ nahe der erregten Stelle kreuzen und so der Strom peripherwärts abnimmt. In größerem Abstand reicht die Depolarisierung daher nicht mehr aus, ein AP auszulösen. Weil sich das treibende Potenzial für den K^+-Ausstrom ($= E_m - E_K$; → S. 32) erhöht hat, kommt es sogar obendrein zu einer K^+-getragenen Repolarisierung. Ein distal gelegenes AP kann also nur in der Entfernung ausgelöst werden, in der der kapazitive Strom die Membran ausreichend rasch bis zur Schwelle depolarisiert. Andernfalls sind die Na^+-Kanäle schon vor Erreichen der Schwelle wieder inaktiviert (→ S. 46).

Normalerweise breitet sich das AP vorwärts (*anterodrom*) aus, da jeder Faserabschnitt kurz nach dem AP-Durchlauf refraktär ist (→ **A1 b** u. S. 46). Kommt es trotzdem zu einer rückwärts gerichteten (*antidromen*) Erregung (z. B. bei elektrischer Reizung der Nervenfaser von außen; → S. 50), endet sie spätestens an der nächsten Synapse (Ventilfunktion; → S. 42).

Die fortlaufende Auslösung von Aktionspotenzialen im jeweils nächsten, eng benachbarten Faserabschnitt sorgt zwar immer wieder für ein aufgefrischtes Signal, ist aber relativ zeitraubend (→ **B1**): An den so leitenden *marklosen* Nervenfasern (→ **C**, Typ C) beträgt die **Leitungsgeschwindigkeit** θ nur rund 1 m/s. Ein sehr viel höheres θ (Mensch: Bis 90 m/s = 350 km/h!) haben *markhaltige* Nervenfasern (→ **C**, Typ A u. B). Da sie im Bereich der *Internodien* durch die Myelinscheide (→ S. 42) gegenüber der Umgebung isoliert sind, kann eine zum AP führende Depolarisation weiter (ca. 1,5 mm) ausgreifen (→ **A2**) und löst erst wieder an den myelinfreien und Na^+-Kanal-reichen *Ranvier-Schnürringen* ein AP aus. Das AP wird hier also *sprunghaft* (**saltatorisch**) von Schnürring zu Schnürring weitergeleitet. Die Sprunglänge ist dadurch begrenzt, dass der Ausgleichsstrom (1–2 nA) mit wachsender Entfernung schwächer wird (→ **B2**). Bevor er unterschwellig wird, muss das Signal also (unter einem Zeitverlust von 0,1 ms) durch ein neues AP „aufgefrischt" werden.

Da der R_i der Faser das Ausgreifen der Depolarisation begrenzt (s. o.), wird θ auch durch den **Axondurchmesser** (= 2 r) beeinflusst (→ **C**). R_i ist der Faserquerschnittsfläche (πr^2) proportional, d. h. $R_i \sim 1/r^2$. Dicke Fasern benötigen somit weniger AP-Neubildungen pro Faserlänge, was θ zugute kommt. Mit der Faserdicke steigt allerdings auch deren Umfang ($2\pi r$) und somit die *Membrankapazität* K ($K \sim r$). Dies vermindert θ, doch überwiegt wegen der quadratischen Beziehung der fördernde Effekt des kleineren R_i.

A. Kontinuierliche (1a, 1b) und saltatorische (2) Fortleitung des Aktionspotenzials

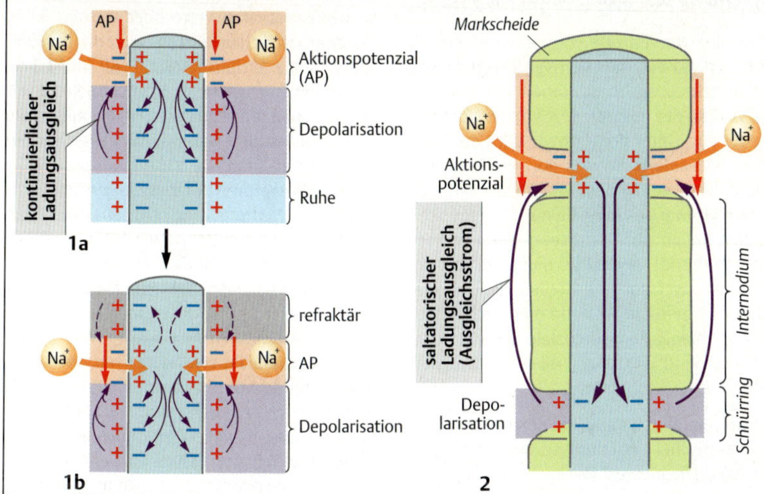

B. Impulsausbreitung (Aktionsströme) an marklosen u. markhaltigen Nervenfasern

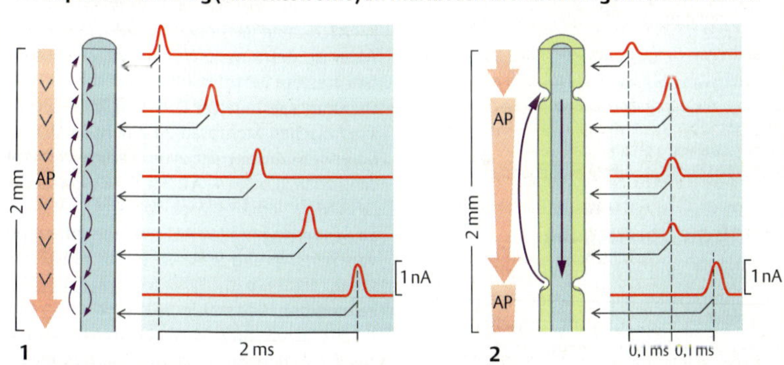

C. Einteilung der Nervenfasern (Werte für den Menschen)

Fasertyp	Funktion (z. B.) I–IV: Fasertyp nach Lloyd und Hunt	Durchmesser (µm)	Leitungs-geschwindigkeit (m/s)
Aα	Skelettmuskelefferenz, Muskelspindel (Ia)- und Sehnenorgan (Ib)-Afferenzen	11–16	60–80
Aβ	Mechanoafferenzen der Haut (II)	6–11	30–60
Aγ	Muskelspindelefferenz	1–6	2–30
Aδ	Hautafferenzen (Temperatur und „schneller" Schmerz) (III)		
B	sympathisch präganglionär, viszerale Afferenzen	3	3–15
C	Hautafferenz („langsamer" Schmerz); sympathisch postganglionär (IV)	0,5–1,5 (marklos)	0,25–1,5

(nach Erlanger u. Gasser)

Künstliche Reizung erregbarer Zellen

Wird eine Nervenzelle von außen elektrisch gereizt, fließt von der positiven Reizelektrode (*Anode*) ein Strom in das Innere des Neurons und tritt an der negativen Elektrode (*Kathode*) wieder aus. Unter der Kathode wird der Nerv dadurch *depolarisiert*, was dort bei Erreichen der Schwelle ein AP auslöst. Klinisch kann die **Nervenleitungsgeschwindigkeit** gemessen werden, indem mit Hautelektroden ein Nerv (viele Neurone!) gereizt wird und entlang des Nervs an zwei anderen Stellen (Distanz bekannt) der zeitliche Abstand der durchlaufenden Summenaktionspotenziale des Nervs registriert wird (Normal: 40–70, krankhaft $< 40\,m \cdot s^{-1}$).

Stromunfälle. Kommt der Körper mit höherer elektrischer Spannung in Berührung, v.a. mit *niederfrequenter Wechselspannung* (z.B. Lichtnetz) und bei niedrigem Übergangswiderstand (bloße Füße, Badewanne), so ist v.a. die Herzerregung gefährdet (*Herzflimmern*, → S. 200).

Gleichstrom wirkt fast nur beim Ein- und Ausschalten als Reiz, während *hochfrequente Wechselströme* (> 15 kHz) überhaupt nicht mehr depolarisieren können; sie erwärmen aber das Gewebe, was therapeutisch bei der **Diathermie** ausgenützt wird.

Synaptische Übertragung

Nervenzellen sind untereinander (gilt auch für bestimmte Muskelzellen) sowie mit sensorischen (Sinneszellen) und effektorischen Zellen (Muskel, Drüsen) über *Synapsen* verknüpft.

Elektrische Synapsen sind direkte, ionenleitfähige Zell-Zell-Verbindungen durch Kanäle (Konnexone) im Bereich der Gap junctions (→ S. 16 f.). Sie sorgen z.B. für die Erregungsweiterleitung innerhalb von glattem Muskel, Herzmuskel und z.T. in Retina und ZNS sowie für die Koppelung von Epithelzellen und von Gliazellen.

Chemische Synapsen, an denen die Informationsweitergabe durch eine Überträgersubstanz, einen (**Neuro-**)**Transmitter**, erfolgt, dienen nicht nur der einfachen 1 : 1-Verbindung, sondern sie sind auch die Schaltelemente des Nervensystems, an denen die Impulsübertragung gebahnt und gehemmt sowie mit anderen Informationen verrechnet werden kann. An der chemischen Synapse setzt das im Axon eintreffende Aktionspotenzial (AP; → **A1,2** u. S. 48) den Transmitter (u.U. auch mehr als einen) aus den *präsynaptischen Axonendigungen* frei; er diffundiert dann durch den schmalen *synaptischen Spalt* (ca. 30 nm), um *postsynaptisch* an **Rezeptoren** der *subsynaptischen Membran* eines Neurons, einer Drüsen- oder einer Muskelzelle gebunden zu werden. Je nach Art von Transmitter und Rezeptortyp kann dadurch die *postsynaptische Membran erregt* oder deren Erregung *gehemmt* werden (s.u.).

Die **Transmitterfreisetzung** (→ **A1**) erfolgt durch *regulierte Exozytose* sog. *synaptischer Vesikel*. Jedes davon enthält ein sog. Transmitter-*Quantum*; im Falle der motorischen Endplatte (→ S. 56) sind dies ca. 7000 Moleküle Acetylcholin. Ein Teil der Vesikel ist bereits an der Membran angedockt („aktive Zone") und steht zur Exozytose ihres Inhalts bereit. Signal für die Freisetzung ist ein eintreffendes AP (→ **A1,2**), und je höher die AP-Frequenz im Axon ist, desto mehr Vesikel setzen ihren Inhalt frei. Ein AP führt über häufigere Öffnung spannungsgesteuerter Ca^{2+}-Kanäle in der präsynaptischen Membran zu einem (u.U. oszillierenden) *Anstieg der zytosolischen* Ca^{2+}*-Konzentration*, $[Ca^{2+}]_i$ (→ **A1, 3** u. S. 36). Extrazelluläres Mg^{2+} hemmt diesen Vorgang. Ca^{2+} bindet an *Synaptotagmin* (→ **A1**), was die Interaktion von *Syntaxin* und *SNAP-25* in der präsynaptischen Membran mit *Synaptobrevin* in der Vesikelmembran und somit die *Exozytose* (→ **A1,4**) bereits angedockter Vesikel (rund 100 pro AP) auslöst. Andererseits aktiviert das Ca^{2+} die Calcium-Calmodulin-abhängige Proteinkinase II (CaM-Kinase II → **A5** u. S. 36), die in der präsynaptischen Endigung das Enzym *Synapsin* aktiviert, wodurch in der aktiven Zone erneut Vesikel angedockt werden.

Synaptische Bahnung (= Potenzierung). Trifft an der präsynaptischen Endigung nach einem AP gleich noch ein weiteres ein (AP-Frequenz > ca. 30 Hz), so ist $[Ca^{2+}]_i$ noch nicht wieder ganz auf seinen Ruhewert abgesunken (sog. *Restcalcium*) und der neuerliche $[Ca^{2+}]_i$-Anstieg propft sich auf den vorigen auf. $[Ca^{2+}]_i$ steigt somit beim zweiten Reiz höher an als beim ersten und setzt daher mehr Transmitter ▶

A. Chemische Synapse

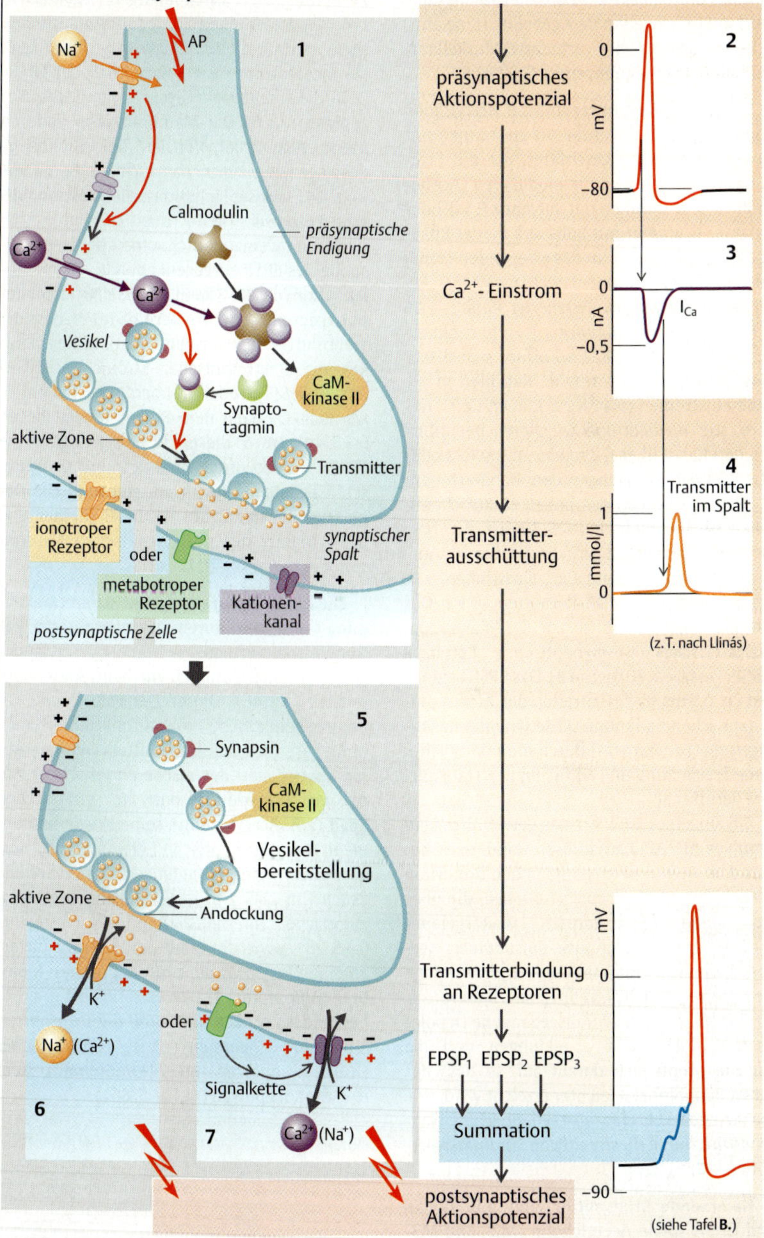

▶

frei; der erste Reiz hat also die Erregungsantwort auf den zweiten Reiz *gebahnt*. (Eine ähnliche Ursache hat die vermehrte Muskelkraft bei hohen Reizfrequenzen; → S. 67 A).

Erregende Transmitter sind z. B. *Acetylcholin* und *Glutamat*. Sie werden oft zusammen mit *Co-Transmittern* ausgeschüttet, die die Erregungsübertragung häufig *modulieren* (Acetylcholin z. B. zusammen mit Substanz P, VIP oder Galanin; Glutamat mit Substanz P oder Enkephalin). Ist der Rezeptor des erregenden Transmitters selbst ein Ionenkanal (*ionotroper Rezeptor* bzw. *Liganden-gesteuerter Kanal*, → **A6** u. **F**), z. B. Acetylcholinwirkung an N-cholinergen Synapsen (→ S. 82), so öffnet sich dieser häufiger und lässt vermehrt Kationen in die Zelle einströmen (Na^+, K^+, z. T. auch Ca^{2+}). Andere, sog. *metabotrope Rezeptoren* beeinflussen den Kanal über *G-Proteine*, die selbst oder über Second messenger den Kanal steuern (→ **A7** u. **F**). Wegen des hohen elektrochemischen Na^+-Gradienten (→ S. 32) ist der Na^+-Einstrom wesentlich stärker als der K^+-Ausstrom; zusätzlich kann Ca^{2+} einströmen, z. B. beim Glutamat-NMDA-Rezeptor (→ **F**). Der Kationeneinstrom führt zur Depolarisation: **exzitatorisches postsynaptisches Potenzial** (**EPSP**) (max. ca. 20 mV; → **B**). Das EPSP beginnt erst ca. 0,5 ms nach Eintreffen des AP am präsynaptischen Endknopf. Diese *synaptische Verzögerung* (*Latenz*) wird durch die relativ langsame Freisetzung und Diffusion des Transmitters verursacht.

Ein einzelnes EPSP vermag gewöhnlich kein axonales AP (AP_A) auszulösen, sondern es bedarf dazu vieler gleichzeitig an den Dendriten ausgelöster *lokaler Depolarisationen*, die über das Soma elektrotonisch weitergeleitet (→ S. 48) und am Axonhügel *aufsummiert* werden: **Räumliche Summation** (→ **B**). Treffen die Einzelreize zeitlich getrennt (innerhalb von ca. 50 ms) ein, so ist die vorausgegangene Depolarisation noch nicht abgeklungen und die nächste propft sich darauf auf, so dass das Schwellenpotenzial leichter erreicht wird, d. h. die Erregbarkeit des postsynaptischen Neurons wird durch diese **zeitliche Summation** erhöht (→ **C**).

Hemmende Transmitter sind z. B. Glycin und GABA sowie Acetylcholin (M2- und M3-Rezeptor an M-cholinergen Synapsen; → S. 82). Sie erhöhen an der subsynaptischen Membran nur die *Leitfähigkeit* (g) *für* K^+ (z. B. der metabotrope $GABA_B$-Rezeptor) oder *für* Cl^- (z. B. die ionotropen Glycin- und $GABA_A$-Rezeptoren; → **F**). Die Membran wird dadurch meist etwas *hyperpolarisiert*, bei erhöhter g_K deswegen, weil sich das E_m dem E_K nähert (→ S. 44). Dieses **inhibitorische postsynaptische Potenzial** (**IPSP**) (max. ca. 4 mV; → **D**) wirkt aber weniger durch seine – der Depolarisation des EPSP entgegenlaufende – Hyperpolarisation (das IPSP kann sogar selbst leicht depolarisierend sein), sondern dadurch, dass die während des IPSPs erhöhte Membranleitfähigkeit die elektrotonischen Ströme der EPSPs *kurzschließt* (g_K oder g_{Cl} hoch!). Da sowohl E_K als auch E_{Cl} nahe dem Ruhepotenzial liegen (→ S. 44), wird dieses stabilisiert, d. h. die EPSPs werden durch hohe K^+- und Cl^--Kurzschluss-Ströme unwirksam gemacht. Die Depolarisation der EPSPs ist daher kleiner und die Erregung des postsynaptischen Neurons somit gehemmt (→ **D**).

Die **Abschaltung der synaptischen Übertragung** (→ **E**) kann durch Inaktivierung der Kationenkanäle erfolgen (= Konformationsänderung des Kanals, ähnlich wie beim Aktionspotenzial, → S. 46). Dieser *Desensitisierung* genannte, sehr rasche Prozess funktioniert auch in Anwesenheit des Transmitters. Weitere Abschaltwege sind der rasche *enzymatische Abbau* des Transmitters noch im synaptischen Spalt (z. B. Acetylcholin), seine *Wiederaufnahme* in die präsynaptische Endigung (z. B. Noradrenalin), seine *Aufnahme in extraneuronale Zellen* (im ZNS z. B. in Gliazellen), die endozytotische *Internalisierung des Rezeptors* (→ S. 28) sowie die Bindung des Transmitters an einen Rezeptor der *prä*synaptischen Membran (*Autozeptor*). Letzteres kann dort g_K erhöhen und g_{Ca} senken und somit die *Transmitterfreisetzung hemmen*, z. B. GABA über $GABA_B$-Rezeptoren und Noradrenalin über α_2-Adrenozeptoren (→ **F** u. S. 86).

B. Räumliche Summation der Erregung

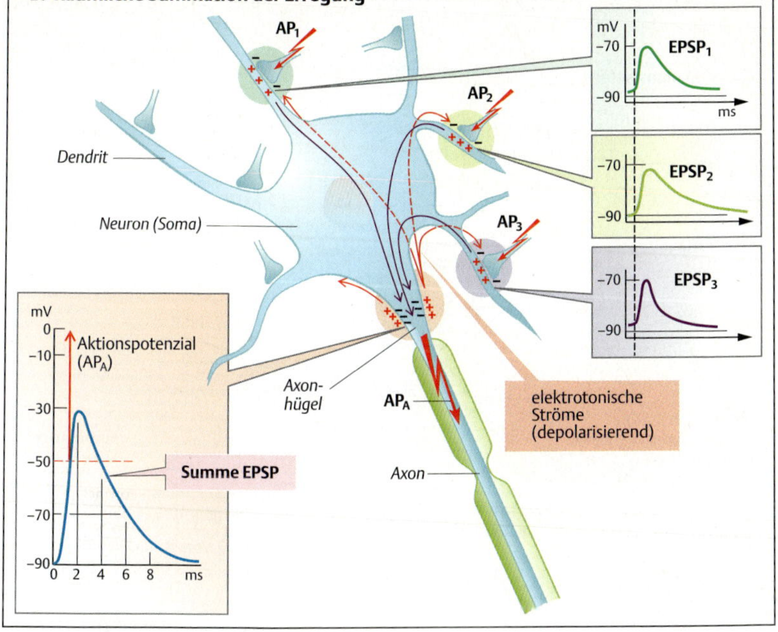

C. Zeitliche Summation der Erregung

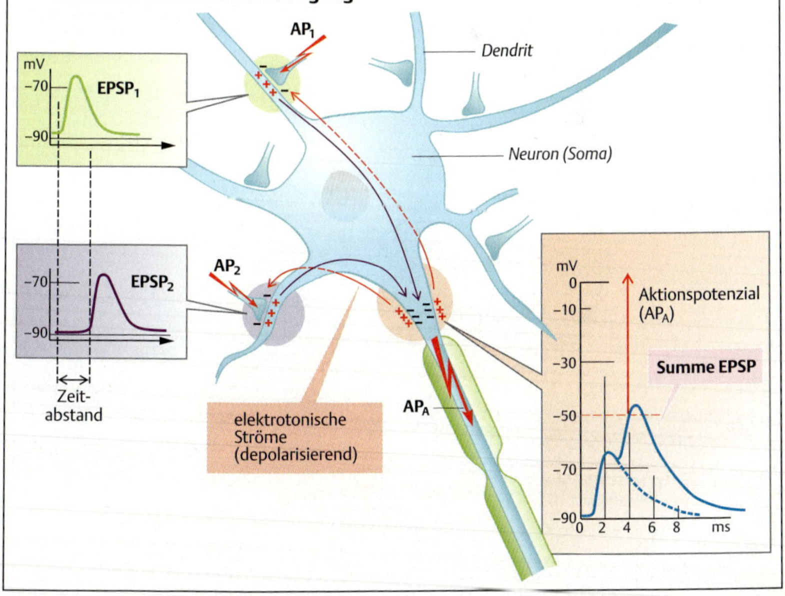

D. Einfluss des IPSP auf die postsynaptische Erregung

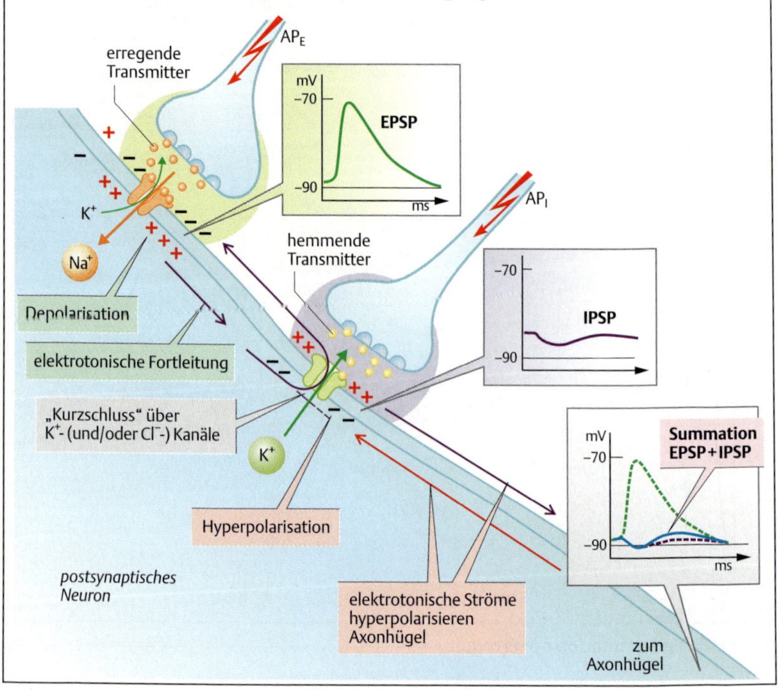

E. Beendigung der Transmitterwirkung

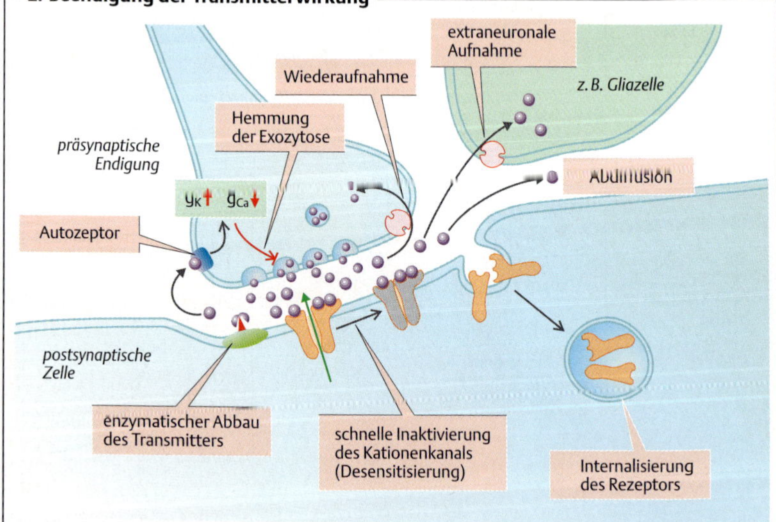

F. Neurotransmitter im Zentralnervensystem

Transmitter	Rezeptorsubtypen	Rezeptorart	Wirkung: Ionenleitfähigkeit Na^+	K^+	Ca^{2+}	Cl^-	Second Messenger: cAMP	IP_3/DAG
Acetylcholin	nikotinisch	ionotrop	↑	↑	↑			
	muskarinisch: M1,	metabotrop						↑
	M2, M3	metabotrop		↑			↓	
ADH (= Vasopressin)	V1	metabotrop						↑
	V2	metabotrop					↑	
CCK (= Cholecystokinin)	$CCK_{A–B}$	metabotrop						↑
Dopamin	D1, D5	metabotrop					↑	
	D2	metabotrop		↑	↓		↓	
GABA (= γ-Aminobutyric acid)	$GABA_A$, $GABA_C$	ionotrop				↑		
	$GABA_B$	metabotrop		↑	↓		↓	
Glutamat (Aspartat)	AMPA	ionotrop	↑	↑				
	Kainat	ionotrop	↑	↑				
	NMDA	ionotrop	↑	↑	↑			
	m-GLU	metabotrop					↓	↑
Glycin	–	ionotrop				↑		
Histamin	H_1	metabotrop						↑
	H_2	metabotrop					↑	
Neurotensin	–	metabotrop					↓	↑
Noradrenalin, Adrenalin	$\alpha_{1(A–D)}$	metabotrop		↑				↑
	$\alpha_{2(A–C)}$	metabotrop		↑	↓		↓	
	$\beta_{1–3}$	metabotrop					↑	
NPY (= Neuropeptid Y)	Y1–2	metabotrop		↑	↓		↓	
Opioid-Peptide	μ, δ, κ	metabotrop		↑	↓		↓	
Oxytocin	–	metabotrop						↑
Purine	P_1: A_1	metabotrop		↑	↓		↓	
	A_{2a}	metabotrop					↑	
	P_{2X}	ionotrop	↑	↑	↑			
	P_{2Y}	metabotrop						↑
Serotonin (= 5-Hydroxytryptamin)	5-HT_1	metabotrop		↓			↓	
	5-HT_2	metabotrop						↑
	5-HT_3	ionotrop	↑	↑				
	5-$HT_{4–7}$	metabotrop					↑	
Somatostatin (= SIH)	SRIF	metabotrop		↑	↓		↓	
Tachykinin	NK 1–3	metabotrop						↑

Aminosäuren
Catecholamine
Peptide
sonstige

ionotroper Rezeptor (ligandengesteuerter Ionenkanal)

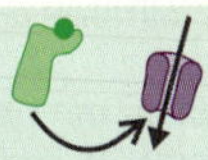

metabotroper Rezeptor (G-Protein-vermittelte Wirkung)

hemmt oder fördert

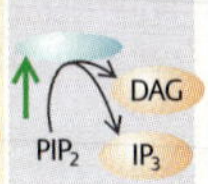

(mod. nach F. E. Bloom)

Motorische Endplatte

Die Erregungsübertragung vom Motoaxon zur Muskelfaser geschieht an der motorischen Endplatte (MEpl; → **A**), einer chemischen Synapse (→ S. 50 ff.). Transmitter ist **Acetylcholin** (**ACh**, s. a. S. 82), das an die **N**(ikotinergen)-**Cholinozeptoren** der subsynaptischen Muskelzellmembran (= Sarkolemm) bindet (→ **A3**). Die N-Cholinozeptoren sind ionotrop, d. h. sie stellen gleichzeitig einen *Ionenkanal* dar (→ **A4**). Der N-Cholinozeptor der MEpl (Typ N_M) besteht aus 5 Untereinheiten, 2α und je 1 β, γ und δ, von denen jede einzelne 4 membranspannende α-Helices besitzt (→ S. 14).

Wenn sich an die beiden α-Untereinheiten eines N-Cholinozeptors je ein ACh-Molekül bindet, so öffnet sich der Kanal kurz (→ **B1**), im Mittel für ca. 1 ms. Im Gegensatz zu spannungsgesteuerten Na^+-Kanälen wird die Offenwahrscheinlichkeit p_o des ACh-Rezeptors also nicht durch Depolarisation erhöht, sondern durch die ACh-Konzentration im Spalt bestimmt (→ S. 50 ff.).

Der Kanal ist *kationenspezifisch* (**Na^+, K^+**, Ca^{2+}), d. h. bei einem Ruhepotenzial von ca. – 90 mV kommt es v. a. zu einem *Na^+-Einstrom* und einem (wesentlich geringeren) *K^+-Ausstrom* (→ S. 32 ff. u. 44) und somit zur Depolarisation: **Endplattenpotenzial** (**EPP**).

Der *Einzelkanalstrom* von 2,7 pA (→ **B1**) summiert sich zum *Miniaturendplattenstrom* von einigen nA, wenn sich ein Vesikel spontan entleert (= 1 Quantum ACh) und Tausende von N-Cholinozeptoren aktiviert (→ **B2**). Dies reicht jedoch nicht aus, postsynaptisch ein Aktionspotenzial (AP) auszulösen. Dazu kommt es erst, wenn ein motoaxonales AP ca. hundert solcher Vesikel entleert und sich dadurch ca. 200 000 Kanäle gleichzeitig öffnen: **nerveninduzierter Endplattenstrom** (**I_{EP}**) von ca. 400 nA (→ **B3**).

Der **Endplattenstrom** I_{EP} hängt also ab:
- von der Anzahl offener Kanäle (= Kanalanzahl *n* mal Offenwahrscheinlichkeit p_o), wobei p_o wiederum
- von der ACh-Konzentration im synaptischen Spalt (bis zu 1 mmol/l) bestimmt wird,
- von der Einzelkanalleitfähigkeit γ (ca. 30 pS) und
- ein wenig vom Membranpotenzial E_m, da die elektrische Triebkraft ($E_m - E_{Na,K}$; → S. 32 ff.) bei weniger negativem E_m kleiner wird.

$E_{Na,K}$ ist das „gemeinsame Gleichgewichtspotenzial" für Na^+ und K^+ und beträgt ca. 0 mV. Es wird auch *Umkehrpotenzial* genannt, da sich die Richtung von I_{EP} ($= I_{Na} + I_K$), der bei negativem E_m einwärts fließt (Na^+-Einstrom > K^+-Ausstrom), bei $E_m > 0$ umdreht (K^+-Ausstrom > Na^+-Einstrom). Damit ergibt sich:

$$I_{EP} = n \cdot p_o \cdot \gamma \cdot (E_m - E_{Na,K}) \text{ [A]} \qquad [2.1]$$

Das **nerveninduzierte EPP** am Skelettmuskel ist sehr viel größer (Depolarisation um ca. 70 mV!) als das neuronale EPSP (wenige mV; → S. 50 ff.), so dass schon einzelne Motoaxon-APs überschwellig sind. Das EPP breitet sich hierbei *elektrotonisch* auf das benachbarte Sarkolemm aus, wo über *spannungsgesteuerte Na^+-Kanäle* Muskel-APs und in der Folge die Muskelzuckung ausgelöst werden.

Die **Abschaltung** der synaptischen Übertragung erfolgt dadurch, dass das ACh im synaptischen Spalt (1) durch die *Acetylcholinesterase* der subsynaptischen Basalmembran sehr schnell wieder gespalten wird und (2) aus dem Spalt *abdiffundiert* (→ S. 82).

Die MEpl kann durch **Gifte** bzw. **Pharmaka** blockiert werden: *Muskelschwäche* und u. U. *Lähmung* sind die Folge. Botulinus-Neurotoxin z. B. hemmt die Vesikelentleerung, und das Kobragift α-Bungarotoxin blockiert die Kanalöffnung. Bei chirurgischen Operationen werden Curare-ähnliche Substanzen, z. B. (+)-Tubocurarin, zur **Muskelrelaxation** verwendet. Sie verdrängen ACh von seiner Bindungsstelle (*kompetitive Hemmung*), haben jedoch selbst *keinen depolarisierenden Effekt.* Aufgehoben werden kann diese Hemmung (Decurarisierung) durch *Cholinesterasehemmer*, z. B. Neostigmin. Sie erhöhen die ACh-Konzentration im Spalt, wodurch das Curare nun seinerseits wieder verdrängt wird. Gelangen Cholinesterasehemmer jedoch an eine intakte Synapse, bewirkt die dadurch permanent erhöhte ACh-Konzentration eine *Lähmung durch Dauerdepolarisation*. Dies ist auch der Effekt von ACh-ähnlichen Substanzen (z. B. Suxamethonium). Sie depolarisieren wie ACh, werden aber langsamer abgebaut. Die Lähmung beruht hierbei darauf, dass die Na^+-Kanäle des Sarkolemms im Umkreis der MEpl durch die Dauerdepolarisation dauer-inaktiviert sind (→ S. 46).

A. Motorische Endplatte

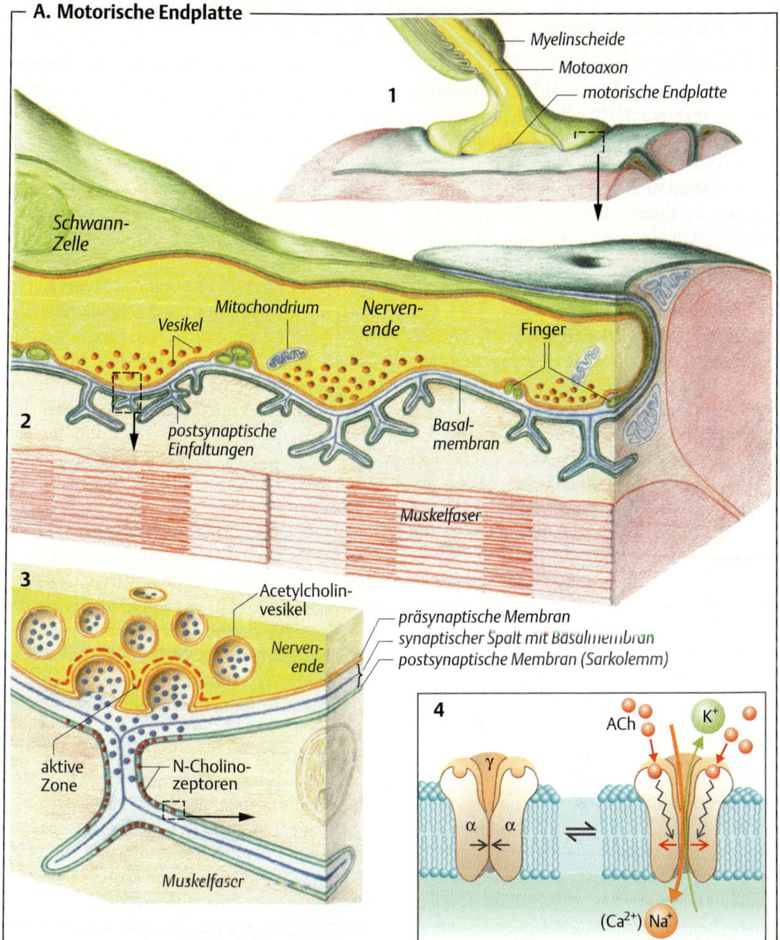

(z.T. nach Akert und Peper)

B. Endplattenströme

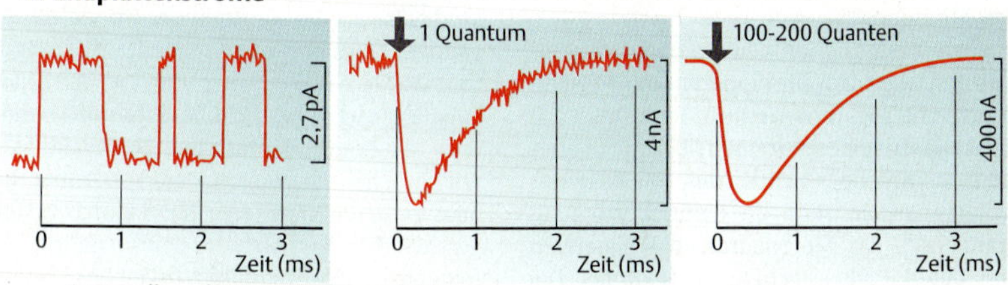

1 Einzelkanalstrom **2** Miniatur- Endplattenstrom **3** Nerven-induzierter Endplattenstrom

(nach Neher u. Sakmann (1), nach Peper u. Mitarb. (2))

Motilität und Muskelarten

Aktive Motilität (Bewegungsvermögen) im Organismus beruht entweder auf der **Interaktion** von energieverbrauchenden *Motorproteinen* (mit ATPase-Aktivität), also von Myosinen, Kinesinen oder Dyneinen mit anderen Proteinen, z. B. mit Aktin, oder sie beruht auf der **Polymerisation** und Depolymerisation von *Aktin* und *Tubulin*. Zellteilung (Zytokinese), Zellmigration (→ S. 30), intrazellulärer Vesikeltransport und Zytose (→ S. 12 f.), Spermienbeweglichkeit (→ S. 306 f.), axonaler Transport (→ S. 42), Elektromotilität der Haarzellen (→ S. 366), Zilienbeweglichkeit (→ S. 110) u. a. sind Beispiele für Zell- und Organellenmotilität.

Die **Muskulatur** besteht aus Zellen, die sich auf einen Reiz hin verkürzen können. Die *Skelettmuskulatur* dient der Körperbeweglichkeit und -fortbewegung (Lokomotion) sowie der Konvektion der Atemgase, die *Herzmuskulatur* (→ S. 190 ff.) sorgt für die Blutzirkulation und die *glatte Muskulatur* (→ S. 70) ist der Motor der inneren Organe und der Blutgefäße. Diese Muskelarten unterscheiden sich in zahlreichen, funktionell wichtigen Charakteristika (→ **A**).

Motorische Einheit des Skelettmuskels

Im Gegensatz zu einem Teil der glatten Muskeln (Single-unit-Typ, → S. 70) und zum Herzmuskel, deren Fasern (= Muskelzellen) durch Gap junctions (= Nexus) elektrisch miteinander gekoppelt sind (→ **A** u. S. 16 f.), werden die (Zuckungs-)Fasern des **Skelettmuskels** nicht durch benachbarte Muskelzellen, sondern durch das zugehörige motorische Neuron (*Motoneuron*) erregt (Lähmung nach Nervendurchtrennung!).

Ein einzelnes Motoneuron bildet zusammen mit allen von ihm innervierten Muskelfasern eine sog. **motorische Einheit** (**ME**). Die Muskelfasern einer einzelnen ME können über größere Anteile (1 cm^2) des Muskelquerschnitts verteilt sein. Zu deren Versorgung spaltet sich das Motoneuron in Kollateralen und deren Endbäumchen auf (→ S. 42). Die Zahl der von einem Motoneuron versorgten Muskelfasern kann nur 25 (mimische Muskulatur) oder weit über 1000 (M. temporalis) betragen.

Drei verschiedene **Typen von Zuckungsfasern**, *langsam zuckende* (*Typ S* [slow] oder *1*) und *schnell zuckende* (*Typ F* [fast] oder *2*) mit den Untertypen *FR* (= *2 A*) und *FF* (= *2 B*) können dabei unterschieden werden. Da eine ME jeweils nur einen Typ enthält, bezieht sich diese Einteilung auch auf MEs. **Typ-S-Fasern** sind *wenig ermüdbar* und daher auf *Dauerleistung* ausgelegt. Ihre Kapillar- und Mitochondriendichte sowie ihr Gehalt an Fetttröpfchen (energiereiche Substratspeicher) und Myoglobin (O_2-Kurzspeicher) sind hoch (rote Farbe), und sie haben einen stark entwickelten oxidativen Stoffwechsel (→ S. 72). **Typ-F-Fasern** dienen v. a. kurzzeitigen, *schnellen Kontraktionen*, sie sind *rasch ermüdbar* (FF > FR), enthalten viel Glykogen (FF > FR) und wenig Myoglobin (FF ≪ FR).

Die **Verteilung** der Typen ist je nach Muskel unterschiedlich: In „roten" Muskeln (z. B. M soleus: Haltearbeit beim Stehen) überwiegen MEs vom Typ S, in „weißen" Muskeln (z. B. M. gastrocnemius: rasches Laufen) überwiegt der Typ F. Die Typen sind auch ineinander *umwandelbar*. Kommt es z. B. in Typ-F-Fasern wegen lang dauernder Aktivierung zu einem chronischen Anstieg der zytosolischen Ca^{2+}-Konzentration, werden diese zu Typ S umgebaut und umgekehrt.

Eine **Abstufung der Muskelaktivität** ist zum einen dadurch möglich, dass einmal mehr, einmal weniger motorische Einheiten erregt werden (unterschiedliche **Rekrutierung** von MEs). Je mehr MEs ein Muskel hat, desto *feiner* kann die Kontraktion abgestuft werden, in den äußeren Augenmuskeln (ca. 2000 MEs) z. B. viel feiner als im M. lumbricalis (ca. 100 MEs), und je mehr dieser MEs rekrutiert werden, umso *kraftvoller* ist die Kontraktion. Ob viele oder wenige, langsame oder schnelle MEs rekrutiert werden, hängt daher vom *Typ der Bewegung* ab (sachte oder grobe, intermittierende oder dauernde Kontraktion, Reflexaktivität, willkürliche Anstrengung etc.). Darüber hinaus kann die Kraft jeder ME dadurch gesteigert werden, dass sich die neuronale Impulsfrequenz erhöht (*Tetanisierbarkeit* des Skelettmuskels, → S. 67 A).

A. Aufbau und Funktion von Herz-, Skelett- und glattem Muskel

Aufbau und Funktion	glatter Muskel 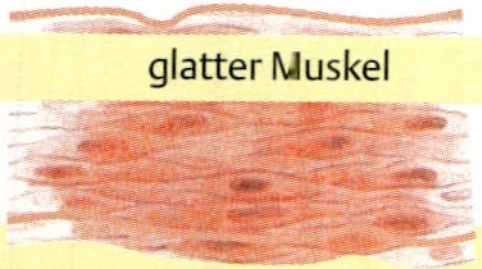	Herzmuskel (quergestreift) 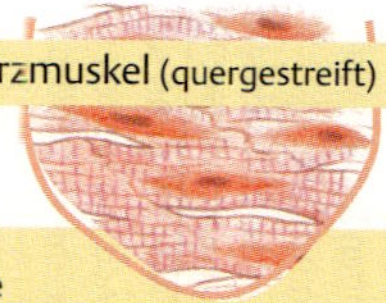	Skelettmuskel (quergestreift) 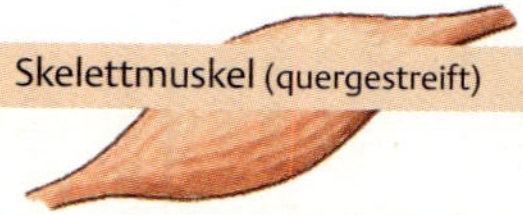
motorische Endplatte	keine	keine	ja
Fasern	fusiform, kurz (max. 0,2 mm)	verzweigt	zylindrisch, lang (max. 15 cm)
Mitochondrien	wenige	viele	wenige (abhängig v. Muskeltyp)
Zellkern/Faser	1	1	viele
Sarkomere	keine	ja, max. Länge 2,6 µm	ja, max. Länge 3,65 µm
elektr. Koppelung	zum Teil (Single-unit-Typ)	ja (funktionelles Synzytium)	nein
sarkoplasmat. Retikulum	wenig entwickelt	mäßig entwickelt	stark entwickelt
Ca^{2+}-„Schalter“	Calmodulin/Caldesmon	Troponin	Troponin
Schrittmacher	z.T. spontan rhythmisch aktiv ($1 s^{-1} – 1 h^{-1}$)	ja (Sinusknoten ca. $1 s^{-1}$)	nein (benötigt Nervenreiz)
Reizantwort	Änderung v. Tonus oder Rhythmusfrequenz	„Alles-oder-Nichts“	abgestuft
tetanisierbar	ja	nein	ja
Arbeitsbereich	Kraft/Längen-Kurve ist variabel	im Anstieg der Kraft/Längen-Kurve (siehe **2.15E**)	am Maximum der Kraft/Längen-Kurve (siehe **2.15E**)
Reizantwort Potenzial (rot) Muskelspannung (blau)	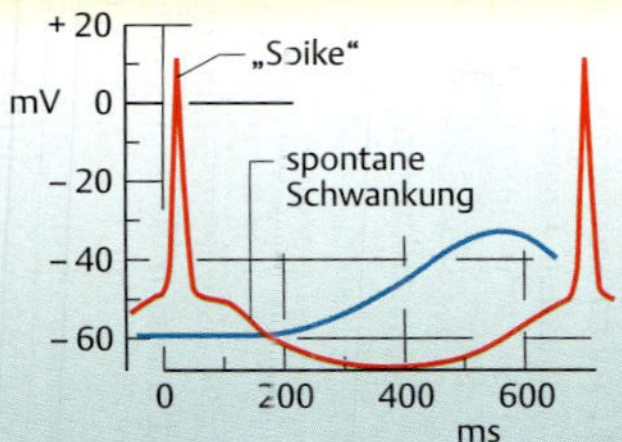	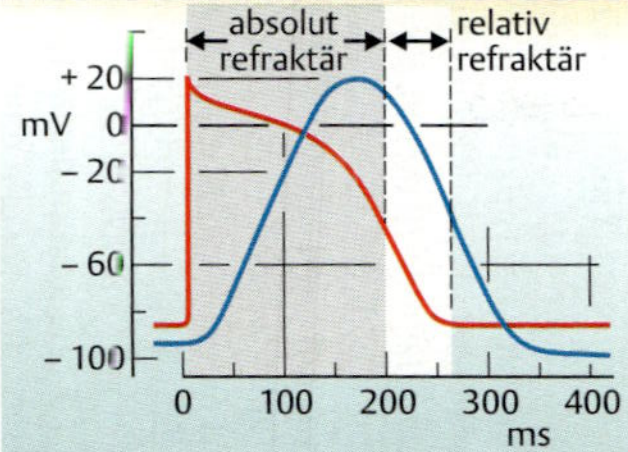	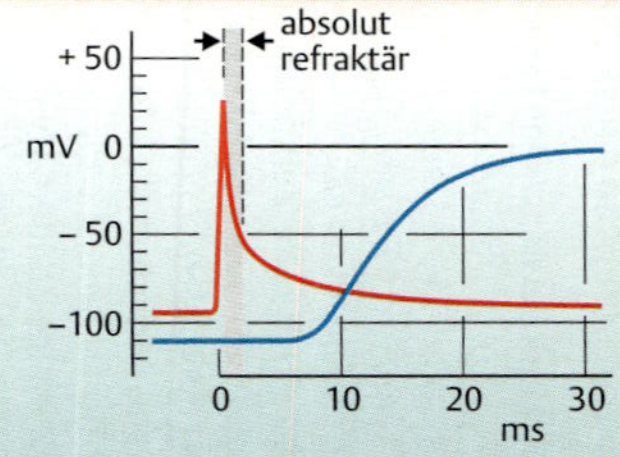

Kontraktiler Apparat der quergestreiften Muskelfaser

Die **Muskelzelle** ist eine **Faser** (→ **A2**) von rund 10–100 µm Durchmesser und im Skelettmuskel bis zu 15 cm Länge. (Die mit bloßem Auge erkennbaren Fleisch-„Fasern" sind eigentlich *Faserbündel* von ca. 100 – 1000 µm Durchmesser; → **A1**.) Die Zellmembran der Muskelfaser(-zelle) heißt *Sarkolemm* und umschließt das *Sarkoplasma* (Zytoplasma), mehrere Zellkerne, Mitochondrien (sog. *Sarkosomen*), Stoffe zur O_2- und *Energieversorgung* (→ S. 72) sowie einige hundert *Myofibrillen*.

Jede **Myofibrille** (→ **A3**) ist durch sog. *Z-Scheiben* in ca. 2 µm lange Fächer, sog. **Sarkomere**, unterteilt (→ **B**). Diese lassen bei (zweidimensionaler) mikroskopischer Beobachtung abwechselnd helle und dunkle *Bänder* und *Linien* erkennen (daher *quergestreifte* Muskulatur), die durch die Anordnung der (dicken) **Myosin-II-** und (dünnen) **Aktinfilamente** verursacht werden (→ **B**; Myosin I s. S. 30). Ein Sarkomer liegt zwischen zwei *Z-Linien* oder, dreidimensional, *Z-Scheiben* (plattenartige Proteine, → **B**). Die ca. 2000 Aktinfilamente des Sarkomers sind in der Mitte an der Z-Scheibe fixiert, d. h. jeweils eine Kettenhälfte ragt in zwei benachbarte Sarkomere. In der Nähe der Z-Scheiben besteht das Sarkomer nur aus Aktinfilamenten: *I-Band* (→ **B**). Die Region, in der sich die Aktin- und Myosinfilamente überlappen, ist als *A-Band* sichtbar. Die *H-Zone* enthält nur Myosinfilamente (ca. 1000/Sarkomer); diese verdicken sich in der Mitte (Zentrum des Sarkomers) zu einer *M-Linie (-Scheibe)*. Am Sarkolemm sind die Aktin-Filamente mit dem Protein *Dystrophin* verankert.

Ein Myosinfilament besteht aus einem Bündel von ca. 300 **Myosin-II**-Molekülen (→ **B**). Jedes davon besitzt zwei globuläre *Köpfe*, die über ihre biegsamen *Halsstücke* (Kopf + Hals = Subfragment S1 nach Proteolyse) mit dem fadenförmigen *Schwanz* des Moleküls (Subfragment S2 = zwei miteinander verdrillte α-Helices) verbunden sind (→ **C**). Jeder der Köpfe hat eine *Motordomäne* mit *Nukleotid-Tasche* (ATP oder ADP + P_i) und *Aktinbindungsstelle*. An die Hälse dieses schweren Moleküls (220 kDa) sind je zwei leichte Proteinketten (*light chain*) angelagert, eine regulatorische (20 kDa) und eine essenzielle Leichtkette (17 kDa). Konformationsänderungen des Kopf-Hals-Stückes ermöglichen ein „Kippen" des Kopfes bei der Interaktion mit dem Aktin (*Filamentgleiten*, → S. 62).

Aktin ist ein globuläres Proteinmolekül (G-Aktin), von dem jeweils 400 ein perlschnurartiges Polymer bilden, das F-Aktin. Jeweils zwei solcher miteinander verdrillter Protofilamente bilden das **Aktinfilament** (→ **B**), das von dem ebenso langen Protein *Nebulin* positioniert wird.

End-zu End verknüpfte **Tropomyosin**-Moleküle (à 40 nm) liegen dem Aktinfilament an, wobei ca. alle 40 nm ein **Troponin**-Molekül angeheftet ist (→ **B**). Troponin besteht aus drei Untereinheiten:

- TN-C besitzt am Aminoende zwei regulatorische Bindungsstellen für Ca^{2+},
- TN-I verhindert in Ruhe das Filamentgleiten (→ S. 62),
- TN-T interagiert mit TN-C, TN-I und Aktin.

Das Sarkomer enthält noch ein weiteres Filamentsystem (→ **B**), das mehr als 1000 nm lange, fadenförmige Protein **Titin** (= Connectin). Es ist mit ca. 30000 Aminosäuren (M_r > 3000 kDa) die längste bekannte Polypeptidkette und macht 10 % der Muskelmasse aus. Titin ist mit seinem Carboxylende an der M-Scheibe und mit dem Aminoende an der Z-Scheibe verankert (Funktion: → S. 66).

Das Sarkolemm ist an vielen Stellen senkrecht zu den Muskelfibrillen schlauchartig eingestülpt: **transversale Tubuli** oder **T-System** (→ S. 63 A). Auch das endoplasmatische Retikulum (→ S. 10 ff.) ist in der Muskelzelle besonders geformt und wird *sarkoplasmatisches Retikulum* (**SR**), genannt (→ S. 63 A). Es bildet geschlossene Kammern (ohne Verbindung zum Intra- und Extrazellulärraum), die v. a. längs zu den Muskelfibrillen verlaufen: **longitudinale Tubuli** (→ S. 63 A). Sie sind beim Skelettmuskel stärker ausgebildet als im Myokard und stellen ein *Reservoir für Ca^{2+}-Ionen* dar. Das T-System läuft in sehr enger Nachbarschaft zwischen den Enden zweier benachbarter longitudinaler Tubuli hindurch (*Triaden*; → S. 63 A, B).

A. Feinbau der quergestreiften Muskelfaser

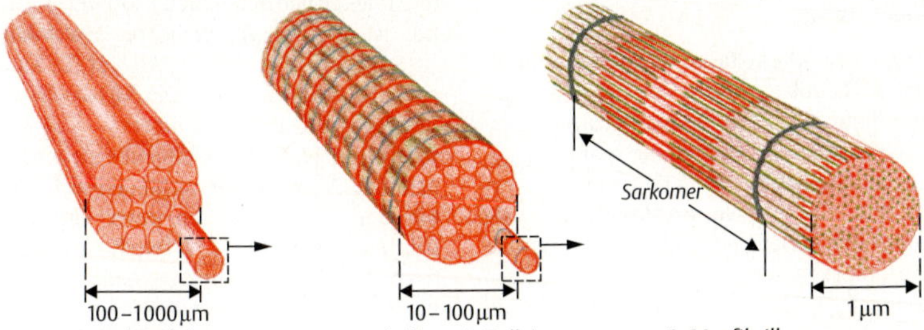

1 *Faserbündel* **2** *Muskelfaser (=Zelle)* **3** *Myofibrille*

B. Sarkomeraufbau

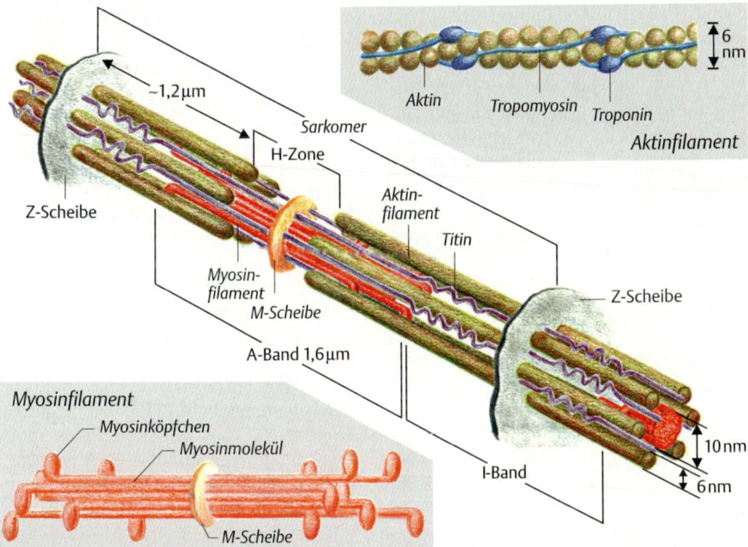

C. Myosin-II-Molekül

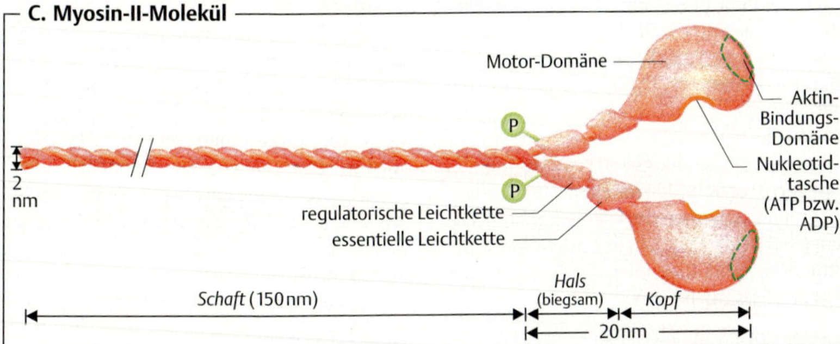

(nach D. M. Warshaw)

Kontraktion der quergestreiften Muskelfaser

Erregung der Muskelfaser. Wenn an der motorischen Endplatte Acetylcholin freigesetzt wird, fließt dort einen Endplattenstrom, dessen *elektrotonische Ausbreitung* spannungsgesteuerte Na^+-Kanäle im Sarkolemm aktiviert (→ S. 56). So ausgelöste **Aktionspotenziale** breiten sich entlang des Sarkolemms über die ganze Muskelfaser aus (2 m/s) und dringen entlang des T-Systems überall rasch in die Tiefe der Faser ein (→ **A**).

Die Umsetzung dieser Erregung in die Kontraktion wird **elektromechanische Koppelung** genannt (→ **B**). Im *Skelettmuskel* beginnt sie damit, dass das AP im Bereich der Triaden die *spannungssensiblen Dihydropyridin-Rezeptoren* (DHPR) des Sarkolemms erregt. Die DHPR sind in Reihen angeordnet, und ihnen direkt gegenüber in der benachbarten Membran des sarkoplasmatischen Retikulums (SR) sitzen ebenfalls Reihen von *Ca^{2+}-Kanälen*, sog. *Ryanodinrezeptoren* (Skelettmuskel: RYR1), von denen jeder zweite mit einem DHPR assoziiert ist (→ **B2**). Die RYR1 öffnen sich, wenn sie die AP-abhängige Konformationsänderung von DHPR direkt (mechanisch) „spüren". Im *Myokard* hingegen ist der DHPR Teil eines *spannungsgesteuerten Ca^{2+}-Kanals* des Sarkolemms, der durch das AP geöffnet wird und über den ein wenig extrazelluläres Ca^{2+} einströmt, das nun die myokardialen RYR2 öffnet (sog. *Triggerwirkung des Ca^{2+}* = Ca^{2+}-„Funke", → **B3**). Durch die geöffneten RYR1 bzw. RYR2 strömt nun das im SR gespeicherte **Ca^{2+}** ins Zytosol ein, so dass sich dort die Ca^{2+}-Konzentration ($[Ca^{2+}]_i$) erhöht, von in Ruhe ca. 0,01 μmol/l auf über 1 μmol/l (→ **B1**). Im Skelettmuskel genügt die DHPR-Erregung an einer Stelle, um eine (durch mechanische Koppelung?) koordinierte Öffnung einer ganzen RYR1-Gruppe auszulösen, was die Übertragungssicherheit erhöht. Der Anstieg von $[Ca^{2+}]_i$ sättigt die Ca^{2+}-Bindungsstelle von **Troponin-C**, was den Troponin-vermittelten Hemmeffekt des Tropomyosins auf das Filamentgleiten aufhebt (→ **D**). Unklar ist, ob die Enthemmung die Aktin-Myosinbindung oder die Ablösung von ADP und P_i (s. u.) betrifft.

Filamentgleiten. Notwendig für das Filamentgleiten und damit für die Muskelkontraktion ist **ATP** (→ S. 72), wobei die *Myosinköpfe* (→ S. 60) mit ihrer *ATPase-Aktivität* die Motoren sind (Motorprotein). Die Myosin-II- und Aktinfilamente eines Sarkomers (→ S. 60) sind so angeordnet, dass sie ineinander gleiten können. Die Myosinköpfe verbinden sich dabei mit den Aktinfilamenten unter einem bestimmten Winkel (→ **C1**). Durch eine im Bereich der Nukleotidbindungsstelle des Myosin-II (→ S. 61 C) ablaufende *Konformationsänderung*, deren räumliches Ausmaß durch Mitbewegung des Halsbereichs verstärkt wird, „knickt" der Kopf des Myosins „ab" und zieht dabei das dünne Filament über 4 nm mit sich (→ **C2**). (Evtl. bewegt der zweite Myosinkopf dabei ein benachbartes Aktinfilament.) Der Kopf löst sich dann, wird wieder „gespannt", um nach erneuter Bindung an Aktin den nächsten „Ruderschlag" zu machen (→ **C3**).

Im Gegensatz zu einem anderen Motorprotein, Kinesin (→ S. 42 u. 58), das sich mit seinen zwei Köpfen wie beim Seilziehen „Hand um Hand" (um je 8 nm) auf dem Mikrotubulus weiterbewegt (50% der Zykluszeit ist „Arbeitszeit": „Duty ratio" = **„Dienstanteil"** = 0,5) und dies allein schaffen muss, greift das Myosin II des Skelettmuskels zwischen zwei Aktinbindungen 36 nm bis (bei raschen Zuckungen) 400 nm aus, um die nächste (bzw. die 10. oder 12.) „oben" liegende Aktinbindungsstelle zu erreichen (→ **C3**b). Während dieses Sprungs sind mindestens 10 – 100 Ruderschläge (à 4 nm) durch die anderen Myosinköpfe zu machen, die an diesem Aktinfilament arbeiten, d. h. der Dienstanteil eines Myosin-II-Kopfes ist 0,1 – 0,01. Diese „Arbeitsteilung" der Myosinköpfe stellt auch sicher, dass immer ein gewisser Teil davon für einen raschen Zuckungsbeginn bereit ist.

Während des Gleitens nähern sich die Z-Scheiben einander, und der Überlappungsbereich von dicken und dünnen Filamenten wächst. (Die Länge der Filamente bleibt gleich.) Das I-Band und die H-Zone (→ S. 60) werden dadurch kürzer. Wenn schließlich die Enden der dicken Filamente an der Z-Scheibe anstoßen, ist der Muskel maximal verkürzt, wobei die Enden der dünnen Filamente sich ▶

A. Das sarkotubuläre System der Muskelzelle (= Muskelfaser)

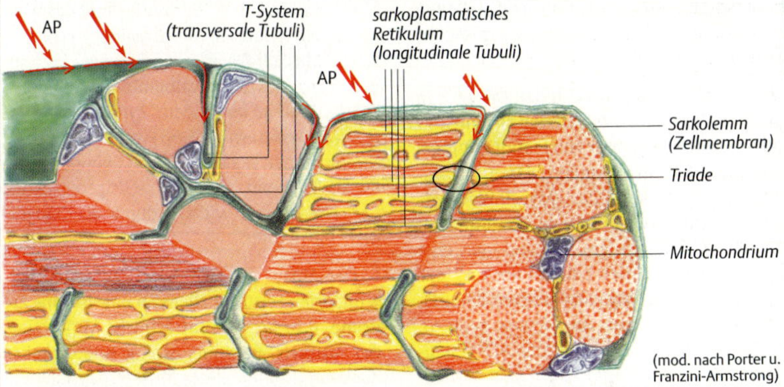

B. Ca^{2+} als Vermittler zwischen elektrischem Reiz und Kontraktion

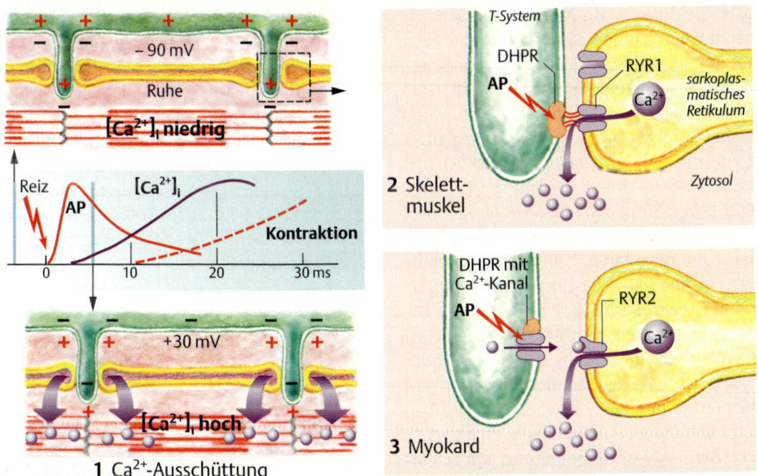

C. Filamentgleiten

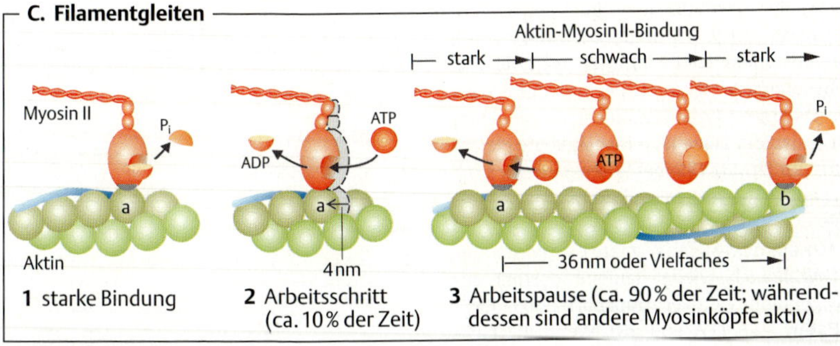

▶ bereits überlappen (→ S. 67 C). Die Verkürzung des Sarkomers erfolgt also an beiden Enden der Myosinbündel, aber in entgegengesetzter Richtung.

Kontraktionszyklus (→ **C** u. **D**). Die beiden Myosinköpfe (M) eines Myosin-II-Moleküls binden je ein ATP in ihrer Nukleotidbindungstasche. Sie bilden in dieser Form (M-ATP-Komplex) mit dem Rest des Myosinfilaments (→ S. 61 C) einen Winkel von ca. 90 Grad. Zum Aktin besteht in diesem Zustand nur eine schwache Bindung. Der Einfluss des Ca^{2+} auf den Troponin-Tropomyosin-Komplex bewirkt, dass *Aktin* (A) *die ATPase des Myosins aktiviert*, so dass das an Myosin gebundene *ATP gespalten* wird (ATP → ADP + P_i). Es entsteht also ein Komplex A-M-ADP-P_i (→ **D1**). Löst sich P_i (anorganisches Phosphat) aus diesem Komplex, erhöht sich die Aktin-Myosin-Assoziationskonstante durch eine Konformationsänderung um 4 Zehnerpotenzen (jetzt starke Bindung), und die Myosinköpfe kippen um 40 Grad (→ **D2 a**), was dazu führt, dass die Aktin- und Myosinfilamente aneinander vorbeigleiten. Die Abgabe von ADP bringt schließlich die Myosinköpfe in ihre Endstellung (45 Grad; → **D2 b**). Der übrig gebliebene A-M-Komplex ist stabil (*„Rigorkomplex“*) und kann nur durch erneute Bindung von ATP an die Myosinköpfe wieder in eine schwache Bindung übergeführt werden *(„Weichmacherwirkung“ des ATP)*. Die leichte Dehnbarkeit des Muskels in Ruhe ist z. B. wichtig für die Füllung des Herzens oder für das leichte Nachgeben der Streckmuskeln bei einer raschen Beugebewegung. Ist ATP an Myosin gebunden, erlaubt die dadurch wieder losere Aktin-Myosin-Bindung das *Wiederaufrichten der Myosinköpfe* (45 Grad → 90 Grad → **D4**), der bevorzugten Stellung des M-ATP-Komplexes. Ist $[Ca^{2+}]_i$ weiterhin $> 10^{-6}$ mol/l, was vor allem vom Eintreffen weiterer Aktionspotenziale abhängt, beginnt der Zyklus **D1 – D4** erneut. Dabei sind nicht alle an einem Aktinfilament ziehenden Myosinköpfe gleichzeitig im Einsatz (kleiner „Dienstanteil“, s. o.), was auch eine ruckweise Kontraktion verhindert.

Das aus dem SR freigesetzte Ca^{2+} wird unter ATP-Verbrauch wieder laufend dorthin zurückgepumpt (aktiver Transport durch **Ca^{2+}-ATPasen** (→ S. 17 A und 26). Wenn die Ca^{2+}-Freisetzung durch die RYR sistiert, sinkt daher $[Ca^{2+}]_i$ rasch unter 10^{-6}mol/l, und das Filamentgleiten hört auf (*Ruhestellung*, → **D**).

Die Muskelrelaxation nach *kurzen* Zuckungen wird durch **Parvalbumin** beschleunigt. Dieses Protein kommt im Zytosol von Typ-F(2)-Muskelfasern (→ S. 58) vor; es bindet Ca^{2+} (im Austausch gegen Mg^{2+}) mit höherer Affinität als Troponin, aber mit niedrigerer als die Ca^{2+}-ATPase und wirkt dadurch als „langsamer“ Ca^{2+}-Puffer.

Der Ablauf des Gleitzyklus gilt in der geschilderten Form vor allem für eine **isotone Zuckung**, d. h. für eine tatsächliche Verkürzung des Muskels. Bei einer streng **isometrischen Zuckung** (Erhöhung der Muskelspannung ohne äußere Verkürzung) spannt der Gleitprozess die sog. *serienelastische Komponente* des Muskels an, um bald stehen zu bleiben. Der A-M-ATP-Komplex (→ **D3**) geht dann wahrscheinlich direkt in den A-M-ADP-P_i-Komplex (→ **D1**) über. Im Muskel des toten Organismus wird kein ATP mehr gebildet. Das heißt, dass weder Ca^{2+} in die longitudinalen Tubuli zurückgepumpt werden kann, noch ATP zur Lösung des stabilen A-M-Komplexes zur Verfügung steht: Es kommt zur **Totenstarre**; sie löst sich erst wieder bei der Zersetzung der Aktin- und Myosinmoleküle.

D. Arbeitszyklus beim Filamentgleiten (isotone Kontraktion)

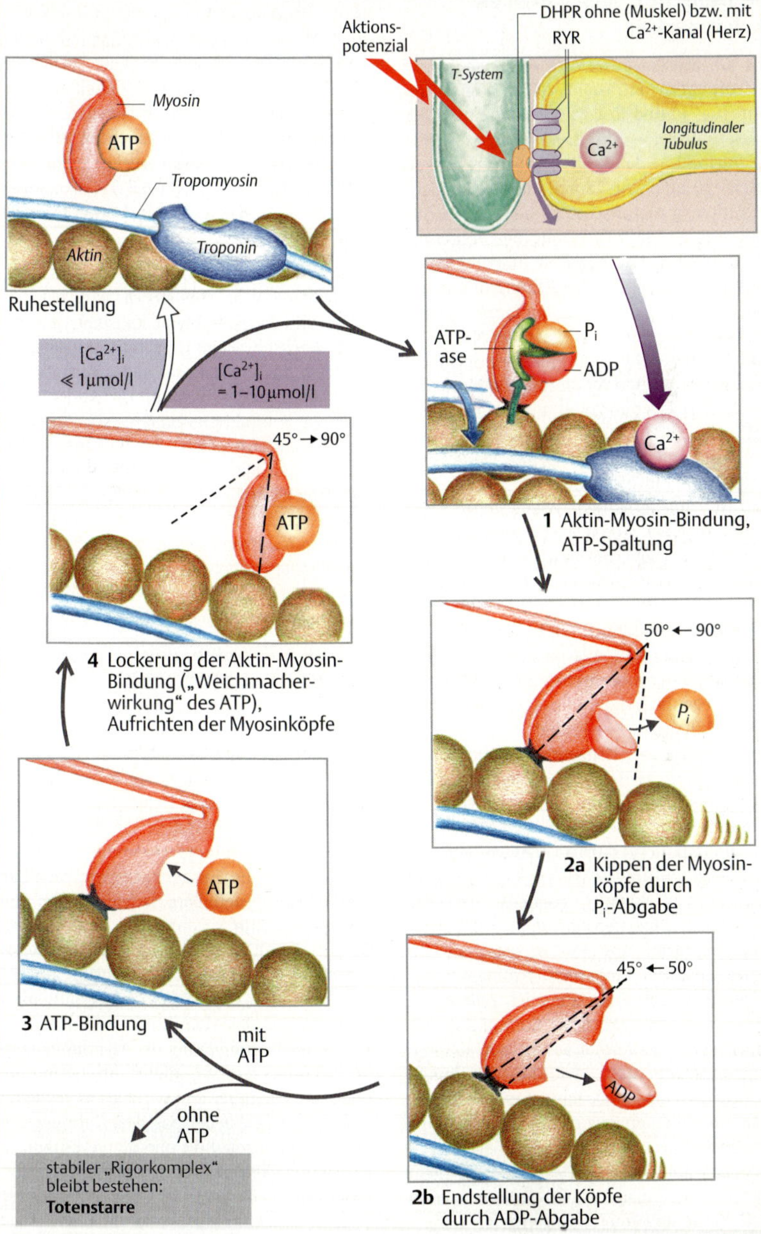

Mechanische Eigenschaften des Skelettmuskels

Das am Muskel ausgelöste Aktionspotenzial (AP) erhöht die intrazelluläre Ca^{2+}-Konzentration ($[Ca^{2+}]_i$) und löst so die Kontraktion aus (Skelettmuskel → S. 63 B, Myokard → S. 194). Die **Abstufung der Kraft** des Skelettmuskels geschieht einerseits durch unterschiedliche *Rekrutierung* motorischer Einheiten (→ S. 58), andererseits durch Änderung der *Aktionspotenzialfrequenz*. Ein Einzelreiz führt immer zu einer maximalen Ca^{2+}-Freisetzung und damit auch stets zu einer maximalen Einzelzuckung der Skelettmuskelfaser (**Alles-oder-Nichts-Regel**). Trotzdem führt ein Einzelreiz nicht zur maximal möglichen Verkürzung der Muskelfaser, da er zu kurz andauert, um das Filamentgleiten bis zur Endstellung in Gang zu halten. Die Verkürzung geht nur weiter, wenn während dieser Einzelzuckung ein zweiter Reiz eintrifft. Solchermaßen wiederholte Reize führen zu einer stufenweisen mechanischen **Summation** (**Superposition**) von Einzelzuckungen (→ **A**). Wird die Reizfolge noch weiter erhöht (auf 20 Hz bei langsam zuckenden, auf 60–100 Hz bei schnell zuckenden Muskeln; → S. 58), kommt es zur *maximal möglichen Kontraktion* der motorischen Einheit: **Tetanus** (→ **A**). Gegenüber einer Einzelzuckung erhöht sich dadurch die Muskelkraft auf max. das Vierfache. Die Ca^{2+}-Konzentration, die bei der Superposition zwischen den Reizen immer wieder absinkt, bleibt im Tetanus erhöht.

Vom Tetanus ist der *Rigor* (→ S. 64) sowie eine weitere Dauerverkürzung des Muskels, die **Kontraktur**, zu unterscheiden. Sie wird nicht durch APs verursacht, sondern entweder durch *lokale Dauerdepolarisation*, z. B. bei erhöhter extrazellulärer K^+-Konzentration (*K^+-Kontraktur*), oder durch pharmakologisch hervorgerufene *Ca^{2+}-Freisetzung im Zellinneren*, z. B. durch Coffein. Auch die Kontraktion sog. **Tonusfasern** (bestimmte Fasern der äußeren Augenmuskeln und der Muskelspindeln [→ S. 318]) ist eine Kontraktur. Die Tonusfasern beantworten einen Reiz nicht mit einer Alles-oder-Nichts-Zuckung, sondern kontrahieren sich *nach Maßgabe der Depolarisation* (kein AP!). Hier wird das Ausmaß der Kontraktion durch Variierung von $[Ca^{2+}]_i$ geregelt.

Der allgemeine „Tonus" (**Reflextonus**) der Skelettmuskulatur hingegen wird durch normale APs an einzelnen motorischen Einheiten verursacht. Dabei sind keine Einzelzuckungen sichtbar, da die motorischen Einheiten wechselweise (asynchron) erregt werden. Besonders die Haltemuskeln sind auch bei scheinbarer Ruhe in diesem *unwillkürlichen Spannungszustand*, der über Reflexe (→ S. 318 ff.) geregelt wird und z. B. bei erhöhter Aufmerksamkeit zunimmt.

Kontraktionsformen (→ **B**). Eine Muskelkontraktion kann *isometrisch* sein, d. h. die Länge des Muskels bleibt konstant, und die Kraft wechselt. (Beim Herzen heißt es *isovolumetrisch*, da die Muskellänge das Vorhof- bzw. Ventrikelvolumen bestimmt.) Andererseits kann die Kontraktion *isotonisch* sein (am Herz auch *isobarisch* genannt), d. h. die Länge ändert sich bei konstanter Kraft (Herz: bei konstantem Druck). Ändern sich beide Größen gleichzeitig, spricht man von einer *auxotonischen Kontraktion*, pfropft sich eine isometrische Zuckung einer isotonischen auf, von *Anschlagzuckung*, und bei umgekehrter Folge von *Unterstützungszuckung*.

Muskeldehnbarkeit. Ein ruhender, ATP-haltiger Muskel lässt sich wie ein Gummiband dehnen, wofür anfänglich nur ganz wenig Kraft notwendig ist (→ **D**, **E**, Ruhedehnungskraft), die allerdings bei sehr stark gedehntem Muskel exponentiell ansteigt: *Ruhedehnungskurve* (→ **D**). An diesem Dehnungswiderstand, der das Auseinanderfallen der in sich verschiebbaren Sarkomere verhindert, sind u. a. das Bindegewebe (Faszien) beteiligt; vor allem aber ist es das dehnbare, fadenförmigen Riesenmolekül **Titin** (= Connectin; 1000 nm lang, M_r = 3–3,7 MDa), das in das Sarkomer selbst eingebaut ist (6 Moleküle/Myosinfilament). Titin ist im A-Band-Bereich des Sarkomers (→ S. 61 B) an das Myosinfilament angelagert, wo es der *Positionierung des Myosinfilaments* im Sarkomerzentrum dient; im I-Band-Bereich ist es dehnbar und wirkt als *molekulares „Gummiband"*, das der passiven Dehnung des Muskels entgegenwirkt und die Verkürzungsgeschwindigkeit des Muskels wesentlich mitbestimmt.

▶

A. Muskelkraft bei ansteigender und abfallender Reizfrequenz

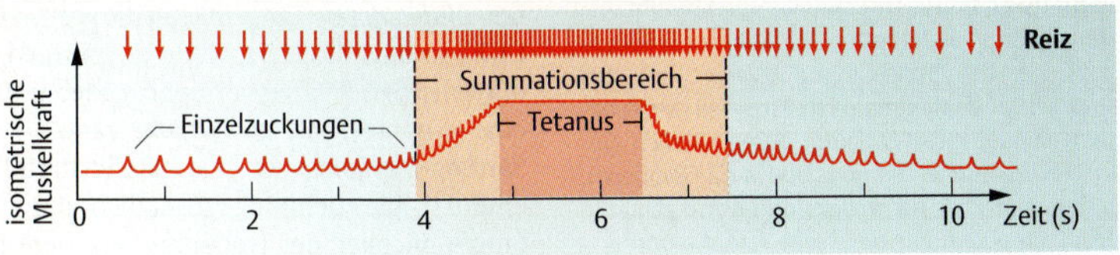

B. Kontraktionsformen

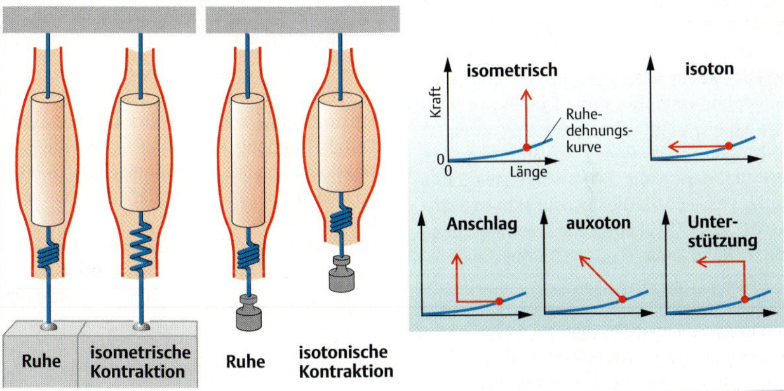

C. Isometrische Muskelkraft in Abhängigkeit von der Sarkomerlänge

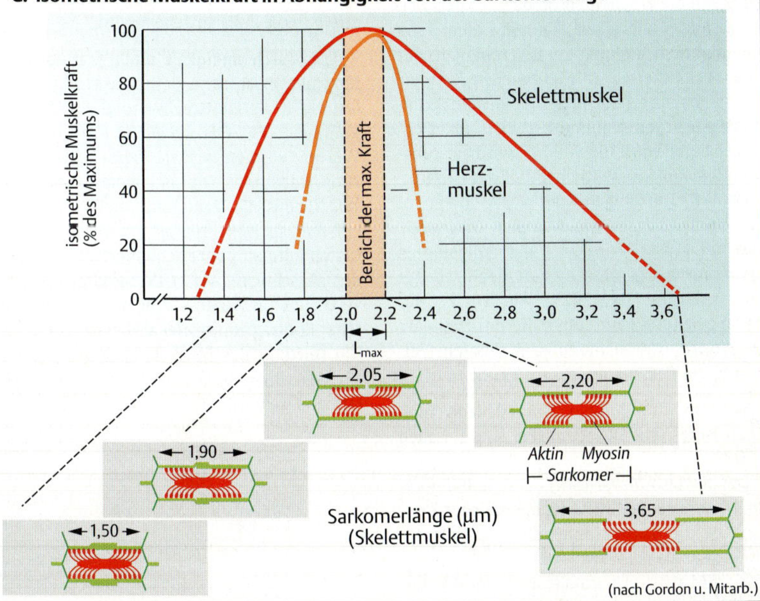

(nach Gordon u. Mitarb.)

▶

Die **Dehnbarkeit des Titins** auf das ca. Zehnfache (Skelettmuskel, im Herzmuskel weniger) beruht v. a. auf dem häufig wiederholten *PEVK-Motiv* (Ein-Buchstaben-Code für Prolin-Glutamat-Valin-Lysin). Bei sehr starker Muskeldehnung (steilster Teil der Ruhedehnungskurve; → **D**) entfalten sich zusätzlich globuläre Kettenanteile (*Immunglobulin-C2-Domänen*), doch geschieht dies ruckartiger und umso zäher, je schneller die Dehnung geschieht („Stoßdämpfer"-Charakteristik).

Zwischen der **Länge** (L) und der **Kraft** („Spannung", K) eines Muskels bestehen enge Beziehungen (→ **C, E**). Die *Gesamtkraft* ist die Summe aus aktiver Kraft des Muskels und seiner Ruhedehnungskraft (s. o.). Die **aktive Kraft** wird vom Gesamtausmaß der möglichen Aktin-Myosin-Interaktionen bestimmt und ändert sich daher mit der anfänglichen Sarkomerlänge (→ **C, D**). Die höchste aktive (isometrische) Kraft (K_0) kann der Skelettmuskel aus seiner **Ruhelänge** (L_{max}; Sarkomerlänge ca. 2–2,2 μm; → **C**) entwickeln. Verkürzen sich die Sarkomere ($L < L_{max}$), so überlappen sich die dünnen Filamente schon teilweise, und es kann nur noch eine kleinere Kraft als K_0 entwickelt werden (→ **C**). Bei L = 70% von L_{max} (Sarkomerlänge 1,65 μm) stoßen die dicken Filamente an die Z-Scheiben, so dass K noch weiter absinkt. Andererseits kann aus einer stark vorgedehnten Stellung ($L > L_{max}$) ebenfalls nur eine verminderte Kraft entwickelt werden, weil auch dabei die Zahl der möglichen Aktin-Myosin-Brücken abnimmt (→ **C**). Ab Dehnungslängen von 130% von L_{max} wird die Ruhedehnungskraft wesentlicher Teil der Gesamtkraft (→ **E**). Der Längen/Kraft-Kurve entspricht am Herzen das *Druck/Volumen-Diagramm*: statt der Muskellänge wird das Füllvolumen des Ventrikels gemessen, statt der Kraft der Ventrikeldruck (→ S. 202). Die Druck/Volumen-Beziehung kann durch die intrazelluläre Ca^{2+}-Konzentration modifiziert werden (Änderung der *Kontraktilität*; → S. 203 B2).

Weitere funktionelle **Unterschiede zwischen Herz- und Skelettmuskel** sind (→ auch S. 59 A):

◆ Der Skelettmuskel (SM) ist dehnbarer als der Herzmuskel (HM), d. h., bei gleicher Dehnung ist die passive Ruhedehnungskraft des HM größer als beim SM (→ **E1,2**).

◆ Der SM arbeitet normalerweise im *Plateaubereich* der Längen/Kraft-Kurve, der HM hingegen im *ansteigenden Teil* (unterhalb L_{max}) seiner *plateaulosen* Längen/Kraft-Kurve (→ **C** u. **E1,2**), so dass das Herz, wenn es während der diastolischen Füllung vermehrt gedehnt wird, eine erhöhte Kraft entwickeln kann (*Frank-Starling-Mechanismus*; → S. 202). Beim HM beeinflusst die Dehnung zusätzlich die Ca^{2+}-Empfindlichkeit des Troponins (= steilere Kurve in **E2**).

◆ Der HM hat ein länger andauerndes AP als der SM (→ S. 59 A), weil im Anschluss an die rasche Inaktivierung der Na^+-Kanäle g_K vorübergehend abfällt und g_{Ca} für 200–500 ms erhöht ist. Der dadurch ausgelöste „langsame" Ca^{2+}-Einstrom bewirkt ein *Plateau im AP*, so dass die Refraktärperiode erst endet, wenn die Kontraktion schon fast abgeklungen ist (→ S. 59 A). Im Gegensatz zum SM ist der HM daher *nicht tetanisierbar*.

◆ Im HM gibt es keine motorischen Einheiten. Im Gegensatz zum SM breitet sich die Erregung über das *ganze* Myokard der Vorhöfe bzw. der Kammern aus: *Alles-oder-Nichts-Kontraktion*.

◆ Die *Kontraktionskraft* des HM kann durch die *Dauer des Aktionspotenzials* variiert werden, was durch einen *wechselnden Ca^{2+}-Einstrom* in die Zelle gesteuert wird.

Die **Geschwindigkeit** einer (isotonischen) Kontraktion ist umso kleiner, je größer die *Belastung* (Kraft) ist (Geschwindigkeit/Kraft-Diagramm; → **F1**). Die *maximale Kraft* (+ wenig Wärme) wird entwickelt, wenn *keine* Verkürzung stattfindet. Die *maximale Geschwindigkeit* (Bizeps: Ca. 7 m/s) und viel Wärme wird bei *unbelastetem Muskel* entwickelt. Leichte Lasten können daher schneller gehoben werden als schwere (→ **F2**). Der gesamte Energieverbrauch für Arbeit + Wärme ist bei isotonischer Kontraktion größer als bei isometrischer. Die **Leistung** des Muskels ist Kraft × Verkürzungsgeschwindigkeit ($N \cdot m \cdot s^{-1} = W$) (→ **F1**, farbige Flächen).

D. Aktive und passive Komponente der Muskelkraft (Skelettmuskel)

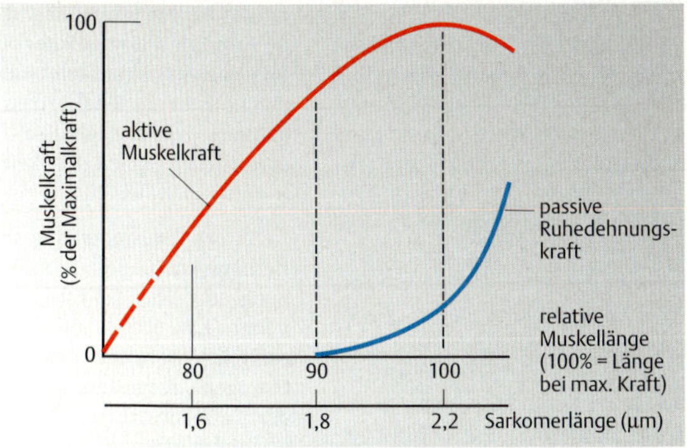

E. Länge/Kraft-Kurven von Skelett- und Herzmuskel

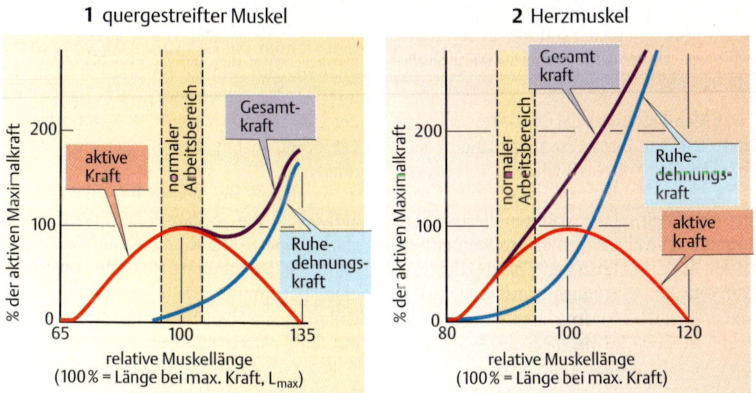

F. Muskelkraft (bzw. -belastung) und Verkürzungsgeschwindigkeit

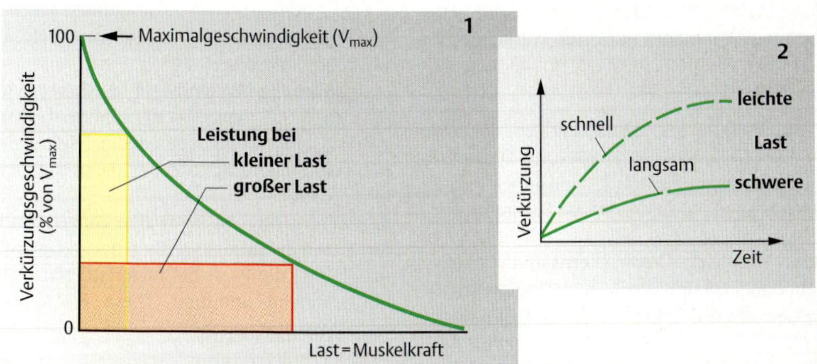

Glatte Muskulatur

Die glatte Muskulatur (GM) ist aus Schichten spindelförmiger Zellen aufgebaut. Sie beteiligt sich an der Funktion vieler Organe (Magen, Darm, Blase, Uterus, Bronchien, Auge etc.) und trägt an den Blutgefäßen wesentlich zur Kreislaufregulation bei. GM enthält die glattmuskulären Formen von F-Aktin-Tropomyosin- und Myosin-II-Filamenten (→ S. 60), doch fehlen Troponin, Myofibrillen, eine Einteilung in Sarkomere (keine Querstreifung, daher „glatt") und ein ausgeprägtes tubuläres System (weitere Unterschiede → S. 59 A). Die Filamente formen einen losen Kontraktionsapparat, der ungefähr in der Längsrichtung der Zelle angeordnet und an scheibenförmigen Anheftungsplaques befestigt ist, die gleichzeitig die GM-Zellen untereinander mechanisch verbinden. Die GM kann sich relativ viel stärker verkürzen als die quergestreifte Muskulatur (Modellvorstellung → **B**).

Das **Membranpotenzial** der GM ist oft nicht stabil (z. B. im Darm), sondern ändert sich rhythmisch mit niedriger Frequenz ($3-15\,min^{-1}$) und Amplitude (10–20 mV): *Langsame Wellen*. Überschreiten diese ein bestimmtes Schwellenpotenzial, so werden Salven von Aktionspotenzialen (*Spikes*) ausgelöst, deren Anzahl und Frequenz umso höher ist, je ausgeprägter die spontane langsame Depolarisierung ist. Etwa 150 ms nach einem Spike erfolgt eine relativ träge Kontraktion (→ S. 59 A, links). Schon bei relativ geringen Spike-Frequenzen kommt es zum *Tetanus* (→ S. 66). Glatte Muskulatur ist somit dauernd in einem Zustand mehr oder weniger starker Kontraktion: **Tonus**. Bei manchen glatten Muskeln zeigt der Spike ein ähnliches Plateau wie beim AP des Herzens (→ S. 59 A, Mitte).

Single-Unit- und **Multi-Unit-Typ** der GM (→ **A**). GM-Zellen des Single-Unit-Typs sind untereinander elektrisch gekoppelt (*Gap Junctions*; → S. 18 u. 50), d. h. die Erregung breitet sich von Zelle zu Zelle aus, z. B. in Magen, Darm, Harnblase, Ureter, Uterus und Blutgefäßen. Dabei entsteht die Erregung autonom innerhalb des GM-Zellverbandes (z. T. in Schrittmacherzellen), d. h. sie ist innervations*un*abhängig und oft spontan (*myogener Tonus*). Der zweite Typ der GM wird vorwiegend von vegetativen Nerven erregt (*neurogener Tonus*), z. B. in Arteriolen, Samenleiter, Iris, Ziliarkörper und Haarwurzelmuskeln. Hier fehlen die Gap junctions weitgehend, so dass die Erregung lokalisiert bleibt, ähnlich wie bei der motorischen Einheit des Skelettmuskels: Multi-unit-Typ.

An der **Tonusregulation** sind der *Depolarisierungsgrad* (Depolarisierung z. B. durch Dehnung oder über Schrittmacherzellen), *Transmitter* (z. B. Acetylcholin, Noradrenalin) und zahlreiche *Hormone* beteiligt (z. B. im Uterus Östrogene, Progesteron und Oxytocin oder in der Gefäßmuskulatur Histamin, Angiotensin II, Adiuretin, Serotonin, Bradykinin). **Tonuserhöhend** sind diese Einflüsse, wenn sie direkt oder indirekt zu einem Anstieg der zytosolischen Ca^{2+}-Konzentration, ($[Ca^{2+}]_i$) auf $> 10^{-6}$ mol/l führen. Das Ca^{2+} strömt v. a. von extrazellulär ein, zum kleinen Teil stammt es aus den intrazellulären Speichern (→ **B1**). Das Ca^{2+} bindet sich an *Calmodulin* (CM; → **B2**) und **Ca^{2+}-CM** fördert auf folgenden Wegen die Kontraktion:

- Regulation **am Myosin II** (→ **B3**): Ca^{2+}-CM aktiviert die Myosin-Leichtketten[=light chain]-Kinase (MLCK), die daraufhin die regulatorische leichte Kette (RLC) des Myosins an einer bestimmten Stelle phosphoryliert und dadurch den Myosinkopf für die Interaktion mit Aktin aktiviert (→ **B6**).
- Regulation **am Aktin** (→ **B4**): Ca^{2+}-CM bindet auch an *Caldesmon* (CDM), das sich daraufhin vom Aktin-Tropomyosin-Komplex löst und ihn damit für das Filamentgleiten freigibt (→ **B6**). Letzteres kann auch dadurch geschehen, dass CDM durch Proteinkinase-C (PK-C) phosphoryliert wird (→ **B5**).

Tonusmindernd sind ein Absinken von $[Ca^{2+}]_i$ auf $< 10^{-6}$ mol/l (→ **B7**), Phosphataseaktivität (→ **B8**) sowie auch wieder PK-C, wenn diese eine andere Stelle an der RLC phosphoryliert (→ **B9**).

Auch für die GM kann eine Längen/Kraft-Kurve aufgenommen werden, doch zeigt sich dabei, dass die Kraft bei unveränderter Dehnung laufend abnimmt. Diese Eigenschaft wird **Plastizität** genannt.

A. Erregungstypen glatter Muskulatur

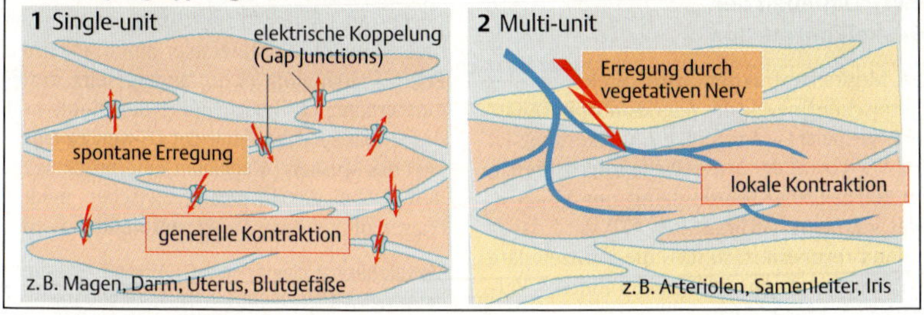

B. Kontraktionsregulation des glatten Muskels

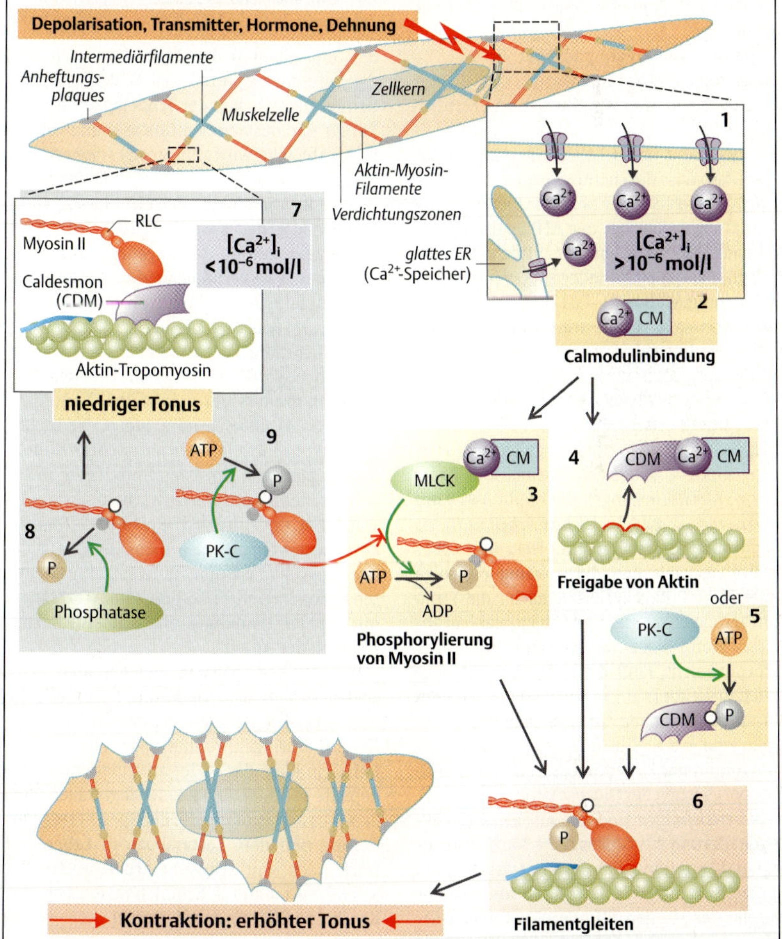

Energiequellen der Muskelkontraktion

Die Muskelkontraktion wird direkt mit der chemischen Energie des **Adenosintriphosphats** (**ATP**) gespeist (→ **A** u. S. 40 u. 64). Allerdings ist der ATP-Vorrat der Muskelzelle sehr begrenzt, ein 100 m-Läufer würde damit nur 10–20 m weit kommen. Verbrauchtes ATP wird daher laufend regeneriert, so dass die intrazelluläre ATP-Konzentration auch bei erhöhtem Verbrauch weitgehend konstant bleibt.

Für die **ATP-Regenerierung** (→ **B**) stehen zur Verfügung:

1. Spaltung von Kreatinphosphat (CrP),
2. anaerobe Glykolyse und
3. aerobe Oxidation von Glucose und Fettsäuren.

Die Prozesse 2 und 3 haben eine längere Anlaufzeit, so dass die chemische Energie des **CrP** in der Muskelzelle zur raschen Überbrückung genutzt wird: Das bei der ATP-Spaltung entstehende ADP wird von der mitochondrialen Kreatinkinase gleich wieder zu ATP (und Kreatin, Cr) umgewandelt (→ **B1** u. S. 40). Der *CrP-Vorrat* von ca. 25 μmol pro g Muskel erlaubt *kurzzeitige Höchstleistungen* (10 bis 20 s, z. B. 100 m-Lauf), bevor diese Reserve erschöpft ist.

Die **anaerobe Glykolyse** setzt gegenüber der CrP-Spaltung etwas verzögert ein (Maximum nach etwa 0,5 min). Dabei wird das im *Muskel* gespeicherte Glykogen über Glucose-6-Phosphat zu *Milchsäure* abgebaut (ergibt 3 ATP pro Glucoserest; → **B2**). Bei *leichter Arbeit* wird das Lactat unter H^+-Verbrauch in Herz und Leber verstoffwechselt und diese wenig ergiebige anaerobe ATP-Regenerierung nach rund 1 min vom aeroben Glucose- und Fettsäureabbau abgelöst. Wenn dieser bei *schwerer Arbeit* aber nicht ausreicht, läuft die anaerobe Glykolyse daneben weiter (s. u.), wobei jetzt v. a. aus dem Blut aufgenommene Glucose (aus der *Leber*: Glykogenolyse u. Gluconeogenese) abgebaut wird (ergibt nur 2 ATP/Glucose, da 1 ATP zur 6-Phosporylierung der Glucose verbraucht wird).

Dauerleistungen sind nur mit **aerober ATP-Regenerierung** aus Glucose (2 + 34 ATP/Glucose!) und Fetten möglich (→ **B3**). Dazu müssen Herzzeitvolumen und Atmung so lange erhöht werden, bis sie den Erfordernissen des Muskelstoffwechsels angepasst sind (Pulsfrequenz wird konstant; → S. 75 B). Bis dieses Gleichgewicht („*Steady state*“) erreicht ist, vergehen einige Minuten, die einerseits durch anaerobe Energiegewinnung (s. o.), andererseits durch eine *erhöhte O_2-Ausschöpfung* des Blutes und durch Inanspruchnahme der O_2-Kurzzeitspeicher des Muskels (*Myoglobin*) überbrückt werden, wobei der Übergang zwischen beiden Phasen oft als „*toter Punkt*“ empfunden wird.

Myoglobin hat eine höhere O_2-Affinität als Hämoglobin, aber eine niedrigere als die Atmungskettenenzyme, so dass Myoglobin normalerweise O_2-gesättigt ist und bei kurzzeitig zu geringer arterieller O_2-Zufuhr sein O_2 an die Mitochondrien abgeben kann.

Bei **Überschreiten der Dauerleistungsgrenze**, die bei Spitzensportlern ca. 370 W (≈ 0,5 PS) beträgt und v. a. von der Schnelligkeit der O_2-Zufuhr und des aeroben Glucose- und Fettabbaues abhängt, wird kein Steady state erreicht (die Pulsfrequenz z. B. steigt laufend an; → S. 75 B). Die Energielücke kann zwar vorübergehend gedeckt werden (s. o.), doch führt die hohe anaerobe ATP-Regenerierung dazu, dass der (H^+-verbrauchende) Lactatabbau nicht mehr Schritt halten kann. Dadurch häufen sich *H^+-Ionen* an, die bei der Dissoziation von Milchsäure zu *Lactat* entstehen (→ **B2**). Werden etwa 60–65% der maximalen Leistungsfähigkeit (~ der maximalen O_2-Aufnahme, → S. 74) überschritten, steigt die Lactat-Plasmakonzentration steil an, um bei 4 mmol/l die sog. *anaerobe Schwelle* zu erreichen, ab der kein größerer Leistungszuwachs mehr zu erwarten ist. Der systemische **pH-Abfall** (*Laktazidose*) hemmt schließlich mehr und mehr die zur Muskelkontraktion notwendigen chemischen Reaktionen, es kommt zum ATP-Mangel mit rascher **Ermüdung** und schließlich zum Abbruch der Arbeit.

Bei der CrP-Spaltung und der anaeroben Glykolyse kann der Organismus für ca. 40 s die 3fache Leistung wie bei aerober ATP-Regenerierung erbringen, nimmt dabei aber ein **O_2-Defizit** in Kauf, das in der anschließenden Ruhepause als **O_2-Schuld** wieder abgetragen werden muss. Dies dient v. a. der Speicherregenerierung und dem Lactatabbau in Leber und Herz. Nach sehr schwerer Arbeit ist die O_2-Schuld aus mehreren Gründen wesentlich größer (bis zu 20 l) als das O_2-Defizit.

A. ATP als direkte Energiequelle

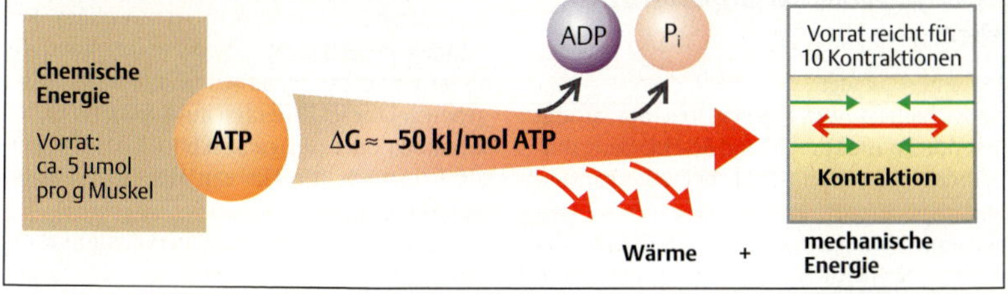

B. Regeneration von ATP

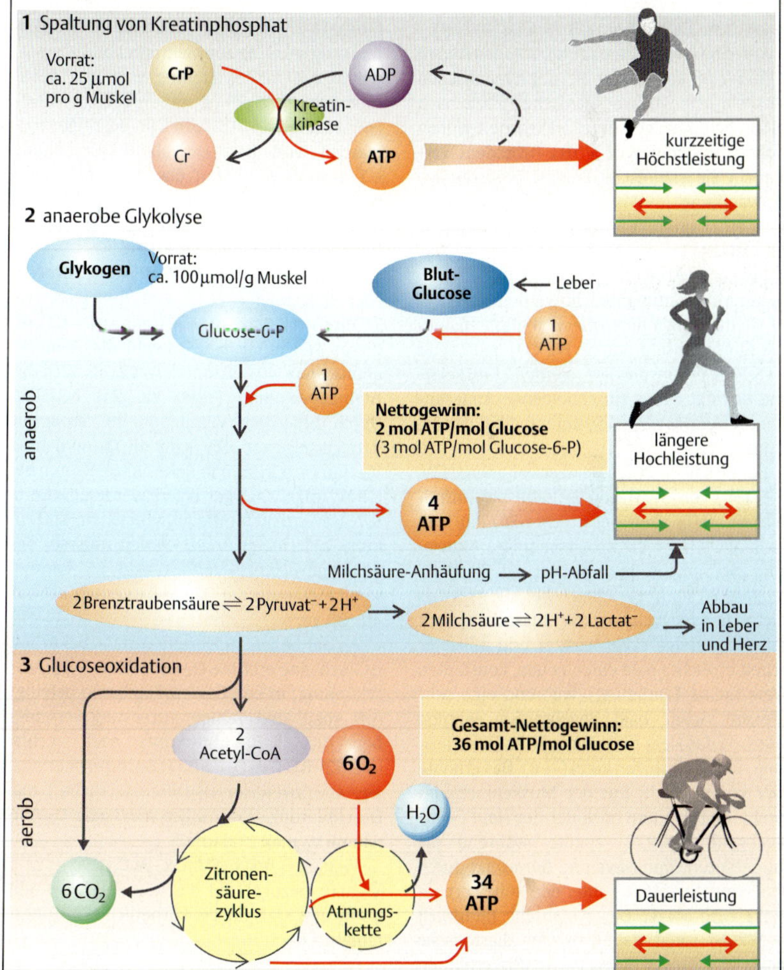

Der Organismus bei körperlicher Arbeit

Man unterscheidet

- *positiv-dynamische Arbeit*, bei der arbeitleistende Kontraktionen und Erschlaffung miteinander abwechseln (z.B. beim Bergansteigen),
- *negativ-dynamische Arbeit*, bei der gebremste Muskeldehnung (*Bremsarbeit*) mit lastloser Kontraktion alterniert (z.B. Bergabgehen) und
- *statische Haltearbeit* (z.B. ruhiges Stehen).

Oft sind zwei oder alle drei Arbeitstypen miteinander kombiniert. Bei der dynamischen Muskelarbeit wird mechanische Arbeit nach außen geleistet, bei reiner Haltearbeit jedoch nicht (*Kraft mal Weg* = 0!). Trotzdem verbraucht sie chemische Energie (vollständige Umwandlung in Wärme: *Erhaltungswärme*), für die das Produkt *Muskelkraft mal Haltezeit* ein Maß ist.

Bei harter Arbeit muss bis zu 500-mal **mehr O_2** zur Muskulatur gebracht werden als in Ruhe. Gleichzeitig müssen die vermehrt anfallenden Stoffwechselprodukte **H^+, CO_2** und **Lactat** (→ S. 72) abtransportiert werden. Muskelarbeit bedingt daher einschneidende Änderungen im Herz-Kreislauf-System und bei der Atmung.

Bei Arbeit steigt das **Herzzeitvolumen** (HZV; → S. 186) von 5–6 l/min in Ruhe bei Untrainierten (UT) auf *max. ca. 20 l/min* an (→ S. 77 C). Über die arbeitsbedingte **Aktivierung des Sympathikus** wird sowohl die *Herzfrequenz* (*f*; max. ca. 2,5fach bei UT; → **B**) als auch das *Schlagvolumen* (SV; max. ca. 1,2fach bei UT) gesteigert. Bei leichter und mittlerer Arbeit erreicht *f* bald einen neuen, konstanten Wert (keine Ermüdung), während eine sehr *schwere Arbeit* bald abgebrochen werden muss, da das Herz die erforderliche Dauerleistung nicht aufbringen kann (→ **B**). Das erhöhte HZV kommt nicht nur der Muskeldurchblutung (→ **A**), sondern auch der der *Haut* (Wärmeabgabe → S. 222) zugute, während die Durchblutung von *Niere* und *Darmtrakt* durch den Sympathikotonus unter den Ruhewert gesenkt wird (→ **A**). Der systolische **Blutdruck** (→ S. 206) steigt dabei an, der diastolische bleibt gleich, was einen nur mäßig erhöhten Mitteldruck ergibt. Je weniger Muskelmasse eingesetzt ist, desto höher ist allerdings der Anstieg, bei Armarbeit (Heckenschneiden) also höher als bei Beinarbeit (Radfahren). Armarbeit gefährdet Patienten mit koronarer Herzkrankheit oder Hirngefäßsklerose daher mehr als Beinarbeit (Gefahr von Herzinfarkt bzw. Gehirnblutung).

Muskeldurchblutung. Bei maximaler Arbeit steigt die Durchblutung von 1 kg tätiger Muskulatur bis auf 2,5 l/min (→ S. 213 A), das sind 10% des max. HZV. Es können also nur < 10 kg Muskel (< 1/3 der Gesamtmuskelmasse) maximal tätig sein. Die zur Mehrdurchblutung notwendige Gefäßerweiterung wird v.a. *lokalchemisch* (P_{CO_2} ↑, P_{O_2} ↓, pH ↓) oder über NO-Freisetzung (→ S. 212) erreicht. Bei reiner Haltearbeit wird diese Durchblutungserhöhung z.T. dadurch verhindert, dass der konstant angespannte Muskel seine eigenen Gefäße abdrückt; er *ermüdet* daher schneller als bei rhythmisch-dynamischer Arbeit.

Das **Atemzeitvolumen $\dot{V}_E$** steigt bei körperlicher Belastung (→ **C1**) vom Ruhewert (ca. 7,5 l/min) auf max. 90–120 l/min an (→ **C3**). An dieser Steigerung sind sowohl die Atemfrequenz (max. 40–60 min^{-1}; → **C2**) als auch das Atemzugvolumen (max. ca. 2 l) beteiligt. Durch diese hohe Ventilation, im Verein mit dem gesteigerten HZV, kann die **O_2-Aufnahme $\dot{V}_{O_2}$** von ca. 0,3 l/min in Ruhe auf ca. 3 l/min bei UT ($\dot{V}_{O_2}$max, s.u.) gesteigert werden (→ **C4** u. S. 76). Während für die Aufnahme von 1 l O_2 in Ruhe 25 l Luft geatmet werden müssen, das *Atemäquivalent* ($= \dot{V}e/\dot{V}_{O_2}$) also 25 beträgt, steigt es jenseits der Dauerleistungsgrenze auf 40–50 an.

An der hohen Steigerung von $\dot{V}_{O_2}$ bei Arbeit ist auch eine erhöhte **O_2-Extraktion** (= O_2-Ausschöpfung) in den Gewebskapillaren beteiligt (pH-Abfall und Temperaturanstieg verschieben die O_2-Bindungskurve nach rechts; → S. 129 B). Die O_2-Extraktion errechnet sich aus arteriovenöser O_2-Differenz (avD_{O_2}) mal Durchblutung (l/min). Die **maximale O_2-Aufnahme $\dot{V}_{O_2}$max** ist damit:

$$\dot{V}_{O_2}max = fmax \cdot SVmax \cdot AvD_{O_2}max$$

$\dot{V}_{O_2}$max, bezogen auf das Körpergewicht, gilt als ideales Maß für die körperliche Leistungsfähigkeit (→ S. 76).

A. Organdurchblutung in Ruhe und bei körperlicher Arbeit

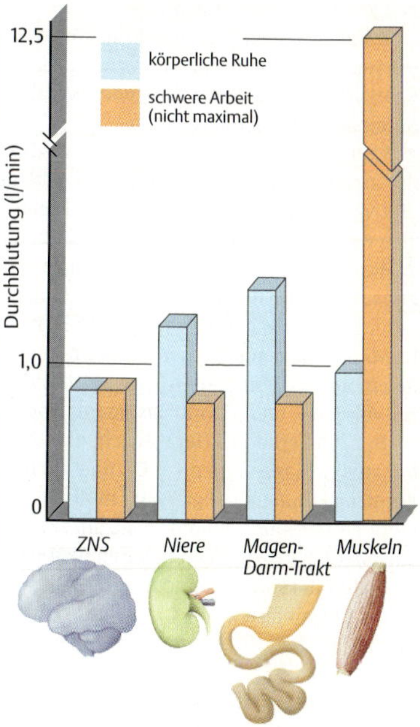

B. Herzfrequenz bei wechselnder körperlicher Arbeit

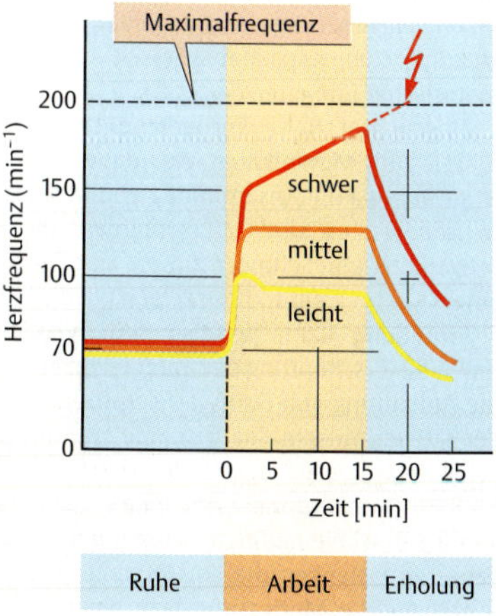

C. Atmung bei körperlicher Belastung

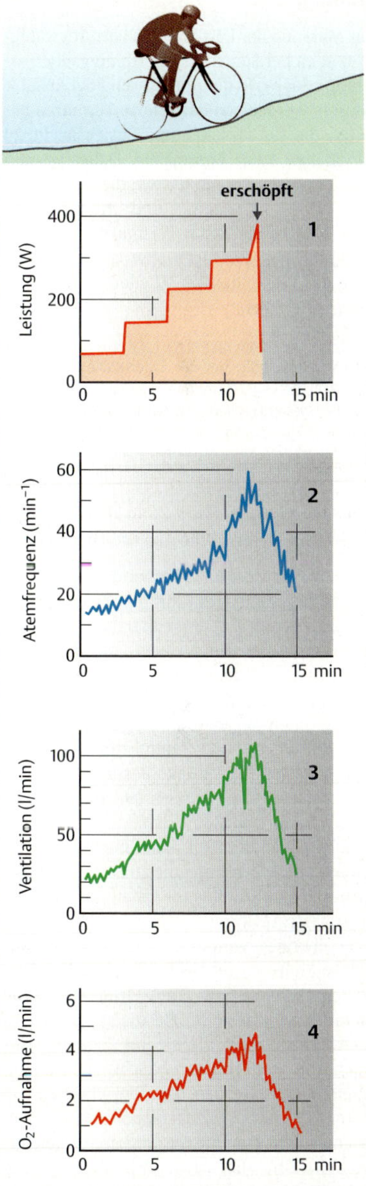

(nach J. Stegemann)

Körperliche Leistungsfähigkeit, Training

Zur **Messung** der körperlichen Leistungsfähigkeit, etwa bei Sportlern zur Trainingsüberwachung oder bei Patienten während der Rehabilitation, werden standardisierte Verfahren benützt, die für Proband und Tester leicht zu handhaben sind: **Ergometrie**. Dabei werden physiologische Parameter wie die O_2-Aufnahme ($\dot{V}_{O_2}$), die Atem- und Herzfrequenz (→ S. 74) und die Lactat-Plasmakonzentration (→ **A**) mit der jeweiligen physikalischen Leistung des Probanden (in W oder W/kg KG) in Beziehung gesetzt.

Bei der *Fahrradergometrie* wird die Wattzahl an der Bremse eingestellt; bei der Ergometrie mit einem „bergauf" geneigten *Laufband* (Winkel α) errechnet sich die Leistung (W) aus (Körpermasse KM [kg] · Erdbeschleunigung g [$m \cdot s^{-2}$] · Laufstrecke [m] · sin α · 1/Laufzeit [s^{-1}]). Beim *Stufentest* nach Margaria läuft der Proband so schnell wie möglich mit Anlauf eine Treppe hoch, wobei sich die Leistung aus KM [kg] · g [$m \cdot s^{-2}$] · Höhe/Zeit [$m \cdot s^{-1}$] errechnet. Daneben gibt es auch sportartspezifische Ergometriemethoden.

Mit *Kurzzeittests* (10 – 30 s) wird die Leistung gemessen, die anaerob mit den rasch verfügbaren Energiespeichern erbracht wird (Kreatinphosphat, Muskelglykogen), mit *Mittelzeittests* (30—180 s) die von der anaeroben Glykolyse abhängige Leistung (→ S. 72). Die länger andauernden, aeroben Leistungen (mit Oxidation von Glucose und freien Fettsäuren) werden dagegen mit der Bestimmung der **maximalen O_2-Aufnahme** (**$\dot{V}_{O_2}$max**) erfasst (→ S. 74).

Schon beim initialen, anaeroben Stoffwechsel entsteht Milchsäure, die zu Lactat + H^+ dissoziiert. Bei sehr schwerer Arbeit (ab ca. ²/₃ der maximalen Leistungsfähigkeit) reicht die aerobe Energiegewinnung nicht aus, der anaerobe Stoffwechsel läuft daher parallel dazu weiter, es kommt zur (Lact-)*Azidose*, und die **Lactatkonzentration** im Plasma steigt steil an (→ **A**). Leistungen, die sie bis 2 mmol/l anwachsen lassen (sog. *aerobe Schwelle*), können lange toleriert werden, das Überschreiten von 4 mmol/l Lactat (sog. *anaerobe Schwelle*) ist ein Zeichen dafür, dass die *Leistungsgrenze* bald erreicht ist. Zum Abbruch der Arbeit zwingt aber nicht das Lactat selbst, sondern die zunehmende Azidose (→ S. 74). Der *Lactatabbau* findet v. a. in Leber und Herz statt, wo es unter H^+-Verbrauch zu CO_2 oxidiert oder für die Gluconeogenese verwendet wird.

Training steigert und erhält die körperliche Leistungsfähigkeit. Man unterscheidet drei Kategorien, wobei meist zwei oder drei davon miteinander kombiniert sind:

- *Motorisches Lernen* dient der Verbesserung der neuromuskulären Koordination und der Motivation (z. B. Schreibmaschinenschreiben), also v. a. Dinge, die sich im *ZNS* abspielen.
- *Ausdauertraining*, d. h. submaximale, lang andauernde Leistungen (z. B. Marathonlauf), erhöht u. a. die oxidative Kapazität (z. B. erhöhte Mitochondriendichte) in langsam zuckenden motorischer Einheiten (→ S. 58), das Herzzeitvolumen und damit insgesamt $\dot{V}_{O_2}$max (→ **B, C**). Ein erhöhtes Herzgewicht erlaubt ein höheres Schlagvolumen (→ **C**), und auch das Atemzugvolumen steigt, was in Ruhe sehr niedrige Herz- und Atemfrequenzen zur Folge hat, aber bei Arbeit einen höheren Anstieg der Zeitvolumina von Herz und Atmung zulässt als beim Untrainierten (→ **C**). Begrenzend für V_{O_2}max ist beim Gesunden die Leistung des Herz-Kreislauf-Systems, nicht die der Atmung. Beim Ausdauertrainierten steigt der Lactatspiegel während der Muskelarbeit auch geringer und später an als beim Untrainierten (→ **A**).
- *Krafttraining*, d. h. maximale, aber nur kurz andauernde Leistungen (z. B. Gewichtheben), führen v. a. zur Muskelhypertrophie (= Muskelzellvergrößerung) und zu einer erhöhten glykolytischen Kapazität in rasch zuckenden motorischer Einheiten (→ S. 58).

Ungewohnt hohe körperliche Leistungen führen zum **Muskelkater**. Was dabei wehtut, ist *nicht* etwa die Ansammlung von Milchsäure, sondern es sind Mikrotraumen, die zu Schwellung und Schmerz führen, also Zeichen einer (Mikro-)Entzündung zeigen (→ **D**).

Ermüdung kann *peripher* sein, was v. a. durch die Erschöpfung der Energievorräte und die Anhäufung von Stoffwechselprodukten in der tätigen Muskulatur zustande kommt und besonders rasch bei Haltearbeit eintritt (→ S. 66). Von *zentraler Ermüdung* spricht man, wenn z. B. arbeitsbedingte Schmerzen in Muskeln und Gelenken die Fortsetzung der Leistung bzw. die Motivation dazu beeinträchtigen.

A Lactatkonzentration bei Arbeit

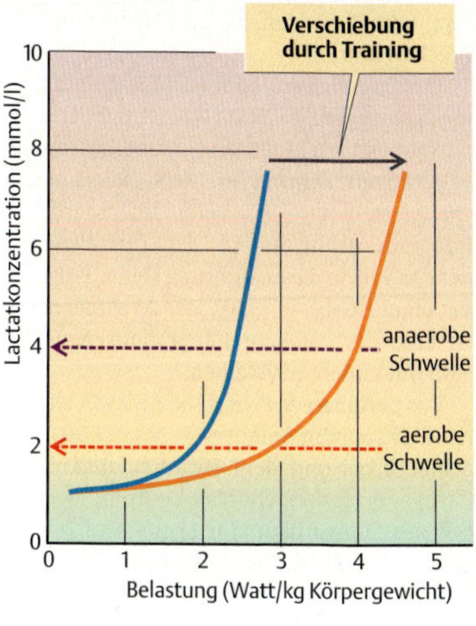

B. Maximale O_2-Aufnahme

Sauerstoffaufnahme $\dot{V}_{O_2}$ (ml/min pro kg Körpergewicht)

		in Ruhe		$\dot{V}_{O_2max}$
Frauen ♀	untrainiert	2,3	→ →	**38**
	trainiert	3,3	→ →	**55**
Männer ♂	untrainiert	3,2	→ →	**44**
	trainiert	4,8	→ →	**67**

C. Vergleich Nichtsportler/Ausdauersportler

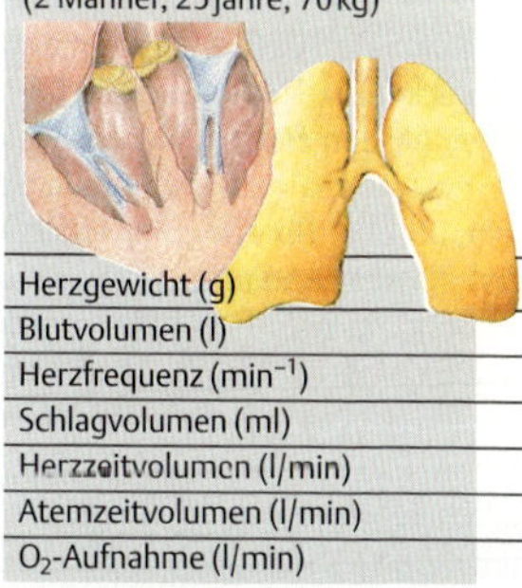

physiologische Parameter (2 Männer, 25 Jahre, 70 kg)	Nichtsportler in Ruhe		Nichtsportler maximal	Ausdauersportler in Ruhe		Ausdauersportler maximal
Herzgewicht (g)	300			500		
Blutvolumen (l)	5,6			5,9		
Herzfrequenz (min^{-1})	80	→ →	**180**	40	→ →	**180**
Schlagvolumen (ml)	70	→ →	**100**	140	→ →	**190**
Herzzeitvolumen (l/min)	5,6	→ →	**18**	5,6	→ →	**35**
Atemzeitvolumen (l/min)	8,0	→ →	**100**	8,0	→ →	**200**
O_2-Aufnahme (l/min)	0,3	→ →	**2,8**	0,3	→ →	**5,2**

(Daten z. T. von H.-J. Ulmer)

D. Muskelkater

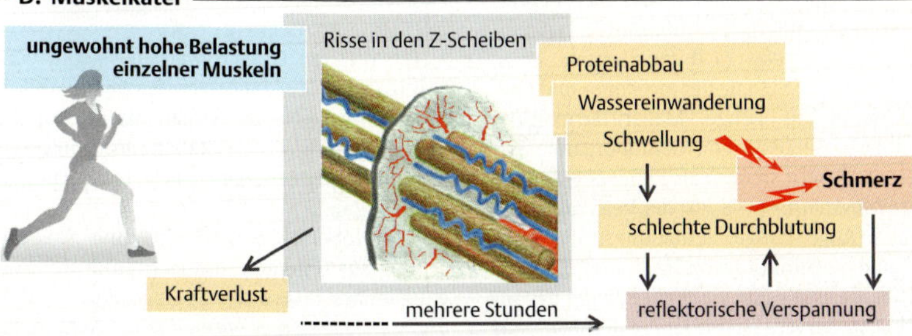

Organisation des vegetativen Nervensystems

Das *somatische Nervensystem* (Nerven der Skelettmuskeln, der Oberflächensensibilität, der Sinnesorgane usw.) reagiert auf Reize aus der Umwelt meist wieder mit einer *Antwort nach außen* (z. B. Fluchtreflex; → S. 320). Viele seiner Aktivitäten stehen unter *willkürlicher Kontrolle* und laufen *bewusst* ab. Das **vegetative Nervensystem** (**VNS**) hingegen besorgt v. a. die **Regelung der Funktionen innerer Organe** und des **Kreislaufs**, passt sie an die jeweiligen Bedürfnisse an (z. B. Orthostasereaktion, Startreaktion bei körperlicher Arbeit) und kontrolliert so auch das **innere Milieu** der Körpers (→ S. 2). Da diese Aktivitäten der willkürlichen Kontrolle weitgehend entzogen sind, wird das VNS auch *autonomes Nervensystem* genannt.

In der Peripherie des Körpers ist das vegetative Nervensystem vom somatischen anatomisch und funktionell weitgehend getrennt (→ **A**), während im Zentralnervensystem zwischen beiden enge Verknüpfungen bestehen (→ S. 266). Das *periphere VNS ist efferent* (d. h. peripherwärts meldend), doch enthalten die Nerven, in denen es verläuft, meist auch afferente (d. h. zentralwärts meldende) Fasern. Sie kommen von Sensoren der inneren Organe (Ösophagus, Magen-Darm-Trakt, Leber, Lunge, Herz, Arterien, Harnblase etc.) und werden daher *viszerale Afferenzen* genannt. Auch Benennungen nach dem Nerv, in dem sie verlaufen, sind üblich (z. B. vagale Afferenzen).

Funktionell basiert das vegetative Nervensystem meist auf dem **Reflexbogen** mit einem afferenten Schenkel (viszeral und/oder somatisch) und einem efferenten Schenkel (vegetativ und/oder somatisch). Afferente Fasern melden u. a. *Hautreize* (z. B. nozizeptive Reize → S. 316) sowie Signale der *Mechano-* und *Chemosensoren* aus Lunge, Magen-Darm-Trakt, Harnblase, Gefäßsystem, Genitalorganen etc. Efferente Fasern steuern als Reflexantwort die *glatte Muskulatur* (→ S. 70) der verschiedenen Organe (Auge, Lunge, Verdauungstrakt, Blase etc.) und die Funktion von *Herz* (→ S. 194) und *Drüsen*. Beispiele für die *Einbeziehung des somatischen Nervensystems* sind Afferenzen aus der Haut oder von Sinnesorganen (z. B. Lichtreiz) und Efferenzen, die zum Husten oder Erbrechen führen.

Einfache Reflexe können *innerhalb des jeweiligen Organs* ablaufen (→ z. B. S. 244), komplexere werden hingegen von übergeordneten **vegetativen Zentren im ZNS** (Rückenmark, s. u.) gesteuert (→ **A**). Deren übergeordnetes Integrationszentrum ist der *Hypothalamus*, der das VNS in die Ausführung seiner Programme einbezieht (→ S. 330). Der *zerebrale Kortex* ist eine noch höhere Integrationsebene des VNS mit anderen Systemen.

Das **periphere VNS** besteht aus zwei weitgehend getrennten Anteilen (→ **A** u. S. 80 f.), dem *Sympathikus* und dem *Parasympathikus*. Die dazugehörigen vegetativen Zentren liegen im Fall des Sympathikus im *Brust-* und *Lendenmark*, im Fall des Parasympathikus im *Hirnstamm* (für Auge, Drüsen und vom N. vagus versorgte Organe) und im *Sakralmark* (für Blase, Teile des Dickdarms, Genitalorgane) (→ **A**). Von diesen Zentren ziehen *präganglionäre Fasern* zur Peripherie, wo sie in den **Ganglien** synaptisch auf *postganglionäre Fasern* umgeschaltet werden.

Die präganglionären Fasern des **Sympathikus** aus dem Rückenmark enden an den *Grenzstrangganglien*, an den *Hals-* und *Bauchganglien* oder an sog. terminalen Ganglien. Dort erfolgt die synaptische Übertragung *cholinerg* (Überträgerstoff: *Acetylcholin*; → S. 82) auf die postganglionären Fasern, die (außer an den Schweißdrüsen) das Endorgan dann aber *adrenerg* erregen (Überträgerstoff: *Noradrenalin* ; → **A** u. S. 84 ff.).

Die Ganglien des **Parasympathikus** liegen in der Nähe oder sogar innerhalb des Erfolgsorgans. Die synaptische Übertragung ist beim Parasympathikus sowohl im Ganglion als auch am Endorgan *cholinerg* (→ **A**).

Die meisten Organe werden sowohl vom Sympathikus als auch vom Parasympathikus innerviert, wobei die Organantwort auf die beiden Systeme gegensätzlich (*antagonistisch*, z. B. am Herz) oder *ergänzend* (z. B. Sexualorgane) sein kann.

Das **Nebennierenmark** ist eine Art Mischung aus Ganglion und Hormondrüse: Präganglionäre Fasern des Sympathikus (cholinerg, s. o.) setzen hier *Adrenalin* und *Noradrenalin* in die *Blutbahn* frei (→ S. 86).

A. Vegetatives (autonomes) Nervensystem (schematische Übersicht)

parasympathischer Teil
(Zentren kraniosakral)

Überträgerstoffe:
präganglionär: Acetylcholin
postganglionär: Acetylcholin

sympathischer Teil
(Zentren thorakolumbal)

Überträgerstoffe:
präganglionär: Acetylcholin
postganglionär: Noradrenalin
(Ausnahme: Schweißdrüsen, einige Muskelgefäße)

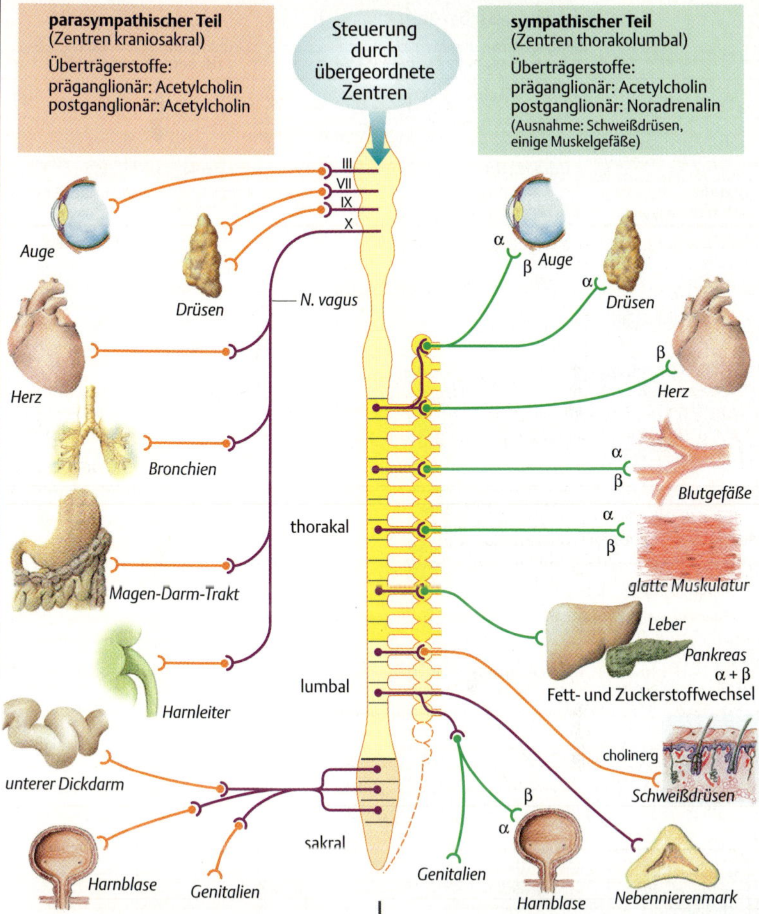

Cholinozeptoren:

nikotinische
- alle postganglionären, vegetativen Ganglienzellen bzw. Dendriten
- Nebennierenmark

muskarinische
- alle von postganglionären, parasympathischen Fasern versorgten Zielorgane (inkl. sympathisch versorgten Schweißdrüsen)

Adrenozeptoren:

α allgemein erregend (Ausnahme: im Magen-Darm-Trakt indirekt entspannend)

β allgemein hemmend (Ausnahme: im Herzen erregend)

β_1 v. a. Herz

β_2 Bronchien, Harnblase, Uterus Magen-Darm-Trakt u. a.

postganglionär: cholinerg — präganglionär: cholinerg — postganglionär: adrenerg

A. Funktionen des vegetativen Nervensystems

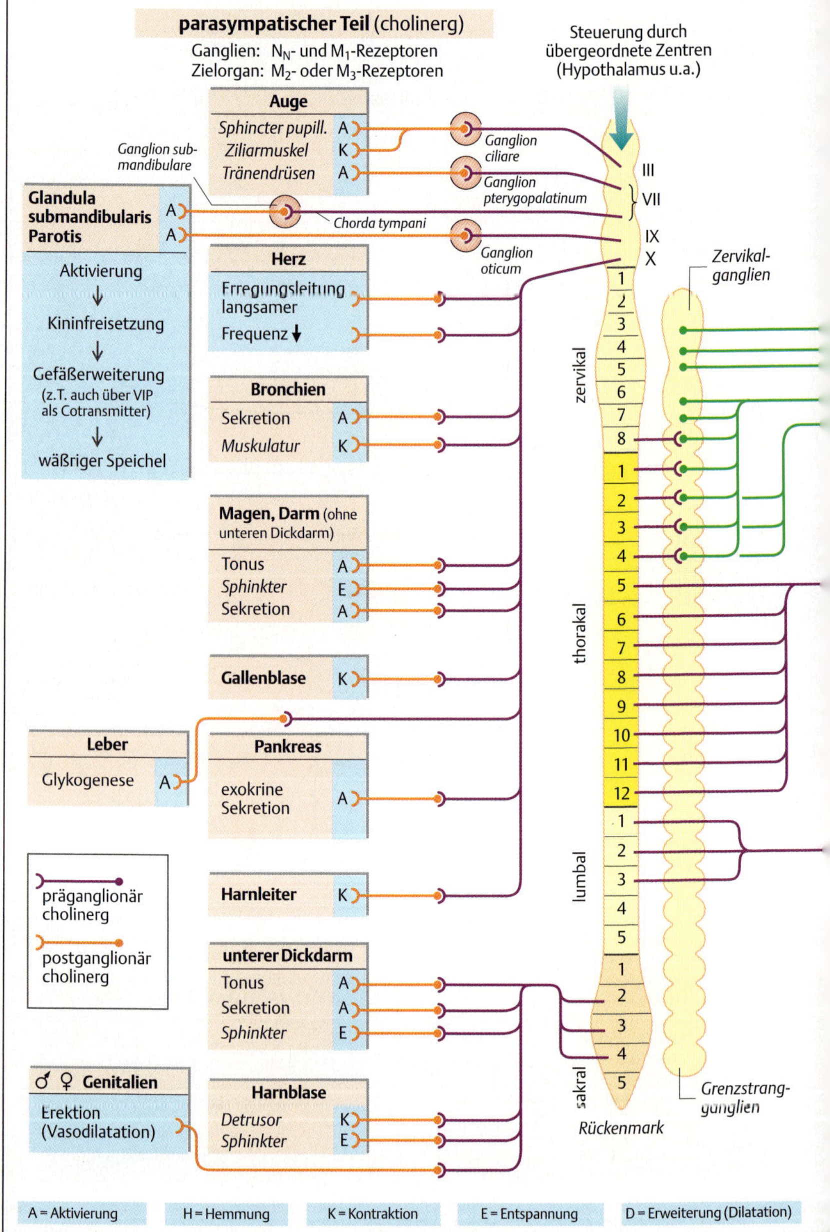

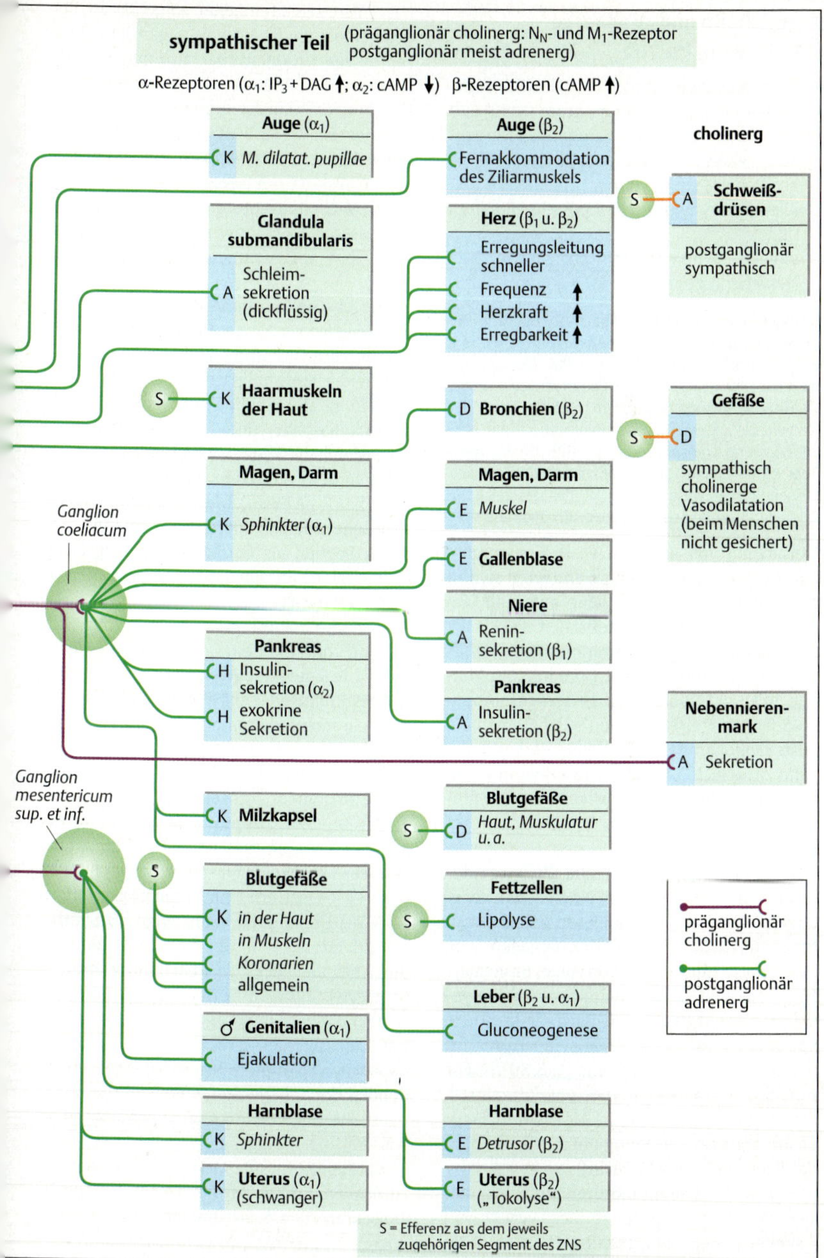
sympathischer Teil
(präganglionär cholinerg: N_N- und M_1-Rezeptor postganglionär meist adrenerg)
α-Rezeptoren (α_1: IP_3 + DAG ↑; α_2: cAMP ↓) β-Rezeptoren (cAMP ↑)
Auge (α_1)
K M. dilatat. pupillae
Auge (β_2)
Fernakkommodation des Ziliarmuskels
cholinerg
S
A Schweißdrüsen
postganglionär sympathisch
Glandula submandibularis
A Schleimsekretion (dickflüssig)
Herz (β_1 u. β_2)
Erregungsleitung schneller
Frequenz ↑
Herzkraft ↑
Erregbarkeit ↑
S
K Haarmuskeln der Haut
D Bronchien (β_2)
Gefäße
S
D
sympathisch cholinerge Vasodilatation (beim Menschen nicht gesichert)
Magen, Darm
K Sphinkter (α_1)
Magen, Darm
E Muskel
Ganglion coeliacum
E Gallenblase
Niere
A Reninsekretion (β_1)
Pankreas
H Insulinsekretion (α_2)
H exokrine Sekretion
Pankreas
A Insulinsekretion (β_2)
Nebennierenmark
A Sekretion
Ganglion mesentericum sup. et inf.
K Milzkapsel
Blutgefäße
S
D Haut, Muskulatur u. a.
S
Blutgefäße
K in der Haut
in Muskeln
Koronarien
allgemein
Fettzellen
S
Lipolyse
präganglionär cholinerg
postganglionär adrenerg
Leber (β_2 u. α_1)
Gluconeogenese
♂ Genitalien (α_1)
Ejakulation
Harnblase
K Sphinkter
Harnblase
E Detrusor (β_2)
K Uterus (α_1) (schwanger)
E Uterus (β_2) („Tokolyse“)
S = Efferenz aus dem jeweils zugehörigen Segment des ZNS

Acetylcholin und cholinerge Übertragung im VNS

Acetylcholin (**ACh**) ist nicht nur der Transmitter an der motorischen Endplatte (→ S. 56) und im ZNS, sondern auch im **vegetativen Nervensystem** (**VNS**), und zwar (→ S. 78 ff.)

- an allen präganglionären,
- allen parasympathischen postganglionären und
- einigen sympathischen postganglionären Nervenendigungen.

Die **Synthese von ACh** erfolgt im Zytoplasma der Nervenendigungen. Acetyl-Coenzym A (AcCoA) wird in den Mitochondrien gebildet. Seine Acetylgruppe wird mit Hilfe der Enzyms *Cholinacetyltransferase* auf Cholin übertragen. Das Enzym wird im Soma der Nervenzelle gebildet und axoplasmatisch zur Nervenendigung transportiert (→ S. 42). Cholin muss über einen Carrier aus der Extrazellulärflüssigkeit aufgenommen werden; dies ist der geschwindigkeitsbegrenzende Schritt bei der ACh-Synthese.

Freisetzung von ACh. Die Vesikel der präsynaptischen Nervenendigung entleeren sich in den synaptischen Spalt, wenn aufgrund von eintreffenden Aktionspotenzialen (APs) die zytosolische Ca^{2+}-Konzentration ansteigt (→ **A** u. S. 50 ff.). Adrenalin und Noradrenalin können über präsynaptische α_2-Adrenozeptoren (→ S. 84) die Freisetzung von ACh hemmen. An postganglionären Parasympathikusfasern kann dies auch ACh selbst tun, indem es an präsynaptische Autorezeptoren (M-Cholinozeptoren, s. u.) bindet (in **B** als Beispiel gezeigt).

Postsynaptisch wird ACh an **Cholinozeptoren** gebunden, im VNS zum einen in den vegetativen Ganglien, zum anderen an den vom Parasympathikus innervierten Organen (z. B. Herz, glatte Muskulatur von Auge, Bronchien, Harnleiter und -blase, Genitalorganen, Blutgefäßen, Ösophagus-Magen-Darm-Trakt sowie Speichel-, Tränen- und [den sympathisch innervierten] Schweißdrüsen; → S. 80 f.). Für ACh gibt es zwei Haupttypen von Rezeptoren, die *N(ikotinischen)*- und die *M(uskarinischen)-Cholinozeptoren* (Erregung durch Nikotin bzw. das Fliegenpilzgift Muskarin).

Bei den **N-Cholinozeptoren** unterscheidet sich der **Nerventyp N_N** in den vegetativen Ganglien (→ **A**) vom **Muskeltyp N_M** an der motorische Endplatte (→ S. 56) dadurch, dass er aus anderen Untereinheiten aufgebaut ist. Beiden gemeinsam ist, dass sie zugleich Cholinozeptor und Kationenkanal, also *ionotrope Rezeptoren* sind. Bindung von ACh erzeugt einen Na^+ - und Ca^{2+}-Einstrom und damit ein *frühes* (rasches) *EPSP* (→ S. 50 ff.), das, sofern es überschwellig ist, postsynaptisch ein Aktionspotenzial auslöst (→ **A links**).

Die **M-Cholinozeptoren** (Typen $M_1 - M_5$) beeinflussen die synaptische Übertragung indirekt über G-Proteine (*metabotrope Rezeptoren*):

Der **M_1-Cholinozeptor**, der u. a. in *vegetativen Ganglien* (→ **A**), im *ZNS* und in *exokrinen Drüsenzellen* vorkommt, aktiviert über ein G_q-Protein die Phospholipase C_β (PLC_β). Daraufhin werden im postganglionären Neuron IP_3 (Inositoltrisphosphat) und DAG (Diacylglycerin) als Second messenger freigesetzt (→ S. 276), die einen Ca^{2+}-Einstrom und ein *spätes EPSP* bewirken (→ **A Mitte**). Dieses moduliert die synaptische Übertragung, ebenso wie ein u. U. durch Peptide als Cotransmitter ausgelöstes (Minuten andauerndes) *peptiderges EPSP* oder *IPSP* (→ **A rechts**).

Der **M_2-Cholinozeptor**, der im *Herz* vorkommt, wirkt über ein G_i-Protein (→ S. 274 f.), das v. a. in Sinus- und AV-Knoten sowie im Vorhof bestimmte *K^+-Kanäle öffnet* und somit negativ chrono- und dromotrop auf die Herzerregung wirkt (→ **B**). Außerdem hemmt das G_i-Protein die *Adenylylcyclase*, so dass u. a. der Ca^{2+}-Einstrom ins Zytosol sinkt (→ **B**).

Der **M_3-Cholinozeptor** kommt v. a. an der *glatten Muskulatur* vor, wo ACh-Bindung über ähnliche Reaktionen wie beim Typ M_1 über einen Ca^{2+}-Einstrom zur Kontraktion führt (→ S. 70). Über die Ca^{2+}-abhängige NO-Synthase-Aktivierung (z. B. im Endothel) kann es durch NO aber auch zur Entspannung kommen (→ S. 278).

Beendet wird die ACh-Wirkung durch Spaltung mit Hilfe der Acetycholinesterase im synaptischen Spalt (→ S. 56). 50% des so freiwerdenden Cholins werden wieder in die präsynaptische Nervenendigung aufgenommen (in **B** als Beispiel gezeigt).

Antagonist für alle M-Typ-Cholinozeptoren ist *Atropin*, für Typ M_1 *Pirenzepin*, für Typ N_M *Tubocurarin* (s. a. S. 56) und für Typ N_N *Trimetaphan*.

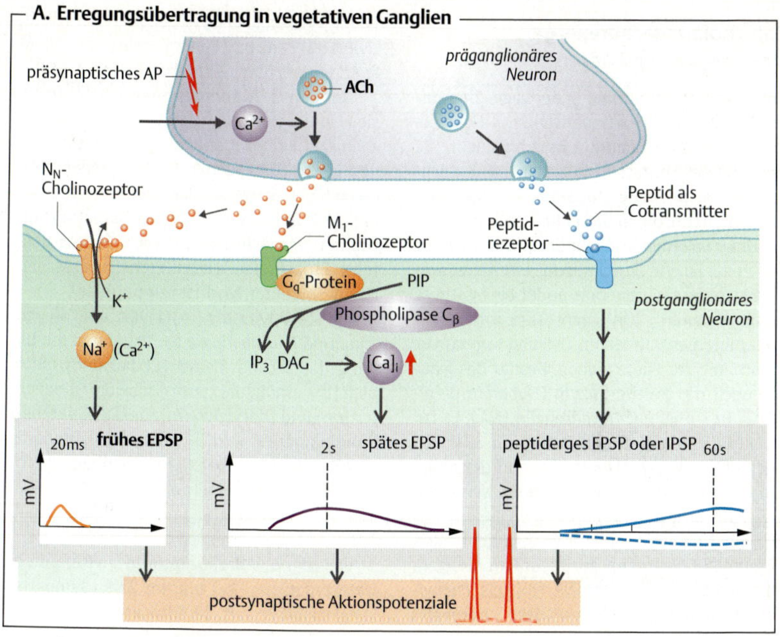
A. Erregungsübertragung in vegetativen Ganglien
präsynaptisches AP
ACh
präganglionäres Neuron
Ca^{2+}
N_N-Cholinozeptor
M_1-Cholinozeptor
Peptid als Cotransmitter
Peptid-rezeptor
G_q-Protein
PIP
Phospholipase C_β
K^+
postganglionäres Neuron
Na^+ (Ca^{2+})
IP_3 DAG
$[Ca]_i$
20ms frühes EPSP
mV
2s spätes EPSP
peptiderges EPSP oder IPSP 60s
postsynaptische Aktionspotenziale

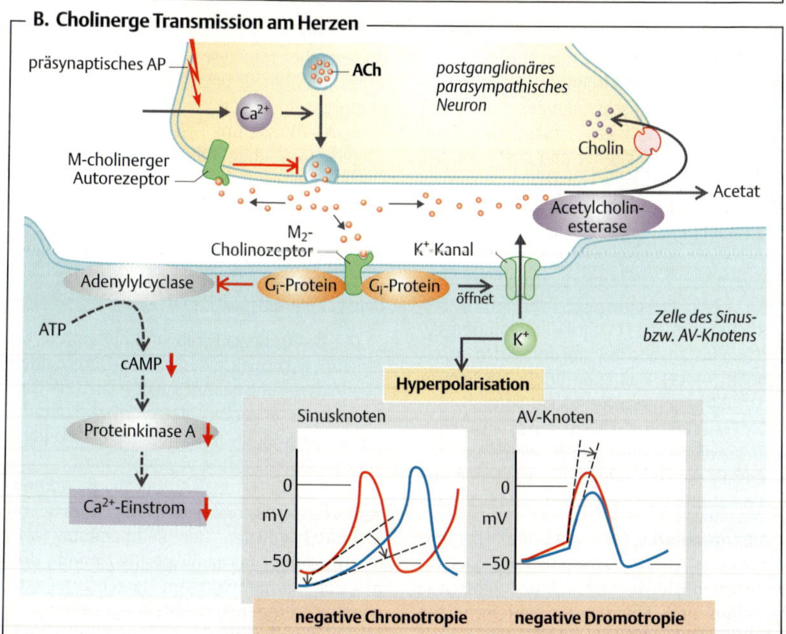
B. Cholinerge Transmission am Herzen
präsynaptisches AP
ACh
postganglionäres parasympathisches Neuron
Ca^{2+}
Cholin
M-cholinerger Autorezeptor
Acetat
Acetylcholin-esterase
M_2-Cholinozeptor
K^+-Kanal
Adenylylcyclase
G_i-Protein
G_i-Protein
öffnet
ATP
Zelle des Sinus- bzw. AV-Knotens
K^+
cAMP
Hyperpolarisation
Proteinkinase A
Sinusknoten
AV-Knoten
0
mV
–50
Ca^{2+}-Einstrom
negative Chronotropie
negative Dromotropie

Catecholamine, adrenerge Übertragung und Adrenozeptoren

Bestimmte Neurone sind in der Lage, die Aminosäure *L-Tyrosin* enzymatisch zu *L-Dopa* (L-Dihydroxy-Phenylalanin) umzuwandeln. L-Dopa ist die Muttersubstanz der drei natürlichen **Catecholamine** Dopamin, Noradrenalin und Adrenalin, die in dieser Reihenfolge nacheinander enzymatisch gebildet werden. Ist nur das erste Enzym (*aromatische L-Aminosäure-Decarboxylase*) vorhanden, endet die Synthese beim **Dopamin** (**DA**), dem Transmitter der dopaminergen Bahnen im ZNS und vegetativer Fasern, die zur Niere ziehen. Besitzt das Neuron auch das zweite Enzym (*Dopamin-β-Hydroxylase*), entsteht **Noradrenalin** (**NA**). Es ist, zusammen mit den *Cotransmittern* ATP, SIH oder NPY (s.u.), der Überträgerstoff der meisten *sympathischen postganglionären Nervenendigungen* und der noradrenergen Fasern des ZNS. Im Nebennierenmark (s.u.) und in den adrenergen Neuronen der Medulla oblongata entsteht schließlich aus NA (mittels *Phenylethanolamin-N-Methyltransferase*) **Adrenalin** (**A**).

Die marklosen, **sympathischen postganglionären Nervenfasern** sind entlang ihrer Endverzweigung *varikös* (perlschnurartig) *aufgetrieben* (→ **A**). Diese Anschwellungen stellen den (nicht immer sehr engen) synaptischen Kontakt zum Erfolgsorgan her und sind auch der Ort **NA-Synthese** und -Speicherung. L-Tyrosin wird aktiv in die Nervenendigung aufgenommen (→ **A1**) und zu DA umgewandelt. Dieser Schritt wird bei adrenerger Stimulation (durch PKA-vermittelte Phosphorylierung des Enzyms, → **A2**) beschleunigt (vermehrte DA-Nachlieferung). Das DA wird in *chromaffine Vesikel* hineintransportiert und dort zu NA umgewandelt (→ **A3**). Das Endprodukt NA hemmt die DA-Bildung (negative Rückkopplung).

Die **Freisetzung von NA** in den synaptischen Spalt durch Exozytose erfolgt, wenn Aktionspotenziale die Nervenendigung erreichen und dort daraufhin Ca^{2+} einströmt (→ **A4** u. S. 50).

Adrenozeptoren (**AZ**; → **B**). Vier Haupttypen (α_1-, α_2-, β_1-, β_2-AZ) können u.a. nach ihrer Empfindlichkeit für A, NA und zahlreiche Agonisten und Antagonisten unterschieden werden. Während A auf alle AZ wirkt, hat NA wenig Wirkung auf β_2-AZ. Isoprenalin z.B. aktiviert nur β-AZ und Phentolamin nur α-AZ. Alle AZ wirken über *G-Proteine* (→ Tab. S. 55).

Von den **α_1-Adrenozeptoren** (→ **B1**) finden sich Untertypen ($\alpha_{1\,A,B,D}$) u.a. im ZNS (Sympathikusaktivität ↑), in den Speicheldrüsen, in der Leber (Glykogenolyse ↑), in der Niere (verschiebt Schwelle der Renin-Freisetzung; → S. 184) und in der glatten Muskulatur (Kontraktion von Arteriolen, Uterus, Ductus deferens, Bronchiolen, Harnblasen- und Magen-Darm-Sphinkter, M. dilatator pupillae).

α_1-AZ-Aktivierung (→ **B1**) löst über *G_q-Proteine* und *Phospholipase C_β* (PLC_β) u.a. die Bildung der Second Messenger *Inositoltrisphosphat* (IP_3, erhöht die zytosolische Ca^{2+}-Konzentration) und *Diacylglycerin* aus (DAG, aktiviert Proteinkinase C = PKC). Außerdem aktivieren α_1-AZ (ebenfalls über G_q) Ca^{2+}-abhängige *K^+-Kanäle*. Letzteres hyperpolarisiert z.B. die Magen-Darm-Muskulatur und lässt sie erschlaffen.

Von den **α_2-Adrenozeptoren** (→ **B2**) gibt es Untertypen ($\alpha_{2\,A,B,C}$) u.a. im ZNS (Sympathikusaktivität ↓; z.B. Blutdrucksenkung durch den α_2-Agonisten Clonidin), in Speicheldrüsen (Sekretion ↓), Pankreas (Insulinsekretion ↓), an Fettzellen (Lipolyse ↓), Thrombozyten (Aggregation ↓) sowie präsynaptisch an Neuronen (Autorezeptoren, s.u.).

α_2-AZ-Aktivierung (→ **B2**) hemmt über *G_i-Proteine* (α_i-Untereinheit) die Adenylylcyclase (cAMP-Bildung sinkt) und erhöht mit der βγ-Untereinheit des G_i-Proteins die Offenwahrscheinlichkeit spannungsgesteuerter K^+-Kanäle (Hyperpolarisation); über *G_o-Proteine* werden außerdem spannungsgesteuerte Ca^{2+}-Kanäle gehemmt ($[Ca^{2+}]_i$ ↓).

Die **β-Adrenozeptoren** sind alle an ein *G_s-Protein* gekoppelt, dessen α_s-Untereinheit über Aktivierung der Adenylylcyclase cAMP als Second messenger freisetzt. cAMP aktiviert die *Proteinkinase A* (PKA), die, je nach Zielzelltyp, verschiedene Proteine phosphoryliert.

So bewirkt NA oder A über die **β_1-Adrenozeptoren** (→ **B3**) des *Herzens* die Öffnung von L-Typ-Ca^{2+}-Kanälen der Zellmembran, was $[Ca^{2+}]_i$ erhöht und damit *positiv chrono-, dromo- und inotrop* wirkt. Am Herzen kann aktiviertes G_s-Protein auch direkt die Offenwahrscheinlichkeit spannungsgesteuerter Ca^{2+}-Ka-

A. Adrenerge Übertragung

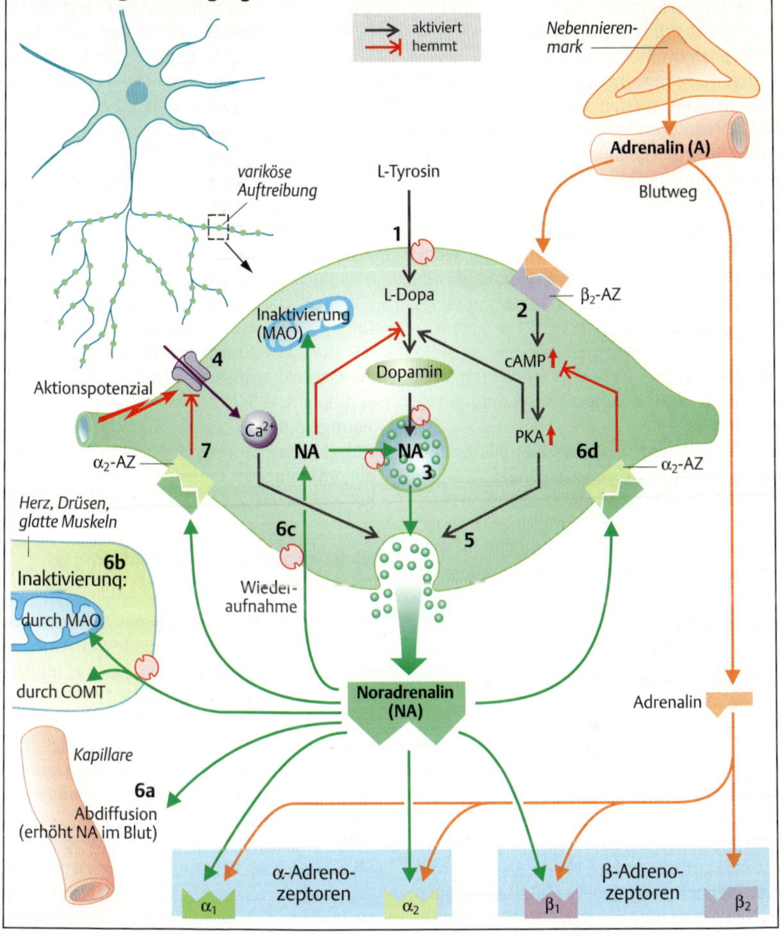

▶

näle erhöhen. In der *Niere* wird über β_1-AZ die basale Reninfreisetzung erhöht.

Durch Adrenalin aktivierte **β_2-Adrenozeptoren** (→ **B4**) senken via cAMP-Anstieg (auf noch nicht ganz geklärte Weise) $[Ca^{2+}]_i$ und *dilatieren* so z. B. Muskelgefäße und Bronchiolen und *entspannen* die Uterus-, Ductus-deferens- und Magen-Darm-Muskulatur. Über β_2-AZ werden zudem die Insulinfreisetzung und die Glykogenolyse gesteigert (Leber und Muskel) sowie die Thrombozytenaggregation gehemmt. Über präsynaptische β_2-AZ steigert Adrenalin die NA-Ausschüttung noradrenerger Fasern (→ **A2,5**).

Über die **β_3-Adrenozeptoren** der braunen Fettzellen wird deren Wärmeproduktion gesteigert (→ S. 222).

▶

▶

Die **Beendigung der NA-Wirkung** (→ **A6 a – d**) erfolgt

◆ durch *Abdiffusion* von NA aus dem synaptischen Spalt ins Blut,

◆ durch *extraneuronale NA-Aufnahme* (in Herz, Drüsen, glatten Muskeln, Glia, Leber) und anschließenden intrazellulären Abbau durch die Catecholamin-O-Methyltransferase (COMT) und die Monoaminooxidase (MAO), sowie

◆ durch aktive *Wiederaufnahme* des NA (70%) in die präsynaptische Nervenendigung, wobei freies NA in der Zelle z. T. vesikulär aufgenommen (→ **A3**) und wiederverwendet und z. T. durch die MAO inaktiviert wird.

◆ NA im synaptischen Spalt erregt auch die präsynaptischen α_2-AZ (*Autorezeptoren*, → **A6 d, 7**), was die weitere Freisetzung von NA hemmt.

Präsynaptische α_2-Rezeptoren gibt es auch an cholinergen Nervenendigungen, z. B. im Magen-Darm-Trakt (Motilität ↓) und im Herzvorhof (negativ dromotrop wirksam). Umgekehrt gibt es präsynaptische M-Cholinozeptoren an noradrenergen Endigungen. Diese gegenseitige Beeinflussung ermöglicht eine Art periphere Regulation des VNS.

Nebennierenmark (NNM)

In 95% der Zellen des NNM setzen Nervenimpulse präganglionärer sympathischer Fasern (cholinerg, → S. 81) per Exozytose das *endokrin* wirksame **Adrenalin (A)** und (in 5% der NNM-Zellen) Noradrenalin (NA) ins Blut frei. Die NA-Synthese ähnelt der in noradrenergen Neuronen (s. o.), doch verlässt NA die Vesikel großteils wieder und wird im Zytoplasma enzymatisch in A umgewandelt (s. o.). A wird dann aktiv in Vesikeln (chromaffine Granula) akkumuliert und dort zusammen mit Cotransmittern (Enkephalin, NPY) für die Exozytose bereitgestellt.

In körperlichen oder psychisch-emotionalen **Alarmsituationen** erhöht sich die Ausschüttung der NNM-Catecholamine beträchtlich. So werden auch solche Zellen im Körper in die Alarmreaktion einbezogen, die nicht sympathisch innerviert sind. Außerdem wird die neuronale NA-Freisetzung über präsynaptische β_2-AZ verstärkt (→ **A2**). *Reize* für die (über erhöhte Sympathikusaktivität vermittelte) A-Freisetzung aus dem NNM sind z. B. **körperliche Arbeit**, Kälte, Hitze, Angst und Ärger („*Stress*"), *Schmerzen*, *O_2-Mangel* und *Blutdruckabfall*. Bei starker Hypoglykämie (< 30 mg/dl) z. B. steigt die Plasmakonzentration von A auf das mehr als 20fache und die von NA auf das 2,5fache, d. h. auch das Verhältnis A:NA im Plasma nimmt zu.

Wesentliche **Aufgabe des Adrenalin** ist es, gespeicherte chemische Energie zu mobilisieren (*Lipolyse, Glykogenolyse*). Im Skelettmuskel fördert A die Glucoseaufnahme (→ 282) und aktiviert Enzyme, die den Glykogenabbau und die Lactatbildung steigern (→ S. 72 ff.). Zur Durchblutung der tätigen Muskulatur werden das Herzzeitvolumen erhöht und gleichzeitig die Magen-Darm-Durchblutung und -Aktivität gedrosselt (→ S. 75 A). Schon während dieser Alarmreaktion regen die Catecholamine die Ausschüttung von Hormonen an, die die Wiederauffüllung der entleerten Energiespeicher in Gang setzen (z. B. ACTH; → S. 297 A).

Nicht-cholinerge, nicht-adrenerge Transmitter im VNS

In präganglionären Fasern des **Sympathikus** sind beim Menschen die Peptide GRP (gastrin-releasing peptide) und VIP (vasoactive intestinal peptide) sowie postganglionär NPY (Neuropeptid Y) und SIH (Somatostatin) als Cotransmitter gefunden worden. Postganglionäre Fasern des **Parasympathikus** benützen die Peptide Enkephalin, SP (Substanz P) und/oder NPY als Cotransmitter.

Die wichtigste **Funktion** der präganglionär ausgeschütteten Peptide scheint es zu sein, die Erregbarkeit des postsynaptischen Neurons zu *modulieren*. Eine eigenständige *Transmitterfunktion* im VNS ist für **ATP** (Adenosintriphosphat) sowie für die Peptide **NPY** und **VIP** weitgehend gesichert. VIP und Acetylcholin kommen häufig gemeinsam (aber in getrennten Vesikeln) in parasympathischen Fasern von Blutgefäßen, exokrinen und Schweißdrüsen vor. Im Magen-Darm-Trakt hemmt VIP (zusammen mit NO, s. u.) die Erschlaffung von Ringmuskulatur und Sphinktern und erhöht (mit den Cotransmittern Dynorphin und Galanin) die Darmsekretion.

In *nitrergen Neuronen* wird **NO** (**Stickstoffmonoxid**) freigesetzt (→ S. 278).

B. Adrenozeptoren

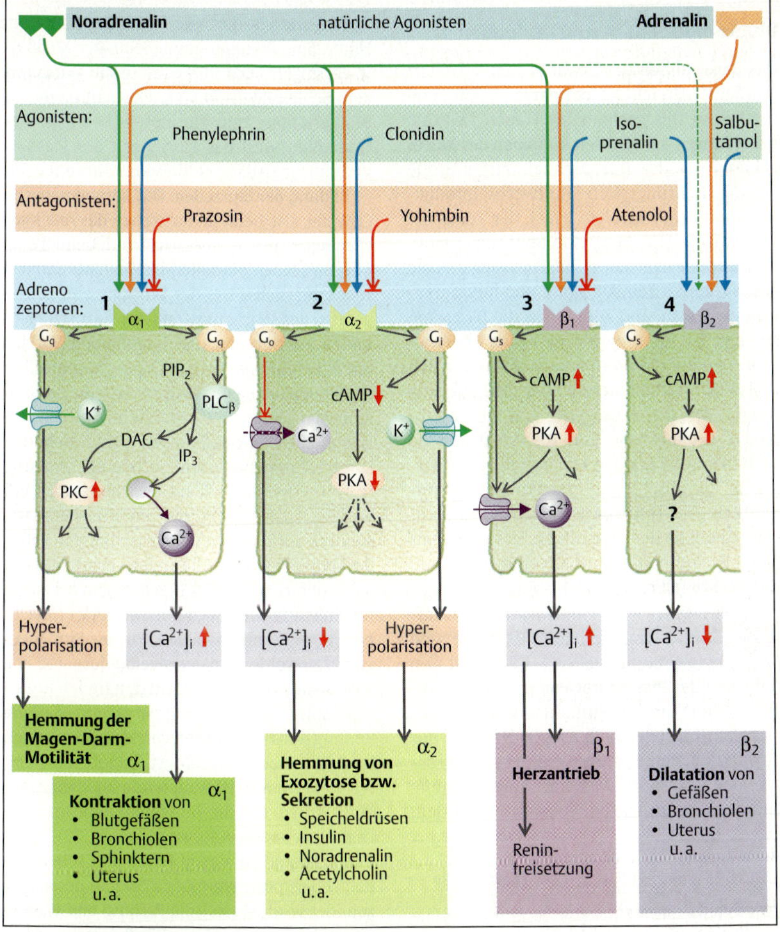

Blutkomponenten und -aufgaben

Das **Blutvolumen** des Erwachsenen korreliert mit der (fettfreien) Körpermasse (→ Tab.) und beträgt im Durchschnitt bei Frauen 3,6 l und bei Männern 4,5 l. Zu den **Aufgaben des Blutes** gehören u.a. der *Transport* zahlreicher Stoffe (O_2, CO_2, Nahrungsstoffe, Stoffwechselprodukte, Vitamine, Elektrolyte usw.), der Transport von Wärme (Heizung, Kühlung), die *Signalübermittlung* (Hormone), die *Pufferung* und die *Abwehr* körperfremder Stoffe und Mikroorganismen. Daran sind zum einen die **Blutzellen** beteiligt (→ Tab.), wovon der ganz überwiegende Anteil, die *Erythrozyten* (*Erys*), für den O_2-Transport und einen Teil der pH-Pufferung sorgen. Von den *Leukozyten* sind die neutrophilen *Granulozyten* für die unspezifische Immunabwehr und die *Mono-* und *Lymphozyten* für spezifische Immunreaktionen verantwortlich. Die *Thrombozyten* haben wesentlichen Anteil an der Blutstillung. Das Verhältnis Blutzellvolumen/Gesamtblutvolumen wird **Hämatokrit** (**Hkt**) genannt (→ Tab. u. **C**).

Im **Plasma** des Blutes sind Elektrolyte, Nährstoffe, Stoffwechselprodukte, Vitamine und Gase sowie Proteine gelöst (→ Tab.). Zu den Aufgaben der **Plasmaproteine** (s.a. S. 92) zählen u.a. die humorale Immunabwehr, die Aufrechterhaltung des onkotischen Druckes, der für die Konstanz des Blutvolumens sorgt, sowie der Transport wasserunlöslicher Stoffe und der Schutz mancher Substanzen vor dem Abbau und vor der Nierenausscheidung (z.B. Häm). Eine Proteinbindung kleinerer Moleküle verringert auch ihre osmotische Wirksamkeit. Schließlich sind viele Plasmaproteine an Blutgerinnung und Fibrinolyse beteiligt. Gerinnt Blut, wird das Fibrinogen des Plasmas verbraucht, so dass aus diesem *Serum* entsteht.

Bildung der Blutzellen. Das hämopoietische Gewebe, also beim Erwachsenen das *rote Knochenmark* (platte Knochen) und beim Fetus *Milz und Leber*, enthalten *pluripotente Stammzellen*, die sich unter der Wirkung von hämopoietischen Wachstumsfaktoren (s.u.) zu myeloiden, erythroiden und lymphoiden Vorläuferzellen differenzieren. Diese Stammzellen reproduzieren sich selbst, so dass ihr Bestand lebenslang aufrechterhalten wird. Die von den lymphoiden Vorläuferzellen abstammenden Lymphozyten bedürfen noch einer Prägung (z.T. im Thymus, z.T. im Knochenmark) und werden später nicht nur im Knochenmark, sondern auch in Milz und Lymphknoten gebildet (*Lymphopoiese*). Alle anderen Vorläuferzellen proliferieren und reifen dagegen bis zu ihrer Endstufe im Knochenmark heran (*Myelopoiese*), um schließlich von dort ins Blut abgegeben zu werden. An der Myelopoiese sind u.a. zwei *renale Hormone* beteiligt, nämlich Erythropoietin (s.u.) und *Thrombopoietin*, das die Reifung und Proliferation von Megakaryozyten bzw. Thrombozyten fördert. Daneben existieren viele weitere stimulierende und hemmende Faktoren, die die Blutzellbildung im Knochenmark *parakrin* steuern.

Erythropoietin, das in Niere und Leber (Fetus: Leber; postnatal: Zu ca. 90% in der Niere) gebildet wird, fördert die **Reifung und Proliferation der Erys**. O_2-Mangel (z.B. Höhenaufenthalt oder Hämolyse, → **A**) erhöht in einem Regelkreis Erythropoietinausschüttung und Ery-Zahl im Blut, wobei der Anteil der *Retikulozyten* (= junge Erythrozyten) im Blut steigt. Die **Lebensdauer** der Erys beträgt etwa 120 Tage. In der Pulpa der *Milz* verlassen die Erys regelmäßig die Arteriolen, um durch schmale Poren in die Milzsinus zu gelangen (→ **B**). Dort werden alte Erythrozyten ausgesondert und zerstört. Die Bruchstücke werden von den Makrophagen in Milz, Leber, Knochenmark u.a. phagozytiert und abgebaut. Das bei der *Hämolyse* freiwerdende *Häm* wird zu *Bilirubin* abgebaut (→ S. 250), das Fe wiederverwendet (→ S. 90).

Blutvolumen (l) (KG = Körpergewicht):
♂ 0,041 · kgKG + 1,53 ♀ 0,047 · kgKG + 0,86

Hämatokrit (l_{Zellen}/l_{Blut}):
♂ 0,40–0,54 ♀ 0,37–0,47

Erythrozytenzahl ($10^{12}/l_{Blut} = 10^6/\mu l_{Blut}$):
♂ 4,6–5,9 ♀ 4,2–5,4

Hämoglobinkonz. (g/l_{Blut}):
♂ 140–180 ♀ 120–160

MCH, MCV, MCHC (= **M**ean **C**orpuscular **H**b bzw. **V**olume bzw. **H**b-**C**oncentration) → **C**

Leukozytenzahl ($10^9/l_{Blut} = 10^3/\mu l_{Blut}$): 3–11
(davon 63% Granulozyten, 31% Lymphozyten, 6% Monozyten)

Thrombozytenzahl ($10^9/l_{Blut} = 10^3/\mu l_{Blut}$):
♂ 170–360 ♀ 180–400

Plasmaproteine (g/l Serum): 66–85
(davon 55–64% Albumin)

A. Regelung der Erythrozytenzahl

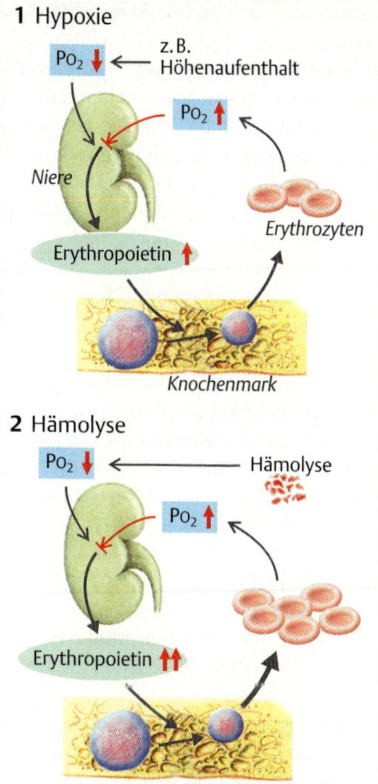

B. Lebensdauer u. Abbau der Erythrozyten

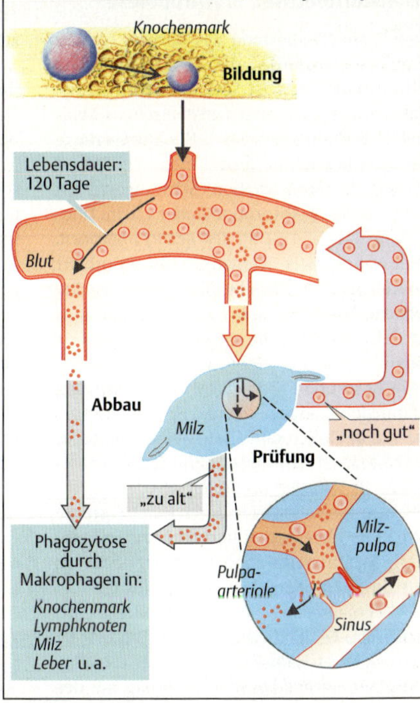

C. Die Erythrozytenparameter MCH, MCV und MCHC

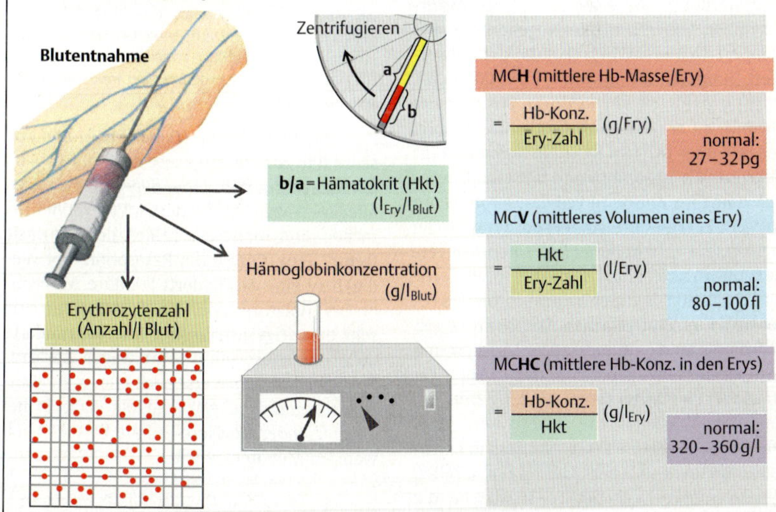

Eisenstoffwechsel, Erythropoiese

Vom **Eisen** (**Fe**)**-Bestand** des Körpers (ca. 2 g [Frau] – 5 g [Mann]) sind ca. ²/₃ an *Hämoglobin* (Hb) gebunden, ¹/₄ ist *Speichereisen* (Ferritin, Hämosiderin), der Rest *Funktionseisen* (Myoglobin, Fe-haltige Enzyme). Die **Eisenverluste** betragen bei Männern ca. 1 mg/d, bei Frauen bis 2 mg/d (Menstruation, Schwangerschaft, Geburt). Die Fe-Absorption findet v. a. im Duodenum statt und ist *an den Bedarf angepasst*. Vom Nahrungs-Fe werden 3 – 15 % absorbiert (→ **A1**), bei Fe-Mangel bis über 25 % (s. u.). Die **tägliche Fe-Aufnahme** sollte daher mindestens 10 – 20 mg/d betragen (Frauen > Kinder > Männer).

Fe-Absorption (→ **A2**). Mit der Nahrung (Hämoglobin, Myoglobin und Fe-haltige Enzyme v. a. in Fleisch und Fisch) aufgenommenes Fe^{II} kann nach Spaltung des Proteins relativ effizient als **Häm-**$\mathbf{Fe^{II}}$ absorbiert werden. In der Mukosazelle wird das Fe durch *Hämoxygenase* vom Häm abgespalten und dann zu Fe^{III} oxidiert, das entweder ins Blut gelangt oder als Ferritin-Fe^{III} in der Mukosa verbleibt und bei der Zellmauserung ins Lumen zurückkehrt. **Nicht-Häm-Fe** kann nur als Fe^{2+} absorbiert werden. Nicht-Häm-Fe^{III} muss daher zunächst von einer *Ferrireduktase* (+ Ascorbat) auf der luminalen Mukosazelloberfläche zu Fe^{2+} reduziert werden (→ **A2**, *FR*). Das Fe^{2+} wird wahrscheinlich von einem elektrogenen Fe^{2+}-H^+-Symport-Carrier (DCT1) sekundär-aktiv absorbiert (Kompetition mit Mn^{2+}, Co^{2+}, Cd^{2+} u. a.). Wichtig dafür ist ein *niedriger pH-Wert des Chymus*, da er (a) den H^+-Gradienten erhöht, der Fe^{2+} über DCT1 in die Zelle treibt, und (b) Nahrungs-Fe aus Komplexen freisetzt. Die Fe-Aufnahme ins Blut wird *von der Darmmukosa geregelt*: Bei Fe-Mangel bindet die zytosolische Aconitase (= Fe-regulierendes Protein) an Ferritin-mRNA und hemmt so die mukosale Ferritin-Translation. Dadurch kann absorbiertes Fe^{II} vermehrt ins Blut gelangen. Dort wird es von Coeruloplasmin (+ Kupfer) zu Fe^{III} oxidiert und an *Apotransferrin* gebunden, das für den **Fe-Transport im Plasma** sorgt (→ **A2,3**). *Transferrin* (= Apotransferrin mit 2 Fe^{III}) wird über *Transferrin-Rezeptoren* endozytotisch in Erythroblasten sowie in Leber-, Plazenta- u. a. Zellen aufgenommen. Nach der Fe-Abgabe an die Zielzellen steht Apotransferrin erneut zur Fe-Aufnahme aus Darm und Makrophagen (s. u.) zur Verfügung.

Eisenspeicher und -recycling (→ **A3**). *Ferritin* (in Darmmukosa, Leber, Knochenmark, Erys u. Plasma), das eine „Tasche" für 4500 Fe^{3+}-Ionen besitzt, ist eine rasch verfügbare Eisenreserve (ca. 600 mg), während das Fe aus *Hämosiderin* schwerer mobilisierbar ist (250 mg Fe in Makrophagen von Leber u. Knochenmark). Aus fehlgebildeten Erythroblasten (sog. ineffiziente Erythropoiese) und hämolysierten Erys freigesetztes Hb-Fe und Häm-Fe wird an *Haptoglobin* bzw. *Hämopexin* gebunden, von den Makrophagen des Knochenmarks bzw. von denen in Leber und Milz per Endozytose aufgenommen und zu 97 % wiederverwertet (→ **A3**).

Eisenmangel hemmt die Hb-Synthese, so dass es zu einer *hypochrom-mikrozytären Anämie* kommt: MCH < 26 pg; MCV < 70 fl; Hb < 110 g/l. Ursachen dafür sind:

- Blutverlust (häufigste Ursache; pro ml Blut gehen 0,5 mg Fe verloren),
- Fe-Aufnahme oder Fe-Absorption zu gering,
- erhöhter Fe-Bedarf (Wachstum, Schwangerschaft, Stillen),
- Fe-Recycling vermindert (bei chronischen Infektionen) oder
- Apotransferrin defekt (selten).

Bei einer **Fe-Überladung** des Körpers werden v. a. Leber, Pankreas und Myokard geschädigt (*Hämochromatosen*). Wird der Darm-Trakt bei der Fe-Zufuhr umgangen (Fe-Injektion), kann die Transferrinkapazität überschritten werden, wobei freies Fe zur **Eisenvergiftung** führt.

Auch die Vitamine $\mathbf{B_{12}}$ (**Cobalamine**) und **Folsäure** sind zur Erythropoiese notwendig (→ **B**). Ein Mangel führt zu einer *hyperchromen Anämie* (Ery-Anzahl vermindert, MCH erhöht). Ursachen sind meist das Fehlen des „Intrinsic factor" (zur Cobalamin-Resorption notwendig) bzw. eine verminderte Folsäure-Absorption bei Malabsorption (s. a. S. 260) oder eine sehr einseitige Ernährung. Eine verminderte Cobalamin-Absorption führt wegen der großen Speichermenge erst nach Jahren zu Mangelerscheinungen, während die Anämie bei ungenügender Folsäure-Zufuhr bereits nach wenigen Monaten auftritt.

A. Eisenaufnahme und -stoffwechsel

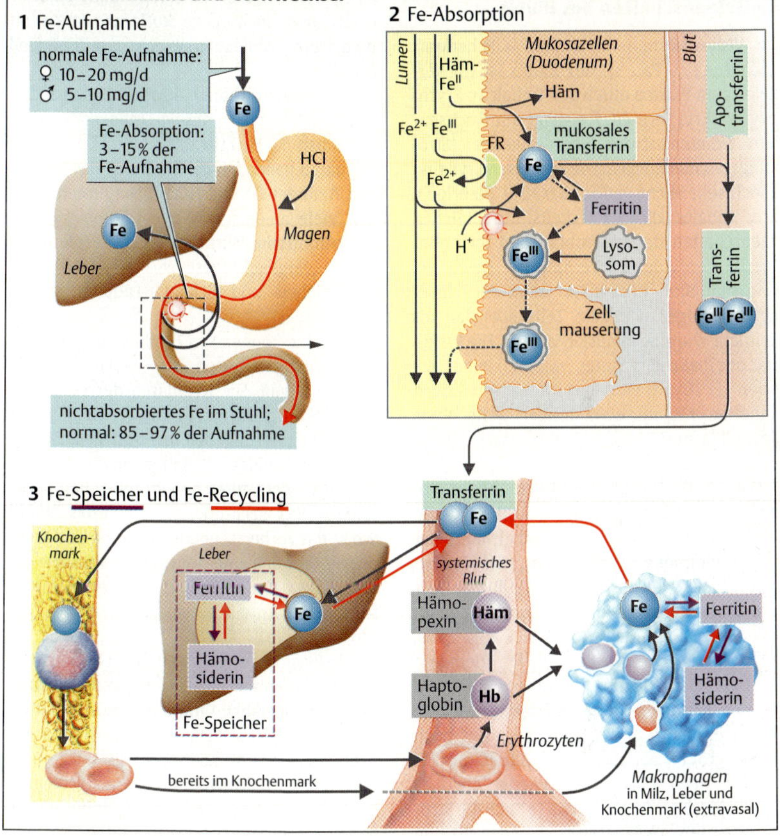

B. Folsäure und Vitamin B_{12} (Cobalamine)

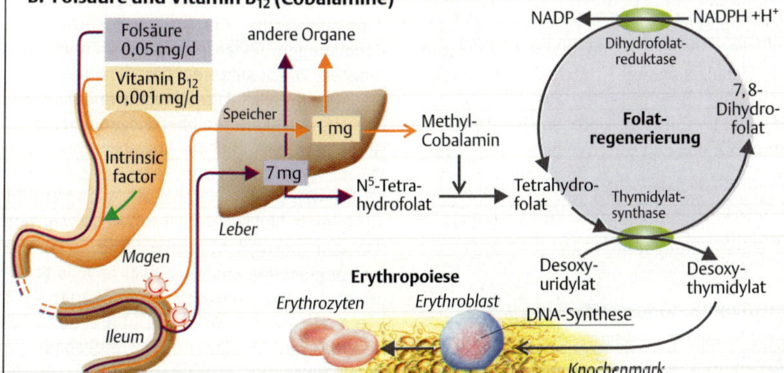

Fließeigenschaften des Blutes

Die **Viskosität** η (= 1/Fluidität = Scherkraft τ/Scherung γ [Pa · s]) des Blutes ist im Vergleich zum Plasma durch den Gehalt an Erythrozyten (Erys) erhöht. Sie steigt mit wachsendem *Hämatokritwert* und sinkender *Strömungsgeschwindigkeit*. Die kernlosen Erys sind jedoch sehr leicht verformbar: Das niedrige η ihres Inhalts, die Flüssigkeitsfilm-ähnlichen Eigenschaften ihrer Membran und ihr hohes Oberflächen/Volumen-Verhältnis bewirken, dass sich Blut, besonders wenn es schnell fließt, weniger wie eine Zellsuspension als vielmehr wie eine *Emulsion* verhält. Die Viskosität des *fließenden* Blutes (η_{Blut}) in kleinen Arterien (∅ 20 µm) ist daher mit ca. 4 relativen Einheiten (r.E.) nur etwa doppelt so hoch wie die des Plasmas (η_{Plasma} = 2 r. E.; Wasser: 1 r. E. = 0,7 mPa · s bei 37 °C).

Die Passage der Blutkapillaren und der Poren in der Milzstrombahn (→ S. 89 B), deren Durchmesser (< 5 µm) kleiner ist als jener der frei schwimmenden Erys (7 µm), sind für normale Erys wegen ihrer guten *Verformbarkeit* kein Problem. Durch die in kleinen Gefäßen langsamere Strömung erhöht sich η_{Blut} zwar, doch schwimmen die Erys in den kleineren Gefäßen (∅ < 300 µm) zentral im Blutstrom ($\eta_{Blut}\downarrow$; **Fåhraeus-Lindqvist-Effekt**; → **A**). In den Arteriolen (∅ ≈ 7 µm) ist η_{Blut} nur noch wenig größer als η_{Plasma}, in Kapillaren (∅ ≈ 4 µm) steigt η_{Blut} jedoch wieder an. η_{Blut} kann kritisch anstiegen, wenn (a) sich die Strömung zu sehr verlangsamt und/oder (b) sich die Fluidität der Erys durch Hyperosmolalität („Stechapfelform" der Erys), durch Zelleinschlüsse, durch Hämoglobinfehlbildungen (z. B. Sichelzellanämie), durch Veränderungen der Zellmembran (z. B. bei „alten" Erythrozyten) u. a. m. erniedrigt. Unter solchen Umständen erhält das Blut durch *Aggregation* („Geldrollenbildung") der Erys Eigenschaften einer *Suspension mit hoher Viskosität* (bis 1000 r.E.), was in kleinen Gefäßen schnell zum Stillstand der Blutströmung führen kann (→ S. 218).

Blutplasma, Ionenverteilung

Plasma erhält man, wenn aus ungerinnbar gemachten Blut die zellulären Elemente abzentrifugiert werden (→ S. 89 C). Plasma besteht aus Wasser, in dem hochmolekulare *Proteine* (→ **B**) sowie *ungeladene Stoffe* und *Ionen* mit niedrigem Molekulargewicht gelöst sind (→ **B**).

Die Konzentrationen dieser Teilchen addieren sich zur *Plasma-Osmolalität* von 290 mosm/kg H_2O (→ S. 164 u. 377). Hauptanteil daran haben bei den Kationen das Na^+, bei den Anionen Cl^- und HCO_3^-. Die Proteine tragen viele anionische Netto-Ladungen (→ **C**). Die osmotische Wirksamkeit der Proteine ist jedoch vergleichsweise geringer, weil dafür die Teilchen- und nicht die Ladungszahl bestimmend ist.

Proteine können das Blutbett nur in geringem Umfang verlassen. Das Ausmaß schwankt je nach Organ. Die Kapillaren der Leber z. B. sind viel durchlässiger als die des Gehirns. Die Zusammensetzung der *interstitiellen Flüssigkeit* unterscheidet sich daher von der des Plasmas besonders durch den Proteingehalt (→ **C**). Ganz anders zusammengesetzt ist das *Zytosol*, wo K^+ das vorherrschende Kation ist und Phosphate, Proteine und sonstige organische Anionen den Hauptanteil der Anionen bilden (→ **C**; diese Anteile wechseln etwas von Zelltyp zu Zelltyp).

Die Plasmaproteine (→ **B**) bestehen zu etwa 60 % aus Albuminen (35–46 g/l); diese besitzen für viele Substanzen im Blut Vehikelfunktion, sind die Hauptursache des kolloidosmotischen (= onkotischen) Druckes (→ S. 208 u. S. 378) und können bei Eiweißmangel als Proteinreserve dienen. Die α_1-, α_2- und β-Globuline dienen u. a. dem Transport von Lipiden (Apolipoproteine), Hämoglobin (Haptoglobin), Eisen (Apo-transferrin), Cortisol (Transcortin) und Cobalaminen (Transcobalamin). Auch die meisten Plasmafaktoren der Gerinnung und der Fibrinolyse sind Proteine. Die *Immunglobuline* (Ig, → **D**) gehören überwiegend zu den γ-Globulinen. Sie sind die Abwehrproteine des Plasmas (Antikörper). IgG hat dabei die relativ höchste Plasmakonzentration (7–15 g/l) und wird durch die Plazentaschranke transportiert (Übertragung von Mutter zu Kind, → **D**). Die Immunglobuline sind aus zwei jeweils gruppenspezifischen, schweren Proteinketten (IgG: γ, IgA: α, IgM: μ, IgD: δ, IgE: ε) und aus zwei leichten Proteinketten (λ oder $\varkappa$) aufgebaut, die miteinander in charakteristischer Y-Form (→ S. 95 A) über Disulfidbrücken verknüpft sind.

A. Fåhraeus-Lindqvist-Effekt

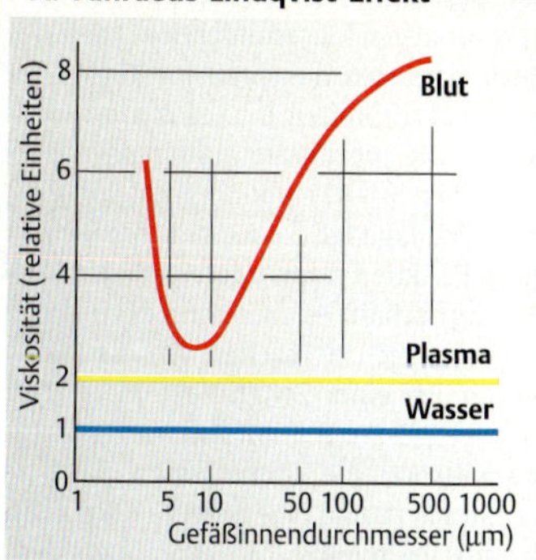

B. Plasmaproteine

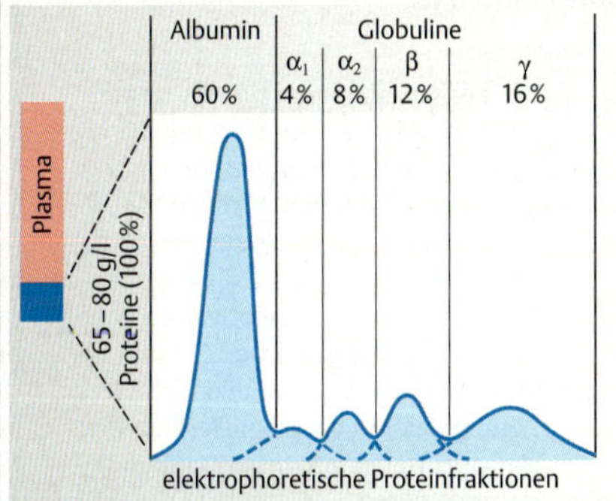

C. Ionenzusammensetzung der Körperflüssigkeiten

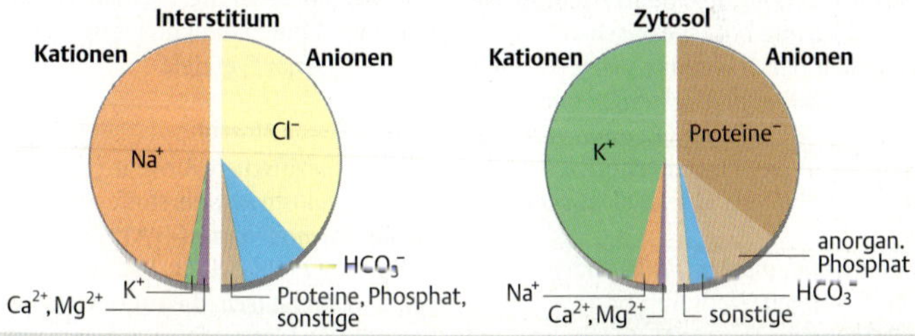

	Ion	Plasma	Plasmawasser	Interstitium	Zytosol
		mval/l (mmol/l)			
Kationen	Na^+	142	153	145	ca. 12
	K^+	4,3	4,6	4,4	ca. 140
	freies Ca^{2+}	3,2 (1,6*)	3,2 (1,6)	3,0 (1,5)	<0,001
	freies Mg^{2+}	1,0 (0,5**)	1,0 (0,5)	0,9 (0,45)	1,6
	Summe	150	162	153	ca. 152
Anionen	Cl^-	104	112	117	ca. 3
	HCO_3^-	24	36	27	10
	anorgan. Phosphat	2	2,2	2,3	ca. 30
	Proteine	14	15	0,4	ca. 54
	sonstige	5,9	6,3	6,2	ca. 54
	Summe	150	162	153	ca. 152

*) Gesamt-Ca im Plasma 2,5 mmol/l; **) Gesamt-Mg im Plasma 0,9 mmol/l

D. Konzentrationen der Immunglobuline im Serum

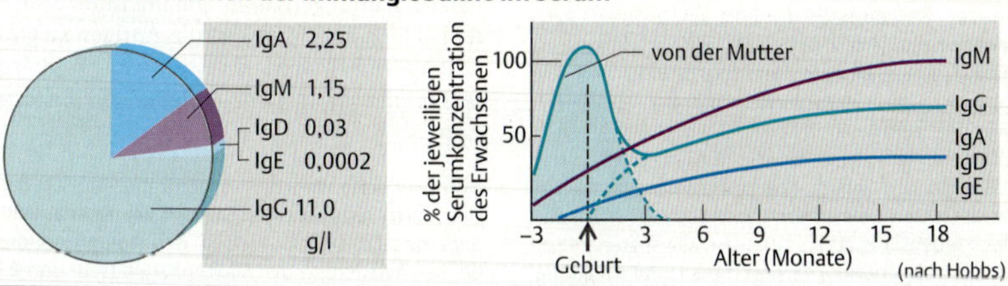

Immunabwehr

Grundprinzipien

Der Körper besitzt eine *unspezifische, angeborene* und eine (damit verzahnte) *spezifische, erworbene* oder *adaptive Immunabwehr* gegen Mikroorganismen (Bakterien, Viren, Pilze, Parasiten) und gegen „fremde" Makromoleküle. Sie alle stellen **Antigene** dar, auf die das spezifische Abwehrsystem mit der Aktivierung und Vermehrung antigenspezifischer **T- und B-Lymphozyten** (kurz: T- bzw. B-Zellen) reagiert. B-Zellen differenzieren dabei zu *Plasmazellen*, die antigenspezifische **Antikörper** (**Immunglobuline, Ig**) produzieren (→ **C**). *Aufgabe der Ig* ist es, Antigene a) zu neutralisieren, b) zu opsonisieren sowie c) das Komplementsystem zu aktivieren (s. u.). Diese hochspezifischen Mechanismen dienen der *Erkennung* des jeweiligen Antigens, dagegen erfolgt dessen Eliminierung dann relativ unspezifisch. Außerdem wird das Antigen durch T- bzw. B-Gedächtniszellen „in Erinnerung" behalten: *immunologisches Gedächtnis*.

Aus den *lymphatischen Vorläuferzellen*, die noch keine Antigenrezeptoren besitzen, wird bei der **Prägung** im *Thymus* (T-Zellen) bzw. im *Knochenmark* (B-Zellen) ein Repertoire von 10^8 verschiedenen, jeweils gegen ein bestimmtes Antigen gerichteten (= monospezifischen) T- bzw. B-Zellen gebildet. Solche, noch „naiven" Lymphozyten kreisen durch den Organismus (Blut → peripheres lymphatisches Gewebe → Lymphe → Blut). Entdeckt eine Zelle dabei „ihr" Antigen, was meist im lymphatischen Gewebe geschieht, vermehrt sie sich (**klonale Selektion** und **Proliferation**), und es entstehen zahlreiche, monospezifische Tochterzellen. Diese differenzieren sich zu Plasmazellen bzw. „bewaffneten" T-Zellen, die schließlich die Eliminierung des Antigens einleiten.

Lymphozyten mit Rezeptoren gegen körpereigenes Gewebe werden nach der Erkennung „ihres" Antigens frühzeitig im Thymus bzw. im Knochenmark eliminiert. Diese **klonale Deletion** bewirkt also eine (*zentrale*) **immunologische Toleranz**. Solcherart zwischen fremden und körpereigenen Antigenen zu unterscheiden, „lernt" das Immunsystem etwa zum Zeitpunkt der Geburt. Die Stoffe, mit denen es zu dieser Zeit Kontakt bekommt, erkennt es normalerweise lebenslang als körpereigen, alle später auftauchenden als „fremd". Versagt diese Unterscheidung, entstehen *Autoimmunerkrankungen*.

Das unspezifische System alleine kann, z. B. bei einer erstmaligen Maserninfektion, kaum verhindern, dass sich die Viren im Körper vermehren und ausbreiten, d. h., es kommt zur Erkrankung. Die spezifische Immunabwehr mit T-Killerzellen (→ **B2**) und Immunglobulinen (zuerst IgM, dann IgG; → **C3**) tritt nämlich nur langsam in Aktion (**Primärantwort** oder **Sensibilisierung**), schafft es aber dann doch, die Erreger unschädlich zu machen, d. h. die Masern heilen ab. Bei einer Zweitinfektion setzt die spezifische IgG-Produktion schlagartig ein (**Sekundärantwort**), die Viren werden gleich anfangs eliminiert, und eine erneute Erkrankung bleibt aus: **Immunität**. Sie kann auch durch *Impfung* mit Erreger-Antigen erreicht werden: *aktive Immunisierung*. Eine *passive Immunisierung* wird durch Injektion fertiger Immunglobuline („*Serum*") erzielt.

Unspezifische Abwehr

Der unspezifischen Abwehr (→ **A**) dienen im Plasma gelöste Abwehrstoffe wie *Lysozym* und *Komplementfaktoren* (→ **A1**) sowie *natürliche Killerzellen* (NK-Zellen; s. u.) und Phagozyten (v. a. *Makrophagen*, die im Gewebe aus eingewanderten Monozyten entstehen, und *neutrophile Granulozyten*; → **A2**). Letztere werden, ebenso wie Monozyten und eosinophile Granulozyten, im Knochenmark gebildet und durchstreifen den Körper. Wo sich Erreger befinden, werden sie durch diverse *Chemokine* (z. B. IL 8) angelockt (*Chemotaxis*), für die sie Chemokin-Rezeptoren besitzen (für IL 8 z. B.: CXCR1 u. 2). Daraufhin verwandeln sie sich in migrierende, angriffsbereite Zellen. Nach Andockung am Endothel über Selektine (*Margination*) durchqueren sie dieses (*Diapedese*), phagozytieren den Erreger und schädigen ihn durch Lysozym (s. u.), durch *Oxidantien* wie Wasserstoffperoxid (H_2O_2) und Sauerstoffradikale (O_2^-, $OH\cdot$, $^1O_2$), durch *Stickstoffmonoxid* (NO) u. a. und „verdauen" ihn mit ihren lysosomalen Enzymen (*Lyse*). Ist das Antigen zu groß (z. B. Würmer), werden Abwehrstoffe (u. a. *Proteasen und zytotoxische Proteine*) auch exozytiert.

Normalerweise wird die Konzentration der Oxidantien durch reduzierende Enzyme wie Katalase und Superoxid-Dismutase niedrig gehalten. Besonders bei der Aktivierung der Makrophagen (s. u. und **B3**) ▶

A. Unspezifische Immunabwehr, verstärkt durch spezifische Antikörper

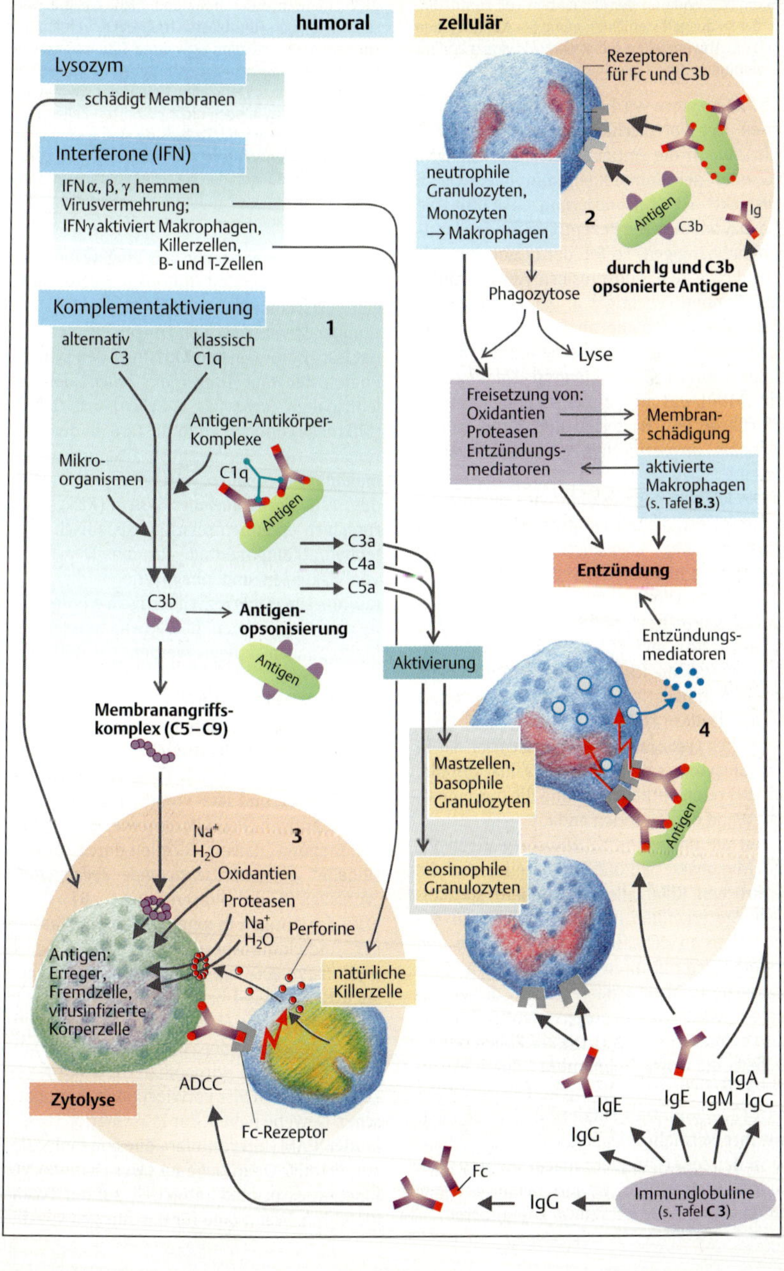

wird diese „Zügelung" jedoch aufgegeben, um die bakterizide Wirkung der Oxidantien voll zu nutzen. Bei der so ausgelösten *Entzündung* (→ **A2,4**) werden auch die Abwehrzellen selbst und u.U. sogar andere körpereigene Zellen geschädigt.

Die Phagozytose wird verstärkt (und bei Bakterien mit Polysaccharidkapsel erst ermöglicht), wenn die Antigenoberfläche mit IgM, IgG oder der Komplementkomponente C3b „gespickt" ist (**Opsonisierung**, → **A1,2**): Die Phagozyten besitzen **Rezeptoren** für den (antigenunabhängigen) *Fc*-Teil der Ig und für *C3b*, über die sie an das opsonisierte Antigen andocken können (wichtig v.a. bei TI-Antigenen; s.u.). Damit wird die an sich unspezifische Phagozytose in die spezifische Immunabwehr einbezogen. Auch das *Mannose-Bindungsprotein* (MBP), das an Mannan-Gruppen auf der Oberfläche von Bakterien und Viren bindet, wirkt als „unspezifischer Antikörper" opsonisierend.

Die **Komplementkaskade** wird durch Erreger ausgelöst, die mit Ig opsonisiert sind (sog. *klassischer Weg*), aber auch nichtopsonisierte Erreger (sog. *alternativer Weg*) sind dazu in der Lage (→ **A1**). Die Komponenten C3a, C4a und C5a aktivieren baso- und eosinophile Granulozyten (→ **A4**), und C5–C9 bilden den *Membranangriffskomplex*, mit dem die Außenwand von (gramnegativen) Bakterien perforiert wird, was diese abtötet: **Zytolyse** (→ **A3**). Dazu trägt auch **Lysozym** (= Muramidase) bei, das in Granulozyten (s.o.) sowie in Plasma, Lymphe und Sekreten enthalten ist und die mureinhaltige Wand der Bakterien andaut.

Auf die unspezifische Abwehr v.a. von Viren, Mykobakterien und Tumorzellen sind die **natürlichen Killerzellen** (**NK-Zellen**) spezialisiert. Sie erkennen infizierte Zellen und Tumorzellen an der „fremden" Oberfläche und koppeln sich mit ihren Fc-Rezeptoren an IgG-opsonisierte Oberflächen-Antigene dieser Zellen an (ADCC = antigen-dependent cell-mediated cytotoxicity; → **A3**). Die NK-Zellen durchlöchern die Opfer-Zellmembran durch exozytierte *Perforine*, was die Opferzelle absterben lässt (*Zytolyse*). Dies entzieht den Viren nicht nur ihre Vermehrungsmöglichkeit (Enzymapparat der Zelle!), sondern macht sie (und auch andere intrazellulär weiterlebende Erreger) für das übrige Abwehrsystem angreifbarer.

Aktiviert werden die NK-Zellen durch **Interferone** (**IFN**), nämlich durch IFNα und IFNβ, die u.a. von Leukozyten und Fibroblasten freigesetzt werden, sowie durch IFNγ, das von aktivierten T-Zellen und von den NK-Zellen selbst ausgeschüttet wird. IFN, die besonders von infizierten Zellen freigesetzt werden, induzieren zudem in noch nicht infizierten Zellen eine erhöhte Virusresistenz. **Defensine** sind Peptide, die von Phagozyten freigesetzt werden und (u.a. durch Ionenkanalbildung in der Zielzellmembran) unspezifisch zytotoxisch auch auf Erreger wirken, die gegen NK-Zellen resistent sind.

Makrophagen entstehen aus eingewanderten Monozyten oder sind (mit lokaler Beweglichkeit) ortsständig, so etwa in den Lebersinus (*Kupffer-Sternzellen*), den Lungenalveolen, auf der Darmserosa, in den Milzsinus, den Lymphknoten, der Haut (*Langerhans-Zellen*), den Gelenkspalten (*synoviale A-Zellen*), im Gehirn (*Mikroglia*) und am Endothel (z.B. in den Nierenglomeruli). Man nennt sie zusammen auch *mononukleäres phagozytotisches System* (*MPS*) oder *retikuloendotheliales System* (*RES*). Makrophagen erkennen relativ unspezifisch Kohlenhydratkomponenten auf der Oberfläche von Bakterien und phagozytieren diese daraufhin. Um mit Erregern fertig zu werden, die in den Phagosomen überleben, müssen die Makrophagen aktiviert werden (s.u. und **B3**).

Spezifische zelluläre Abwehr

Die spezifische zelluläre Immunabwehr durch **„bewaffnete" T-Effektorzellen** wird relativ langsam (Tage) aktiviert (sog. *verzögerte Immunantwort*) und setzt voraus, dass das aufbereitete Antigen (Peptidfragmente) den vorbeikommenden „naiven" T-Zellen durch „professionelle" *antigenpräsentierende Zellen* (**APC**) „vorgezeigt" wird: **Präsentation** (→ **B1**). Dabei wird das Antigen in eine molekulare „Tasche" der individuumspezifischen *MHC-Klasse-I-* und *-II-Proteine* eingebaut, beim Menschen auch **HLA-Klasse-I** bzw. **-II** (human leukocyte antigen) genannt. (MHC, major histocompatibility complex, ist der zugehörige Genort.) Als APC wirken v. a. virusinfizierte *dendritische Zellen*, die ihren Sitz vorwiegend im lymphatischen Gewebe haben. Zur Präsentation (→ **B1**) bindet ICAM (intercellular adhesion molecule) auf der APC-Oberfläche an LFA1 (lymphocyte function-associated antigen-1) auf der T-Zell-Membran. Wenn eine für das Antigen spezifi-

B. Spezifische Immunabwehr: T-Zell-Aktivierung

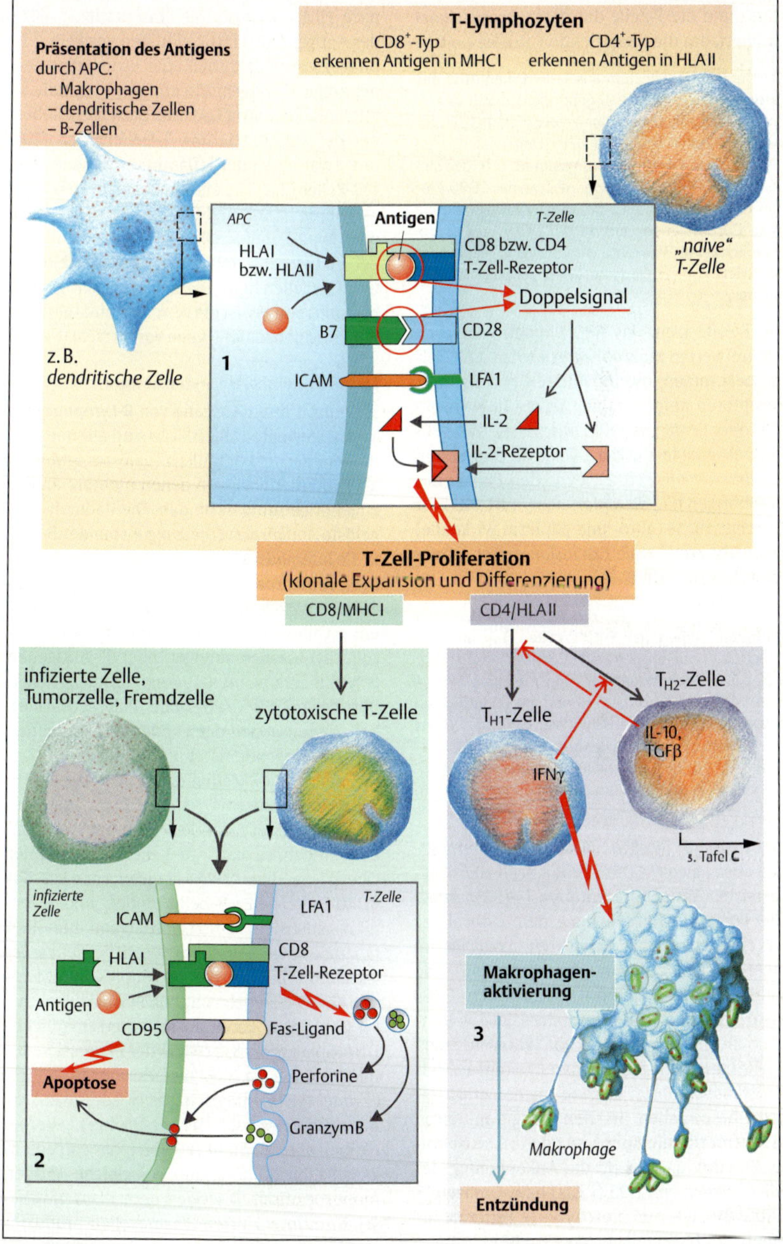

▶
sche T-Zelle andockt, wird die Bindung verstärkt und die T-Zelle durch ein **Doppelsignal** aktiviert, das die Klonselektion auslöst (→ **B1**).

Das Doppelsignal besteht aus 1. der **Erkennung des Antigens** (HLA-I- oder -II-gebunden) durch den *T-Zell-Rezeptor* mit seinem *Corezeptor* (CD8 bei zytotoxischen T-Zellen bzw. CD4 bei T-Helferzellen, s. u.) sowie 2. dem **Costimulierungssignal**, d. h. der Bindung des B7-Proteins (auf der APC) an das CD28-Protein der T-Zelle (→ **B1**). Bei einer Antigenbindung ohne Costimulation (z. B. in der Leber, wo es gewöhnlich keine APCs gibt), wird der Lymphozyt sogar inaktiviert, d. h., er wird **anergisch**: *periphere Immuntoleranz*.

Die T-Zelle kann das APC-Doppelsignal auch von infizierten Makrophagen sowie von B-Zellen bekommen, die ihr Antigen mittels ihrer Rezeptoren aufgenommen haben (z. B. Insekten- oder Schlangengifte, Allergene). Das APC-Doppelsignal löst in der T-Zelle die Expression von *Interleukin-2* (**IL-2**) sowie den Einbau des zugehörigen *IL-2-Rezeptors* aus (→ **B1**). IL-2 ist das eigentliche (auto- und parakrin wirkende) *Signal für die klonale Expansion* dieser monospezifischen T-Zelle.

Dabei differenzieren sich die T-Zellen zu drei „bewaffneten" Typen, den **T-Killerzellen**, **T_{H1}-** und **T_{H2}-Zellen**. Diese benötigen keine Costimulierung mehr und exprimieren neue Adhäsionsmoleküle (VLA-4 statt L-Selektine), so dass sie nun am Endothel von entzündeten Gewebeabschnitten andocken (statt im lymphatischen Gewebe wie ihre „naiven" Mutter-Zellen). Mit IL-2-Hemmern wie *Cyclosporin A* kann eine hochwirksame *Immunsuppression* erzielt werden (z. B. bei der Organtransplantation).

Zytotoxische T-Zellen (**T-Killerzellen**) entstehen aus „naiven" **CD8-T-Zellen** nach HLA-I-assoziierter Antigenpräsentation (→ **B2**), wobei HLA I sein Antigen meist aus dem Zytosol der APC aufgenommen hat (Viren, zytosolische Proteine: *endogene Antigenpräsentation*). Die T-Killerzellen erkennen dann mit ihrem CD8-assoziierten T-Zell-Rezeptor das HLA-I-gebundene zugehörige Antigen auf (virus-)infizierten Körperzellen, auf Tumorzellen und auf Zellen transplantierter Organe wieder und treiben diese Zellen in den programmierten „Selbstmord", die **Apoptose** oder in die **Nekrose**. Beteiligt daran sind die Ankoppelung des *Fas-Liganden* an CD95 (= Fas) bzw. *Granzym B* (Protease), das durch exozytierte *Perforine* ins Innere der Opferzelle gelangt (→ **B2**).

Die „naiven" **CD4-T-Zellen** wandeln sich nach HLA-II-assoziierter Präsentation (→ **B1**) des Antigens (aus intrazellulären Vesikeln, z. B. phagozytierte Bakterien oder Virushüllproteine: *exogene Antigenpräsentation*) in unreife T-Effektorzellen um (T_{H0}). Aus diesen entstehen bei der Differenzierung T-Helferzellen (T_H), und zwar entweder **inflammatorische** (= Typ-1) **T-Zellen** (**T_{H1}**), die Makrophagen mittels IFNγ aktivieren (Entzündungsauslösung, → **B3**), oder **Typ2-T-Helferzellen** (**T_{H2}**), die für die B-Zell-Aktivierung notwendig sind (→ **C2**). T_{H1}- und T_{H2}-Zellen hemmen sich gegenseitig (*Suppression*), so dass, ist die Weiche einmal gestellt, nur einer der beiden Typen vorherrscht (→ **B3**).

Spezifische humorale Immunabwehr

Sie nimmt ihren Ausgang von **B-Lymphozyten** (→ **C1**). Auf deren Oberfläche sind *IgD* und Monomere des *IgM* verankert (gelöstes IgM liegt als Pentamer vor), von denen mehrere an das zugehörige Antigen binden. Die dadurch ausgelöste *Antikörpervernetzung* löst in der B-Zelle die *Internalisierung und Aufarbeitung des Antigen-Antikörper-Komplex*es aus. Zur anschließenden **Aktivierung** der B-Zelle ist aber noch ein zweites Signal notwendig. Das kann bei sog. thymusunabhängigen oder TI-Antigenen (thymus-independent) vom Antigen selbst herrühren (z. B. bakterielle Polysaccharide); bei thymusabhängigen oder TD-Antigenen (thymus-dependent) stammt es von **T_{H2}-Zellen**, denen die B-Zellen das HLA-II-assoziierte TD-Antigen präsentieren (→ **C2**). Erkennt der *CD4-assoziierte T-Zell-Rezeptor* der T_{H2}-Zelle das Antigen, so exprimiert die T-Zelle auf der Oberfläche den *CD40-Liganden* (der an das CD40-Protein der B-Zelle bindet) und sezerniert außerdem **IL-4**. CD40-Ligand und IL-4 (später auch IL-5 und IL-6) lösen die *klonale Selektion* der B-Zelle, die Sekretion von IgM sowie die Differenzierung zu **Plasmazellen** aus (→ **C3**). Dabei kann durch unterschiedliches DNA-Splicing (→ S. 8 f.) von der Expression des IgM (μ-Kette; s. a. S. 92) auf die von IgA (α), IgG (γ) oder IgE (ε) umgeschaltet werden (*Klassen-* oder *Isotypwechsel* der Fc-Region). Hierbei bleiben aber all diese Ig-Typen, die von einem B-Zell-Klon stammen, für das gleiche Antigen monospezifisch. Die nach dem Klassenwechsel ausdifferenzierten Plasmazellen produzieren dann jeweils nur einen Ig-Typ.

C. Spezifische Immunabwehr: B-Zell-Aktivierung

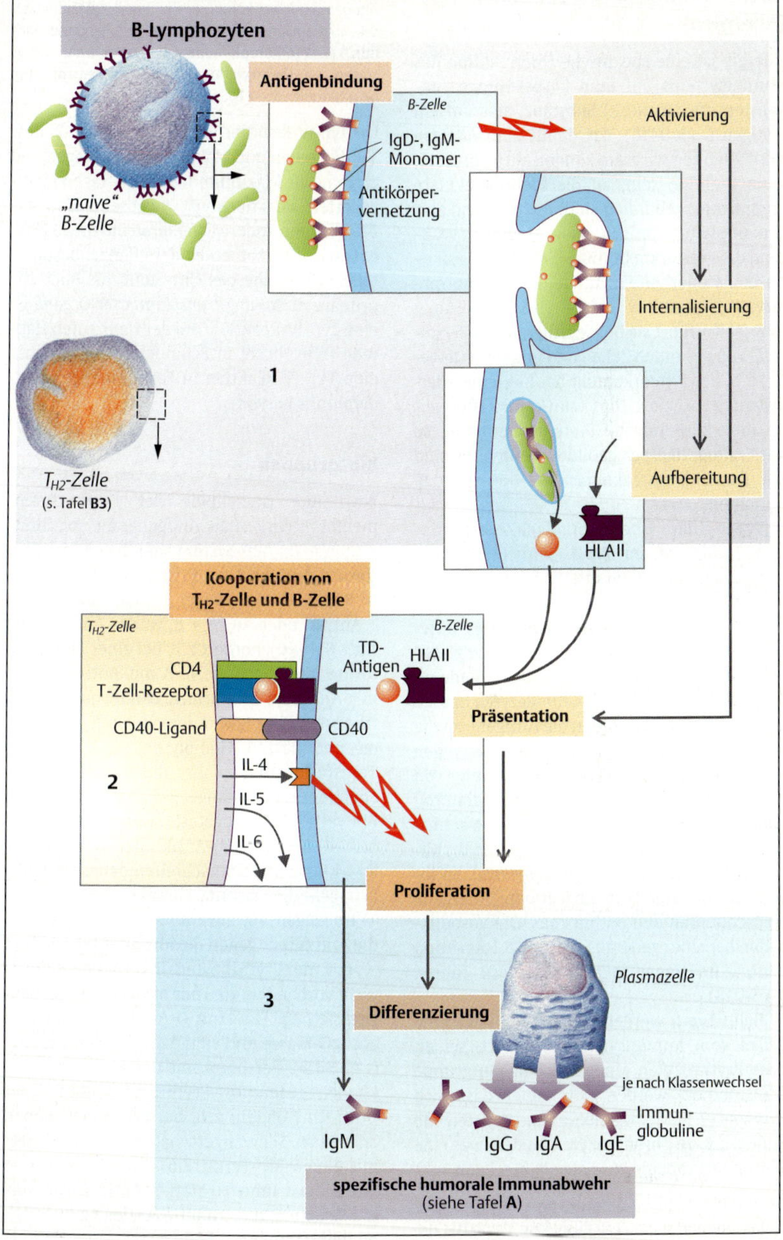

Überempfindlichkeitsreaktionen (Allergien)

Allergie ist eine spezifische Überreaktion des Immunsystems auf eine körperfremde (ansonsten oft harmlose) Substanz, also auf ein Antigen (→ S. 94 ff.), das damit zum *Allergen* wird. Allergen wirksam können auch körpereigene Proteine sein, an die kleinmolekulare Fremdstoffe gebunden sind; letztere sind also „inkomplette" Antigene, sog. **Haptene**. Während die verstärkte Immun-(Sekundär-)reaktion bei wiederholtem Antigenkontakt normalerweise protektiv wirkt (Immunisierung; → S. 94 ff.), führt sie bei der Allergie zur *Zerstörung* von gesunden Zellen und intaktem Gewebe, d. h. der Primärkontakt hat hier eine *Allergisierung* ausgelöst. Dies kann krankhafterweise auch körpereigene Proteine betreffen, so dass *Autoantikörper* gebildet werden. Es sind v. a. *Entzündungsreaktionen,* die den Schaden anrichten.

Typen der Überempfindlichkeitsreaktionen: Häufig ist der **Typ I**. Beim Erstkontakt wird das von B-Zellen internalisierte Allergen T_{H2}-Zellen präsentiert, woraufhin sich die B-Zellen vermehren und zu Plasmazellen differenzieren (→ S. 98). Diese setzen *Immunglobulin(Ig)-E* frei, das sich mit seinem F_c-Ende an *Mastzellen* und *basophile Granulozyten* bindet. Beim Zweitkontakt binden die Antigene an die schon vorhandenen IgE-besetzten Mastzellen (→ **A**), und durch die rasche Freisetzung von z. T. gefäßaktiven Entzündungsmediatoren (Histamin, Leukotriene, PAF [platelet-activating factor] u. a.) kommt es in Sekunden bis Minuten zur *Sofortreaktion* (*Anaphylaxis*). So lösen z. B. mit der Luft eingeatmete Allergene Heuschnupfen und Asthma aus. Die Vasodilatation bei einer generalisierten Typ-I-Reaktion kann zum *anaphylaktischen Schock* führen (→ S. 218).

Beim **Typ II** werden v. a. antigen wirksame *Zellen* vom Immunsystem attackiert, sei es, dass Erythrozyten einer falschen Blutgruppe transfundiert werden (s. u.) oder dass sich *Haptene* (z. B. Medikamente) an körpereigene Zellen, z. B. an Thrombozyten binden, was eine Thrombozytopenie zur Folge haben kann.

Die **Typ-III**-Reaktion (→ **B**) wird durch Antigen-Antikörper-(Immun-)Komplexe ausgelöst. Wenn das Antigen im Vergleich zum Antikörper im Überschuss vorhanden ist, zirkulieren über längere Zeit *lösliche Antigen-Antiköper-Komplexe* im Blut (→ **B**), die sich v. a. in Kapillaren ablagern. Die Kapillarwand wird nun v. a. vom Komplementsystem attackiert, und es treten u. a. Gelenkschmerzen und Fieber auf (sog. *Serumkrankheit*; → **B**).

Die **Typ-IV**-Reaktion wird v. a. durch T_{H1}-Zellen, T-Killerzellen und Makrophagen getragen und erreicht ihr Maximum nach 2 – 4 Tagen („verzögerter" Reaktionstyp). Auslösend sind v. a. *Erreger-* und andere *Fremdproteine* sowie *Haptene* wie Medikamente oder Pflanzenbestandteile, z. B. solche des Gift-Sumachs. Auch die primäre *Abstoßung transplantierter Organe* ist eine Typ-IV-Reaktion. Auf der *Haut* rufen Haptene (z. B. Nickel in Schmuckstücken) häufig eine Typ-IV-Reaktion in Form einer *Kontaktdermatitis* hervor.

Blutgruppen

Bestimmte Glykolipide der Erythrozytenmembran wirken als Antigene, die sog. Blutgruppen. Im **AB0-System** sind dies **A** (am Erythrozyt Antigen A, im Serum Antikörper Anti-B), **B** (B, Anti-A), **0** (weder A noch B, aber Anti-A + Anti-B) oder **AB** (A + B, weder Anti-A noch Anti-B) (→ **C**). Kommt z. B. bei einer **Bluttransfusion** fälschlicherweise A mit Anti-A oder B mit Anti-B in Berührung, verkleben die Erythrozyten über IgM miteinander (Agglutination) und platzen (Hämolyse; → **C1**). Vor einer Transfusion muss daher die Blutgruppe von Spender und Empfänger bekannt sein und die Blutverträglichkeit getestet werden (*Kreuzprobe*; → **C2**). Die AB0-Antikörper gehören zur IgM-Klasse und überschreiten daher gewöhnlich nicht die Plazentaschranke.

Im Gegensatz zum AB0-System entstehen die Antikörper gegen die **Rhesuseigenschaften** (C, D, E) der Erythrozyten (D vorhanden: *Rh⁺*, D nicht vorhanden: *rh⁻*) nur nach vorheriger *Sensibilisierung*. Die Anti-D-Antikörper gehören zur IgG-Klasse und sind damit plazentagängig (→ S. 93 D). Personen mit der Blutgruppe rh^- können gegen Rh^+-Erythrozyten Antikörper (Anti-Rh^+) bilden, z. B. bei Fehltransfusionen oder einer Schwangerschaft einer rh^--Mutter mit einem Rh^+-Fetus. Ein späterer derartiger Blutkontakt führt zu starker Antigen-Antikörper-Reaktion, d. h. zu intravasaler Agglutination und Hämolyse (→ **D**).

A. Anaphylaxie

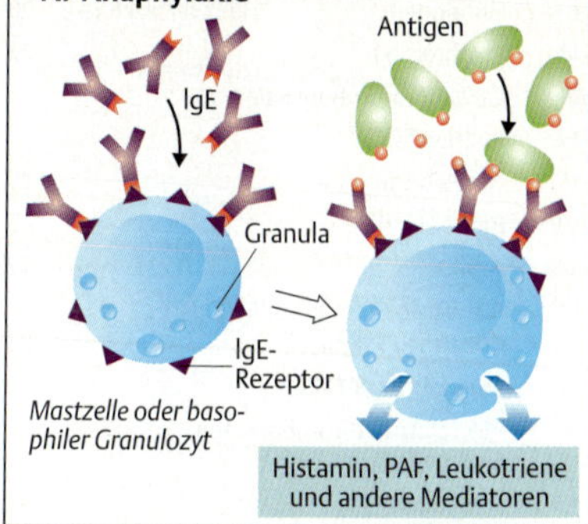

B. Serumkrankheit

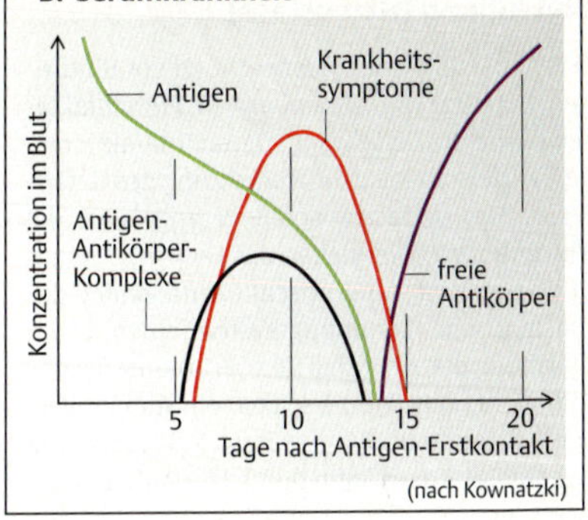

C. AB0-Blutgruppen-Unverträglichkeit

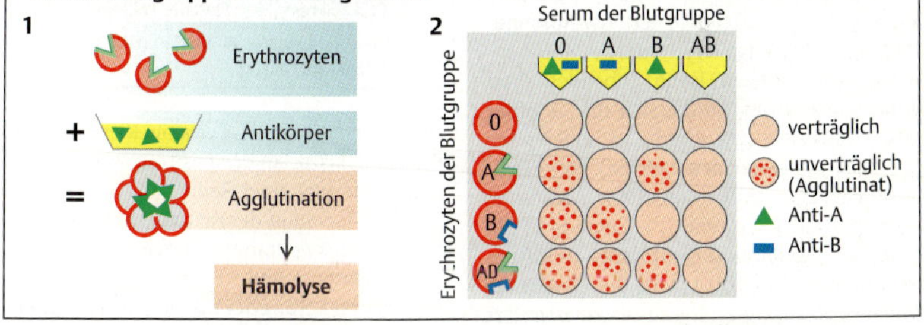

D. Rh-Sensibilisierung zwischen Mutter und Kind und bei Bluttransfusionen

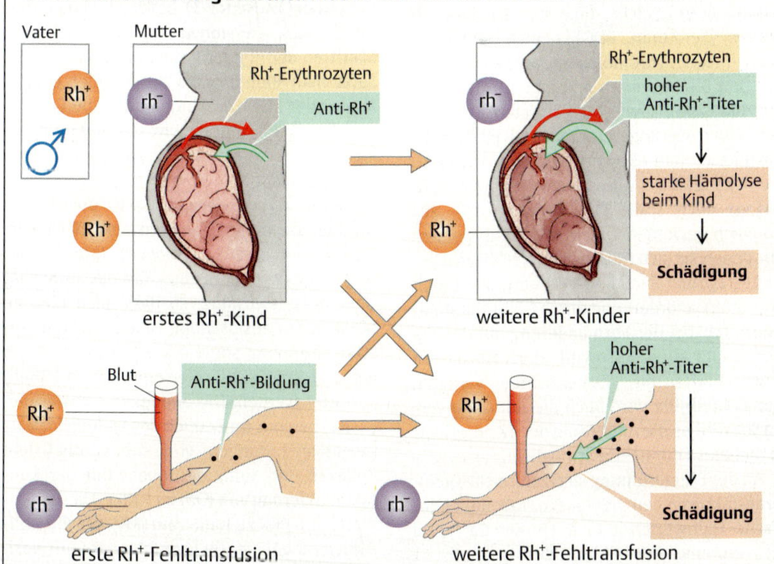

Blutstillung (Hämostase)

Das hämostatische System schützt vor Blutungen. Beteiligt sind *Thrombozyten, Plasmafaktoren* sowie die *Gefäßwand*. Deren Interaktionen gewährleisten lokal die Abdichtung des Gefäßlecks: Das verletzte Gefäß verengt sich, die Thrombozyten verkleben das Leck in 2 – 4 min (= *Blutungszeit*) und anschließend bildet das plasmatische Gerinnungssystem einen festen Fibrinfilz, der sich nach der Gerinnung zusammenzieht (*Retraktion*), so dass ein stabiler Verschluss entsteht. Eine spätere Rekanalisation des Gefäßlumens kann durch *Fibrinolyse* erfolgen.

Thrombozyten (TZ; 170 – 400 · $10^3/\mu l$ Blut; Lebensspanne 7 – 10 d) sind kernlose Abschnürungen aus den Megakaryozyten des Knochenmarks. Verletzungen legen subendotheliale Kollagenfasern frei, an die sich die TZ unter Vermittlung des (im Plasma zirkulierenden und subendothelial deponierten) von-Willebrand-Faktors (vWF) anheften (*Adhäsion*; → **A1**). Der Glykoprotein(GP)-Komplex GP Ib/IX der TZ-Membran fungiert dabei als Rezeptor. Durch die Adhäsion wird die **TZ-Aktivierung** ausgelöst (→ **A2**): Die TZ *sezernieren* jetzt u. a. Stoffe (→ **A3**), die die Adhäsion weiterer TZ fördern (vWF), solche, die vasokonstriktorisch wirken (Serotonin, PDGF = platelet-derived growth factor, Thromboxan A_2 = TXA_2) und somit den Blutstrom verlangsamen (erleichtert die Adhäsion), sowie Mediatoren, mit denen die TZ-Aktivierung verstärkt und weitere TZ „angelockt" und aktiviert werden (ADP, TXA_2, PAF = platelet-activating factor). Aktivierte TZ *ändern* auch stark *ihre Form* (→ **A4**), aus Scheibchen werden Kugeln mit Pseusopodien, mit denen sie sich miteinander verhaken. Diese *Aggregation* der TZ (→ **A5**) wird u. a. durch Thrombin gefördert und durch GPIIb/IIIa stabilisiert, das bei der Formänderung auf der TZ-Oberfläche exponiert wird, dort Fibrinogen bindet und so die TZ miteinander vernetzt. Durch GPIIb/IIIa wird auch die Adhäsion verstärkt, weil es die Anheftung der TZ an subendotheliales Fibronektin ermöglicht.

An der Blutgerinnung sind zahlreiche **Gerinnungsfaktoren** beteiligt (→ **B** u. Tabelle: biologische Halbwertszeit in h). Außer Ca^{2+} sind dies Proteine, die in der *Leber* synthetisiert werden. Für die Bildung der mit ^{K} gekennzeichneten Faktoren ist **Vitamin K** erforderlich, das als Cofaktor an der posttranslationalen γ-Carboxylierung einer Reihe von Glutamatresten im N-Terminus der Faktoren mitwirkt. Diese γ-Carboxyglutamylgruppen sind starke Ca^{2+}-Chelatoren und werden zur Ca^{2+}-vermittelten Verankerung der Faktoren an Phospholipidflächen (PL), v. a. auf der Thrombozytenmembran (TZ-Faktor 3), benötigt: *Komplexbildung* (s. u.). **Ca^{2+}-Ionen** sind bei mehreren Schritten der Blutgerinnung notwendig (→ **B**). Setzt man Blut in vitro *Citrat-* oder *Oxalat-Ionen* oder *EDTA* zu, binden diese die Ca^{2+}-Ionen. Die Blutgerinnung wird damit verhindert – ein Effekt, der für viele Blutuntersuchungen erwünscht ist.

		Halbwertszeit (h):
I	Fibrinogen	96
II^K	Prothrombin	72
III	Gewebethromboplastin	
IV	ionisiertes Ca^{2+}	
V	Akzeleratorglobulin	20
VII^K	Prokonvertin	5
VIII	Antihämophiles Globulin A	12
IX^K	Antihämophiles Globulin B (PTC, Christmas-Faktor)	24
X^K	Stuart-Prower-Faktor	30
XI	PTA (plasma thromboplastin antecedent)	48
XII	Hageman-Faktor	50
XIII	Fibrin-Stabilisierender Faktor (FSF)	250
-	Präkallikrein (PKK; Fletcher-Faktor)	
-	hochmolekulares Kininogen (HMK; Fitzgerald-Faktor)	

Gerinnungsaktivierung (→ **B** oben). Die meisten Gerinnungsfaktoren sind normalerweise nicht aktiv (= Zymogen). Ihre *Aktivierung* (Index *a*) läuft in einer *Kaskade* ab. Sie hat Verstärkungswirkung, so dass auch kleinste Mengen des auslösenden Faktors für eine rasche Gerinnung sorgen. Die Gerinnung kann *endogen* (im Gefäß) oder *exogen* (von außen) gestartet werden. Die **endogene Aktivierung** (→ **B2**) beginnt im Bereich des *Endotheldefekts* (negative Ladungen von subendothelialem Kollagen und Sulfatidgruppen) mit der Kontaktaktivierung von F.XII zu F.XIIa . Dieser aktiviert dann PKK zu Kallikrein (KK), das die F.XII-Aktivierung verstärkt (*Kontaktphase* mit positiver Rückkopplung). F.XIIa aktiviert dann F.XI ▶

4 Blut

A. Blutstillung durch Thrombozyten

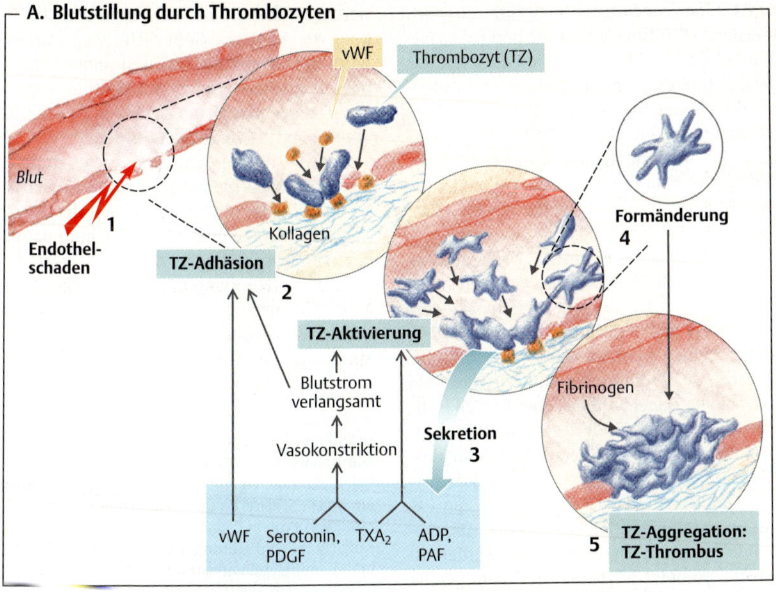

B. Blutgerinnung

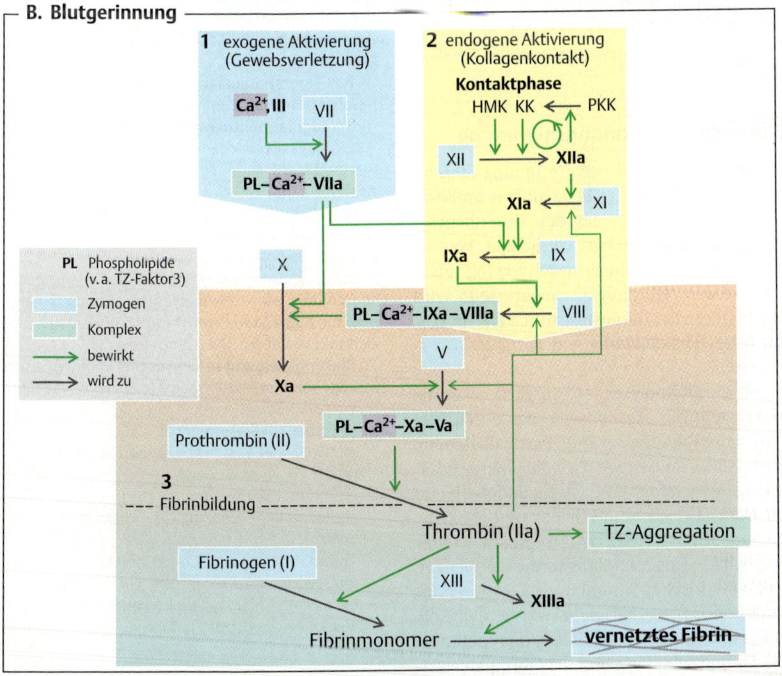

▶
zu F.XIa, der wiederum F.IX zu F.IXa aktiviert, und dieses F.VIII zu F.VIIIa. F.IXa und F.VIIIa bilden mit Ca^{2+} und PL (s.o.) einen *Komplex*, der den F.X aktiviert. Hier mündet auch die **exogene Aktivierung** ein (→ **B1**): Bei größeren Verletzungen kommt die sog. *Gewebsthrombokinase* (F.III = Membranprotein nichtvaskulärer Zellen) mit dem Blut in Berührung und aktiviert F.VII, der wiederum im Komplex mit Ca^{2+} und PL den F.X (sowie den F.IX) aktiviert.

Fibrinbildung (→ **B** unten). Nach Aktivierung des F.X zu F.Xa durch das endogene und/oder das raschere exogene System aktiviert F.Xa den F.V und bildet zusammen mit F.Va, PL und Ca^{2+} einen weiteren Komplex („Prothrombinase"), der Prothrombin (F.II) zu **Thrombin** umwandelt. Dabei wird das über Ca^{2+} an PL fixierte, N-terminale Ende des Prothrombins abgespalten. Das so freigesetzte Thrombin aktiviert nun (a) Fibrinogen zu **Fibrin**, (b) den Fibrin-stabilisierenden F.XIII sowie (c) die F.V, VIII und XI (positive Rückkoppelung). Die einzelnen (monomeren) Fibrinfäden werden zu *Fibrin*$_S$ (soluble) vernetzt, das vom F.XIIIa schließlich zu *Fibrin*$_I$ (insoluble) stabilisiert wird. F.XIIIa ist eine Transamidase, die Seitenketten der Fibrinfäden miteinander kovalent verknüpft.

Fibrinolyse, Gerinnungshemmung

Um eine überschießende Gerinnung (*Thromben*) mit der Folge des Verschlusses größerer Gefäße (*Thrombose*) und der Thrombenverschleppung (*Embolie*) zu vermeiden, können einerseits freie Fibringerinnsel wieder aufgelöst werden (Fibrinolyse), andererseits wird ein Ausufern der Hämostase durch z.T. rückgekoppelte *Hemmfaktoren* von vornherein verhindert.

Für die **Fibrinolyse** (→ **C**) sorgt das **Plasmin**. Es entsteht aus *Plasminogen*, das durch verschiedene Faktoren im *Blut* (Plasmakallikrein, via F. XII a), im *Gewebe* (Gewebs[=tissue]*p*lasminogen*a*ktivator = tPA, z.B. am Endothel) und im *Harn* (Urokinase) aktiviert werden kann. Therapeutisch werden tPA, Streptokinase oder Staphylokinase als Aktivatoren verwendet, wenn ein frischer Thrombus (z.B. in einer Koronararterie) wieder aufgelöst werden soll. Fibrinspaltprodukte (*Fibrinopeptide*) hemmen die Thrombinbildung und die Fibrinpolymerisierung, so dass die Fibrinolyse nicht durch Bildung von weiteren Gerinnseln konterkariert wird. Einer überschießenden Fibrinolyse wirkt physiologischerweise α_2-Antiplasmin entgegen. Therapeutisch kann zu diesem Zweck z.B. Tranexamsäure verwendet werden.

Das wichtigste Thromboseschutzprotein des Blutplasmas ist das Serpin **Antithrombin III** (→ **D**). Es bildet mit Thrombin und den F.IXa, Xa, XIa und XIIa Komplexe und hemmt damit deren Protease-Aktivität. Wesentlich verstärkt wird diese Hemmung durch natürliches (aus Mastzellen und Granulozyten) oder injiziertes **Heparin** sowie durch heparinähnliche Glucosaminoglykane des Endothels.

Ein weiterer **Thromboseschutz** wird dadurch erreicht, dass Thrombin an das *Thrombomodulin* des Endothels bindet und in dieser Form nun antikoagulatorisch wirkt (negative Rückkopplung; → **D**): Es aktiviert *Protein C* zu Protein Ca, das, nach Koppelung an *Protein S*, die F.Va und VIIIa inaktiviert. (Die Bildung von Protein C und S ist Vitamin-K-abhängig.) Außerdem wird Thrombin von α_2-Makroglobulin und α_1-Antitrypsin gehemmt (→ **D**). Endothelial gebildet werden der *Gewebethromboplastin-Inhibitor*, der die exogene Gerinnungsaktivierung hemmt, und *Prostacyclin*, das die Adhäsion von TZ an normalem Endothel verhindert.

Bei Thrombosegefahr ist eine prophylaktische Herabsetzung der Gerinnungsfähigkeit des Blutes (**Antikoagulantientherapie**) entweder durch sofort wirksames *Heparin* oder durch oral verabreichte Cumarin-Abkömmlinge (Phenprocoumon, Warfarin, Acenocumarol) möglich, die die Vitamin-K-vermittelte γ-Carboxylierung (s.o.) in der Leber hemmen (*Vitamin-K-Antagonisten*) und deren Wirkung daher erst nach Absinken der Konzentrationen der im Blut noch vorhandenen Faktoren^K eintritt. Cyclooxygenase-Hemmer wie *Acetylsalicylsäure* (Aspirin®) hemmen die Aggregation von Thrombozyten durch Blockierung von deren TXA_2-Synthese.

Zu **Blutungsneigungen** kann es u.a. kommen durch
- angeborenen Faktormangel (z.B. Faktor VIII; führt zur sog. *Hämophilie A*),
- erworbenen Faktormangel (*Leberschaden; Vitamin-K-Mangel*, z.B. bei Dezimierung der Darmflora, die Vit. K_2 produziert),
- erhöhten Faktorverbrauch (sog. Verbrauchskoagulopathie = *disseminierte intravasale Gerinnung*),
- Thrombozytenmangel oder -defekt (*Thrombozytopenie* bzw. *-pathie*),
- bestimmte Gefäßkrankheiten oder
- eine überschießende Fibrinolyse.

C. Fibrinolyse

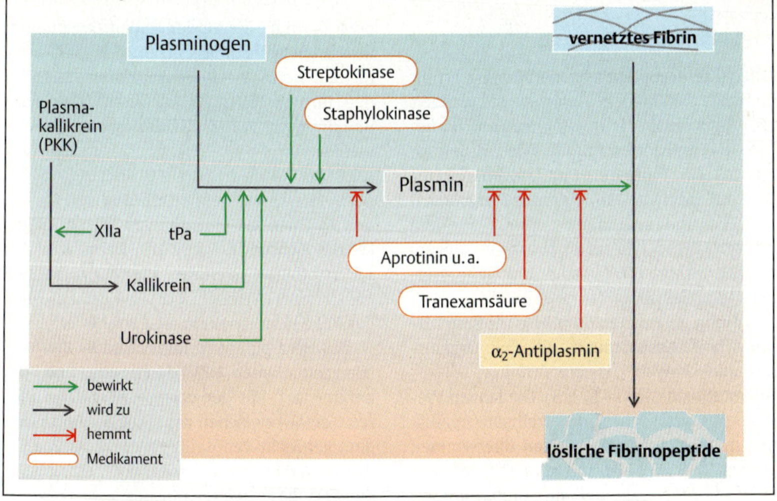

D. Hemmung des Gerinnungssystems

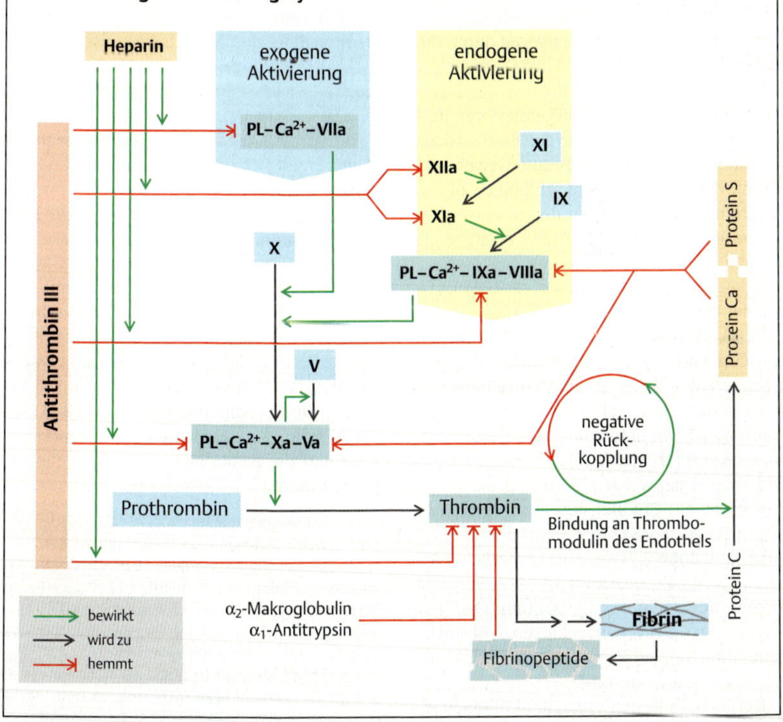

Lungenfunktion, Atmung

Neben ihrer Hauptaufgabe, der *Atmung*, erfüllt die Lunge *metabolische Aufgaben*. Sie wandelt z. B. Angiotensin I in Angiotensin II um (→ S. 184) und entfernt Stoffe, wie z. B. Serotonin, aus der Blutbahn. Der Lungenkreislauf dient außerdem als *Puffer für das Blutvolumen* (→ S. 204) und fängt kleine *Gerinnsel* aus dem venösen Körperkreislauf ab, bevor sie in der arteriellen Strombahn Schaden anrichten können (Herz, Gehirn!).

Atmung im engeren Sinn, also „äußere" Atmung, heißt **Gasaustausch** zwischen Organismus und Umwelt („innere Atmung" = Nahrungsstoffoxidation → S. 228). Die langen Wege des Gasaustausches im vielzelligen Organismus müssen durch **Konvektion** überwunden werden (→ S. 24), also mittels des Gasstroms im Respirationstrakt und des Blutstroms im Kreislaufsystem. Der Gastransport über die kurzen Strecken (µm-Bereich) von Zell- und Membranbarrieren findet hingegen durch **Diffusion** statt (→ S. 20 f.). So gelangt O_2 konvektiv mit der Atemluft in die *Alveolen* der Lunge (*Ventilation = Belüftung*), diffundiert von dort über die *Alveolarmembran* in den Blutkreislauf, wird darin konvektiv weiter zum Gewebe gebracht, wo es aus dem Blut schließlich zu den Mitochondrien im Inneren der zu versorgenden Zellen diffundiert. Das dort entstehende CO_2 geht den umgekehrten Weg.

In körperlicher Ruhe müssen ca. *0,3 l/min* O_2 von der Umgebungsluft in die Körperperipherie (**O_2-Verbrauch, $\dot{V}_{O_2}$**) und ca. *0,25 l/min* CO_2 von dort nach außen (**CO_2-Abgabe, $\dot{V}_{CO_2}$**) gebracht werden. Dazu ist ein **Atemzeitvolumen** (**$\dot{V}_T$** oder, da meist exspiratorisch gemessen, **$\dot{V}_E$**) von rund *8 l/min* notwendig, d. h. für die Aufnahme von 1 l O_2 müssen ca. 26 l Atemluft ein- und ausgeatmet werden (*Atemäquivalent* = ca. 26). **$\dot{V}_T$** ist das Produkt aus *Atemzugvolumen* ($\dot{V}_T$, in Ruhe ca. 0,5 l) mal *Atemfrequenz* (*f*, in Ruhe ca. 16 min^{-1}). (Werte bei körperlicher Arbeit → S. 74.) Zu beachten ist, dass von den 8 l/min des **$\dot{V}_T$** nur ca. 5,6 l/min (bei f = 16 min^{-1}) in die Alveolen gelangen (= Alveolarventilation **$\dot{V}_A$**), der Rest ist die Totraumventilation, **$\dot{V}_D$** (→ S. 114 u. 120).

Der Mensch besitzt etwa 300 Millionen **Alveolen**, dünnwandige Bläschen (Durchmesser etwa 0,3 mm), die an den Endaufzweigungen des Bronchialbaumes sitzen. Sie sind vom dichten Netz der **Lungenkapillaren** umsponnen. Ihre ca. 100 m^2 große Gesamtoberfläche und die kleine Luft/Blut-Diffusionsstrecke von wenigen µm (→ Gl. 1.7 auf S. 22) ermöglichen selbst bei 10fach erhöhtem O_2-Bedarf (→ S. 74) noch eine ausreichende **Diffusion** von O_2 aus den Alveolen ins Blut und von CO_2 in umgekehrter Richtung (→ S. 120 ff.). Damit wird das sauerstoffarme („venöse") Blut der A. pulmonalis wieder „arterialisiert" und gelangt über das linke Herz erneut in die Peripherie.

Das Herz pumpt in Ruhe rund *6 l Blut/min* (**Herzzeitvolumen, HZV**) durch Lunge und Körperkreislauf. Mit der *arteriovenösen O_2-Differenz* (*avD_{O2}*) zwischen dem Blut der Aorta und dem gemischt-venösen der Vv. cavae von ca. *0,05 l O_2/l Blut* ergibt sich das von der Lunge in die Peripherie weitertransportierte O_2-Volumen von wieder 0,3 l/min (6 · 0,05 = $\dot{V}_{O_2}$). Umgekehrt können zur *Bestimmung des HZV* die O_2-Aufnahme durch die Lunge, also $\dot{V}_{O_2}$, und avD_{O_2} herangezogen werden (*Ficksches Prinzip*):

$$HZV = \dot{V}_{O_2}/avD_{O_2} \qquad [5.1]$$

Teilt man das Ergebnis durch die Herzfrequenz (Puls), ergibt sich das Schlagvolumen des Herzens.

In einem **Gasgemisch** addieren sich die Teil- oder **Partialdrücke P** der einzelnen Gase immer zum Gesamtdruck (P_{total}) der Gasmischung (*Dalton-Gesetz*). Dabei bestimmt der relative Volumenanteil, d. h. die **Fraktion F** (l/l, → S. 376), des einzelnen Gases am Gesamtvolumen den Partialdruck. So gilt z. B.: $\mathbf{P_{O_2} = F_{O_2} \cdot P_{total}}$. Für Meereshöhe ($P_{total}$ = 101,3 kPa = 760 mmHg) errechnen sich aus F_{O_2} = 0,209, F_{CO_2} = 0,0003 und F_{N_2} + Edelgase = 0,79 in *trockener Außenluft* die rechts oben in **A** angegebenen Partialdrücke.

Ist das Gasgemisch feucht, muss der **Wasserdampfpartialdruck P_{H_2O}** von P_{total} (gewöhnlich = Barometerdruck) abgezogen werden. Dadurch sinken die anderen Partialdrücke, da nun $\mathbf{P_X = F_X (P_{total} - P_{H_2O})}$. Bei der Passage durch die Luftwege z. B. wird die Einatmungsluft (37 °C) voll mit Wasser gesättigt, so dass P_{H_2O} auf 6,27 kPa ansteigt. Dadurch ist ihr P_{O_2} um 1,32 kPa kleiner als in trockener Außenluft (s. a. S. 112). Die Partialdrücke in Alveole, Arterie, Vene (gemischt-venös), Gewebe und Ausatmungsluft (alle „feucht") sind aus der Tafel **A** zu ersehen.

A. Gastransport

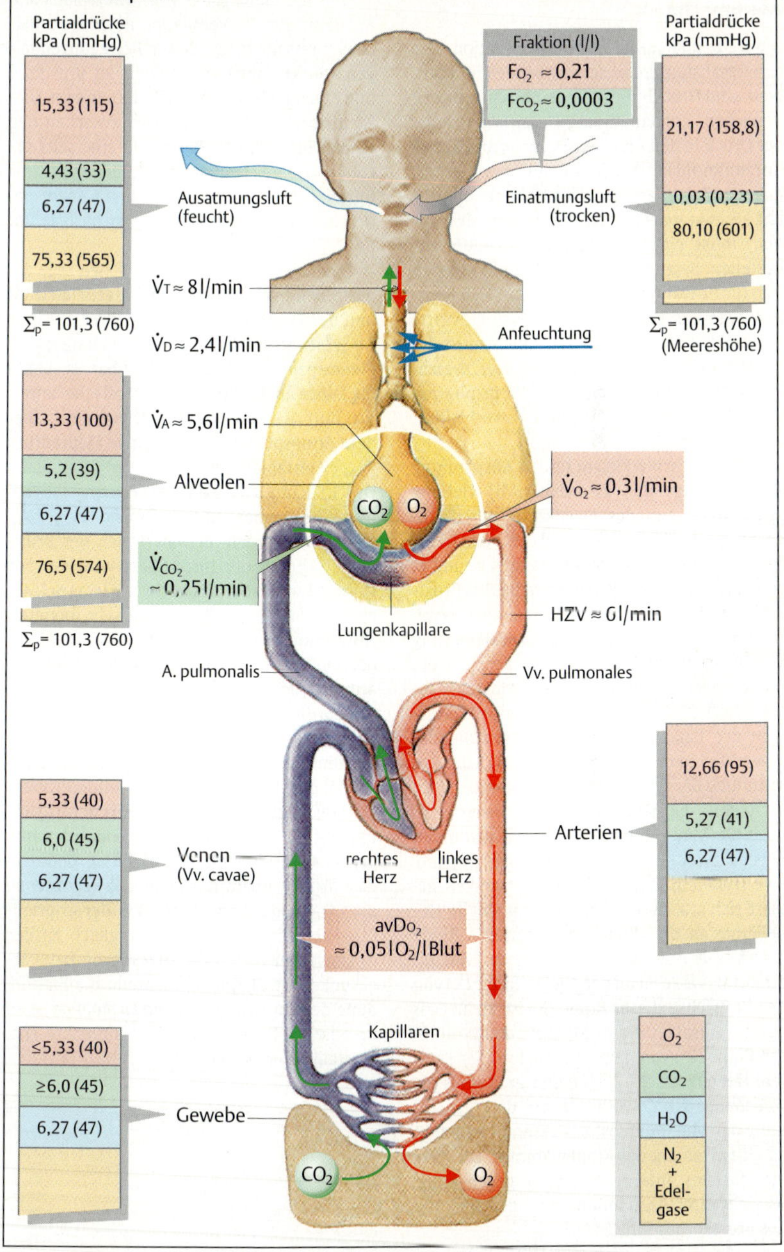

Atemmechanik

Die **treibende „Kraft“** für die Ventilation, also den Gasaustausch zwischen Alveolen und Umwelt, sind Druckunterschiede zwischen diesen Bereichen. Zur Einatmung (*Inspiration*) muss der Druck in den Alveolen (**Alveolardruck, P_A** = intrapulmonaler Druck, → **B**) auf Werte unterhalb des Barometer-Druckes P_{Bar} der Umweltluft gesenkt werden; zur Ausatmung (*Exspiration*) muss eine umgekehrte Druckdifferenz bestehen. Setzt man P_{Bar} gleich null, ergeben sich für P_A während der Inspiration also negative, während der Exspiration positive Werte (→ **B**). Um diese Drücke herzustellen, muss das Lungenvolumen durch Bewegung von Zwerchfell und Brustkorb (Thorax) bei der Inspiration vergrößert, bei der Exspiration verkleinert werden (→ **A1,2**).

Inspiratorisch wirksam sind a) Anspannung (= Abflachung) des *Zwerchfells*, b) Hebung (= Vergrößerung) des Brustkorbs durch Anspannung der *Mm. scaleni* und (bei verstärkter Atmung) der *Mm. intercostales externi* und c) sonstige, sog. *Atemhilfsmuskeln*, die den Brustkorb ebenfalls anheben und erweitern. **Exspiratorisch wirksam** sind a) die Verkleinerung von Brustkorb und Lunge, *passiv* der Schwere und der Eigenelastizität (→ S. 116) folgend, sowie, bei verstärkter Ausatmung, b) die Muskeln der Bauchdecke (*Bauchpresse*), die das Zwerchfell nach oben drängen, und c) die Anspannung der *Mm. intercostales interni*.

Sowohl die Mm. intercostales externi als auch die Mm. intercostales interni verbinden jeweils zwei übereinander liegende Rippen. Ihre trotzdem gegensinnige Wirksamkeit erklärt sich v. a. durch die unterschiedliche Hebellänge an der oberen bzw. unteren Rippe (→ **A3**): Der Abstand des Ansatzes der Mm. intercostales externi an der oberen Rippe (Y) von der Drehachse dieser Rippe (X) ist kleiner als der des Ansatzes dieser Muskeln an der unteren Rippe (Z') von deren Drehachse (X'). Letztere Hebellänge X' – Z' ist damit größer als die Hebellänge X – Y, womit es bei der Anspannung der Mm. intercostales externi bevorzugt zu einer Hebung der Rippen kommt. Die Mm. intercostales interni verlaufen gegensinnig, was bei ihrer Anspannung zu einer Senkung des Brustkorbes führt.

Um die Bewegung von Zwerchfell und Brustkorb für die Ventilation nutzbar zu machen, muss die Lunge diesen Bewegungen folgen können, ohne andererseits an Brustkorb und Zwerchfell vollständig fixiert zu sein. Dies ist dadurch erreicht, dass sich zwischen den beiden Blättern der **Pleura**, die einerseits die Lunge (*Pleura pulmonalis*), andererseits die umgebenden Organe überziehen (*Pleura parietalis*), eine dünne *Flüssigkeitsschicht* befindet.

Die Lunge hat in ihrer natürlichen Lage das Bestreben, sich infolge ihrer Eigenelastizität und der Oberflächenspannung ihrer Alveolen (→ S. 118) zu verkleinern. Da die Flüssigkeit im Pleuraspalt aber nicht ausdehnbar ist, bleibt die Lunge an der Brustkorbinnenfläche haften, was dort zu einem Sog führt. Dieser gegenüber dem Atmosphärendruck negative **Pleuradruck P_{pleu}** (= intrapleuraler Druck = intrathorakaler Druck) kann während des Atmens („dynamisch“) mit einer *Sonde im Ösophagus* ($\approx P_{pleu}$) gemessen werden. Erweitert sich der Brustkorb während der Inspiration, wird der Sog stärker, um bei der Exspiration wieder schwächer zu werden (→ **B**). Nur bei sehr forcierter Ausatmung unter Zuhilfenahme der Exspirationsmuskeln (s. o.) kann P_{pleu} während der Ausatmung auch positiv werden.

Begriffe zur Atemtätigkeit. Mit *Hyper-* und *Hypopnoe* wird u. a. die Tiefe, mit *Tachy-*, *Brady-* und *Apnoe* die Frequenz der Atmung beschrieben, ohne dass dabei die Anforderungen des Organismus oder die Effizienz berücksichtigt werden. *Hypo-* und *Hyperventilation* hingegen sind ausschließlich dadurch definiert, dass die CO_2-Abatmung kleiner bzw. größer als die CO_2-Produktion ist, so dass der arterielle CO_2-Partialdruck, Pa_{CO_2}, im Vergleich zu den Normwerten (→ S. 142) angestiegen bzw. abgesunken ist. *Dyspnoe* beschreibt die Empfindung der Kurzatmigkeit, und *Orthopnoe* ist eine schwere Dyspnoe, die eine aufrechte Thoraxstellung erzwingt.

A. Atemmuskulatur

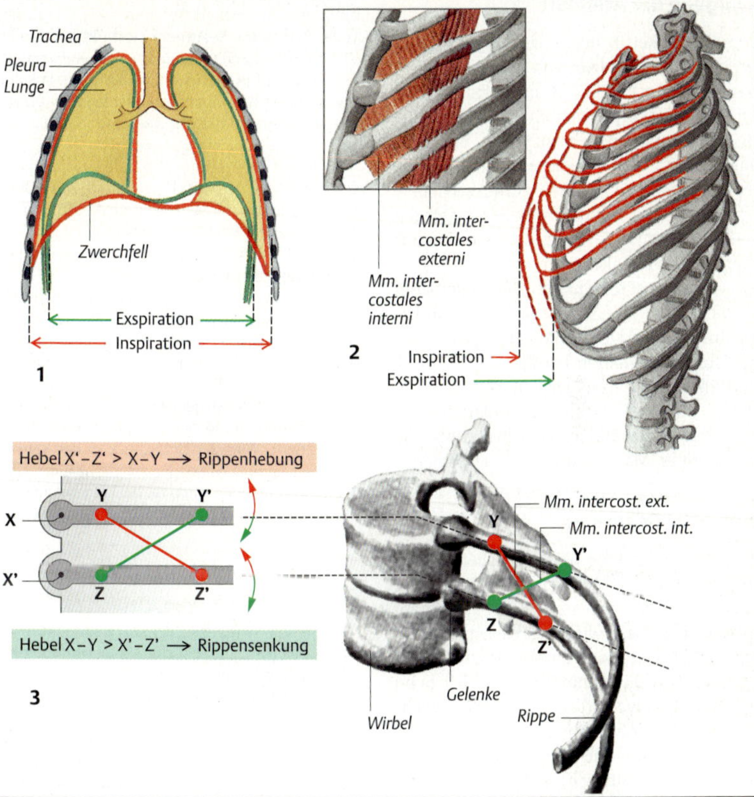

B. Alveolardruck P_A und Pleuradruck P_{pleu} während der Atmung

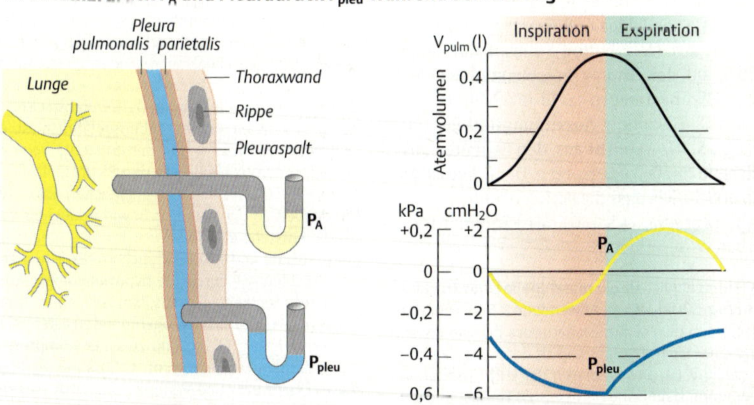

Reinigung der Atemluft

Schmutzpartikel in der Einatmungsluft bleiben bereits am **Schleim** von Nasen- und Rachenhöhle, Trachea und Bronchialbaum hängen. Die Fremdkörper werden an Ort und Stelle von Makrophagen phagozytiert und/oder samt Schleim vom **Flimmerepithel** der Bronchien in Richtung Trachea zurückgetrieben. Die Zilien des Flimmerepithels schlagen 12–20-mal/s und bewegen den Schleim mit einer Geschwindigkeit von 1 cm/min auf einem vom Epithel sezernierten Flüssigkeitsfilm oralwärts, ein Prozess, der u. a. bei der Mukoviszidose und bei starken Rauchern gestört ist. Die Schleimproduktion beträgt 10–100 ml/d, in Abhängigkeit von lokalen Reizen (z. B. Rauch) und der vagalen Stimulation. Der Schleim wird gewöhnlich verschluckt und die Flüssigkeit im Magen-Darm-Trakt resorbiert.

Künstliche Beatmung

Als Notfallmaßnahme bei plötzlichem Atemstillstand wird die **Mund-zu-Mund-Beatmung** durchgeführt. Der Patient liegt dabei auf dem Rücken. Seine Nase wird zugehalten, und der Helfer bläst (von Mund zu Mund) Luft in den Patienten (→ **A3**). Dadurch erhöht sich beim Patienten der Alveolardruck (→ S. 108) gegenüber dem atmosphärischen Druck, der auf dessen Thorax lastet, und Lunge und Thorax erweitern sich (Inspiration). Wird der Mund des Patienten wieder freigegeben, strömt die eingeblasene Luft wegen der elastischen Rückstellkräfte von Lunge und Thorax (→ S. 109 A2) wieder aus (Exspiration). Dies kann durch Druck auf den Thorax beschleunigt werden. Der Helfer beatmet so ca. 16-mal/Minute.

Der O_2-Gehalt der Ausatmungsluft des Helfers (→ S. 107 A) reicht aus, den Patienten ausreichend mit O_2 zu versorgen. Der *Erfolg* ist daran ersichtlich, dass die vorher bläuliche Hautfarbe (*Zyanose*, → S. 130) des Patienten rosafarben wird.

Im Prinzip ähnlich ist die **maschinelle Überdruckbeatmung**. Sie findet ihre Anwendung z. B. bei der Narkose, wenn die Atemmuskulatur des Patienten während einer Operation absichtlich durch Medikamente gelähmt ist. Das Einblasen der Luft (Inspiration) übernimmt dabei eine Pumpe (→ **A1**). Aus- und Einatmungswege müssen (möglichst nah am Patientenmund) weitgehend getrennt sein (Ventilsteuerung), da sich sonst der Totraum (→ S. 114) zu sehr vergrößert. Diese Beatmung kann mit konstantem Volumen („volumengesteuert") oder mit konstantem Druck („druckgesteuert") geschehen. In jedem Fall sollte der Beatmungserfolg laufend kontrolliert werden (exspiratorische Gaskonzentration, Blutgaszusammensetzung etc.).

Diese Art der Beatmung behindert allerdings den venösen Rückstrom zum Herzen (→ S. 204). Dieser Nachteil wird bei der **Wechseldruckbeatmung** vermieden, bei der die Überdruckbeatmung durch ein maschinelles *Absaugen* der Luft während der Exspirationsphase ergänzt wird.

Nach einem anderen Prinzip arbeitet die **maschinelle Unterdruckbeatmung** (→ **A2**). Der Patient liegt dabei bis zum Hals in einer Kammer („Eiserne Lunge"). Für die Einatmung wird in dieser Kammer ein Druck hergestellt, der *kleiner* ist als der Außendruck und somit auch geringer als der Alveolardruck. Diese Differenz bewirkt eine Erweiterung des Thorax (Inspiration). Wird der Unterdruck in der Kammer beseitigt, kommt es wieder zur Exspiration. Diese Beatmungsmethode wird v. a. bei länger dauernden Atemlähmungen (z. B. bei Kinderlähmung) verwendet.

Pneumothorax

Von Pneumothorax spricht man, wenn Luft in den Pleuraspalt (→ S. 108) gelangt. Die betroffene Lunge fällt dabei infolge ihrer Eigenelastizität in sich zusammen und fällt für die Atmung aus (→ **B**). Auch die Funktion der anderen Lunge ist beeinträchtigt, da ein Teil der Atemluft zwischen gesunder und kollabierter Lunge hin und her pendelt und damit nicht zum Gasaustausch beiträgt. Beim *geschlossenen Pneumothorax* ist die Luft aus dem Alveolarraum in die Pleurahöhle gelangt, sei es spontan, z. B. nach Platzen einer Emphysemblase (*Spontanpneumothorax*), oder bei einer Lungenverletzung (z. B. durch forcierte Überdruckbeatmung oder Barotrauma, → S. 134). Ein *offener Pneumothorax* (→ **B2**) entsteht durch Brustkorbverletzungen (z. B. Durchspießen einer gebrochenen Rippe). Lebensgefährlich ist ein *Ventilpneumothorax* (→ **B3**), der entsteht, wenn die bei jeder Atembewegung in den Pleuraspalt eingedrungene Luft nicht mehr entweichen kann (ein Hautlappen an der Wunde z. B. wirkt dabei als Ventil): Es entsteht ein Überdruck im Pleuraraum der kranken Seite und sekundär auch im restlichen Thorax. Beschleunigt durch die hypoxiebedingte Erhöhung des Atemzeitvolumens, baut sich ein so hoher Druck (4 kPa) auf, dass es zunehmend zu einer Behinderung der Herzfüllung und zu einer Kompression der gesunden Lunge kommt. Langsames Ablassen dieses Überdrucks und Verhinderung einer weiteren Ventilwirkung sind die adäquate Hilfe.

A. Künstliche Beatmung

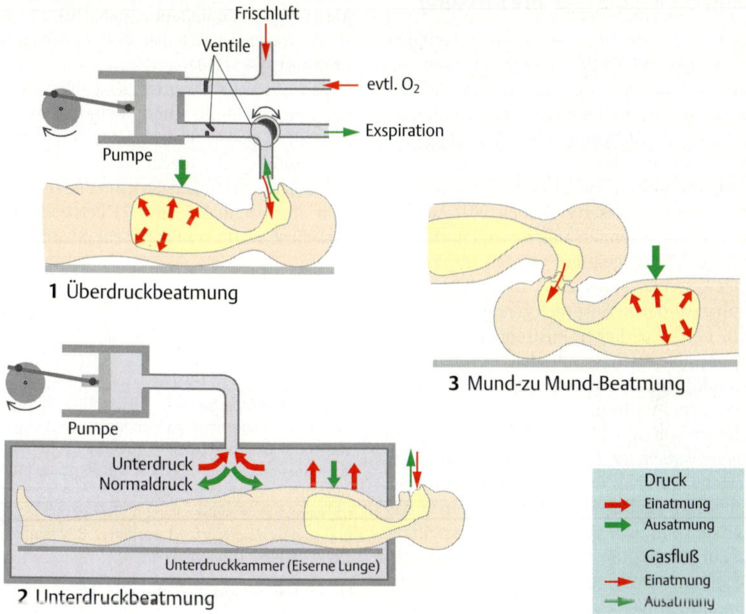

B. Pneumothorax

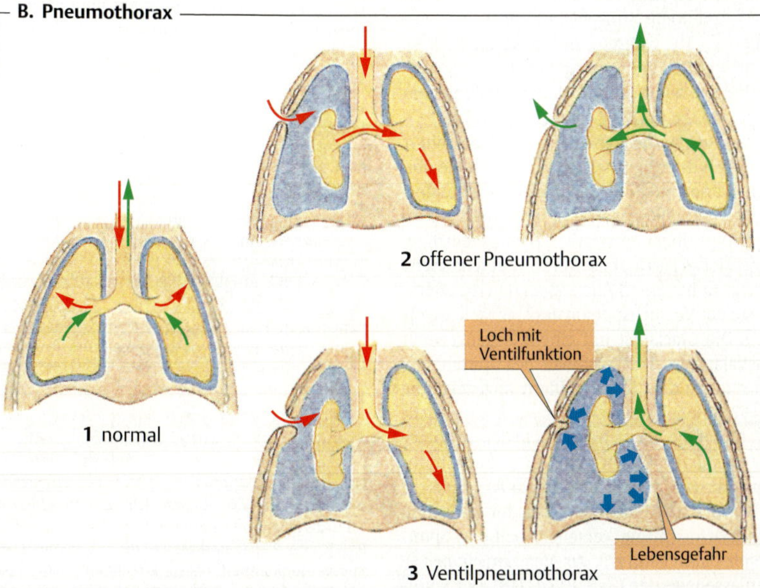

Lungenvolumina und ihre Messung

Nach einer normalen Ausatmung befinden sich Lunge und Thorax in einer entspannten Mittelstellung, der sog. **Atemruhelage**. Bei einer normalen Einatmung (in Ruhe) werden ca. 0,5 l Luft, das *Atemzugvolumen* V_T, aufgenommen. Zusätzlich können mit maximaler Anstrengung weitere ca. 3 l eingeatmet werden (*inspiratorisches Reservevolumen, IRV*). Aus der Atemruhelage können andererseits noch weitere ca. 1,7 l ausgeatmet werden (*expiratorisches Reservevolumen, ERV*). Diese Reservevolumina werden in Anspruch genommen, wenn (z. B. bei körperlicher Anstrengung; → S. 74) das normale Atemzugvolumen nicht mehr für den nötigen Gasaustausch ausreicht. Auch bei maximaler Ausatmung verbleibt noch ein Gasvolumen von ca. 1,3 l in der Lunge, das sog. *Residualvolumen, RV*. Summen dieser einzelnen Lungenvolumina werden Kapazitäten genannt. Mit **Vitalkapazität, VK**, meint man das Volumen von maximaler Ausatmungsstellung bis zur maximalen Einatmungsstellung, also die Summe von V_T + IRV + ERV (= ca. 5,3 l bei einem 20-jährigen Mann von 1,80 m Größe; s. u.). Die VK sinkt im Alter und RV steigt (1,5 ⇒ 3 l). Die *totale Lungenkapazität* (6–7 l) enthält VK + RV, während mit *funktioneller Residualkapazität* die Summe von ERV + RV gemeint ist (→ **A** u. S. 114). All diese Volumenangaben gelten für BTPS-Bedingungen (s. u.).

Mit Ausnahme von RV und der Kapazitäten, in denen dieses enthalten ist, können die obigen Größen mit dem **Spirometer** (→ **A**) gemessen werden. Dieses Gerät besteht meist aus einem Topf, über den, durch Wasser abgedichtet, eine Glocke gestülpt ist. Der so abgeschlossene Gasraum hat einen Auslass, an den die Atemwege der Versuchsperson angeschlossen werden. Die Glocke ist mit einem Gegengewicht ausbalanciert. Der Gasinhalt des Spirometers wird durch die Glockenstellung angezeigt, die in Volumeneinheiten ($Liter_{ATPS}$, s. u.) geeicht ist. Atmet die Versuchsperson in den Spirometer (Exspiration) hebt sich die Glocke, wird inspiriert, senkt sich die Glocke (→ **A**).

Wird das Gerät mit einer fortlaufenden Schreibeinrichtung versehen, heißt es *Spirograph*. Damit kann z. B. das *Atemzeitvolumen* $\dot{V}_T$ gemessen werden (→ S. 106 u. 118). Der Spirograph findet außerdem Verwendung bei der Messung der Compliance (→ S. 116) und des O_2-Verbrauchs sowie bei den dynamischen Atemtests (→ S. 118).

Es muss betont werden, dass die oben genannten Volumina und Kapazitäten von Mensch zu Mensch je nach Alter, Körpergröße, Konstitution, Geschlecht und Trainingszustand stark schwanken. So kann die Vitalkapazität ebenso gut 2,5 oder 7 l betragen, ohne dass diese Werte krankhaft sein müssen.

Um wenigstens einen Teil dieser Faktoren zu berücksichtigen, verwendet man empirische Formeln zur **Standardisierung**. Für die Normalwerte der Vitalkapazität (VK) von Europäern z. B. gilt:

Männer: VK = 5,2 h – 0,022 a – 3,6 (± 0,58)

Frauen: VK = 5,2 h – 0,018 a – 4,36 (± 0,42),

wobei h die Körpergröße (m), a das Alter (Jahre) und der Wert in Klammern die Standardabweichung darstellen. Selbst so können nur relativ große Abweichungen von der Norm erfasst werden. Eine höhere Aussagekraft haben Messungen der Lungenvolumina, wenn bei derselben Person öfter gemessen wird und so *Änderungen* erfasst werden (z. B. Verlaufskontrolle bei einer Lungenkrankheit).

Umrechnung von Gasvolumina. Nach der *idealen Gasgleichung* hängt das Volumen V [l] einer Gasmenge M [mol] von der absoluten Temperatur T [K] und dem Gesamtdruck P [Pa] ab:

$$V = M \cdot R \cdot T/P, \quad [5.2]$$

wobei P = Barometerdruck P_{Bar} minus Wasserdampfdruck P_{H_2O} (→ S. 106) und R = allg. Gaskonstante = 8,31 $J \cdot K^{-1} \cdot mol^{-1}$.

Man unterscheidet folgende Volumen-Bedingungen:

STPD:	*S*tandard *T*emperature *P*ressure *D*ry (273 K, 101 kPa, P_{H_2O} = 0)
ATPS:	*A*mbient *T*emp. *P*ress. H_2O-*S*aturated (T_{amb}, P_{Bar}, P_{H_2O} bei T_{amb})
BTPS:	*B*ody *T*emp. *P*ress. *S*at. (310 K, P_{Bar}, P_{H_2O} = 6,25 kPa)

Daher gilt:

$$V_{STPD} = M \cdot R \cdot 273/101\,000\ [m^3]$$

$$V_{ATPS} = M \cdot R \cdot T_{amb}/(P_{Bar} - P_{H_2O})\ [m^3]$$

$$V_{BTPS} = M \cdot R \cdot 310/(P_{Bar} - 6250)\ [m^3].$$

Umrechnungsfaktoren ergeben sich aus den jeweiligen Quotienten (M · R kürzt sich), z. B. V_{BTPS}/V_{STPD} = 1,17. Aus einem bei Zimmertemperatur (T_{amb} = 20°C; $P_{H_2O satt}$ = 2,3 kPa) und P_{Bar} = 101 kPa gemessenen Spirometervolumen V_{ATPS} errechnen sich: $V_{BTPS} \approx 1{,}1\ V_{ATPS}$ (s. o.) und $V_{STPD} \approx 0{,}9\ V_{ATPS}$.

A. Lungenvolumina und ihre Messung

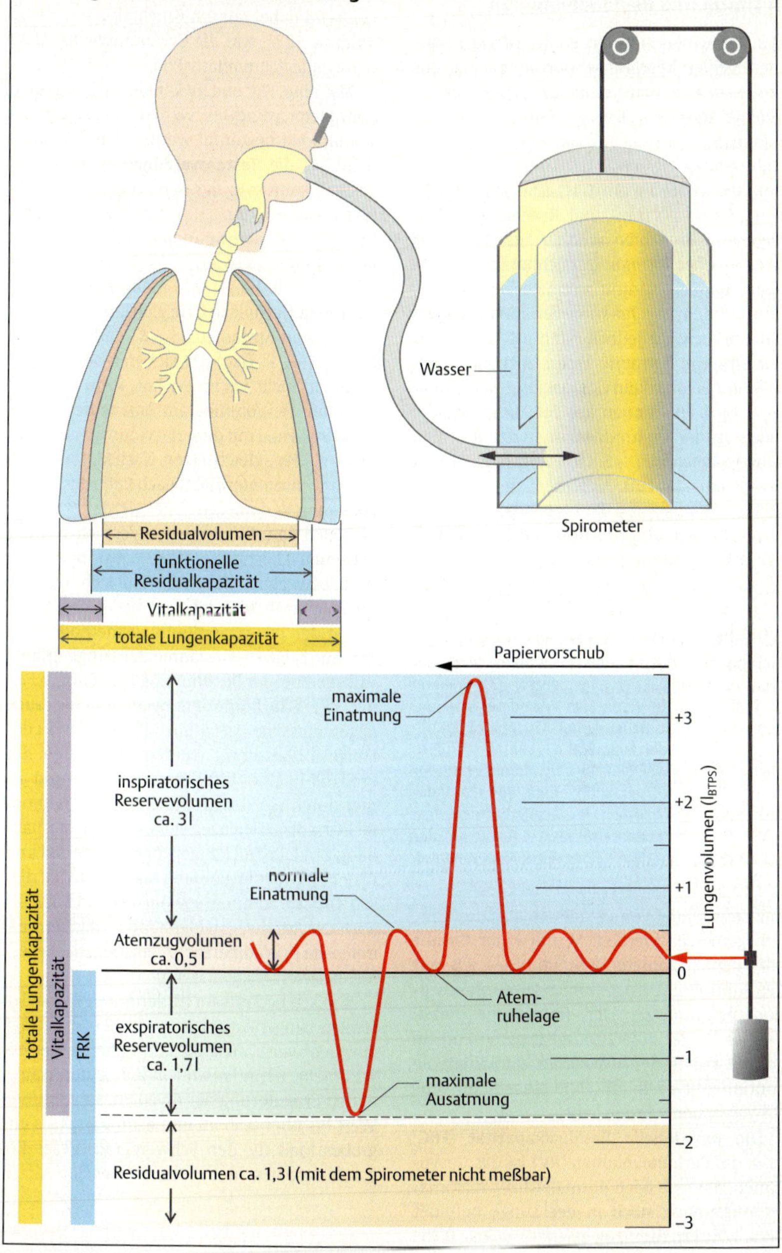

Totraum und Residualvolumen

Der Gasaustausch im Respirationstrakt ist auf die Alveolen beschränkt. Dorthin gelangt nur ein Teil des Atemzugvolumens (V_T), der sog. alveoläre Anteil (V_A). Der Rest heißt Totraumvolumen (V_D), da er im **Totraum** verbleibt, d.h. in Hohlräumen, die zwar der Luftzuleitung dienen, jedoch nicht am Gasaustausch teilnehmen. Mund-, Nasen- und Rachenraum, Trachea und Bronchien werden zusammen als *anatomischer Totraum* bezeichnet (ca. 0,15 l). Sein Volumen stimmt normalerweise ungefähr mit dem sog. *funktionellen Totraum* überein. Dieser wird jedoch dann größer als der anatomische Totraum, wenn auch in einem Teil der Alveolen kein Gasaustausch stattfindet (→ S. 120). **Funktionen** des Totraums sind die *Zuleitung* der Einatmungsluft zu den Alveolen sowie *Säuberung* (→ S. 110), *Anfeuchtung* und *Erwärmung* der Luft. Außerdem stellt er einen Teil des *Stimmorgans* dar (→ S. 370).

Die **Berechnung des Totraums** ist mit Hilfe der *Bohr-Formel* möglich (→ **A**).

Ableitung: Das exspirierte Atemzugvolumen V_T (= V_E) setzt sich aus dem Volumen, das aus dem Totraum stammt (V_D) und dem, das mit den Alveolen in Berührung war (V_A), zusammen (→ **A oben**). Jedes dieser drei Volumina hat eine gewisse CO_2-Fraktion (→ S. 376), $F_{E_{CO_2}}$ in V_T, $F_{A_{CO_2}}$ in V_A und der unverändert winzige (und daher vernachlässigbare) fraktionelle CO_2-Anteil der Außenluft ($F_{I_{CO_2}}$) in V_D. Das Produkt aus den jeweiligen Gesamtvolumina und der dazugehörigen CO_2-Fraktion ergibt das CO_2-Volumen. Das CO_2-Volumen im Exspirationsvolumen (= $V_T \cdot F_{E_{CO_2}}$) ist außerdem gleich der Summe der CO_2-Volumina in den beiden Einzelkomponenten (→ **A**).

Zur Berechnung von V_D müssen also drei Größen gemessen werden: V_T mit einer Gasuhr oder dem Spirometer, $F_{E_{CO_2}}$ und $F_{A_{CO_2}}$ z.B. mit der Bunte-Bürette oder einem Ultrarotabsorptionsspektrometer. Der fraktionelle Anteil $F_{A_{CO_2}}$ ist in der zuletzt ausgeatmeten Portion von V_T, also in der *Alveolarluft*, enthalten, die kontinuierlich z.B. mit Hilfe eines Rahn-Ventils gewonnen werden kann.

Die **funktionelle Residualkapazität** (**FRC**) bzw. das **Residualvolumen** (**RV**) ist das Gasvolumen, das sich nach normaler bzw. maximaler Ausatmung noch in der Lunge befindet (→ S. 112). Pro Atemzug gelangt V_A (= ca. 0,35 l in Ruhe) in den Alveolarraum, d.h. von den 3 l FRC wird dabei nur ein Bruchteil erneuert (in Ruhe ca. 12%), was die Gaszusammensetzung im Alveolarraum relativ konstant erhält.

Messung. FRC und RV können nicht mit dem Spirometer gemessen werden, sondern müssen indirekt bestimmt werden. Eine Methode dafür ist die **Testgasverdünnung** (→ **B**). Als Testgas kann z.B. das schlecht lösliche und inerte Gas Helium (He) verwendet werden. Lässt man aus dem Spirometer ein abgemessenes Volumen (V_{Sp}) eines He-haltigen Gasgemisches (z.B. F_{He_0} = 0,1) mehrmals ein- und ausatmen, verteilt sich He gleichmäßig in Lunge (V_L) und Spirometer (→ **B**) und wird verdünnt ($F_{He_X} < F_{He_0}$). Da sich das Gesamt-He-Volumen nicht verändert hat, kann man das bekannte He-Volumen am Anfang des Versuches ($V_{Sp} \cdot F_{He_0}$) mit dem He-Volumen am Ende, ($V_{Sp} + V_L$) F_{He_X} gleichsetzen. Nach Messung von F_{He_X} im Spirometerinhalt nach Ende des Versuches kann V_L dann errechnet werden (→ **B**). V_L ist gleich dem RV, wenn der Versuch von der extremen Exspirationslage aus begonnen wird, bzw. gleich der FRK, wenn sich der Thorax anfangs in Atemruhelage befand.

Mit der Testgasverdünnungsmethode werden nur *belüftete* Gasräume der Lunge erfasst, während bei der Bestimmung von RV bzw. FRC mit der **Ganzkörper-Plethysmographie** auch abgeschlossene Lufträume (z.B. Zysten) in der Lunge mitbestimmt werden. Dabei sitzt der Proband in einer luftdichten Kammer und atmet durch ein Gasstrommessgerät (Pneumotachograph). Gleichzeitig werden die atemabhängigen Luftdruckänderungen am Mund und in der Kammer fortlaufend registriert. Aus diesen Größen können sowohl FRC und RV als auch der Atemwegswiderstand (= *Resistance = treibende Druckdifferenz / Atemstromstärke*) errechnet werden.

Klinisch bedeutsam ist der Anteil RV an der totalen Lungenkapazität (→ S. 112). Er beträgt normalerweise max. 0,25, in hohem Alter etwas mehr. Beim *Emphysem* z.B., einer krankhaften Erweiterung der Alveolen, steigt dieser Wert bis über 0,55 an und kann damit als ein grobes Maß für den Schweregrad dieser Erkrankung betrachtet werden.

A. Totraumbestimmung

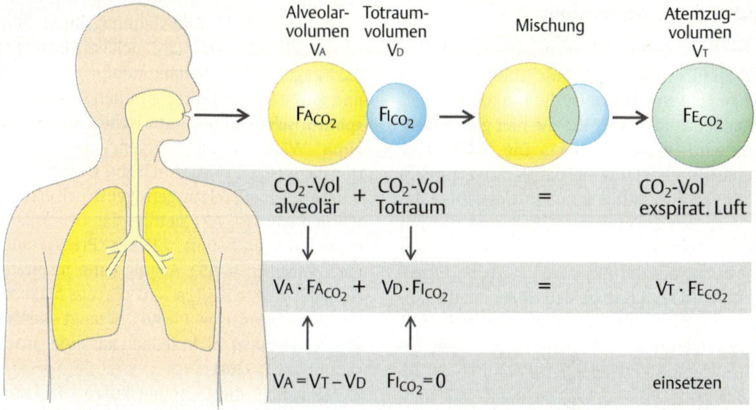

Bohr-Formel

$$\text{Totraum } V_D = \frac{V_T\,(F_{A_{CO_2}} - F_{E_{CO_2}})}{F_{A_{CO_2}}}$$

z. B. bei Normalwerten:

$$V_D = \frac{0{,}5\,(0{,}056 - 0{,}040)}{0{,}056}$$

Totraum V_D = 143 ml

B. Bestimmung von Residualvolumen bzw. funktioneller Residualkapazität

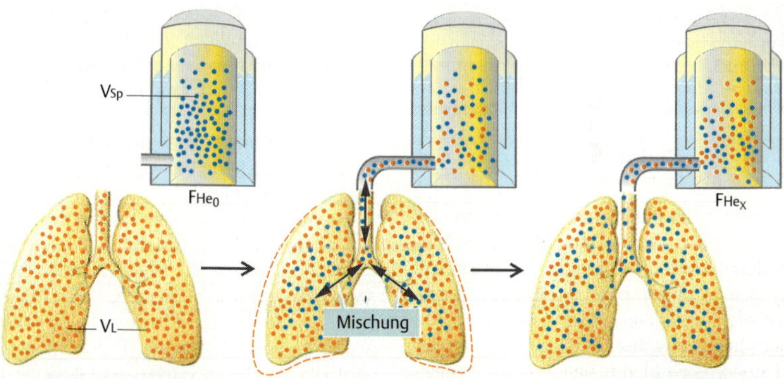

Helium-Volumen (nur im Spirometer) = Helium-Volumen (in Lunge und Spirometer)

$$V_{Sp} \cdot F_{He_0} = (V_{Sp} + V_L) \cdot F_{He_X}$$

$$\rightarrow \quad V_L = V_{Sp} \cdot \frac{F_{He_0} - F_{He_X}}{F_{He_X}}$$

V_{Sp} und F_{He_0} bekannt
F_{He_X}: Messung

Druck-Volumen-Beziehung von Lunge und Thorax, Atemarbeit

Nach einer normalen Ausatmung sind Lunge und Thorax in **Atemruhelage** (**ARL**). Das zugehörige *Lungenvolumen* ist die funktionelle Residualkapazität (→ S. 112), die hier gleich 0 gesetzt wird (V_{pulm} = 0, → **A1**). Die ARL ist eine stabile Mittelstellung, bei der sich zwei passive Kräfte gerade aufheben: Das Bestreben des Thorax, sich zu erweitern (Th), und das der Lunge, sich zusammenzuziehen (L). Bei der Einatmung aus der ARL wird L > Th, bei Exspiration wird Th > L. In beiden Fällen hat die Einheit *„Lunge + Thorax"* das Bestreben, in die ARL zurückzukehren (→ **A**, blaue Pfeile). Bei geschlossenen Atemwegen wird dadurch der **Alveolardruck** (**P_A**, → S. 108) positiv (→ **A2**) bzw. negativ (→ **A3**). Diese Beziehung zwischen V_{pulm} und P_A wird im Druck-Volumen-Diagramm von „Lunge und Thorax" graphisch erfasst (→ **A**): statische **Ruhedehnungskurve** (→ **A**, **B**, blaue Kurve).

Zur Messung werden, von der ARL ausgehend, jeweils bestimmte, abgemessene Volumina (*Spirometer*) eingeatmet (V_{pulm} > 0) bzw. ausgeatmet (V_{pulm} < 0); die Verbindung zum Spirometer wird dann geschlossen und nun der zum jeweiligen Volumen gehörende Druck in den Atemwegen unter diesen *statischen Ruhebedingungen* gemessen („statisch" = Messung bei angehaltenem Atem; „Ruhe" = Atemmuskeln entspannt). (Für genaue Messungen ist zu beachten, dass V_{pulm} während der Messung komprimiert bzw. ausgedehnt wird [→ **A**, dunkelgraue Flächen].)

Die *Steilheit* der Ruhedehnungskurve, $\Delta V_{pulm}/\Delta P_A$, ist die (statische) **Compliance** (= Volumendehnbarkeit = Kehrwert der Elastance) von „Lunge und Thorax" (→ **B**). Der steilste Kurventeil, d. h. die *größte Compliance* (ca. 1 l/kPa beim Erwachsenen) liegt zwischen der ARL und V_{pulm} = 1 l, d. h. *im normalen Atembereich*. Hier müssen also die Atemmuskeln pro inspirierter Volumeneinheit die geringsten Gegenkräfte überwinden. Im Alter oder bei Lungenkrankheiten z. B. wird die Kurve flacher (kleinere Compliance), d. h. für das gleiche Atemzugvolumen ist eine größere Anstrengung nötig.

Die eben beschriebene Compliance gilt für „Lunge und Thorax". Es kann auch die Compliance jeweils für *Thorax* ($\Delta V_A/\Delta P_{pleu}$ = 2 l/kPa) und *Lunge* ($\Delta V_A/\Delta[P_A - P_{pleu}]$ = 2 l/kPa) getrennt gemessen werden (P_{pleu} = Pleuradruck; → S. 108).

Ähnlich wie die Ruhedehnungskurve können Druck-Volumen-Paare auch bei *maximaler Anstrengung der Atemmuskulatur* (→ **A**, rote und grüne Kurven) aufgenommen werden: **exspiratorische** und **inspiratorische** (**Druck-**)**Maxima**. Während aus weitgehender Exspirationslage ($V_{pulm} \ll 0$) durch die Exspirationsmuskeln nur ein relativ geringer Druck erzeugt werden kann (→ **A7**), beträgt das Druckmaximum bei $V_{pulm} \gg 0$ ca. + 15 kPa (Pressversuch nach *Valsalva*; → **A5**). Analog kann inspiratorisch der größte Sog (ca. – 10 kPa) aus maximaler Exspirationslage (→ **A6**) erzeugt werden (*Müller-Versuch*), nicht jedoch aus einer Inspirationslage (→ **A4**).

Misst man die Dehnungskurve von Lunge und Thorax *während* des Atmens (**dynamische Druck-Volumen-Kurve**, → **C**), ergibt sich statt einer für Ein- und Ausatmung identischen Kurve (blau) eine *Schleife* (rot/grün). Sie entsteht hauptsächlich dadurch, dass der (v. a. in den oberen und mittleren Luftwegen lokalisierte) *Strömungswiderstand* R_L überwunden werden muss, und zwar bei Einatmung in die eine, bei Ausatmung in die andere Richtung. D. h., auch die dazu notwendigen *treibenden Druckdifferenzen* ΔP sind einander entgegengesetzt (inspiratorisch: $P_A < 0$, exspiratorisch: $P_A > 0$; → S. 109 B). Da in Analogie zum *Ohm-Gesetz* $\Delta P = R_L \cdot$ Atemstromstärke $\dot{V}$, muss ΔP ansteigen (→ **C**), wenn sich die Bronchen verengen und/oder sich $\dot{V}$ erhöht.

Atemarbeit. Die farbigen *Flächen* $A_{R_{insp}}$ und $A_{R_{exsp}}$ innerhalb der Schleife (→ **C**) sind ein Maß für diejenige in- bzw. exspiratorische Atemarbeit (Druck · Volumen; → S. 374), die *gegen den Strömungswiderstand* (+ Reibungswiderstände von Lunge und Thorax) geleistet wird. Die schraffierte Fläche (→ **C**) stellt die *Arbeit gegen die elastischen Kräfte von Lunge und Thorax* (A_{elast}) dar. Die *Inspirationsarbeit* entspricht $A_{R_{insp}} + A_{elast}$, die *Exspirationsarbeit* $A_{R_{exsp}} - A_{elast}$, da bei der Einatmung mit den Inspirationsmuskeln (→ S. 108) *gegen* die elastischen Kräfte geatmet wird, während diese bei der Ausatmung ganz im Gegenteil die treibende (passive) Kraft sind (Vorzeichenumkehr bei A_{elast}). Wird bei *forcierter Atmung* $A_{R_{exsp}}$ größer als A_{elast} verbraucht auch die Ausatmung (aktive) Muskelenergie.

A. Druck-Volumen-Beziehung von Lunge und Thorax

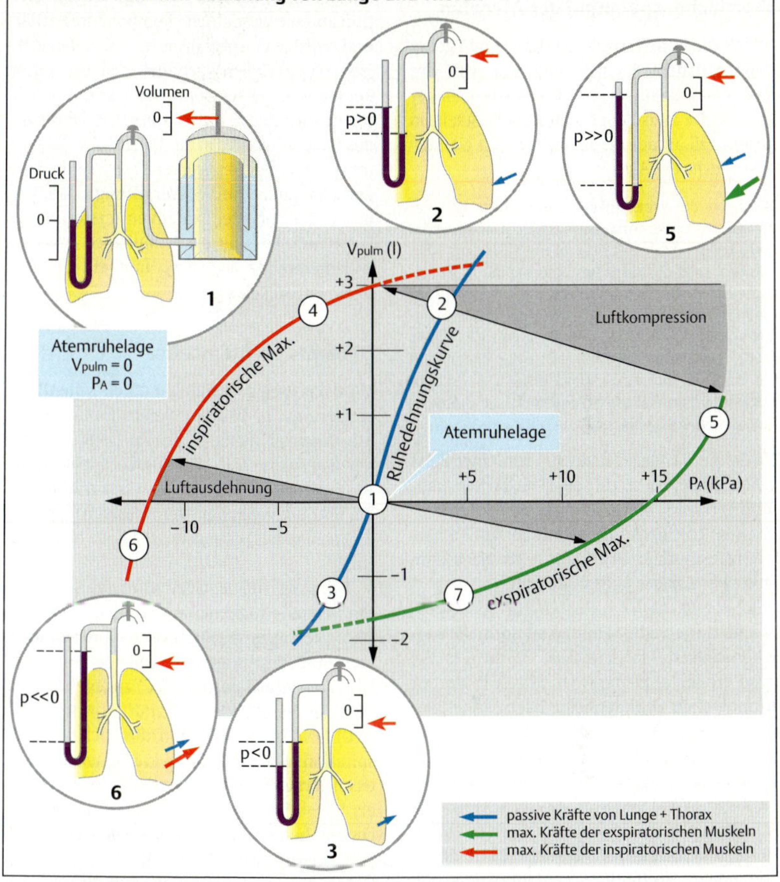

B. Statische Compliance

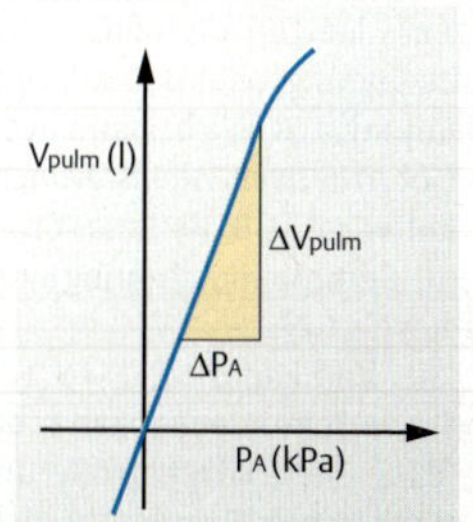

$$\frac{\Delta V_{pulm}}{\Delta P_A} = \text{Compliance von Lunge und Thorax}$$

C. Dynamisches Druck-Volumen-Diagramm

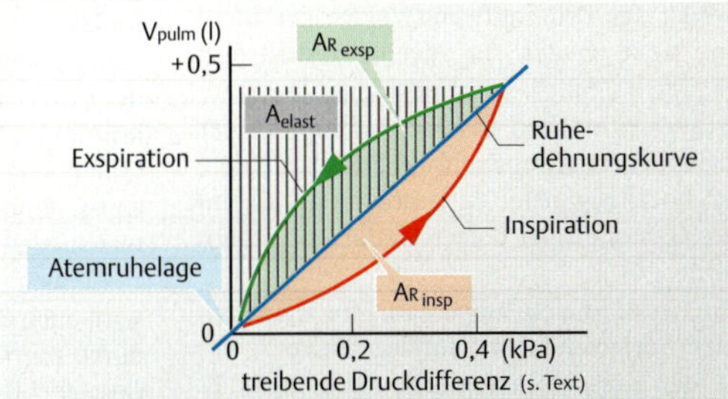

Atemarbeit
inspiratorisch: $A_{R\,insp} + A_{elast}$
exspiratorisch: $A_{R\,exsp} - A_{elast}$

Oberflächenspannung der Alveolen

Die passive Dehnbarkeit von Lunge und Thorax (→ Compliance; S. 116) hängt u.a. von der *Oberflächenspannung* ab. Diese entsteht an der Grenzfläche zwischen Gas und Flüssigkeit, in diesem Fall an der ca. 100 m^2 großen *Gasaustauschfläche der Alveolen*.

Man kann die Wirksamkeit dieser Kräfte gut demonstrieren, indem man eine isolierte, völlig kollabierte Lunge a) mit Luft oder b) mit Flüssigkeit füllt: Im Fall (a) setzt die Lunge besonders anfangs der Füllung einen viel höheren Widerstand entgegen („*Eröffnungsdruck*"), der bei Erreichen der totalen Lungenkapazität (→ S. 113 A) den Alveolardruck (P_A) bis auf ca. 2 kPa erhöht. Im Fall (b) ist der Widerstand und damit P_A nur etwa $^1/_4$ so groß. Der erhöhte Druckbedarf im Fall (a) ist demnach zur Überwindung der Oberflächenspannung nötig.

Wird eine Gasblase (Radius r) von einer Flüssigkeit umgeben, so ruft die Oberflächenspannung γ ($N \cdot m^{-1}$) dieser Flüssigkeit im Blaseninneren einen Überdruck gegenüber außen hervor (transmuraler Druck $\Delta P > 0$). Nach dem *Gesetz von Laplace* (s. a. S. 188) gilt:

$$\Delta P = 2\gamma/r \text{ (Pa)}. \qquad [5.3]$$

Da γ für die jeweilige Flüssigkeit normalerweise konstant ist (Plasma z. B. $10^{-3} N \cdot m^{-1}$), ist ΔP umso größer, je kleiner r ist. Sitzt z. B. auf der Öffnung eines Zylinders eine flache Seifenblase, ist r relativ groß (→ **A1**) und ΔP klein. (Da hier 2 Luft-Flüssigkeits-Grenzen zu berücksichtigen sind, lautet die Gl. 5.3 für diesen Fall: $\Delta P = 4\gamma/r$.) Wird versucht, das Blasenvolumen zu vergrößern, muss sich vorerst r verkleinern (→ **A2**) und damit ΔP vergrößern: Es ist ein relativ hoher „*Eröffnungsdruck*"notwendig. Bei weiterem Aufblähen vergrößert sich r wieder (→ **A3**), der Druckaufwand/Volumenvermehrung sinkt wieder. Die Alveole verhält sich prinzipiell ähnlich. So ist aus dem Blasenmodell auch zu ersehen, dass sich bei miteinander verbundenen Alveolen (→ **A4**) die kleinere (ΔP_2 hoch) zugunsten der größeren (ΔP_1 klein) durch Druckausgleich noch weiter verkleinern würde.

In der normalen Lunge wird dies v. a. durch einen **Surfactant**-Film (*surf*ace *act*ive *agent*) auf der Alveoleninnenfläche verhindert. Er senkt γ, und zwar bei kleinen Alveolen stärker als bei größeren. Surfactant ist ein Protein-Phospholipid-Gemisch, das Dipalmitoyl-Lecithin als eine wesentliche Komponente enthält, und wird von spezialisierten Alveolarzellen (sog. Typ-II-Zellen) gebildet und exozytiert. Bei manchen Neugeborenen wirkt dieser Faktor unzureichend, was zu ernsten Störungen des Gasaustausches in der Lunge führt (*Membransyndrom des Neugeborenen*). Auch die Lungenschädigung bei O_2-Vergiftung (→ S. 136) beruht z. T. auf einer oxidativen Zerstörung des Surfactant. Es sinkt die Compliance, Alveolen kollabieren (Atelektasen), und ein Lungenödem entwickelt sich.

Dynamische Atemtests

Wird das Atemzeitvolumen durch willentliche Steigerung (für 10 s) von *Atemzugvolumen* und *Atemfrequenz* maximal erhöht (→ **B**), werden normalerweise 120 – 170 l/min erreicht. Dieser **Atemgrenzwert** hat z. B. als Verlaufskontrolle bei Erkrankungen der Atemmuskeln (z. B. Myasthenia gravis) eine gewisse klinische Bedeutung.

Beim sog. *Tiffeneau-Test* wird das in der ersten Sekunde maximal ausatembare Volumen (FEV_1, forcierte **exspiratorische Einsekundenkapazität**) bestimmt, das meist als Anteil der *forcierten Vitalkapazität* (FVC) angegeben wird (*relative Einsekundenkapazität*, normal $> 0{,}7$; → **C**). (FVC ist das Volumen, das nach voller Inspiration so schnell und so kräftig wie möglich exspiriert werden kann; es ist oft etwas kleiner als VC; → S. 112.) Die (mit einem Pneumotachographen ermittelte) **maximale exspiratorische Atemstromstärke** beträgt dabei ca. 10 l/s.

Mit diesen Tests können klinisch u. a. *restriktive Atemstörungen* (Verminderung des funktionstüchtigen Lungenvolumens, z. B. Lungenödem, -entzündung, oder Behinderung der Lungenausdehnung, z. B. Wirbelsäulenverkrümmung) von *obstruktiven Atemstörungen* (Einengung der Luftwege, z. B. Asthma, Bronchitis, Emphysem, Stimmbandlähmung) unterschieden werden (→ **C2**).

Ähnlich wie die Vitalkapazität (→ S. 112) wird auch die relative Sekundenkapazität dadurch normiert, dass Alter, Körpergröße und Geschlecht mit empirischen Formeln berücksichtigt werden.

A. Oberflächenspannung (Seifenblasenmodell)

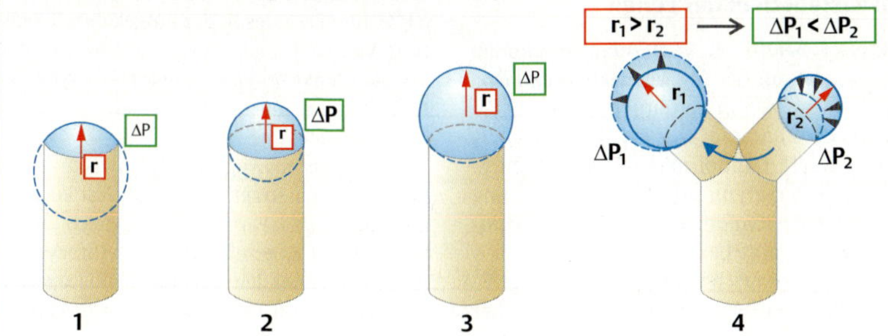

B. Atemgrenzwert

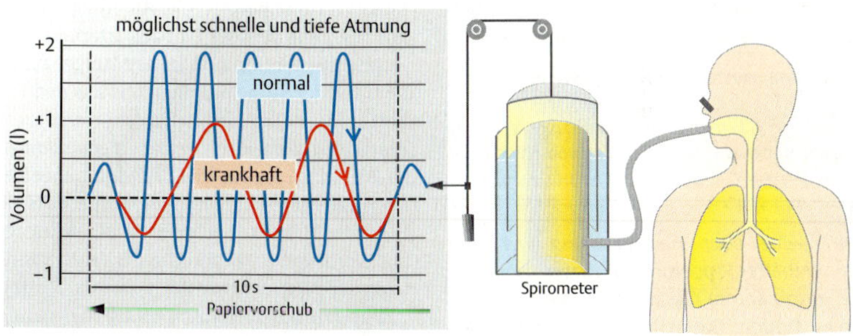

C. Exspiratorische Einsekundenkapazität

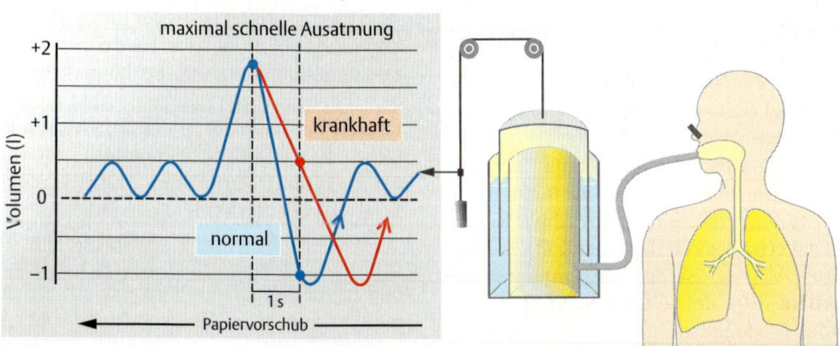

1 Messung

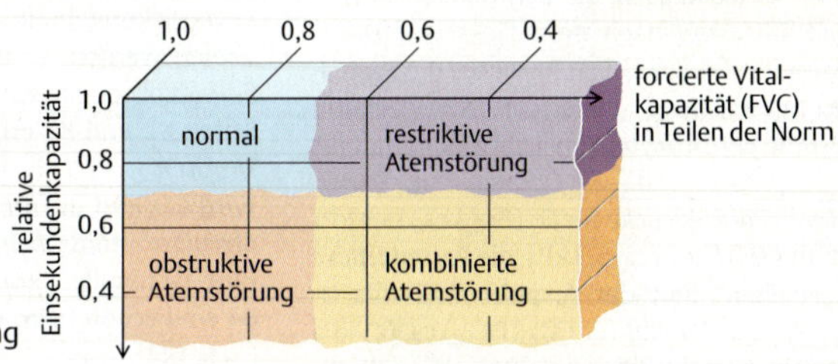

2
klinische Bedeutung

Gasaustausch in der Lunge

Alveoläre Belüftung. Vom Atemzugvolumen (V_T) kommt nur der sog. alveoläre Anteil (V_A) mit den Alveolen in Berührung, der Rest (V_D) nur mit dem Totraum (→ S. 114). Es gilt also: $V_A = V_T - V_D$ [l]. Multipliziert mit der Atemfrequenz f (min^{-1}) ergibt sich: alveoläre Belüftung ($\dot{V}_A$) = Atemzeitvolumen ($\dot{V}_T$) – Totraumbelüftung ($\dot{V}_D$) [$l \cdot min^{-1}$].

Da V_D anatomisch vorgegeben ist, steigt $\dot{V}_D$ ($= V_D \cdot f$) mit der Atemfrequenz f. Wird daher für ein bestimmtes $\dot{V}_T$ ($= V_T \cdot f$) frequenter (f ↑), aber weniger tief (V_T ↓) geatmet (*„flache Atmung"*), so sinkt die für den Gasaustausch wichtige Größe $\dot{V}_A$ ab, weil $\dot{V}_D$ angestiegen ist.

Beispiel: Während bei einem $\dot{V}_T$ von 8 l · min^{-1}, einem V_D von 0,15 l und einer normalen Frequenz von 16 min^{-1} $\dot{V}_A$ 5,6 l · min^{-1} beträgt (= 70 % von $\dot{V}_T$), sinkt dieser Wert bei einer Verdoppelung von f (und einer Halbierung von V_T) trotz unverändertem $\dot{V}_T$ auf 3,2 l · min^{-1} = 40 % von $\dot{V}_T$!

Eine flache oder Hechelatmung (z. B. bei schmerzhafter Rippenfraktur) kann also zu einer verminderten Gasauffrischung in den Alveolen führen. Das trifft auch zu, wenn der Totraum künstlich vergrößert wird (→ S. 134).

Der **Sauerstoffverbrauch** $\dot{V}_{O_2}$ lässt sich aus der Differenz von *eingeatmetem O_2-Volumen/Zeit* ($= \dot{V}_T \cdot F_{IO_2}$) und *ausgeatmetem O_2-Volumen/Zeit* ($\dot{V}_T \cdot F_{EO_2}$) errechnen, so dass $\boldsymbol{\dot{V}_{O_2} = \dot{V}_T (F_{IO_2} - F_{EO_2})}$. (Ruhewert: $\dot{V}_{O_2}$ = ca. 8 (0,21 – 0,17) = 0,32 l · min^{-1}.)

Die **CO_2-Abgabe**, $\dot{V}_{CO_2}$, ergibt sich aus $\dot{V}_T \cdot F_{ECO_2}$ ($F_{ICO_2} \approx 0$!), in Ruhe = ca. 0,26 l · min^{-1}. $\dot{V}_{O_2}$ und $\dot{V}_{CO_2}$ erhöhen sich bei schwerster Arbeit auf etwa das Zehnfache (→ S. 74). Das Verhältnis $\dot{V}_{CO_2}/\dot{V}_{O_2}$ ist der sog. **respiratorische Quotient** (**RQ**), der je nach Nahrung 0,7 – 1,0 beträgt (→ S. 228).

Der **Gasaustausch an der Alveole** erfolgt durch **Diffusion** nach dem Fickschen Diffusionsgesetz (→ S. 22, Gl. 1.7), wobei die **Partialdruckunterschiede** zwischen Alveolarraum und den Erythrozyten im Lungenkapillarblut die Triebkräfte sind (→ **A**). Da die *mittleren alveolären Partialdrücke* für O_2 (P_{AO_2}) ca. 13,3 kPa und für CO_2 (P_{ACO_2}) ca. 5,3 kPa, die *Partialdrücke im „venösen"* Blut der A. pulmonalis für O_2 ($P_{\bar{v}O_2}$) ca. 5,3 kPa und für CO_2 ($P_{\bar{v}CO_2}$) ca. 6,1 kPa betragen, besteht für O_2 von Alveole zu Kapillare ein *mittleres Partialdruckgefälle* von ca. 8 kPa, für CO_2 eines in der umgekehrten Richtung von ca. 0,8 kPa (regionale Unterschiede s. S. 122). Sinkt der P_{ACO_2} (z. B. bei Hyperventilation), so steigt P_{AO_2}, und umgekehrt (→ alveoläre Gasgleichung S. 136).

Der **Diffusionsweg** von der Alveole in die Erythrozyten beträgt 1–2 µm und ist kurz genug, um einen Partialdruckausgleich innerhalb der Zeit zu erreichen, die Erythrozyt und Alveole miteinander in Kontakt sind (*Kontaktzeit*, in Ruhe ca. 0,75 s; → **A**). Im so **a**rterialisierten Kapillarblut sind P_{aO_2} und P_{aCO_2} deshalb etwa gleich hoch wie die entsprechenden mittleren Werte in der Alveole. Allerdings gelangt anschließend venöses Blut aus arteriovenösen Kurzschlüssen (Shunts) in der Lunge, aus einem Teil der Bronchialvenen und aus den Thebesius-Venen des Herzens in das arterialisierte Blut: *extraalveoläre venöse Beimischungen* (→ **B**). Diese sowie die $\dot{V}/\dot{Q}$-Inhomogenität (→ S. 122) sind die Ursachen dafür, dass der P_{aO_2} von 13,3 kPa (nach der Alveolenpassage) auf Werte von ca. 12,0 kPa in der Aorta absinkt (und der P_{aCO_2} etwas ansteigt) (→ **A** u. S. 107).

Für den CO_2-Austausch genügt der geringe Druckunterschied von ca. 0,8 kPa, da der *Krogh-Diffusionskoeffizient K* (→ S. 22) für CO_2 (K_{CO_2}) rund 23-mal größer ist als der für O_2 (Gewebe: $K_{O_2} \approx 2{,}5 \cdot 10^{-16}\, m^2 \cdot s^{-1} \cdot Pa^{-1}$) und daher CO_2 viel rascher diffundiert als O_2. Bei körperlicher Arbeit (hohes Herzzeitvolumen!) sinkt die Kontaktzeit bis herab auf 1/3 des Ruhewertes. Besteht z. B. ein Diffusionshindernis (s. u.), wird der alveoläre O_2-Partialdruckausgleich also bei Belastung eher gefährdet als in Ruhe.

Störungen des Gasaustausches können folgende prinzipielle Gründe haben: Die Durchblutung der alveolären Blutkapillaren ist vermindert (z. B. beim Lungeninfarkt; → **B2**); es besteht ein Diffusionshindernis (z. B. Membanverdickung beim Lungenödem → **B3**); Alveolen werden nicht belüftet (z. B. wenn ein Fremdkörper eingeatmet wurde; → **B4**). In den Fällen **B2** und **B3** erhöht sich der *funktionelle Totraum* (→ S. 114), in den Fällen **B3** und **B4** wird das Blut unzureichend arterialisiert: Sog. *alveoläre venöse Beimischung* zum arteriellen Blut. Graduelle „Störungen" vom Typ **B2** und **B4** sind schon beim Gesunden zu beobachten (→ S. 122).

A. Gasaustausch an der Alveole

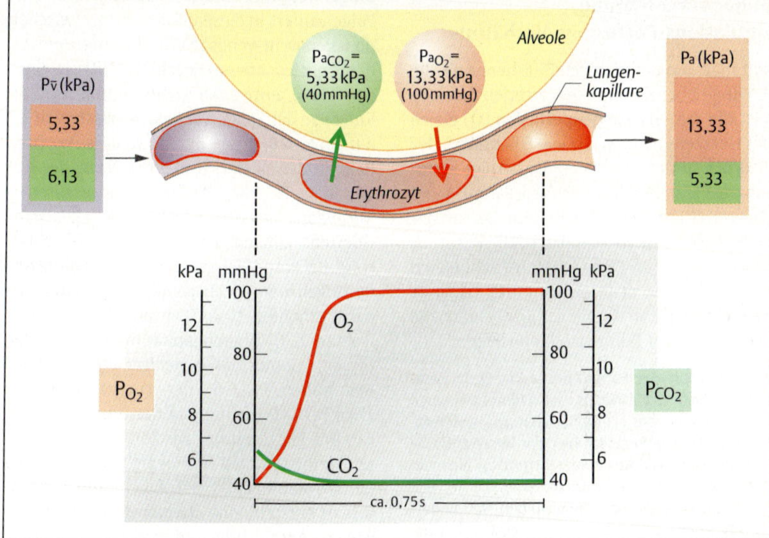

B. Verteilungsstörungen in der Lunge

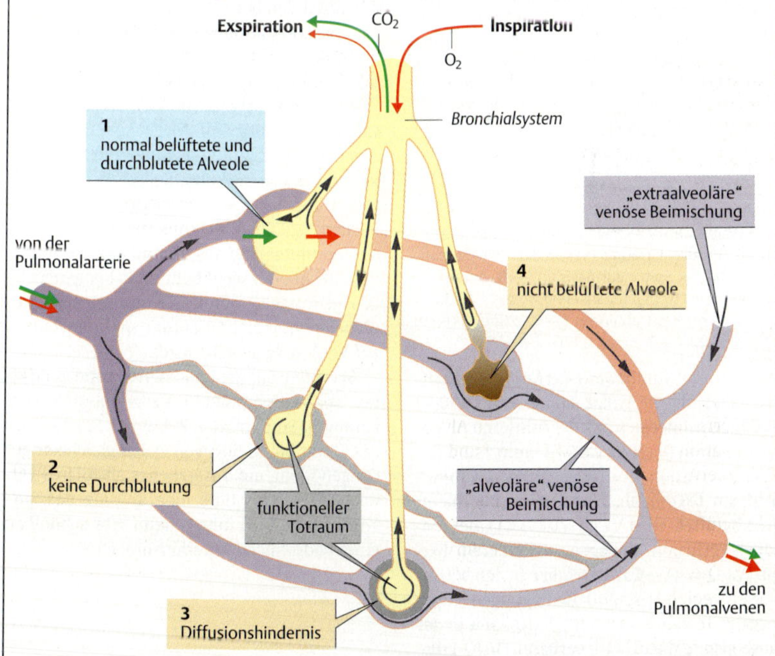

Lungendurchblutung, Ventilations-Perfusions-Verhältnis

Sieht man von der geringen Blutmenge ab, die die Lunge über die Bronchialarterien erreicht, so ist die mittlere **Lungenperfusion** ($\dot{Q}$) gleich dem Herzzeitvolumen (HZV $\approx 6\,l \cdot min^{-1}$). Der **Blutdruck** in der A. pulmonalis beträgt systolisch ca. 25 mmHg, diastolisch ca. 8 mmHg und im Mittel ($\overline{P}$) ca. 15 mmHg. Bis zum Beginn der Lungenkapillaren (präkapillär) fällt $\overline{P}$ auf ca. 12 mmHg ab ($P_{präkap}$) und beträgt schließlich postkapillär nur noch ca. 8 mmHg ($P_{postkap}$). Diese Werte gelten für alle Lungenbezirke, die auf der Höhe der Pulmonalklappe liegen.

Inhomogenität der Lungenperfusion $\dot{Q}$. In Gefäßen *unterhalb* des Niveaus der Pulmonalklappen (Richtung Lungenbasis) erhöht sich $P_{präkap}$ in *aufrechter Thoraxstellung*, weil sich hier der hydrostatische Druck der Blutsäule (bis zu ca. 12 mmHg) hinzuaddiert, während $P_{präkap}$ in Bezirken *oberhalb* der Pulmonalklappe (Richtung Lungenspitze) vermindert ist (→ **A**, Zone 1). Hier kann $P_{präkap}$ sogar subatmosphärisch werden, so dass der im Mittel atmosphärische Alveolardruck (P_A) die Kapillaren weitgehend komprimiert ($P_A > P_{präkap} > P_{postkap}$; → **A**); $\dot{Q}$ pro Lungenvolumeneinheit ist dort also sehr klein. In mittleren Lungenabschnitten (Zone 2, → **A**) kann es am venösen Kapillarende zumindest zeitweise zu einer Lumeneinengung kommen ($P_{präkap} > P_A > P_{postkap}$), während an der Lungenbasis (Zone 3, → **A**) dauernd durchblutet wird ($P_{präkap} > P_{postkap} > P_A$). Demnach nimmt $\dot{Q}$ pro Lungenvolumeneinheit von der Spitze zur Basis zu (→ **A, B**, rote Linie).

Inhomogenität der Alveolarventilation. Ebenfalls aus Gründen der Schwerkraft steigt auch die Belüftung des Alveolarraums ($\dot{V}_A$) pro Lungenvolumeneinheit von der Spitze zur Basis an (→ **B**, orange Linie), allerdings weniger stark als $\dot{Q}$, so dass $\dot{V}_A/\dot{Q}$ von der Spitze zur Basis abnimmt (→ **B**, grüne Kurve u. obere Skala).

Das mittlere **Ventilations-Perfusions-Verhältnis** ($\dot{V}_A/\dot{Q}$) für die ganze Lunge von ca. 0,93 (→ **C2**) errechnet sich aus der mittleren Alveolarventilation ($\dot{V}_A$) von ca. $5{,}6\,l \cdot min^{-1}$ und der Gesamtperfusion ($\dot{Q}$ = HZV) von ca. $6\,l \cdot min^{-1}$. Wird, im Extremfall, eine Region überhaupt nicht belüftet, wird $\dot{V}_A/\dot{Q} = 0$ (→ **C1**). Bei fehlender Perfusion hingegen, als anderem Extrem ($\dot{V}_A/\dot{Q} \Rightarrow \infty$; → **C3**), herrschen in den betroffenen Alveolen Frischluft-Bedingungen (funktioneller Totraum, → S. 120). $\dot{V}_A/\dot{Q}$ kann in der Lunge also regional stark variieren (**$\dot{V}_A/\dot{Q}$-Inhomogenität**), theoretisch zwischen 0 und ∞. Als Folge variiert in diesem Fall der P_{AO_2} zwischen dem gemischt-venösen Wert $P_{\overline{v}O_2}$ und dem P_{IO_2} der (angefeuchteten) Frischluft (→ **D**). In einer gesunden, aufrechten Lunge nimmt $\dot{V}_A/\dot{Q}$ in Ruhe von der Spitze zur Basis stark ab (von 3,3 auf 0,63; → **B**, grüne Kurve), so dass P_{AO_2} bzw. P_{ACO_2} in der „hyperventilierten" Lungenspitze 17,6 bzw. 3,7 kPa, in der normoventilierten Mittelzone 13,3 bzw. 5,3 und in der „hypoventilierten" Lungenbasis 11,9 bzw. 5,6 kPa beträgt. Bei körperlicher Belastung sind diese Änderungen weniger ausgeprägt, weil durch den dabei erhöhten $P_{präkap}$ $\dot{Q}$ auch in Zone 1 steigt.

Eine $\dot{V}_A/\dot{Q}$-Inhomogenität macht die Lunge für den *Gasaustausch weniger effektiv*. Trotz des hohen P_{AO_2} in der Lungenspitze (ca. 17,6 kPa; → **D** rechts) und des etwa normalen Gesamt-P_{AO_2} trägt der aus Zone 1 kommende, rel. kleine $\dot{Q}$-Anteil nur wenig zum Gesamt-$\dot{Q}$ der Vv. pulmonales bei. Folglich ist $P_{aO_2} < P_{AO_2}$, d. h. es entsteht eine ***alveolär-arterielle O_2-Differenz*** (AaD_{O_2}) von normalerweise 1,3 kPa. Beim totalen arteriovenösen Shunt ($\dot{V}_A/\dot{Q} = 0$) z. B. nützt den betroffenen Lungenanteilen sogar eine O_2-Beatmung nichts, da der angebotene O_2 dort nicht mit dem Kapillarbett in Kontakt kommt (Situation **C1**).

Um extreme Werte von $\dot{V}_A/\dot{Q}$ zu verhindern, existiert allerdings ein Mechanismus, der die Alveolardurchblutung reguliert, die sog. **hypoxische Vasokonstriktion**. Sensoren in den Alveolen lösen bei stark erniedrigtem P_{AO_2} mit lokalen Signalen eine Konstriktion der zuführenden Blutgefäße aus. Damit werden Shunts in schlecht oder nicht belüfteten Lungenbezirken gedrosselt, womit „ertragreicheren" Regionen relativ mehr Blut für den Gasaustausch zur Verfügung gestellt wird.

Bei vielen Lungenkrankheiten kann es zu einer sehr ausgeprägten $\dot{V}_A/\dot{Q}$-Inhomogenität kommen. So beträgt z. B. bei der *Schocklunge* der Shunt bis zu 50% von $\dot{Q}$. Ein gleichzeitiges Lungenödem, ein zusätzliches alveoläres Diffusionshindernis oder eine Störung des Surfactant (→ S. 118) führen dann sehr schnell zu einer bedrohlichen Ateminsuffizienz.

A. Regionale Lungendurchblutung (aufrechter Thorax)

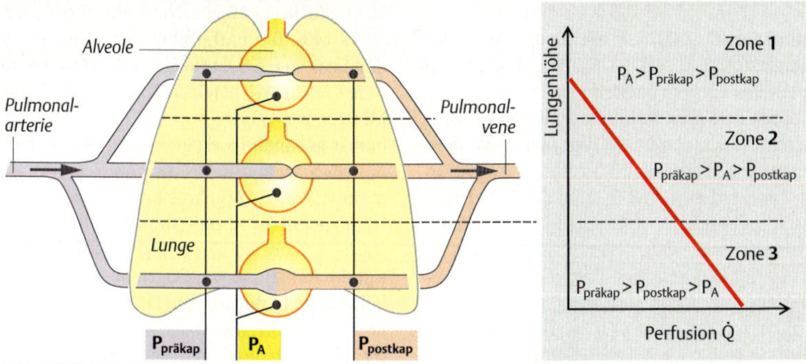

B. Durchblutung und Belüftung der Lungenregionen

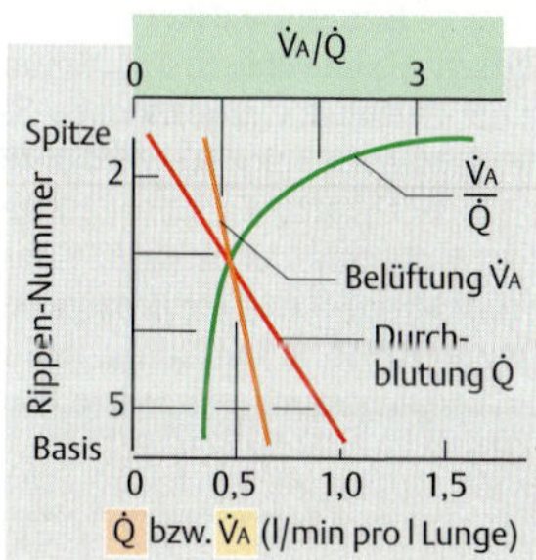

C. Einfluss des Ventilations-Perfusions-Verhältnisses ($\dot{V}_A/Q$) auf Partialdrücke in der Lunge

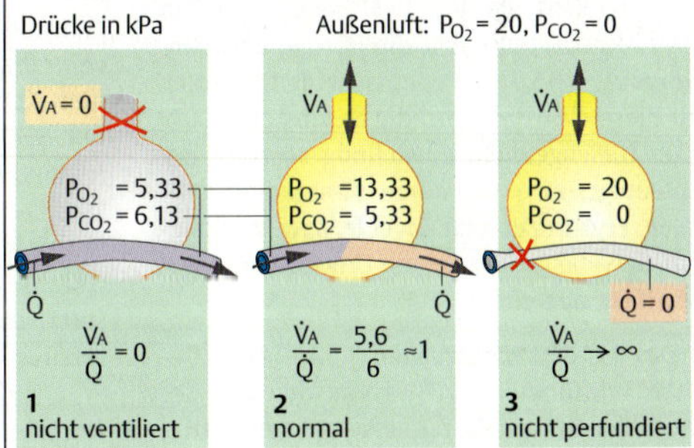

D. Regionale Parameter der Lungenfunktion

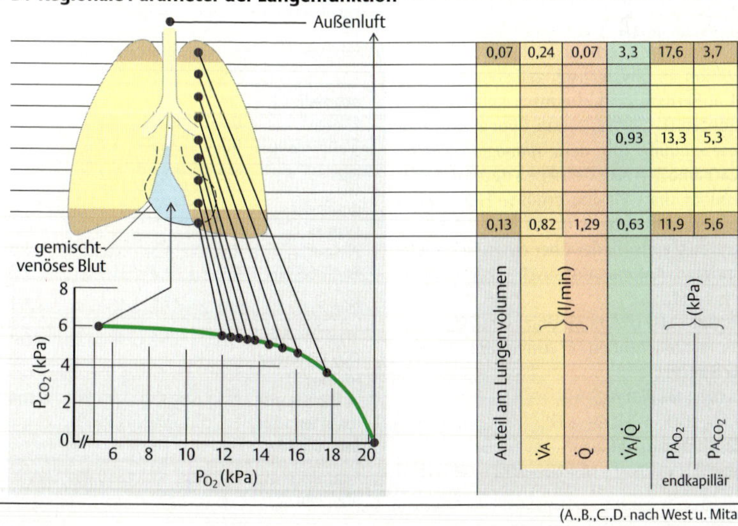

(A.,B.,C.,D. nach West u. Mitarb.)

CO_2-Transport im Blut

Kohlendioxid (CO_2) ist ein Endprodukt des Energiestoffwechsels (→ S. 228). Das in den Zellen des Körpers entstehende CO_2 wird **physikalisch gelöst** und diffundiert in die benachbarten Blutkapillaren. Im Blut bleibt CO_2 zum kleineren Teil physikalisch gelöst, zum größeren Teil wird es als *HCO_3^-* und *Carbamat* **chemisch gebunden** (→ **A** unten, blaue Pfeile; → arteriovenöse CO_2-Differenz in der Tabelle). Das so mit CO_2 beladene Blut gelangt im Blutkreislauf über das rechte Herz in die Lungenkapillaren. Hier wird CO_2 wieder aus seiner Bindung gelöst (→ **A**, rote Pfeile) und diffundiert in die Alveolen, von wo es ins Freie abgeatmet wird (→ **A** u. S. 106).

Bei der Reaktion $HCO_3^- + H^+ \rightleftharpoons CO_2 + H_2O$ in den Erythrozyten spielt die dortige **Carboanhydrase** (→ **A5,7**) eine entscheidende Rolle: Mit diesem Enzym wird die ansonsten relativ träge Gleichgewichtseinstellung so stark beschleunigt, dass die kurze Kontaktzeit zwischen Erythrozyt und Alveole bzw. peripherem Gewebe (< 1 s) für die Umwandlung $CO_2 \rightleftharpoons HCO_3^-$ ausreicht.

Das aus den **Körperzellen** (→ **A** unten, „Gewebe") diffundierte CO_2 erhöht den P_{CO_2} des arteriellen Blutes (ca. 5,33 kPa) auf den mittleren venösen Wert von ca. 6,27 kPa. Damit steigt auch das im Plasma physikalisch gelöste CO_2. Der Hauptteil des CO_2 diffundiert aber in die Erythrozyten, erhöht auch dort die Konzentration an physikalisch gelöstem CO_2 und wird außerdem dort chemisch gebunden. Es entsteht **HCO_3^-** (→ **A5, 2**) und, über eine *Carbaminoverbindung* mit dem *Hämoglobin* (Hb), **Hb-Carbamat** (→ **A3**). Getrieben durch die jetzt gegenüber dem Plasma erhöhte HCO_3^--Konzentration verlassen ca. $^3/_4$ des HCO_3^- den Erythrozyten gleich wieder über einen *HCO_3^-/Cl^--Antiporter* (**Anionenaustausch** [Hamburger-Shift]; → **A4**).

Bei der chemischen Bindung von CO_2 in peripher zirkulierenden Erythrozyten werden **H^+-Ionen** frei.

Bicarbonatbildung:

$$CO_2 + H_2O \rightleftharpoons HCO_3^- + \mathbf{H^+}, \quad [5.4]$$

Hb-Carbamat-Bildung:

$$Hb{-}NH_2 + CO_2 \rightleftharpoons Hb{-}NH{-}COO^- + \mathbf{H^+}. \quad [5.5]$$

Wesentlicher **Puffer** für diese H^+-Ionen ist das **Hämoglobin** (→ **A6**; s. a. Nicht-Bicarbonat-Puffer, S. 140). Die Entfernung der H^+-Ionen aus den Reaktionen 5.4 und 5.5 verhindern die rasche Gleichgewichtseinstellung, so dass große Mengen von CO_2 in Form von HCO_3^- bzw. Carbamat gebunden werden können. Dabei kann das desoxigenierte Hämoglobin (→ **A**, Hb) mehr H^+-Ionen aufnehmen als das oxigenierte Hämoglobin (→ **A**, Oxi-Hb), weil letzteres die stärkere Säure ist. Diese Eigenschaft begünstigt die Aufnahme von CO_2 in die peripher zirkulierenden Erythrozyten (*Haldane-Effekt*), da dort ja gleichzeitig O_2 abgegeben wird, d. h. Oxi-Hb zu Hb desoxigeniert wird.

In den **Lungenkapillaren** verlaufen alle diese Reaktionen in der Gegenrichtung (→ **A** oben, rote und schwarze Pfeile): Da dort ein niedrigerer P_{CO_2} herrscht als im venösen Blut, diffundiert CO_2 in die Alveolen, die Reaktionen 5.4 und 5.5 laufen jetzt nach links, CO_2 wird unter H^+-Bindung aus HCO_3^- und Carbamat freigesetzt (→ **A7** bzw. **8**), und der HCO_3^-/Cl^--Austausch läuft rückwärts (→ **A9**). Die Reoxigenierung des Hb zu Oxi-Hb in der Lunge unterstützt diesen Vorgang durch vermehrte Freisetzung von H^+-Ionen (*Haldane-Effekt*).

CO_2-Verteilung im Blut (mmol/l *Blut*, 1 mmol = 22,26 ml CO_2)

	gelöst	HCO_3^-	Carbamat	gesamt
arteriell:				
Plasma*	0,7	13,2	0,1	14,0
Erythrozyten**	0,5	6,5	1,1	8,1
Blut	1,2	19,7	1,2	22,1
gemischt-venös:				
Plasma*	0,8	14,3	ca. 0,1	15,2
Erythrozyten**	0,6	7,2	1,4	9,2
Blut	1,4	21,5	1,5	24,4
arteriovenöse CO_2-Differenz im Blut	0,2	1,8	0,3	2,3
(% der gesamten arteriovenösen Differenz)	(9%)	(78%)	(13%)	(100%)

* ca. 0,55 l Plasma/l Blut; ** ca. 0,45 l Erythrozyten/l Blut

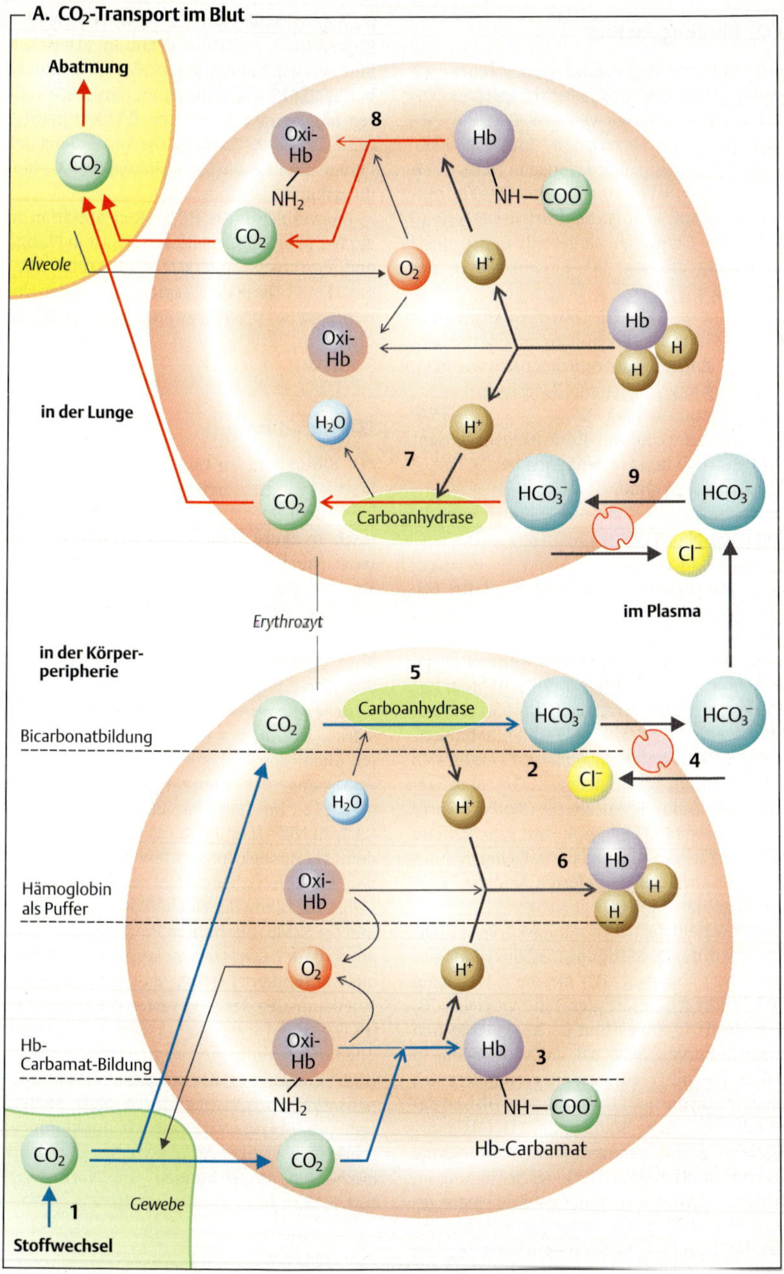

A. CO_2-Transport im Blut
Abatmung
CO_2
Alveole
8
Oxi-Hb
NH_2
CO_2
Hb
NH—COO^-
O_2
H^+
Oxi-Hb
Hb
H
H
in der Lunge
H_2O
H^+
7
CO_2
Carboanhydrase
HCO_3^-
9
HCO_3^-
Cl^-
im Plasma
Erythrozyt
in der Körper-peripherie
5
CO_2
Carboanhydrase
HCO_3^-
HCO_3^-
Bicarbonatbildung
2
4
Cl^-
H_2O
H^+
Hämoglobin als Puffer
Oxi-Hb
6
Hb
H
H
O_2
H^+
Hb-Carbamat-Bildung
Oxi-Hb
NH_2
Hb
3
NH—COO^-
Hb-Carbamat
CO_2
CO_2
1
Stoffwechsel
Gewebe

CO_2-Bindung im Blut

Die **Gesamt-CO_2-Konzentration** (= chemisch gebundenes „CO_2" + physikalisch gelöstes CO_2) beträgt im gemischt-venösen Blut ca. 24–25 mmol/l, im arteriellen Blut ca. 22–23 mmol/l. Knapp 90% davon sind HCO_3^- (→ **A** rechts u. Tab. S. 124). Die Gesamt-CO_2-Konzentration ist v. a. vom *Partialdruck des CO_2* (P_{CO_2}) abhängig. Graphisch dargestellt ergibt diese Beziehung die sog. CO_2-Bindungskurve des Blutes (s. u.).

Die Konzentration des **physikalisch gelösten CO_2** im Plasma ist linear vom dort herrschenden P_{CO_2} abhängig und errechnet sich wie folgt:

$$[CO_2] = \alpha_{CO_2} \cdot P_{CO_2} \text{ (mmol/l Plasma) bzw. (ml/l Plasma),} \quad [5.6]$$

wobei α_{CO_2} der (Bunsen-)*Löslichkeitskoeffizient* für CO_2 ist. Er beträgt im Plasma bei 37 °C:

$$\alpha_{CO_2} = 0{,}225 \text{ mmol} \cdot l^{-1} \cdot kPa^{-1},$$

bzw., umgerechnet auf das Volumen von CO_2 (ml = mmol · 22,26):

$$\alpha_{CO_2} = 5 \text{ ml} \cdot l^{-1} \cdot kPa^{-1}.$$

Als *Bindungskurve des physikalisch gelösten CO_2* ergibt sich daher eine Gerade (→ **A**, grüne Linie).

Im Gegensatz dazu nimmt das **chemisch gebundene „CO_2"** nicht linear mit erhöhtem P_{CO_2} zu, da u. a. die Pufferkapazität limitiert und nur eine begrenzte Anzahl von Carbaminobindungen am Hämoglobin möglich ist: Es ergibt sich für chemisch gebundenes „CO_2" eine gekrümmte Bindungskurve. Die *Bindungskurve für das Gesamt-„CO_2"* (→ **A**, rote bzw. violette Linie) errechnet sich aus der jeweiligen Summe des physikalisch gelösten und des chemisch gebundenen CO_2.

Der Verlauf der CO_2-Bindungskurve des Blutes ist von der **O_2-Sättigung** (S_{O_2}) des Hämoglobins (Hb) abhängig: Bei gleichem P_{CO_2} kann vollständig O_2-gesättigtes Blut weniger CO_2 binden als O_2-freies Blut (→ **A**, vgl. rote und violette Kurve). Wird z. B. das venöse Blut in der Lunge mit O_2 aufgeladen, vermindert sich gleichzeitig die Pufferkapazität des Hb und damit die chemische Bindung des CO_2 (*Haldane-Effekt*; → S. 124). Venöses Blut ist allerdings nie O_2-frei, sondern (je nach O_2-Ausschöpfung im betreffenden Organ) immer noch zu einem gewissen Anteil mit O_2 gesättigt; gemischt-venös beträgt S_{O_2} rund 0,75. Für diesen Wert liegt die (in **A** gestrichelte) Kurve zwischen den beiden Kurven für S_{O_2} = 0,00 und 1,00. Im arteriellen Blut herrscht ein P_{CO_2} von ca. 5,33 kPa, und S_{O_2} beträgt 0,97 (→ **A**, Punkt *a*). Im gemischt-venösen Blut beträgt der P_{CO_2} ca. 6,27 kPa und S_{O_2} rund 0,75 (→ **A**, Punkt $\bar{v}$). Die Verbindung der Punkte *a* und $\bar{v}$ wird **„physiologische CO_2-Bindungskurve"** genannt.

Das Verhältnis der HCO_3^--Konzentration zu der des physikalisch gelösten CO_2 ist in Plasma und Erythrozyt unterschiedlich (rund 20 : 1 bzw. 12 : 1). Diese Werte spiegeln auch den Unterschied des pH-Wertes im Plasma (7,40) zu dem im Erythrozyten (ca. 7,2) wider (→ S. 138 ff.).

CO_2 im Liquor

CO_2 diffundiert, im Gegensatz zu HCO_3^- und H^+, relativ leicht durch die Blut-Liquor-Schranke (→ **B1** u. S. 310), so dass sich der Liquor-P_{CO_2} rasch an **akute Änderungen des Blut-P_{CO_2}** anpasst. Nun können aber CO_2-bedingte (sog. respiratorische) pH-Änderungen im Organismus nur von den sog. *Nicht-Bicarbonat-Puffern* (NBP) abgepuffert werden (→ S. 144). Da deren Konzentration im Liquor sehr niedrig ist, senkt dort also z. B. ein akuter P_{CO_2}-Anstieg (*respiratorische Azidose*, → S. 144) den pH-Wert relativ stark (→ **B1**, pH ↓↓). Dies wird von den zentralen Chemosensoren registriert und mit einer Anpassung der Atemtätigkeit beantwortet (→ S. 132). Im Gegensatz zum Liquor ist Blut reich an NBP (Hämoglobin!), so dass die durch den CO_2-Anstieg freiwerdenden H^+-Ionen im Blut effektvoll abgepuffert werden. Dadurch steigt die aktuelle HCO_3^--Konzentration im Blut (→ S. 146) auf höhere Werte als im Liquor an, so dass HCO_3^- (relativ langsam) in den Liquor diffundiert (→ **B2**).; dies hat dort einen Wiederanstieg des pH-Wertes zur Folge (weil $[HCO_3^-]/[CO_2]$ steigt; → S. 140) und damit (via Chemosensoren) einen verringerten „Atemantrieb", ein Vorgang, der durch eine renale Kompensation (pH-Anstieg durch HCO_3^--Retention, → S. 144) verstärkt wird. Damit kommt es schließlich zu einer Art „Gewöhnung" an **chronische P_{CO_2}-Abweichungen** von Normalwert (s. a. S. 132).

A. CO_2-Bindungskurve

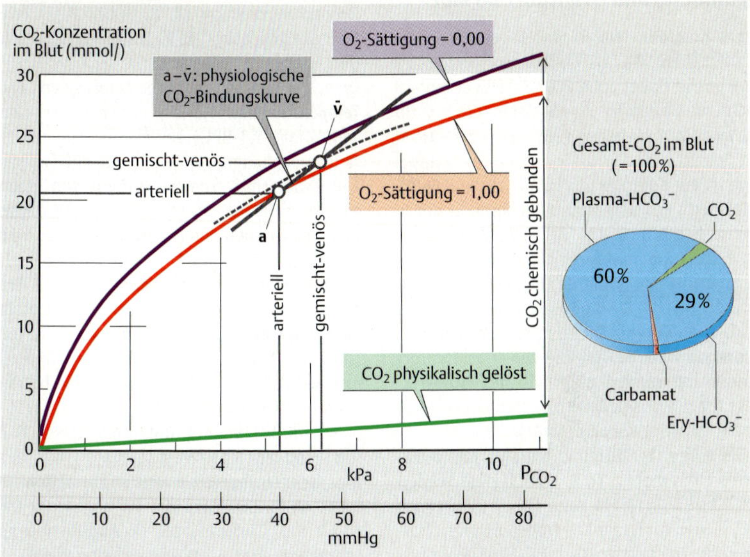

B. CO_2 und pH-Wert im Liquor

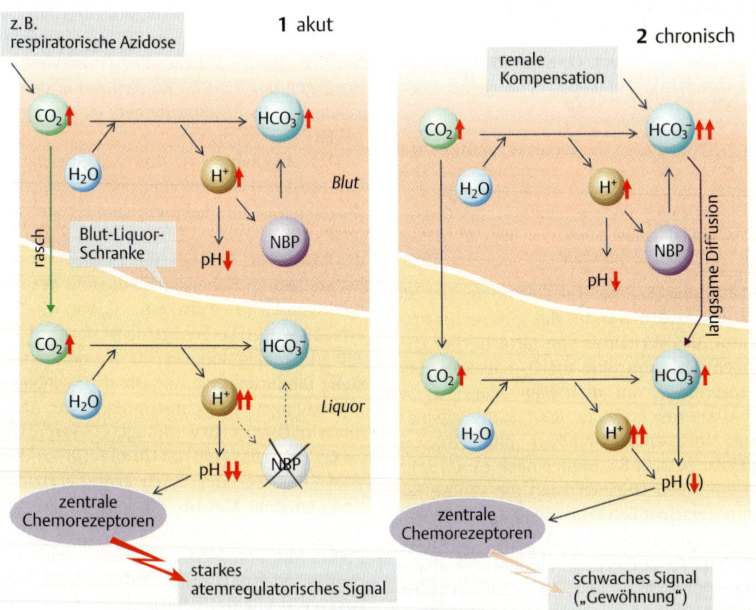

O_2-Bindung und -Transport im Blut

Das **Hämoglobin** (**Hb**, 64500 Da) in den Erythrozyten dient v.a. als *O_2-Transportprotein*, es transportiert aber auch CO_2 und ist zudem ein wichtiger *Blutpuffer* (→ S. 124 u. 138 ff.). Hb hat vier Untereinheiten (98%: $2\alpha + 2\beta$ = **HbA**; 2%: $2\alpha + 2\delta$ = HbA_2) mit je einer **Häm**-Gruppe. Häm ist ein Komplex aus Porphyrin und **Fe(II)**. Jedes der vier Fe(II) bindet (zusammen mit je einem Histidinrest des Hb) reversibel ein O_2-Molekül: **Oxigenation** (nicht Oxidation) des Hb zu **Oxi-Hb**. Je höher der P_{O_2}, desto mehr O_2 wird gebunden: **O_2-Bindungskurve des Blutes** (→ **A**, rote Kurve). Diese Kurve ist S-förmig (sigmoid), weil die Bindung von O_2 zu Konformationsänderungen innerhalb des Hb-Tetramers führt, was wiederum dessen O_2-Affinität erhöht (*positive Kooperativität*).

Bei voller O_2-Sättigung bindet 1 mol tetrameres Hb 4 mol O_2 (d.h. 64500 g Hb binden $4 \times 22{,}4\,l\ O_2$). 1 g Hb kann daher theoretisch 1,39, in vivo ca. 1,35 ml O_2 transportieren (*Hüfner-Zahl*). Die mittlere Gesamt-Hb-Konzentration, $[Hb]_{total}$, beträgt rund 150 g/l Blut (→ S. 88). Diesem $[Hb]_{total}$ entspricht daher eine *maximale O_2-Konzentration* des Blutes von 9,1 mmol/l Blut (oder eine max. O_2-Fraktion von 0,203 l O_2/l Blut): **O_2-Kapazität**. Diese ist also vom $[Hb]_{total}$ abhängig (→ **A**, gelbe u. lila Kurve).

Die O_2-Konzentration des Blutes ist praktisch mit dem am Hb gebundenen O_2 gleichzusetzen, da (bei einem P_{O_2} von 13,3 kPa) nur 1,4% des Blut-O_2 *physikalisch gelöst* sind (→ **A**, orange Kurve). Der Löslichkeitskoeffizient α_{O_2} ist nämlich mit 10 µmol · (l Plasma)$^{-1}$ · kPa^{-1} ca. 22-mal kleiner als α_{CO_2}; → S. 126).

O_2-Sättigung (**S_{O_2}**) heißt der *Anteil des Oxi-Hb an $[Hb]_{total}$* oder, was auf das gleiche herauskommt, das Verhältnis von tatsächlicher O_2-Konzentration im Blut zur O_2-Kapazität. Bei normalem P_{O_2} im *arteriellen* Blut (P_{aO_2} = 12,6 kPa) erreicht S_{O_2} ca. *0,97* (Sättigungsplateau), im *gemischt-venösen* Blut ($P_{\bar{v}O_2}$ = 5,33 kPa) beträgt S_{O_2} immer noch ca. *0,73*. In den einzelnen Organen kann die venöse S_{O_2} sehr unterschiedlich sein (→ S. 130).

Trägt man (anders als in **A**) den P_{O_2} gegen S_{O_2} auf (→ **B**), so ist die O_2-Bindungskurve unabhängig von $[Hb]_{total}$ und *Affinitätsänderungen zwischen Hb und O_2* sind gut ablesbar: **Verschiebung der O_2-Bindungskurve** des Hb. Eine Rechtsverschiebung (R.-V.: Affinität ↓) oder Linksverschiebung (L.-V.: Affinität ↑) macht den Anfangsteil der Kurve flacher bzw. steiler. *Ursachen der L.-V.* sind eine *Senkung von P_{CO_2}*, *Temperatur* und *2,3-Bisphosphoglycerat-Konzentration* (2,3-BPG) sowie ein *erhöhter pH* (auch unabhängig von P_{CO_2} ↓). 2,3-BPG (normal 1 mol/mol Hb-Tetramer) stammt aus einem Nebenschritt der Glykolyse des Erythrozyten und ist zwischen den β-Ketten des Desoxi-Hb eingelagert. Zu einer *R.-V.* kommt es bei *pH-Absenkung* und einer *Erhöhung von P_{CO_2}*, *Temperatur* und *2,3-BPG* (→ **B**). Der sog. **O_2-Halbsättigungsdruck** (**$P_{0,5}$**, → **B**, punktierter Pfeil) ist der P_{O_2}, bei dem S_{O_2} = 0,5. $P_{0,5}$ ist ein Maß für eine R.-V. ($P_{0,5}$ ↑) und L.-V. ($P_{0,5}$ ↓) und beträgt normalerweise 3,6 kPa.

Eine R.-V. bedeutet funktionell, dass z.B. in der *Peripherie* (pH-Wert ↓, P_{CO_2} ↑) aus dem Blut *mehr O_2 abgegeben* werden kann (**Bohr-Effekt**), ohne dass dazu der P_{O_2} abgesenkt und somit die Triebkraft der O_2-Abdiffusion geschmälert wird (→ **B**, gestrichelte Pfeile). In den Lungenkapillaren (pH-Wert ↑, P_{CO_2} ↓) stellt sich dann wieder die höhere O_2-Affinität ein. Dies kommt besonders bei erniedrigtem P_{AO_2} (z.B. Höhenhypoxie) zum Tragen, da hierbei S_{aO_2} links des S_{O_2}-Plateaus liegt. Inwieweit Änderungen der 2,3-BPG-Konzentration der *Regelung* der O_2-Affinität dienen, ist nicht ganz geklärt.

Das **Myoglobin** (= O_2-Kurzzeit-Speicher in den Muskeln) ist monomer und seine O_2-Bindungskurve daher bei niedrigem P_{O_2} viel steiler als die des HbA (→ **C**; Funktion → S. 72). Die des **fetalen Hb** ($2\alpha + 2\gamma$ = **HbF**) ist ebenfalls steiler, so dass im Nabelvenenblut trotz des dort niedrigen P_{O_2} (3–4 kPa) eine S_{O_2} von 45–70% erreicht wird. (Das genügt, da fetales $[Hb]_{total}$ = 180 g/l.) Kohlenmonoxid (**CO**) hat eine extrem steile Bindungskurve mit Hb, d.h., schon bei geringfügigen CO-Beimischungen zur Atemluft wird O_2 vom Hb verdrängt (CO-*Vergiftung*) (→ **C**). Wenn das Fe(II) im Hb zu Fe(III) oxidiert wird (spontan oder durch exogene Oxidantien), entsteht **Met-Hb** (normal 1% des Hb), das nicht mehr in der Lage ist, O_2 zu binden (→ **C**). Mit der *MetHb-Reduktase* wird Hb-Fe(III) wieder zu Hb-Fe(II) reduziert (bei Säuglingen u.U. unzureichend).

A. O_2-Bindungskurve: O_2-Kapazität

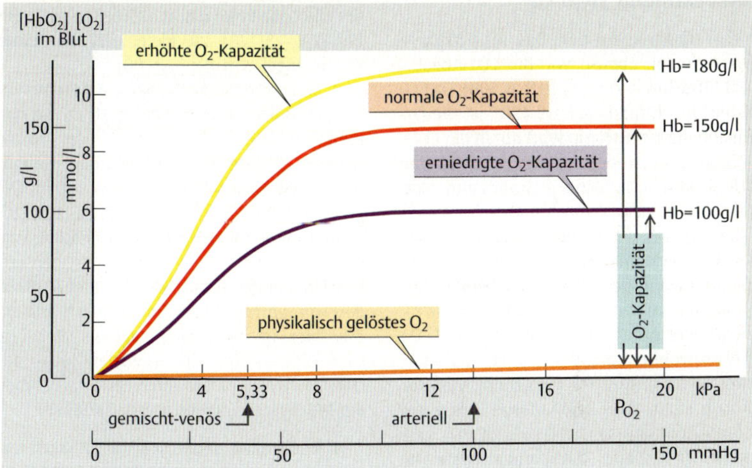

B. O_2-Bindungskurve: O_2-Sättigung

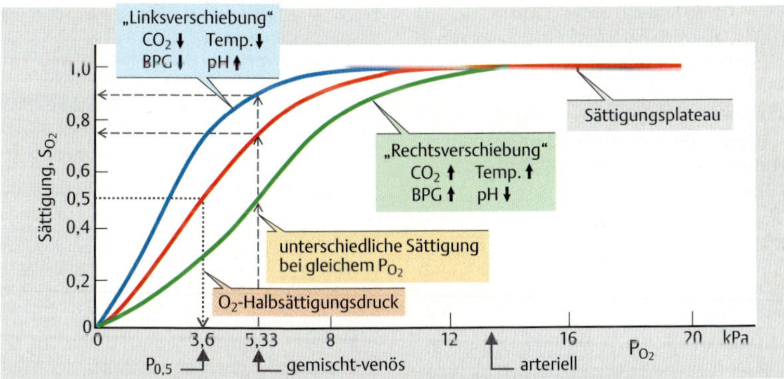

C. O_2- und CO-Bindungskurven

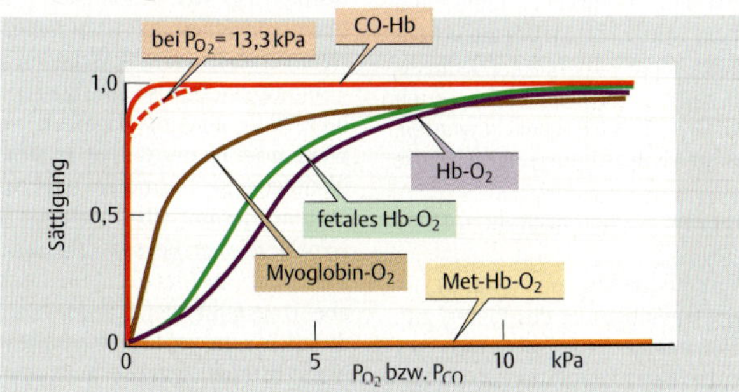

Gewebeatmung, Hypoxie

Die O_2-Aufnahme aus dem Blut ins periphere Gewebe findet, ebenso wie die CO_2-Abgabe, durch **Diffusion** statt (→ S. 20 ff. u. 106). Da CO_2 viel leichter diffundiert (→ S. 120), ist die O_2-Diffusion limitierend. Sie wird durch die hohe Kapillardichte ermöglicht, aus der sich eine große Austauschfläche (insgesamt ca. 1000 m^2) und kurze Diffusionswege (max. ca. 10–25 μm; → **A**, „R") ergeben. *Triebkraft* ist die *O_2-Partialdruckdifferenz* (ΔP_{O_2}) zwischen dem Kapillarblut und den O_2-verbrauchenden Mitochondrien, an denen ein *kritischer P_{O_2}* von ca. 0,1 kPa nicht unterschritten werden darf. Da der P_{O_2} sowohl entlang der Kapillare als auch, senkrecht dazu, mit der Entfernung von der Kapillare sinkt, sind kapillarferne Zellen am venösen Ende am schlechtesten mit O_2 versorgt (*Krogh-Zylinder*, → **A1**) und als erste von einem O_2-Mangel (**Hypoxie**, s. u.) bedroht (→ **A2**, „tödliche Ecke").

Der **O_2-Verbrauch eines Organs**, $\dot{V}_{O_2}$ (l O_2/min), lässt sich nach dem Fickschen Prinzip (→ S. 106) aus der Differenz von **a**rteriell angebotenem ($\dot{Q} \cdot [O_2]_a$) und nicht in Anspruch genommenem, **v**enösem O_2-Volumen/Zeit ($\dot{Q} \cdot [O_2]_v$) errechnen, wobei $\dot{Q}$ = Organdurchblutung (l/min) und $[O_2]$ = O_2-Konzentration (l/l Blut):

$$\dot{V}_{O_2} = \dot{Q}\,([O_2]_a - [O_2]_v) \qquad [5.7]$$

Als *O_2-Ausschöpfung* oder *-Extraktion* (E_{O_2}), bezeichnet man den Anteil des Verbrauchs $\dot{V}_{O_2}$ am Angebot ($\dot{Q} \cdot [O_2]_a$). Da sich $\dot{Q}$ kürzt, ergibt sich:

$$E_{O_2} = ([O_2]_a - [O_2]_v) / [O_2]_a \qquad [5.8]$$

E_{O_2} ist von Art und Tätigkeit des Organs abhängig: Haut 0,04 (= 4 %), Niere 0,07, Gehirn, Leber und ruhender Skelettmuskel ca. 0,3, Myokard 0,6 (alle Werte bei körperlicher Ruhe) und stark arbeitender Muskel bis zu 0,9. Ein **erhöhter O_2-Bedarf** des Skelettmuskels z. B. kann also (zusätzlich zum $\dot{Q}$-Anstieg; → S. 74) durch Steigerung von E_{O_2} (0,3 ⇒ 0,9) gedeckt werden, während dies im Myokard nur eingeschränkt möglich ist.

Gewebehypoxien werden nach ihren Ursachen eingeteilt:

1. Eine *hypoxämische Hypoxie* (→ **A2, B1**) ist eine zu geringe O_2-Aufladung des Blutes, z. B. bei einem Höhenaufenthalt (→ S. 136), bei verminderter alveolärer Ventilation oder einer Störung des alveolären Gasaustausches.

2. Bei einer *anämische Hypoxie* (→ **B2**) ist der Hb-Gehalt und damit die O_2-Kapazität des Blutes (→ S. 128) zu klein, z. B. bei einer Eisenmangel–Anämie (→ S. 90).

3. Eine *ischämische Hypoxie* (→ **B3**) entsteht durch *verminderte Durchblutung* ($\dot{Q}\downarrow$), was systemische (z. B. Herzversagen) oder lokale Gründe (z. B. arteriosklerotischer oder embolischer Arterienverschluss) haben kann. Im Gegensatz zu (1) und (2) muss bei (3) zur Aufrechterhaltung von $\dot{V}_{O_2}$ (s. Gl. 5.7) die $\dot{Q}$-Verminderung durch Anstieg von E_{O_2} kompensiert werden. Bei (3) ist auch der *An- und Abtransport von Substraten bzw. Metaboliten behindert*, d. h. hier ist auch die anaerobe Glykolyse (→ S. 72) wenig hilfreich, da weder Glucose antransportiert noch die entstehenden H^+-Ionen der Milchsäure entsorgt werden können.

4. Eine *Hypoxie wegen zu langer Diffusionswege* entsteht dann, wenn es zu einer Vermehrung des Gewebes kommt, ohne dass sich dabei auch die Zahl der Blutkapillaren vermehrt, so dass nicht mehr alle Zellen innerhalb des O_2-Versorgungsradius des Krogh-Zylinders liegen (→ **A**, „R").

5. Von *zytotoxischer Hypoxie* spricht man, wenn zwar genug O_2 in den Mitochondrien ankommt, die O_2-Verwertung aber vergiftet ist. Blausäure (HCN) z. B. blockiert den oxidativen Zellstoffwechsel durch Hemmung der Cytochromoxidase.

Die **Hypoxie-Empfindlichkeit** der verschiedenen Gewebe ist unterschiedlich. Das *Gehirn* ist besonders empfindlich. Das ist umso schwerwiegender, da eine einmal untergegangene Nervenzelle gewöhnlich nicht mehr ersetzt wird. Bei einer völligen Anoxie des Körpers (z. B. Herz- und/oder Atemstillstand) ist die Überlebenszeit des Gehirns daher der Wert, der nach der Anoxie eine Erholung des Organismus begrenzt. Schon nach 15 s Anoxie tritt Bewusstlosigkeit auf, nach mehr als ca. 3 min treten erste irreparable Schäden auf.

Eine **Zyanose**, also eine blau-violette Verfärbung von Lippen, Nagelbett etc., entsteht, wenn *arteriell* der Gehalt an Desoxi-Hb 50 g/l übersteigt. Bei normalem oder mäßig vermindertem Gesamt-Hb-Gehalt ist Zyanose ein *Hypoxiezeichen*. Bei sehr niedrigem Hb-Gehalt kann der O_2-Mangel (anämische Hypoxie) aber trotz fehlender Zyanose bereits lebensbedrohlich sein, während andererseits bei hohem Hb eine Zyanose auftreten kann, ohne dass eine wesentliche Hypoxie besteht.

A. O_2-Versorgungszylinder (Krogh)

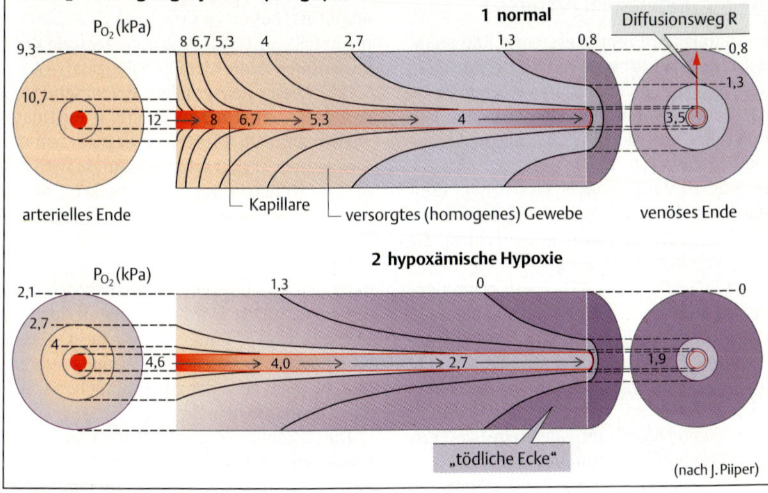

B. Hypoxie

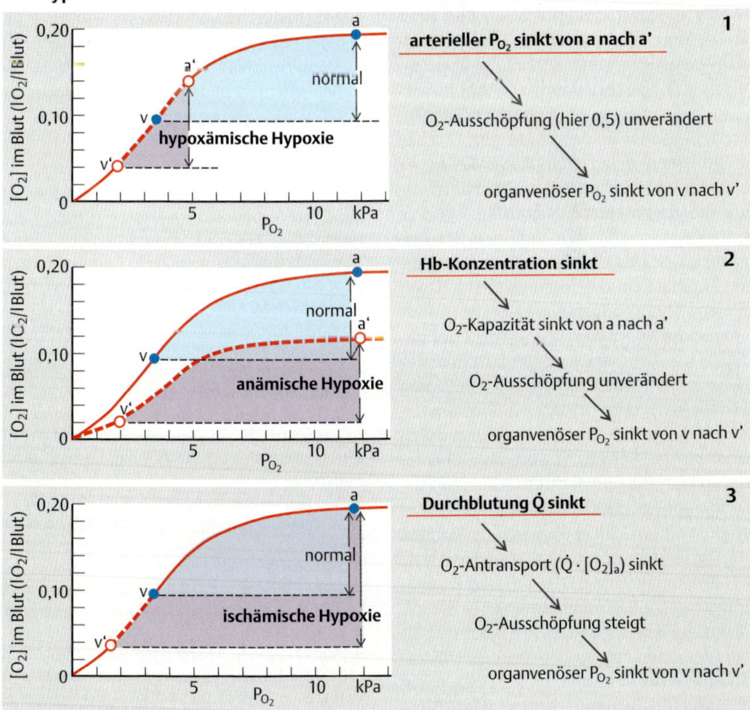

Atmungsregulation, Atemreize

Die Atmung wird zentral gesteuert. Die Atemmuskeln (→ S. 108) werden von Nervenfasern aus dem Hals- und Brustmark versorgt (C4–8, Th1–7). Zu den dortigen Motoneuronen laufen Bahnen aus der *Medulla oblongata* und dem *Halsmark* (C1, 2), wo sich, räumlich z.T. getrennt, aber miteinander verschaltet, *inspiratorisch* und *exspiratorisch wirksame Neurone* befinden (→ **A1**, rote bzw. grüne Felder), die zusammen den **Rhythmusgenerator** (= Atem-„zentrum") bilden (→ **A1**). Diese Neuronengruppen sind abwechselnd tätig und hemmen sich z.T. gegenseitig, wodurch es alternierend zu In-und Exspiration kommt. *Tonisch*, d.h. rhythmusunabhängig werden sie durch die Formatio reticularis aktiviert, die wiederum modulierende Afferenzen (*Atemreize*) aus Peripherie und höheren Hirnteilen erhält (s. u.).

Diese **Atemreize** sind z.T. über Sensoren (= Rezeptoren) **rückgekoppelt** (→ S. 4), wobei entweder die Gaspartialdrücke im Blut über Chemosensoren (s. u.) oder die Tiefe des einzelnen Atemzuges (Lungendehnung) über *Mechanosensoren* geregelt werden (→ **A2**). So vermitteln die langsam adaptierenden *Lungendehnungssensoren* in der Wand von Trachea und Bronchien den *Hering-Breuer-Reflex*. Er scheint beim Menschen während erhöhter Atmung die Atemtiefe zu begrenzen. Weitere Rückmeldungen kommen von den *Muskelspindeln* (→ S. 318) der Atemmuskulatur, die deren Tätigkeit an den Atemwiderstand von Lunge und Thorax anpassen.

Chemische Atemreize. Das Ausmaß der unwillkürlichen Ventilation richtet sich in erster Linie nach den Partialdruckwerten von O_2 und CO_2 sowie nach dem pH-Wert in Blut und Liquor. Hierbei wird die Rückkopplung durch Chemosensoren vermittelt. **Periphere Chemosensoren** an Aorta und A. carotis (*Glomera aortica* und *carotica*; → **A3**) messen v. a. den P_{O_2} des arteriellen Blutes. Fällt er ab, wird über Bahnen im N. vagus und N. glossopharyngeus (N.X., N.IX) die Atmung verstärkt, so dass der P_{O_2} wieder ansteigt (z.B. Höhenatmung; → S. 136). Auch ein P_{CO_2}-Anstieg und ein pH-Abfall im Blut haben hier einen erregenden Einfluss. Die Impulsfrequenz der Sensoren steigt steil an, wenn ein P_{O_2} von 13 kPa unterschritten wird. Diese Abhängigkeit wird noch steiler, wenn gleichzeitig der P_{CO_2} und/oder die H^+-Konzentration erhöht ist. Auf einen CO_2-Anstieg (und einen pH-Abfall) im *Liquor* reagieren **zentrale Chemosensoren** an der Medulla oblongata (→ **A4** u. S. 126). Dieser Reiz erhöht die Ventilation, so dass der P_{CO_2} sinkt und der pH in Blut und Liquor wieder ansteigt. Dieser vorwiegend *zentrale Atemantrieb* ist akut sehr wirksam; so wird das Atemzeitvolumen etwa verzehnfacht, wenn der arterielle P_{CO_2} von 5 auf 9 kPa ansteigt (*CO_2-Antwortkurve*, → **A6**).

Bei einer *chronischen P_{CO_2}-Erhöhung* nimmt der zuvor erhöhte zentrale Atemantrieb wieder ab (→ S. 126). Wird dann den peripheren Chemosensoren durch künstliche O_2-Beatmung eine ausreichende Atmung vorgetäuscht, gerät auch der noch verbliebene *periphere Atemantrieb* in Gefahr.

Die Erhöhung des Atemzeitvolumens bei **körperlicher Arbeit** (→ **A5**) kommt (a) durch Mitinnervation des Rhythmusgenerators (Kollateralen kortikaler motorischer Efferenzen) sowie (b) durch Meldungen von Propriozeptoren des Bewegungsapparates zustande.

Weitere, **nicht rückgekoppelte Atemreize** haben wichtige *modulatorische Einflüsse* auf den Grundrhythmus der Atmung.

Dazu gehören Afferenzen

- von schnell-adaptierenden *Irritationsendigungen* in der Bronchialschleimhaut, die auf Volumenabnahme der Lunge (Atemfrequenz steigt; *Deflations-* oder Head-Reflex) sowie auf Staubpartikel und reizende Gase ansprechen (Auslösung des *Hustenreflexes*),
- von freien C-Faserendigungen (sog. *J-Sensoren*) in der Alveolar- und Bronchialwand, die u. a. beim Lungenödem erregt werden und u. a. Apnoe und Blutdrucksenkung auslösen,
- aus *höheren Zentren* des ZNS (Kortex, limbisches System, Hypothalamus, Pons), so bei *Emotionen* (z. B. Angst, Schmerz, Freude), bei *Reflexen* wie Niesen, Husten, Gähnen und Schlucken sowie bei *willkürlicher Beeinflussung* der Atmung beim Sprechen, Singen usw.,
- von den *Pressosensoren* (→ S. 214), durch die z. B. die Mehratmung bei Blutdruckabfall zustande kommt,
- von der Haut (*Warm- und Kaltreize*) und dem Thermoregulationszentrum. Sowohl Erhöhung (z. B. Fieber) als auch ein Absinken der *Körpertemperatur* führen zur Mehratmung.
- Auch Hormone beeinflussen die Atmung; so erhöht sie sich durch *Progesteron* in der 2. Hälfte des Menstruationszyklus und während der Schwangerschaft.

A. Atmungsregulation und Atemreize

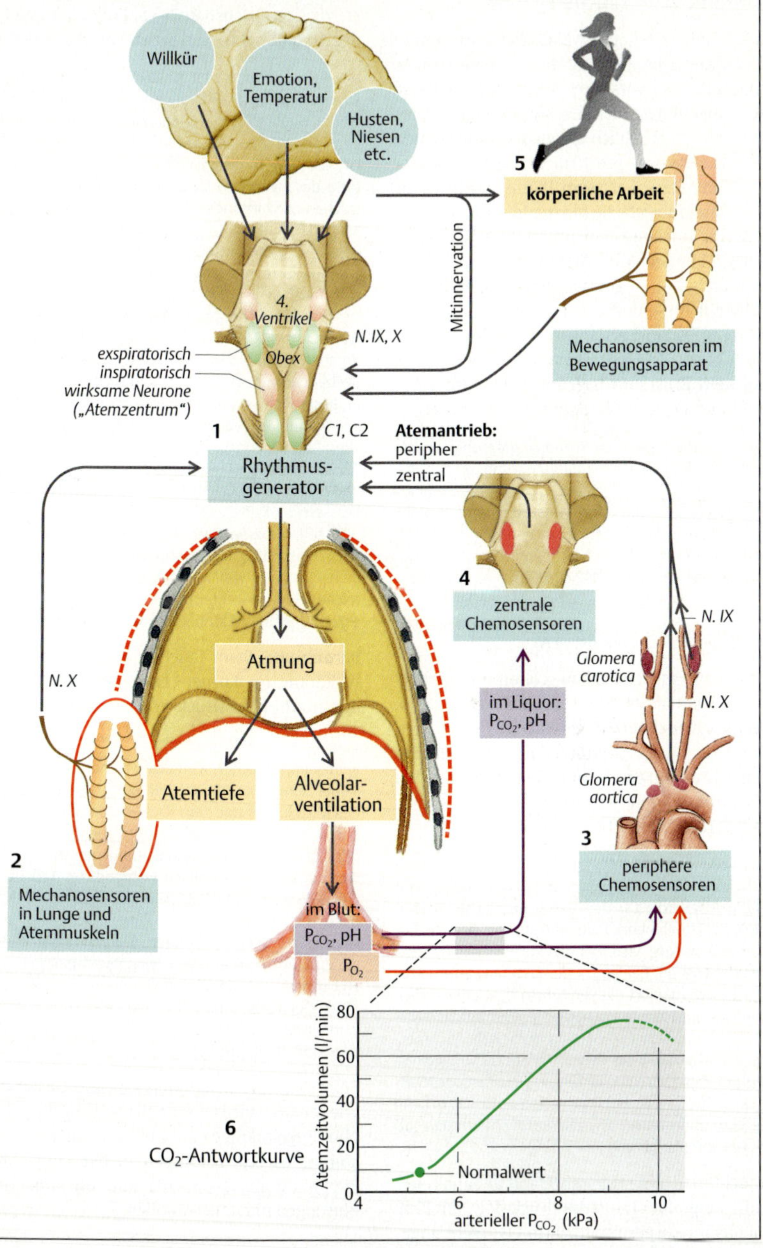

Atmung beim Tauchen

Tauchen bereitet aus zwei Gründen Atmungsprobleme: Zum einen ist der normale Zugang zur Außenluft versperrt, zum anderen steigt der Umgebungsdruck des Körpers unter Wasser dadurch erheblich an, dass sich der Druck der Wassersäule (pro 10 m Wassertiefe 98 kPa = 735 mmHg = 1 at) zum Barometerdruck an der Wasseroberfläche hinzuaddiert.

Beim Tauchen knapp unter die Wasseroberfläche können die Atemwege über einen **Schnorchel** verlängert werden, so dass der Zugang zur Außenluft erhalten bleibt (→ **A**). Die Atmung ist dabei erschwert, da (a) der *Totraum* (→ S. 114 u. 120) *vergrößert* wird und (b) der auf dem Brustkorb lastende *Wasserdruck* bei der Einatmung überwunden werden muss.

Die Tauchtiefe bei der Schnorchelatmung ist begrenzt, weil 1) bei starker Verlängerung des Schnorchels entweder der Totraum, oder, bei Wahl eines engeren Rohres, der Strömungswiderstand im Rohr zu sehr ansteigt und 2) der Wasserdruck zu hoch wird: Bei der Inspiration kann nämlich nur ein Maximalsog von ca. 11 kPa (112 cmH_2O) erzeugt werden (→ S. 116, inspiratorische Maxima). Eine Einatmung ist ab ca. 112 cm Wassertiefe somit nicht mehr möglich (hypoxämische Anoxie; → **A**).

Um beim Tauchen auch in größeren Tiefen (bis ca. 70 m) noch eine Atmung zu ermöglichen, werden **Tauchgeräte** verwendet. Sie stellen den Druck der Inspirationsluft (aus Druckflaschen) automatisch auf den umgebenden Wasserdruck ein, so dass der Taucher immer mit normalem Kraftaufwand atmen kann.

Durch den hohen Druck steigt aber u. a. der **Partialdruck von Stickstoff** (P_{N_2}; → **B**), so dass mehr N_2 im Blut gelöst wird als an der Wasseroberfläche (in 60 m Tiefe ca. 7-mal mehr). Beim Auftauchen lässt der hohe Druck wieder nach, und der zusätzliche N_2 bleibt nicht in Lösung. Bei langsamem, stufenweisem Auftauchen diffundiert der vermehrte N_2 wieder zurück und wird abgeatmet. Bei zu raschem Auftauchen entstehen hingegen N_2-*Gasblasen im Gewebe* (Schmerzen!) und *im Blut*, wo sie zur Verlegung von kleinen Blutgefäßen (*Gasembolie*) führen (*Taucher- oder Caissonkrankheit*; → **B**). Bei Tauchtiefen > 40 – 60 m kann es zum *Tiefenrausch* (N_2-„Narkose"?) kommen, ab 75 m zur *O_2-Vergiftung* (→ S. 136).

Taucht man ohne Hilfsmittel **mit angehaltener Luft**, steigt der CO_2-Partialdruck (P_{CO_2}) im Blut, da das im Körper produzierte CO_2 nicht abgeatmet wird. Ab einem bestimmten P_{CO_2} kommt es, via Chemosensoren (→ S. 132), zum Gefühl der Atemnot, d. h. zum Signal „Auftauchen!".

Um diesen Zeitpunkt hinauszuzögern, kann vor dem Tauchen der P_{CO_2} im Blut gesenkt werden (*Hyperventilation*). Geübte Taucher können sich dadurch mehr als eine Minute unter Wasser aufhalten. Der Verlauf der Partialdrücke in der Alveole und Ausmaß und Richtung des alveolären Gasaustausches sind für einen solchen Tauchversuch (10 m tief, 40 s Dauer) in **C** gezeigt: Die anfängliche Hyperventilation senkt den P_{CO_2} (→ **C**, grüne, ausgezogene Linie) und steigert etwas den P_{O_2} (**C**, rote Linie) in der Alveole (und im Blut). Das Tauchen in 10 m Wassertiefe verdoppelt den Druck auf den Thorax und dadurch auf die Alveolen, wodurch die Partialdrücke (P_{CO_2}, P_{O_2}, P_{N_2}) der Gase darin stark erhöht werden. Aus den Alveolen gelangt deshalb vermehrt O_2 ins Blut, und auch CO_2 fließt jetzt in dieser Richtung (→ **C unten**). Ist der P_{CO_2} im Blut weit genug angestiegen, kommt das Signal „Auftauchen!" (s. o.). Wird es befolgt, sinkt der P_{O_2} in Blut und Alveole rapid ab (O_2-Verbrauch + Druckentlastung!) und der alveoläre O_2-Austausch hört auf. In Höhe der Wasseroberfläche erreicht der P_{O_2} so einen gerade noch tolerierbaren Wert. Wird hingegen vor dem Tauchen übermäßig hyperventiliert, dann kommt das Signal „Auftauchen!", zu spät und der P_{O_2} sinkt vor Erreichen der Wasseroberfläche auf null ab (Bewusstlosigkeit, Tod durch Ertrinken; → **C**, gestrichelte Linien).

Barotrauma. Beim Tauchen werden gasgefüllte Räume im Körper (Lunge, Mittelohr etc.) durch erhöhten Druck verkleinert (auf $^1/_2$ bei 10 m Tauchtiefe, auf $^1/_4$ bei 30 m).

Beim Gerätetauchen wird das fehlende Luftvolumen in der Lunge automatisch ersetzt. Die Verbindung des Mittelohres mit dem Rachen über die Eustachi-Röhre ist jedoch nur gelegentlich (beim Schlucken) oder gar nicht (z. B. bei Erkältung) geöffnet. Fehlt hier der Volumenausgleich während des Tauchens, wölbt der steigende Wasserdruck im äußeren Gehörgang das Trommelfell nach innen (Schmerz!) und kann es zum Platzen bringen. Kaltes Wasser dringt ein und reizt einseitig das Gleichgewichtsorgan, was zu Übelkeit, Schwindel und Orientierungsstörungen führt. Der Vorbeugung dient das gelegentlich aktive Einpressen von Luft aus der Lunge in das Mittelohr (Nase zuhalten, pressen!).

Beim Auftauchen dehnen sich die Gasräume wieder aus. Wird zu schnell (> 18 m/min), d. h. ohne regelmäßiges Luftablassen, aufgetaucht, kommt es u. a. zu Rissen in der Lunge mit Pneumothorax (→ S. 110) und oft tödlichen Blutungen und Luftembolien.

A. Schnorcheltauchen

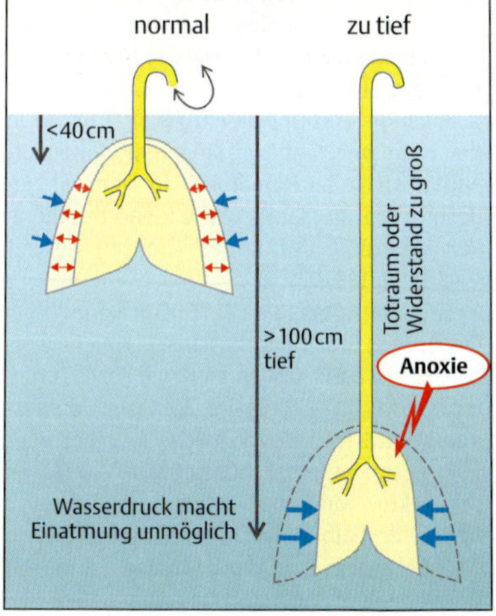

B. Gerätetauchen

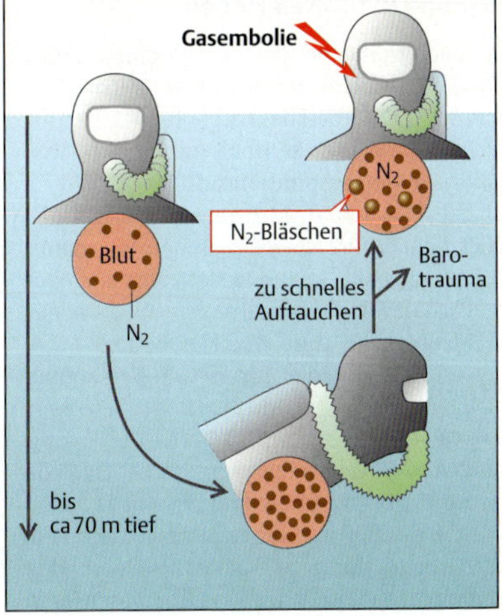

C. Tieftauchen mit angehaltener Luft

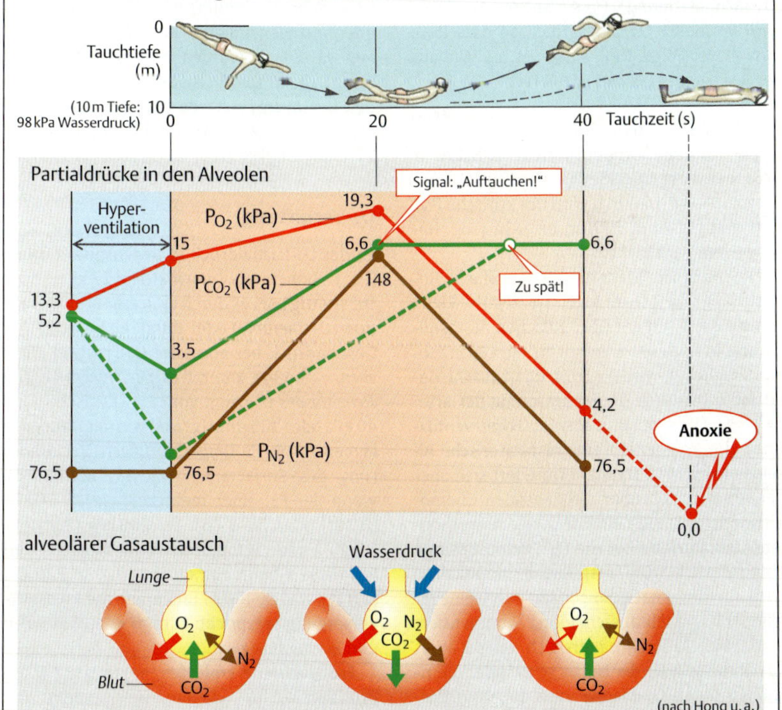

Atmung in großen Höhen

In Meereshöhe beträgt der Barometerdruck (P_{Bar}) durchschnittlich 101,3 kPa (760 mmHg). Aus der O_2-Fraktion der Luft (= F_{IO_2} = 0,209) errechnet sich für diese Höhe somit ein O_2-Partialdruck der Inspirationsluft (P_{IO_2}) von ca. 21,2 kPa (→ S. 106). Mit zunehmender Höhe über dem Meeresspiegel nehmen P_{Bar}, damit P_{IO_2} (→ **A**, Spalte 1) und in der Folge auch der O_2-Partialdruck in den Alveolen (P_{AO_2}) ab, der in Meereshöhe rund 13,3 kPa beträgt (→ **A**, Spalte 2). Sinkt der für die O_2-Versorgung maßgebliche P_{AO_2} unter den kritischen Wert von ca. 4,7 kPa (35 mmHg), kommt es zu Störungen der Gehirnfunktion durch Hypoxie (→ S. 130). Bei normaler Atmung würde dieser Wert in ca. 4000 m Höhe erreicht werden (→ **A**, gestrichelte Kurve in Spalte 2). Durch den niedrigen P_{O_2} wird jedoch via Chemosensoren (→ S. 132) das Atemzeitvolumen ($\dot{V}_T$) erhöht (**O_2-Mangelatmung**) (→ **A**, Spalte 4). Dabei wird vermehrt CO_2 abgeatmet, so dass P_{ACO_2} und, in der Folge, P_{aCO_2} sinken (s. u.). Wie aus der *Alveolargas-Gleichung* zu ersehen,

$$P_{AO_2} = P_{IO_2} - \frac{P_{ACO_2}}{RQ} \qquad [5.9]$$

(RQ = respiratorischer Quotient, → S. 120 u. 228), hat diese P_{ACO_2}-Senkung einen P_{AO_2}-Anstieg zur Folge. Dadurch wird der kritische P_{AO_2} jetzt erst bei rund 7000 m erreicht (sog. *Höhengewinn*; → **A**).

Die maximale Mehratmung (ca. 3fache Ruheatmung) bei O_2-Mangel ist relativ klein, wenn sie z. B. mit der über 10fachen Atemsteigerung bei schwerer Arbeit in normalen Höhen verglichen wird (→ S. 74, C3). Ursache dafür ist, dass durch die Mehratmung der arterielle P_{CO_2} (P_{aCO_2}) im Blut absinkt (**Hyperventilation**), d. h. es entsteht eine **respiratorische Alkalose** (→ S. 144). Damit vermindert sich aber der Atemantrieb über die zentralen Chemosensoren (→ S. 132), ein Effekt, der dem erhöhten Atemantrieb über die O_2-Chemosensoren entgegenwirkt. Die respiratorische Alkalose wird allerdings nach einiger Zeit durch eine renale HCO_3^--Mehrausscheidung kompensiert (→ S. 144). Dadurch nähert sich der pH-Wert des Blutes wieder der Norm, so dass der Atemantrieb durch O_2-Mangel nun doch zur Geltung kommen kann. Die Reizung der O_2-Chemosensoren in der Höhe bewirkt auch eine Erhöhung der Herzfrequenz; eine ausreichende O_2-Versorgung des Gewebes wird damit zusätzlich durch einen *Anstieg* des *Herzzeitvolumens* gewährleistet.

Auch die *Erythropoiese* (→ S. 88 ff.) wird in der Höhe *angeregt*: Bei längerem Höhenaufenthalt steigt der Hämatokrit an. Dem sind jedoch durch die damit verbundene Erhöhung der Viskosität des Blutes Grenzen gesetzt (→ S. 92 u. 188).

Größere Höhen als ca. 7000 m können bei **O_2-Atmung** (aus Druckflaschen) erreicht werden. P_{IO_2} ist dabei fast so groß wie der Barometerdruck P_{Bar} (→ **A**, Spalte 3). Ohne Mehratmung wird jetzt der kritische P_{AO_2} bei über 12 km erreicht, mit Erhöhung von $\dot{V}_T$ erst bei ca. 14 km. Moderne Langstreckenflugzeuge fliegen deshalb etwas unter dieser Höhe, so dass bei einem Druckabfall in der Kabine ein Überleben mit Sauerstoffmasken möglich ist.

Der Aufenthalt in Höhen von mehr als 14 km ist auch bei O_2-Atmung nur mit Druckkabinen oder -anzügen möglich (Raumfahrt). Oberhalb von ca. 20 km würden ohne einen solchen Schutz die Körperflüssigkeiten bereits zu sieden beginnen (→ **A**), da dort der Barometerdruck (P_{Bar}) unter den Wasserdampfdruck bei 37 °C abgesunken ist.

O_2-Vergiftung

Ist der O_2-Partialdruck in der Inspirationsluft (P_{IO_2}) höher als normal (> 22 kPa oder 165 mmHg), sei es durch eine erhöhte O_2-Fraktion (*O_2-Therapie*) oder durch einen erhöhten Gesamtdruck bei normaler O_2-Fraktion (*Tauchen*, → S. 134), kommt es zur *Hyperoxie*. Die *Toxizität des O_2* hängt vom P_{IO_2} (kritisch: > ca. 40 kPa oder 300 mmHg) und von der Dauer der Hyperoxie ab. Zu *Lungenstörungen* (Verminderung des Surfactants, → S. 118) kommt es, wenn der P_{IO_2} über mehrere Tage ca. 70 kPa (0,7 at) oder für 3–6 h ca. 200 kPa (2 at) beträgt. Erste Symptome sind Husten und Schmerzen beim Atmen. Bei P_{IO_2} > 220 kPa (2,2 at), was ca. 100 m Tauchtiefe mit Pressluftversorgung entspricht, kommt es zu *Krämpfen* und *Bewusstlosigkeit*.

Frühgeborene *erblinden*, wenn sie, z. B. im Brutkasten, für längere Zeit einem P_{IO_2} ≫ 40 kPa ausgesetzt werden, da sich unter diesen Umständen der Glaskörper trübt.

A. Die Höhenatmung (ohne Akklimatisation)

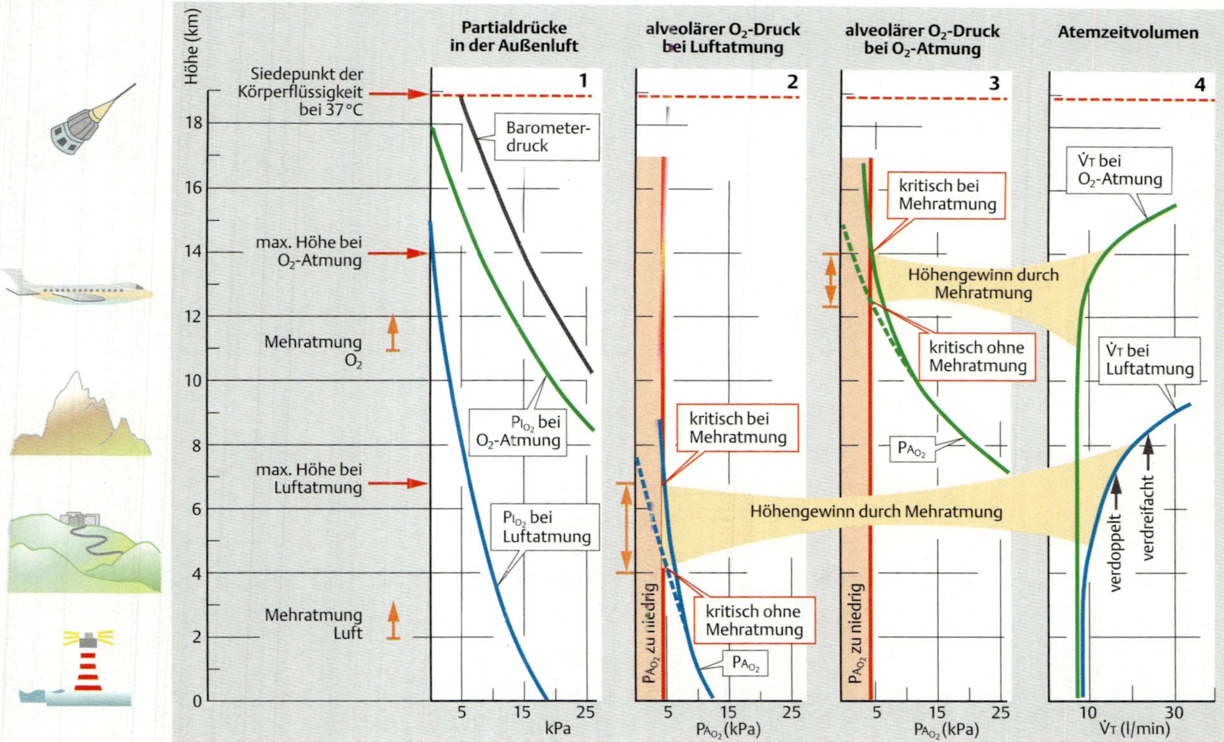

pH-Wert, Puffer, Säure-Basen-Gleichgewicht

Der **pH-Wert** ist ein Maß für die „effektive" H^+-Ionenkonzentration (= H^+-Ionenaktivität = $f_H \cdot [H^+]$; → S. 378), wobei

pH = – log ($f_H \cdot$ **[H⁺]**). [6.1]

Der **pH-Wert des Blutes** beträgt im Mittel ca. **7,4** (Normalwerte → S. 142), was einer H^+-Aktivität von ca. 40 nmol/l entspricht. Für den Organismus ist die Konstanthaltung des pH-Wertes besonders wichtig. Bei größeren Abweichungen von der Norm kommt es zu *Störungen des Stoffwechsels*, der *Durchlässigkeit von Membranen*, der *Elektrolytverteilung* u. v. a. Blut-pH-Werte unter 7,0 und über 7,8 sind mit dem Leben nicht mehr vereinbar.

Für die Konstanthaltung des pH-Wertes im Organismus sorgen verschiedene **pH-Puffer** (→ S. 379). Ein wichtiger Puffer des Blutes und anderer Körperflüssigkeiten ist das System

$CO_2 + H_2O \rightleftharpoons HCO_3^- + H^+$. [6.2]

Für einen bestimmten pH-Wert ist das herrschende *Verhältnis* der Konzentration der Puffer-„Base" (hier: $[HCO_3^-]$) zur dazugehörigen Puffer-„Säure" (hier: $[CO_2]$) durch den pK_a-Wert festgelegt (*Henderson-Hasselbalch-Gleichung*; → **A**).

Die große **Bedeutung des CO_2/HCO_3^--Puffersystems** im Blut liegt darin, dass es nicht nur H^+-Ionen abpuffern kann, sondern zusätzlich darin, dass die Konzentrationen der beiden Pufferkomponenten weitgehend unabhängig voneinander *verändert* werden können: $[CO_2]$ durch die *Atmung*, $[HCO_3^-]$ durch *Leber* und *Niere* (→ **A**; s. a. S. 174). Man nennt es daher ein *offenes Puffersystem* (→ S. 140).

Der wichtigste der übrigen Puffer im Blut (= *Nicht-Bicarbonat-Puffer*) ist das **Hämoglobin** in den Erythrozyten (320 g Hb/l Erythrozyten! → MCHC, S. 89 C):

$HbH \rightleftharpoons Hb^- + H^+$; [6.3]

$Oxi\text{-}HbH \rightleftharpoons Oxi\text{-}Hb^- + H^+$. [6.4]

Das relativ saure, Oxi-Hb^- bindet dabei weniger H^+-Ionen als das weniger saure, desoxigenierte Hb^- (s. a. S. 124). Wird daher z. B. in der Lunge Hb zu Oxi-Hb oxigeniert, werden H^+-Ionen frei. Die Reaktion 6.2 läuft deswegen vermehrt nach links, was die CO_2-Freisetzung aus der chemischen Bindung und somit die CO_2-Abatmung fördert.

Weitere Nicht-Bicarbonat-Puffer des Blutes sind die *Plasmaproteine* sowie anorganische ($H_2PO_4^- \rightleftharpoons H^+ + HPO_4^{2-}$) und (im Erythrozyten) organische *Phosphate*. Auch die organischen und anorganischen Puffer im Zellinneren der verschiedenen Gewebe werden zur Pufferung herangezogen.

Entscheidend für die Pufferungsfähigkeit einer Lösung ist die **Pufferkapazität** ($mol \cdot l^{-1} \cdot [\Delta pH]^{-1}$). Sie ist die Menge an zugeführten H^+- bzw. OH^--Ionen pro Volumen, die den pH-Wert um eine Einheit verändert, d. h. die Pufferkapazität entspricht der Steilheit der Titrationskurve dieses Puffers (→ S. 380, B). Die Pufferkapazität hängt (a) von der Pufferkonzentration und (b) vom pH-Wert ab. Je weiter dieser vom pK_a-Wert des Puffers entfernt ist, desto kleiner ist die Pufferkapazität (s. a. S. 380). Die Pufferkapazität des Blutes beträgt bei pH 7,4 und konstantem P_{CO_2} etwa 75 mmol $\cdot l^{-1} \cdot (\Delta pH)^{-1}$. Da die Pufferkapazität vom jeweiligen P_{CO_2} abhängig ist, wird klinisch als Maß für die Pufferungsfähigkeit des Blutes die **Pufferbasenkonzentration** des Blutes bevorzugt, die normalerweise rund 48 mval/l beträgt (→ S. 142 u. 146). Es ist dies die Summe der Konzentrationen aller Pufferformen, die H^+-Ionen aufnehmen können, also HCO_3^-, Hb^-, Oxi-Hb^-, $Bisphosphoglycerat^-$, Plasmaprotein-Anionen, HPO_4^{2-} u. a. m.

Ursachen der **Änderung des Blut-pH-Wertes** sind (→ **A** u. S. 142 f.):

- H^+-Ionen werden *direkt zugeführt*, etwa mit der Nahrung (z. B. Essig) oder aus dem Stoffwechsel, oder sie werden aus dem Blut *entfernt* (z. B. von der Niere, → S. 174 ff.).
- OH^--Ionen werden *zugeführt*, z. B. mit den (basischen) Salzen schwacher Säuren bei vorwiegend pflanzlicher Ernährung.
- Die CO_2-Konzentration kann verändert sein, z. B. durch Änderung der *CO_2-Produktion* im Stoffwechsel oder der *CO_2-Abatmung*. Fällt $[CO_2]$, steigt damit der pH-Wert an und umgekehrt (→ **A**: $[CO_2]$ steht im Nenner der Gleichung!).
- HCO_3^- kann direkt aus dem Blut *entfernt* werden (HCO_3^--Ausscheidung durch die Niere oder bei Durchfall; → S. 176 u. S. 142), wobei ein Ansteigen bzw. Absinken von $[HCO_3^-]$ einen pH-Anstieg bzw. pH-Abfall zur Folge hat (→ **A**: $[HCO_3^-]$ steht im Zähler der Gleichung).

A. Einflüsse auf den pH-Wert des Blutes

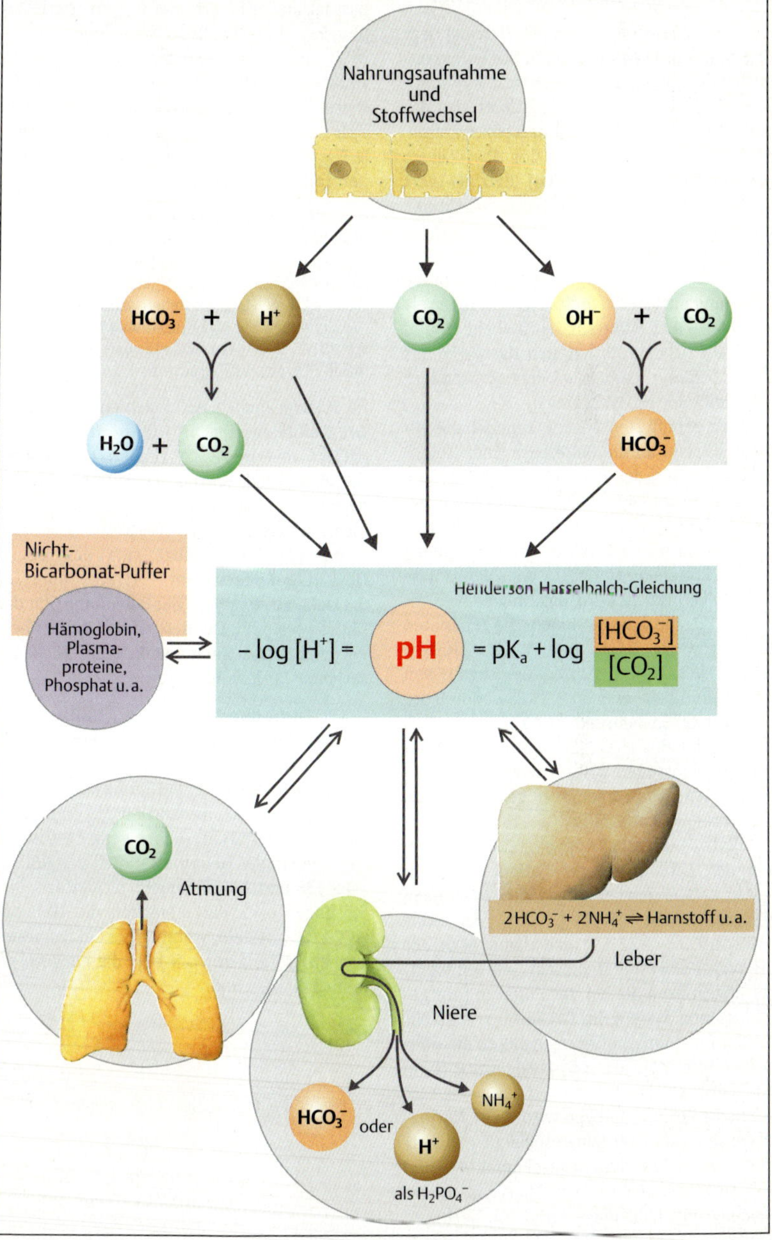

Der Bicarbonat-Kohlendioxid-Puffer

In jeder Pufferlösung ist der pH-Wert mit dem *Verhältnis* der Konzentrationen der Pufferpaare über den pK_a-Wert (→ S. 378) fest verknüpft. In einer Bicarbonatlösung bestimmt also das Verhältnis der Bicarbonatkonzentration, **$[HCO_3^-]$**, zur Konzentration des physikalisch gelösten Kohlendioxids, **$[CO_2]$**, den **pH-Wert** (→ **A1**, Henderson-Hasselbalch-Gleichung). Wenn z.B. $[HCO_3^-]$ = 24 mmol/l und $[CO_2]$ = 1,2 mmol/l, ergibt $[HCO_3^-]/[CO_2]$ = 24/1,2 = 20. Werden log20 (= 1,3) und pK_a (= 6,1) in die Gleichung eingesetzt, ergibt sich ein pH-Wert von 7,4 (→ **A2**). Sinkt z.B. $[HCO_3^-]$ auf 10 und $[CO_2]$ auf 0,5 mmol/l, hat sich das *Verhältnis* der beiden Werte nicht geändert, also bleibt der pH-Wert gleich.

Einer gepufferten Lösung **zugegebene H^+-Ionen** werden an die Pufferbase (hier HCO_3^-) gebunden, aus der dadurch die Puffersäure entsteht: $HCO_3^- + H^+ \rightarrow CO_2 + H_2O$. In einem **geschlossenen System** (aus dem CO_2 nicht entweichen kann; → **A3**) bildet sich dabei genau soviel Puffersäure (CO_2) wie Pufferbase (HCO_3^-) verbraucht wird, das Umgekehrte gilt bei der Zugabe von OH^--Ionen. Die genannten Ausgangswerte 24/1,2 mmol/l für $[HCO_3^-]/[CO_2]$ (→ **A2**) ändern sich bei der Zugabe von z.B. 2 mmol/l H^+-Ionen in 22/3,2, wodurch der pH-Wert auf 6,93 absinkt (→ **A3**). D.h., die Pufferkapazität des HCO_3^-/CO_2-Puffers ist in einem geschlossenen System sehr gering, weil der pK_a-Wert von 6,1 sehr weit vom erstrebten pH-Wert (7,4) entfernt ist (→ S. 138 u. S. 380).

Wird das zusätzlich entstehende CO_2 jedoch *aus der Lösung entfernt* (**offenes System**; → **A4**), ändert sich bei der gleichen **H^+-Zugabe** (2 mmol/l) nur $[HCO_3^-]$. Das Verhältnis $[HCO_3^-]/[CO_2]$ (= 22/1,2) und damit auch der pH-Wert (7,36) sind in diesem Fall weit weniger abgesunken als bei der Pufferung im geschlossenen System. Im Organismus entsteht bei der Bicarbonatpufferung dadurch ein offenes System, dass der *CO_2-Partialdruck* (P_{CO_2}) und damit $[CO_2]$ im Plasma ($= \alpha \cdot P_{CO_2}$; → S. 126) durch die **Atmung** geregelt wird (→ **B**). Normalerweise wird in der Lunge soviel CO_2 abgeatmet wie aus dem Stoffwechsel anfällt (15 000 bis 20 000 mmol/Tag). Dabei herrscht in den Alveolen ein konstanter P_{CO_2} (→ S. 120 f.), an den sich der P_{CO_2} des Plasmas bei jeder Lungenpassage angleicht, d.h., der P_{CO_2} im arteriellen Blut, Pa_{CO_2}, ist ebenfalls konstant. Eine periphere H^+-Zufuhr führt zu einem erhöhten P_{CO_2} im venösen Blut ($H^+ + HCO_3^- \rightarrow CO_2 + H_2O$) (→ **B1**). Dieses Mehrangebot von CO_2 wird in der Lunge sehr rasch abgeatmet, so dass sich der arterielle P_{CO_2} trotz der H^+-Zufuhr praktisch nicht ändert (offenes System).

Dass eine solche Vermehrung der CO_2-Abatmung quantitativ kaum ins Gewicht fällt, zeigt folgende Rechnung: Verdoppelt sich z.B. der Anfall der H^+-Ionen im Organismus innerhalb eines Tages (normalerweise 60 mmol/Tag) entstehen dadurch (ohne Berücksichtigung der Nicht-Bicarbonat-Puffer) zusätzlich 60 mmol CO_2/Tag, was nur rund 0,3% der normalen CO_2-Abgabe/Tag ausmacht.

Im Prinzip ähnlich wirkt sich eine periphere **OH^--Zufuhr** aus. Da $OH^- + CO_2 \rightarrow HCO_3^-$, steigt $[HCO_3^-]$, und der P_{CO_2} im venösen Blut ist kleiner als normal. Wegen der dadurch verminderten CO_2-Abgabe ändert sich auch hier nichts am arteriellen P_{CO_2} (→ **B2**).

Bei pH 7,4 beteiligt sich das offene HCO_3^-/CO_2-Puffersystem (P_{CO_2} konstant 5,33 kPa) zu etwa $^2/_3$ an der Pufferkapazität des Blutes (→ S. 138). Der Rest wird von den überwiegend intrazellulär lokalisierten Nicht-Bicarbonat-Puffern bestritten.

Die **Nicht-Bicarbonat-Puffer** (**NBP**) puffern im **geschlossenen** System, d.h., ihre Gesamtkonzentration ([NBP-Base] + [NBP-Säure]) bleibt auch nach einer Pufferung konstant. Sie ändert sich jedoch merklich, wenn die Hämoglobinkonzentration im Blut verändert ist, da *Hämoglobin* der Hauptbestandteil der NBP ist (→ S. 138 und 146). Bei nicht-respiratorischen Störungen (→ S. 142) ergänzen die NBP das HCO_3^-/CO_2-System, während sie bei respiratorischen Störungen (→ S. 144) die *einzigen* effektiven Puffer sind.

A. Bicarbonat als Puffer im geschlossenen und offenen System

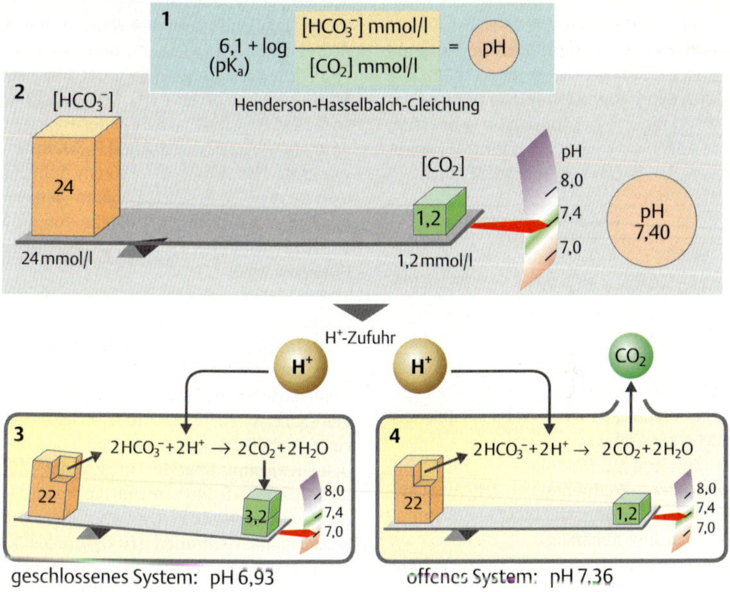

B. Bicarbonat als Blutpuffer (offenes System)

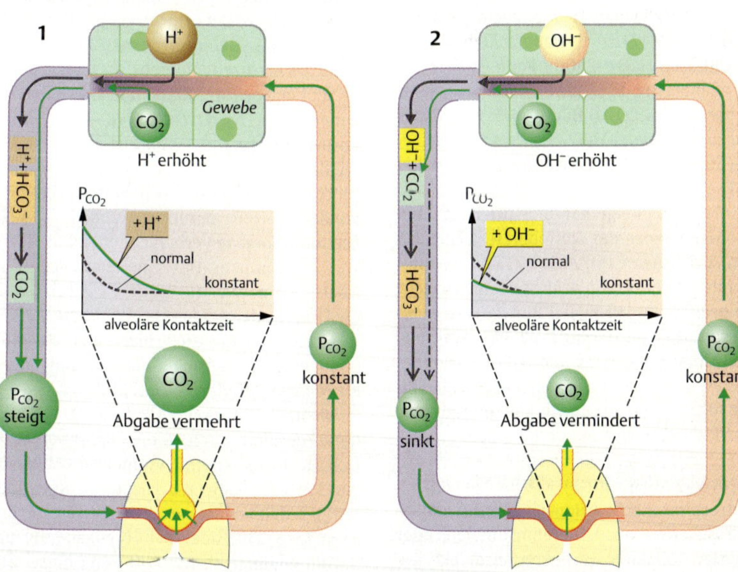

Azidosen und Alkalosen

Die Regulation des Säure-Basen-Haushalts hat zum primären Ziel, den pH-Wert im Blut (und damit auch im Körper) konstant zu halten. Die **normalen Säure-Basen-Parameter des Plasmas** (im arterialisierten Kapillarblut gemessen) sind in folgender Tabelle aufgeführt (Erythrozyten-P_{CO_2} u. –[HCO_3^-] → Tab. auf S. 124):

	Frauen	Männer
[H^+] (nmol/l)	39,8 ± 1,4	40,7 ± 1,4
pH	7,40 ± 0,015	7,39 ± 0,015
P_{CO_2} (kPa)	5,07 ± 0,3	5,47 ± 0,3
[HCO_3^-] (mmol/l)	24 ± 2,5	24 ± 2,5

Der Säure-Basen-Haushalt ist im Gleichgewicht, wenn im Organismus folgende **Bilanzen** ausgeglichen sind:

1. (H^+-Zufuhr bzw. -Produktion) – (HCO_3^--Zufuhr bzw. -Produktion) = (H^+-Ausscheidung) – (HCO_3^--Ausscheidung) ≈ 60 mmol/Tag (nahrungsabhängig),

2. (CO_2-Produktion) = (CO_2-Ausscheidung) ≈ 15 000 – 20 000 mmol/Tag.

Bei der 1. Bilanz spielen normalerweise die H^+-Produktion (HCl, H_2SO_4, Milchsäure, H_3PO_4 u. a.) und die adäquate H^+-Ausscheidung durch die Niere (→ S. 174 ff.) die Hauptrollen. Zu einer wesentlichen HCO_3^--Zufuhr kann es aber z. B. bei pflanzlicher Ernährung kommen (Stoffwechsel: $OH^- + CO_2 \rightarrow HCO_3^-$; → S. 138). Dabei wird zum Ausgleich HCO_3^- im Urin ausgeschieden (der Harn eines Pflanzenfressers ist daher alkalisch).

Störungen. Steigt der Blut-pH-Wert über die obere Grenze des Normbereichs (s. Tab.), dann spricht man von *Alkalose*, fällt er unter die untere Grenze, von *Azidose*. Ist die Ursache eine primäre Änderung des Blut-P_{CO_2}, ist es eine *respiratorische Störung* (→ S. 144), während eine primäre Änderung von [HCO_3^-] zu einer *nichtrespiratorischen* (= *„metabolischen"*) Störung führt. Diese Störungen können teilweise oder (fast) völlig *kompensiert* werden.

Nichtrespiratorische (metabolische) Störungen

Nichtrespiratorische Azidose. Sie kann folgende **Ursachen** haben: 1. Niereninsuffizienz oder isolierter tubulärer H^+-Sekretionsdefekt der Nieren, so dass die normal gebildete Menge an H^+-Ionen nicht ausgeschieden wird (*renale Azidose*); 2. Hyperkaliämie (→ S. 180); 3. vermehrt anfallende β-Hydroxybuttersäure und Acetessigsäure (*Diabetes mellitus, Hunger*); 4. vermehrter anaerober Abbau der Glucose zu Milchsäure (→ Lactat⁻ + H^+), z. B. bei schwerer körperlicher Arbeit (→ S. 74) oder Hypoxie; 5. vermehrter Anfall von HCl und H_2SO_4 im Stoffwechsel bei hoher Protein-Aufnahme; 6. HCO_3^--Verlust durch die Nieren (*proximale renal-tubuläre Azidose*, Einnahme von Carboanhydrase-Hemmern) und bei Durchfall; 7. Hyperkaliämie.

Bei all diesen Ereignissen kommt es zuerst zur **Pufferung** (→ **A1**) der überschüssigen H^+-Ionen (auch jeder HCO_3^--Verlust entspricht einem Zuwachs an H^+-Ionen). HCO_3^- und die Nicht-Bicarbonat-Pufferbasen (NBP^-) beteiligen sich etwa zu $^2/_3$ bzw. zu $^1/_3$ an dieser Pufferung, wobei das aus HCO_3^- entstehende CO_2 den Organismus über die Lunge verlässt (offenes System; → S. 140). Sowohl die *Standard-Bicarbonatkonzentration* [HCO_3^-]$_{St}$, die *aktuelle Bicarbonatkonzentration* [HCO_3^-]$_{akt}$ als auch die *Pufferbasenkonzentration* [PB^-] *sinken ab* (negativer Basenexzess; → S. 146).

Der zweite Schritt ist die **respiratorische Kompensation** (→ **A2**) der nichtrespiratorischen Azidose: Der erniedrigte pH-Wert führt (via zentrale Chemosensoren) zu einer Erhöhung des Atemzeitvolumens, die wiederum eine Senkung des alveolären und arteriellen P_{CO_2} zur Folge hat (*Hyperventilation;* → **A2a**). Dabei wird nicht nur das Verhältnis [HCO_3^-]/[CO_2] wieder der Norm (20 : 1) genähert, sondern (durch den steigenden pH-Wert) auch NBP-H wieder in NBP^- zurückverwandelt (→ **A2 b**). Letzterer Vorgang verbraucht ebenfalls HCO_3^-, was zur Kompensation eine zusätzliche CO_2-Abatmung notwendig macht (→ **A2 c**). Dauert die Ursache der Azidose an, reicht die respiratorische Kompensation nicht aus. Es muss dann eine *vermehrte H^+-Ausscheidung durch die Niere* stattfinden (→ S. 174 ff.).

Nichtrespiratorische Alkalose. Sie wird u. a. **hervorgerufen** durch: 1. die *Zufuhr von Basen* (z. B. HCO_3^--Infusion), 2. vermehrten Abbau organischer Anionen (z. B. Lactat⁻, α-Ketoglutarat²⁻), 3. den *Verlust von H^+-Ionen* durch Erbrechen (→ S. 238) oder bei Hypokaliämie und 4. Volumenmangel. Die **Pufferung** dieser Stö- ▶

A. Metabolische Azidose

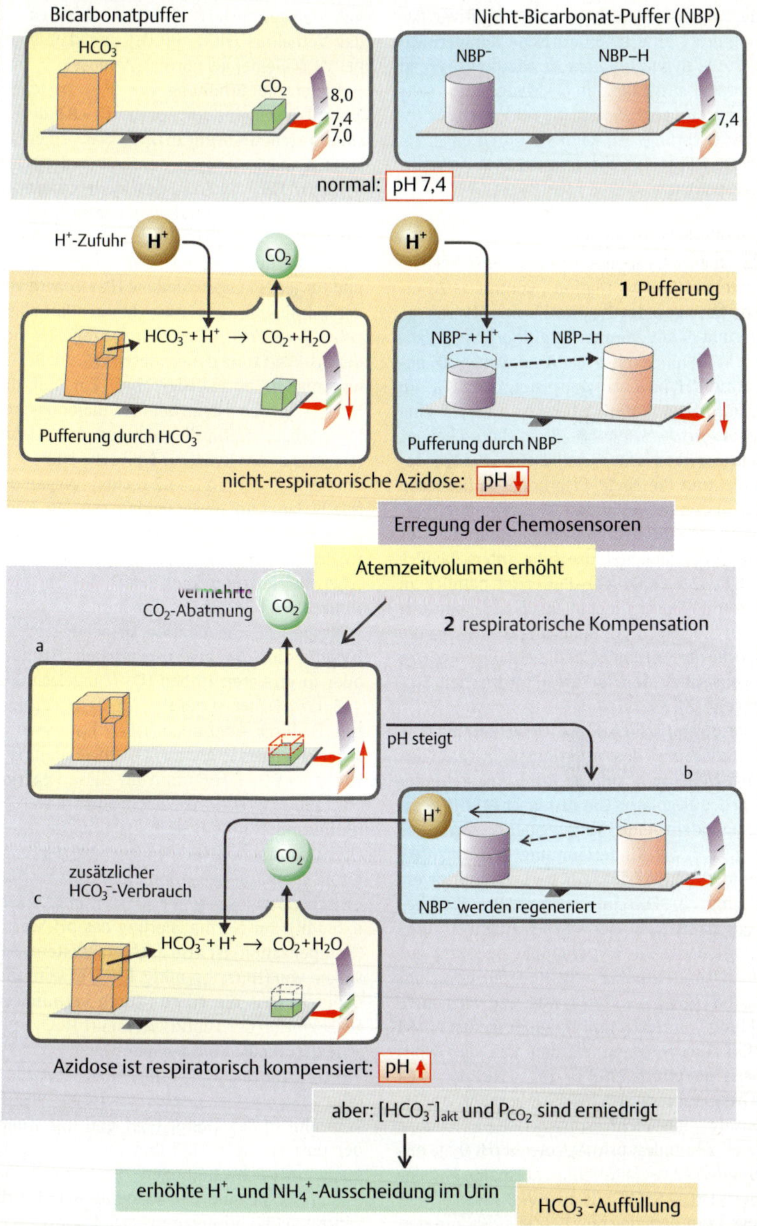

▶
rung verläuft sinngemäß wie bei der metabolischen Azidose ($[HCO_3^-]_{St}$ steigt, positiver Basenexzess). Eine respiratorische **Kompensation** durch *Hypoventilation* ist allerdings wegen des dabei entstehenden O_2-Mangels nur sehr begrenzt möglich. Sofern die Alkalose nicht renalen Ursprungs ist, kann sie durch eine *vermehrte HCO_3^--Ausscheidung im Urin* normalisiert werden.

Respiratorische Störungen

Wird mehr CO_2 abgeatmet als im Stoffwechsel entsteht (Hyperventilation), kommt es zu einem Absinken des P_{CO_2} im Plasma (Hypokapnie) und damit zu einer *respiratorischen Alkalose*. Wird umgekehrt relativ zu wenig CO_2 abgeatmet (Hypoventilation), steigt der P_{CO_2} im Plasma (Hyperkapnie), d. h., es entsteht eine *respiratorische Azidose* (→ **B**). Während bei der nichtrespiratorischen Azidose (→ S. 142) das HCO_3^- und die Nicht-Bicarbonat-Pufferbasen (NBP^-) den pH-Abfall parallel abpuffern, verhalten sich die beiden Puffersysteme bei der respiratorischen Azidose sehr *unterschiedlich* (→ **B1**). Der HCO_3^-/CO_2-Puffer ist nämlich in diesem Fall *nicht wirksam*, weil bei respiratorischen Störungen die Änderung des P_{CO_2} ja die *Ursache der Störung* ist und nicht die Folge (im Gegensatz zu den nichtrespiratorischen Störungen).

Respiratorische Azidose. Ursachen sind eine Verminderung des funktionstüchtigen Lungengewebes (z. B. Tuberkulose), eine Behinderung des alveolären Gasaustausches (z. B. beim Lungenödem), eine Lähmung der Atemmuskulatur (z. B. bei Kinderlähmung), ein unzureichender Atemantrieb (z. B. bei Schlafmittelvergiftung), eine Einschränkung der Brustkorbbeweglichkeit (z. B. bei Wirbelsäulenverkrümmung) u. v. a. Die Hyperkapnie bedeutet zugleich eine erhöhte CO_2-Konzentration im Plasma ($[CO_2] = \alpha \cdot P_{CO_2}$), was eine vermehrte Bildung von HCO_3^- und H^+ zur Folge hat (→ **B1 links**). Die H^+-Ionen werden von den NBP-Basen **gepuffert** ($NBP^- + H^+ \rightarrow NBP\text{-}H$; → **B1 rechts**), während sich *$[HCO_3^-]_{akt}$ erhöht*. Im Gegensatz zur nichtrespiratorischen Azidose bleibt, zumindest primär, sowohl *$[HCO_3^-]_{St}$ unverändert* (da es ja für einen normalen P_{CO_2} definiert ist; → S. 146) als auch *$[PB^-]$ gleich*, weil $[NBP^-]$ um den gleichen Betrag sinkt, um den $[HCO_3^-]_{akt}$ ansteigt. Da $[HCO_3^-]_{akt}$ prozentual viel weniger ansteigt als $[CO_2]$ erhöht ist, ist das Verhältnis $[HCO_3^-]/[CO_2]$ und damit der pH-Wert kleiner als normal (Azidose).

Bleibt die Erhöhung des P_{CO_2} bestehen, kommt die **renale Kompensation** (→ **B2**) der respiratorischen Störung in Gang: Nach einer Anlaufzeit von 1 – 2 Tagen werden von der Niere vermehrt NH_4^+-Ionen ausgeschieden, und auch die Ausscheidung von H^+-Ionen (als titrierbare Säure) steigt. Für jedes ausgeschiedene NH_4^+-Ion wird in der Leber ein HCO_3^--Ion eingespart, und für jedes ausgeschiedene H^+-Ion wird von der Tubuluszelle ein HCO_3^--Ion ins Blut abgegeben (→ S. 174 ff.). Das geht so lange, bis sich der pH-Wert trotz des erhöhten P_{CO_2} wieder einigermaßen normalisiert hat. Ein Teil des HCO_3^- wird dabei dazu benützt, diejenigen H^+-Ionen abzupuffern, die während des pH-Anstieges aus der Reaktion $NBP\text{-}H \rightarrow NBP^- + H^+$ wieder frei werden (→ **B2 rechts**). Wegen der relativ langsam einsetzenden renalen Kompensation ist der pH-Wert bei *akuter respiratorischer Azidose* stärker erniedrigt als bei *chronischer*. Bei letzterer kann $[HCO_3^-]_{akt}$ um etwa 1 mmol pro 1,34 kPa P_{CO_2}-Erhöhung steigen.

Respiratorische Alkalose. Ursachen sind z. B. Hyperventilation aus psychischen Gründen oder in größeren Höhen (O_2-Mangelatmung; → S. 136). Dabei ist der P_{CO_2} im Plasma erniedrigt. Dadurch sinkt auch $[HCO_3^-]_{akt}$ etwas, da sich ein Teil des HCO_3^- zu CO_2 umwandelt ($H^+ + HCO_3^- \rightarrow CO_2 + H_2O$) und für diese Reaktion von den NBP H^+-Ionen nachgeliefert werden (**Pufferung**: $NBP\text{-}H \rightarrow NBP^- + H^+$). Aus dem gleichen Grund sinkt $[HCO_3^-]_{akt}$ auch bei der respiratorischen Kompensation einer nichtrespiratorischen Azidose weiter ab (→ S. 143 A unten u. S. 146). Zur Normalisierung des pH-Wertes (Kompensation) ist also auch ein weiteres Absinken von $[HCO_3^-]_{akt}$ nötig. Erreicht wird dies dadurch, dass die Niere (durch verminderte H^+-Sekretion der Tubuli) vermehrt HCO_3^- ausscheidet (**renale Kompensation**).

CO_2 tritt bei akuter respiratorischer Azidose oder Alkalose viel rascher als HCO_3^- und H^+ vom Blut in den **Liquor** über und löst wegen der dort geringen NBP-Konzentration relativ starke pH-Schwankungen im Liquor aus (→ S. 126). Sie sind der adäquate Reiz für die zentralen Chemosensoren (→ S. 132).

B. Respiratorische Azidose

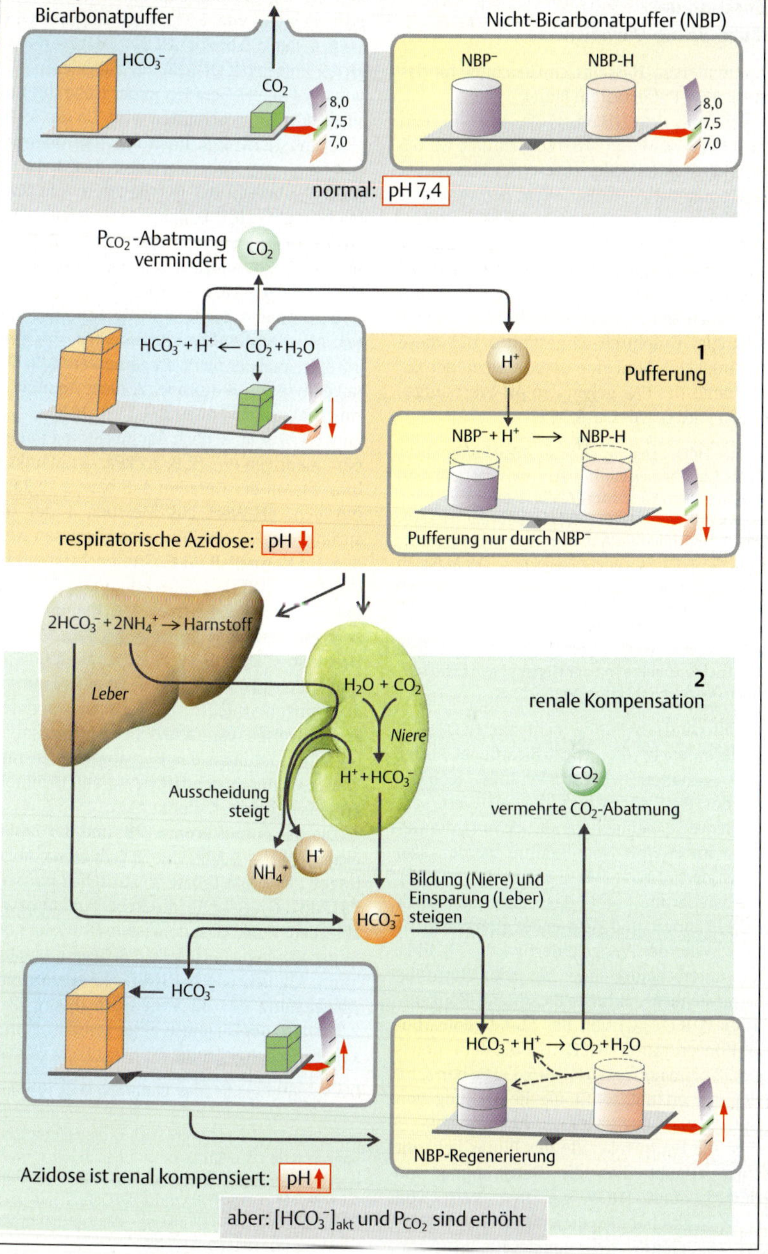

Messung der Säure-Basen-Verhältnisse

Die Henderson-Hasselbalch-Gleichung für das HCO_3^-/CO_2-Puffersystem lautet:

$$pH = pK_a + \log([HCO_3^-]/[CO_2]). \qquad [6.5]$$

Da $[CO_2] = \alpha \cdot P_{CO_2}$ (→ S. 126), enthält Gl. 6.5 zwei konstante Größen (Werte für Plasma bei 37 °C), nämlich den pK_a -Wert (= 6,1) und α (= 0,225 mmol · l^{-1} · kPa^{-1}; s. a. S.126). Außerdem enthält Gl. 6.5 *drei Veränderliche*, nämlich **pH**, **$[HCO_3^-]$** und **P_{CO_2}**, d. h., bei Konstanthaltung einer Veränderlichen (z. B. $[HCO_3^-]$) sind die beiden anderen (*P_{CO_2}* und *pH*) voneinander abhängig: Graphisch dargestellt ergibt diese Abhängigkeit dann eine *Gerade*, wenn der *Logarithmus* des **P_{CO_2}** gegen den **pH**-Wert aufgetragen wird (→ **A – C** u. S. 382).

In einer **HCO_3^--Lösung** ohne sonstige Puffer bleibt $[HCO_3^-]$ bei Variierung des P_{CO_2} *konstant*, während sich der *pH-Wert ändert* (→ **A**, durchgezogene Linie). Für andere Werte lassen ebenfalls solche $[HCO_3^-]$-Geraden zeichnen (→ **A** u. **B**, orange gestrichelte Linien), die alle zueinander parallel sind. Der Maßstab in **A – C** ist so gewählt, dass diese Geraden mit den Koordinaten einen Winkel von 45 Grad bilden. Im Nomogramm **C** (*Siggaard-Andersen*) sind nicht die ausgezogenen $[HCO_3^-]$-Geraden, sondern nur noch deren Schnittpunkte mit der Horizontalen beim normalen P_{CO_2} von 5,33 kPa eingezeichnet.

Im **Blut** sind als Puffer nicht nur HCO_3^-/CO_2 sondern auch die **Nicht-Bicarbonat-Puffer** (**NBP**) enthalten (→ S. 138). Verändert sich daher der P_{CO_2}, so variiert der pH-Wert vergleichsweise weniger stark (→ S. 144), die Geraden im P_{CO_2}/pH-Nomogramm werden also *steiler* als 45 Grad (→ **B**, grüne und rote Linie). Das wiederum heißt, dass sich jetzt auch $[HCO_3^-]$ ändert, und zwar in der gleichen Richtung, in der der P_{CO_2} geändert wird (→ S. 144). Man unterscheidet daher bei jeder Blutprobe die tatsächliche, **aktuelle Bicarbonat**-Konzentration ($[HCO_3^-]_{akt}$) von der **Standardbicarbonat**-Konzentration ($[HCO_3^-]_{St}$), die definitionsgemäß beim normalen P_{CO_2} = 5,33 kPa herrscht. $[HCO_3^-]_{St}$ erlaubt somit die Beurteilung von $[HCO_3^-]$ unabhängig von P_{CO_2}-Änderungen.

Ist die P_{CO_2}/pH-Gerade des Blutes bekannt (s. u.), erlaubt dies die **Bestimmung von $[HCO_3^-]_{St}$** und **$[HCO_3^-]_{akt}$**. Den Wert von $[HCO_3^-]_{St}$ gibt nämlich diejenige $[HCO_3^-]$-Gerade (→ **B**, orange) an, die von der P_{CO_2}/pH-Geraden des Blutes (→ **B**, **C**, grün bzw. rot) beim *normalen* P_{CO_2} von 5,33 kPa geschnitten wird (→ **B, C,** Punkt *D* bzw *d*). $HCO_3^-{}_{akt}$ dagegen wird an derjenigen $[HCO_3^-]$-Geraden abgelesen , die von der P_{CO_2}/pH-Geraden in der Höhe des *tatsächlichen* P_{CO_2} geschnitten wird. Da tatsächlicher und Norm-P_{CO_2} im Normalfall übereinstimmen, gilt normalerweise $[HCO_3^-]_{akt}$ = $[HCO_3^-]_{St}$. Weicht der P_{CO_2} dagegen vom Normalwert ab (→ **B**, **C**, Punkt *c*), so wird $[HCO_3^-]_{akt}$ an der $[HCO_3^-]$-Geraden abgelesen (→ **B**, **C**, gestrichelte 45-Grad-Linie), auf der der tatsächliche P_{CO_2} liegt (→ **B**, **C**, Punkt *c*).

Bestimmung der P_{CO_2}/pH-Geraden des Blutes: Mit der *Äquilibrierungsmethode* (*Astrup*) wird dreimal der pH-Wert gemessen: 1. in der unveränderten Blutprobe, 2. nach Äquilibrierung mit einem hohen P_{CO_2} (z. B. 10 kPa, → **C**, Punkt *A* bzw. *a*), 3. nach Äquilibrierung mit einem niedrigen P_{CO_2} (z. B. 2,7 kPa, → **C**, Punkt *B* bzw. *b*). Auf der Geraden *A–B* bzw. *a – b* kann mit dem **pH-Wert** aus Messung 1 der ursprüngliche **P_{CO_2}** der Blutprobe abgelesen werden. Im **Normalfall** (→ **C**, Großbuchstaben) ist $[HCO_3^-]_{akt} = [HCO_3^-]_{St}$ = 24 mmol/l (→ **C** , Punkte *E* und *D*). Das 2. Beispiel (→ **C**, Kleinbuchstaben, rot) zeigt eine **Störung des Säure-Basen-Haushaltes**: Der pH-Wert ist zu niedrig (7,2), und $[HCO_3^-]_{St}$ (→ **C**, Punkt *d*) ist auf 13 mmol/l abgesunken (nichtrespiratorische Azidose). Zur teilweisen respiratorischen Kompensation (→ S. 142) ist auch der P_{CO_2} abgesunken (auf 4 kPa), wodurch sich $[HCO_3^-]_{akt}$ auf 11 mmol/l erniedrigt hat (→ **C**, Punkt *e*).

Die **Gesamtpufferbase** (**PB**) und der **Basenexzess** (**BE**) (→ S. 142) sind in **C** ablesbar: Abgelesene PB (Punkt *G* bzw. *g*) abzüglich normale PB (Punkt *G*) ergibt BE (direkt bei Punkt *F* bzw. *f* ablesbar). Punkt *G* ist dabei vom Hb-Gehalt des Blutes abhängig (→ **C**, [Hb]/PB-Gegenüberstellung). Ähnlich wie bei $[HCO_3^-]_{St}$ erlaubt eine Abweichung des BE vom Normalwert (0 ± 2,5 mval/l) die Diagnose einer primär nichtrespiratorischen Störung.

Die P_{CO_2}/pH-Gerade einer Blutprobe lässt sich auch dann in **C** ermitteln, wenn 1. der P_{CO_2} (ohne Äquilibrierung), 2. der pH-Wert und 3. die Hämoglobinkonzentration des Blutes bekannt sind. Mit 1. und 2. lässt sich ein Punkt der gesuchten Geraden zeichnen (→ **C**, Punkt *c*). Durch ihn muss die Gerade nun so gelegt werden, dass PB (Punkt *g*) – PB_{normal} (hängt vom Hb-Wert ab) = BE (Punkt *f*) ist.

A. P_{CO_2}/pH-Nomogramm (ohne NBP)

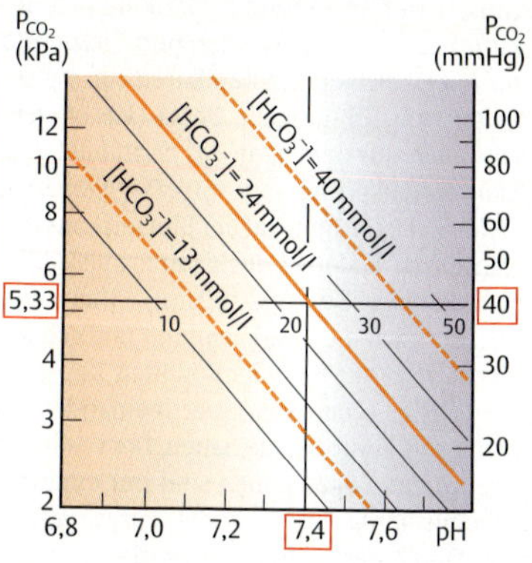

B. P_{CO_2}/pH-Nomogramm (mit NBP)

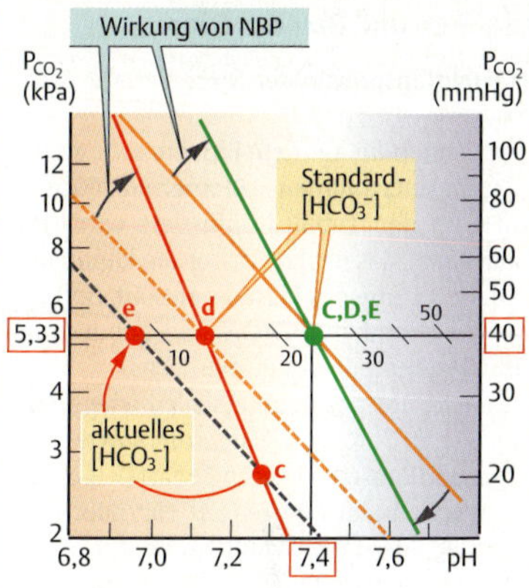

C. Siggaard-Andersen-Nomogramm

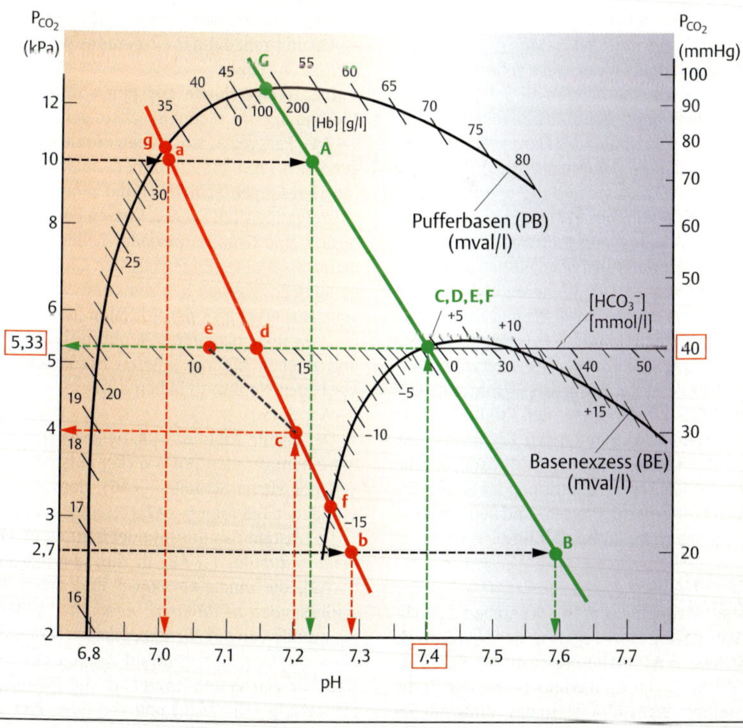

Aufgaben und Bau der Niere

Das **Funktionsprinzip der Niere** besteht darin, dass

1. im *Glomerulus* aus dem Blut ein sehr großes Flüssigkeitsvolumen (**Glomerulusfiltrat = GFR**) in den Tubulus abfiltriert wird (*Primärharn*), das neben Wasser die kleinmolekularen Stoffe des Plasmas enthält, und
2. anschließend in *Tubulus* und *Sammelrohr* die Bestandteile des Primärharns
   - je nach Substanz in unterschiedlichem Ausmaß (z. B. Glucose ≫ Harnstoff) sowie
   - dieselbe Substanz je nach Bedarf (Regelung) in wechselnder Menge (z. B. Na^+ oder H_2O) wieder durch die Tubuluswand zurück ins Blut transportiert werden: **Re**(ab)**sorption**.

Der Rest des Filtrats wird *mit dem Urin ausgeschieden* (**Exkretion**). Einige Stoffe, die den Körper besonders rasch verlassen sollen (z. B. Toxine), werden nicht nur filtriert, sondern zusätzlich von den Tubuluszellen in das Tubuluslumen transportiert: **Sekretion**.

Zu den **Aufgaben der Niere** gehört es, durch bedarfsgerechte Resorption die *Salz- und Wasserausscheidung zu kontrollieren* und damit *Volumen und Osmolalität des Extrazellulärraumes konstant* zu halten. Durch die Angleichung der H^+- und HCO_3^--Ausscheidung an die in den Körper aufgenommene Menge dieser Ionen sowie an Atmung und Stoffwechsel beteiligt sich die Niere auch an der *Regulation des Säure-Basen-Haushaltes*. Des Weiteren *eliminiert* sie *Endprodukte des Stoffwechsels und Fremdstoffe* (z. B. Harnstoff, Harnsäure bzw. Medikamente und Toxine), *konserviert* aber wertvolle Blutbestandteile (z. B. Glucose, Aminosäuren). Schließlich ist die Niere der Produktionsort von *Hormonen* (Angiotensin II, Erythropoietin, Thrombopoietin, Calcitriol, Prostaglandine u. a.) und hat Servicefunktionen im *Stoffwechsel* des Körpers (z. B. Protein- und Peptidabbau, Gluconeogenese, Argininbildung).

Bau des Nephrons

◆ Die (Malpighi-)**Nieren-Körperchen** (Durchmesser ca. 0,2 mm) liegen in der Nierenrinde (= Kortex; → **A**) und bestehen aus der *Bowman-Kapsel* und dem *Glomerulus* (→ **B**), der in die Kapsel hineingestülpt ist, so dass diese ein parietales und ein viszerales Blatt besitzt. Zwischen beiden liegt der Kapselraum, in den der Primärharn filtriert wird (→ **B**). Eine Arteriole (*Vas afferens*) bringt das Blut zum Glomerulus und zweigt sich dort in Kapillaren auf, die sich wieder zum abführenden Gefäß (*Vas efferens*) vereinigen, aus dem dann das *peritubuläre Kapillarnetz* entspringt (→ S. 150). Das *glomeruläre Filter* (→ **B**) besteht auf der Blutseite aus dem *gefensterten Endothel* der Glomeruluskapillaren (Porengröße 50–100 nm); harnwärts schließen sich die *Basalmembran* und schließlich das viszerale Blatt der Bowman-Kapsel an, deren Zellen (*Podozyten*) hier ineinander verzahnte sog. Fußfortsätze haben. Die schlitzförmigen Räume dazwischen sind mit einer sog. *Schlitzmembran* bedeckt, die *Poren* von ca. 5 nm Durchmesser hat. Sie werden von dem Protein *Nephrin* gebildet, das am Zytoskelett der Podozyten verankert ist.

◆ Der **proximale Tubulus** (→ **A**, dunkelgrün) als längster Teil (ca. 10 mm) des Nephrons ist anfangs gewunden (*proximales Konvolut*; → **A3**) und geht dann in ein gerades Stück (*Pars recta*; → **A4**) über.

◆ Die **Henle-Schleife** hat einen dicken (ins Nierenmark = Medulla) absteigenden Teil (→ **A4** = Pars recta; s. o.), einen dünnen, absteigenden (→ **A5**), einen dünnen, aufsteigenden (nur bei langen Schleifen) und einen dicken, aufsteigenden Teil (→ **A6**). Dessen Fortsetzung besitzt eine Gruppe spezieller Zellen (*Macula densa*; → S. 184), die jeweils den Glomerulusgefäßen des *eigenen* Nephrons eng benachbart sind. Nur etwa 20 % der Schleifen (die der tiefen, sog. *juxtamedullären* Nephrone) sind lang und reichen bis zur inneren Markzone. Die *kortikalen* Nephrone haben kürzere Schleifen (→ **A** u. S. 150).

◆ Der **distale Tubulus** (→ **A**, hellgrün) beginnt mit einem geraden Teil (= dicker aufsteigender Teil der Henle-Schleife, → **A6**), dem ein gewundener Teil folgt (→ **A7**).

Der distale Tubulus mündet über einen *Verbindungstubulus* (→ **A8**) in die **Sammelrohre** (→ **A9**), die einen *kortikalen* und einen anschließenden *medullären Abschnitt* besitzen. Sie münden an der *Nierenpapille* ins Nierenbecken. Im weiteren **Harntrakt** gelangt der Urin über die Harnleiter (*Ureter*) in die *Harnblase* (Steuerung → S. 78 ff.) und von dort über die Harnröhre (*Urethra*) ins Freie.

A. Anatomie der Niere (Schema)

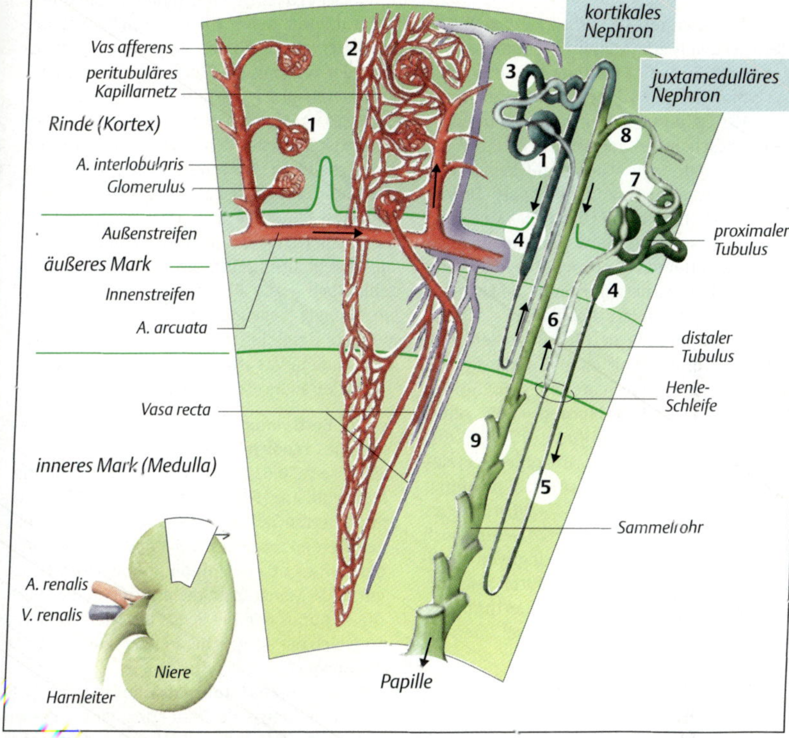

B. Glomerulus und Bowman-Kapsel

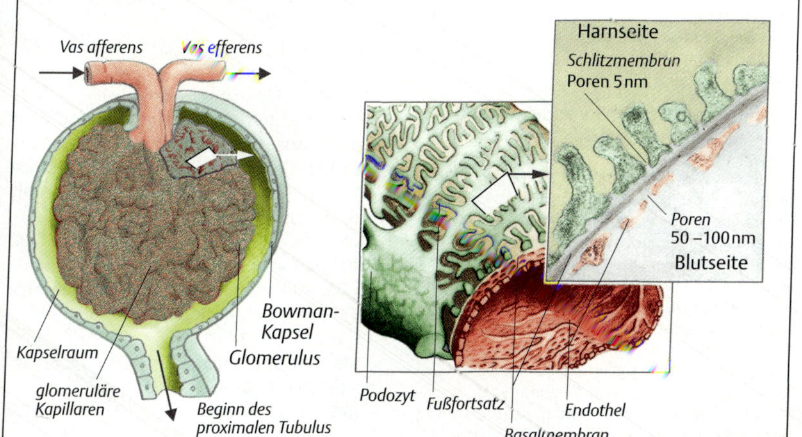

Nierendurchblutung

Aus den *Aa. arcuatae* (→ **A1**), die zwischen Rinde (Kortex) und Mark (Medulla) verlaufen, gehen rindenwärts die *Aa. interlobulares* ab (→ **A2**), aus denen die *Vasa afferentia* entspringen (→ **A3**). Daran schließen sich *zwei* hintereinander geschaltete **Kapillarnetze** an (→ **A** u. **B**). Im ersten, den Glomeruluskapillaren (→ S. 148), herrscht ein relativ *hoher Druck* (→ **B** u. S. 152), der über die Weite des Vas afferens und des aus dem Glomerulus herausführenden Vas efferens (→ **A3,4**) geregelt wird. Das zweite Kapillarnetz umspinnt die kortikalen Tubuli (*peritubuläre Kapillaren*; → **A**). Es dient der Versorgung der Tubuluszellen und tauscht außerdem mit dem Tubuluslumen Stoffe aus (Resorption, Sekretion; → S. 154 ff.).

Die hohe **Nierendurchblutung** (= **RBF** = renaler Blutfluss) von ca. **1,2 l/min** (20–25% des Herzzeitvolumens!) wird primär für die Erzielung der hohen GFR (ca. 120 ml/min) benötigt, so dass die *arteriovenöse O_2-Differenz* (ca. 15 ml/l Blut) sehr gering ist. Der **O_2-Verbrauch** (ca. 18 ml/min) dient dem oxidativen **Stoffwechsel** der *Nierenrinde* (Fettsäuren u. a.). Sie benötigt viel ATP für aktive Transportprozesse. Im *Nierenmark* ist der Stoffwechsel überwiegend anaerob (→ S. 72).

Vom RBF erhält die Rinde ca. 90%, und pro g Gewebe fließen durch Rinde, äußeres und inneres Mark ca. 5, 1,75 bzw. 0,5 ml/min, wobei auch letzterer Wert noch höher ist als der in den meisten anderen Organen (→ S. 213 A).

Die Niere enthält zwei Typen von Nephronen, die sich u. a. durch das zweite Kapillarnetz unterscheiden (→ **A**).

- Die sog. **kortikalen Nephrone**, deren Tubuli vom peritubulären Kapillarnetz versorgt werden, besitzen nur *kurze* Henle-Schleifen.
- Aus den Vasa efferentia der **juxtamedullären Nephrone** (an der Mark-Rinden-Grenze) hingegen entspringen *sehr lange* (40 mm!), ins Nierenmark absteigende Gefäße, die **Vasa recta**. Sie begleiten die langen Henle-Schleifen der juxtamedullären Nephrone z. T. bis zur Papillenspitze (→ S. 148). Die Vasa recta versorgen das Nierenmark. Ihr etwa *haarnadelförmiger Verlauf* ist wichtig für die Urinkonzentrierung (→ S. 164 ff.).

Eine *Änderung der Blutverteilung* zwischen den Gefäßgebieten dieser beiden Nephrontypen beeinflusst u. a. die NaCl-Ausscheidung. Außerdem wird die GFR des 2. Nephrontyps durch ADH gesteigert.

Als **Autoregulation des RBF** bezeichnet man die Tatsache, dass sich der renale Plasmafluss (RPF, s. u.) und, in der Folge, die GFR (auch an der denervierten Niere) nur wenig ändern, wenn der systemische Blutdruck zwischen ca. 80 und 180 mmHg variiert (→ **C**). Über noch nicht ganz geklärte Mechanismen wird dabei der Widerstand der den kortikalen Glomeruli vorgeschalteten Aa. interlobulares und Vasa afferentia automatisch dem herrschenden mittleren Blutdruck angepasst (→ **B, C**). Fällt dieser allerdings unter etwa 80 mmHg, sinkt die Durchblutung und die Filtration versiegt schließlich (→ **C**). RBF und GFR können auch *unabhängig voneinander* dadurch geregelt werden, dass die (in Serie geschalteten) Widerstände in Vas afferens und Vas efferens getrennt verändert werden (→ S. 152).

Die **Bestimmung des RBF** kann über Messung des **renalen Plasmaflusses** (**RPF**, normalerweise ca. **0,6 l/min**) erfolgen: Dazu wird die Mengenbilanz (*Ficksches Prinzip*) einer ins Blut infundierten *Testsubstanz* gezogen, die bei einer Nierenpassage fast vollständig ausgeschieden wird, z. B. *p*-Aminohippurat (= **PAH**). Es gilt: PAH-Menge/Zeit, die arteriell in die Niere fließt, minus der, die venös die Niere verlässt, ist gleich der ausgeschiedenen Menge/Zeit. Da

Menge/Zeit =
Volumen/Zeit · Konzentration, [7.1]

ergibt sich folgende Beziehung, wobei Pa_{PAH} = arterielle PAH-Konz.; Prv_{PAH} = renal-venöse PAH-Konz.; U_{PAH} = PAH-Konz. im Urin; $\dot{V}_U$ = Urinzeitvolumen:

$$(RPF \cdot Pa_{PAH}) - (RPF \cdot Prv_{PAH}) = \dot{V}_U \cdot U_{PAH} \quad [7.2]$$

oder

$$RPF = \dot{V}_U \cdot U_{PAH}/(Pa_{PAH} - Prv_{PAH}). \quad [7.3]$$

Prv_{PAH} beträgt nur ca. 10% von Pa_{PAH} und wird normalerweise nicht gemessen, sondern dadurch berücksichtigt, dass die **PAH-Clearance** (= $\dot{V}_U \cdot U_{PAH}/Pa_{PAH}$; → S. 152) durch 0,9 geteilt wird, so dass

$$\mathbf{RPF = \dot{V}_U \cdot U_{PAH}/(0{,}9 \cdot Pa_{PAH})}. \quad [7.4]$$

(Dabei darf aber Pa_{PAH} nicht zu hoch sein, da die PAH-Sekretion sonst gesättigt und die PAH-Clearance viel kleiner als RPF wird; → S. 161 A).

Mit Hilfe des Hämatokrits (Hkt; → S. 88) errechnet sich schließlich RBF:

$$\mathbf{RBF = RPF/(1 - Hkt)} \quad [7.5]$$

A. Blutgefäßsystem der Niere

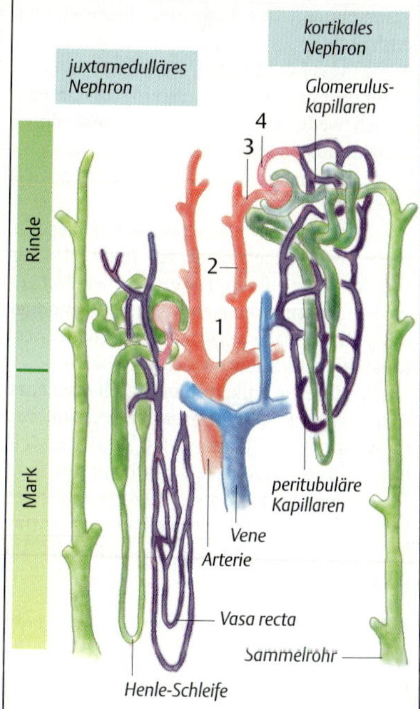

B. Druckverlauf im Gefäßsystem

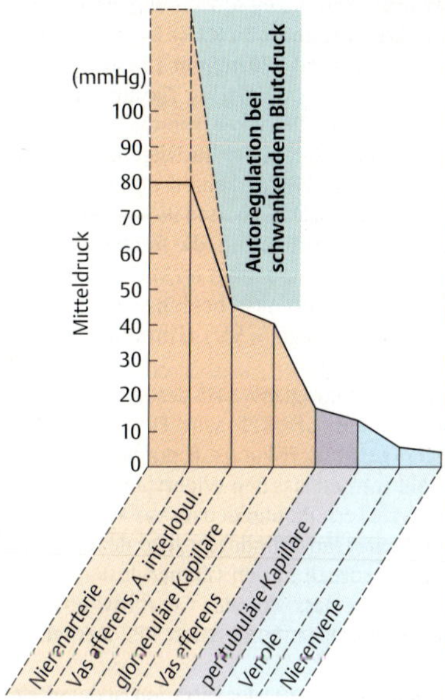

C. Autoregulation von Durchblutung und Filtrationsrate in der Niere

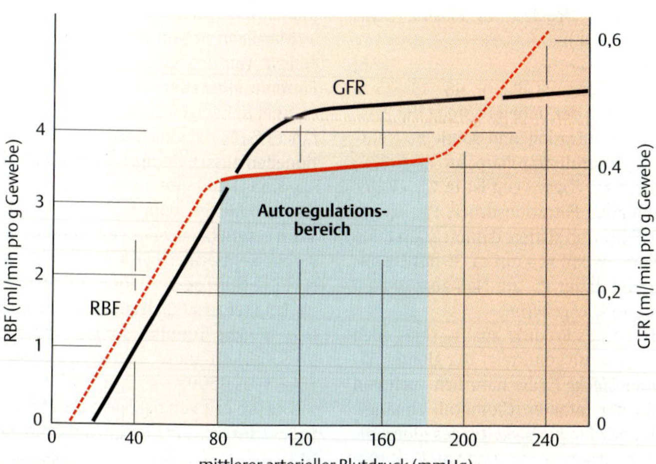

Glomeruläre Filtration, Clearance

Das Flüssigkeitsvolumen, das von allen Glomeruli pro Zeiteinheit filtriert wird, ist die **glomeruläre Filtrationsrate (GFR)**. Sie beträgt normalerweise rund **120 ml/min**/1,73 m^2 Körperoberfläche oder ca. 180 l/Tag. Die austauschbare Extrazellulärflüssigkeit von ca. 17 l passiert also mehr als 10-mal/Tag die Nierentubuli. Von den ca. 180 l GFR/Tag kehren durch tubuläre *Resorption* gewöhnlich rund 99 % in den Extrazellulärraum zurück, d. h. die *fraktionelle Ausscheidung von H_2O* beträgt im Mittel ca. 1 % der GFR, die absolute Ausscheidung ca. 1 – 2 l/Tag (= **Urinzeitvolumen** = $\dot{V}_U$). (Filtration gelöster Stoffe → S. 154.)

Die GFR beträgt etwa 1/5 des RPF (→ S. 150); dieser Anteil (GFR/RPF) wird **Filtrationsfraktion** (**FF**) genannt. FF kann z. B. durch *Atriopeptin* erhöht werden, das den Widerstand im Vas efferens (R_e) erhöht und den im Vas afferens (R_a) gleichzeitig senkt. Dadurch steigt der effektive Filtrationsdruck in den Glomeruluskapillaren (s. u.), ohne dass sich der Gesamtwiderstand im Nierenkreislauf und damit RPF wesentlich verändert.

Treibende „Kraft" der Filtration ist der **effektive Filtrationsdruck** (P_{eff}). Er ergibt sich aus dem Blutdruck in den Glomeruluskapillaren, (P_{kap}, ca. 48 mmHg), abzüglich des Druckes in der Bowman-Kapsel (P_{Bow}, ca. 13 mmHg) und des onkotischen Druckes im Plasma (π_{kap}, 25 – 35 mmHg, s. u.):

$$P_{eff} = P_{kap} - P_{Bow} - \pi_{kap}. \qquad [7.6]$$

Am Kapillaranfang ist P_{eff} = 48 – 13 – 25 = 10 mmHg. Wegen der hohen FF steigt die Plasmaproteinkonzentration und somit π_{kap} entlang der Glomeruluskapillare an (→ S. 378) und $\overline{P}_{eff}$ sinkt ab. (Deswegen ist in Gl. 7.7 der *mittlere* effektive Filtrationsdruck, $\overline{P}_{eff}$, eingesetzt). Die Filtration sistiert dann (ca. am Ende der Kapillare), wenn π_{kap} auf ca. 35 mmHg angestiegen und damit P_{eff} auf Null abgesunken ist (*Filtrationsgleichgewicht*).

Die GFR ist das Produkt aus $\overline{P}_{eff}$ (hier auch über alle Glomeruli gemittelt), der glomerulären *Filtrationsfläche F* (die natürlich auch von der Anzahl der intakten Glomeruli abhängt) und der *Wasserdurchlässigkeit k* des glomerulären Filters. Zusammenfassung von $F \cdot k$ zum *Ultrafiltrationskoeffizienten* K_f ergibt

$$GFR = \overline{P}_{eff} \cdot K_f. \qquad [7.7]$$

Zur **Messung der GFR** muss das Blut eine *Indikatorsubstanz* mit folgenden Eigenschaften enthalten:

- Sie muss frei filtrierbar sein;
- ihre einmal filtrierte Menge im Tubulus darf sich weder durch Resorption noch durch Sekretion ändern;
- sie darf in der Niere nicht verstoffwechselt werden;
- sie darf die Nierenfunktion nicht ändern.

Diese Bedingungen erfüllt z. B. **Inulin,** das zur GFR-Messung infundiert werden muss. Mit gewissen Einschränkungen kann auch **endogenes** (d. h. normalerweise im Blut vorhandenes) **Kreatinin** herangezogen werden.

Die filtrierte Indikatormenge/Zeit errechnet sich (→ **A**) aus der Plasmakonzentration des Indikators (P_{In} [g/l]), mal GFR [l/min]. Die gleiche Indikator-Menge/Zeit erscheint im Urin (Bedingung 2 und 3; s. o.). Letztere errechnet sich aus $\dot{V}_U$ [ml/min] mal Indikatorkonzentration im Urin, U_{In} [g/l], d. h., $P_{In} \cdot GFR = U_{In} \cdot \dot{V}_U$ oder:

$$GFR = \frac{\dot{V}_U \cdot U_{In}}{P_{In}} \text{ [ml/min] } (\rightarrow \mathbf{A}). \qquad [7.8]$$

Der rechte Ausdruck der Gl. 7.8 wird, unabhängig von der betrachteten Substanz, **Clearance** genannt. Die *GFR* ist also gleich der *Clearance von Inulin* oder *Kreatinin*. (Obwohl die Plasmakonzentration von Kreatinin (P_{Kr}) bei fallender GFR steigt, ist P_{Kr} allein nur ein sehr *ungenauer* Indikator für die Höhe der GFR!)

Man kann sich die Clearance als das *pro Zeiteinheit von Indikatorsubstanz völlig befreite Plasmavolumen* denken. Der Quotient Clearance einer beliebigen Substanz X zur Inulin-Clearance (**C_X/C_{In}**) ist gleichbedeutend mit der **fraktionellen Ausscheidung** (= **FE** = frakt. Exkretion, s. a. S. 154) und gibt an, welcher Anteil der filtrierten Menge von X ausgeschieden wird. Wird eine Substanz aus dem Tubulus durch *Resorption* entfernt, ist FE kleiner als 1 (→ **B1**, z. B. Na^+, Cl^-, Glucose, Aminosäuren). Ist FE größer als 1, findet zusätzlich zur Filtration eine *Sekretion* in den Tubulus statt (→ **B2**). Bei PAH (→ S. 150) ist diese Sekretion so stark, dass $FE_{PAH} \approx 5$ (= 500 %).

Die pro Zeit von der Niere **absolut resorbierte** bzw. **sezernierte Menge** (mol/min) eines frei filtrierten Stoffes X errechnet sich aus der *Differenz* zwischen *filtrierter Menge/Zeit* ($GFR \cdot P_X$) und *ausgeschiedener Menge/Zeit* ($\dot{V}_U \cdot U_X$)

A. Inulinclearance = glomeruläre Filtrationsrate (GFR)

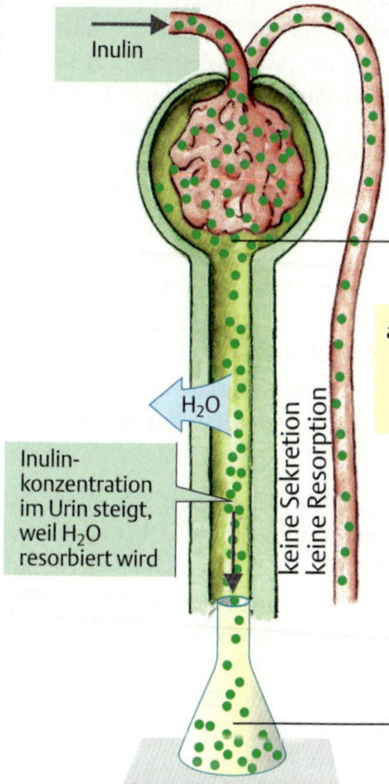

ausgeschiedene Menge/Zeit = Konzentration im Urin · Urinvolumen/Zeit

= (↓ =)

filtrierte Menge/Zeit = Konzentration im Plasma · filtriertes Volumen/Zeit

$$U_{In}\,(g/l) \cdot \dot{V}_U\,(ml/min) = P_{In}\,(g/l) \cdot GFR\,(ml/min)$$

↓

$$GFR = \frac{U_{In}}{P_{In}} \cdot \dot{V}_U\,(ml/min)$$

GFR ≈ ca. 120 ml/min pro 1,73 m^2 Körperoberfläche

B. Clearances, die kleiner (1) oder größer (2) als die Inulin-Clearance sind

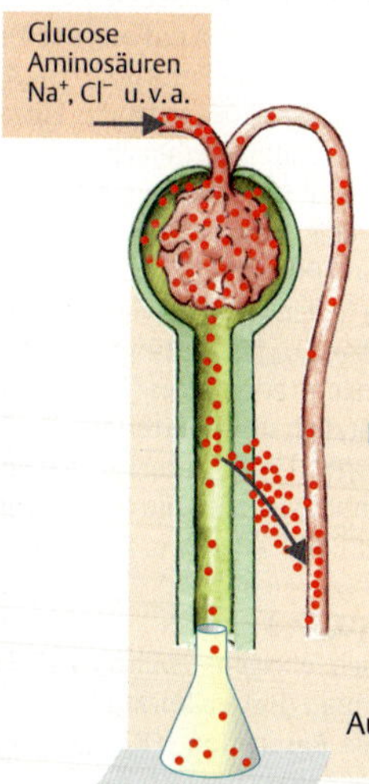

1

Filtration + Resorption

↓

geringe Ausscheidung

$$\frac{C_x}{C_{In}} = \frac{C_x}{GFR} = \text{fraktionelle Ausscheidung} = FE < 1{,}0$$

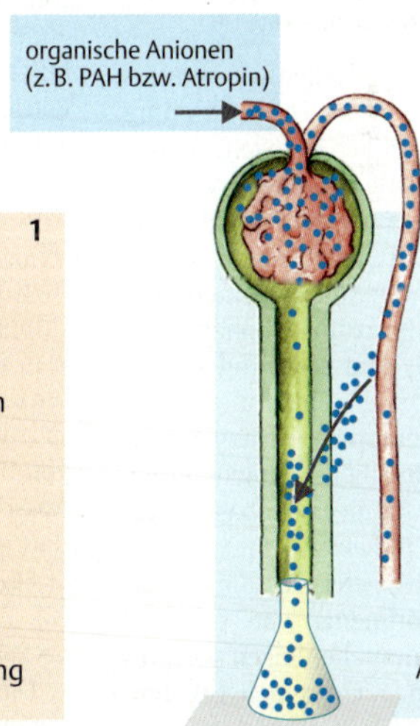

2

Filtration + Sekretion

↓

hohe Ausscheidung

$$\frac{C_x}{C_{In}} = \frac{C_x}{GFR} = \text{fraktionelle Ausscheidung} = FE > 1{,}0$$

Transportvorgänge am Nephron

Filtration von Stoffen. Mit dem Glomerulusfiltrat (→ S. 152) werden auch die im Plasma gelösten kleinmolekularen Stoffe abfiltriert (*Ultrafiltrat*). Ein Maß für die **Durchlässigkeit** des glomerulären Filters (→ S. 148) ist der *Siebkoeffizient* s_G (= Konzentration im Filtrat/Konzentration im Plasmawasser). Das Filter lässt Stoffe mit einem Molekülradius $r < 1{,}8$ nm (Molekülmasse < ca. 10 000 Dalton) frei hindurch ($s_G \approx 1{,}0$). *Stoffe mit r > 4,4 nm (Molekülmasse > 80 000 Dalton, z. B. Globuline) sind normalerweise nicht filtrierbar* ($s_G = 0$). Moleküle mit $1{,}8\ \text{nm} < r < 4{,}4$ nm sind nur teilweise filtrierbar (s_G zwischen 1 und 0), wobei negativ geladene Teilchen schlechter (z. B. *Albumin*: r = 3,4 nm; $s_G \approx 0{,}0003$) durchgelassen werden als neutrale Stoffe mit gleichem r. Der Grund dafür sind negative Wandladungen im glomerulären Filter, die auf Anionen abstoßend wirken. Sind kleinmolekulare Stoffe z. T. an große Plasmaproteine gebunden (**Proteinbindung**), kann der gebundene Anteil praktisch nicht filtriert werden (→ S. 24).

Die *Reinigung des glomerulären Filters* von hängen gebliebenen Stoffen erfolgt wahrscheinlich mittels Phagozytose (→ S. 94 f.) durch mesangiale Makrophagen und Podozyten des Glomerulus.

Tubulusepithel. Die Epithelzellen von Tubulus und Sammelrohr sind *polare Zellen*, d. h. ihre luminale Membran auf der Harnseite unterscheidet sich funktionell wesentlich von der basolateralen Membran auf der Blutseite. Die Zellen des proximalen Tubulus haben zur Vergrößerung ihrer Membranfläche lumenseitig einen (besonders frühproximal) hohen *Bürstensaum* (= Mikrovilli) und blutseitig an der basolateralen Zellseite tiefe Einfaltungen (*basales Labyrinth*). Letztere stehen im engen Kontakt mit den zahlreichen Mitochondrien (→ S. 9 B), die das ATP für die in der basolateralen Membran (aller Epithelzellen) lokalisierte Na^+-K^+-ATPase (→ S. 26) liefern. Da die tubulär zu resorbierende Stoffmenge von proximal nach distal stark abnimmt, benötigen postproximale Tubuluszellen auch keinen Bürstensaum.

Während für den *transzellulären Transport* (Resorption, Sekretion) die Durchlässigkeit beider Membranen entscheidend ist, wird die Durchlässigkeit des Epithels beim *parazellulären Transport* v. a. durch die Dichtigkeit der Schlussleisten (*Tight junctions*) bestimmt (→ S. 18). Die des proximalen Tubulus sind für Wasser und kleine Ionen *relativ „leck"*, was, zusammen mit seiner großen Membranfläche, dieses Epithel für den *Massentransport* besonders geeignet macht (→ **D**, Spalte 2). Auch die dünnen Teile der Henle-Schleife sind relativ „leck", während der dicke aufsteigende Teil und insbesondere der Rest des Tubulus und das Sammelrohr zu den *„mitteldichten"* Epithelien zählen, an denen wesentlich höhere transepitheliale chemische und elektrische *Gradienten* aufgebaut werden können als in „lecken" Epithelien.

Messung von Resorption/Sekretion und **Ausscheidung** eines Stoffes. Ob und in welchem Ausmaß eine glomerulär filtrierte Substanz in Tubulus und Sammelrohr resorbiert oder sezerniert wird, lässt sich nicht einfach an der Urinkonzentration ablesen, da diese ja schon allein wegen der **Wasserresorption** ansteigt (→ S. 164). Ein Maß für die Wasserresorption ist das *Konzentrationsverhältnis von Inulin* (oder *Kreatinin*) *in Urin und Plasma*, $\mathbf{U_{In}/P_{In}}$. Weil diese Indikatorstoffe selbst weder resorbiert noch sezerniert werden (→ S. 152), ändert sich ihre Konzentration entlang des Tubulus allein wegen der H_2O-Resorption (→ **A**). Beträgt also z. B. $U_{In}/P_{In} = 200$, so ist das Filtrat auf dem Weg zum Endurin 200fach konzentriert worden. (Das ist gleichbedeutend damit, dass die *fraktionelle Ausscheidung von* H_2O [FE_{H_2O}] 1/200 oder 0,005 oder 0,5 % der GFR beträgt.) Misst man in den gleichen Plasma- bzw. Urinproben, in denen U_{In}/P_{In} bestimmt worden war, auch die Konzentration eines (frei filtrierten und evtl. zusätzlich sezernierten) Stoffes X, so ergibt sich $\mathbf{U_X/P_X}$. Unter Berücksichtigung von U_{In}/P_{In} errechnet sich nun die **fraktionelle Ausscheidung** (**FE**) von X (→ **A** u. **D**, Spalte 5, dort in %) aus:

$$FE_X = (U_X/P_X)/(U_{In}/P_{In}) \qquad [7.9]$$

(Gl. 7.9 ergibt sich übrigens auch aus C_X/C_{In} [→ S. 152], wenn man dort $\dot{V}_U$ kürzt.)

Die **fraktionelle Resorption** (**FR**) von X errechnet sich aus:

$$FR_X = 1 - FE_X \qquad [7.10]$$

▶

7 Niere

A. Fraktionelle Ausscheidung (FE)

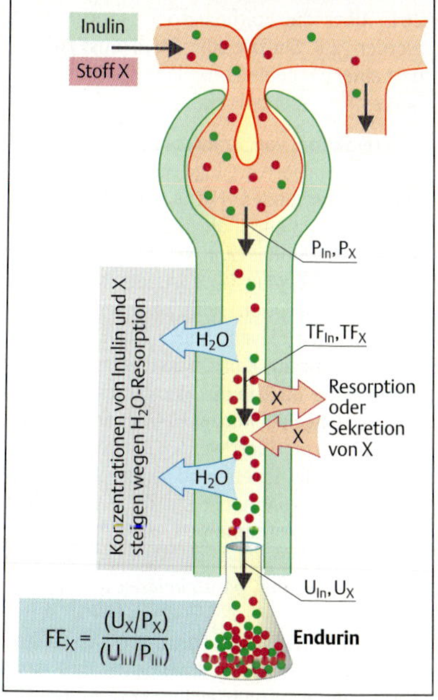

B. Tubulärer Transport

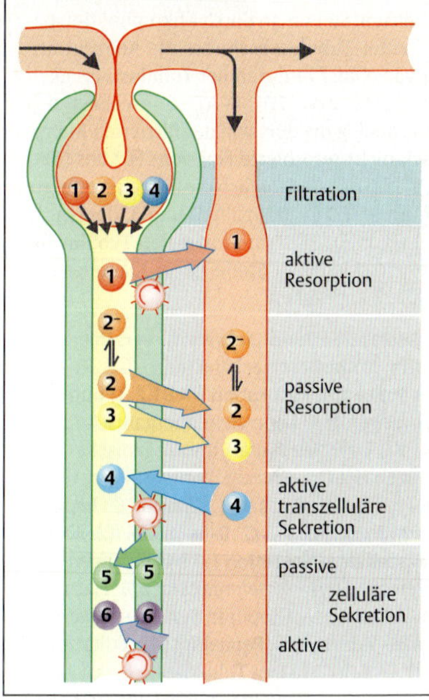

C. Verteilung wichtiger Transportprozesse entlang des Nephrons (Übersicht)

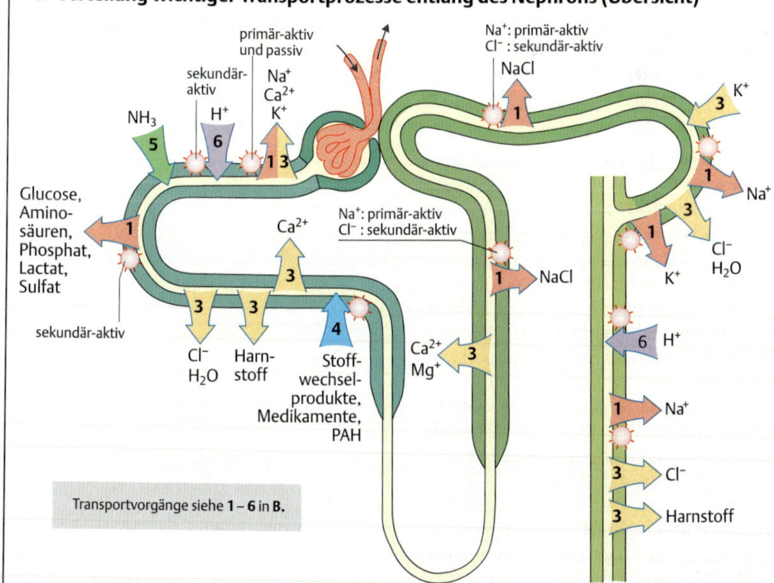

▶

Resorption in den einzelnen Tubulusabschnitten. Stellt man durch Mikropunktion bestimmter Tubulusabschnitte die Konzentration von X und Inulin in der **Tubulusflüssigkeit** fest (= TF_X bzw. TF_{In}, → **A**), so errechnet sich ganz analog die dort von der filtrierten Menge noch nicht resorbierte Fraktion (FD) aus $(TF_X/P_X)/(TF_{In}/P_{In})$, und folglich die bis dahin erfolgte FR aus 1 – FD (→ **D**, Spalte 2 und 3, dort in %). Der Quotient TF/P im proximalen Tubulus für die verschiedenen Stoffe ist in Klammern in Spalte 2 angegeben.

Resorption und Sekretion verschiedener Stoffe (Transportmechanismen → S. 16 – 30). Der tubulären **Resorption** (→ **B1,2,3**) unterliegen neben H_2O sehr viele anorganische (Na^+, Cl^-, K^+, Ca^{2+}, Mg^{2+} u. a.) und organische Substanzen (HCO_3^-, Glucose, Aminosäuren, Harnsäure, Harnstoff, Lactat, Vitamin C, Peptide, Proteine u.v.a.) (→ **C**, **D** u. S. 158 ff.). Durch **transzelluläre Sekretion** (→ **B4**) gelangen *körpereigene Stoffwechselprodukte*, z. B. Harnsäure, Glucuronide, Hippurat, Sulfate und *körperfremde Substanzen* (Penicillin, Diuretika sowie PAH; → S. 150) in den Tubulusurin (→ **C**). Manche Stoffe (z. B. *Ammoniak* [NH_3] und *H^+-Ionen*) werden erst im Stoffwechsel der Tubuluszelle gebildet und gelangen dann durch **zelluläre Sekretion** in den Tubulus. Während NH_3 passiv in das Tubuluslumen diffundiert (→ **B5**), werden H^+-Ionen sekundär-aktiv sezerniert (→ **B6** u. S. 174 ff.).

Der **„Motor" für die meisten dieser Transportprozesse** ist der **Na^+- und K^+-Transport** durch die *Na^+-K^+-ATPase* (→ S. 26) der basolateralen Tubulus-und Sammelrohrmembran. Die Na^+-K^+-ATPase pumpt Na^+ *primär-aktiv* (d. h. unter direktem ATP-Verbrauch) aus der Zelle (Index *i*) ins Blut (Index *a*) und K^+ in der Gegenrichtung. Dadurch entstehen zwei entscheidende Triebkräfte für den Transport zahlreicher Stoffe (inkl. Na^+ und K^+ selbst), nämlich ein *chemischer Na^+-Gradient* ($[Na^+]_a > [Na^+]_i$) sowie (wegen $[K^+]_i > [K^+]_a$) ein *elektrischer Gradient*, d. h. das innen negative Membranpotenzial (→ S. 32 f. u. 44).

Zu beachten ist, dass beim *transzellulären Transport* zwei Membranen überwunden werden müssen, in der Regel mit zwei verschiedenen Mechanismen. Sollen Stoffe aktiv (d. h. gegen einen elektrochemischen Gradienten, → S. 26 f.) über die Epithelbarriere transportiert werden (z. B. Glucose oder PAH), muss zumindest einer der beiden seriellen Membrantransportschritte ebenfalls aktiv sein.

Interaktion von Transporten. Aktive und passive Transportvorgänge sind meist eng miteinander verbunden: H_2O z. B. wird passiv resorbiert, wenn durch die aktive Resorption eines gelösten Stoffes (z. B. Na^+ oder Glucose) ein *osmotisches Gefälle* (→ S. 24) entstanden ist. Die H_2O-Resorption reißt einerseits gelöste Stoffe mit sich (*Solvent drag*; → S. 24), andererseits führt sie zur *Konzentrierung* anderer gelöster Stoffe im Tubulus (s. o.), die dann entlang ihres eigenen Konzentrationsgefälles passiv ins Blut resorbiert werden können (z. B. Cl^-, Harnstoff). Bei Ionen- und ionengekoppelten Transporten kommen dazu die elektrischen Einflüsse des Membranpotenzials (s. o.) sowie eines evtl. *transepithelialen Potenzials*, das eine Triebkraft für den *parazellulären* Ionentransport darstellt.

Die nichtionisierte Form von schwachen Elektrolyten ist besser lipidlöslich und kann die Membran deshalb leichter passieren als die ionisierte Form (**nichtionische Diffusion**; → **B2**). Der *pH-Wert* des Harns gewinnt damit Einfluss auf die passive Resorption. Auch die *Molekülgröße* spielt bei der Diffusion eine Rolle: Je kleiner das Molekül, desto besser diffundiert es (→ S. 20 ff.).

D. Resorption, Sekretion und fraktionelle Ausscheidung

	1	2	3	4	5	6
		fraktionelle Resorption (FR) [%]				
Stoff	Konzentration im Plasmawasser (P) [mmol/l]	% im proximalen Tubulus (TF/P-Wert)	% in der Henle-Schleife (TF/P-Wert)	% total	fraktionelle Ausscheidung (FE) [% der filtrierten Menge]	Einflüsse (P = Plasmakonzentration, TF = Konzentration im Tubulusharn; ↑ steigert FE, ↓ senkt FE)
H_2O	---	65%	10%	93%–99,5%	0,5%–7%	ADH: ↓
Na^+	153	65% (1,0)	25% (0,4)	95%–99,5%	0,5%–5%	Aldosteron: ↓ ADH: ↓ ANP: ↑
K^+	4,6	65% (1,0)	10%–20%	u.U. Sekretion	2%–150%	Aldosteron: ↑
Ca^{2+}	frei: 1,6	60% (1,1)	30%	95%–99%	1%–5%	PTH: ↓ Azidose: ↑
Mg^{2+}	frei: 0,6	15% (2,5)	ca. 70%	80%–95%	5%–20%	P steigt: ↑
Cl^-	112	55% (1,3)	ca. 20%	95%–99,5%	0,5%–5%	---
HCO_3^-	24	93% (0,2)		98%–99%	1%–2%	Alkalose: ↑
Phosphat	2,2	65% (1,0)	15%	80%–97%	3%–20%	P steigt: ↑ PTH: ↑ Ca^{2+} sinkt: ↑ Azidose: ↑
Glucose	5	96% (0,1)	4%	≈100%	≈0%	P steigt stark: ↑
Harnstoff	5	50% (1,4)	Sekretion	ca. 60%	ca. 40%	Diurese: ↑
Kreatinin	0,1	0% (2,9)	0%	0%	100%	---
PAH (i.v.)	C_{Test}	Sekretion	Sekretion	Sekretion	≈500%	P steigt stark: ↓

Resorption organischer Substanzen

Die **filtrierte Menge/Zeit** („**Load**") eines Plasmabestandteils errechnet sich aus dem Produkt GFR mal Plasmakonzentration. Wegen der hohen GFR (ca. 180 l/d) gelangen enorme Stoffmengen in den Primärharn, täglich z.B. 160 g D-Glucose. Aufgabe der Resorptionssysteme des Nephrons ist es, solche für den Körper wertvollen Substanzen vor der Ausscheidung zu bewahren.

Die fraktionelle Ausscheidung (FE, → S. 154) der **D-Glucose** ist sehr gering (FE ≈ 0,4%). Diese praktisch 100%ige Resorption wird durch sekundär-aktiven Transport (*Na$^+$-Glucose-Symport*) an der luminalen Zellmembran erreicht (→ **B** u. S. 29 B1) und findet zu ca. 95% im proximalen Tubulus statt. Überschreitet die Plasma-Glucose-Konzentration (normal ca. 5 mmol/l) 10–15 mmol/l (z.B. beim *Diabetes mellitus*), so steigt die Glucose-Konzentration im Harn zunehmend an: *Glukosurie* (→ **A**). Dies zeigt die *Sättigbarkeit* der Glucose-Resorption an, die der Michaelis-Menten-Kinetik gehorcht (→ S. 28). Neben dieser *prärenalen Glukosurie* gibt es auch *renale* Formen, bei denen einer der tubulären Glucose-Carrier defekt ist.

Verantwortlich für die Glucose-Resorption sind ein niedrig-affiner **Carrier** in der luminalen Zellmembran der Pars convoluta (sodium-glucose transporter Typ 2, SGLT2) und ein hochaffiner (SGLT1) in der Pars recta. Beide cotransportieren Glucose und Na$^+$, SGLT2 im Verhältnis 1 : 1, SGLT1 im Verhältnis 1 : 2. Die Energie für diese sekundär-aktive Glucose-Aufnahme entstammt dem in die Zelle gerichteten elektrochemischen Na$^+$-Gradienten, der bei SGLT1 wegen der 2 Na$^+$ doppelt so groß ist wie bei SGLT2. Die in der Zelle akkumulierte Glucose verlässt diese auf der Blutseite passiv über einen *Uniporter* (GLUT2 = Glucose-Transporter, Typ 2) mittels sog. *erleichterter Diffusion* (→ S. 22). **Galactose** benützt ebenfalls den SGLT2-Carrier, während **Fructose** nur passiv in die Tubuluszelle aufgenommen wird (GLUT5).

Von den mehr als 25 **Aminosäuren** (AS) des Plasmas werden ca. 70 g/d filtriert. Die meisten L-AS werden sehr ähnlich wie D-Glucose resorbiert, also durch sekundär-aktive, Na$^+$-gekoppelte Aufnahme in die proximalen Tubuluszellen (→ **B** u. S. 29 B3). Die ca. 7 verschiedenen AS-Transporter im proximalen Tubulus überschneiden sich z.T. in ihrer Spezifität. Je nach AS und Carrier variieren J_{max} und K_M (→ S. 28) und damit Sättigbarkeit und Resorptionsrate. Für die meisten AS ist FE ≈ 1% (0,1% für L-Valin bis 6% für L-Histidin).

Eine vermehrte AS-Ausscheidung (**Hyperaminoazidurie**) entsteht *prärenal* bei erhöhter Plasmakonzentration (Sättigung der Resorption, analog wie in Tafel **A**) oder *renal* durch einen Transportdefekt, der spezifisch (z.B. *Zystinurie*) oder unspezifisch (z.B. *Fanconi-Syndrom*) sein kann.

Auch andere Substanzen (z.B. Lactat, Sulfat, Phosphat, Dicarboxylate) werden im proximalen Tubulus sekundär-aktiv per Na$^+$-Symport resorbiert, während *Harnstoff* passiv rückdiffundiert (→ S. 166). **Harnsäure** und **Oxalat** werden gleichzeitig resorbiert und sezerniert (→ S. 160). Im Falle der Harnsäure überwiegt dabei die Resorption (FE ≈ 0,1), bei Oxalat die Sekretion (FE > 1). Steigt ihre Harnkonzentration, fallen sie wegen ihrer schlechten Löslichkeit aus (*Harnsteingefahr*). Gleiches gilt für *Cystin* bei der Zystinurie (s. o.).

Oligopeptide (z.B. Glutathion, Angiotensin II) werden durch luminal aktive Peptidasen des Bürstensaums (γ-Glutamyltransferase, Aminopeptidasen, Endopeptidase) so rasch gespalten, dass sie in Form freier AS resorbiert werden können (→ **C1**). *Dipeptide*, die luminal nicht hydrolysierbar sind (z.B. Carnosin), können als intakte Moleküle über einen Symportcarrier (PepT2) resorbiert werden, der durch den in die Zelle gerichteten *H$^+$-Gradienten* (→ S. 174) angetrieben wird („tertiär"-aktiver H$^+$-Symport, → S. 29 B5). Diese Dipeptide werden erst intrazellulär hydrolysiert (→ **C2**). Der PepT2-Carrier wird auch von bestimmten Medikamenten und Toxinen benützt.

Proteine. Trotz des kleinen Siebkoeffizienten von *Albumin* (0,0003; → S. 154) gelangen davon bei einer Plasmakonzentration von 45 g/l noch ca. (180 l/d · 45 g/l · 0,0003 =) 2400 mg/d in den Primärharn, während im Endurin nur 2–35 mg/d erscheinen (FE ≈ 1%). Albumin, Lysozym, α_1- und β_2-Mikroglobulin u.v.a. werden im proximalen Tubulus durch *Rezeptor-vermittelte Endozytose* (→ S. 28) resorbiert und lysosomal „verdaut" (→ **D**). Diese Resorption ist schon normalerweise gesättigt, so dass eine erhöhte Proteinkonzentration im Plasma oder ein vergrößerter Siebkoeffizient für Proteine (z.B. beim Nephrotischen Syndrom) zur *Proteinurie* führt.

Auch *25-OH-Cholecalciferol*, das in Plasma und Glomerulusfiltrat an **DBP** (Vitamin-**D**-**b**inding **p**rotein) gebunden ist, wird samt DBP per Rezeptor-vermittelter Endozytose resorbiert (→ S. 292).

A. Glucose- und Aminosäurenresorption

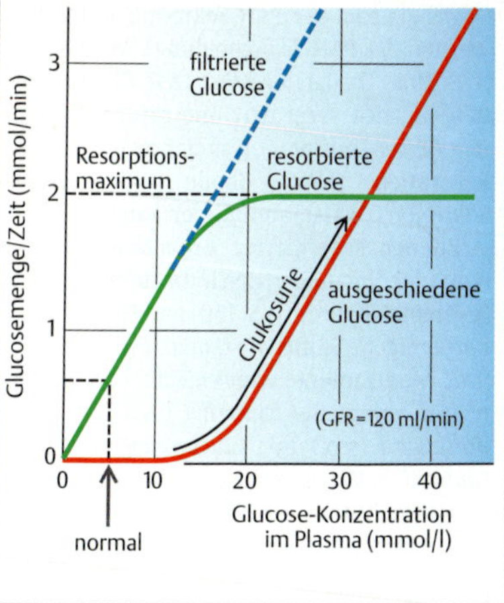

B. Resorption organ. Substanzen

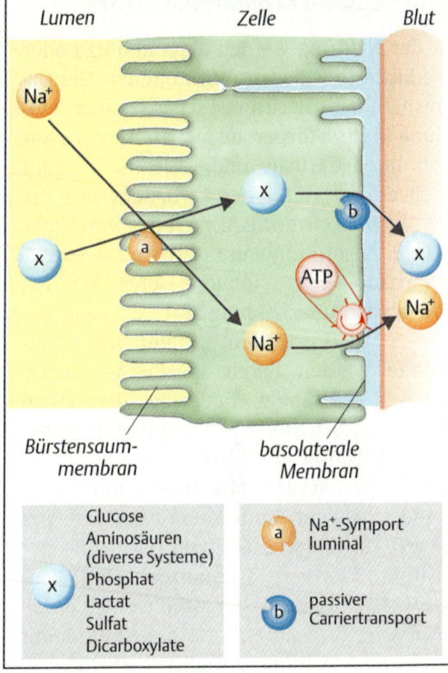

C. Resorption von Oligopeptiden

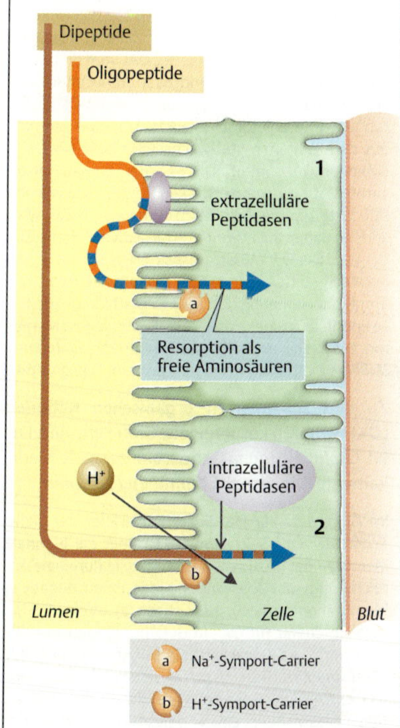

D. Proteinresorption durch Endozytose

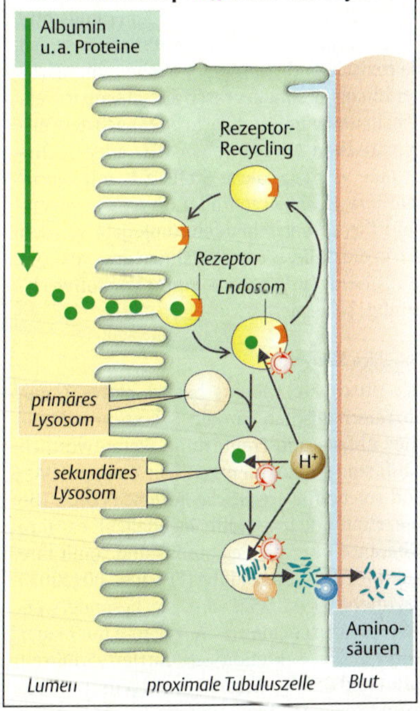

Ausscheidung organischer Stoffe

Mit der Nahrung werden auch unnütze oder schädliche Substanzen aufgenommen. Der Organismus kann diese meist schon bei ihrer **Aufnahme** in den Körper aussortieren, sei es anhand ihres Geruchs und Geschmacks oder durch die Spezifität der Verdauungsenzyme und Absorptionsmechanismen des Darmtraktes (z. B. Absorption von L-, aber nicht von D-Aminosäuren). Eine ähnliche Unterscheidung wird bei der **Ausscheidung** durch die **Leber** (⇒ *Galle* ⇒ *Stuhl*) getroffen: Die nützlichen Gallensalze werden durch spezifische Carrier praktisch vollständig wieder aus dem Darm resorbiert, Abfallstoffe wie Bilirubin hingegen größtenteils mit dem Stuhl ausgeschieden. Ganz ähnlich werden in der **Niere** unbrauchbare und schädliche Stoffe kaum resorbiert. Das gilt z. B. für Endprodukte wie Harnstoff oder Kreatinin. Wertvolle Substanzen (z. B. D-Glucose, L-Aminosäuren) hingegen werden durch spezifische Transporter resorbiert und damit vor der Ausscheidung geschützt (→ S. 158).

Leber und Niere sind außerdem in der Lage, körpereigene Abfallprodukte oder Fremdstoffe (Xenobiotika) so zu modifizieren, dass sie, so sie toxisch sind, *„entgiftet"* werden und darüber hinaus besonders rasch ausscheidbar werden. In unveränderter Form oder nach dem enzymatischen Anfügen einer OH- oder COOH-Gruppe werden solche Stoffe z. B. mit *Glucuronsäure, Sulfat, Acetat* oder *Glutathion* gekoppelt. Die so entstehenden **Konjugate** werden z. T. in die Galle, z. T. in das Lumen des proximalen Tubulus (u. U. nach weiterer Verstoffwechselung) sezerniert.

Tubuläre Sekretion

Der proximale Tubulus besitzt **aktive Transportmechanismen** für die Sekretion zahlreicher Abfall- und Fremdstoffe. Verantwortlich dafür sind Carrier für *organische Anionen* (**OA⁻**) und solche für *organische Kationen* (**OK⁺**). Die Sekretion solcher Stoffe ermöglicht es, ihre Clearance über die des Inulins und somit ihre fraktionelle Ausscheidung (FE) über 1,0 (100 %) anzuheben (→ S. 152), d. h. sie besonders effektiv auszuscheiden (→ **A**, vgl. rote mit blauer Kurve). Die Sekretion ist Carrier-vermittelt (s. u.) und damit *sättigbar*. Im Gegensatz zu resorbierten Stoffen wie z. B. D-Glucose (→ S. 159 A) *sinkt* bei OA⁻ und OK⁺ die FE, wenn ihre Plasmakonzentrationen erhöht werden (→ **A**: Plateau der PAH-Sekretion u. Flacherwerden der PAH-Ausscheidung). Manche OA⁻ (z. B. Urat, Oxalat) und OK⁺ (z. B. Cholin) werden zugleich sezerniert und resorbiert (*bidirektionaler Transport*), was sich zu einer Netto-Resorption (Urat, Cholin) oder Netto-Sekretion (Oxalat) summieren kann.

Zu den sezernierten **organische Anionen** (**OA⁻**) gehören neben den Indikatorstoffen *PAH* (*p-Aminohippurat;* → S. 150) und *Phenolrot* z. B. körpereigene Stoffe wie *Oxalat, Urat* und *Hippurat*, Medikamente wie *Penicillin G, Barbiturate* und zahlreiche *Diuretika* (→ S. 172) sowie Konjugate (s. o.) mit *Glucuronat, Sulfat* und *Glutathion*. Wegen seiner hohen Affinität zum Transportsystem ist *Probenecid* ein starker Hemmer der OA⁻-Sekretion.

Der *aktive Schritt* der **OA⁻-Sekretion** (→ **B**) erfolgt über die basolaterale Membran der proximalen Tubuluszelle (intrazelluläre OA⁻-Anreicherung trotz des innen negativen Membranpotenzials!). Hier sitzt ein Carrier (OAT1 = organischer Anionen-Transporter, Typ 1) mit breiter Spezifität, der OA⁻ vom Blut in die Tubuluszelle aufnimmt, und zwar im *Austausch* mit Dicarboxylaten wie z. B. Succinat^{2-} und 2-Oxoglutarat^{2-} (= α-Ketoglutarat^{2-}; → **B1**). Letzteres stammt aus dem Glutamin-Stoffwechsel der Zelle (→ S. 177 D2) oder wird vom hNaDC-1-Carrier (human Na^+-dicarboxylate transporter) *sekundär-aktiv* (zusammen mit 3 Na^+) in die Zelle aufgenommen (→ **B2**). Man spricht daher auch vom „tertär-aktiven" Transport der OA⁻. Der OA⁻-Ausstrom ins Lumen ist passiv („erleichterte Diffusion"; → **B3**). Für die Sekretion von amphiphilen Konjugaten (z. B. Glutathion-gekoppelte lipophile Toxine) existiert in der luminalen Membran zusätzlich eine ATP-abhängige *Konjugatpumpe* (*MRP2* = Multi-drug-resistance protein, Typ 2, → **B4**).

Zu den sezernierten **organischen Kationen** (**OK⁺**) gehören körpereigene Stoffe wie *Adrenalin, Cholin, Histamin* und *Serotonin* sowie Medikamente wie *Atropin, Chinin und Morphin*.

Im Gegensatz zur OA⁻-Sekretion erfolgt der *aktive Schritt* der **OK⁺-Sekretion** (→ **C**) über die luminale Membran der proximalen Tubuluszelle (luminale Anreicherung mit Überwindung des innen negativen Membranpotenzials!). Hier sitzen a) direkt *ATP-getriebene Carrier für OK⁺* (mdr1; primär-aktiver OK⁺-Transport, → **C1**) sowie b) ein polyspezifischer *OK⁺/H⁺-Austauschcarrier* („tertär-aktiver" Transport, → **C2**). Der OK⁺-Einstrom vom Blut in die Zelle erfolgt passiv über einen polyspezifischen Carrier (OCT; → **C3**).

7 Niere

A. Sekretion und Ausscheidung von p-Aminohippurat (PAH)

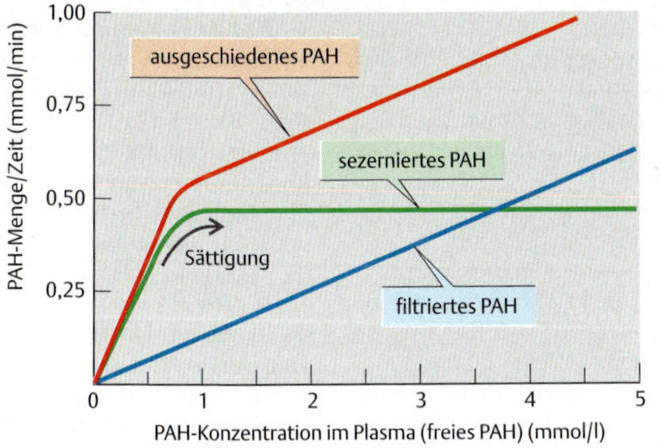

B. Sekretion organischer Anionen (OA^-)

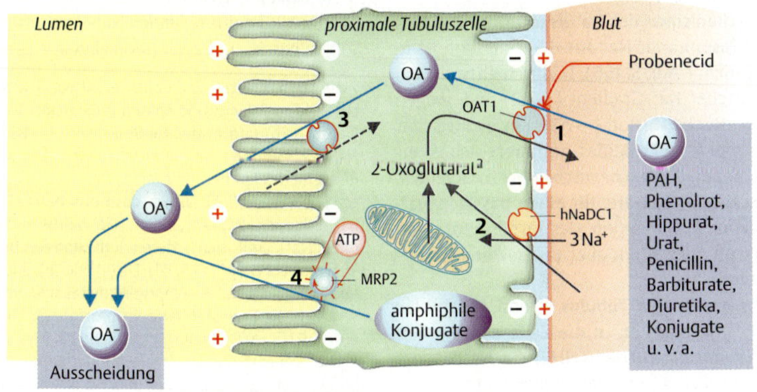

C. Sekretion organischer Kationen (OK^+)

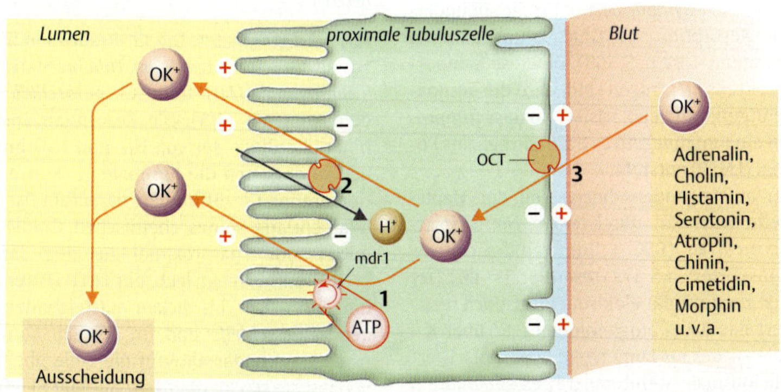

Resorption von Na^+- und Cl

Von der *filtrierten Na^+-Menge* (ca. 27000 mmol/d) werden im Mittel über 99% resorbiert, d. h., die fraktionelle Na^+-Ausscheidung $\mathbf{FE_{Na}} \approx 1\%$. Das genaue Ausmaß von FE_{Na} (= 0,5 – 5%) wird durch *Aldosteron* und andere Hormone *geregelt* (→ S. 170).

Resorptionsorte für Na^+ sind sämtliche Tubulus- und Sammelrohrabschnitte. Ca. 65% des filtrierten Na^+ werden im proximalen Tubulus resorbiert (luminale Na^+-Konzentration bleibt dabei unverändert; → S. 166), weitere ca. 25% in der Henle-Schleife (luminale Na^+-Konzentration sinkt stark ab; → S. 157 D, Spalten 2 u. 3). Auch das distale Konvolut und das Sammelrohr resorbieren Na^+; letzteres ist der Ort der hormonellen *Feineinstellung* der Na^+-Ausscheidung.

Mechanismen der Na^+-Resorption. Die **Na^+-K^+-ATPase** pumpt Na^+ aus der Zelle und K^+ in die Zelle (→ **A** u. S. 156). Dadurch entsteht ein chemischer Na^+-Gradient (→ **A2**) und, wegen der K^+-Rückdiffusion (→ **A3**), ein elektrisches Potenzial (→ **A4**). Beides summiert sich zu einem hohen *elektrochemischen Na^+-Gradienten*. Er ist die Trieb„kraft" für einen **passiven Na^+-Einstrom** in die Zellen, der in den einzelnen Nephronabschnitten aber unterschiedlich abläuft (→ **B**):

- Im **proximalen Tubulus** strömt Na^+ passiv vom Tubuluslumen in die Zelle a) über den *Na^+/H^+-Antiportcarrier* (NHE3 = Na^+/H^+ exchanger, Typ 3), der Na^+ elektroneutral gegen H^+ austauscht (→ **B1**; sekundär-aktive H^+-Sekretion, → S. 29 B4 u. S. 174) sowie b) über die diversen *Na^+-Symportcarrier* für die sekundär-aktive Resorption von Glucose und anderen Substraten (→ **B2** u. S. 158). Da diese Symporter großteils elektrogen sind, wird die luminale Zellmembran depolarisiert, so dass *frühproximal* ein lumen*negatives* transepitheliales Potenzial (L**N**TP) entsteht.
- Im aufsteigenden dicken Teil der **Henle-Schleife** wird Na^+ durch einen *Na^+-2 Cl^--K^+-Symportcarrier* (BSC = Bumetanid-sensitiver Cotransporter; → S. 172) resorbiert (→ **B6**). Der BSC ist zwar primär elektroneutral, doch rezirkuliert das dabei aufgenommene K^+ über K^+-Kanäle zurück ins Lumen und hyperpolarisiert so die luminale Membran, d. h. es entsteht ein lumen*positives* transepitheliales Potenzial (L**P**TP).
- Im **distalen Konvolut** wird Na^+ über einen elektroneutralen *Na^+-Cl^--Symportcarrier* resorbiert (TSC = Thiazid-sensitiver Cotransporter; → **B8**; → S. 172).
- In den Hauptzellen von **Verbindungstubulus** und **Sammelrohr** verlässt Na^+ das Lumen über *Na^+-Kanäle* (→ **B9**), die durch Aldosteron und ADH aktivierbar sowie durch ANP und Prostaglandine hemmbar sind (→ S. 170).

Da diese 4 passiven Na^+-Transportschritte der luminalen Membran mit dem aktiven Na^+-Transport in der basolateralen Membran (Na^+-K^+-ATPase) in Serie geschaltet sind, ist in diesen Fällen auch die **transepitheliale Na^+-Resorption** *aktiv*. Sie macht ca. 1/3 der Na^+-Resorption im proximalen Tubulus aus, wobei für 3 Na^+-Ionen 1 ATP verbraucht wird (→ S. 26). Weitere 2/3 der *proximalen* Na^+-Resorption erfolgen *passiv*, und zwar **parazellulär**.

Zwei **Trieb„kräfte"** sind dafür verantwortlich: a) die L**P**TPs im mittleren und späten proximalen Tubulus (→ **B5**, s. u.) und in der Henle-Schleife (→ **B7**), die Na^+ u. a. Kationen aus elektrischen Gründen auf die Blutseite des Epithels treiben. b) Das allen resorbierten Substanzen (inkl. Na^+) aus osmotischen Gründen nachfolgende *Wasser* „reißt" alle gelösten Stoffe (inkl. Na^+) „mit sich", deren Reflexionskoeffizient < 1: *„Solvent Drag"* (→ S. 24). Da (a) und (b) eine indirekte Folge der Na^+-K^+-ATPase-Aktivität sind, verbessert sich die **Energiebilanz** im proximalen Tubulus auf ca. 9 Na^+/ATP (für die ganze Niere: ca. 5 Na^+/ATP).

Na^+ verlässt die proximale Tubuluszelle auf der basolateralen Seite nicht nur über die Na^+-K^+-ATPase, sondern auch über einen *Na^+-3 HCO_3^--Symportcarrier* (→ S. 174). Hier wird Na^+ „tertiär-aktiv" *aus* der Zelle geschafft.

$\mathbf{FE_{Cl}}$ beträgt 0,5 – 5%. Die **Cl^--Resorption** findet zu gut 50% im *proximalen Tubulus* statt: Das *frühproximale LNTP* treibt Cl^- *parazellulär* aus dem Lumen (→ **B3**). Die Resorption von Cl^- hinkt allerdings der von Na^+ und H_2O hinterher, so dass sich die luminale Cl^--Konzentration erhöht. Cl^- diffundiert daraufhin parazellulär entlang seines chemischen Gradienten mittel- und spätproximal aus dem Lumen (→ **B4**) und *erzeugt* jetzt ein ***L*P**TP (Potenzialumkehr, → **B5**). Im dicken aufsteigenden Teil der *Henle-Schleife* und im *distalen Konvolut* tritt Cl^- sekundär-aktiv in die Zelle über und verlässt sie passiv über basolaterale Cl^--Kanäle, die durch ADH aktivierbar sind (→ **B6, 8**).

A. Elektrochemischer Na^+-Gradient

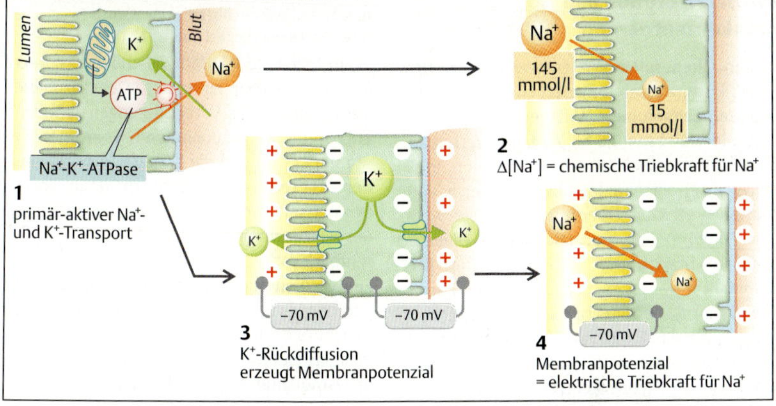

B. Na^+- und Cl^--Resorption

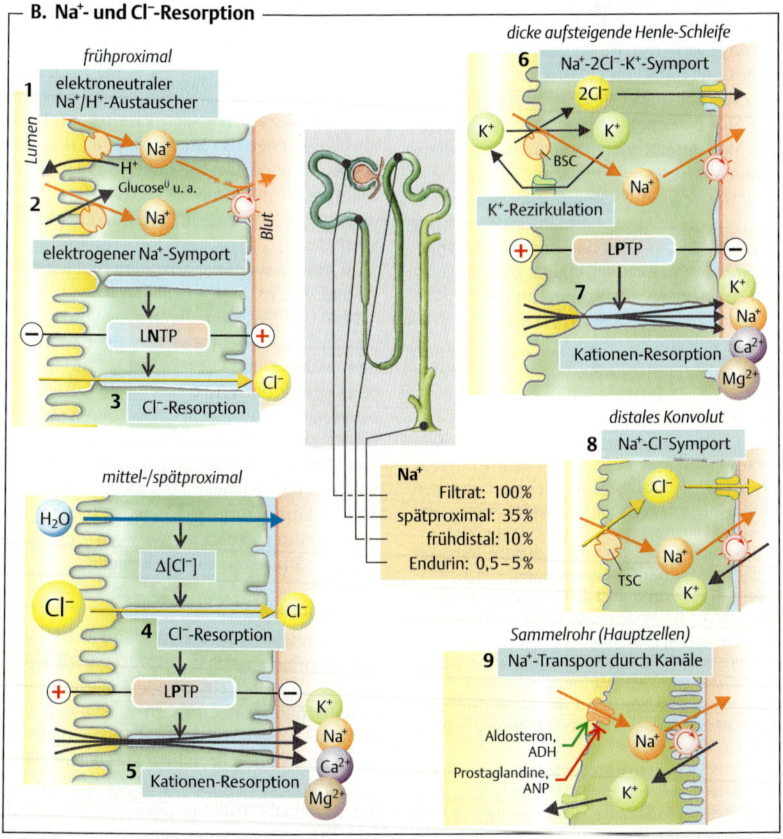

Wasserresorption und Harnkonzentrierung

In den Glomeruli der Niere werden ca. 180 l/Tag Plasmawasser abfiltriert (GFR; → S. 152). Das **Harnzeitvolumen** ($\dot{V}_U$) beträgt hingegen normalerweise nur **0,5 bis 2 l/d**. Bei Werten im unteren Normalbereich spricht man von *Antidiurese*, bei solchen im oberen Bereich von *Diurese* (→ S. 172). Übernormale Werte werden *Polyurie*, unternormale Werte *Oligurie* (< 0,5 l/d) bzw. *Anurie* (< 0,1 l/d) genannt. Die **Osmolalität** (→ S. 377) von Plasma und Filtrat (*Primärharn*) beträgt ca. 290 mosm/kgH_2O (= P_{osm}), die des Endurins (U_{osm}) kann je nach Wasseraufnahme und -ausscheidung zwischen ca. 50 (hypotoner Harn bei extremer Wasserdiurese) und ca. 1200 mosm/kg H_2O (hypertoner Harn bei maximaler Harnkonzentrierung) variieren. Die Wasserdiurese macht die Ausscheidung großer Wassermengen möglich, ohne dass dabei gleichzeitig NaCl oder andere Stoffe vermehrt mitausgeschieden werden. Man spricht hier von der **Ausscheidung „freien Wassers“** (= „Freiwasser“-Clearance = C_{H_2O}), mit der die Niere z. B. eine erniedrigte Plasmaosmolalität normalisieren kann (→ S. 170). Mit C_{H_2O} ist dasjenige Wasservolumen/Zeit gemeint, das einem Urinzeitvolumen entzogen werden könnte, bis der Urin die gleiche Osmolalität wie das Plasma hat. Es errechnet sich aus

$$C_{H_2O} = \dot{V}_U\,(1 - [U_{osm}/P_{osm}]). \quad [7.11]$$

Gegenstromsysteme

Ein **einfaches Austauschsystem** (→ **A1**) besteht z. B. aus 2 Röhren, in denen parallel kaltes (0 °C) bzw. heißes (100 °C) Wasser fließen möge. Durch den Wärmeaustausch zwischen den beiden Röhren wird an beiden Enden schließlich Wasser von etwa 50 °C herauskommen, d. h. der anfänglich hohe Temperaturgradient von 100 °C ist aufgehoben.

Beim **Gegenstromaustauschsystem** (→ **A2**) ist die Flussrichtung in den zwei Röhren entgegengesetzt. Da nun überall ein Temperaturgradient besteht, kann über die ganze Länge Wärme ausgetauscht werden. Statt Wärme können auch *Stoffe* ausgetauscht werden, sofern die Wand dafür permeabel ist und für sie ein Konzentrationsgradient besteht.

Steht beim **Gegenstromaustausch** in einer haarnadelförmigen **Schleife** der Schleifenscheitel mit einer Umgebung in Kontakt, deren Temperatur vom Röhreninnern abweicht (Eis, → **A3**), so ist die aus der Schleife kommende Flüssigkeit kälter als die eintretende, weil Wärme überall vom wärmeren zum kälteren Schleifenschenkel übertritt.

Im *Nierenmark* kommt es in den **Vasa recta** (→ **A6** u. S. 150) zu einem *Gegenstromaustausch von Wasser*. Vorbedingungen dafür sind ein papillenwärts zunehmend hypertones Nierenmark (s. u.) und die Wasserdurchlässigkeit der Vasa recta. Via Osmose tritt dann ein Teil des Wassers vom ab- in den aufsteigenden Teil der Vasa recta über und fließt daher „am Nierenmark vorbei“ (→ **A4**). Durch den Wasserabzug werden alle sonstigen Blutkomponenten papillenwärts zunehmend konzentriert. So gleicht sich z. B. die *Osmolalität* des Vasa-recta-Plasmas laufend an die papillenwärts steigende Osmolalität des umgebenden Interstitiums an, und auch der Hämatokrit ist im Nierenmark erhöht. Umgekehrt diffundieren die Stoffe, die im Nierenmark ins Blut eingetreten sind, von den aufsteigenden in die absteigenden Vasa recta (z. B. *Harnstoff*; → **C**). Der Gegenstromaustausch in den Vasa recta erlaubt also die notwendige Blutversorgung des Nierenmarks, ohne dass die hohe Osmolalität im Nierenmark und damit die Konzentrierungsfähigkeit der Niere (s. u.) wesentlich gestört wird.

In einem sog. **Gegenstrommultiplikationssystem**, wie es an der *Henle-Schleife* verwirklicht ist (s. u.), wird durch Aufwand von **Energie** dauernd ein Konzentrationsgradient zwischen den beiden Röhren geschaffen (→ **A5**). Durch den Gegenstrom wird dieser an jeder Stelle erzeugte Gradient zwischen den Röhren (*Einzelschritt*) zu einem hohen *Gradienten entlang der Schleifenschenkel* verstärkt. Letzterer ist also umso größer, je länger die Schleife und je größer der Einzelschritt-Gradient ist, und außerdem ist er umgekehrt proportional (dem Quadrat) der *Stromstärke* in der Schleife.

H_2O-Resorption

Im **proximalen Tubulus** werden ca. 65% der GFR resorbiert (→ **B** u. S. 157 D). *Trieb„kraft“* dafür ist die dort ablaufende Resorption von osmotisch wirksamen Teilchen, also v. a. von Na^+ und Cl^-. Dadurch wird der Tubulusharn eine Spur verdünnt, doch folgt H_2O diesem kleinen osmotischen Gradienten sofort nach, da der proximale Tubulus „leck“ ist (→ S. 154). H_2O kann hier sowohl parazellulär als auch ▶

A. Gegenstromsysteme

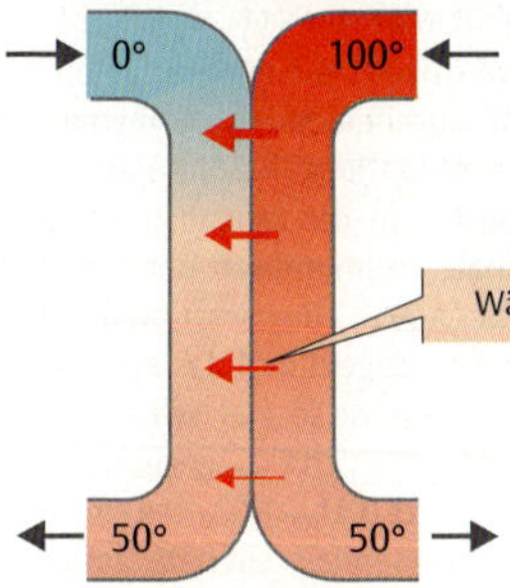

1 gleichlaufendes Austauschsystem

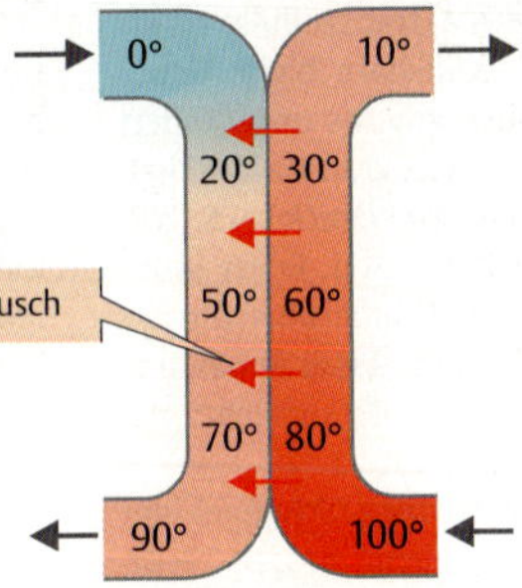

2 Gegenstromaustauscher

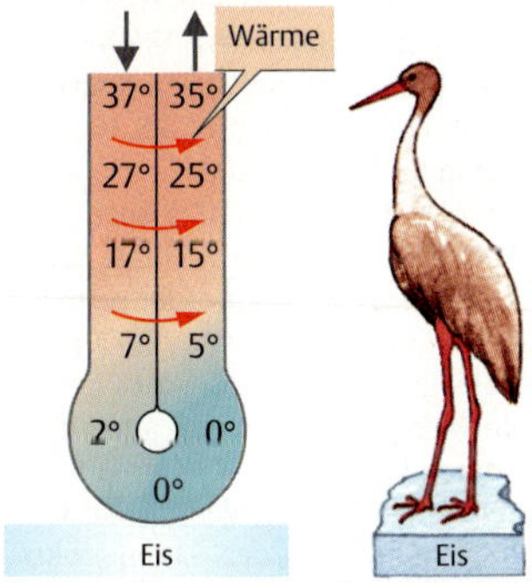

3 Gegenstromaustausch mit Schleife (Wärme)

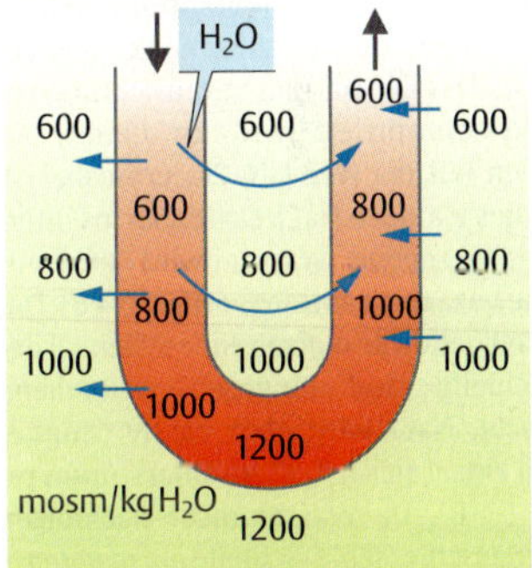

4 Gegenstromaustausch mit Schleife (Wasser, z. B. Vasa recta)

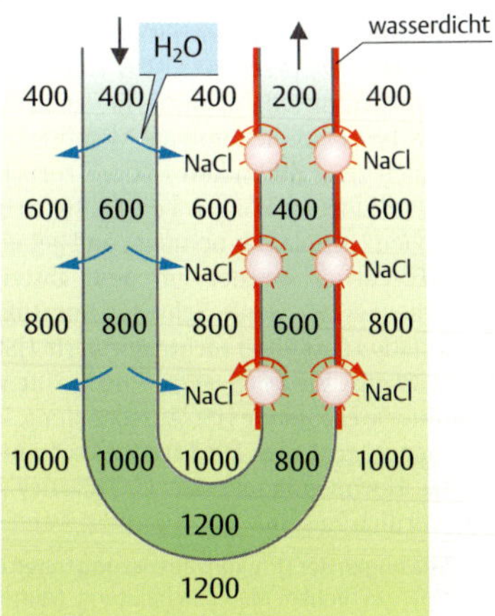

5 Gegenstrommultiplikation (Henle-Schleife)

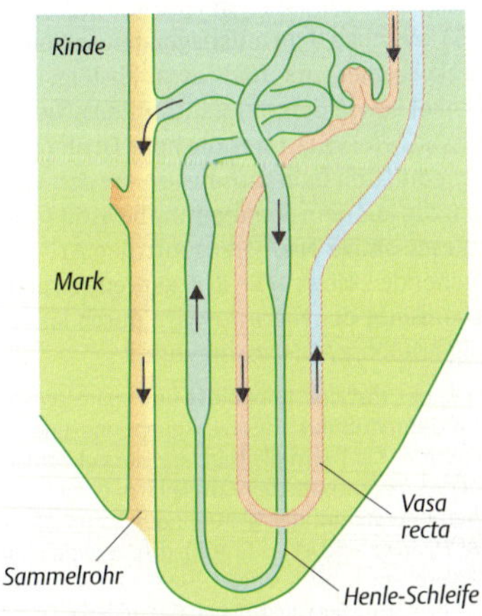

6 Gegenstromsysteme des Nierenmarks

über *Wasserkanäle* in beiden Zellmembranen (= *Aquaporin Typ 1 = AQP1*) transzellulär resorbiert werden. Der Tubulusharn bleibt daher entlang dieses Tubulussegments unverändert *isoton*. Eine zusätzliche Triebkraft für die H_2O-Resorption ist der *onkotische Druck* (→ S. 378) in den peritubulären Kapillaren. Er ist umso höher, je mehr H_2O am Glomerulus filtriert wurde. Dadurch wird eine gewisse Anpassung der H_2O-Resorption an die GFR erreicht: *glomerulotubuläre Balance*.

Der Harn im *absteigenden* Schenkel der **Henle-Schleife** steht wegen dessen H_2O-Durchlässigkeit (*AQP1*) mit dem papillenwärts zunehmend hypertonen Interstitium weitgehend in einem osmotischen Gleichgewicht (→ **A5**), so dass der Harn in Stromrichtung zunehmend konzentriert wird. Im *dünnen* absteigenden Teil, der wenig NaCl-permeabel ist, betrifft dies v. a. auch NaCl. Das dabei ins Interstitium abgezogene Wasser wird großteils durch die Vasa recta abtransportiert (→ **B**). Der dünne und der dicke *aufsteigende* Schenkel der Henle-Schleife sind hingegen weitgehend *wasserdicht*, NaCl wird aber passiv (dünner Teil) und aktiv (dicker Teil) ins Interstitium resorbiert (→ **B**). Da Wasser nicht nachfolgen kann, verlässt die Henle-Schleife ein *hypotoner Harn*.

Der *aktive NaCl-Transport* im dicken aufsteigenden Teil (→ S. 162) erzeugt einen Einzelschrittgradienten (s. o.; ca. 200 mosm/kgH_2O, → **A5**) zwischen dem aufsteigenden Schleifenschenkel einerseits und dem absteigenden Schenkel sowie dem Interstitium des Nierenmarks andererseits. Da es die hohe Osmolalität des medullären Interstitiums ist, die den Wasserentzug aus dem Sammelrohr bewirkt (s. u.), ist dieser aktive NaCl-Transport der ATP-verbrauchende *„Motor" für den Konzentrierungsmechanismus* der Niere. Er wird durch längerfristig erhöhtes ADH hochreguliert.

Entlang des **distalen Konvoluts** und spätestens im **Verbindungstubulus** (besitzt Aquaporine und V_2-Rezeptoren, s. u.) wird die tubuläre Flüssigkeit dann wieder isoton (osmotischer Ausgleich mit dem isotonischen Interstitium der Nierenrinde), wenn *Adiuretin* (*ADH*) anwesend ist (→ S. 168), d. h. in *Antidiurese*. Hier wird auch weiter Na^+ und Cl^- resorbiert (→ S. 162); trotzdem ändert sich dadurch die Osmolalität nicht wesentlich, da aus osmotischen Gründen auch H_2O ins Interstitium ausströmt (ca. 5 % der GFR) und der *Harnstoff* zunehmend die Osmolalität der Tubulusflüssigkeit mitbestimmt (s. u.).

Im **Sammelrohr** findet die endgültige Einstellung des auszuscheidenden Urinvolumens statt. Unter **ADH-Einfluss** (basolaterale V_2-Rezeptoren) werden in die (ansonsten wasserdichte) luminale Zellmembran der Hauptzellen *Aquaporine* (**AQP2**) eingesetzt, so dass dem Urin bei seiner Passage durch das zunehmend hypertone Nierenmark so viel Wasser entzogen werden kann, bis sich U_{osm} gegenüber P_{osm} etwa vervierfacht, d. h. $U_{osm}/P_{osm} \approx 4$ (max. Antidiurese). In *Abwesenheit von ADH* kommt es zur Wasserdiurese, wobei U_{osm}/P_{osm} auf $< 0,3$ absinken kann. U_{osm} sinkt dabei sogar unter die Osmolalität im frühdistalen Tubulus (s. o.), da der NaCl-Transport im distalen Konvolut und im Sammelrohr weiterläuft (→ S. 162), Wasser aber kaum nachfolgen kann.

Auch der **Harnstoff** (HSt) spielt bei der Harnkonzentrierung eine wichtige Rolle. Eine proteinreiche Ernährung, bei der vermehrt HSt gebildet wird, erhöht z. B. die Konzentrierungsfähigkeit der Niere. Ca. 50 % der filtrierten HSt-Menge verlassen den proximalen Tubulus durch Diffusion (→ **C**). Der aufsteigende Teil der Henle-Schleife, das distale Konvolut und die Anfangsteile des Sammelrohrs sind kaum durchlässig für HSt, so dass die HSt-Konzentration in diesen Nephronteilen stromabwärts laufend ansteigt (→ **C**). Das papillennahe Sammelrohr kann für HSt dadurch permeabel gemacht werden, dass **ADH** (über V_2-Rezeptoren) *Harnstoff-Carrier* (UT1 = urea transporter, Typ 1) in die luminale Membran einsetzt. Durch diese diffundiert HSt z. T. zurück ins Interstitium (wo HSt etwa die Hälfte zu der dort hohen Osmolalität beiträgt) und gelangt über UT2-Carrier wieder in den absteigenden Schenkel der Henle-Schleife: *Harnstoff-Rezirkulation* (→ **C**). Der nichtresorbierte HSt-Anteil wird *ausgeschieden*: **$FE_{HSt} \approx 40\%$**. Eine Wasserdiurese erhöht die HSt-Ausscheidung, Wassermangel senkt sie. Für Letzteres scheint z. T. eine Hochregulation der UT2-Carrier verantwortlich zu sein.

Störungen der Urinkonzentrierung treten auf bei a) einer zu hohen Markdurchblutung (Auswaschung von NaCl und HSt), b) osmotischer Diurese und c) Gabe von Schleifendiuretika (→ S. 172). Ein weiterer Grund sind ADH-Mangel oder fehlende ADH-Wirksamkeit (zentraler bzw. peripherer *Diabetes insipidus*).

B. Wasserresorption und -ausscheidung

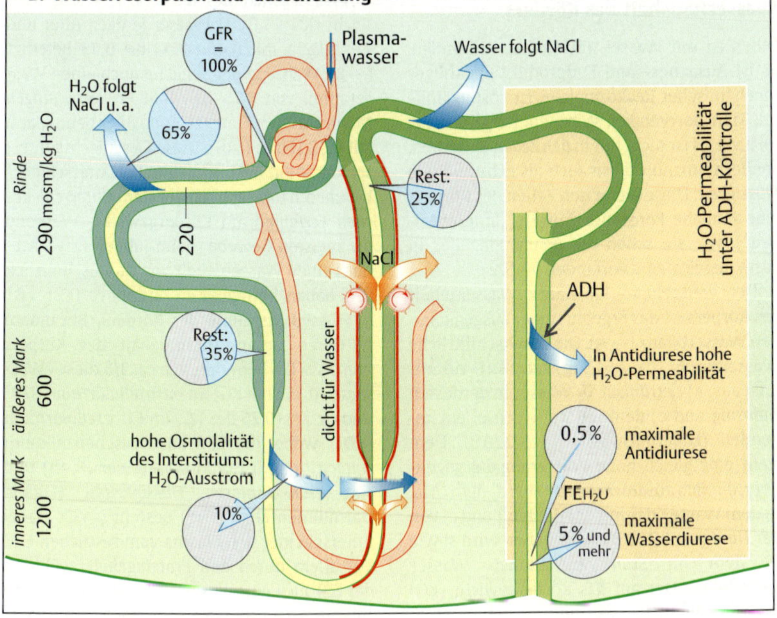

C. Verhalten des Harnstoffs in der Niere

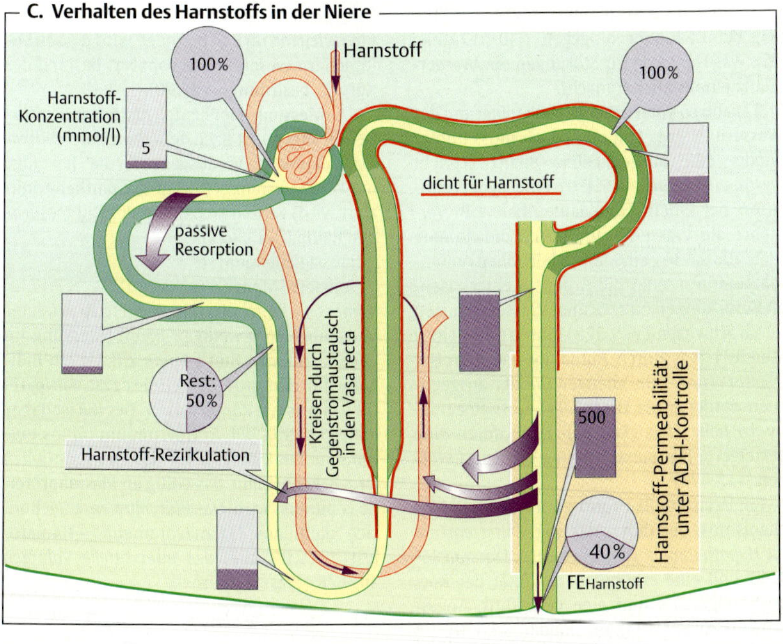

Tafel 7.10 **Harnkonzentrierung II**

Wasserhaushalt des Körpers

Leben ist mit Wasser untrennbar verbunden. Es ist Ausgangs- und Endprodukt unzähliger biochemischer Reaktionen, es ist Lösungsmittel, Transportvehikel, Wärmepuffer, Kühlmittel u.v.a. Es ist nicht nur *in den Zellen* enthalten, sondern umspült diese auch als *extrazelluläre Flüssigkeit*. Diese bietet den Zellen des Körpers eine ähnliche, konstante Umwelt („Inneres Milieu"), wie sie schon die ersten Einzeller in Form des Urmeers vorfanden (→ S. 2).

Der weitgehend konstante Wassergehalt des Körpers ist das Ergebnis einer ausgeglichenen **Wasserbilanz** (→ **A**). Die durchschnittliche **Wasserzufuhr** (ca. 2,5 l/Tag) setzt sich zusammen aus: a) *Getränken*, b) Wasser in der festen *Nahrung* und c) dem im Stoffwechsel entstehenden *Oxidationswasser* (→ S. 229 C). Dem steht eine gleich hohe **Wasserabgabe** gegenüber, die sich zusammensetzt aus: a) dem *Urin*, b) dem Wasser, das mit der *Atemluft* und c) von der *Haut* (→ S. 223 B3) abgegeben wird sowie d) dem im *Stuhl* enthaltenen Wasser (→ S. 265 C). Der auf das Körpergewicht (KG) bezogene tägliche *Wasserumsatz* beträgt beim Erwachsenen im Mittel etwa 1/30 (2,5 l/70 kg KG), beim Säugling hingegen 1/10 (0,7 l/7 kg KG), was Letzteren für Störungen der Wasserbilanz empfindlicher macht.

Es kann zu einer erheblichen **Steigerung des Wasserumsatzes** kommen, doch muss immer wieder eine ausgeglichene Bilanz erreicht werden (Regelung → S. 170). Eine Hyperventilation bei einem Höhenaufenthalt z. B. vermehrt die Wasserabgabe durch die *Atmung* (→ S. 106 u. 136), ein Marsch bei hohen Außentemperaturen oder die Arbeit in einer Eisengießerei können zu enormen Wasserverlusten durch *Schwitzen* (→ S. 222) führen (viele Liter/Stunde!), was durch Aufnahme gleichgroßer Wasser- (und Salz-)mengen wieder ausgeglichen werden muss. Umgekehrt muss eine relativ zu *hohe Flüssigkeitsaufnahme* durch eine gesteigerte Harnausscheidung bilanziert werden (→ S. 170).

Ein Wasserdefizit führt zum **Durst**, ein Mechanismus, der durch das sog. *Durstzentrum im Hypothalamus* gesteuert wird. Durstauslösend sind eine erhöhte Osmolalität der Körperflüssigkeiten und eine vermehrte Angiotensin-Konzentration im Liquor (→ S. 170).

Wassergehalt des Körpers. Am Körpergewicht (KG = 1,0) ist Wasser je nach Alter und Geschlecht mit **0,46** (46%) **bis 0,75** beteiligt (→ **B**). Während der *Säugling* noch einen Wasseranteil von 0,75 hat, fällt er beim *jungen* Mann auf 0,64 (Frau: 0,53), *im Alter* beim Mann auf 0,53 (Frau: 0,46). Diese Geschlechtsunterschiede (und auch individuelle Unterschiede) beruhen hauptsächlich auf dem *unterschiedlichen Fettanteil* am Körpergewicht: Während die meisten Gewebe (beim jungen Erwachsenen) einen Wassergehalt von durchschnittlich 0,73 haben, beträgt er im Fett nur ca. 0,2 (→ **B**).

Flüssigkeitsräume des Körpers. Bei einem mittleren Gesamtwassergehalt des Körpers von etwa 0,6 befinden sich ca. 3/5 dieses Wassers (= 0,35 vom KG) im *Intrazellulärraum* (**IZR**) und ca. 2/5 (0,25 des KG) im *Extrazellulärraum* (**EZR**), wobei der EZR aus Zwischenzellraum (*Interstitium*, 0,19), *Plasmawasser* (0,45) und sog. *transzellulären Flüssigkeiten* (Liquor, Darmlumen etc., 0,015) besteht (→ **C**). Dabei unterscheidet sich Plasma vom restlichen EZR vor allem durch den *Proteingehalt*, während der IZR auch eine wesentliche andere *Ionenzusammensetzung* als der EZR aufweist (→ S. 93 B). Da sich das Na^+ des Körpers ganz überwiegend im EZR befindet, wird dessen Volumen im Wesentlichen vom Na^+-Bestand des Körpers bestimmt (→ S. 170).

Die **Messung der Flüssigkeitsräume** des Körpers erfolgt meist nach dem *Prinzip der Indikatorverdünnung*. Vorausgesetzt, die jeweilige Indikatorsubstanz S (die in die Blutbahn injiziert wird) verteilt sich nur in dem zu messenden Raum (→ **C**), so gilt:

$$\text{Flüssigkeitsraum (l)} = \text{injizierte Menge S (g)}/C_S \text{ (g/l)}, \qquad [7.12]$$

wobei C_S = Konzentration von S nach erfolgter Verteilung im jeweiligen Raum (Messung im abgenommenen Blut). *Inulin* z. B. ist ein Indikator für den größten Teil des *EZR*, *Antipyrin* für das *gesamte Körperwasser*. Der *IZR* ist daher knapp so groß wie Antipyrinraum minus Inulinraum. Ein Indikator für das *Plasmavolumen* ist z. B. *Evans-Blau*, das völlig an Plasmaproteine gebunden wird. Das *Blutvolumen* errechnet sich dann aus Plasmavolumen/(1 – Hämatokrit) (→ S. 88) und das *interstitielle Volumen* aus EZR – Plasmavolumen.

A. Wasserbilanz des Körpers

B. Wassergehalt des Körpers

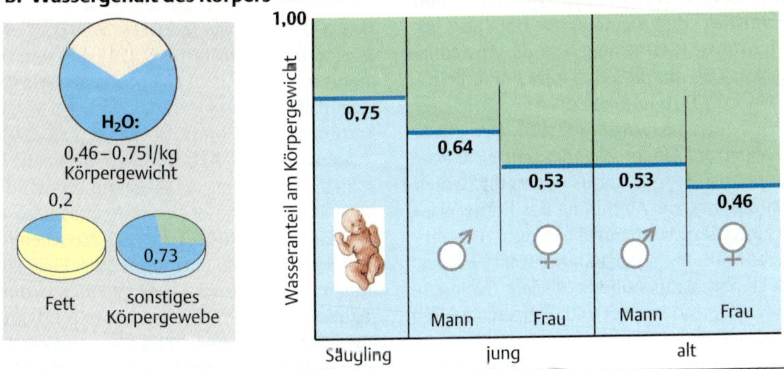

C. Die Flüssigkeitsräume des Körpers

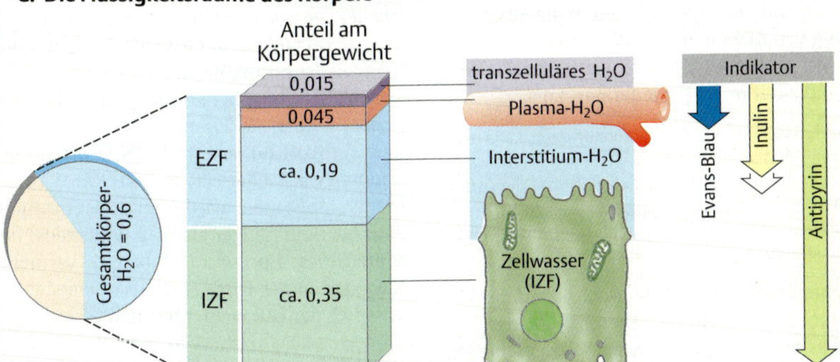

Regulation des Salz- und Wasserhaushalts

Osmoregulation. Die Körperflüssigkeiten haben – mit wenigen Ausnahmen – eine Osmolalität von ca. 290 mosm/kg H_2O. Wird die Osmolalität im Extrazellulärraum (EZR) z.B. durch NaCl-Aufnahme oder Wasserverlust gesteigert, wäre ein Wasserausstrom aus dem Intrazellulärraum (IZR) die Folge (→ S. 173 B2 u. 6), da der IZR mit dem EZR im osmotischen Gleichgewicht steht. Um die Zellen vor größeren Volumenschwankungen zu schützen, muss die Osmolalität des EZR daher streng geregelt werden. Daran sind v.a. *Osmosensoren* (v.a. im Hypothalamus), *Adiuretin* (= *ADH* = Vasopressin) als Hormon sowie die *Niere* als dessen Zielorgan beteiligt (→ S. 166).

H_2O-Mangel (→ **A1**). Wenn H_2O-Verluste des Körpers (z.B. mit dem Schweiß, dem Urin, mit der Atemluft u.a.) nicht oder ungenügend ersetzt werden, wird der *EZR hyperton* : Schon ein Anstieg der Osmolalität um nur 1% (= 3 mosm/kg H_2O) genügt, um die Ausschüttung von ADH aus dem Hypophysenhinterlappen (→ S. 280) zu erhöhen (→ **A1**). ADH senkt die H_2O-Ausscheidung (→ S. 166). Der ebenfalls hypertone Liquor löst über *zentrale Osmosensoren* im Hypothalamus *hyperosmotischen Durst* aus, der zur Auffüllung des Körperwassers auffordert. Verdauungsbedingte H_2O-Verschiebungen im Magen-Darm-Trakt werden dem Hypothalamus über *periphere Osmosensoren* im Pfortadergebiet und über vagale Afferenzen gemeldet.

H_2O-Überschuss (→ **A2**): Die Aufnahme hypotoner Flüssigkeit vermindert die Osmolalität im EZR. Dieses Signal hemmt die Ausschüttung von ADH, und eine Wasserdiurese ist die Folge (→ S. 166), wodurch sich die Plasmaosmolalität in < 1 h wieder normalisiert.

Wird zu viel H_2O *zu schnell* aufgenommen, kann es zu einer **Wasserintoxikation** (Übelkeit, Erbrechen, Schock) kommen. Ursache dafür ist, dass die Osmolalität im Plasma schon stark abgesunken ist, bevor die Hemmung der ADH-Ausschüttung wirksam werden konnte.

Volumenregulation. Die *NaCl-Aufnahme* beträgt etwa 8 – 15 g/d. Dieselbe Menge/Zeit muss von den Nieren wieder ausgeschieden werden, damit der *Na^+-Bestand* des Körpers und, davon entscheidend abhängig, der **EZR** (→ S. 168) konstant bleiben. An dieser Volumenregulation, die also primär über Na^+ erfolgt (die Cl^--Balance wird sekundär eingestellt), sind v.a beteiligt:

- das *Renin-Angiotensin-System* (**RAS**; → S. 184). Seine Aktivierung bewirkt u.a. über Angiotensin II (AT II, senkt u.a. GFR) und Aldosteron (→ **A4**) eine *Na^+-Retention*;
- *Atriopeptin* (= **ANP** = atriales natriuretisches Peptid). Es wird aus Zellen des Herzvorhofs ausgeschüttet, wenn der *EZR anwächst* (und damit der Vorhofdruck steigt). ANP vermehrt die renale Na^+-Ausscheidung durch Erhöhung der Filtrationsfraktion (→ S. 152) und Hemmung der NaCl-Resorption aus dem Sammelrohr;
- **ADH.** Die ADH-Sekretion wird stimuliert a) durch erhöhte Osmolalität (s. o.), b) wenn über Dehnungssensoren im Vorhof eine (mehr als 10%ige) *Senkung des EZR* (~ Vorhofdruck) an den Hypothalamus gemeldet wird (*Gauer-Henry-Reflex*), c) durch ATII (→ S. 184);
- eine **Druckdiurese** (→ S. 172), bei der vermehrt Na^+ und Wasser ausgeschieden wird. Sie wird dadurch ausgelöst, dass sich bei vergrößertem EZR der Blutdruck erhöht (→ S. 216).

Salzmangel (→ **A3**). Eine Hyponatriämie bei primär normalem H_2O-Bestand vermindert über die herabgesetzte Blutosmolalität die ADH-Sekretion, so dass die H_2O-Ausscheidung ansteigt (s. o.). *EZR* und somit auch Plasmavolumen und *Blutdruck* (→ **A4**) werden dadurch reduziert. Dies aktiviert das RAS (s. o.), das nun über AT II *hypovolämischen Durst* auslöst und über Aldosteron *Na^+ retiniert*. Durch die Salzretention wird schließlich (via ADH-Anstieg) Wasser zurückgehalten, und außerdem wird Wasser getrunken, so dass sich das EZR-Volumen wieder normalisiert.

Salzüberschuss bei normalem H_2O-Bestand (→ **A4**) erhöht die Plasmaosmolalität (Durst) und die ADH-Ausschüttung (H_2O-Retention). Dadurch wächst der EZR und, das RAS wird gebremst. Außerdem wird über ANP (s. o.) und evtl. über ein (länger als ANP wirkendes) *natriuretisches Hormon* (Ouabain?) vermehrt NaCl und in der Folge H_2O ausgeschieden, so dass sich der EZR wieder normalisiert.

A. Regulation des Salz- und Wasserhaushalts

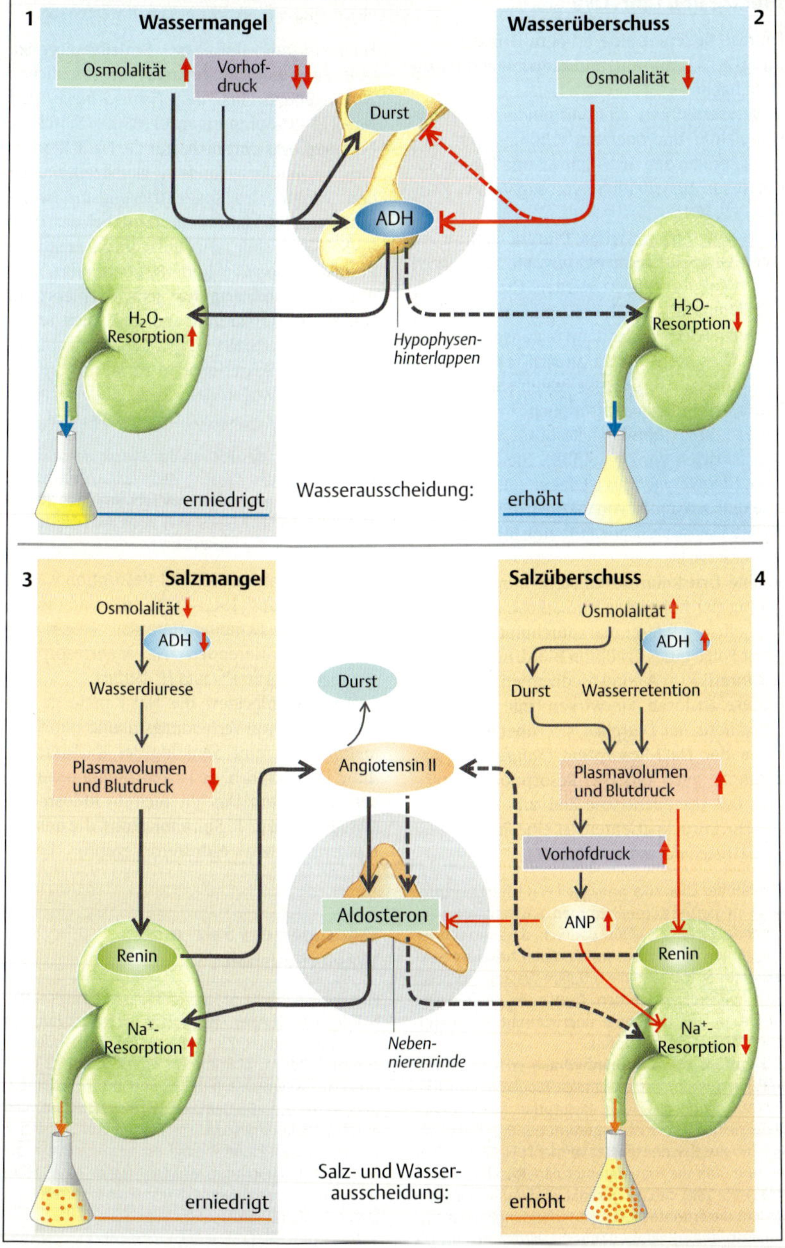

Diurese und Diuretika

Diurese bedeutet eine erhöhte Urinausscheidung (> ca. 1 ml/min) und kann folgende **Ursachen** haben:

- **Wasserdiurese.** Eine verminderte Plasmaosmolalität und/oder ein erhöhtes Blutvolumens senken den ADH-Spiegel und führen dadurch zur Ausscheidung von sog. *freiem Wasser* (→ S. 164).
- Zu einer **osmotischen Diurese** kommt es, wenn vermehrt *nichtresorbierbare Substanzen* in den Tubulus filtriert werden (therapeutisch z. B. *Mannitol*). Sie halten aus osmotischen Gründen H_2O fest, das dann mit ausgeschieden wird. Dies betrifft auch an sich resorbierbare Substanzen, z. B. Glucose, wenn infolge sehr hoher Plasmakonzentrationen (Hyperglykämie) ihre tubuläre Resorptionskapazität überschritten wird (→ S. 158). Die Glukosurie beim *Diabetes mellitus* ist daher von einer Diurese und, sekundär, von vermehrtem Durst begleitet. Das gilt z. B. auch für eine Bikarbonaturie (→ S. 176).
- Eine **Druckdiurese** entsteht durch Auswaschung der hohen Nierenmarkosmolalität bei vermehrter Nierenmarkdurchblutung, was meist Folge eines erhöhten Blutdrucks ist.
- **Diuretika** (→ **A**) sind Medikamente, die eine Diurese auslösen. Sie wirken (mit Ausnahme der *osmotischen Diuretika*, s. o.) über eine **Hemmung der NaCl-Resorption** (*Saluretika*), was sekundär auch die H_2O-Resorption vermindert. Das therapeutische Ziel, z. B. bei Ödem- und Hochdruckpatienten, ist eine *Reduzierung des Extrazellulärvolumens* (EZV).

Obwohl die Diuretika prinzipiell NaCl-Transportprozesse im ganzen Körper hemmen, entsteht ihre weitgehende *Nieren„spezifität"* dadurch, dass sie vom Tubuluslumen aus wirken, wo sie durch **tubuläre Sekretion** (→ S. 160) und die tubuläre Wasserresorption hoch konzentriert werden. Deswegen genügt eine Dosierung, bei der keine unerwünschten systemischen Wirkungen auftreten.

Hemmer der Carboanhydrase (z. B. Acetazolamid) vermindern im *proximalen Tubulus* die Na^+/H^+-Austausch und die HCO_3^--Resorption (→ S. 174 ff.). Die erzielte Diurese ist insgesamt gering, weil distalere Tubulusabschnitte jetzt vermehrt NaCl resorbieren und über die tubuloglomeruläre Rückkoppelung (TGF, → S. 184) die GFR gesenkt wird. Außerdem verursacht die erhöhte HCO_3^--Ausscheidung eine nichtrespiratorische *Azidose*. Klinisch werden solche Diuretika daher nur noch dann eingesetzt, wenn gleichzeitig eine Alkalose bekämpft werden soll.

Hochwirksam sind sog. **Schleifendiuretika** (z. B. Furosemid, Bumetanid), die im dicken aufsteigenden Teil der *Henle-Schleife* den Na^+-2 Cl^--K^+-Symportcarrier (BSC, → S. 162 B6) hemmen, was dort nicht nur die NaCl-Resorption vermindert, sondern gleichzeitig auch den „Motor" des Konzentrierungsmechanismus (→ S. 166) lahm legt. Da dabei das LPTP (→ S. 162 B7) sinkt, wird auch die parazelluläre Resorption von Ca^{2+} und Mg^{2+} behindert. Weil das nichtresorbierte Na^+ jetzt vermehrt im Sammelrohr ankommt und dort auch resorbiert wird (→ S. 181 B3), steigt die daran gekoppelte K^+-Sekretion und es kommt zu *K^+-Verlust* und, wegen des gleichzeitigen *H^+-Verlusts*, zu einer hypokaliämischen *Alkalose*.

Die Hemmung des BSC an der *Macula densa* durch Schleifendiuretika täuscht dem juxtaglomerulären Apparat (JGA) ein NaCl-leeres Tubuluslumen vor, so dass über den TGF (→ S. 184) auch die GFR gesteigert und damit die Diurese begünstigt wird.

Thiazide hemmen die NaCl-Resorption v. a. im *distalen Tubulus* (TSC, → S. 162 B8) und führen, ähnlich wie Schleifendiuretika, wegen der daraus resultierenden Na^+-Mehrresorption stromabwärts zu *K^+- und H^+-Verlust*.

Amilorid blockiert die Na^+-Kanäle in den Hauptzellen von *Verbindungstubulus* und *Sammelrohr*, was eine Senkung der K^+-Ausscheidung bewirkt, d. h. es ist ein *„Kalium-sparendes" Diuretikum*. Das gilt auch für **Aldosteron-Antagonisten** (z. B. Spironolacton), die den zytoplasmatischen Aldosteronrezeptor besetzen.

Störungen des Salz- und Wasserhaushalts

Eine unausgeglichene Salz- und Wasserbilanz (→ **B** u. S. 170) bei *normaler Osmolalität* verändert nur den Extrazellulärraum (EZR; → **B1,4**). Bei *Hyper- oder Hypoosmolalität* im EZR kommt es hingegen zu H_2O-Umverteilungen zwischen EZR und Intrazellulärraum (IZR; → **B2, 3, 5, 6**). Beispiele für die **Ursachen**, sind auf **B** zusammengestellt. Die **Folgen** von Störung 1, aber auch von 2 und 3, sind eine *Hypovolämie*, die von 3 und 5 ein *intrazelluläres Ödem* (u. a. Hirnschwellung) und die von 4, 5 und 6 ein *extrazelluläres Ödem* (Lungenödem!).

A. Angriffsorte von Diuretika

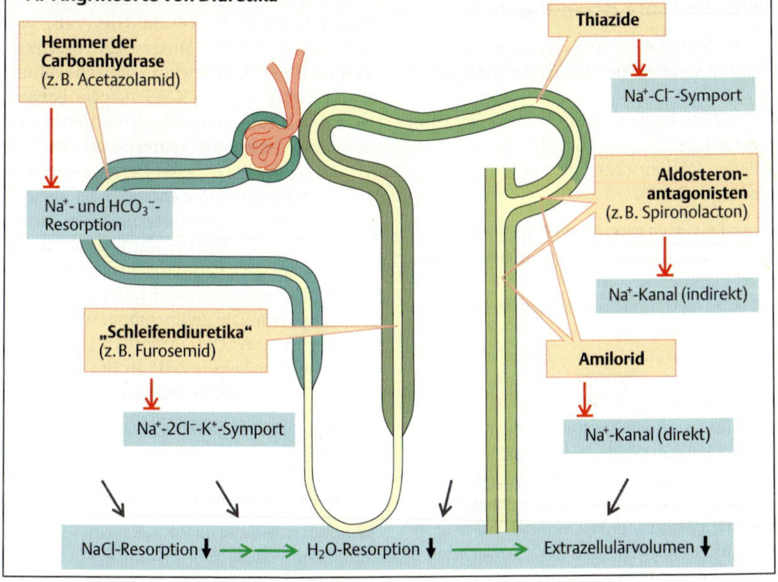

B. Störungen des Salz- und Wasserhaushalts

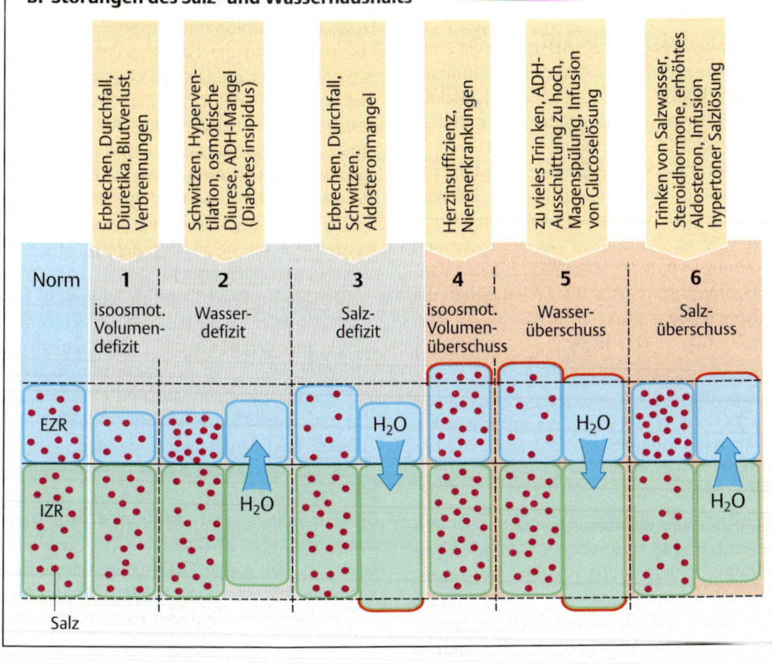

Niere und Säure-Basen-Haushalt

Die renale **H^+-Sekretion** (→ **A**) dient v. a.:
- der Resorption des filtrierten Bicarbonats (→ **B**),
- der Ausscheidung von H^+-Ionen in Form titrierbarer Säure (→ **C**) und
- dem nichtionischen Transport (NH_3) von NH_4^+ (→ **D1, 2**).

Sie findet v. a. an zwei Orten statt (→ **A**):

1. In das Lumen des **proximalen Tubulus** (→ **A1**) werden sehr große Mengen an H^+-Ionen sezerniert, und zwar a) primär-aktiv über eine *H^+-ATPase* und b) sekundär-aktiv über einen elektroneutralen *Na^+/H^+-Antiporter* (NHE3-Carrier, → S. 162). Der *luminale pH-Wert* sinkt dabei von 7,4 (Filtrat) auf ca. 6,6 ab. Für jedes sezernierte H^+-Ion bleibt in der Zelle ein OH^--Ion zurück, das mit CO_2 zu HCO_3^- reagiert (beschleunigt durch CA^{II}, s. u.). HCO_3^- verlässt die Zelle in Richtung Blut, dem es ein H^+-Ion entzieht. Für jedes luminal sezernierte (und ausgeschiedenen) H^+-Ion verschwindet also ein ebensolches aus dem Körper.

2. In *Verbindungstubulus* und **Sammelrohr** (→ **A2**) werden von den *Typ-A-Schaltzellen* H^+-Ionen mittels einer *H^+/K^+-ATPase* sowie einer *H^+-ATPase* sezerniert, so dass dort der luminale pH sogar bis auf 4,5 sinken kann. Bei alkalotischer Stoffwechsellage können hier *Typ B-Schaltzellen* HCO_3^- sezernieren (→ **A3**).

Das Enzym **Carboanhydrase** (**CA**) ist überall dort wichtig, wo H^+-Ionen die eine Zellseite und/oder HCO_3^- die andere verlassen, also in Niere (CA^{II} im Zytosol, CA^{IV} an der luminalen Membran; → **A, B, D**), Magen, Dünndarm, Pankreasgang, Erythrozyten u. a. CA katalysiert die Bruttoreaktion

$$\mathbf{H_2O + CO_2 \rightleftharpoons H^+ + HCO_3^-}.$$

Gewöhnlich wird Kohlensäure (H_2CO_3) als das Zwischenprodukt dieser Reaktion angesehen, doch wird wohl OH^- (und nicht H_2O) an das Enzym gebunden. Damit stecken hinter obiger Bruttoreaktion die beiden Reaktionen $H_2O \rightleftharpoons OH^- + H^+$ und $OH^- + CO_2 \rightleftharpoons HCO_3^-$.

Resorption von Bicarbonat (**HCO_3^-; → B**). Pro Tag wird rund 40-mal soviel HCO_3^- filtriert wie im Blut enthalten ist. Im Interesse des Säure-Basen-Gleichgewichts (→ S. 138 ff.) muss HCO_3^- daher resorbiert werden. Die in das Lumen des proximalen Konvoluts sezernierten H^+-Ionen (s. o.) reagieren dort mit ca. 90% des filtrierten HCO_3^- zu CO_2 und H_2O (→ **B**), was durch die membranverankerte CA^{IV} beschleunigt wird. CO_2 kann leicht in die Zelle diffundieren, wozu es evtl. Wasserkanäle benützt (AQP1, → S. 166). Intrazellulär entstehen, beschleunigt durch die zytoplasmatische CA^{II}, wieder H^+ und HCO_3^- (→ **B**). Die H^+-Ionen werden erneut sezerniert, während HCO_3^- die Zelle basolateral über einen elektrogenen Carrier verlässt (hNBC = human Na^+-Bicarbonat Cotransporter; → **B**); dieser cotransportiert 1 Na^+ mit 3 HCO_3^- (und/oder mit 1 HCO_3^- + 1 CO_3^{2-}?). Durch die luminale Zellmembran wird HCO_3^- also in Form von CO_2 transportiert (Triebkraft: ΔP_{CO_2}), während es die Zelle als HCO_3^- verlässt (Triebkraft: v. a. Membranpotenzial).

Eine **Hypokaliämie** erhöht das Membranpotenzial (Nernst-Gl., → S. 32) und der HCO_3^--Transport steigt, was zu vermehrter H^+-Sekretion führt und damit zu einer **hypokaliämischen Alkalose**.

Säureausscheidung im Harn. Bei einer Proteinaufnahme von ca. 70 g Protein/Tag (→ S. 226) fallen im Körper pro Tag ca. 190 mmol H^+-Ionen an. HCl (aus Arginin, Lysin und Histidin), H_2SO_4 (aus Methionin und Cystin), H_3PO_4 und Milchsäure sind die Hauptquellen (= „fixe" Säuren, die im Gegensatz zu CO_2 nicht abgeatmet werden können). Ca. 130 mmol/d H^+ werden beim Abbau organischer Anionen (Glutamat⁻, Aspartat⁻, Lactat⁻ u. v. a.) verbraucht, so dass die **Netto-H^+-Produktion** ca. **60** (40–80) **mmol/d** beträgt. Obwohl diese H^+-Ionen natürlich schon am Entstehungsort abgepuffert werden, müssen sie zur Regeneration der Puffer ausgeschieden werden.

Der **Urin-pH-Wert** kann im Extremfall auf ca. pH 8 ansteigen (bei hoher HCO_3^--Ausscheidung), aber auch bis auf ca. 4,5 absinken, d. h. seine max. H^+-Konzentration beträgt 0,03 mmol/l. Bei 1,5 l täglichem Urin können also max. nur < 1% der anfallenden H^+-Ionen in freier Form ausgeschieden werden.

Die sog. **titrierbare Säure** (80% Phosphat, 20% Harnsäure, Zitronensäure u. a.) ist eine ins Gewicht fallende (10–30 mmol/d) Ausscheidungsform von H^+-Ionen (→ **C1**). *Titrierbar* heißt sie, weil durch Rücktitrieren des Urins mit NaOH bis zum Plasma-pH-Wert (normal 7,4) die Menge der in dieser Form ausgeschie- ▸

A. H^+-Sekretion

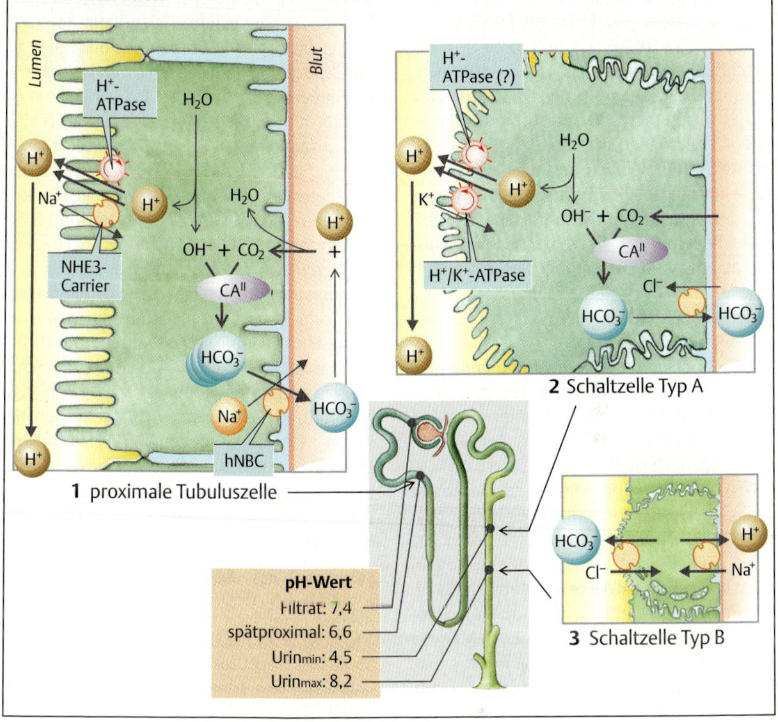

B. HCO_3^--Resorption

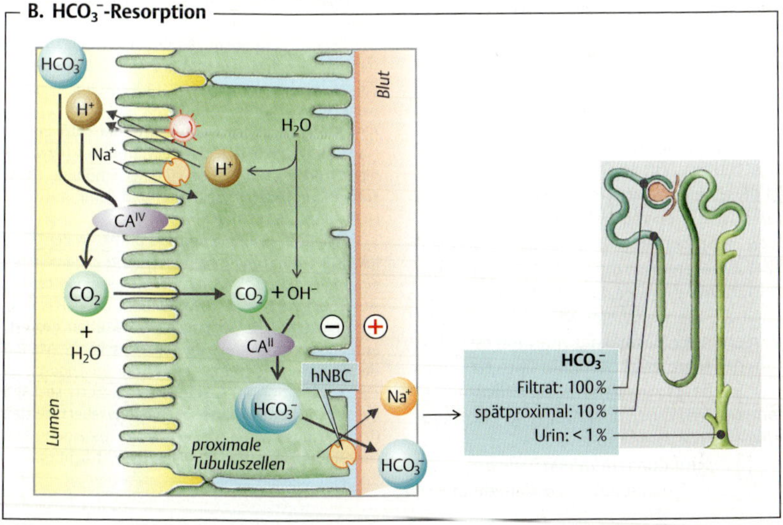

▶

denen H^+-Ionen bestimmt werden kann (→ **C2**). **Phosphat** (pK_a = 6,8) liegt im Blut (pH 7,4) zu 80% als HPO_4^{2-} vor, im sauren Urin fast ausschließlich als $H_2PO_4^-$ (→ S. 380), d.h., sezernierte H^+-Ionen werden vom filtrierten HPO_4^{2-} abgepuffert. Nichtresorbiertes Phosphat (= 5 – 20% der filtrierten Menge; → S. 178) wird also mit H^+ beladen, und zwar zu etwa der Hälfte im proximalen Tubulus (pH 7,4 ⇒ ca. 6,6), der Rest im Sammelrohr (pH 6,6 ⇒ 4,5; → **C1**). Bei einer *Azidose* wird vermehrt Phosphat aus dem Knochen mobilisiert und ausgeschieden. Die so erreichte Mehrausscheidung von H^+-Ionen geht der bei Azidose erhöhten NH_4^+-Bildung (s. u.) voran.

Die Ausscheidung von **Ammoniumionen** (**NH_4^+**; → **D**), die bei durchschnittlicher Kost ca. 25 – 50 mmol/d beträgt, ist ein *indirektes* Maß für eine weitere, wichtige Form der H^+-Ausscheidung, doch ist NH_4^+ *keine* titrierbare Säure. $NH_3 \rightleftharpoons NH_4^+$ wirkt nämlich, im Gegensatz zu $HPO_4^{2-} \rightleftharpoons H_2PO_4^-$, wegen des hohen pK_a-Wertes von ca. 9,2 im Organismus nicht als Puffer. „Indirekt" bezieht sich auf eine **Kooperation von Leber und Niere**. Bei durchschnittlicher Proteinaufnahme werden im Aminosäuren-Stoffwechsel etwa äquimolare Mengen von HCO_3^- und NH_4^+ gebildet (ca. 700 – 1000 mmol/d). Der ganz überwiegende Teil dieser beiden Produkte wird für die *Bildung von Harnstoff* in der **Leber** verwendet (→ **D1**):

$$2\,HCO_3^- + 2\,NH_4^+ \rightleftharpoons H_2N\text{-}\underset{\underset{O}{\|}}{C}\text{-}NH_2 + CO_2 + 3\,H_2O \qquad [7.12]$$

Deswegen wird für jedes NH_4^+, das von der Leber zur Niere gelangt und den Körper mit dem Urin verlässt, ein HCO_3^- weniger verbraucht. Da dieses eingesparte HCO_3^- ein H^+ abpuffern kann, wird hier von „indirekter H^+-Ausscheidung" gesprochen (→ **D1**). Für den Export von NH_4^+ zur Niere baut die Leber dieses großteils in **Glutamin** ein, und nur ein kleiner Teil erreicht die Niere als freies NH_4^+. ($NH_3 \rightleftharpoons NH_4^+$ ist in erhöhter Plasmakonzentration toxisch.)

In der **Niere** wird Glutamin über Na^+-Symport in die *proximalen Tubuluszellen* aufgenommen und durch die mitochondriale *Glutaminase* zu NH_4^+ und Glutamat⁻ (= Glu⁻) gespalten. Glu⁻ wird durch *Glutamat-Dehydrogenase* weiter zu 2-Oxoglutarat^{2-} (= α-Ketoglutarat^{2-}) metabolisiert, wobei ein zweites NH_4^+ entsteht (→ **D2**). Das so gebildete NH_4^+ kann auf zwei Wegen ins Lumen gelangen: 1. Es dissoziiert in der Zelle geringgradig zu NH_3 und H^+, und NH_3 diffundiert („nichtionisch") ins Lumen, wo es wieder mit den getrennt sezernierten H^+-Ionen zusammentritt. 2. NH_4^+ wird vom NHE3-Carrier (statt H^+) als Ion sezerniert. Im dicken aufsteigenden Teil der *Henle-Schleife* angekommen (→ **D4**), wird NH_4^+ als Ion vom BSC-Carrier (statt K^+) wieder resorbiert, so dass es im *Nierenmark* verbleibt und sich durch Rezirkulation über die Henle-Schleife papillenwärts eine sehr hohe Konzentration von $NH_4^+ \rightleftharpoons NH_3 + H^+$ aufbaut (→ **D3**). Während die H^+-Ionen anschließend aktiv in das Lumen des *Sammelrohrs* gepumpt werden (→ **A2, D4**), gelangt NH_3 durch nichtionische Diffusion dorthin (→ **D4**). Der dazu notwendige NH_3-Gradient entsteht dadurch, dass die NH_3-Konzentration im Lumen wegen des dort besonders niedrigen pH-Wertes wesentlich kleiner ist als die im Interstitium.

Störungen des Säure-Basen-Haushaltes (s. a. S. 142 ff.). Bei chronischer **nichtrespiratorischer Azidose** nichtrenaler Ursache steigt die NH_4^+-Ausscheidung in 1 – 2 Tagen bis auf das ca. 3fache der Norm. Dies beruht auf einem parallelen Anstieg der Glutaminbildung in der Leber (auf Kosten der Harnstoffbildung, s. o.) und der Glutaminaseaktivität in der Niere. Bei einer **nichtrespiratorischen Alkalose** sinken nur die renale NH_4^+-Bildung und die H^+-Sekretion; gleichzeitig steigt die filtrierte HCO_3^--Menge (erhöhte Plasmakonzentration! → S. 144), so dass die Ausscheidung von HCO_3^- stark ansteigt, was mit osmotischer Diurese verbunden ist (→ S. 172). Für die **Kompensation respiratorischer Störungen** (→ S. 144) ist wichtig, dass ein erhöhter (bzw. erniedrigter) P_{CO_2} im Plasma zu einer Erhöhung (bzw. Erniedrigung) der H^+-Sekretion und damit auch der HCO_3^--Resorption führt.

Schließlich kann die Störung primär in der Niere lokalisiert sein (**renale Azidose**), sei es allgemein bei einer *Niereninsuffizienz*, die wegen verminderter H^+-Ausscheidung zu einer Azidose führt, oder als isolierter Defekt: Ist die proximale H^+-Sekretion gestört, entgehen große Anteile der filtrierten HCO_3^--Menge der Resorption (*proximale renal-tubuläre Azidose*). Ist die H^+-Sekretion im Sammelrohr gestört, so kann der Urin nicht mehr ausreichend angesäuert werden (trotz Azidose pH > 6), was die Ausscheidung von titrierbarer Säure und von NH_4^+ beeinträchtigt (*distale renal-tubuläre Azidose*).

C. Ausscheidung titrierbarer Säure

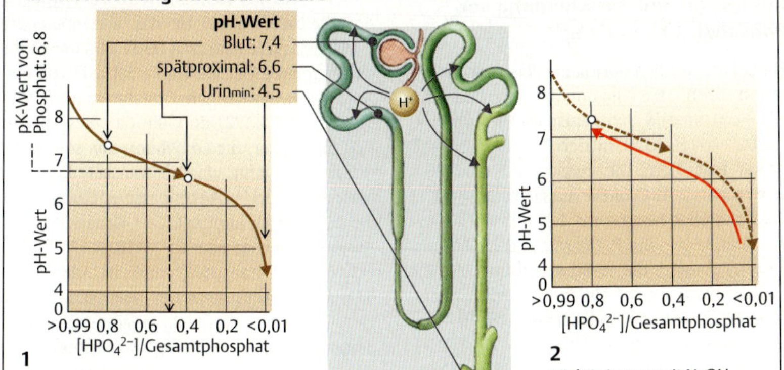

1 H^+-Ausscheidung mit Phosphat (titrierbare Säure)

2 Rücktitrierung mit NaOH ergibt Menge der H^+-Ionen

D. Sekretion und Ausscheidung von $NH_4^+ \rightleftharpoons NH_3$

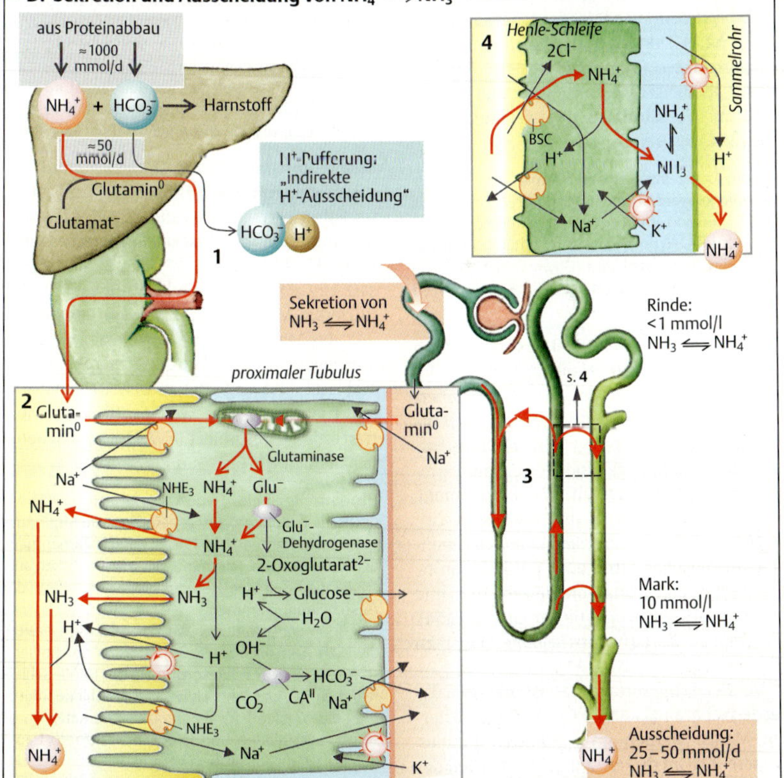

Resorption und Ausscheidung von Phosphat, Ca^{2+} und Mg^{2+}

Phosphat. Bei der normalen Plasmakonzentration von 0,8 – 1,4 mmol/l werden ca. 150 – 250 mmol/d anorganisches Phosphat, $\mathbf{P_i}$ ($HPO_4^{2-} \rightleftharpoons H_2PO_4^-$), filtriert und der Großteil davon resorbiert. Die zwischen 5 und 20% schwankende *fraktionelle Ausscheidung* (→ **A1**) dient der Bilanzierung von 1. P_i selbst, 2. H^+-Ionen und 3. Ca^{2+}. Ein *P_i-Überfluss* (P_i im Plasma erhöht) steigert die P_i-Ausscheidung, ein P_i-Mangel bremst sie. Eine *Azidose* wirkt ebenfalls phosphaturisch und erhöht so die H^+-Ausscheidung („titrierbare" Säure, → S. 174 f.). Dies gilt auch bei einer Phosphaturie anderer Ursache. Weiterhin steigern eine *Hypokalzämie* und *Parathyrin* die P_i-Ausscheidung (→ **A3** u. → S. 290 f.).

Resorptionsort von P_i ist der *proximale Tubulus* (→ **A2,3**). Dort sitzt luminalen ein *Na^+-P_i-Symportcarrier* (Typ NaPi-3), der sowohl HPO_4^{2-} als auch $H_2PO_4^-$ akzeptiert und Na^+ mit P_i (im Verhältnis 3 : 1?) sekundär-aktiv (→ S. 26 f.) resorbiert.

P_i-Mangel, Alkalose, Hyperkalzämie und niedrige PTH-Spiegel werden durch vermehrten Einbau von NaPi-3-Transportern beantwortet, während P_i-Überfluss, Azidose, Hypokalzämie und erhöhte PTH-Sekretion eine Internalisierung (Down-Regulation) und anschließend den lysosomalen Abbau von NaPi-3 auslösen (→ **A3**).

Calcium (s. a. S. 36). Der Ca^{2+}-Haushalt wird (im Gegensatz zum Na^+-Haushalt) v. a. über die Ca^{2+}-Aufnahme im Darm reguliert (→ S. 290 f.), aber auch die Niere ist als Ausscheidungsorgan beteiligt. Die *Gesamt-Plasmakonzentration* (= gebundenes Calcium + ionisiertes Ca^{2+}) beträgt im Mittel 2,5 mmol/l. Rund 1,3 mmol/l davon sind ionisiertes Ca^{2+} (= 2,6 mval/l), 0,2 mmol/l sind komplex gebunden (an Phosphat, Citrat u. a.), der Rest von ca. 1 mmol/l ist an Plasmaproteine gebunden und somit nicht glomerulär filtrierbar (→ S. 154). Die *fraktionelle Ca^{2+}-Ausscheidung* (FE_{Ca}) im Harn beträgt 0,5—3% (→ **A1**).

Der *Resorptionsort* von Ca^{2+} ist praktisch das ganze Nephron (→ **A1,2**). Ca. 60% der filtrierten Menge werden im *proximalen Tubulus*, weitere 30% im dicken, aufsteigenden Teil der *Henle-Schleife* parazellulär, also passiv, resorbiert (→ **A4 a** u. S. 163, B5 bzw. B7). Ein Großteil der Triebkraft dabei ist das lumenpositive, transepitheliale Potenzial (LPTP). Da dieses im aufsteigenden Teil der Henle-Schleife von der NaCl-Resorption abhängt, hemmen *Schleifendiuretika* (→ S. 172) dort die Ca^{2+}-Resorption. *PTH fördert dort die Ca^{2+}-Resorption* sowie am distalen Konvolut, wo Ca^{2+} transzellulär aktiv resorbiert wird (→ **A4 b**): passiver Einstrom in die Zelle durch luminale Ca^{2+}-Kanäle, aktiver Ausstrom a) über eine Ca^{2+}-ATPase (= primär-aktiver Ca^{2+}-Transport) und b) über den 3 Na^+/1 Ca^{2+}-Antiportcarrier (sekundär-aktiver Ca^{2+}- Transport). Aus nicht geklärten Gründen hemmt eine *Azidose* die Ca^{2+}-Resorption.

Die häufigsten **Harnsteine** bestehen aus *Calciumphosphat* oder *Calciumoxalat*. Sind Ca^{2+}, P_i oder Oxalat erhöht, wird zwar u. U. das Löslichkeitsprodukt überschritten, doch lassen Calciumkomplexbildner (z. B. Citrat) und Kristallisationsinhibitoren (z. B. Nephrocalcin) normalerweise eine Übersättigung des Harns bis zu einem gewissen Grade zu. Mangelt es an ihnen, oder sind Ca^{2+}, P_i und Oxalat im Harn extrem konzentriert (trifft bei starker Antidiurese für alle drei zu!), so kann es zur Steinbildung kommen.

Magnesium im Plasma (0,7 – 1,2 mmol/l) ist z. T. proteingebunden, die Mg^{2+}-Konzentration im Filtrat beträgt daher nur 80% der Plasmakonzentration. Die *fraktionelle Mg^{2+}-Ausscheidung* FE_{Mg} beträgt 3 – 8% (→ **A1, 2**), im Gegensatz zu Ca^{2+} verlassen jedoch nur ca. 15% der filtrierten Menge den *proximalen Tubulus*. Ca. 70% des Mg^{2+} werden parazellulär im dicken aufsteigenden Schenkel der *Henle-Scheife* resorbiert (→ **A4 a** u. S. 163, B5 bzw. B7). Im distalen Tubulus werden weitere 10% des Mg^{2+} transzellulär resorbiert (→ **A4 b**), wahrscheinlich ähnlich wie Ca^{2+} (s. o.).

Hypermagnesiämie, Hyperkalzämie, Hypervolämie und Schleifendiuretika (s. o.) erhöhen die Mg^{2+}-Ausscheidung, während Mg^{2+}-, Ca^{2+}- und Volumenmangel sowie PTH u. a. Hormone, die v. a. am dicken aufsteigenden Teil der Henle-Schleife angreifen, die Ausscheidung hemmen.

Für divalente Kationen wie Ca^{2+} und Mg^{2+} besitzt die Niere **Sensoren** (→ S. 36). Werden sie aktiviert, so wird u. a. die NaCl-Resorption in der Henle-Schleife gehemmt, was (ähnlich wie durch Schleifendiuretika) die Triebkraft für die parazelluläre Kationenresorption vermindert und so besonders die dort ausgeprägte Mg^{2+}-Resorption hemmt.

A. Resorption von Phosphat, Ca^{2+} und Mg^{2+}

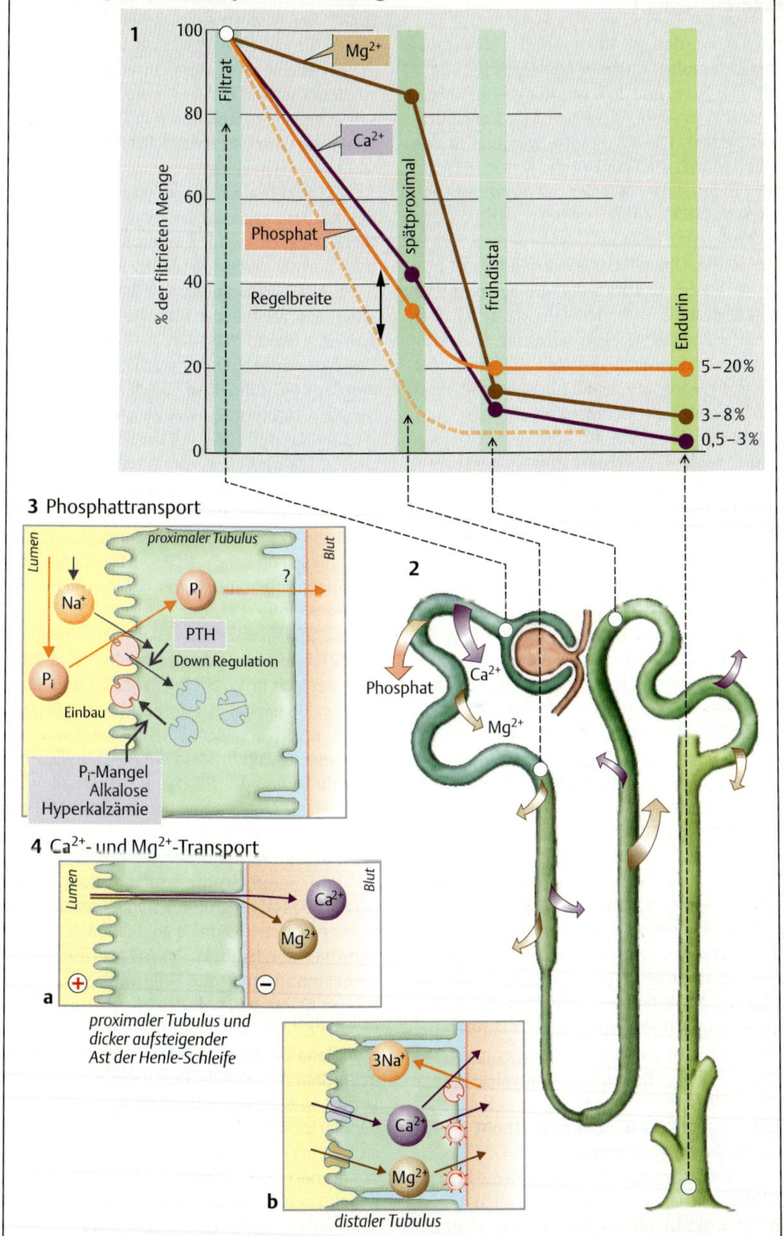

Kaliumhaushalt

Pro Tag werden ca. 100 mmol K^+ (*Mindestbedarf* 25 mmol/d) aufgenommen, wovon ca. *90% mit dem Harn* und 10% mit dem Stuhl ausgeschieden werden. Die Plasma-K^+-Konzentration beträgt 3,5 – 4,8 mmol/l, während in den Zellen (durch die Tätigkeit der Na^+-K^+-ATPase) die mehr als 30fache K^+-Konzentration herrscht (→ **A**); somit befinden sich von den ca. 3000 mmol K^+-Ionen des Körpers ca. 98% in den Zellen. Obwohl das extrazelluläre K^+ also nur ca. 2% des Gesamtbestandes ausmacht, ist es u. a. deshalb so bedeutsam, da a) darüber der K^+-Haushalt geregelt wird und b) relativ geringe Änderungen des Zell-K^+ (Aus- oder Einstrom) enorme Schwankungen der K^+-Plasmakonzentration hervorrufen können (u. a. Gefahr der Herzrhythmusstörungen!). Die Regelung der K^+-Homöostase muss daher sowohl die *Verteilung zwischen Intrazellulärraum (IZR) und Extrazellulärraum (EZR)* als auch die *Angleichung der K^+-Ausscheidung an die K^+-Aufnahme* beinhalten.

Die **akute Regulation** der extrazellulären K^+-Konzentration geschieht durch körperinterne **Verschiebung von K^+** zwischen EZF und IZF (→ **A**). Dieser relativ rasche Vorgang verhindert oder mildert z. B. dann einen gefährlichen K^+-Anstieg (Hyperkaliämie) in der EZF, wenn größere K^+-Mengen von außen (Nahrung) zugeführt oder intern freigesetzt werden (z. B. bei einer plötzlichen Hämolyse). Diese K^+-Verschiebung wird v. a. *hormonal gesteuert*. So stimuliert das nach dem Essen sezernierte **Insulin** die Na^+-K^+-ATPase und verteilt damit das (mit den Tier- und Pflanzenzellen der Nahrung) aufgenommene K^+ auf die Körperzellen. Das gilt auch für nahrungsunabhängige Hyperkaliämien, die per se die Insulinsekretion stimulieren. In ähnlicher Weise erhöht **Adrenalin** die zelluläre K^+-Aufnahme, was besonders bei Muskelarbeit und Trauma bedeutsam ist, bei denen K^+ vermehrt ins Plasma gerät. Der in beiden Fällen erhöhte Adrenalinspiegel sorgt für eine Wiederaufnahme des K^+ in diese und andere Zellen. Auch *Aldosteron* erhöht die intrazelluläre K^+-Konzentration (s. u.)

pH-Veränderungen beeinflussen die K^+-Verteilung zwischen Plasma und Zellen (→ **A**), weil u. a. der ubiquitäre Na^+/H^+-Antiporter bei Alkalose schneller, bei Azidose langsamer läuft (→ **A**). Bei Azidose sinkt daher der Na^+-Einstrom, die Na^+-K^+-ATPase läuft langsamer und die extrazelluläre K^+-Konzentration steigt (besonders stark bei nichtrespiratorischen Azidosen, nämlich um 0,6 mmol/l pro Änderung des pH-Wertes um 0,1 Einheit). Bei Alkalosen entsteht eine Hypokaliämie

Für die **chronische Regulation** der K^+-Bilanz des Körpers nach außen sorgt vor allem die **Niere** (→ **B**). K^+ wird glomerulär frei filtriert und normalerweise großteils wieder resorbiert (Netto-*Resorption*); u. U. kann die ausgeschiedene Menge die filtrierte Menge überschreiten (Netto-*Sekretion*, s. u.). Bis zum Ende des *proximalen Tubulus* werden, unabhängig von der K^+-Zufuhr, etwa 65% der filtrierten K^+-Menge resorbiert, also der gleiche Prozentsatz wie bei Na^+ und H_2O (→ **B1** u. S. 157, Spalte 2). Dieser Transport ist zumindest größtenteils parazellulär und daher *passiv*. Solvent drag (→ S. 24) und das in mittel- und spätproximalen Tubulusabschnitten lumenpositive transepitheliale Potenzial (LPTP, → **B1** u. S. 162) sind die Triebkräfte dafür. In der *Henle-Schleife* verlassen weitere 15% der filtrierten K^+-Menge trans- und parazellulär das Tubuluslumen (→ **B2**). Wie viel K^+ ausgeschieden wird, entscheidet sich in *Verbindungstubulus* und *Sammelrohr*: Je nach den Erfordernis kann K^+ hier weiter resorbiert oder aber sezerniert werden. Bei *hoher K^+-Zufuhr* kann die fraktionelle Ausscheidung von K^+ (FE_K) im Extremfall weit mehr als 100% betragen, bei *K^+-Mangel* hingegen sinkt FE_K auf minimal ca. 3 – 5% (→ **B**).

Zelluläre Mechanismen. Verbindungstubulus und Sammelrohr besitzen **Hauptzellen** (→ **B3**), die Na^+ resorbieren und K^+ sezernieren können. Durch *K^+-Kanäle* auf beiden Zellseiten kann das (durch die Na^+-K^+-ATPase) intrazellulär akkumulierte K^+ die Zelle verlassen, wobei für den K^+-Ausstrom der elektrochemische K^+-Gradient über die jeweilige Membran entscheidend ist. Luminal besitzt die Hauptzelle außerdem *Na^+-Kanäle*, durch die Na^+ aus dem Lumen in die Zelle einströmt (→ S. 162). Dies depolarisiert die luminale Membran auf bis zu ca. –20 mV, während die basolaterale Membran ihr normales Potenzial von ca. –70 mV beibehält (→ **B3**). Damit steht auf der luminalen Seite eine höhere Triebkraft ($E_m - E_K$; → S. 32) ▶

A. Regulation der extrazellulären K^+-Konzentration

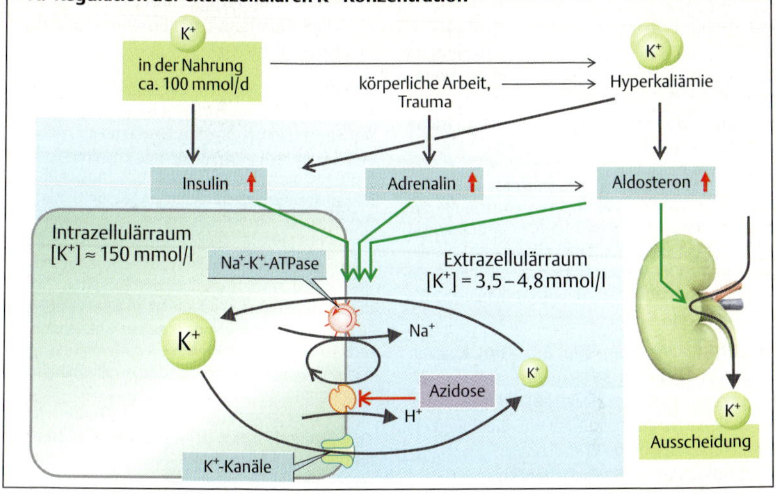

B. Resorption und Sekretion von K^+ in der Niere

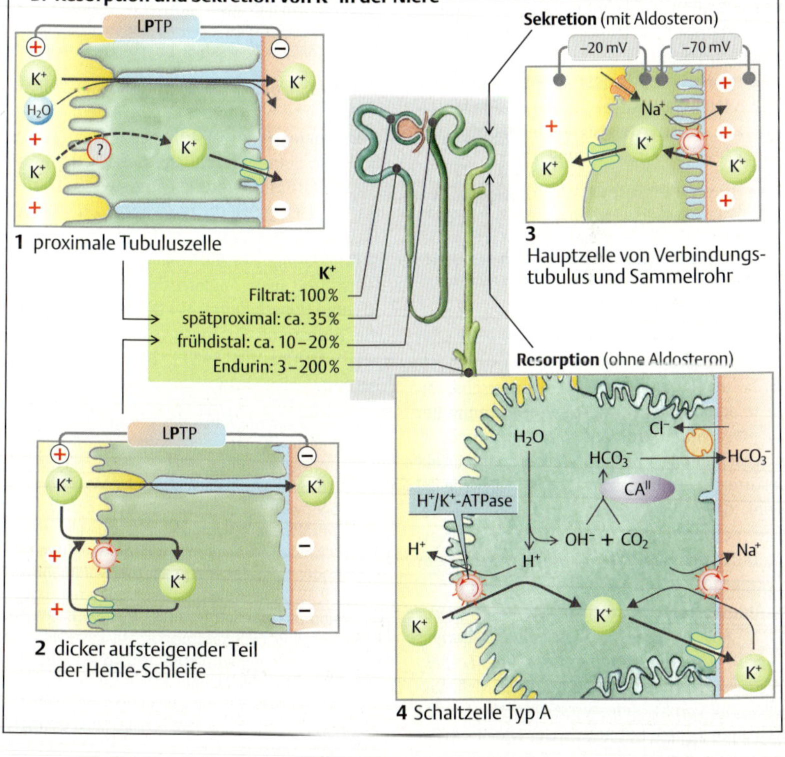

für den K^+-Ausstrom zur Verfügung als auf der Gegenseite, so dass K^+ die Zelle bevorzugt in Richtung Lumen verlässt (Sekretion). Dies ist die Hauptursache der **Koppelung der K^+-Sekretion an die Na^+-Resorption**: Je mehr Na^+ von der Hauptzelle so resorbiert wird, desto mehr K^+ wird sezerniert.

Eine weitere Ursache scheint zu sein, dass der resorptionsbedingte Anstieg der Na^+-Konzentration in der Zelle die Triebkraft für den 3 Na^+/Ca^{2+}-Austausch an der basolateralen Zellmembran mindert, so dass die **zytosolische Ca^{2+}-Konzentration** steigt. Dies ist ein Signal für eine häufigere Öffnung der luminalen K^+-Kanäle.

Die **Schaltzellen** vom Typ A (→ **B4**) können nicht nur H^+-Ionen sezernieren, sondern K^+ auch aktiv resorbieren. Dazu besitzen sie in der luminalen Membran, ähnlich wie die Belegzellen des Magens, eine *H^+/K^+-ATPase*.

Einflüsse auf die K^+-Ausscheidung (→ **C**):

1. Eine erhöhte **K^+-Aufnahme** steigert die K^+-Konzentration in Plasma und Zelle, wodurch die chemische Triebkraft für die K^+-Sekretion erhöht wird.

2. Blut-pH: Eine Alkalose erhöht, eine akute Azidose senkt die intrazelluläre K^+-Konzentration (s. o.) auch in den Nierenzellen und damit zugleich die K^+-Ausscheidung.

Diese steigt bei chronischer Azidose wieder an, weil a) die azidosebedingte Hemmung der Na^+-K^+-ATPase die proximale Na^+-Resorption vermindert und sich so der distale Harnstrom erhöht (s. Punkt 3) und b) die entstehende Hyperkaliämie eine Aldosteron-Ausschüttung bewirkt (s. Punkt 4).

3. Steigt die **Harnströmungsgeschwindigkeit** in Verbindungstubulus und Sammelrohr, z. B. bei hoher Na^+-Aufnahme, bei osmotischer Diurese oder bei einer sonstigen Hemmung der Na^+-Resorption stromaufwärts, wird mehr K^+ ausgeschieden (s. z. B. K^+-verlierender Effekt bestimmter Diuretika; → S. 173). Ursache ist wohl, dass die K^+-Sekretion durch eine bestimmte luminale K^+-Konzentration limitiert ist. D.h., mehr Volumen/Zeit kann hier mehr K^+/Zeit mitnehmen.

4. Aldosteron führt zu einer *Retention von Na^+* mit *Anstieg des Extrazellulärvolumens* (→ S. 184), zu einer moderat *erhöhten H^+-Sekretion* (Zell-pH steigt) und zu einer *Mehrausscheidung von K^+*. Aldosteron vermehrt in den Zielzellen zudem die Anzahl der Na^+-K^+-ATPase-Moleküle und führt chronisch, z. B. bei der K^+-Adaptation (s. u.), zur Erhöhung der Mitochondriendichte.

Zelluläre Mechanismen. Die erhöhte Na^+-Resorption wird durch vermehrte Synthese von Transportproteinen (Aldosteron-induzierte Proteine, AIPs) erreicht (= *genomvermittelte Wirkung*; Beginn ca. 1/2 bis 1 Stunde nach der Applikation bzw. Ausschüttung, Maximalwirkung nach mehreren Stunden). Aldosteron steigert die Na^+-Resorption, depolarisiert dadurch die luminale Zellmembran (→ **B3**) und verstärkt somit die Triebkraft für die K^+-Sekretion; gleichzeitig steigert es über den erhöhten Zell-pH die K^+-Leitfähigkeit. Beides führt zu einer verstärkten K^+-Sekretion. Darüber hinaus gibt es eine sehr rasche (s bis min) *nicht-genomische Aldosteronwirkung* an der Zellmembran mit ungeklärter physiologischer Bedeutung.

Bei einer langfristig erhöhten K^+-Zufuhr nimmt die Leistungsfähigkeit der K^+-Ausscheidungsmechanismen zu (**K^+-Adaptation**). Auch bei eingeschränkter Nierenfunktion sorgt diese Adaptation des restlichen, noch funktionierenden Tubulusapparates für eine weitgehend ausgeglichene K^+-Bilanz. Außerdem kann unter diesen Umständen mehr als 1/3 der K^+-Ausscheidung vom Kolon übernommen werden.

Aldosteron gehört zu den **Mineralcortico(stero)iden** und wird in der *Zona glomerulosa der Nebennierenrinde* (*NNR*) gebildet (→ **D** u. S. 294 f.). Seine wesentliche Aufgabe ist es, in Niere, Darm und anderen Organen (→ **D**) den Na^+- und K^+-Transport zu steuern (s. o.). Die **Aldosteron-Ausschüttung** steigt durch (a) eine *Verminderung von Blutvolumen und Blutdruck* (vermittelt über *Angiotensin II*; → S. 184) und (b) eine *Hyperkaliämie* (→ **D**). ACTH stimuliert die Aldosteron-Synthese (→ S. 297 A), während Atriopeptin (ANP) die Ausschüttung hemmt (→ S. 171 A4).

Normale Konzentrationen des Glucocorticoids **Cortisol** sind am Aldosteron-Rezeptor nur deshalb nicht wirksam, weil es in den Aldosteron-Zielzellen durch eine *11β-Hydroxysteroid-Oxidoreduktase* zu Cortison umgebaut wird.

Hyperaldosteronismus kann *primär sein* (NNR-Tumoren, die Aldosteron produzieren: *Conn-Syndrom*) oder *sekundär* entstehen (bei Volumenmangel, → S. 184). Na^+-Retention mit erhöhtem Extrazellulärvolumen und Bluthochdruck bei gleichzeitigem K^+-Verlust und hypokaliämischer Alkalose sind die Folge. Bei einer **Nebenniereninsuffizienz** (*Addison-Krankheit*) führt der Mangel an Aldosteron zu einer stark vermehrten Na^+-Ausscheidung mit K^+-Retention, was zusammen mit dem Fehlen der Glucocorticoide lebensbedrohlich ist.

C. Einflüsse auf die K^+-Sekretion und -Ausscheidung

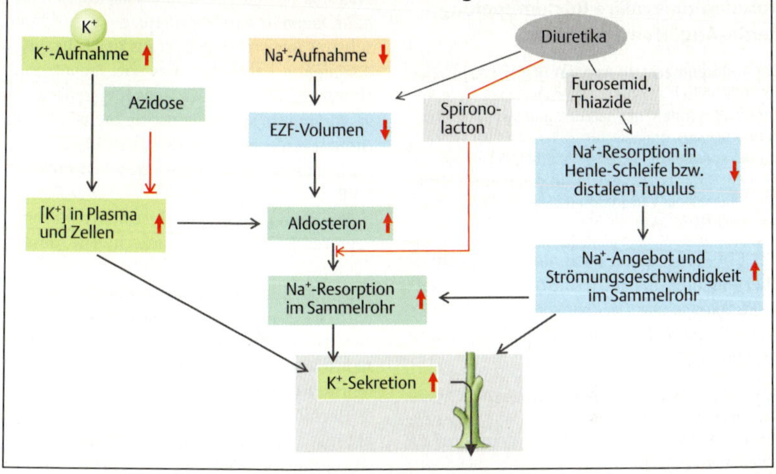

D. Ausschüttung, Wirkung und Abbau von Aldosteron

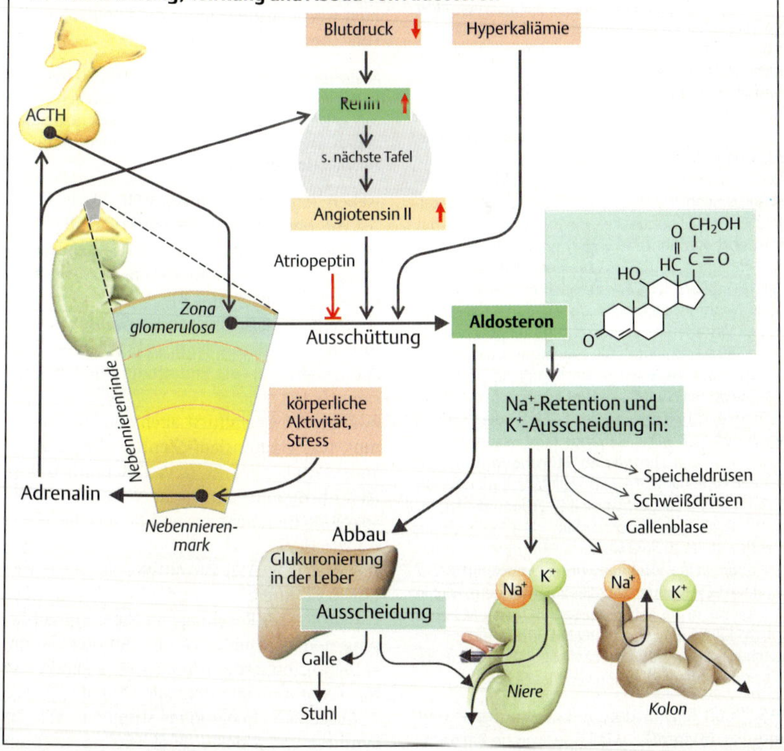

Tubuloglomeruläre Rückkoppelung, Renin-Angiotensin-System

Der **juxtaglomeruläre Apparat** (**JGA**; → **A**) beinhaltet anatomisch (a) die glomerulusnahen Teile von *Vas afferens* (mit Renin-haltigen und sympathisch innervierten sog. granulierten Zellen) und *Vas efferens*, (b) die *sog. Macula-densa-Zellen* des dicken aufsteigenden Teils der Henle-Schleife des *gleichen* Nephrons und (c) die extraglomerulären Mesangiumzellen (*Polkissen*; → **A**).

Der JGA vermittelt 1. lokal am Einzelnephron über Angiotensin II (ATII) die *tubuloglomeruläre Rückkoppelung [feedback]*, **TGF**, und 2. die systemische Bildung von ATII: *Renin-Angiotensin-System* (**RAS**).

TGF. Da die tägliche GFR rund 10-mal so groß ist wie das ganze Extrazellulärvolumen (→ S. 168), muss die Ausscheidung von Salz und Wasser präzise auf die Aufnahme abgestimmt sein. Aus zahlreichen Gründen kann sich nun die *Einzelnephron-GFR* (EGFR) und damit die dort pro Zeit filtrierte NaCl-Menge **akut ändern**. Ist sie zu groß, besteht die Gefahr, dass die distal gelegenen NaCl-Resorptionsmechanismen überfordert werden und zu viel NaCl und H_2O mit dem Harn verloren gehen; ist sie zu klein, werden beide ungewollt retiniert. Das Ausmaß der NaCl- und H_2O-Resorption im proximalen Tubulus bestimmt, wie schnell der Tubulusharn durch die Henle-Schleife fließt. Je weniger stromaufwärts resorbiert worden ist, desto schneller fließt er durch den dicken aufsteigenden Schleifenschenkel, desto weniger wird der Harn dort verdünnt (→ S. 162) und desto höher ist die NaCl-Konzentration an der Macula densa, $[NaCl]_{MD}$. Steigt $[NaCl]_{MD}$ zu hoch an, wird die GFR *dieses* Nephrons innerhalb von 10 s durch Konstriktion des Vas afferens gedrosselt und umgekehrt (negative Rückkopplung). Die Signaltransduktion von $[NaCl]_{MD}$ auf die Konstriktion ist unklar, doch sind *ATII-Rezeptoren* (Typ AT_{1A}) dazu essenziell.

Eine starre Koppelung der EGFR an die $[NaCl]_{MD}$ durch den TGF wäre allerdings fatal, wenn sich die $[NaCl]_{MD}$ wegen **chronischer Störungen** des NaCl-Bestands und damit des Extrazellulärvolumens (EZV) verändert hat: Längerfristige EZV-Erhöhung vermindert nämlich die proximale NaCl-Resorption, $[NaCl]_{MD}$ steigt daher, was die GFR drosseln und das EZV noch weiter erhöhen würde. Umgekehrtes gilt für einen EZV-Mangel. Um dies zu verhindern, wird in solchen Fällen die *Antwortkurve* $[NaCl]_{MD}$*/EGFR* bei zu hohem EZV durch NO in die eine (erhöhte EGFR bei gleicher $[NaCl]_{MD}$) und bei EZV-Mangel durch lokales ATII in die andere Richtung *verschoben*.

RAS. Sinkt der mittlere renale Blutdruck akut unter ca. 90 mmHg, wird über renale Barosensoren die Reninausschüttung und damit die systemische *Plasma-Reninkonzentration* erhöht. **Renin** ist eine Peptidase, die vom Reninsubstrat *Angiotensinogen* (aus der Leber) das *Angiotensin I* abspaltet. Das sog. *Angiotensin-Converting-Enzym* (= *ACE*), das u. a. in der Lunge vorkommt, spaltet vom Angiotensin I zwei Aminosäuren ab, wodurch (ca. 30–60 min nach dem Blutdruckabfall) das **AT II** entsteht (→ **B**).

Steuerung des RAS (→ **B**). Über α_1-Adrenozeptoren kann die Blutdruckschwelle, ab der die Reninsekretion steigt, zu höheren Werten verschoben werden, über β_1-Adrenozeptoren wird die basale Reninsekretion erhöht. Die zwei *Haupteffektoren des RAS* sind **AT II** sowie **Aldosteron**, dessen Sekretion in der Nebennierenrinde durch AT II stimuliert wird (s. u.). Beide Hormone erhöhen direkt (schnell, s. u.) oder indirekt (langsamer, s. u.) den Wiederanstieg des Blutdrucks (→ **B**), was in der Folge die Reninausschüttung normalisiert. Zudem *hemmen* AT II und Aldosteron die Reninausschüttung (negative Rückkoppelung).

Ist der mittlere Blutdruck nur in *einer* Niere erniedrigt (z. B. bei einer Stenose der betreffenden Nierenarterie), setzt diese Niere ebenfalls vermehrt Renin frei, was in diesem Fall im restlichen Kreislauf zum sog. **renalen Hochdruck** führt.

Neben den **Wirkungen von AT II** auf die *Struktur* von Myokard und Gefäßen (v. a. über AT_2-Rezeptoren) kann man (AT_1-vermittelte) *schnelle* und *langsame Wirkungen* (s. W. bzw. l. W.) unterscheiden (→ **B**):

- *Gefäße*: AT II ist eine sehr stark *vasokonstriktorische* und damit *blutdrucksteigernde* Substanz und wirkt (via Endothelin) an den Arteriolen (s. W).
- *ZNS*: AT II beeinflusst auch den Hypothalamus, was via Kreislauf-„Zentrum“ eine Vasokonstriktion bewirkt (s. W). Außerdem löst AT II im Hypothalamus eine vermehrte ADH-Sekretion und Durst aus und fördert den NaCl-Appetit (l. W.).
- *Niere*: Eine AT II-vermittelte Vasokonstriktion in Vas afferens und/oder Vas efferens trägt wesentlich zur Regelung von Nierendurchblutung und GFR bei (l. W.; zur Autoregulation, → S. 150). Außerdem fördert AT II direkt die Na^+-Resorption im proximalen Tubulus (l. W.).
- *Nebenniere*: In der *Rinde* stimuliert AT II die Synthese von Aldosteron (l. W.; → S. 182), im *Mark* setzt es Adrenalin frei (s. W.).

A. Juxtaglomerulärer Apparat

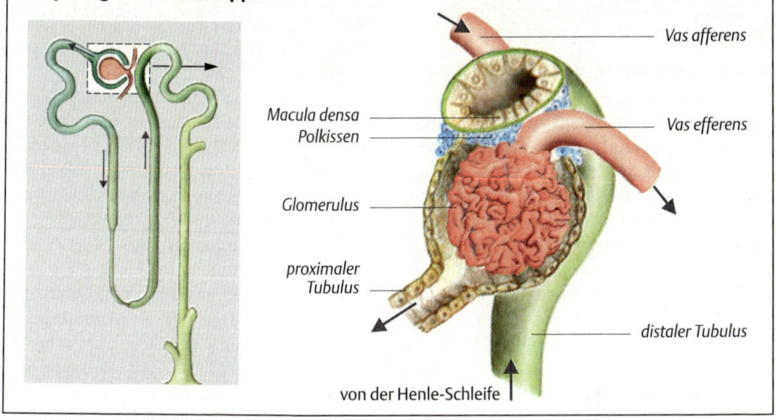

B. Renin-Angiotensin-System

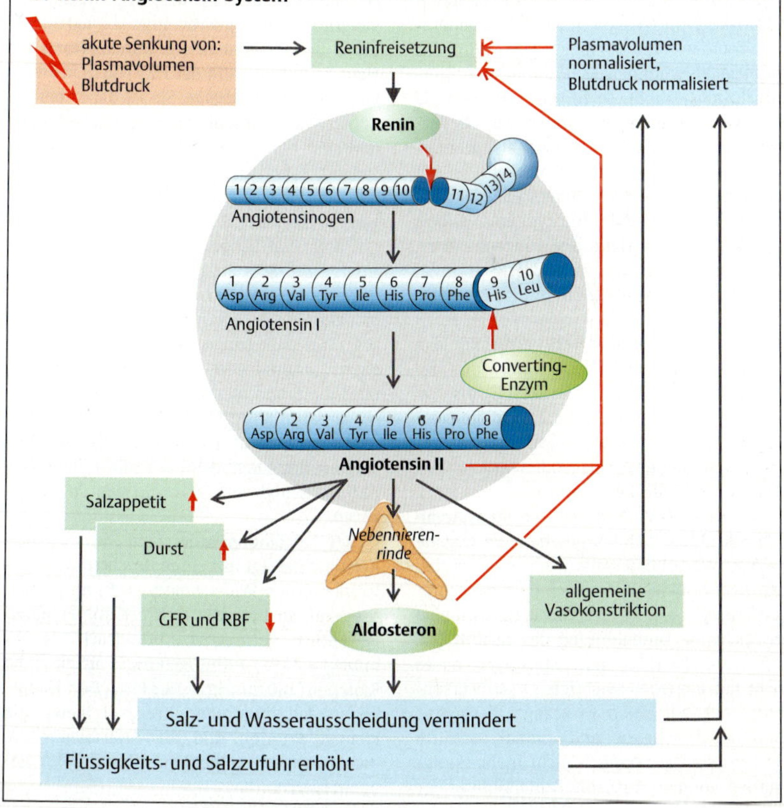

Übersicht

Das Herz pumpt mit seiner linken Kammer das Blut durch die arteriellen Blutgefäße des *großen (systemischen) Kreislaufs* zu den Blutkapillaren der Körperperipherie. Über die Venen gelangt es zurück zum Herzen und wird nun im *kleinen (Lungen-)Kreislauf* von der rechten Herzkammer durch die Lunge gepumpt und wieder dem linken Herz zugeleitet (→ **A**).

Das gesamte **Blutvolumen** beträgt rund 4,5–5,5 l (ca. 7% der fettfreien Körpermasse; s. a. Tab. S. 88) und befindet sich zu ca. 80% im sog. *Niederdrucksystem*, also in den Venen, im rechten Herzen und in den Gefäßen des kleinen Kreislaufs (→ **A**, links). Seiner *hohen Dehnbarkeit* und *großen Kapazität* wegen dient das Niederdrucksystem als *Blutspeicher*, der durch Konstriktion der Venen in Anspruch genommen werden kann (→ z. B. S. 218). Wird das normale Blutvolumen (z. B. durch eine Bluttransfusion) erhöht, so finden sich mehr als 99% des transfundierten Volumens im Niederdrucksystem wieder und weniger als 1% im arteriellen *Hochdrucksystem*. Umgekehrt ist bei einem zu geringen Blutvolumen auch fast ausschließlich des Niederdrucksystem verkleinert. Bei normaler Herz- und Lungenfunktion ist daher der **zentrale Venendruck** (normal 4–12 cmH_2O) ein gutes Maß für das Blutvolumen.

Das **Herzzeitvolumen** (**HZV**) errechnet sich aus *Herzfrequenz mal Schlagvolumen* und beträgt in Ruhe ca. 70 [min^{-1}] · 0,08 [l], also ca. **5,6 l/min** (genauer: im Mittel 3,4 l/min pro m^2 Körperoberfläche). Eine Steigerung der Frequenz und/oder des Schlagvolumens kann das HZV auf ein Vielfaches erhöhen.

Das HZV verteilt sich auf die im **systemischen Kreislauf** parallel geschalteten **Organe** (→ **A**, $\dot{Q}$-Werte) einerseits nach ihrer *Lebenswichtigkeit*, andererseits nach dem *momentanen Bedarf* (s. a. S. 213 A). Vorrangig wird eine ausreichende Durchblutung des *Gehirns* (ca. 13% des Ruhe-HZV) aufrechterhalten, da es nicht nur ein lebenswichtiges Organ ist, sondern auch auf einen O_2-Mangel besonders empfindlich reagiert und einmal zerstörte Nervenzellen gewöhnlich nicht mehr ersetzt werden können. Auch die Durchblutung der Koronararterien des *Herzmuskels* (in Ruhe ca. 4% des HZV) darf nicht abfallen, da die daraus resultierende Störung der Pumpfunktion den gesamten Kreislauf in Mitleidenschaft ziehen würde. Die *Nieren* erhalten rund 20–25% des HZV. Diese im Verhältnis zu ihrem Gewicht (nur 0,5% des Körpergewichts!) sehr hohe Durchblutung dient zum allergrößten Teil der *Kontroll-* und *Ausscheidungsfunktion* dieses Organs. Beim drohenden Schock (→ S. 218) kann daher die Nierendurchblutung vorübergehend zugunsten von Herz und Gehirn gedrosselt werden. Durch die *Skelettmuskulatur* fließen bei starker körperlicher Arbeit bis ca. 3/4 des (dann erhöhten) HZV. Während der Verdauung bekommt der *Magen-Darm-Trakt* ebenfalls einen relativ hohen Anteil am HZV. Es ist daher einleuchtend, dass diese beiden Organgruppen nicht gleichzeitig maximal durchblutet werden können. Die Durchblutung der *Haut* (in Ruhe ca. 10% des HZV) dient in erster Linie der *Wärmeabgabe*. Sie ist daher bei erhöhter Wärmeproduktion (körperliche Arbeit) und/oder bei hohen Außentemperaturen gesteigert, kann andererseits aber auch zugunsten der lebenswichtigen Organe gedrosselt werden (Blässe, z. B. im Schock; → S. 218).

Durch den **Lungenkreislauf** fließt das *gesamte* HZV, da er zum systemischen Kreislauf in Serie geschaltet ist (→ **A**). Über die *Pulmonalarterie* gelangt sauerstoffarmes („venöses") Blut in die Lunge, das dort mit O_2 angereichert („arterialisiert") wird. Zusätzlich wird über die *Bronchialarterien* eine relativ kleine Menge arterialisierten Blutes aus dem systemischen Kreislauf herangeführt, das der Versorgung des Lungengewebes selbst dient. Der Abfluss erfolgt gemeinsam in den *Pulmonalvenen*.

Der **Strömungswiderstand** im kleinen Kreislauf beträgt nur einen Bruchteil des *totalen peripheren Widerstandes* (*TPR*) im großen Kreislauf, so dass die rechte Kammer einen wesentlich geringeren Mitteldruck (ca. 15 mmHg = 2 kPa) aufbringen muss als die linke Kammer (100 mmHg = 13,3 kPa). Den Hauptwiderstand im großen Kreislauf bieten die kleinen Arterien und die Arteriolen (→ **A**, rechts oben), die daher *Widerstandsgefäße* genannt werden.

A. Herz-Kreislauf-System

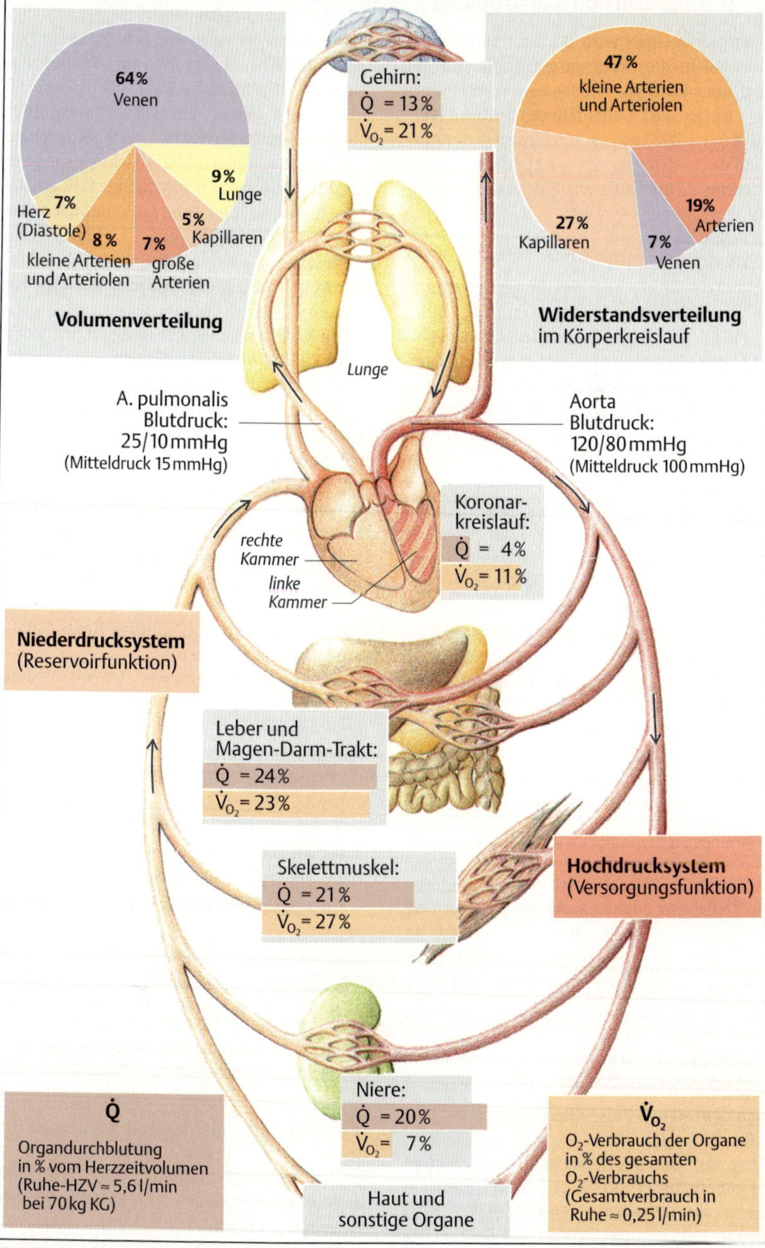

Blutgefäßsystem und Blutströmung

Im **Körperkreislauf** wird das Blut vom linken Ventrikel in die Aorta ausgeworfen und gelangt über *Vv. cavae* wieder zum rechten Vorhof zurück (→ **A**). Dabei fällt der **mittlere Blutdruck** (→ S. 206) von ca. 100 mmHg in der Aorta auf ca. 2–4 mmHg ab (→ **A2**), so dass die *arteriovenöse Druckdifferenz* (ΔP) ca. 97 mmHg beträgt (Lungenkreislauf: → S. 122). Analog dem **Ohm-Gesetz** gilt

$$\mathbf{\Delta P = \dot{Q} \cdot R} \text{ (mmHg)}, \qquad [8.1]$$

wobei $\dot{Q}$ = *Stromstärke* des Blutes ($l \cdot min^{-1}$) und R = Strömungswiderstand ($mmHg \cdot min \cdot l^{-1}$). Gl. 8.1. gilt ebenso für die Durchblutung eines Organs (R = Organwiderstand) wie für den gesamten großen Kreislauf, bei dem $\dot{Q}$ das *Herzzeitvolumen* (HZV; → S. 186) und R der *totale periphere Strömungswiderstand* ist (TPR; in Ruhe ca. 18 $mmHg \cdot min \cdot l^{-1}$).

Aorta und **große Arterien** *verteilen* das Blut auf die Peripherie und haben *Windkesselfunktion*: Ihre Wand wird während der Auswurfphase (→ S. 190) durch den systolisch hohen Druck gedehnt, so dass ein Teil des ausgeworfenen Volumens im derart vergrößerten Lumen „gespeichert" wird. Nach Schluss der Aortenklappe entdehnt sich die Wand und hält so das Blut auch während der Diastole am Strömen. Aorta und Arterien wandeln also durch ihre (mit dem Alter abnehmende) Volumendehnbarkeit (*Compliance* = $\Delta V/\Delta P_{tm}$; s. u.) die stoßweise Blutströmung an der Aortenwurzel in eine kontinuierlichere Strömung um.

Strömungsgeschwindigkeit $\dot{V}$ und **Stromstärke $\dot{Q}$.** Bei einer Querschnittsfläche der Aorta von 5,3 cm^2 und einem Gesamtquerschnitt aller nachgeschalteten Arterien von 20 cm^2 (→ **A5**) errechnet sich aus dem Ruhe-HZV von 5,6 l/min (= 93 cm^3/s) eine (über Systole und Diastole) *gemittelte Strömungsgeschwindigkeit* $\dot{V}$ von in Ruhe 18 (Aorta) bzw. 5 cm/s (Arterien, → **A3**). Da die Aorta aber nur während der Auswurfphase des linken Ventrikels mit Blut beschickt wird (→ S. 190), sind $\dot{V}$ und $\dot{Q}$ an der Aortenwurzel während dieser Phase sehr viel höher (Maximalwerte in Ruhe: $\dot{V}$ = 95 cm/s, $\dot{Q}$ = 500 cm^3/s).

Nach dem **Hagen-Poiseuille-Gesetz**

$$\mathbf{R = 8 \cdot l \cdot \eta/(\pi \cdot r^4)} \qquad [8.2]$$

hängt der *Strömungswiderstand* (R) in Röhren der *Röhrenlänge* l von der *Viskosität* η der Flüssigkeit (→ S. 92) und von der *vierten Potenz des inneren Röhrenradius* (r^4) ab. Es genügt also z. B. eine Radiusabnahme von nur 16%, um den Widerstand zu verdoppeln!

Die **kleinen Arterien** und **Arteriolen** sind ihrer Gesamtheit zu fast 50% am TPR beteiligt (*Widerstandsgefäße*; → **A1** u. S. 187 A), weil TPR durch ihren kleinen Einzelradius wesentlich stärker beeinflusst wird ($R \sim 1/r^4$) als durch ihre hohe Gesamtquerschnittsfläche ($R \sim r^2$). Der *Blutdruck* fällt hier entsprechend stark ab und jede Änderung des Arteri(ol)enradius wirkt sich stark auf den TPR aus (→ S. 212 ff.). Deren Weite und v. a. die der **präkapillären Sphinkter** bestimmen auch die *Blutverteilung* auf die kapillären Austauschflächen.

Die **Kapillaren** haben zwar einen noch kleineren Radius (und damit einzeln einen viel höheren R als Arteriolen), doch ist ihre Gesamtzahl so hoch, dass ihr Anteil am TPR nur ca. 27% beträgt (→ **A1** u. S. 187 A). An den Kapillaren und **postkapillären Venolen** findet der Stoff- und Flüssigkeitsaustausch statt; dazu eignen sich diese Gefäße besonders, weil dort (wegen des hohen Gesamtquerschnitts) $\dot{V}$ sehr klein ist (0,02–0,1 cm/s; → **A3**) und sie eine enorme *Gesamtoberfläche* (ca. 1000 m^2) sowie eine sehr *dünne Wand* besitzen. Letzteres wird v. a. durch den geringen Innenradius dieser Gefäße ermöglicht (*Laplace*, s. u.).

Der *transmurale Druck* P_{tm} [N/m^2], also die Druckdifferenz über die Wand eines Hohlkörpers (= Druck im Hohlkörper minus Umgebungsdruck) erzeugt eine Wanddehnung, der das Wandmaterial standhalten muss. Die entstehende tangentiale *Wandspannung* T [N/m] wird vom *Innenradius* r [m] bestimmt: **Laplace-Beziehung.** Für *zylindrische* (bzw. kugelförmige) Hohlorgane lautet sie

$$\mathbf{P_{tm} = T/r} \text{ (bzw. } \mathbf{P_{tm} = 2\,T/r}) \qquad [8.3a/b]$$

T bedeutet hier die gesamte Wandspannung, ganz gleich, wie dick die Wand ist. Eine dicke Wand trotzt aber einem gegebenen P_{tm} natürlich leichter als eine dünne. Um die auf die Wandquerschnittsfläche bezogene Spannung S (d. h. die Materialbeanspruchung in N/m^2) zu bestimmen, muss die Wanddicke *w* eingeführt werden, so dass Gl. 8.3a/b dann lautet:

$$P_{tm} = S \cdot w/r \text{ (bzw. } P_{tm} = 2\,S \cdot w/r) \qquad [8.4a/b]$$

Die **Venen** sammeln das Blut wieder. Als Teil des Niederdrucksystems spielen sie mit ihrem großen Fassungsvolumen (→ **A6**) außerdem als **Blutreservoir** eine wichtige Rolle: *Kapazitätsgefäße* (→ S. 186).

A. Eigenschaften der Gefäßabschnitte

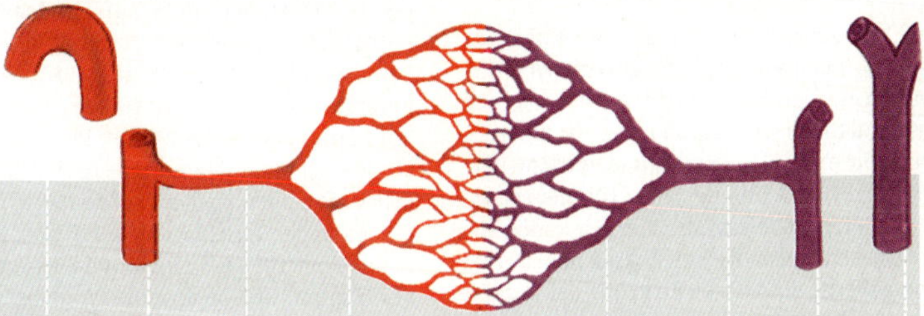

	Aorta	große Arterien	Arterienäste	Arteriolen	Kapillaren	Venolen	Venenäste	große Venen	Vv. cavae
Anzahl	1	zunehmend		$0{,}16 \cdot 10^9$	$5 \cdot 10^9$	$0{,}5 \cdot 10^9$	abnehmend		2
1 Anteil am TPR		19 %	47 %		27 %		7 %		
2 mittlerer Blutdruck $\bar{P}$ (mmHg)		100	40		25	20			2–4
3 mittlere Strömungsgeschwindigkeit $\bar{\dot{V}}_A$ ($cm \cdot s^{-1}$)		18	5	1,5	0,02–0,1	1,0			6
4 Durchmesser des einzelnen Gefäßes (cm)	2,6	0,8	0,3–0,06	0,002	0,0009	0,00025	0,15–0,7	1,6	3,2
5 gemeinsame Querschnittsfläche (cm^2)	5,3	20	20	500	3500	2700	100	30	10
6 gemeinsames Fassungsvolumen (cm^3)	180	250	250	125	300	550	1550	900	250

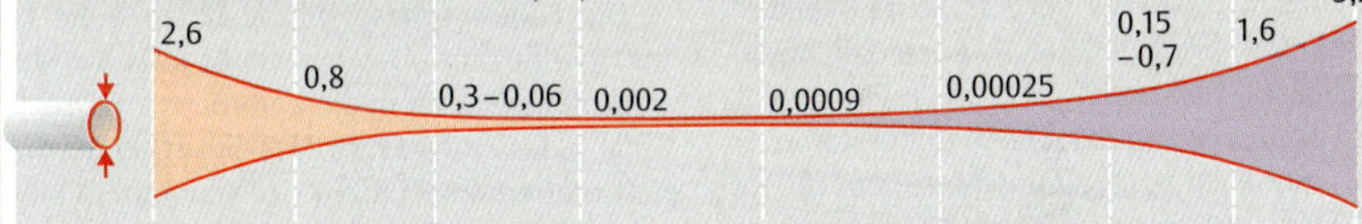

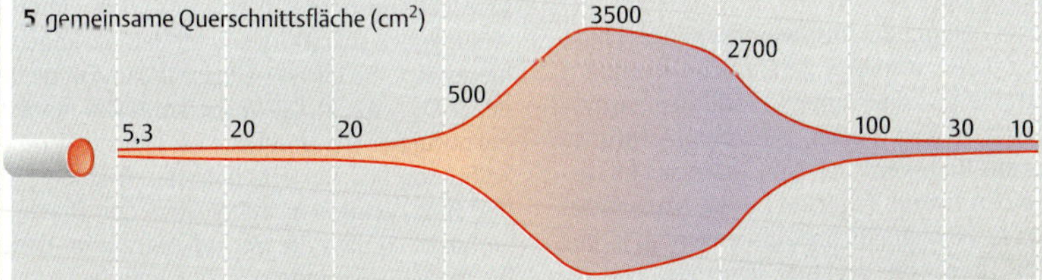

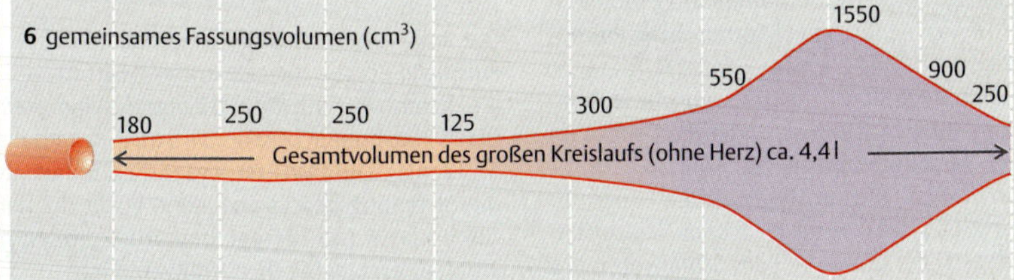

Gesamtvolumen des großen Kreislaufs (ohne Herz) ca. 4,4 l

Aktionsphasen des Herzens

Die Herzfrequenz beträgt in Ruhe ca. 60–80/min. In ca. 1 s laufen also die **vier Aktionsphasen** der Herzkammern (Ventrikel) ab (→ **A**), nämlich die Anspannungs- (I) und Auswurfphase (II) der *Systole* und die Entspannungs- (III) und Füllungsphase (IV) der *Diastole*, an deren Ende sich die Vorhöfe kontrahieren. Diesen mechanischen Phasen der Herzaktion geht die elektrische Erregung der Vorhöfe bzw. der Kammern voraus.

Die **Herzklappen** bestimmen die Strömungsrichtung im Herzen, nämlich von den Vorhöfen in die Kammern (Phase IV) und von diesen in die Aorta bzw. die Pulmonalarterie (Phase II). Während der Phasen I und III sind alle Klappen geschlossen (→ **A**, oben). Das Öffnen und Schließen der Klappen wird von den Drücken beidseits der Klappe bestimmt.

Herzzyklus. Am Ende der Kammerdiastole (Phase IVc) entlädt sich der Sinusknoten (Beginn der P-Zacke im EKG; → **A1**, Phase IVc, u. S. 196 ff.), die Vorhöfe kontrahieren sich (→ **A4**, Phase IVc), und anschließend werden die Kammern erregt (QRS-Komplex im EKG). Der Kammerdruck beginnt zu steigen (→ **A2**, blau) und übertrifft den der Vorhöfe, so dass die Segelklappen (Mitral- und Trikuspidalklappe) zuschlagen. Hier endet die Diastole, wobei das *enddiastolische Volumen* (EDV) in der Kammer unter Ruhebedingungen im Mittel ca. 120 ml beträgt (→ **A4**), genauer 70 ml/m² Körperoberfläche (= KO).

Jetzt beginnt die **Anspannungsphase** (Phase I, ca. 50 ms), während der sich die Kammern kontrahieren (alle Klappen geschlossen: *isovolumetrische Kontraktion; I. Herzton*, → **A6**), so dass der Kammerdruck sehr rasch weiter ansteigt. Im linken Ventrikel (→ **A2**, blau) übersteigt er bei rund 80 mmHg den Druck in der Aorta (bzw. im rechten Ventrikel bei ca. 10 mmHg den in der A. pulmonalis), wodurch sich die Taschenklappen (Aorten- bzw. Pulmonalklappe) öffnen (→ **A2**).

Damit beginnt die **Austreibungsphase** (Phase II, in Ruhe ca. 210 ms), in der die Drücke im linken Ventrikel und in der Aorta ein Maximum von ca. 120 mmHg erreichen (= systolischer Blutdruck). In dieser frühen Phase (IIa) wird rasch der größte Teil des Schlagvolumens (SV) ausgeworfen (→ **A4**), die Stromstärke in der Aortenwurzel steigt auf ein Maximum (→ **A5**). Danach geht die Erregung des Myokards zurück (T-Welle im EKG, → **A1**) und der Kammerdruck beginnt zu sinken (Rest des SV wird langsamer ausgeworfen, Phase IIb), um schließlich unter den Aorten- bzw. Pulmonaldruck abzufallen, so dass (kurz danach) die Taschenklappen zuschlagen (*II. Herzton*, → **A6**). In Ruhe beträgt das SV im Mittel 80 ml (genauer: 47 ml/m² KO), so dass die *Ejektionsfraktion* (= SV/EDV) in Ruhe rund 0,67 beträgt. In der Kammer verbleibt demnach ein *endsystolisches (= Rest-)Volumen* (ESV) von ca. 40 ml (→ **A4**).

Jetzt beginnt die Diastole mit ihrer isovolumetrischen **Entspannungsphase** (Phase III, 60 ms). Inzwischen haben sich die Vorhöfe wieder gefüllt, wozu die durch das *Senken der Klappenebene* verursachte Saugwirkung während der Austreibungsphase am meisten beigetragen hat (Druckabfall des *zentralen Venendrucks* [ZVD] von *c* nach *x*; → **A3**). Der Ventrikeldruck fällt steil ab (→ **A2**), und der Vorhofdruck ist inzwischen angestiegen (*v*-Welle des ZVD), so dass sich die Segelklappen wieder öffnen:

Die **Füllungsphase** (Phase IV, in Ruhe ca. 500 ms) beginnt. Das Blut fließt jetzt aus den Vorhöfen so rasch in die Kammern ab (Druckabfall *y* des ZVD, → **A3**), dass diese (bei normaler Herzfrequenz) bereits nach nur einem Viertel der Diastolendauer zu 80% gefüllt sind (rasche Füllungsphase [IVa]; → **A4**). Die Füllung verlangsamt sich (IVb), und schließlich kontrahieren sich die Vorhöfe (Phase IVc und *a*-Welle des ZVD; → **A2, 3**). Die Vorhofkontraktion trägt bei normaler Herzfrequenz ca. 15 % zur Ventrikelfüllung bei. Bei erhöhter Herzfrequenz ist der Herzzyklus v.a. auf Kosten der Diastole verkürzt, so dass die Vorhofkontraktion dann für die Ventrikelfüllung quantitativ bedeutsamer wird.

Die stoßweise Herzaktion ruft eine (Druck-) **Pulswelle** hervor, die sich entlang der arteriellen Strombahn mit *Pulswellengeschwindigkeit* (PWG) ausbreitet (Aorta: 3–5 m/s, A. radialis 5–12 m/s). Die PWG ist wesentlich höher als die Strömungsgeschwindigkeit $\dot{V}$, die in der Aorta max. 1 m/s beträgt, und umso größer, je weniger nachgiebig die Gefäßwand ist.

A. Aktionsphasen des Herzens (Herzzyklus)

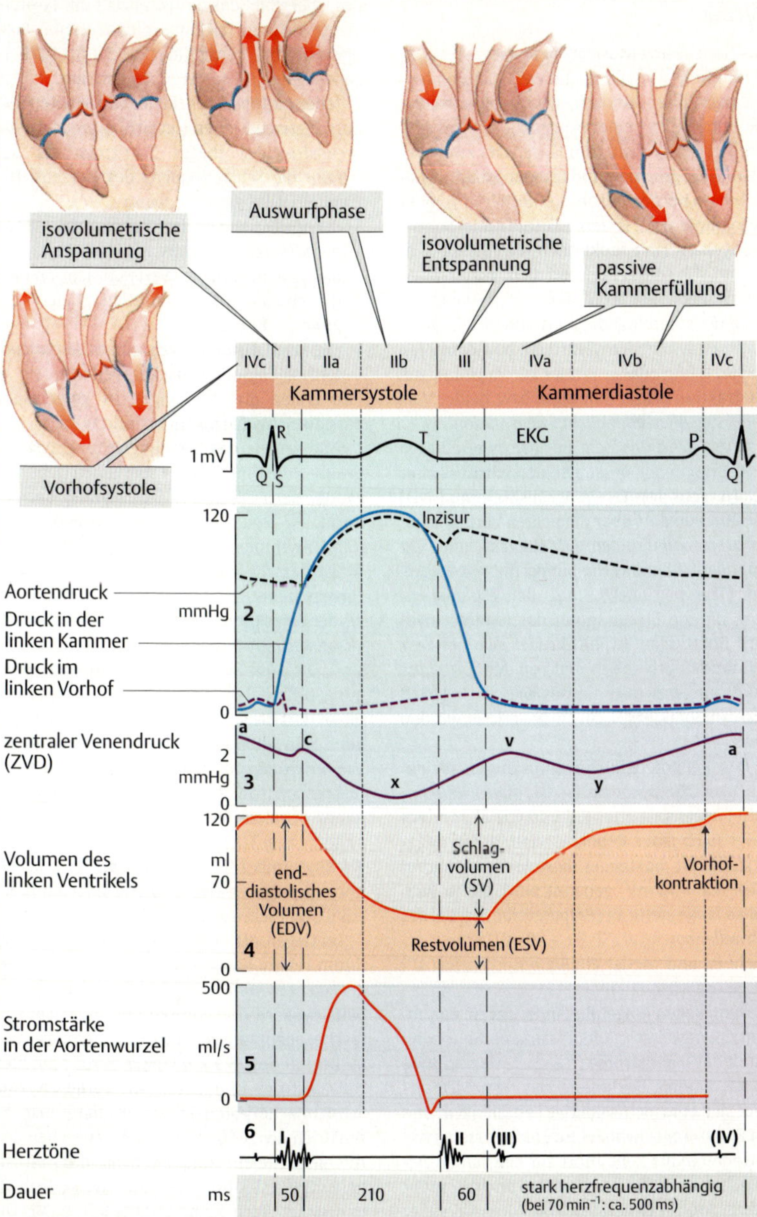

Erregungsbildung und -leitung im Herzen

Das Herz besitzt Muskelzellen(-fasern), die Erregungsimpulse bilden und weiterleiten (*Reizbildungs- und -leitungssystem*), sowie solche, die Impulse mit einer Kontraktion beantworten (*Arbeitsmyokard*). Im Gegensatz zum Skelettmuskel geschieht die Erregungsbildung also innerhalb des Organs: Autorhythmie oder **Autonomie** des Herzens. Vorhof- und Ventrikelmyokard sind funktionell jeweils ein Synzytium, d. h., die Zellen sind nicht gegeneinander isoliert, sondern durch *Gap Junctions* (→ S. 16 f.) miteinander verbunden. Ein Reiz, der irgendwo in den Ventrikeln bzw. Vorhöfen entsteht, führt daher immer zur vollständigen Kontraktion beider Kammern bzw. beider Vorhöfe (sog. *Alles-oder-Nichts-Kontraktion*).

Erregt wird das Herz normalerweise durch den *Sinusknoten*, er ist also der **Schrittmacher** des Herzens. Die **Erregungsausbreitung** (→ **A**) verläuft von dort über die beiden Vorhöfe zum *Atrioventrikularknoten (AV-Knoten)* und gelangt dann über das *His-Bündel* mit seinen beiden (Tawara-)Schenkeln zu den *Purkinje-Fasern*, die die Erregung auf das Kammermyokard übertragen. In ihm breitet sich der Reiz von innen nach außen und von der Spitze zur Basis aus, was mithilfe des EKG (→ S. 196 ff) auch am intakten Organismus verfolgt werden kann (→ **C**).

Das Zellpotenzial im Sinusknoten ist ein **Schrittmacherpotenzial** (→ **B1**, oben). Es beinhaltet *kein* konstantes Ruhepotenzial, sondern steigt nach jeder Repolarisation, deren negativster Wert *maximales diastolisches Potenzial* (MDP, ca. −70 mV) genannt wird, gleich wieder so lange stetig an (*Präpotenzial*, PP), bis das *Schwellenpotenzial* (SP, ca. −40 mV) erneut erreicht ist und wieder ein *Aktionspotenzial* (AP) ausgelöst wird.

Dem liegen folgende Änderungen der *Ionenleitfähigkeiten* (g) der Plasmamembran und damit der **Ionenströme** (I; → S. 32 ff) zugrunde (→ **B1**, unten): Beginnend mit dem MDP erhöht sich eine nichtselektive Leitfähigkeit, und ein Einstrom (I_f, wobei f für „funny“ steht) von Kationen in die Zelle führt zur langsamen Depolarisation (PP). Ist das SP erreicht, erhöht sich g_{Ca} nun relativ rasch, das Potenzial steigt steiler an, d. h. ein verstärkter Ca^{2+}-Einstrom (I_{Ca}) ist die Ursache für den Aufstrich. Während des Überschießens des Potenzials auf positive Werte steigt g_K stark an, so dass es zum Auswärtsstrom I_K kommt, der die Schrittmacherzelle wieder auf das MDP repolarisiert.

Jedes Aktionspotenzial im Sinusknoten löst normalerweise einen Herzschlag aus, d. h., die **Impulsfrequenz** dieses Schrittmachers bestimmt die Schlagfrequenz des Herzens. Die Frequenz wird geringer, wenn

- die *Anstiegsteilheit des PP* abnimmt (→ **B3 a**),
- das *SP* weniger negativ wird (→ **B3 b**),
- das *MDP* negativere Werte erreicht, so dass die spontane Depolarisation „tiefer“ beginnt (→ **B3 c**) oder
- die *Repolarisation* nach einem Aktionspotenzial langsamer (flacher) verläuft.

Den ersten drei Vorgängen ist gemeinsam, dass die Schwelle später erreicht wird.

Alle Anteile des Erregungsleitungssystems besitzen die Fähigkeit zur spontanen Depolarisation, doch spielt der Sinusknoten bei der normalen Herzerregung die führende Rolle (Sinusrhythmus: ca. 60 – 100/min). Grund dafür ist, dass die anderen Teile des Erregungsleitungssystems eine langsamere Eigenfrequenz als der Sinusknoten aufweisen (→ Tabelle in **C**; Ursachen: PP sowie Repolarisation flacher, s. o.). Die vom Sinusknoten ausgehende Erregung trifft daher weiter „unten“ bereits ein, bevor dort die spontane Depolarisation das eigene Schwellenpotenzial erreicht hat. Ist die Weiterleitung des Sinusimpulses jedoch unterbrochen (→ S. 200), so kommt die Eigenfrequenz distalerer Teile des Erregungsleitungssystems zum Tragen: Das Herz schlägt dann im AV-Rhythmus (40 – 55/min) oder u. U. in der noch niedrigeren Frequenz sog. tertiärer (ventrikulärer) Schrittmacher (25 – 40/min).

Im Gegensatz zu Sinus- und AV-Knoten mit ihrem relativ flachen, v. a. vom Ca^{2+}-Einstrom getragenen AP-Anstieg (→ **A**) gibt es im **Arbeitsmyokard** der Vorhöfe und Ventrikel sog. rasche, spannungsgesteuerte *Na^+-Kanäle*, was zu Beginn des APs kurzzeitig einen schnellen Na^+-Einstrom und damit im Vergleich zum Schrittmacherpotenzial einen relativ raschen Aufstrich des AP bewirkt (→ **A**). Zwischen den APs herrscht ein Ruhepotenzial, d. h., im Arbeitsmyokard gibt es normalerweise kein PP und daher auch keine Spontanerregung. Die relativ lange Dauer des Myokard-AP in Form ▶

A. Herzerregung

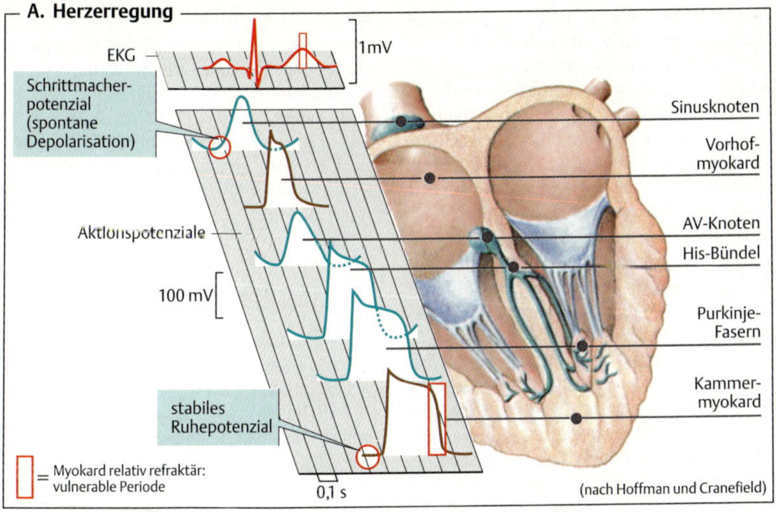

(nach Hoffman und Cranefield)

B. Schrittmacherpotenzial und Erregungsfrequenz am Herzen

1 Schrittmacherpotenzial und Ionenströme

(nach Francesco)

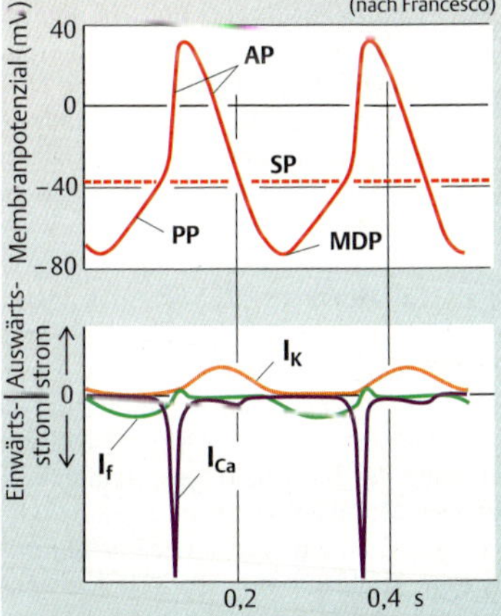

2 Aktionspotenzialdauer des Myokards ist abhängig von der Erregungsfrequenz

(nach Trautwein und Mitarb.)

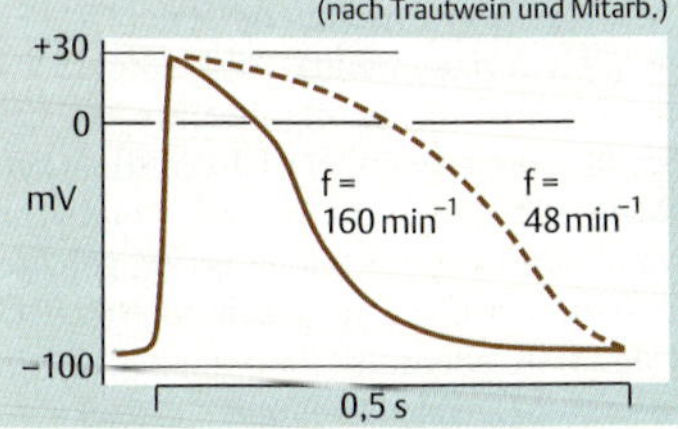

3 Herzfrequenzänderungen durch Änderung am Potenzial des Schrittmachers

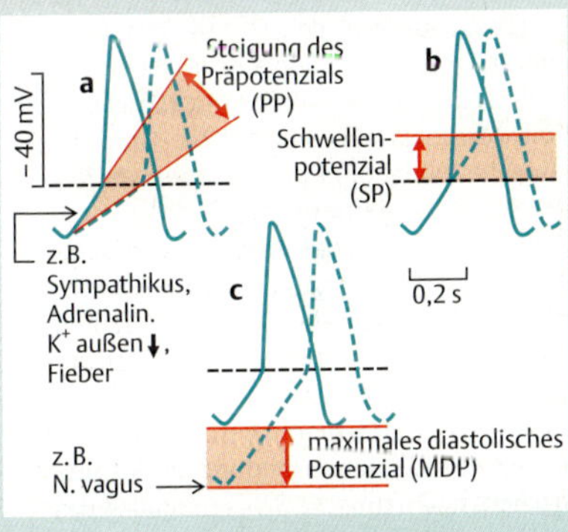

4 Einflüsse auf die Fortleitung der Aktionspotenziale (AV-Knoten)

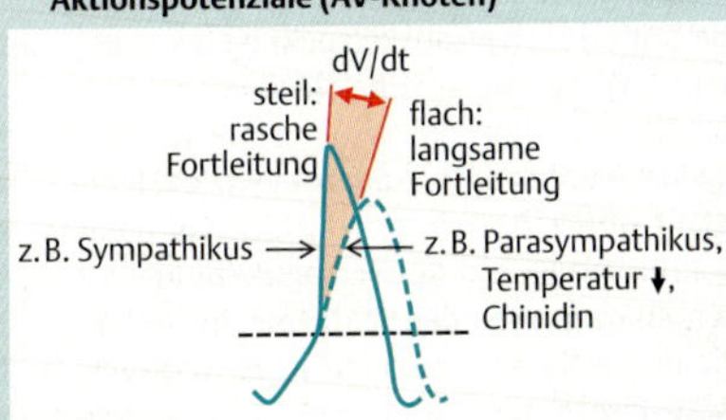

▶
eines *Plateaus* (→ S. 59A) hat eine wichtige Funktion. Die zuerst erregten Myokardteile sind dadurch nämlich noch refraktär, wenn die Erregung die letzten Myokardteile erreicht, so dass ein Kreisen der Erregung im Myokard (*Reentry*) verhindert wird. Dies gilt auch für sehr hohe und sehr niedrige Herzfrequenzen, da sich die *AP-Dauer der Herzfrequenz anpasst* (→ **B2**).

Das AP öffnet *potenzialgesteuerte Ca^{2+}-Kanäle* (assoziiert mit sog. Dihydropyridinrezeptoren) der Myokardzellmembran, so dass **Ca^{2+}** aus dem Extrazellulärraum einströmt (→ S. 63 B3). Dadurch steigt lokal die zytosolische Ca^{2+}-Konzentration (Ca^{2+}-„Funke"), woraufhin sich nun, als sog. *Triggereffekt*, ligandengesteuerte, sog. Ryanodin-sensitive Ca^{2+}-Kanäle des als Ca^{2+}-Speicher fungierenden sarkoplasmatischen Retikulums öffnen. Das aus diesem ins Zytosol ausströmende Ca^{2+} bewirkt schließlich die elektromechanische Koppelung (→ S. 62) der Herzkontraktion. Die zytosolische Ca^{2+}-Konzentration wird außerdem vom aktiven Ca^{2+}-Rücktransport in die Ca^{2+}-Speicher (via Ca^{2+}-ATPase) sowie in den Extrazellulärraum bestimmt. Letzteres besorgt sowohl eine Ca^{2+}-ATPase als auch ein 3 Na^+/Ca^{2+}-Austauschcarrier, der vom elektrochemischen Na^+-Gradienten über die Zellmembran, indirekt also von der Na^+-K^+-ATPase, angetrieben wird.

Das Herz schlägt zwar autonom, doch ist eine **Anpassung der Herztätigkeit** an den wechselnden Bedarf großteils an die efferenten *Herznerven* gebunden. Folgende Qualitäten der Herztätigkeit können nerval (sowie durch Adrenalin im Plasma) modifiziert werden:

- die *Frequenz* der Impulsbildung des Schrittmachers und damit die Schlagfrequenz des Herzens (Chronotropie),
- die *Geschwindigkeit der Erregungsleitung*, v. a. im AV-Knoten (Dromotropie),
- die Kraft der Herzmuskelzuckung bei gegebener Vordehnung, d. h. die *Kontraktilität* des Herzens (Inotropie).

Ausgelöst werden diese Änderungen der Herztätigkeit durch Acetylcholin (ACh) aus parasympathische Fasern des N. vagus (bindet an M_2-Cholinozeptoren der Schrittmacherzellen) sowie durch Noradrenalin (NA) aus Herzsympathikusfasern und Adrenalin (A) aus dem Plasma (binden an β_1-Adrenozeptoren; → S. 84 ff.). Dabei erhöhen NA und A am Sinusknoten die **Schlagfrequenz** (positiv-chronotrope Wirkung) und ACh vermindert sie (negativ-chronotrope Wirkung). Hierbei werden die PP-Steigung und das MDP im Sinusknoten verändert (→ **B3 a** bzw. **3 c**). Die Abflachung des PP und das negativere MDP unter ACh-Einwirkung beruhen auf einer erhöhten g_K, das Steilerwerden des PP unter Sympathikus- bzw. Adrenalineinfluss auf einer erhöhten g_{Ca} und u. U. einer verminderten g_K. In nachgeordneten Anteilen des Erregungsleitungssystems sind nur NA und A chronotrop wirksam, was ihnen eine entscheidenden Einfluss bei einer eventuellen Übernahme der Schrittmacherfunktion durch AV-Knoten oder tertiäre Schrittmacher sichert (s. o.).

ACh (linker Vagus-Ast) verzögert, NA und A beschleunigen die **Reizüberleitung im AV-Knoten**: negativ bzw. positiv dromotrope Wirkung. Beeinflusst werden dabei v. a. das MDP und die Anstiegssteilheit des AP (→ **B3 c** bzw. **B4**). Auch hier spielen Änderungen von g_K und g_{Ca} eine wichtige Rolle.

Im Gegensatz zur Chrono- und Dromotropie wirken NA und A bei der positiven Inotropie direkt auf das Arbeitsmyokard ein. Die *Erhöhung* der **Kontraktilität** (bei unveränderter Vordehnung) beruht dabei auf einer β_1-adrenerg ausgelösten *Erhöhung des Ca^{2+}-Einstroms* von extrazellulär, der die Ca^{2+}-Konzentration im Zytosol der Myokardzelle ansteigen lässt. Dieser Ca^{2+}-Einstrom ist pharmakologisch durch Blocker der Ca^{2+}-Kanäle (sog. *Ca^{2+}-Antagonisten*) hemmbar. Die Kontraktilität ist außerdem erhöht bei *verlängertem AP* (und damit protrahiertem Ca^{2+}-Einstrom) sowie bei Hemmung der Na^+-K^+-ATPase, z. B. durch die *Herzglykoside* Digitalis und Strophantin (⇒ flacherer Na^+-Gradient über der Zellmembran ⇒ geringere Triebkraft für den 3 Na^+/Ca^{2+}-Austauscher ⇒ verringerter Ca^{2+}-Ausstrom ⇒ erhöhte zytosolische Ca^{2+}-Konzentration).

Bei niedriger Herzfrequenz ist der Ca^{2+}-Einstrom/Zeit gering (wenige APs), so dass zwischen den APs relativ viel Zeit für den Ca^{2+}-Ausstrom bleibt. Damit wird die mittlere zytosolische Ca^{2+}-Konzentration niedrig und folglich die Kontraktilität relativ gering gehalten. Über diesen Mechanismus kann auch der Parasympathikus, allerdings indirekt, negativ-inotrop wirken (*Frequenzinotropie*). Umgekehrtes gilt für den Sympathikus.

C. Erregungsausbreitung im Herzen

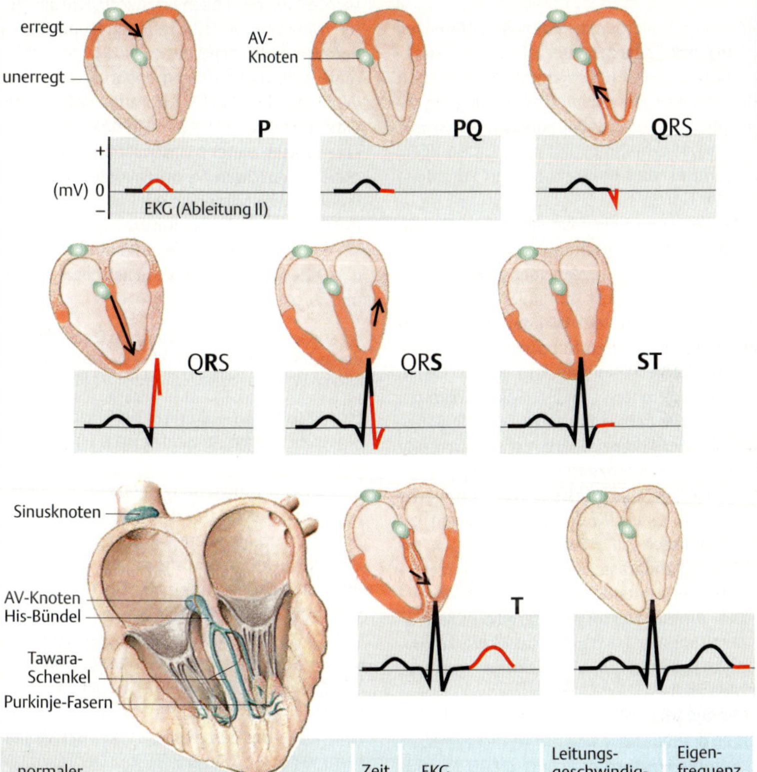

normaler Erregungsablauf		Zeit (ms)	EKG	Leitungsgeschwindigkeit (m · s^{-1})	Eigenfrequenz (min^{-1})
Sinusknoten					
Impulsbildung		**0**	P-Welle	0,05	60–100
Impulsankunft in entfernten Vorhofteilen	rechter Vorhof	**50**		0,8–1,0 im Vorhof	
	linker Vorhof	**85**			
AV-Knoten			P-Q-Strecke (Erregungsverzögerung)	0,05	40–55
Impulsankunft		**50**			
Impulsweiterleitung		**125**			
His-Bündel aktiviert		**130**		1,0–1,5	25–40
Schenkelenden aktiviert		**145**		1,0–1,5	
Purkinje-Fasern aktiviert		**150**		3,0–3,5	
Myokardinnenseite vollständig aktiviert	rechter Ventrikel	**175**	QRS-Komplex	1,0 im Myokard	keine
	linker Ventrikel	**190**			
Myokardaußenseite vollständig aktiviert	rechter Ventrikel	**205**			
	linker Ventrikel	**225**			

Elektrokardiogramm (EKG)

Mit dem EKG werden die **Potenzialdifferenzen** (wenige **mV**) aufgezeichnet, die von der Herzerregung herrühren. Es kann Auskunft geben über Herzlage, Herzfrequenz, Erregungsrhythmus und -ursprung sowie Impulsausbreitung, Erregungsrückbildung und deren Störungen, jedoch *nicht* über Kontraktion und Pumpleistung des Herzens.

Die EKG-Potentiale entstehen an der Grenze zwischen erregten und unerregten Teilen des Myokards. Ein unerregtes oder ein völlig erregtes Myokard liefert *kein* im EKG sichtbares Potenzial. Während der **Wanderung der Erregungsfront** durch den Herzmuskel entstehen dort vielfältige Potentiale, die sich in Größe und Richtung unterscheiden. Solche *Vektoren* sind als Pfeile darstellbar, wobei die Pfeillänge Ausdruck der Potenzialhöhe, die Pfeilrichtung Ausdruck der Potenzialrichtung ist (Pfeilspitze: +). Die vielen Einzelvektoren summieren sich (wie in einem Kräfteparallelogramm) zu einem **Summen-** oder **Integralvektor** (→ **A**, roter Pfeil). Er ändert sich während der Herzerregung in Größe und Richtung, d. h., die Pfeilspitze des Summenvektors beschreibt schleifenförmige Bahnen (→ **A**), die im *Vektorkardiogramm* oszillographisch sichtbar gemacht werden können.

Mit den **Extremitäten- und Brustwandableitungen** des EKG lässt sich der zeitliche Verlauf des Summenvektors, projiziert auf die jeweilige Ableitungsebene, sichtbar machen. Eine Ableitung parallel zum Summenvektor zeigt den vollen Ausschlag (R-Zacke ca. 1–2 mV), eine senkrecht dazu keinen Ausschlag. Die *Einthoven-Ableitungen I, II und III* (→ **C**) sind bipolar und liegen in der Frontalebene. Bei den unipolaren *Goldberger-Ableitungen* (*aVL, aVR* und *aVF*, → **D**) wird, im Gegensatz zu den Ableitungen I–III, jeweils eine Extremität (z. B. der rechte Arm bei aVR) gegen den Zusammenschluss der beiden anderen Elektroden abgeleitet. Dies vergrößert (**a**VR = **a**ugmented) den Ausschlag der Zacken. aVL, aVR und aVF liegen ebenfalls in der Frontalebene. Die unipolaren *Brustwandableitungen* $V_1 - V_6$ *(Wilson;* → **F**) liegen etwa in der Horizontalebene. Sie erlauben zusammen mit den oben beschriebenen Ableitungen in der Frontalebene eine *dreidimensionale* Betrachtung des Summenvektors. $V_1 - V_6$ werden von der linken Brustkorbseite abgeleitet, wobei die Ableitungspunkte ungefähr in der *Horizontalebene* liegen (→ **F**). Als indifferente Elektroden dienen dabei die drei über Widerstände (5 kΩ) zusammengeschalteten Extremitätenableitungen. Mit den Brustwandableitungen werden insbesondere zum Rücken hin gerichtete Vektoren erfasst, die in der Frontalebene nur kleine oder gar keine Potentiale erzeugen. Da der mittlere QRS-Vektor (s. u.) meist nach links unten und hinten zeigt, ist der QRS-Vektor in $V_1 - V_3$ meist negativ, in V_5 und V_6 positiv.

Für spezielle Fälle kann zusätzlich im Ösophagus, von der rechten Brustkorbseite ($V_{r3} - V_{r6}$) und vom linken Rücken ($V_7 - V_9$) abgeleitet werden (→ **F2**).

Eine **EKG-Kurve** (→ **B** und S. 195C) weist *Zacken* (= *Wellen*), deren Ausschlag nach oben +, nach unten – ist, dazwischenliegende *Strecken* (= Segmente) sowie *Intervalle* auf. Die *P-Welle* (< 0,3 mV, < 0,1 s) ist Ausdruck der *Depolarisation der Vorhöfe*. Deren Repolarisationswelle ist nicht sichtbar, da sie normalerweise in den folgenden Zacken untergeht. Die *Q-Zacke* (mV < 1/4 von R, < 0,04 s), die *R-* und die *S-Zacke* (R+S > 0,6 mV) werden zusammen *QRS-Komplex* (< 0,1 s) genannt (auch dann, wenn eine der drei Komponenten fehlt). Das Potenzial des mittleren QRS-Vektors errechnet sich (unter Beachtung des Vorzeichens) aus der Höhensumme der Q-, R- und S-Zacke. (Definitionsgemäß ist die erste positive Zacke des QRS-Komplexes die R-Zacke, was bedeutet, dass die R-Zacken u. U. nicht in allen Ableitungen synchron sind.) Der QRS-Komplex gibt die *Depolarisation der Kammern* wieder, die *T-Welle* deren *Repolarisation*. Obwohl beides gegenteilige Vorgänge sind, zeigt die T-Welle normalerweise in die gleiche Richtung wie die R-Zacke (in den meisten Ableitungen +), d. h., Erregungsausbreitung und -rückbildung durchlaufen das Myokard nicht in gleicher Richtung (→ **QRS** und **T** auf S. 195 C: Gleichgerichtete Vektorpfeile trotz umgekehrter Polung beim Rückgang der Erregung). Die *PQ-Strecke* (völlig erregte Vorhöfe) und die *ST-Strecke* (völlig erregte Kammern) liegen etwa in der 0-mV-Linie. Das *PQ-Intervall* (Beginn P bis Beginn Q; < 0,2 s; → **B**) entspricht der *atrioventrikulären Überlei-*

A. Vektorschleifen der Herzerregung

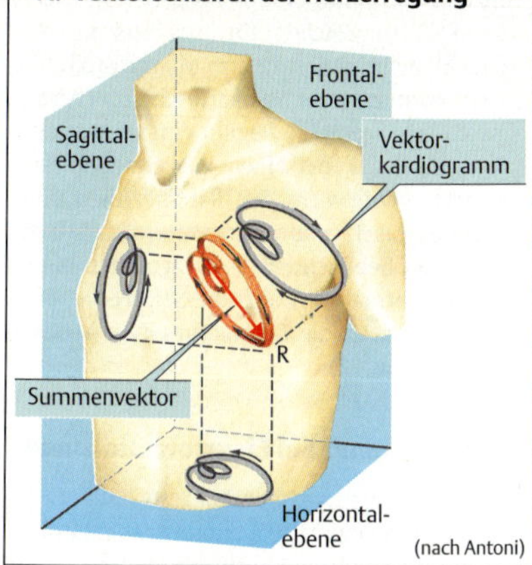

B. EKG-Kurve

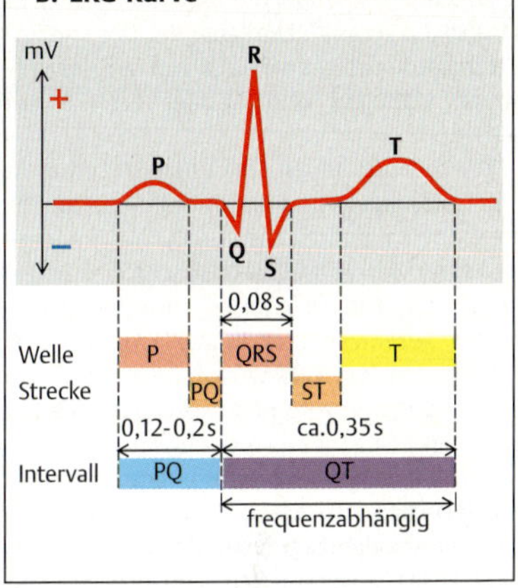

C. Bipolare Ableitungen I, II und III nach Einthoven

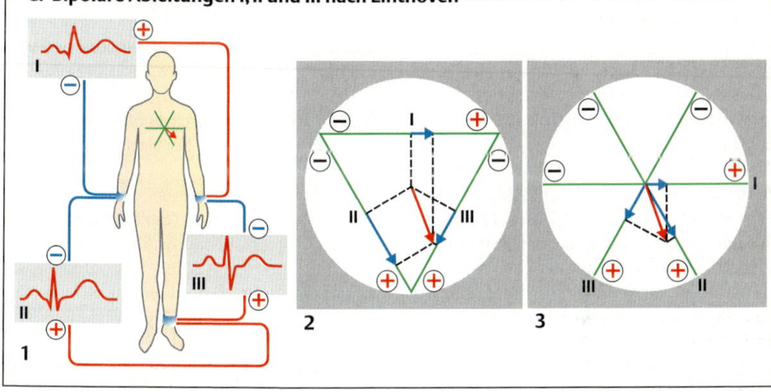

D. Unipolare Extremitätenableitungen nach Goldberger

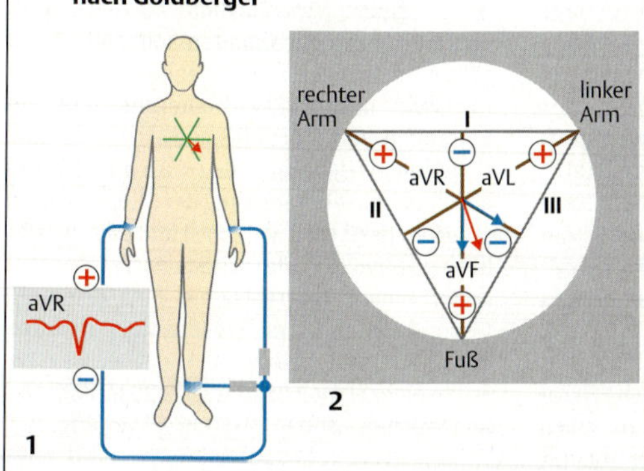

E. Cabrera-Kreis

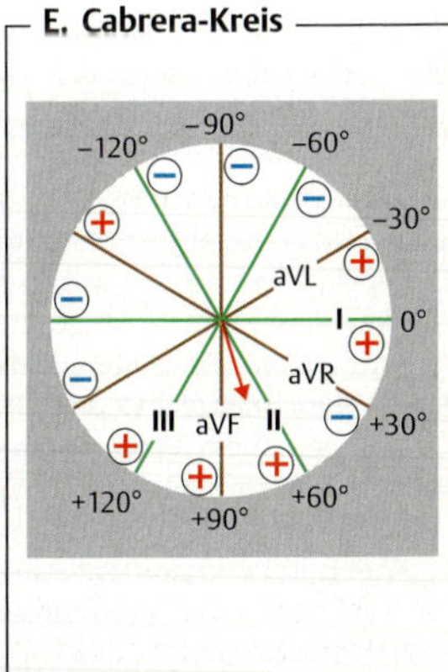

▶ *tungszeit*. Das *QT-Intervall* (Beginn Q bis *Ende* T), also die gesamte Zeitdauer der De- und Repolarisation der Ventrikel, ist von der Herzfrequenz abhängig und beträgt bei 75/min 0,35 – 0,40 s.

Die sechs frontalen Ableitungen (Einthoven und Goldberger) sind mit ihrer Polung im *Cabrera-Kreis* eingezeichnet (→ **E**). Aus mindestens zwei (besser drei; → **G**) synchronen Ableitungen des Cabrera-Kreises kann der gleichzeitige Summenvektor in der Frontalebene, z. B. der **mittlere QRS-Vektor**, bestimmt werden (→ **C3** u. **G**, rote Pfeile), dessen Lage bei normaler Erregungsausbreitung etwa der anatomischen Längsachse des Herzens entspricht („*elektrische Herzachse*").

Die normalen **Lagetypen** der „elektrischen Herzachse" erstrecken sich beim Erwachsenen von etwa + 90 Grad bis ca. – 30 Grad (→ **G, H**). Man unterscheidet den *Rechtstyp* mit α = + 120 bis + 90 Grad (häufig bei Kindern; kann bei Erwachsenen schon krankhaft sein), den *Steiltyp* (α = + 90 Grad bis + 60 Grad; → **G1**), den *Indifferenztyp* (α = + 60 Grad bis + 30 Grad; → **G2**) und den *Linkstyp* (α = + 30 bis – 30 Grad; → **G3**). Krankhafte Lagetypen sind der sog. *überdrehte Rechtstyp* (> + 120 Grad), z. B. bei Hypertrophie der rechten Kammer, und der *überdrehte Linkstyp* (negativer als – 30 Grad), z. B. bei Hypertrophie der linken Kammer.

Auch ein ausgedehnter **Myokardinfarkt** kann die elektrische Herzachse drehen. Hervorstechendes Merkmal eines *transmuralen Infarkts* (d. h. eines, der durch die ganze Ventrikelwand reicht) ist eine *pathologische Q-Zacke* (→ **I1**), d. h. eine, die > 0,04 s dauert und deren Höhe > 25 % der gesamten QRS-Höhe beträgt. Sie tritt innerhalb etwa eines Tages auf und entsteht dadurch, dass das abgestorbene Myokard keine elektrischen Signale liefert, so dass zu der Zeit, zu der dieser Myokardteil eigentlich depolarisiert werden sollte (erste 0,04 s), der Erregungsvektor in der gegenüberliegenden, gesunden Herzseite überwiegt. Der „0,04"-Vektor zeigt daher „vom Infarkt weg", was z. B. bei einem Vorderseitenwandinfarkt vor allem in den Ableitungen V_5, V_6, I, und aVL als stark negative Q-Zacke (und verkleinertes R) zum Ausdruck kommt. Pathologische Q-Zacken sind auch noch nach Jahren zu sehen (→ **I2,3**), d. h. sie sind für einen *akuten* Infarkt nicht beweisend. Eine *Hebung der ST-Strecke* im EKG ist Zeichen für ischämische, aber (noch) nicht abgestorbene Myokardteile. Sie ist 1. während einer Myokardischämie (Angina pectoris), 2. ganz zu Beginn eines transmuralen Infarkts, 3. bei einem nichttransmuralen Infarkt, sowie 4. in den Randbezirken eines Stunden bis Tage alten transmuralen Infarkts (→ **I4**) zu beobachten. 1 – 2 Tage nach einem Infarkt normalisiert sich die ST-Strecke, doch dreht sich jetzt die *T-Welle* für einige Wochen um (→ **I5** und **2**).

Herzerregung bei Elektrolytstörungen

Eine geringgradige **Hyperkaliämie** hebt u. a. im Sinusknoten das MDP an und wirkt daher u. U. positiv-chronotrop. Bei *starker* Hyperkaliämie führt das positivere MDP zur Inaktivierung der Na^+-Kanäle (→ S. 46), d. h., Anstiegssteilheit und Amplitude des AP im AV-Knoten sind vermindert (negativ dromotroper Effekt). Außerdem erhöht sich g_K, so dass das Präpotenzial flacher wird (negativ-chronotrope Wirkung; → S. 193, B3 a) und die Repolarisation im Myokard beschleunigt ist, womit das Ca^{2+} in der Zelle absinkt. Im Extremfall erlischt auch die Schrittmachertätigkeit (*Herzlähmung*). Eine (mäßige) **Hypokaliämie** wirkt positiv-chronotrop und -inotrop (→ S. 193, B3 a). Eine **Hyperkalzämie** erhöht wahrscheinlich g_K und verkürzt deshalb das AP des Myokards.

EKG. Veränderungen der K^+- und Ca^{2+}-Konzentration im Serum führen zu Änderungen der Myokarderregung, die im EKG sichtbar werden können:

- Bei einer *Hyperkaliämie* (> 6,5 mmol/l) kommt es zu einem erhöhten, spitzen T und zu Leitungsstörungen mit Verlängerung des PQ-Intervalls und QRS-Verbreiterung und, im Extremfall, zum Herzstillstand.
- Bei einer *Hypokaliämie* (< 2,5 mmol/l) beobachtet man eine Senkung der ST-Strecke, ein biphasisches T (erst +, dann -) und eine zusätzliche positive *U-Welle* (zeitlich nach T).
- Bei einer Hyperkalzämie (> 2,75 mmol/l Gesamtcalcium) ist das QT-Intervall auf Kosten der ST-Strecke verkürzt,
- bei einer Hypokalzämie (< 2,25 mmol/l Gesamtcalcium) ist das QT-Intervall verlängert.

F. Unipolare Brustwandableitungen nach Wilson

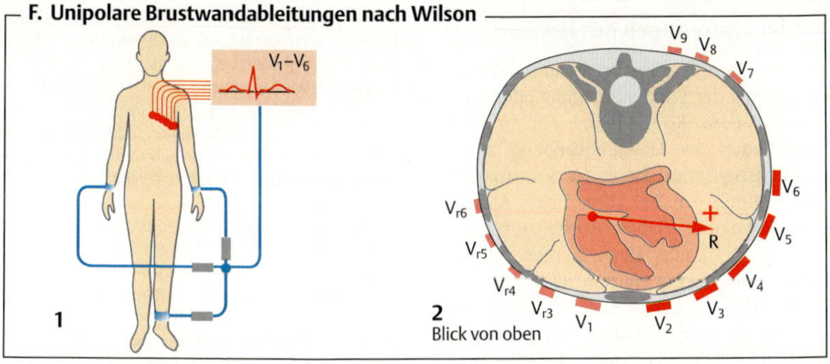

G. Bestimmung des mittleren QRS-Vektors aus EKG-Ableitungen I – III

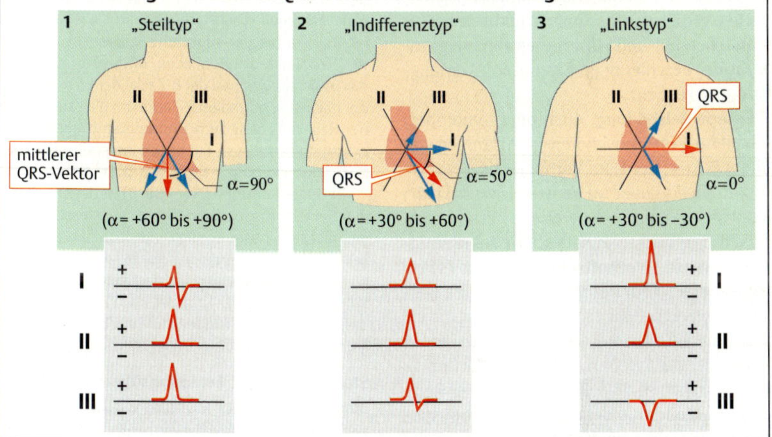

H. Lagetypen des Herzens

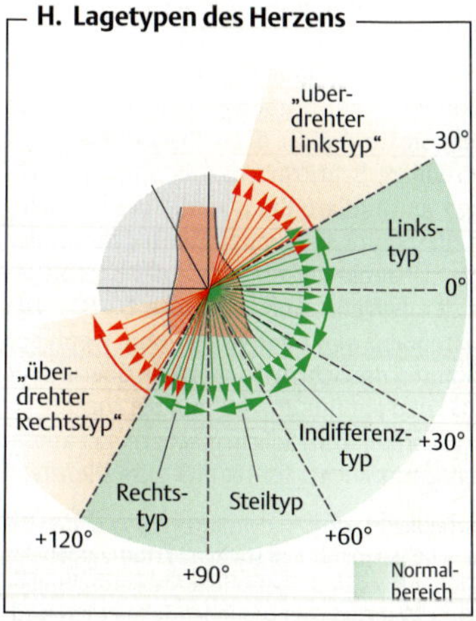

I. EKG bei Koronarinfarkt

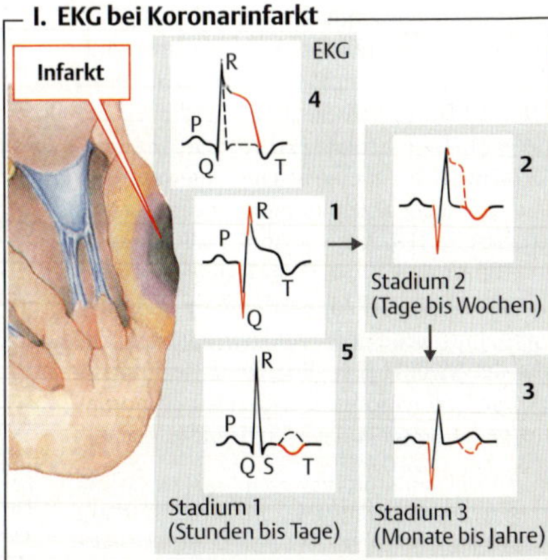

(nach Netter)

Rhythmusstörungen des Herzens

Rhythmusstörungen (**Arrhythmien**), also Veränderungen der *Erregungsbildung* oder *-überleitung*, sind im EKG sichtbar.

Störungen der Erregungsbildung ändern den Sinusrhythmus. Steigt die Sinusfrequenz über 100/min, z. B. bei körperlicher Anstrengung, Aufregung, Fieber (Anstieg um ca. 10 min^{-1} pro 1 °C), oder Hyperthyreose, so handelt es sich um eine *Sinustachykardie* (→ **A2**), fällt sie unter 60/min (z. B. bei Hypothyreose), um eine *Sinusbradykardie*. Beidesmal ist der Rhythmus regelmäßig, während bei der *Sinusarrhythmie* die Frequenz schwankt. Physiologischerweise tritt eine Sinusarrhythmie bei Jugendlichen auf und ist atmungsabhängig: Inspiration beschleunigt, Exspiration verlangsamt die Frequenz.

Ektope Reizbildung. Auch bei (nomotoper) Reizbildung im Sinusknoten (→ **A**) können von einem Fokus (Herd) im Vorhof (*atrial*), im AV-Knoten (*nodal*) oder im Ventrikel (*ventrikulär*) abnorme *ektope* (= *heterotope*) Erregungen starten. Eine hochfrequente atriale Fokusentladung löst eine **Vorhoftachykardie** aus (sägezahnförmige „Grundlinie" statt P-Welle), welcher der Ventrikel bis zu einer Frequenz von ca. 200/min folgt. Darüber hinaus wird nur jede 2. oder 3. Erregung weitergeleitet, weil die Impulse dazwischen in die Refraktärphase der Reizleitungsanteile mit dem längsten Aktionspotenzial (AP) fallen (meist Purkinje-Fasern), die somit als *Frequenzfilter* wirken. Bei Vorhoffrequenzen bis 350/min spricht man von **Vorhofflattern**, darüber von **Vorhofflimmern** (bis zu 500/min). Die Ventrikelerregung ist dann völlig unregelmäßig (**absolute Arrhythmie**). Die **Kammertachykardie** ist eine rasche Folge ventrikulärer (ektoper) Reizbildungen, die mit einer Extrasystole (ES, s. u.) beginnt (→ **B3;** zweite ES). Füllung und Auswurf des Herzens nehmen ab, und es kann zu **Kammerflimmern** kommen, einem hochfrequenten, unkoordinierten Zucken des Myokards (→ **B4**). Ohne Gegenmaßnahmen ist es wegen der fehlenden Blutförderung genau so tödlich wie ein Herzstillstand.

Kammerflimmern tritt bevorzugt auf, wenn die Extrasystole in die **vulnerable** („verletzbare") **Phase** des vorhergehenden APs fällt (*relative Refraktärphase*, synchron mit der T-Welle im EKG, → S. 193 A). Die in dieser Phase ausgelösten APs haben nämlich a) eine geringere Anstiegssteilheit und werden daher langsamer fortgeleitet und sind b) von kürzerer Dauer. Beides trägt dazu bei, dass die Erregung im Myokard immer wieder auf schon wieder erregbare Bezirke trifft (Kreisen der Erregung = *Reentry*). Kammerflimmern kann u. a. durch einer *Stromunfall* ausgelöst werden, ist aber meist auch durch einen rechtzeitigen dosierten Stromstoß (*Defibrillator*) wieder zu beseitigen.

Extrasystolen (ES). Werden Impulse von einem *atrialen* oder *nodalen* (= supraventrikulären) ektopen Fokus zu den Ventrikeln weitergeleitet, können diese aus ihrem Sinusrhythmus kommen: *Supraventrikuläre Arrhythmie*. Bei der **Vorhof-ES** ist im EKG die P-Zacke verformt, der QRS-Komplex aber normal. Bei der **nodalen ES** werden die Vorhöfe rückläufig erregt; die P-Welle wird daher negativ und ist im QRS-Komplex verborgen oder erscheint kurz nach ihm (→ **B1** rechts). Da bei der supraventrikulären ES oft auch der Sinusknoten mitentladen wird, vergrößert sich das Intervall zwischen der R-Zacke der ES (= R_{ES}) und der nächsten, normalen R-Zacke um die Laufzeit, die der Reiz von Fokus zum Sinusknoten braucht: *Postextrasystolische Pause*. Für die RR-Intervalle gilt dabei: $R_{ES}R > RR$ und $(RR_{ES} + R_{ES}R) < 2\ RR$ (→ **B1**).

Bei einer **Kammer-ES** (→ **B2, 3**) ist der QRS-Komplex der ES verformt. Bei niedriger Sinusfrequenz wird die nächste Sinuserregung ungestört zu den Ventrikeln weitergeleitet: *Interponierte ES* (→ **B2**). Bei höherer Sinusfrequenz trifft der nächste Sinusreiz aber schon ein, wenn die Kammer noch refraktär ist, so dass erst der übernächste Sinusimpuls wirksam wird: *Kompensatorische Pause*. Dabei ist $RR_{ES} + R_{ES}R = 2\ RR$.

Störungen der Erregungsüberleitung: AV-Block. Mit *AV-Block I. Grades* wird eine abnorm verlangsamte AV-Überleitung (PQ-Intervall > 0,2 s), mit *AV-Block II. Grades* eine Überleitung nur jedes 2. oder 3. Mal und mit *AV-Block III. Grades* ein totaler Block bezeichnet. Bei Letzterem steht vorübergehend das Herz still (*Adam-Stokes-Anfall*), doch übernehmen dann ventrikuläre Schrittmacher die Kammererregung (ventrikuläre Bradykardie bei normaler Vorhoferregungsfrequenz). Eine teilweise oder totale Unabhängigkeit des QRS-Komplexes von der P-Welle sind die Folge (→ **B5**). Die Herzfrequenz sinkt auf 40 – 55/min, wenn der AV-Knoten die Schrittmacherrolle übernimmt (→ **B5**) und auf nur 25 – 40/min bei sog. tertiären (ventrikulären) Schrittmachern. Ein *künstlicher Schrittmacher* leistet hier gute Dienste.

Ein **Schenkelblock** (Überleitungsstörung in den Tawara-Schenkeln) führt zu starken Verformungen des QRS-Komplexes, da die betroffene Myokardseite über abnorme Wege von der gesunden Seite erregt wird.

A. Nomotope Reizbildung mit normaler Überleitung

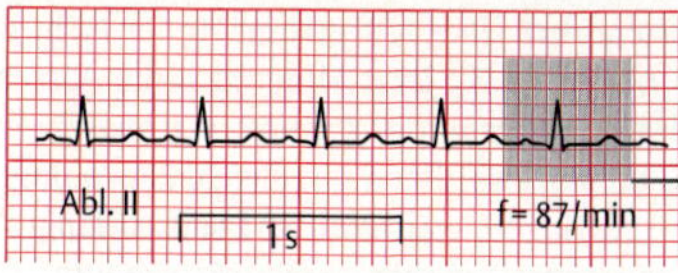

1 normaler Sinusrhythmus

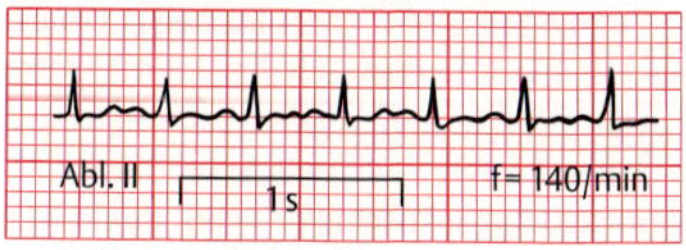

2 Sinustachykardie

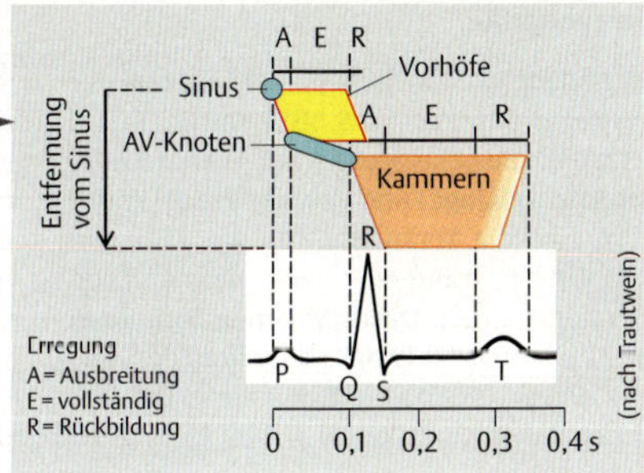

B. Heterotope Reizbildung (1–5) und Überleitungsstörung (5)

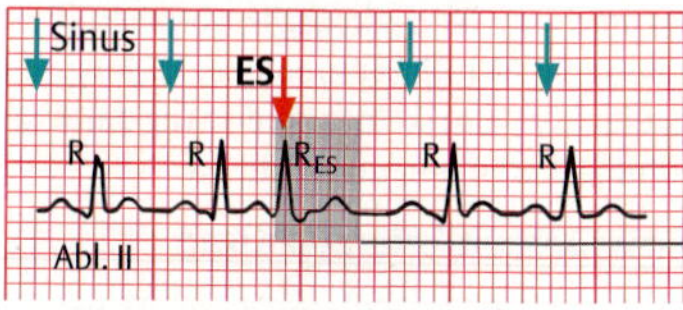

1 nodale (AV-) Extrasystole
mit postextrasystolischer Pause

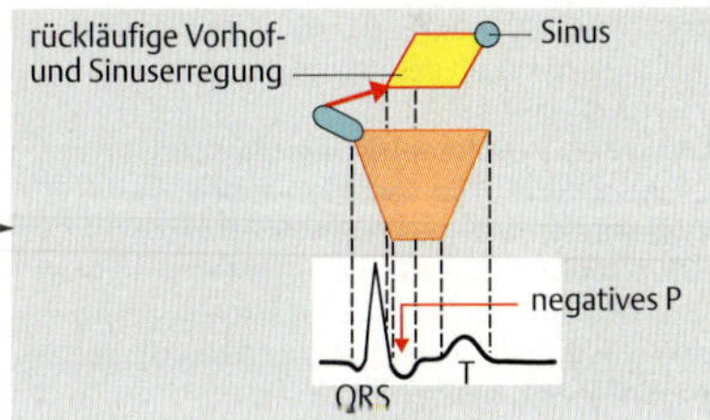

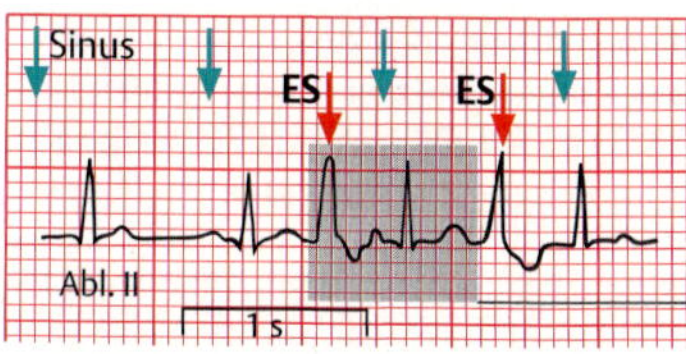

2 interponierte Kammerextrasystole

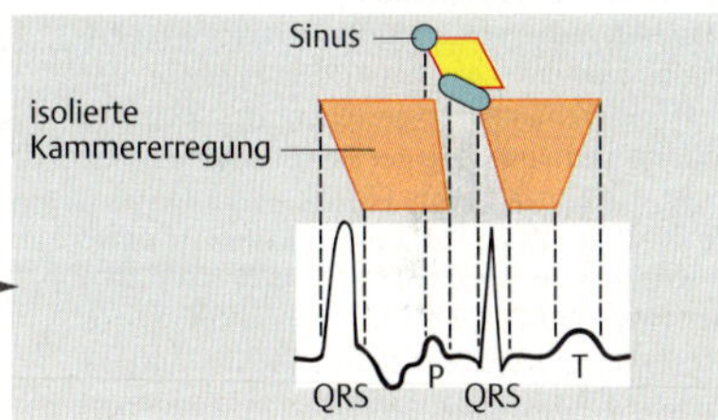

3 Kammertachykardie
nach Extrasystole

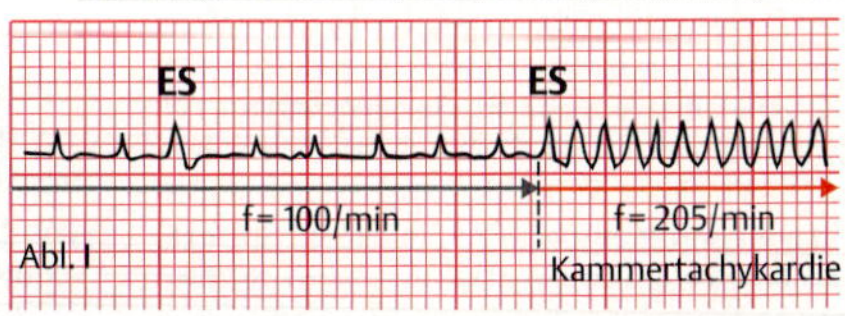

4 Kammerflimmern

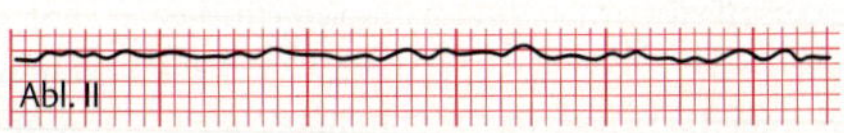

5 totaler AV-Block mit
ventrikulärem Ersatzrhythmus

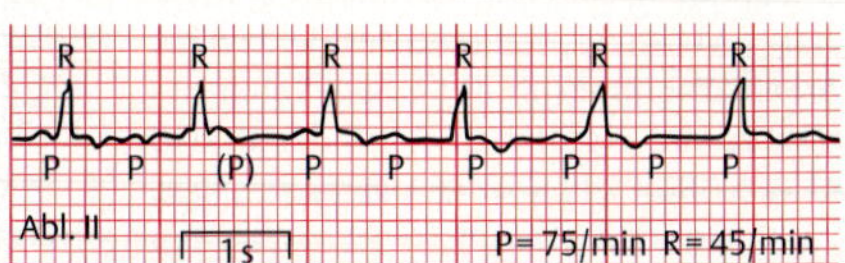

(z. T. nach Riecker)

Druck-Volumen-Beziehung der Herzventrikel

Der Abhängigkeit zwischen der *Länge* und der *Kraft* eines Muskels (→ S. 66 f.) entspricht am Herzen die Beziehung zwischen *Ventrikelvolumen* (Muskellänge) und *Ventrikeldruck* (Kraft). Trägt man die Veränderungen von Volumen und Druck während einer vollständigen Herzaktion in ein **Druck/Volumen-Diagramm** ein, erhält man das **Arbeitsdiagramm** des Herzens (*Frank* 1895) (→ **A1**, Punkte A-D-S-V-A für den linken Ventrikel).

Zur **Konstruktion des Arbeitsdiagramms** werden folgende Druck/Volumen-Kurven benötigt:

- Die **Ruhedehnungskurve**. Sie gibt die Drücke an, die passiv (ohne Muskelkontraktion) bei verschiedenen Füllungsvolumina des Ventrikels entstehen (→ **A1** u. **A2**, blaue Kurve).
- Die Kurve der **isovolumetrischen Maxima** (→ **A1** u. **A2**, grüne Kurve). Sie wird (experimentell) dadurch gewonnen, dass – ausgehend von verschiedenen Füllungsvolumina – die *maximale Druckentfaltung* des Ventrikels *bei konstantem Ventrikelvolumen* (isovolumetrisch, d. h. ohne Volumenauswurf) gemessen wird (→ **A2**, senkrechte Pfeile).
- Die Kurve der **isotonischen** (isobaren) **Maxima** (→ **A1** u. **A2**, violette Kurve). Dabei wird – wieder ausgehend von verschiedenen Füllmengen – der Auswurf (experimentell) so gesteuert, dass während der Volumenverminderung der *Druck konstant* bleibt (Isotonie; → **A2**, waagrechte Pfeile).
- Die Kurve der **Unterstützungsmaxima** (*U-Kurve*; → **A1** u. **2**, orange Kurven). Die Systole (→ S. 190) enthält eine isovolumetrische Anspannungsphase (→ **A1**, A – D), die von der auxotonischen Austreibungsphase (Volumenabnahme bei weiterem Druckanstieg) gefolgt ist (→ **A1**, D – S). Eine solche gemischte Kontraktionsform wird *Unterstützungszuckung* genannt (→ S. 67 D). Bei gegebenem Füllungsdruck (→ **A1**, Punkt A) ändert sich deren Maximum (→ **A1**, Punkt S) in Abhängigkeit vom enddiastolischen Aortendruck (→ **A1**, Punkt D), doch liegen all diese Maxima auf der U-Kurve. Sie ist die (fast) lineare Verbindung zwischen dem zu jedem Füllungsdruck (Punkt A) gehörenden isovolumetrischen und isotonischen Maximum (→ **A1**, Punkt T bzw. M).

Trägt man die Druck- und Volumenwerte z. B. des linken Ventrikels während des Herzzyklus als **Arbeitsdiagramm** in das Druck/Volumen-Diagramm ein, ergibt sich folgender Zyklus (→ **A1** u. S. 190): Das *enddiastolische Volumen* (EDV) betrage z. B. 125 ml (→ **A1**, Punkt A). Während der *Anspannungsphase* steigt der Ventrikeldruck so lange isovolumetrisch an (alle Klappen sind zu!), bis der diastolische Aortendruck (hier z. B. 80 mm Hg) erreicht ist (→ **A1**, Punkt D). Jetzt öffnet sich die Aortenklappe. Während der *Austreibungsphase* wird das Ventrikelvolumen um das Schlagvolumen (SV) verringert, während der Druck anfänglich noch weiter wächst (→ S. 188, *Laplace*, Gl. 8.4 b: P_{tm} ↑, weil r ↓ und *w* ↑). Nach Erreichen des maximalen (= systolischen) Druckes (→ **A1**, Punkt S) ändert sich das Volumen praktisch nicht mehr, der Druck aber sinkt etwas, bis er den Aortendruck unterschreitet, so dass die Aortenklappe zuschlägt (→ **A1**, Punkt K). In der *Entspannungsphase* fällt der Druck (bei konstantem Volumen) rasch auf (fast) 0 ab (→ **A1**, Punkt V). Im Ventrikel befindet sich jetzt noch das *endsystolische Volumen* [ESV]; im Beispiel: 60 ml). Während der *Füllungsphase* steigt der Ventrikeldruck (entlang der Ruhedehnungskurve) wieder leicht an.

Herzarbeit und Herzleistung

Da Arbeit [J = N · m] = Druck [N · m^{-2} = Pa] · Volumen [m^3], entspricht die während des Herzzyklus umschriebene Fläche im Druck/Volumen-Diagramm (→ **A1**, rosa Fläche) der **Druck/Volumen-Arbeit** oder kurz P-V-Arbeit, die die linke Kammer während der Systole leistet (13 333 Pa · 0,00008 m^3 = 1,07 J; rechte Kammer: 0,16 J). Den weitaus größten Teil dieser systolischen P-V-Arbeit leistet das Myokard direkt durch seine aktive Kontraktion, ein kleiner Teil wird durch die passiven, elastischen Rückstellkräfte des bei der Füllung gedehnten Ventrikels geleistet. Diese diastolische Füllungsarbeit (→ **A1**, blaue Fläche unterhalb der blauen Kurve) wird teilweise (indirekt) vom Ventrikelmyokard, teilweise aber auch vom Vorhofmyokard, von der Atemmuskulatur und von der Skelettmuskulatur geleistet (→ S. 204, venöser Rückstrom).

Gesamtarbeit. Zusätzlich zur systolischen P-V-Arbeit beider Kammern (in Ruhe ca. 1,2 J) müssen vom Herzen noch weitere 20% (0,24 J) **Arbeit für die Pulswelle** (Ausdehnung der Gefäßwände; → S. 188, Windkessel) geleistet werden. Die Arbeit, die zur *Beschleunigung des Blutstroms* benötigt wird, ist in Ruhe sehr klein (1% der P-V-Arbeit), steigt jedoch bei hohen Herzfrequenzen an. Die **Leistung** des ganzen Herzens in Ruhe (f = 70/min = 1,17/s) beträgt somit ca. (1,45 J · 1,17 s^{-1} =) 1,70 Watt.

A. Arbeitsdiagramm des Herzens (linker Ventrikel)

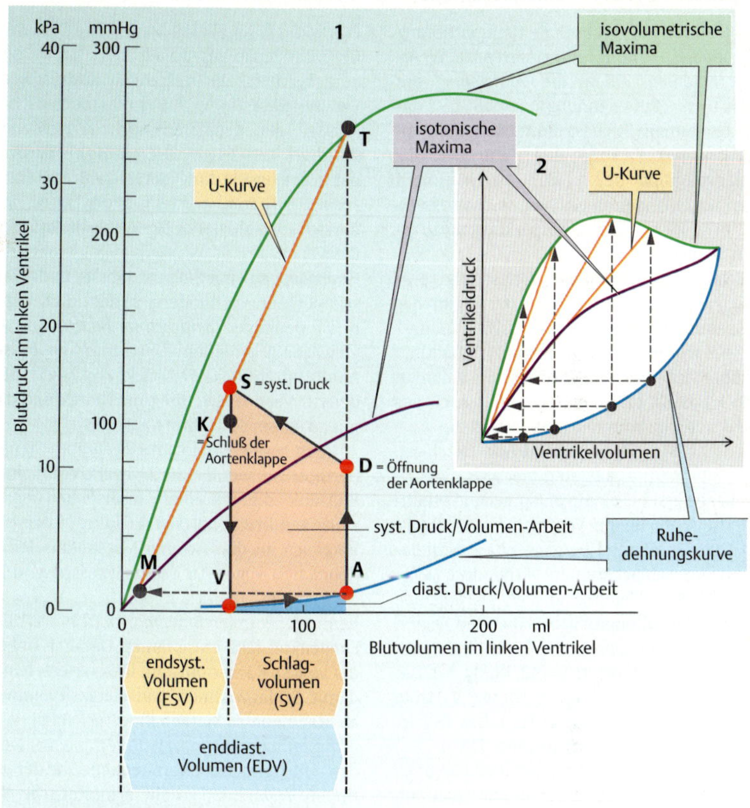

B. Einflüsse von Ruhedehnung (1) sowie Herzfrequenz und Sympathikus (2) auf die Spannung und Kontraktionsgeschwindigkeit des Herzmuskels

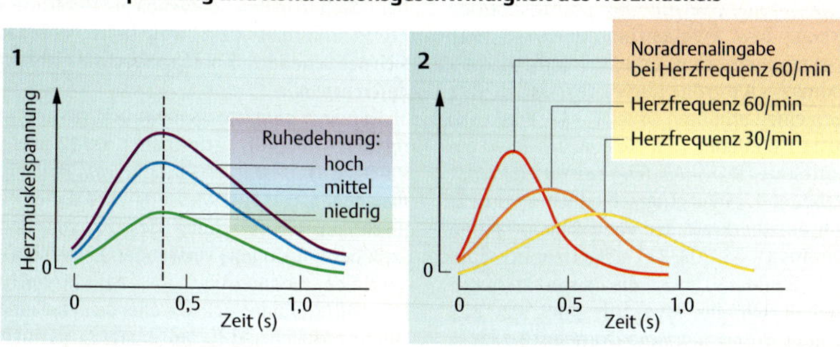

Text siehe nächste Seite

(nach Sonnenblick)

Regulation des Herzschlagvolumens

Die Reaktion auf wechselnde Kammerfüllung (Körperlage, Atmung) oder Aortendrücke erfolgt *autonom*, indem die *Vordehnung* des Myokards (Ruhedehnung; → S. 66 f.) das Schlagvolumen (SV) bestimmt: **Frank-Starling-Mechanismus**. Er sorgt auch dafür, dass die Schlagvolumina der beiden Herzkammern nicht voneinander abweichen, so dass es weder im Lungen- noch im Körperkreislauf zu einem Stau kommt.

Erhöht sich die **Füllung** (Vorlast, engl. preload; → **A1**), so verschiebt sich der Beginn der Anspannungsphase auf der Ruhedehnungskurve nach rechts (→ **A1**, Punkt A_1). Dadurch erhöht sich das enddiastolische Volumen (EDV), das SV und die Herzarbeit; auch das endsystolische Volumen (ESV) steigt an.

Erhöht sich der **Aortendruck** (Nachlast, engl. afterload; → **A2**), so öffnet sich die Aortenklappe erst bei einem entsprechend erhöhten Druck im linken Ventrikel (→ **A2**, Punkt $D_ü$). In einer kurzen Übergangsphase wird dadurch das Schlagvolumen vermindert ($SV_ü$). ESV erhöht sich dadurch auf $ESV_ü$. Die folgende diastolische Füllung schiebt daher den Beginn der Anspannungsphase auf der Ruhedehnungskurve nach rechts (→ **A2**, Punkt A_2). Das Schlagvolumen normalisiert sich so (SV_2) trotz des erhöhten Aortendrucks (D_2). Das ESV ist dabei relativ stark erhöht worden (ESV_2).

Bei einer Vor- und Nachlast-unabhängigen Veränderung der Herzkraft spricht man von veränderter **Kontraktilität** oder **Inotropie**. So nimmt diese durch Noradrenalin oder Adrenalin sowie durch Steigerung der Herzfrequenz zu (β_1-adrenerg vermittelte, positiv-inotrope Wirkung bzw. Frequenzinotropie; → S. 194). Dabei erhöhen sich u. a. die isovolumetrischen Maxima (→ **A3**, grüne Kurve), so dass das Herz gegen einen erhöhten Druck (→ **A3**, Punkt D_3) arbeiten und/oder (auf Kosten des ESV) ein vergrößertes SV (→ **A3**, SV_4) auswerfen kann.

Während eine unterschiedliche Vordehnung nur die **Kraft** der Ventrikelkontraktion beeinflusst (→ S. 203, B1), steigern positiv-inotrope Einflüsse auch die **Kontraktionsgeschwindigkeit** des Myokards (→ S. 203, B2). Der *max. isovolumetrische Druckanstieg* (max. dP/dt) wird daher klinisch auch als Maß für die Kontraktilität benützt.

Venöser Rückstrom

Das von den Kapillaren kommende Blut wird über die Venen gesammelt und zum Herzen zurückgeführt. Die **treibenden Kräfte** dieses venösen Rückstroms (→ **B**) sind a) der nach der Passage der Kapillaren noch verbleibende *Blutdruck* (*vis a tergo*; ca. 15 mmHg), b) der Sog, der in der Systole durch die *Senkung der Ventilebene des Herzens* entsteht, c) der Druck, den die sich kontrahierende Skelettmuskulatur auf die Venen ausübt (*Muskelpumpe*), wobei die *Venenklappen* eine Blutaustreibung in die falsche Richtung verhindern, d) der durch *Inspiration* bedingte *Überdruck im Bauchraum* bei gleichzeitig erhöhtem *Unterdruck im Brustraum* (intrathorakaler Druck, P_{pleu}; → S. 108), der zur Venenausweitung im Thorax und damit zu einem Sog führt (s. a. S. 206).

Beim *Lagewechsel* vom Liegen zum Stehen (**Orthostase**) werden die Beingefäße mit einer Blutsäule, d. h. mit einem zusätzlichen *hydrostatischen Druck*, belastet. Er führt in den (im Vergleich zu den Arterien) besonders leicht dehnbaren Venen zu deren *Ausweitung*, d. h., ca. 0,4 l Blut „versacken" so. Dieses Blut wird dem sog. *zentralen Blutvolumen* (d. h. v. a. dem Lungenkreislauf) entnommen. Dadurch sinken der venöse Rückstrom zum linken Herzen und damit Schlagvolumen und Herzzeitvolumen ab. Um einen zu starken Blutdruckabfall (u. U. *orthostatischen Kollaps*!) zu verhindern, werden reflektorisch die Herzfrequenz und der periphere Widerstand erhöht (*orthostatischer Reflex*; → S. 7, E, u. S. 212 f.). Das „Versacken" des Blutes ist beim Stehen ausgeprägter als beim Gehen (Muskelpumpe!). Umgekehrt herrscht beim Stehen in den Kopfvenen ein Unterdruck. Etwas unterhalb des Zwerchfells verändert sich der Venendruck bei Lagewechsel nicht: *Indifferenzpunkt*.

Der sog. **zentrale Venendruck** (Druck im rechten Vorhof, normal: 0–12 cmH_2O [0–9 mmHg]) ist in erster Linie *vom Blutvolumen abhängig*. Seine Messung wird daher klinisch zur Überwachung des Blutvolumens (z. B. bei Infusionen) verwendet. Ein erhöhter zentraler Venendruck (> ca. 20 cmH_2O [15 mmHg]) findet sich u. a. aber auch bei einer Herzinsuffizienz, d. h. bei einer zu geringen Pumpwirkung des Herzens und, physiologischerweise, während einer Schwangerschaft.

A. Einflüsse auf die Herzaktion

1 Füllung erhöht

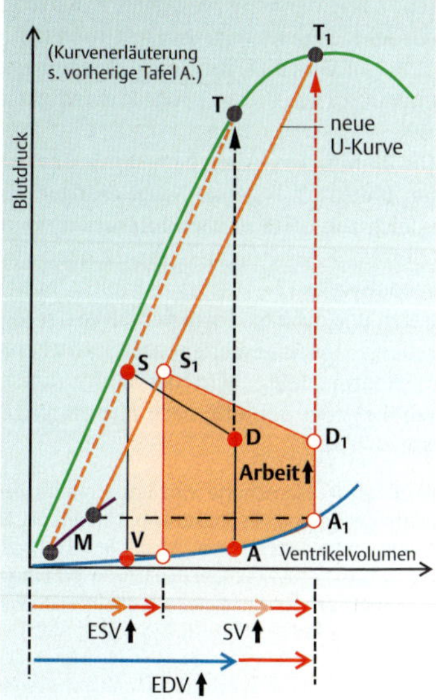

2 Blutdruck erhöht

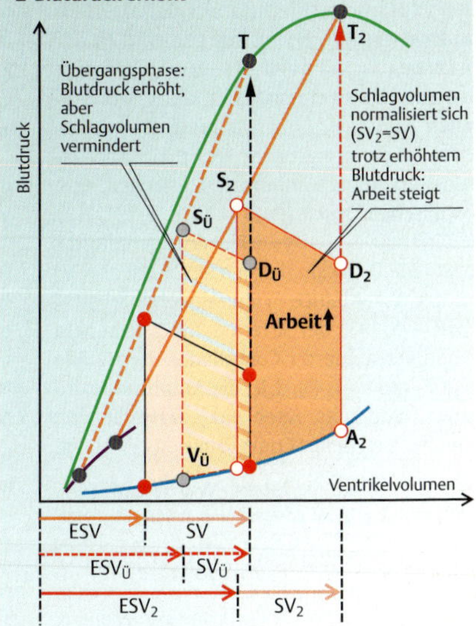

3 Kontraktilität erhöht

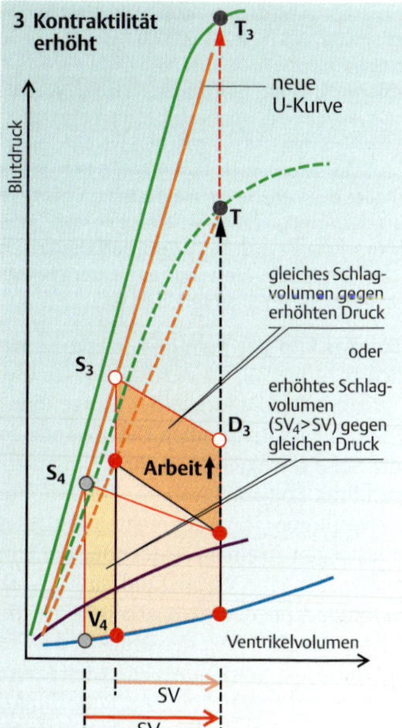

B. Venöser Rückstrom

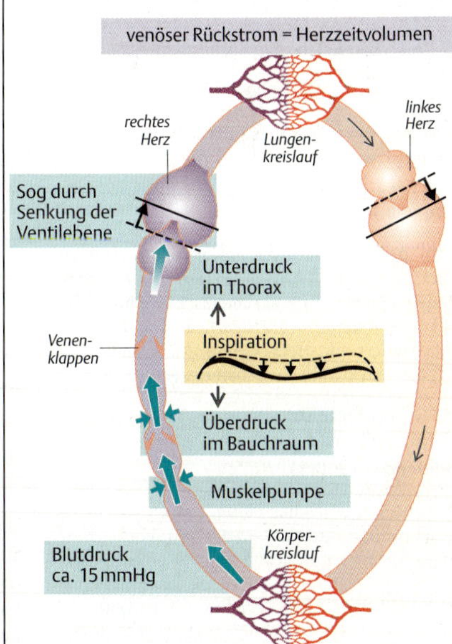

Arterieller Blutdruck

Unter Blutdruck schlechthin ist der arterielle Blutdruck *im Körperkreislauf* gemeint. In der Aorta steigt er während der systolischen Auswurfphase bis zu einem Maximum, dem **systolischen Druck** (**P_S**), um während der systolischen Anspannungsphase (Aortenklappe geschlossen) einem Minimum zuzustreben, dem **diastolischen Druck** (**P_D**) (→ **A1** u. S. 191, A2). Die Differenz $P_S – P_D$ ist die **Blutdruckamplitude**. Sie ist eine Funktion des Schlagvolumens (SV) und der Compliance (Volumendehnbarkeit = dV/dP, → S. 188) der Arterien. Bei gegebenem SV und verminderter Compliance der Gefäße steigt P_S mehr als P_D, d. h., die Amplitude wird größer (häufig im Alter, s. u.). Dasselbe gilt, wenn bei gegebener Compliance das SV steigt.

Wenn der **totale periphere Widerstand** (TPR, S. 188) **steigt** und SV so rasch wie zuvor ausgeworfen wird, steigen P_S und P_D um den gleichen Betrag (Amplitude unverändert). Meist wird jedoch der SV-Auswurf durch den erhöhten TPR verzögert und das Verhältnis arterieller Volumenanstieg/peripherer Abfluss während der Auswurfphase sinkt. P_S steigt daher weniger als P_D, d. h. die *Amplitude wird kleiner.*

Normalwerte. Bis zum 45. Lebensjahr werden in Ruhe (Sitzen, Liegen) normalerweise ein P_D von 60 – 90 mmHg und ein P_S von 100 – 140 mmHg gemessen. Für 45 – 60jährige wird noch ein P_S bis 150 mmHg und für über 60-jährige ein P_S bis 160 mmHg als normal angesehen (→ **C**). Ein optimal regulierter Blutdruck (→ S. 212) ist für die Versorgung der Gewebe unerlässlich.

Ein zu geringer Blutdruck (**Hypotonie**) kann zu *Schock* (→ S. 218), *Anoxie* (→ S. 130) und Gewebeuntergang führen. Auch ein chronisch erhöhter Blutdruck (**Hypertonie**; → S. 216) schadet, da die Gefäße (besonders von Herz, Gehirn, Niere und Netzhaut) dadurch in Mitleidenschaft gezogen werden.

Für die periphere Durchblutung ist der **mittlere** (= über die Zeit gemittelte) **Blutdruck** entscheidend (→ S. 188).

Man kann ihn aus einer blutig gemessenen Blutdruckkurve (z. B. Arterienkatheter) graphisch ermitteln (→ **A**) oder schon beim Schreiben einer solchen Kurve die Oszillationen so weit *dämpfen*, dass nur noch der mittlere Blutdruck aufgezeichnet wird.

Obwohl der Mitteldruck von der Aorta zu den großen Arterien hin abfällt, ist P_S in großen Arterien (z. B. A. femoralis) gewöhnlich höher als in der Aorta (vgl. **A1** mit **A2**). Der Grund dafür ist ihre (im Vergleich zur Aorta) verminderte Compliance (s. a. Pulswellengeschwindigkeit, S. 190).

Die **Blutdruckmessung** kann *direkt* über eine im Blutstrom liegende Nadel erfolgen. Im Vergleich zur Aorta ist die Blutdruckkurve in herzfernen Arterien durch die Laufzeit der Druckpulswelle (3 – 10 m/s; → S. 190) zeitlich versetzt, und auch die Form der Kurve hat sich geändert (→ **A1,2**; geschriebene Blutdruckkurven). Routinemäßig wird der Blutdruck (in Herzhöhe) aber unblutig nach *Riva-Rocci* gemessen (→ **B**).

Eine aufblasbare Manschette wird dazu straff um den Oberarm gelegt und ein Stethoskop wird auf die Ellenbeuge aufgesetzt. Unter Manometerkontrolle wird die Manschette weit über den Druckwert hinaus aufgepumpt, der für P_S etwa zu erwarten ist (Verschwinden des Radialis-Pulses!). Dann lässt man den Manschettendruck langsam ab (2 – 4 mmHg/s). Das Auftauchen erster pulssynchroner *(Korotkow-)Geräusche* zeigt die Unterschreitung von P_S an (ablesen!). Dieses Geräusch wird zuerst lauter, um plötzlich, bei Unterschreiten des P_D, leiser und dumpfer zu werden (2. Ablesung).

Fehlerquellen der Blutdruckmessung. Wird die Messung wiederholt, muss der Manschettendruck davor für 1 – 2 min ganz abgelassen werden, da der venöse Stau sonst einen erhöhten P_D vortäuscht. Auch sollte die Manschette mindestens 20 % breiter sein als der Armdurchmesser; eine zu lockere oder relativ zu schmale Manschette (Arm bei Übergewicht oder bei Athleten; Messung am Oberschenkel) täuscht ebenfalls einen erhöhten P_D vor.

Der **Blutdruck in der Pulmonalarterie** ist wesentlich niedriger als in der Aorta (→ S. 186). Eine weitere Besonderheit des Lungenkreislaufs sind die relativ dünnen Gefäßwände sowie die hohe Nachgiebigkeit ihrer Umgebung (luftgefülltes Lungengewebe!). Ein erhöhtes Herzzeitvolumen (HZV) des rechten Ventrikels führt deswegen zu einer Ausdehnung der Lungengefäße, d. h. ihr Widerstand sinkt (→ **D**). Das verhindert bei einer z. B. arbeitsbedingten Steigerung des HZV, dass der Druck in der Pulmonalarterie zu stark ansteigt. Gleichzeitig haben die Lungengefäße eine Art Pufferfunktion für kurzzeitige Blutvolumenschwankungen (→ S. 204).

A. Verlauf des arteriellen Blutdrucks

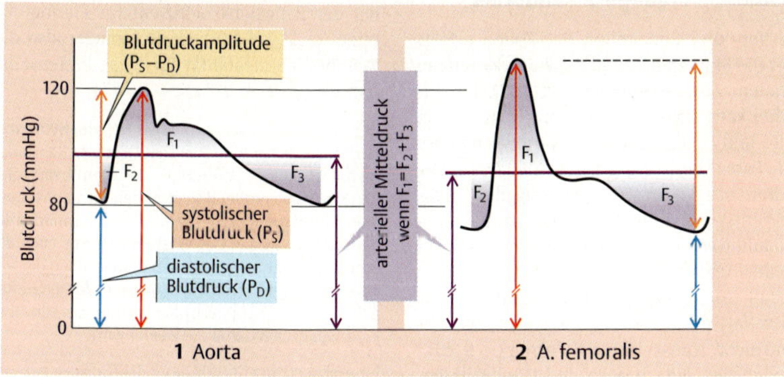

B. Blutdruckmessung nach Riva-Rocci

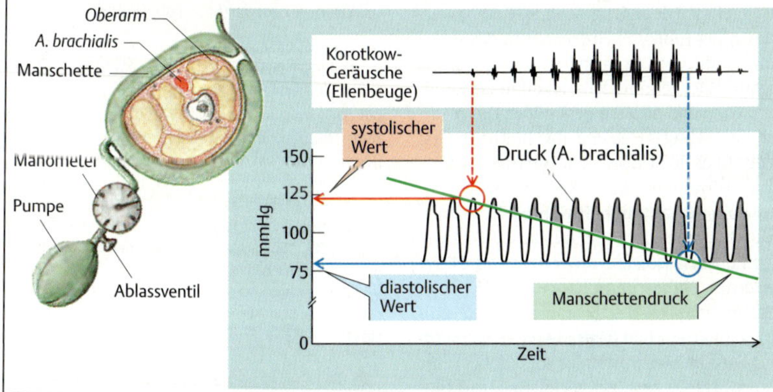

C. Altersabhängigkeit des Blutdrucks

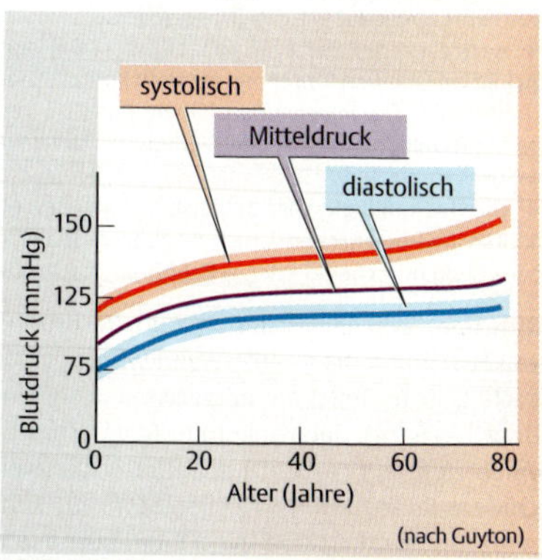

D. Druck/Stromstärke-Beziehung

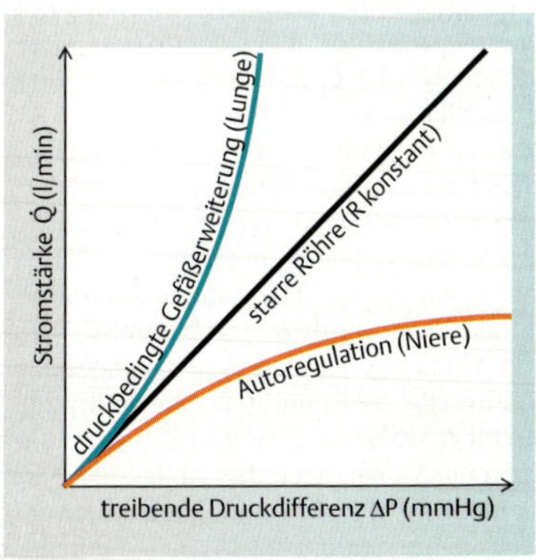

Austauschvorgänge am Endothel

Die Ver- und Entsorgung der Zellen erfolgt über die Blutkapillaren und die postkapillären Venolen (*Austauschgefäße*; → S. 188). Ihr Endothel kann kleine (ca. 2–5 nm) und (v. a. in Niere und Leber) große (20–80 nm) *„funktionelle Poren"* besitzen, die lecken Interzellularspalten bzw. einer Fenestrierung des Endothels entsprechen. Je nach Organ ist das Endothel sehr unterschiedlich permeabel. Während Wasser und anorganische Ionen praktisch überall durchkommen, ist das Endothel für Blutzellen und große Eiweißkörper weitgehend dicht. Transzytose und Carrier (→ S. 26 f.) ermöglichen jedoch auch den Durchtritt bestimmter größerer Moleküle.

Filtration und **Resorption.** Aus allen Austauschgefäßen des Körpers (ohne Nieren) werden pro Tag rund 20 l Flüssigkeit in das Interstitium abfiltriert. Dem steht eine Resorption, d. h. eine Rückkehr der Flüssigkeit in die Kapillaren, von rund 18 l/Tag gegenüber. Die restlichen ca. 2 l/Tag erreichen die Blutbahn erst wieder über den Umweg der **Lymphe** (→ **A**).

Die Filtrations- bzw. Resorptionsrate Q_f wird vom **Filtrationskoeffizienten K_f** (= Wasserdurchlässigkeit *k* mal Austauschfläche F) des Endothels sowie vom **effektiven Filtrationsdruck P_{eff}** bestimmt ($Q_f = P_{eff} \cdot K_f$). K_f ist im venösen Schenkel der Austauschstrecke größer als im arteriellen (Umfang und *k* sind größer). Für die Resorption genügt daher eine kürzere Strecke bzw. ein geringerer Druckunterschied als für die vorangegangene Filtration (→ **A**). **P_{eff}** ist die Differenz von *hydrostatischem Druckunterschied* ΔP und *onkotischem (= kolloidosmotischem) Druckunterschied* $\Delta\pi$ über die Kapillarwand (*Starling-Beziehung*; → **A**), wobei ΔP = Blutdruck in der Kapillare (P_{kap}) minus Druck im Interstitium (P_{int}, normalerweise ≈ 0 mmHg). ΔP beträgt auf Herzhöhe am arteriellen Ende systemischer Kapillaren rund 30 mmHg und fällt zum venösen Ende auf rund 22 mmHg ab. $\Delta\pi$ (ca. 24 mmHg; → **A**) wirkt ΔP entgegen, so dass die anfänglich hohe Filtration (P_{eff} = + 6 mmHg) in eine Resorption umschlägt, wenn P_{eff} negativ wird. (In der *Lunge* beträgt ΔP nur 10 mmHg, so dass P_{eff} dort sehr niedrig ist.) $\Delta\pi$ entsteht durch die gegenüber dem Interstitium um ΔC_{Prot} (≈ 1 mmol/l) höhere Konzentration von Proteinen (v. a. Albumin) im Plasma und ist umso größer, je näher der Reflexionskoeffizient für Plasmaproteine (σ_{Prot}) bei 1,0 liegt, je geringer also die Membranpermeabilität für diese Proteine ist ($\Delta\pi = \sigma_{Prot} \cdot R \cdot T \cdot \Delta C_{Prot}$; → S. 377).

Unterhalb der Herzebene addiert sich der **hydrostatische Druck** der Blutsäule zum Druck im Kapillarlumen (Füße: ca. + 90 mmHg!). Vor allem beim ruhigen Stehen kommt es dort zu hohen Filtrationsraten, die *„selbstregulatorisch"* dadurch kompensiert werden, dass a) wegen des Wasserausstroms auch die Proteinkonzentration und damit $\Delta\pi$ entlang der Kapillare ansteigt (= Normalfall an den Glomeruluskapillaren, → S. 152) und b) bei vermehrter Filtration P_{int} ansteigt und damit ΔP kleiner wird.

Übersteigt die Filtratmenge die Summe von resorbiertem Volumen plus Lymphabfluss, entstehen **Ödeme**, im Pfortaderbereich ein *Aszites*, im kleinen Kreislauf ein *Lungenödem*.

Als **Ödemursachen** kommen in Frage (→ **B**):

◆ Blutdruckanstieg am arteriellen Ende der Kapillare (→ **B1**) durch präkapilläre Vasodilatation (P_{kap} ↑), v. a. bei gleichzeitiger Permeabilitätssteigerung für Proteine (σ_{Prot} ↓ und damit $\Delta\pi$ ↓), z. B. bei Entzündungen oder Anaphylaxie (Histamin, Bradykinin u. a.).

◆ Anstieg des venösen Druckes (P_{kap} ↑ am Ende der Kapillare, → **B2**), was z. B. lokal durch eine Venenthrombose oder systemisch durch Herzinsuffizienz verursacht sein kann (*kardiale Ödeme*). Ein Pfortaderstau führt zum *Aszites*.

◆ Eine verminderte Plasmakonzentration von Proteinen, v. a. von Albumin, lässt $\Delta\pi$ überproportional sinken (→ **B3** u. S. 379, A), was daran liegen kann, dass Proteine renal verloren gehen (Proteinurie), dass die Leber zu wenig Plasmaproteine synthetisiert (z. B. Leberzirrhose) oder dass bei Eiweißmangel die Plasmaproteine zur Deckung des Energiebedarfs vermehrt abgebaut werden (*Hungerödeme*).

◆ Auch ein verminderter Lymphabfluss (→ **B4**) kann zu lokalen Ödemen führen, sei es durch Kompression (Tumoren), Durchtrennung (Operationen), Verödung (Strahlentherapie) oder Verlegung (Bilharziose) der Lymphwege.

◆ Die Ödembildung wird begünstigt durch den erhöhten hydrostatischen Druck in abhängigen Körperpartien (Knöchelödeme; → **B**, Foto).

Diffusion. Bei der Filtration und Resorption von H_2O durch die Kapillarwand werden zwar auch gelöste Teilchen mitgerissen („Solvent Drag"; → S. 24), doch spielt der *Stoffaustausch durch Diffusion* (→ S. 20) quantitativ die weit größere Rolle. Besteht für den Stoff ein Konzentrationsunterschied zwischen Plasma und Interstitium, kommt es zur Nettodiffusion dieses Stoffes (z. B. O_2, CO_2).

A. Flüssigkeitsaustausch an Kapillare und Venole

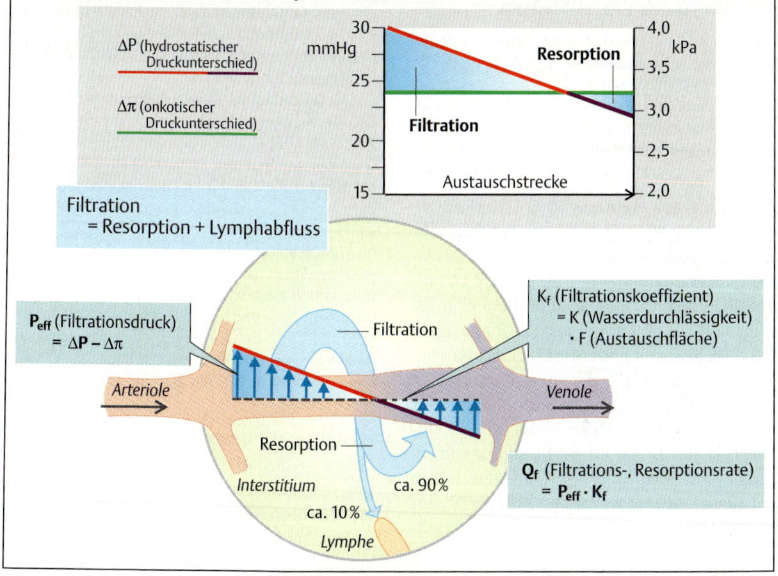

B. Ödemursachen

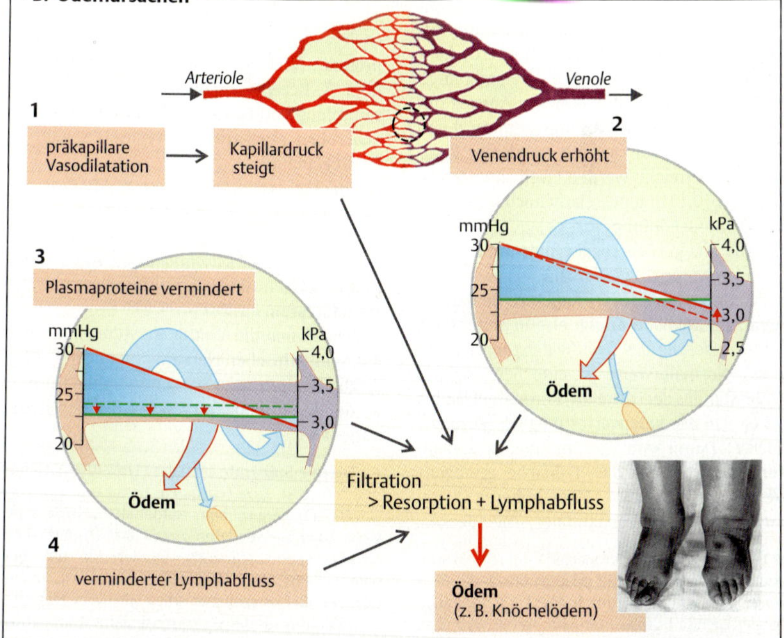

O_2-Versorgung des Myokards

Das Myokard wird von den beiden Koronararterien versorgt, die aus der Aortenwurzel entspringen. Die rechte Koronararterie (ca. $^1/_7$ des Blutes) versorgt in der Regel den Großteil des rechten Ventrikels, die linke ($^6/_7$ des Blutes) den des linken Ventrikels (→ **A**). Der Beitrag der beiden Arterien zur Versorgung von Septum und Hinterwand des linken Ventrikels ist variabel.

Die **Koronardurchblutung** ($\dot{Q}_{Kor}$) ist **phasisch**: Während des Herzzyklus schwankt $\dot{Q}_{Kor}$ sehr stark aufgrund des hohen extravasalen Gewebedrucks während der Systole (→ **B, C**). Während die epikardnahe $\dot{Q}_{Kor}$ und die epikardial gelegenen Hauptstämme der Koronararterien davon weitgehend unberührt bleiben, werden endokardnahe Gefäße der *linken Kammer* systolisch komprimiert, da zu dieser Zeit dort der extravasale Druck (≈ Druck in der linken Kammer, P_{LK}) den Druck im Arterienlumen übersteigt (→ **C**). Die Blutversorgung des linken Ventrikels ist somit weitgehend auf die Diastole beschränkt (→ **B** Mitte). Dies ist in der *rechten Kammer* wegen des geringeren Ventrikeldrucks (P_{RK}) wesentlich weniger ausgeprägt (→ **B, C**).

Der **O_2-Verbrauch** ($\dot{V}_{O_2}$) des Myokards errechnet sich aus $\dot{Q}_{Kor}$ mal *arteriovenöse O_2-Konzentrationsdifferenz*, $(C_a - C_v)_{O_2}$. Bei erhöhtem O_2-Bedarf (→ **D**, rechts) kann ein Anstieg des myokardialen $\dot{V}_{O_2}$ im Wesentlichen nur durch eine Steigerung von $\dot{Q}_{Kor}$, d. h. durch eine Vasodilatation erreicht werden, weil am Herzen $(C_a - C_v)_{O_2}$ (0,12 l/l Blut) relativ hoch und daher die O_2-Ausschöpfung $(C_a - C_v)_{O_2}/C_{aO_2}$ = 0,12/0,21) bereits in körperlicher Ruhe mit fast 60% nur noch wenig steigerbar ist.

Die **Anpassung des O_2-Angebots an den O_2-Bedarf** im Myokard erfolgt also in erster Linie durch *Änderung des Gefäßwiderstandes* (→ **D**, links). Normalerweise ist eine Senkung des Widerstandes der (distalen) Koronargefäße bis auf ca. 1/4 des Ruhewertes möglich (*Koronarreserve*). Damit kann $\dot{Q}_{Kor}$ (in Ruhe ca. 250 ml/min) maximal auf das 4 – 5fache gesteigert werden, also den ca. 4 – 5fach höheren O_2-Bedarf des Herzens bei maximaler Arbeit decken.

Ist das Lumen großer Koronararterien durch **Arteriosklerose** verengt, so sinkt poststenotisch der Blutdruck, was autoregulatorisch (s. u.) mit Dilatation distaler Gefäße beantwortet wird. Damit wird aber, je nach Ausmaß der Stenose, bereits in Ruhe ein Teil der Koronarreserve in Anspruch genommen, so dass ein erhöhter O_2-Bedarf (→ **D**, rechts) nicht mehr im gleichen Umfang mit einem erhöhten O_2-Angebot beantwortet werden kann (→ **D**, links): **Koronarinsuffizienz**.

Der **O_2-Bedarf** des Myokards **steigt** einerseits mit der Herzleistung (erhöhte Druck-Volumen-Arbeit/Zeit → S. 202 f.), also bei erhöhter Herzfrequenz und/oder gesteigerter Kontraktilität, z. B. bei **körperlicher Arbeit** (→ **D**, rechts), andererseits mit dem Produkt aus *Wandspannung* (S_{Ventr}) mal Systolendauer (sog. *Tension-Time-Index*). Da $S_{Ventr} = P_{Ventr} \cdot r_{Ventr}/2w$ (Laplace, → S. 188, Gl 8.4 b), ist $\dot{V}_{O_2}$ trotz gleicher Arbeit (P · V) bei hohem Ventrikeldruck (P_{Ventr}) und kleinem Schlagvolumen größer als bei niedrigem P_{Ventr} und hohem Schlagvolumen. Im ersten Fall ist also der Wirkungsgrad des Herzens vermindert, d.h ein erhöhter P_{Ventr}, z. B. bei einer *Hypertonie*, verbraucht für die gleiche Arbeit mehr O_2 (→ **D**, rechts).

Da das Myokard aerob arbeitet, muss ein erhöhter O_2-Bedarf rasch mit einer Vasodilatation beantwortet werden. An dieser **Regulation der Koronargefäßweite** sind beteiligt:

- *Metabolische Faktoren.* Vasodilatierend wirken: (a) ein *O_2-Mangel*, weil O_2 als Vasokonstriktor wirkt. (b) Adenosin; AMP kann bei O_2-Mangel nicht mehr ausreichend zu ATP regeneriert werden, so dass sich das AMP-Abbauprodukt Adenosin anhäuft. Dieses dilatiert über A_2-Rezeptoren die Gefäße. (c) Die Ansammlung von *Lactat* und *H^+-Ionen* (aus dem anaeroben Myokard-Stoffwechsel) sowie (d) *Prostaglandin I_2*.
- *Endothel-vermittelte Faktoren:* ATP (z. B. aus Thrombozyten), Bradykinin, Histamin und Acetylcholin sind Vasodilatoren. Sie setzen aus dem Endothel *Stickstoffmonoxid* (NO) frei, das in die Gefäßmuskelzellen diffundiert und die Vasodilatation auslöst (→ S. 279 E).
- *Neurohumorale Faktoren: Adrenalin* oder aus sympathischen Nervenendigungen freigesetztes *Noradrenalin* wirken vasodilatatorisch an den β_2-Adrenozeptoren der distalen Koronargefäße.

Als **Energie-Substrate** kann das Myokard je nach Angebot *Glucose, freie Fettsäuren, Lactat* u. a. zur ATP-Gewinnung heranziehen. Aufgeteilt nach dem jeweils dazu verwendeten Anteil am O_2-Verbrauch („*O_2-Extraktionskoeffizient*"), werden die drei genannten Substrate *in Ruhe* meist etwa zu je $^1/_3$ herangezogen. Bei körperlicher *Arbeit* wird vom Myokard vermehrt das aus der Skelettmuskulatur stammende **Lactat** verbrannt (→ **A**, → S. 72 u. 282).

A. Durchblutung, O_2- und Substratverbrauch des Herzmuskels

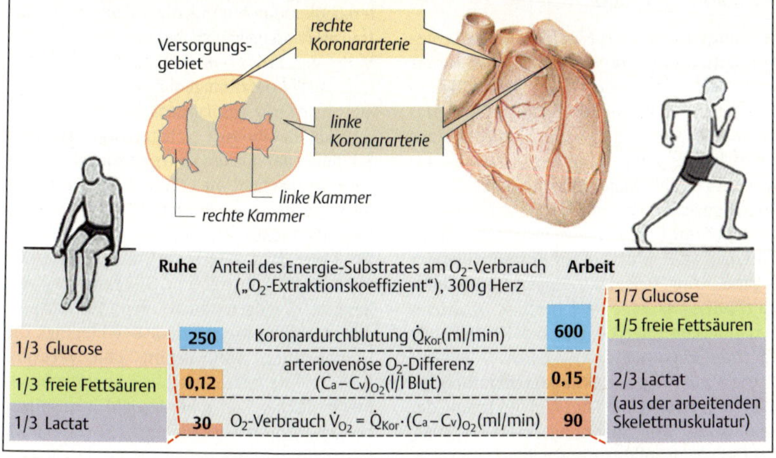

B. Koronardurchblutung

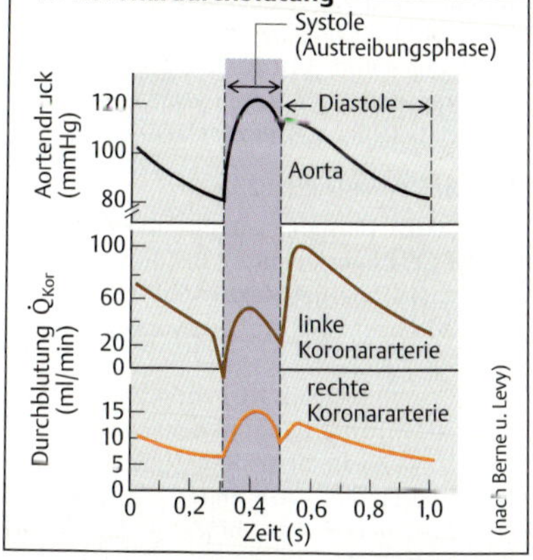

C. Systolische Drücke im Herz

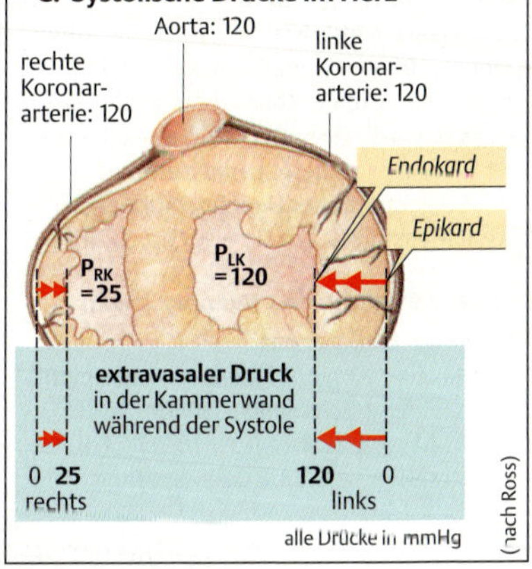

D. Komponenten der O_2-Bilanz im Myokard

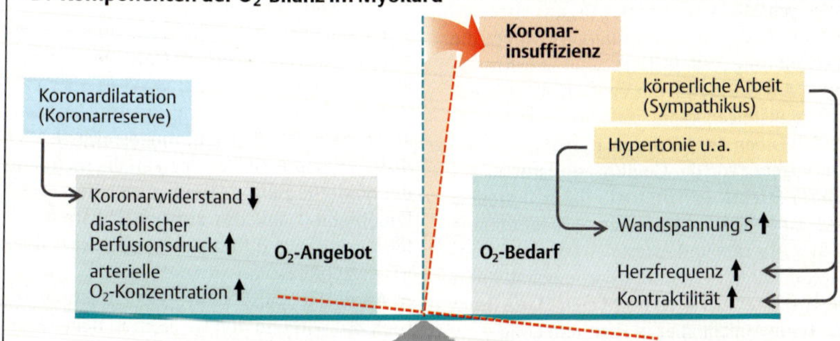

Kreislaufregulation

Die **Aufgaben der Kreislaufregulation** bestehen darin, die Blutversorgung auch unter *wechselnden Umgebungs- und Belastungsbedingungen* sicherzustellen (→ auch S. 74). Dabei müssen a) Herzaktion und Blutdruck einer optimalen Regelung unterliegen (*Homöostase*), muss b) eine *Mindestdurchblutung für alle Organe* gesichert sein und c) eine *Umverteilung* des Blutstroms zu den jeweils aktiven Organsystemen (z. B. Muskel) auf Kosten ruhender Organe (im Beispiel: Magen-Darm-Trakt) stattfinden, da eine gleichzeitige Maximaldurchblutung aller Organe die Herzleistung überfordern würde (→ **A**).

Die **Steuerung der Organdurchblutung** geschieht in erster Linie über eine Änderung der **Gefäßweite**. Der Spannungszustand (*Tonus*) der Gefäßmuskulatur kann dabei 1. durch *lokale Einwirkungen* (→ **B2 a/b**), 2. durch *hormonale Signale* (→ **B3 a/b**) und 3. durch *neuronale Signale* (→ **B1 a/b**) beeinflusst werden. In Ruhe haben die meisten Gefäße einen mittleren Tonus (*Ruhetonus*). Nach Denervierung dilatieren viele Gefäße, es stellt sich ein *Basistonus* ein. Er ist die Folge spontaner Depolarisationen in der glatten Muskulatur der Gefäße (s. a. S. 70).

Lokale Kreislaufsteuerung (Autoregulation)

Sie hat zwei **Funktionen**:

◆ In manchen Organen dient die Autoregulation dazu, *bei wechselndem Blutdruck die Organdurchblutung konstant zu halten* (z. B. Gefäßkontraktion bei Blutdrucksteigerung in der Niere; → S. 150).

◆ Die zweite Aufgabe der Autoregulation ist es, die Durchblutung den Aktivitäts-, d. h. den Stoffwechseländerungen des Organs anzupassen (*metabolische Autoregulation*), wobei die Durchblutung (z. B. in Herz- und Skelettmuskel; → **A** u. S. 210) auf ein Vielfaches des Ruhewertes ansteigen kann.

Mechanismen der Autoregulation:

◆ Myogene (von der Gefäßmuskulatur ausgehende) **Effekte** (*Bayliss*), die darin bestehen, dass eine blutdruckbedingte Wanddehnung kleiner Arterien und Arteriolen von einer Kontraktion ihrer Gefäßmuskulatur beantwortet wird (→ **B2 a**), z. B. in Niere, Magen-Darm-Trakt und Gehirn, nicht aber in Haut und Lunge.

◆ O_2-Mangel wirkt allgemein *gefäßerweiternd*, die Durchblutung und damit der O_2-Antransport steigen also bei wachsendem O_2-Verbrauch. In der *Lunge* hingegen löst ein niedriger P_{O_2} der Gefäßumgebung eine Kontraktion aus (*hypoxische Vasokonstriktion;* → S. 122).

◆ **Lokal-metabolisch** (-chemisch) wirkt eine Erhöhung der lokalen Konzentration von *Stoffwechselprodukten* wie *CO_2, H^+-Ionen, ADP, AMP, Adenosin* sowie von *K^+-Ionen* im Interstitium vasodilatierend v. a. auf die präkapillären Arteriolen. Dies steigert die Durchblutung, was nicht nur die Substrat- und O_2-Versorgung verbessert, sondern auch den Abtransport dieser Stoffwechselprodukte beschleunigt. Die Durchblutung von *Gehirn* und *Myokard* (→ S. 210) steht fast ausschließlich unter lokalmetabolischer Kontrolle. Sowohl lokal-metabolische Wirkungen als auch der O_2-Mangel bewirken, dass nach Drosselung der Blutzufuhr die Durchblutung der betroffenen Region bis zu 5fach ansteigt (*reaktive Hyperämie*).

◆ An der Autoregulation sind auch verschiedene der unten genannten *gefäßaktiven Substanzen* beteiligt, z. B. Prostaglandine.

Hormonale Kreislaufsteuerung

Gefäßaktive Hormone wirken entweder selbst an der Gefäßmuskulatur (z. B. Adrenalin) oder setzen lokal sog. **gefäßaktive Substanzen** (z. B. NO, Endothelin) frei, die dann vor Ort parakrin wirksam sind (→ **B**).

◆ Stickstoffmonoxid (**NO**) wirkt *vasodilatatorisch*. NO wird u. a. dann aus dem *Endothel* freigesetzt, wenn an die Endothelzelle *Acetylcholin* (M-Rezeptoren), *ATP*, *Endothelin* (ET_B-Rez.) oder *Histamin* (H_1-Rez.) bindet (→ S. 278). NO diffundiert in die benachbarten Gefäßmuskelzellen und dilatiert diese.

◆ Endothelin-1 kann einerseits über ET_B-Rezeptoren des Endothels NO freisetzen (*Vasodilatation*, s. o.), andererseits wirkt es über ET_A-Rezeptoren der Gefäßmuskulatur *vasokonstriktorisch*. Werden z. B. *Angiotensin II* oder *ADH* (= Vasopressin; V_1-Rez.) an die Membran der Endothelzelle gebunden, schüttet diese Endothelin-1 aus, das zur benachbarten Gefäßmuskulatur diffundiert und diese über ET_A-Rezeptoren konstringiert.

◆ **Adrenalin** aus dem Nebennierenmark (→ S. 86) wirkt an den Gefäßen in hoher Konzentration *vasokonstriktorisch* (*α_1-Adrenozep-* ▶

A. Organdurchblutung

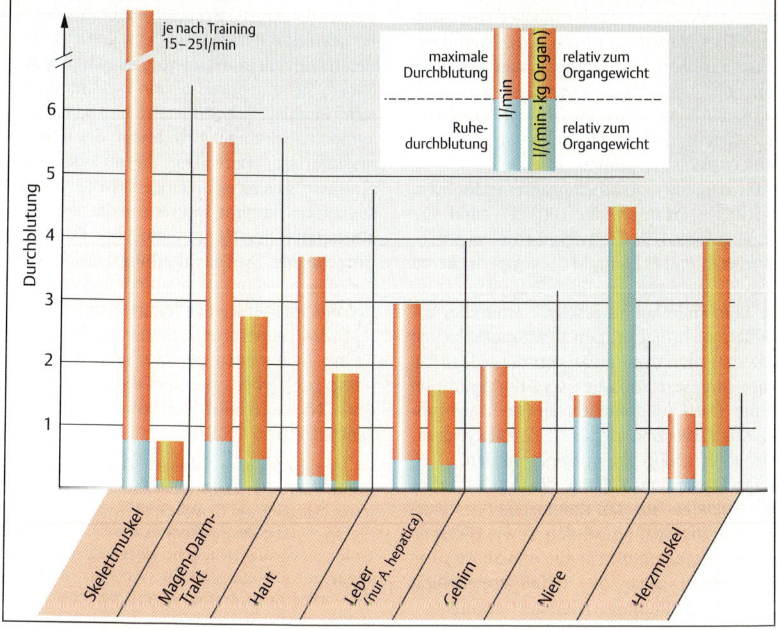

B. Vasokonstriktion und -dilatation

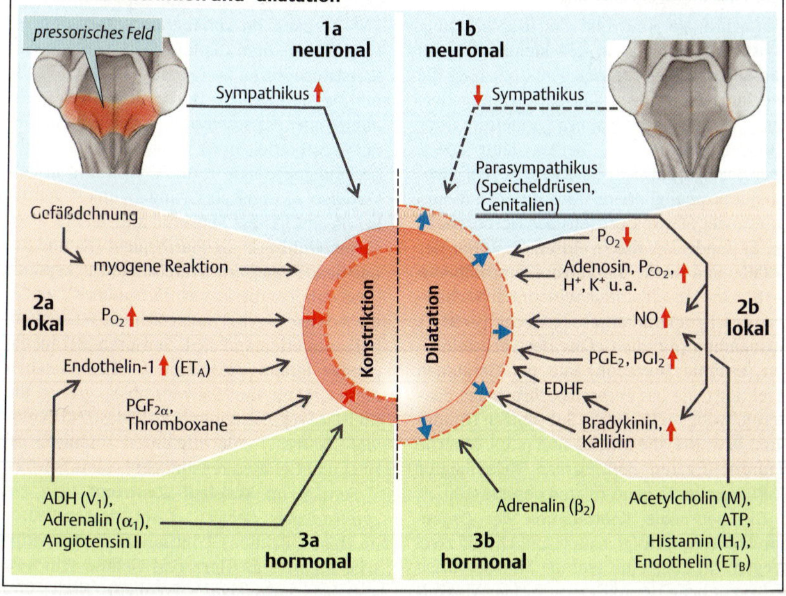

toren), in niedriger Konzentration über β_2-*Adrenozeptoren* in Skelettmuskel, Myokard und Leber *vasodilatatorisch* (→ **C**). Physiologischerweise hängt die Wirkung aber vor allem vom jeweiligen Überwiegen des einen oder anderen Adrenozeptortyps ab. In den Gefäßen von *Niere* und *Haut* z. B. finden sich vorwiegend α_1-Adrenozeptoren.

◆ **Eicosanoide** (= Arachidonsäuremetaboliten; → S. 269): *Prostaglandin* (*PG*) $F_{2\alpha}$ und die *Thromboxane* A_2 *und* B_2 wirken *vasokonstriktorisch*, während PGE_2 und PGI_2 *gefäßerweiternd* sind. Ein weiterer, z. B. durch Bradykinin (s. u.) aus dem Endothel freigesetzter arterieller Vasodilatator öffnet an den Gefäßmuskelzellen K^+-Kanäle und hyperpolarisiert diese dadurch, was ihre zytosolische Ca^{2+}-Konzentration senkt: *EDHF* (endothelium-derived hyperpolarizing factor). Er ist als 11,12-Epoxyeicosatrienat (11,12-EET) identifiziert worden.

◆ **Bradykinin** und **Kallidin**, die durch das Enzym *Kallikrein* aus den Kininogenen des Blutplasmas abgespalten werden, sowie **Histamin** wirken *vasodilatatorisch*. Alle drei Substanzen beeinflussen auch die Gefäßpermeabilität (z. B. bei Entzündungen) und die Gerinnung.

Neuronale Kreislaufsteuerung

Die neuronale Kontrolle der Durchblutung (→ **B1 a/b**) setzt v. a. an den kleinen *Arterien* und den größeren *Arteriolen* an (→ S. 188), die Regelung des venösen Rückstroms zum Herzen (→ S. 204) an den *Venen* (Änderung ihrer Blutspeicherkapazität). Beides läuft meist über den **Sympathikus** (→ **B1 a** u. S. 78 ff), wobei der postganglionäre Transmitter (mit Ausnahme der Schweißdrüsen) das **Noradrenalin** ist. Es bindet an die α_1-Adrenozeptoren der Gefäße und wirkt damit *vasokonstriktorisch* (→ **B**). Eine *Vasodilatation* wird durch Nachlassen des Sympathikotonus erreicht (→ **B1 b**). Ausnahmen sind die Gefäße der Speicheldrüsen (erhöhte Sekretion) und der Genitalien (Erektion), die auf *Parasympathikusreize* dilatieren, wobei gefäßaktive Substanzen (Bradykinin bzw. NO) die Mittler sind (s. o.). Manche Neurone setzten den starken Vasodilatator *CGRP* (**c**alcitonin **g**ene-**r**elated **p**eptide) frei.

Die **neuronale Koordination der Organdurchblutung** erfolgt hauptsächlich auf zwei Wegen: (a) über eine *zentrale Mitinnervation* (z. B. geht bei einer Aktivierung einer Muskelgruppe von der Hirnrinde gleichzeitig ein Impuls zu den Kreislaufzentren), oder (b) über eine *neuronale Rückmeldung* von den Organen, deren Aktivität und Stoffwechsel sich geändert haben. Stehen neuronale und lokal-metabolische Einflüsse im Widerstreit, z. B. bei der Sympathikuserregung während der *Skelettmuskelarbeit*, überwiegen die metabolischen Einflüsse, so dass es im tätigen Muskel zur Vasodilatation kommt, während in der restlichen **Muskulatur** der Sympathikus die Durchblutung drosselt. Die Durchblutung der **Haut** wird vorwiegend neuronal reguliert und steht einerseits im Dienste der Temperaturregulation (→ S. 224), andererseits werden die Hautgefäße bei Volumenmangel stark verengt, um die Versorgung lebenswichtiger Organe wie Herz und ZNS zu erhöhen (Blässe bei Kreislaufzentralisation; → S. 218).

Bei starker Kälte wird die thermisch bedingte Vasokonstriktion der Haut periodisch unterbrochen (*Lewis-Reaktion*), um Gewebeschäden zu vermeiden. Hier spielen sog. **Axonreflexe** eine Rolle: Ein afferenter Impuls von der Haut geht dabei noch in der Peripherie auf efferente Gefäßnerven über. Auch die Hautrötung beim Kratzen (*Dermographismus*) entsteht so.

Die **zentrale Kreislaufsteuerung** (→ **C**) obliegt ZNS-Bezirken im verlängerten Mark und im Pons. Sie erhalten die Informationen von den **Kreislaufsensoren** (= -rezeptoren). Dazu gehören die Sensoren im Hochdrucksystem (*Dehnungs- oder Pressosensoren* in der Aorta und in der A. carotis; R_D in **C**), im Niederdrucksystem (*Dehnungssensoren* in der *V. cava* und in den *Vorhöfen*; R_A und R_B in **C**) und im linken Ventrikel (R_V in **C**). Diese Sensoren messen den arteriellen *Blutdruck*, die *Pulsfrequenz* (R_D und R_V) und den *Füllungsdruck* im Niederdrucksystem (und damit indirekt das *Blutvolumen*), wobei die A-Sensoren (R_A) hauptsächlich auf die Vorhofkontraktion und die B-Sensoren (R_B) auf die passive Füllung reagieren (→ **C2**). Weichen diese Größen vom Sollwert ab, so greifen die Kreislauf regulierenden Areale des ZNS (*Kreislauf-„Zentren“*) mit efferenten Impulsen zu Herz und Gefäßen regelnd ein (→ **D** u. S. 5 C2).

Seitlich im **Kreislauf-„Zentrum“** liegt ein *„pressorisches“ Gebiet* (→ **C**, rot), dessen Neurone (blaue Bahnen) kontinuierlich sympathische Impulse an Herz und Gefäße schicken, also *Herz antreibend* (Frequenz, Kraft) und

C. Zentrale Kreislaufregulation

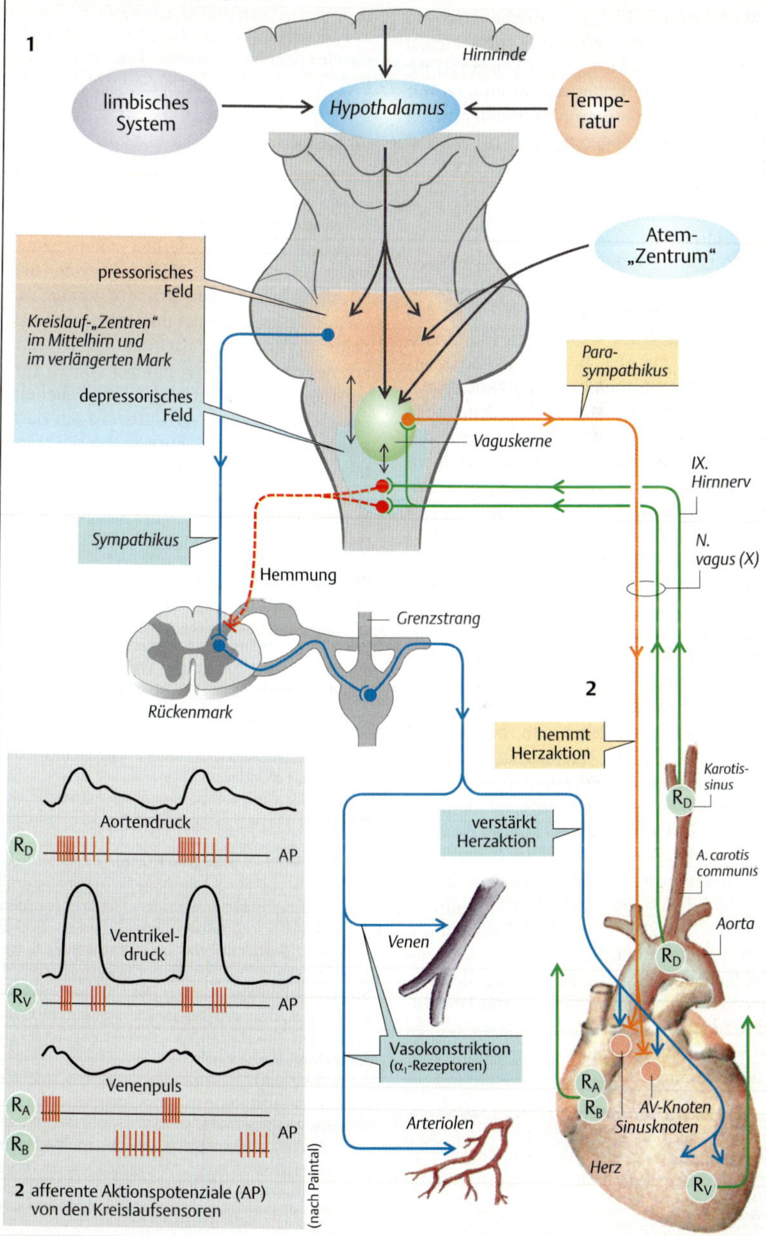

(überwiegend) *vasokonstriktorisch* wirksam sind (*Ruhetonus*). Die „pressorischen" Gebiete stehen in enger Verbindung mit mehr medial gelegenen Neuronen (*„depressorisches" Feld*; → **C**, blau); beide Felder wiederum sind mit den *Vaguskernen* (→ **C**, grün) verbunden, deren Erregung zur Verminderung von Frequenz und Überleitungsgeschwindigkeit im Herzen führt (→ **C** , orange Bahnen).

Über die Bahnen, die von den Pressosensoren in Aorta und Karotissinus zentralwärts ziehen (→ **C**, grüne Bahnen) , laufen die afferenten Impulse der sog. homöostatischen **Kreislaufreflexe** (→ **D3 a/b**), die in erster Linie den *arteriellen Blutdruck* stabilisieren (Blutdruck-„Zügelung"): Ein *akut zu hoher Blutdruck* erhöht die afferente Impulsrate und aktiviert das depressorische Feld, von wo als (depressorische) Reflexantwort über den N. vagus das Herzzeitvolumen (HZV) vermindert wird sowie über eine Hemmung der sympathischen Gefäßinnervation eine Gefäßerweiterung und damit eine Verminderung des peripheren Widerstandes (TPR) erfolgt (→ **D4 a/b**). Beides führt zur Senkung des erhöhten Blutdrucks. Umgekehrt führt ein *akuter Blutdruckabfall* zur Aktivierung pressorischer Felder, was eine Erhöhung von HZV und TPR zur Folge hat, so dass der Blutdruck wieder angehoben wird.

Da die Pressosensoren auch Differenzialeigenschaften (→ S. 312 f.) haben, bezieht sich diese Regulation des Blutdrucks auf **akute Druckänderungen**, d. h. sie dämpft akute Blutdruckschwankungen: Bei *Lageänderung des Körpers* z. B. (Liegen/Stehen), kommt es zu einer Umverteilung des Blutes. Der dadurch geänderte venöse Rückstrom würde ohne die homöostatischen Kreislaufreflexe (*orthostatische Reaktion*; → S. 204) zu starke Schwankungen des arteriellen Blutdrucks auslösen. Auch ein **Absinken des P_{O_2}** bzw. ein Anstieg des P_{CO_2} (*Querverbindungen vom Atemzentrum*) im Blut führt zu einer pressorischen Reaktion, d. h. zu der auch in diesen Fällen erwünschten Blutdruckerhöhung.

Ist der Blutdruck jedoch *chronisch* erhöht (*Hochdruck*, s. u.), wird auch der *erhöhte* Druckwert über diese Kreislaufreflexe stabilisiert, d. h., die Blutdruck-„Zügler" verhindern nicht nur den Hochdruck nicht, sie tragen sogar dazu bei, ihn zu fixieren.

Auch ein momentan *zu hoher venöser Rückstrom* (z. B. nach intravenöser Flüssigkeitsinfusion) führt zu einer Beschleunigung der Herzaktion (→ **D**, rechts). Die physiologische Bedeutung dieses sog. *Bainbridge-Reflexes* ist nicht ganz klar. Evtl. ergänzt er den Frank-Starling-Mechanismus (→ S. 202 f.).

Hochdruck

Als Hochdruck (= Hypertonie = Hypertension) wird eine chronische Erhöhung des systemischen arteriellen Blutdrucks bezeichnet. Gewöhnlich stellt ein wiederholt in Ruhe gemessener diastolischer Blutdruck von über 90 mmHg das entscheidende Kriterium dar (→ S 206). Ein nicht oder unzureichend behandelter Hochdruck belastet den linken Ventrikel, der daraufhin zwar kompensatorisch hypertrophiert, doch entsteht auf die Dauer eine *Linksherzinsuffizienz*. Außerdem ist ein Hochdruck ein Risikofaktor für eine *Arteriosklerose* mit ihren Folgen (Myokardinfarkt, Schlaganfall, Nierenschädigung etc.) und verkürzt daher bei einem großen Teil der Bevölkerung die Lebenserwartung erheblich.

Prinzipiell kann ein Hochdruck a) durch ein erhöhtes Extrazellulärvolumen (EZV) mit einem vermehrtem venösen Rückstrom und daher gesteigerten Herzzeitvolumen (**Volumenhochdruck**) oder b) durch einen erhöhten peripheren Widerstand (**Widerstandshochdruck**) verursacht sein. Da jeder Hochdruck zu Gefäßveränderungen führt, die den Gefäßwiderstand steigern, geht Typ a nach einiger Zeit in Typ b über, der, wie auch immer entstanden, in einen Teufelskreis mündet.

Das EZV wird erhöht, wenn die Aufnahme von NaCl (und Wasser) höher ist als die Ausscheidung. Für die weitaus häufigste Hochdruckform, den sog. **essenziellen** oder **primären Hochdruck**, könnte daher evtl. die weithin übliche *hohe NaCl-Aufnahme* mit der Nahrung mitverantwortlich gemacht werden, zumindest bei sog. salzsensitiven Patienten. Ein Volumenhochdruck entsteht auch dann, wenn z. B. wegen einer Niereninsuffizienz selbst eine relativ niedrige NaCl-Aufnahme nicht mehr bilanziert werden kann oder wenn ein Nebennierenrindentumor unkontrolliert Aldosteron produziert und dadurch eine Na^+-Retention verursacht.

Weitere wichtige Hochdruckursachen sind das **Phäochromozytom**, ein Tumor, der Adrenalin und Noradrenalin sezerniert, so dass sowohl das HZV als auch der TPR erhöht sind, sowie der **renale Hochdruck** (bei Nierenarterienstenose und Nierenerkrankungen). Dabei ist die Renin-Sekretion erhöht und über den RAA-Mechanismus (→ S. 184) erhöht sich der Blutdruck.

D. Kreislaufreflexe

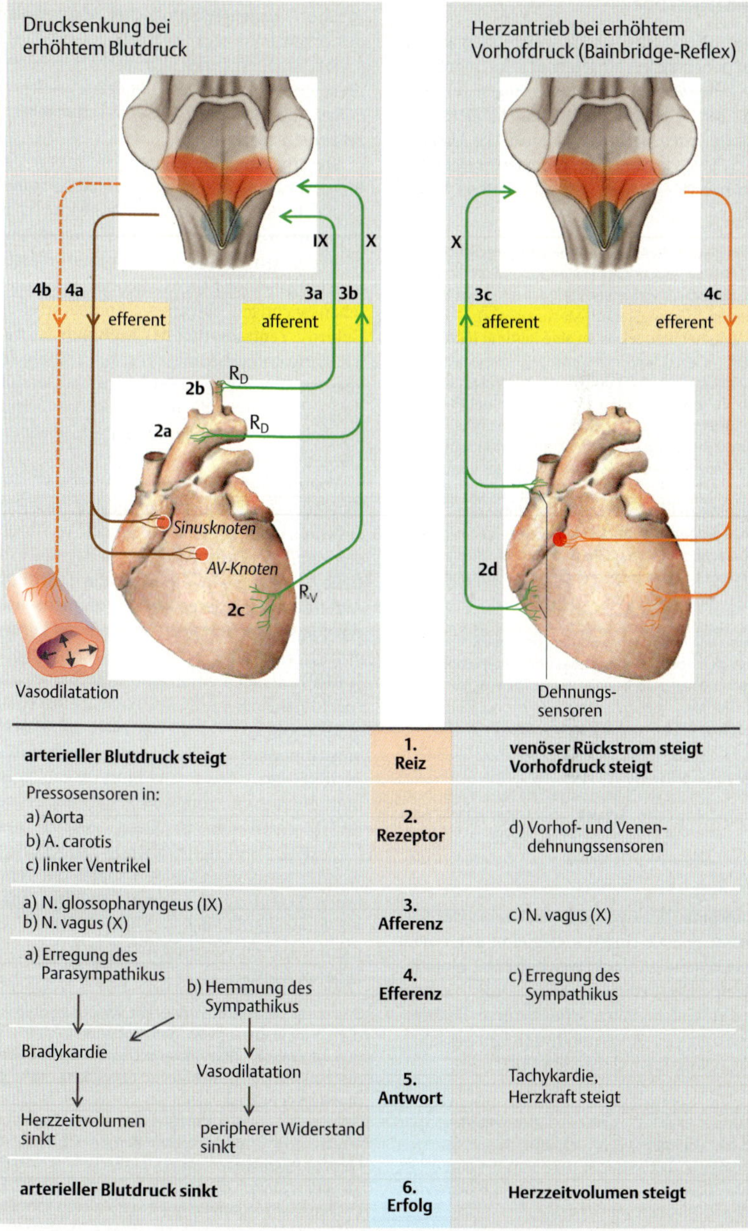

arterieller Blutdruck steigt	**1. Reiz**	**venöser Rückstrom steigt Vorhofdruck steigt**
Pressosensoren in: a) Aorta b) A. carotis c) linker Ventrikel	**2. Rezeptor**	d) Vorhof- und Venendehnungssensoren
a) N. glossopharyngeus (IX) b) N. vagus (X)	**3. Afferenz**	c) N. vagus (X)
a) Erregung des Parasympathikus b) Hemmung des Sympathikus	**4. Efferenz**	c) Erregung des Sympathikus
a) → Bradykardie → Herzzeitvolumen sinkt; b) → Bradykardie; b) → Vasodilatation → peripherer Widerstand sinkt	**5. Antwort**	Tachykardie, Herzkraft steigt
arterieller Blutdruck sinkt	**6. Erfolg**	**Herzzeitvolumen steigt**

Kreislaufschock

Unter (Kreislauf-)Schock versteht man ein akut oder subakut einsetzendes, fortschreitendes *generalisiertes Kreislaufversagen* mit Störung der Mikrozirkulation und *Minderdurchblutung lebenswichtiger Organe*. Die Ursache des Schocks ist meist ein **reduziertes Herzzeitvolumen** (HZV), was folgende Gründe haben kann:

◆ Bei Hypovolämie (**hypovolämischer Schock**) ist der zentrale Venendruck erniedrigt und damit der *venöse Rückstrom vermindert*; folglich sinkt das Schlagvolumen (Frank-Starling-Mechanismus). Ursache des Volumenmangels kann eine Blutung (*hämorrhagischer Schock*) oder ein sonstiger *Flüssigkeitsverlust nach außen* sein, etwa über den Gastrointestinaltrakt (z. B. Blutung, starkes Erbrechen, anhaltender Durchfall), über die Nieren (z. B. Diabetes mellitus, Diabetes insipidus, hochdosierte Diuretika) oder über die Haut (Verbrennungen, starkes Schwitzen ohne Wasserzufuhr). Auch ein Flüssigkeitsverlust *nach innen* kann ein Grund sein, etwa innere Blutungen.

◆ **Kardiogener Schock:** Ein *Herzversagen* kann u. a. verursacht sein durch einen akuten Myokardinfarkt, durch akut dekompensierende Herzinsuffizienz oder durch Behinderung der Herzfüllung. Im Gegensatz zum hypovolämischen Schock ist dabei der *zentrale Venendruck erhöht* (sog. Stauungsschock).

◆ Zu den **hormonellen Ursachen** eines Schocks gehören u. a. eine Nebenniereninsuffizienz, ein Koma bei Diabetes mellitus oder ein hypoglykämischer Schock (z. B. bei Insulinüberdosierung).

◆ Ein verringertes HZV kann seine Ursache auch in einer *peripheren Gefäßerweiterung* (keine Blässe) mit einem „Versacken" des Blutes haben, etwa beim **anaphylaktischen Schock** (Nahrungsmittel- oder Medikamentallergie; Insektenstich), bei dem gefäßaktive Substanzen (Histamin u. a.) freigesetzt werden.

Symptome. Der hypovolämische und der kardiogene Schock sind u. a. begleitet von einem *erniedrigten Blutdruck* (weicher Puls), einer *erhöhten Herzfrequenz*, *Blässe* mit kaltem Schweiß (nicht beim Schock durch Gefäßerweiterung), einer verminderten Urinausscheidung (*Oligurie*) und starkem *Durst*.

Mit dem Quotienten Pulszahl (min^{-1})/systolischer Blutdruck (mmHg), dem sog. **Schockindex**, lässt sich das Volumendefizit grob abschätzen: bis 0,5 = normal bzw. Blutverlust < 10 %; bis 1,0 = Blutverlust < 20 – 30 %: drohender Schock; bis 1,5 = Blutverlust > 30 – 50 %: manifester Schock.

Die meisten der genannten Symptome sind Ausdruck **gegenregulatorischer Maßnahmen** des Organismus gegen den drohenden Schock (→ **A**). Dabei ergänzen sich rasche Mechanismen, die den *abgefallenen Blutdruck wieder erhöhen*, und langsamere, die dem *Volumenmangel entgegenwirken:*

Blutdruckkompensation (→ **A** links): Der Blutdruckabfall erhöht den *Sympathikotonus* (→ **A1** u. S. 214). *Arterielle Vasokonstriktion* (nicht beim Schock durch Gefäßerweiterung) leitet das verminderte HZV von Haut (Blässe), Bauchorganen und Niere (Oligurie) um zu den lebenswichtigen Organen (Koronararterien, Gehirn): **Zentralisation des Kreislaufs** (→ **A2**). Die sympathikusbedingte *Vasokonstriktion der venösen Kapazitätsgefäße* (erhöht die Herzfüllung), die *Tachykardie* und die *positive Inotropie* heben das zuvor verminderte HZV wieder etwas an.

Volumenkompensation (→ **A** rechts): Der Blutdruckabfall und die periphere Vasokonstriktion beim drohenden Schock *verringern den kapillären Fitrationsdruck*, so dass interstitielle Flüssigkeit in die Blutbahn einströmt. Außerdem registrieren atriale Volumensensoren den Volumenmangel (*verminderter Vorhofdruck*), was die Sekretion von Atriopeptin (= ANP) aus der Vorhofwand unterbindet und reflektorisch eine *ADH-Sekretion* auslöst (Gauer-Henry-Reflex) (→ S. 170). ADH wirkt vasokonstriktorisch (V_1-Rez.) und wasserretinierend (V_2-Rez.). Der renale Blutdruckabfall erhöht die Ausschüttung von *Renin*, so dass der RAA-Mechanismus in Gang gesetzt wird (→ S. 184). Kann der drohende Schock abgewendet werden, so werden später die verlorenen Erythrozyten ersetzt (erhöhte renale *Erythropoietinbildung*; → S. 88) und die Plasmaproteine durch vermehrte Synthese in der Leber aufgefüllt.

Wenn der Organismus *ohne Hilfe von außen* (Infusion u. a.) nicht in der Lage ist, den drohenden Schock mit den genannten homöostatischen Kompensationsmechanismen abzuwenden, entwickelt sich ein **manifester Schock**. Bleibt der systolische Blutdruck längerfristig < 90 mmHg bzw. der Mitteldruck < 60 mmHg (was auch trotz Volumenauffüllung vorkommt: *Protrahierter Schock*), entwickeln sich als Folgen der Hypoxie *Organschäden*, die zum extrem kritischen **Multiorganversagen** kulminieren können.

A. Kompensationsmechanismen beim drohenden hypovolämischen Schock

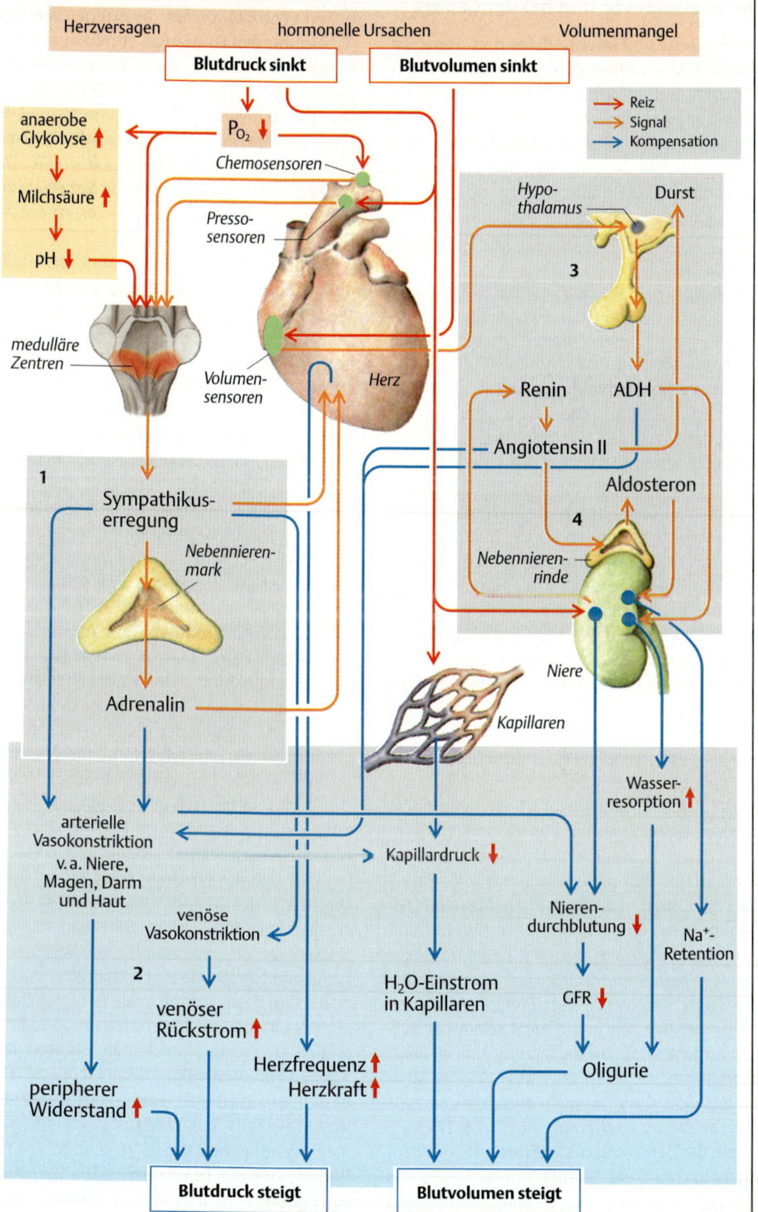

Der Kreislauf vor und bei der Geburt

Die mütterliche **Plazenta** dient dem Fetus als „Darm" (*Nährstoffaufnahme*, z. T. durch aktiven Transport), als „Niere" (*Abgabe von Abbauprodukten*) und schließlich auch als „Lunge", d. h. zur *O_2-Aufnahme* und zur *CO_2-Abgabe*. Trotz der (gegenüber dem Erwachsenen) *nach links verschobenen O_2-Bindungskurve* des fetalen Hämoglobins (→ S. 129, C) wird dieses in der Plazenta nur zu 60% mit O_2 gesättigt (→ **A**, „0,6").

Das Blut wird im Fetus nach den ihm eigenen Bedürfnissen verteilt: Noch nicht oder wenig in Anspruch genommene Organe wie die *Lunge* werden im Wesentlichen umgangen. Das **fetale Herzzeitvolumen** (aus beiden Ventrikeln gemeinsam) beträgt ca. 0,2 l/min pro kg Körpergewicht, die **Herzfrequenz** steigt von anfangs 65/min (5. Woche) auf später 130 bis 160/min. Ca. 50% des vom Herzen ausgeworfenen Blutes fließen durch die Plazenta, die andere Hälfte versorgt den Körper (35%) und die Lungen (15%) des Fetus. Zu dieser Leistung sind das linke und das rechte Herz überwiegend *parallel geschaltet*; ein in Serie geschalteter Lungenkreislauf wie beim Erwachsenen ist nicht in vollem Umfang nötig.

Das fetale Blut nimmt folgenden **Weg** (→ **A**): Nach *Arterialisierung in der Plazenta* gelangt das Blut über die *Nabelvene* in den Fetus und umgeht anschließend im **Ductus venosus** z. T. die Leber. Bei der Einmündung in die untere Hohlvene kommt es zur *Mischung mit dem venösen Blut aus der unteren Körperhälfte*. Gelenkt durch spezielle Falten der Hohlvene, gelangt dieses Mischblut vom rechten Vorhof durch ein Loch in der Vorhofscheidewand (**Foramen ovale**) direkt in den linken Vorhof und von dort in die linke Kammer. Dabei findet im rechten Vorhof ein *Kreuzen* (nur geringe Vermischung) *mit dem venösen Blut aus der oberen Hohlvene* statt, das in die rechte Kammer aufgenommen wird. Dieses letztere Blut gelangt aber nur zu ca. 1/3 in die Lunge (hoher Strömungswiderstand, da nicht entfaltet und hypoxische Vasokonstriktion; → **C** u. S. 122); 2/3 treten durch den **Ductus arteriosus** in die Aorta über (Rechts-Links-Shunt), in der, wegen des *geringen peripheren Widerstandes* (Plazenta), ein relativ niedriger **Blutdruck** herrscht, am Ende der Schwangerschaft ca. 65 mmHg.

Mit dem teilarterialisierten Blut aus dem linken Ventrikel werden die *Arterien von Kopf* (Gehirn für den O_2-Mangel empfindlich!) und *Oberkörper* versorgt (→ **A**). Erst nach deren Abgang aus der Aorta mündet das venöse Blut des Ductus arteriosus ein. Für den unteren Teil des Körpers steht somit nur ein relativ O_2-armes Blut zur Verfügung (Sättigung = 0,3; → **A**). Der Großteil davon gelangt über die **Nabelarterien** wieder zur Plazenta zurück, wo es erneut mit O_2 beladen wird.

Bei der **Geburt** hört die Ent- und Versorgung durch die Plazenta schlagartig auf. Der *Blut-P_{CO_2} steigt* dadurch an, was (über die Chemosensoren; → S. 132) einen sehr starken Atemantrieb darstellt. Die so ausgelöste *Inspirationsbewegung* erzeugt einen Unterdruck im Thoraxraum. Dadurch werden einerseits Plazenta und Nabelvene leergesaugt (*Plazenta-Transfusion*), andererseits wird die Lunge entfaltet. Die Lungenentfaltung und der Anstieg des alveolären P_{O_2} senkt den Widerstand im Lungenkreislauf (Durchblutung steigt, Druck fällt; → **B1,2**), während der Widerstand im Körperkreislauf wegen der sich selbst verengenden bzw. abgebundenen Nabelschnur ansteigt. Es kommt dadurch zur Änderung der Flussrichtung im **Ductus arteriosus** (jetzt: Links-Rechts-Shunt). Der Lungenkreislauf erhält so noch einige Tage nach der Geburt Aortenblut. Die Füllung des rechten Vorhofs wird vermindert (Plazentablut fehlt), die des linken Vorhofs steigt (Lungendurchblutung steigt). Durch das so entstehende Druckgefälle vom linken zum rechten Vorhof sowie durch ein Absinken vasodilatierender Prostaglandine. schließt sich das **Foramen ovale** bis ca. 2 Wochen nach der Geburt. Dieses wächst später, ebenso wie der Ductus arteriosus und der Ductus venosus, zu. Damit sind Körper- und Lungenkreislauf in Serie geschaltet.

Bleiben das Foramen ovale oder der Ductus arteriosus weit offen, kommt es zu Herz belastenden Kurzschlusskreisläufen (**Shunts**). Beim **offenen Foramen ovale** (Vorhofseptumdefekt) besteht ein Kreislauf: Linker Vorhof → rechter Vorhof (= Links-Rechts-Shunt) → rechte Kammer (Volumenbelastung!) → Lunge → linker Vorhof; Kreislauf beim **offenen Ductus arteriosus**: Aorta → A. pulmonalis (= Links-Rechts-Shunt) → Lunge (*Druckbelastung*!) → Aorta.

A. Fetalkreislauf

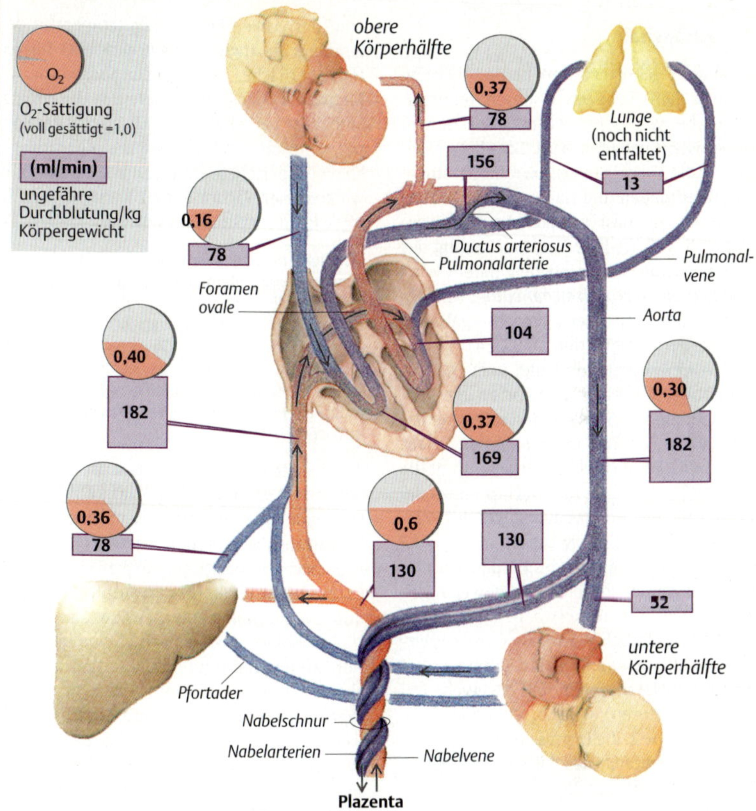

B. Lungenkreislauf vor und nach der Geburt

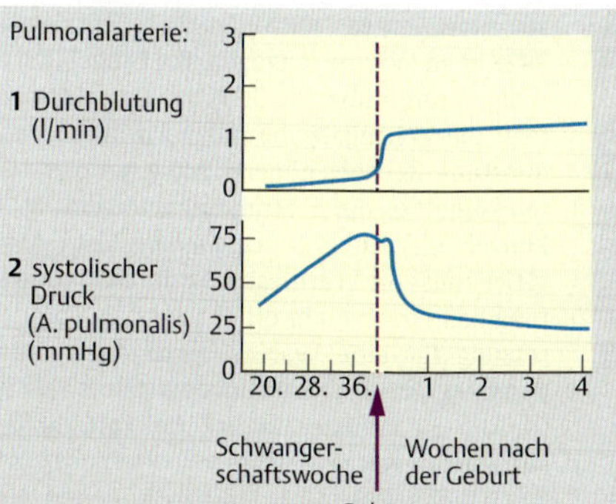

(nach Rudolph)

C. Hypoxische Vasokonstriktion im Fetus

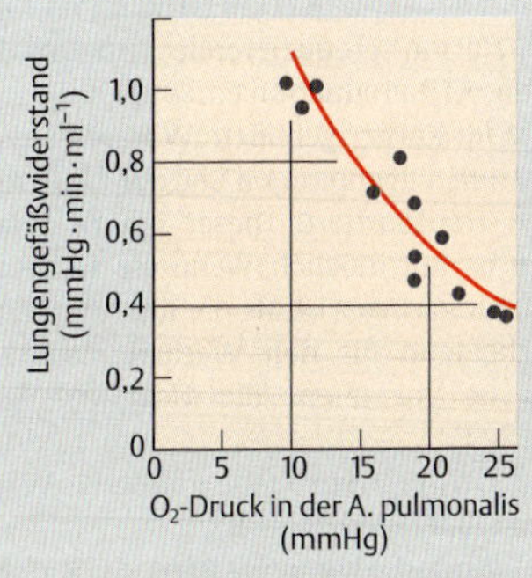

(nach Levine) (Messung am Lammfetus)

Wärmehaushalt

Der Mensch gehört zu den **homoiothermen** (gleichwarmen) Lebewesen, deren Temperatur auch bei wechselnder Umgebungstemperatur konstant gehalten wird. Dies betrifft jedoch nur die *Körperhöhlen* (**Kerntemperatur ≈ 37 °C**). Gliedmaßen und Haut (Körper„schale") verhalten sich quasi *poikilotherm* (wechselwarm, → S. 225, A). Eine Konstanthaltung der Kerntemperatur ist nur möglich, indem *Wärmeproduktion* plus *Wärmeaufnahme* mit der *Wärmeabgabe* im Gleichgewicht gehalten werden: Thermoregulation (→ S. 224).

Die **Wärmeproduktion** hängt vom *Energieumsatz* ab (→ S. 228). *In Ruhe* sind an der Wärmebildung zu ca. 56% die inneren Organe beteiligt und zu ca. 18% Muskulatur und Haut (→ **A2** oben). *Bei körperlicher Arbeit* nimmt die Wärmebildung um ein Mehrfaches zu, wobei der Anteil der Muskulatur auf ca. 90% der Wärmebildung im Körper anwachsen kann (→ **A2** unten). Zur Warmhaltung des Körpers kann es notwendig werden, durch Körperbewegungen und Muskelzittern sowie (v. a. beim Säugling) „zitterfrei" zusätzlich Wärme im *braunen Fettgewebe* zu bilden (→ S. 225). Ein Kältereiz setzt reflektorisch Noradrenalin im Fettgewebe frei (β_3-Adrenozeptoren), was dort 1. die Lipolyse stimuliert sowie 2. die Expression der Lipoproteinlipase (erhöht das Fettsäureangebot; → S. 254, LPL) und des *Thermogenins* (= UCP1, → S. 230). Es ist dies ein H^+-Uniporter in der inneren Mitochondrienmembran, der den H^+-Gradienten über die innere Mitochondrienmembran (→ S. 17, B2) kurzschließt und somit die (Wärme produzierende) Atmungskette von der ATP-Produktion entkoppelt.

Die im Körper gebildete Wärme wird vom Blutstrom aufgenommen und zur Körperoberfläche transportiert. Dieser **innere Wärmestrom** ist nur möglich, wenn die Temperatur der Haut geringer ist als die des Körperkerns. Entscheidend für den Wärmetransport zur Haut ist vor allem die *Hautdurchblutung* (→ S. 224).

An der **Wärmeabgabe** (**äußerer Wärmestrom**) sind beteiligt (→ **B**):

1. Wärmestrahlung (→ **B1** u. **C**). Die durch Strahlung abgegebene Wärmemenge ist u. a. von (der vierten Potenz) der Temperatur des Strahlers abhängig. Das gilt einerseits für die Hautoberfläche, andererseits aber auch für Menschen oder Gegenstände der Umgebung. Sind diese heißer als die Haut, nimmt der Körper von dort Strahlungswärme auf, sind sie kälter (oder ist kein strahlender Körper da, z. B. wolkenfreier Nachthimmel), kann die Haut in diese Richtung Strahlungswärme abgeben.

Strahlung benötigt kein Vehikel zur Wärmeübertragung und wird außerdem durch die Temperatur der Luft (Luft selbst ist ein schlechter Strahler!) kaum beeinflusst: So kann z. B. trotz dazwischen befindlicher, warmer Luft an eine kalte Zimmerwand Wärme abgegeben und andererseits von der Sonne (trotz luftleerem Weltraum) oder von einem Infrarotstrahler (trotz kalter Luft) ausgesandte Strahlung aufgenommen werden.

2. Wärmeleitung von der Haut an die umgebende *Luft*. Dazu muss die Luft kühler als die Haut sein. Stark gefördert wird diese Art der Wärmeabgabe, wenn die jeweils erwärmte Luftschicht von der Haut wegbewegt wird, sei es durch Aufsteigen der erwärmten Luft oder durch Wind (**Konvektion**; → **B2** u. **C**).

3. Die Mechanismen 1 und 2 sind bei hohen Außentemperaturen und bei starker körperlicher Arbeit nicht wirksam genug, so dass die Wärme jetzt durch **Verdunstung** abgegeben werden muss (→ **B3** u. **C**). Das dazu nötige Wasser gelangt auf die Hautoberfläche einerseits durch *Diffusion* (*Perspiratio insensibilis*), andererseits durch die neuronal aktivierbaren **Schweißdrüsen** (→ **B3**, S. 78 ff u. S. 225, D). Dem Körper werden pro Liter *verdunsteter* (also nicht etwa abtropfender) Flüssigkeit 2428 kJ an Wärme entzogen. Bei Umgebungstemperaturen über ca. 36 °C (→ **C**, rechts) erfolgt die Wärmeabgabe *nur* noch durch Verdunstung. Bei noch höheren Außentemperaturen kommt es durch Strahlung und Leitung (+ Konvektion) zur *Wärmeaufnahme*. Zum Ausgleich muss die Wärmeabgabe durch Verdunstung dann noch mehr erhöht werden. Voraussetzung für eine Wärmeabgabe durch Verdunstung ist, dass die Umgebungsluft relativ trocken ist (Wüste, Sauna). Bei sehr hoher Luftfeuchtigkeit (z. B. tropischer Urwald) können daher selbst in körperlicher Ruhe nur Außentemperaturen bis ca. 33 °C toleriert werden.

A. Relativer Anteil der Organe am Körpergewicht und an der Wärmebildung

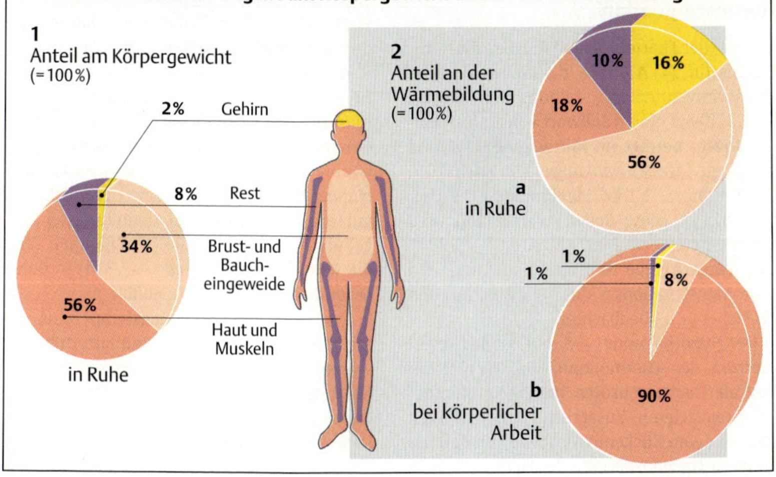

B. Mechanismen der Wärmeabgabe

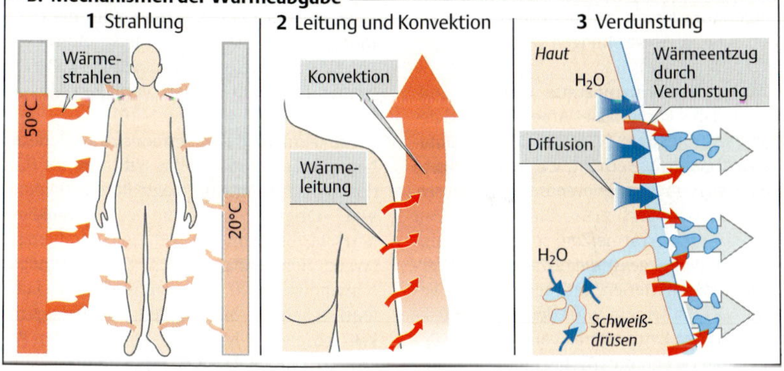

C. Wärmeabgabe (nackt, Ruhe) bei verschiedenen Umgebungstemperaturen

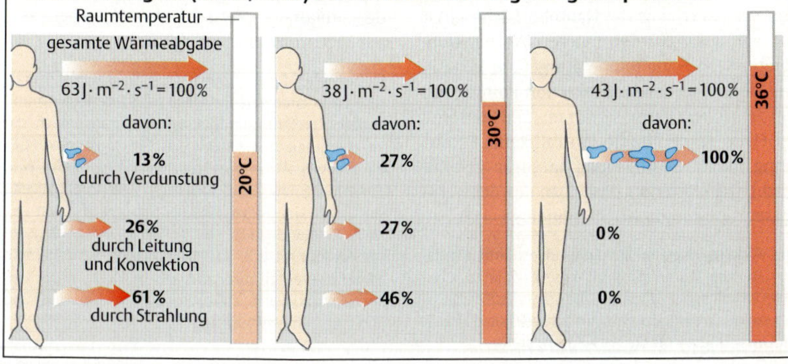

Thermoregulation

Aufgabe der Thermoregulation ist es, die Kerntemperatur (→ **A**) trotz der Schwankungen von Wärmeaufnahme, -bildung und -abgabe (→ S. 222) auf einem **Sollwert** konstant zu halten. Dieser beträgt im Mittel rund **37 °C** und unterliegt *Tagesschwankungen* von etwa 0,6 °C (Minimum ca. 3 Uhr, Maximum ca. 18 Uhr; → S. 381, C). Diese **Sollwertverstellung** wird durch eine *„innere Uhr"* gesteuert (→ S. 334). Eine längerfristige Sollwertverstellung wird beim Menstruationszyklus (→ S. 299, A3) und bei Fieber (s. u.) beobachtet.

Der Hypothalamus (→ S. 330) ist das Regelzentrum der Thermoregulation. Hier sitzen zentrale Thermosensoren, die die Kerntemperatur registrieren. Zusätzliche Informationen kommen vom Rückenmark sowie von den peripheren Thermosensoren der Haut (→ S. 314). Im Hypothalamus wird die tatsächliche Kerntemperatur (Istwert) mit dem Sollwert verglichen, und bei Abweichungen wird gegenreguliert (→ **D** u. S. 4 f.):

Steigt die Kerntemperatur über den Sollwert (z. B. bei körperlicher Arbeit), so wird der innere Wärmestrom (→ S. 222) durch *Dilatation der Hautgefäße* erhöht; v. a. in den Fingern öffnen sich auch *arteriovenöse Anastomosen*. Dabei transportiert mehr Blutvolumen/Zeit nicht nur mehr Wärme/Zeit, sondern vermindert auch den *Gegenstromaustausch* von Wärme zwischen Arterien und begleitenden Venen (→ **B**). Außerdem wird der venöse Rückstrom aus den Extremitäten von den tiefen Begleitvenen zu den oberflächlichen Venen umgeleitet. Zum anderen wird die **Schweißsekretion** vermehrt, was die Hautoberfläche kühlt und somit das für den inneren Wärmestrom nötige Kern-Haut-Temperaturgefälle schafft. Das Signal zur Schweißsekretion kommt von den *zentralen* Wärmesensoren. (Die Sensoren der Haut melden in diesem Fall keine Erwärmung, da ihre Umgebung ja sogar gekühlt wird.). Die efferenten Fasern zu den Schweißdrüsen sind sympathisch-cholinerg (→ **D**).

Eine **Akklimatisation** an dauernd erhöhte Umgebungstemperaturen (Tropen) dauert oft Jahre. Charakteristisch dabei ist, dass 1. die Schweißsekretionsrate steigt, 2. der Salzgehalt im Schweiß sinkt und 3. der Durst und damit die H_2O-Zufuhr steigt.

Sinkt die Körpertemperatur unter den Sollwert, wird nicht nur die Wärmeabgabe gedrosselt (*Vasokonstriktion in der Körperschale*, → **A**, links), sondern auch die Wärmeproduktion durch *willkürliche Muskelbewegungen* und *Muskelzittern* erhöht (→ **D**). Säuglinge kühlen durch ihr hohes Oberflächen/Volumen-Verhältnis sehr leicht aus. Sog. *zitterfreie Wärmebildung* (→ S. 222) ist hier eine zusätzliche Regulationsmöglichkeit. Bei Abkühlung der Umgebung kommen alle drei Maßnahmen über die *Kaltsensoren der Haut* (→ S. 314) in Gang, *bevor* die Kerntemperatur abfällt.

Zwischen der Umgebungstemperatur, die mit Schwitzen, und der, die mit Zittern beantwortet wird, liegt eine schmale, sog. **thermoneutrale Zone**, die beim ruhig sitzenden, fast unbekleideten Probanden ca. 27 – 32 °C umfasst. Innerhalb dieses Bereichs wird thermoregulatorisch nur die Hautdurchblutung variiert. Die Schmalheit dieser Temperaturzone zeigt, wie wichtig das **Verhalten** für die Thermoregulation ist, also Kleidung, Aufsuchen von Schatten, Heizen von Räumen usw. Bei extremen Temperaturen wird Verhalten das ausschlaggebende Instrument (→ **C**).

Subjektiv wird die thermoneutrale Zone als behaglich empfunden. Das trifft z. B. für 95 % der Menschen mit normaler Bürobekleidung und -tätigkeit zu, wenn ein **Raumklima** herrscht, bei dem die Luft- und Strahlungs-(Wand-)Temperatur ca. 23 °C, die Windgeschwindigkeit < 0,1 m/s und die relative Luftfeuchtigkeit ca. 50 % beträgt. Die **Behaglichkeitstemperatur** hängt also von all diesen Parametern ab. In Ruhe steigt sie ohne Bekleidung auf 28 °C und im *Wasser*, je nach Dicke der subkutanen Fettschicht (Wärmeisolator), auf 31 °C (dick) bis 36 °C (dünn).

Fieber wird durch *exogene* (z. B. Bakterienbestandteile) und *endogene Pyrogene* (div. Interleukine und andere Zytokine aus Makrophagen) ausgelöst, die im Hypothalamus mittels des Prostaglandins PGE_2 die Fieberreaktion auslösen. Bei Fieber findet eine Thermoregulation auf erhöhtem Temperaturniveau statt, d. h. der *Sollwert ist bei Fieber nach oben verstellt*. Relativ dazu ist der Körper dabei anfangs zu kalt (es kommt u. a. zu Muskelzittern: *Schüttelfrost*); beim Fieberabfall zum normalen Sollwert ist der Körper relativ zu warm; es kommt zur Gefäßerweiterung und zum Schweißausbruch.

A. Temperaturzonen des Körpers

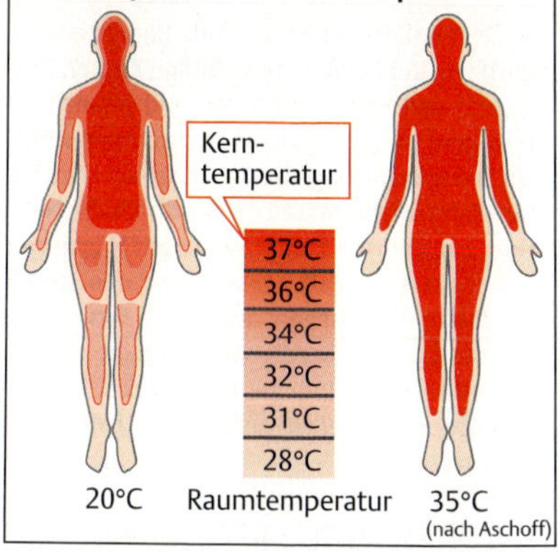

C. Umgebungstemperatur und Temperaturregelung

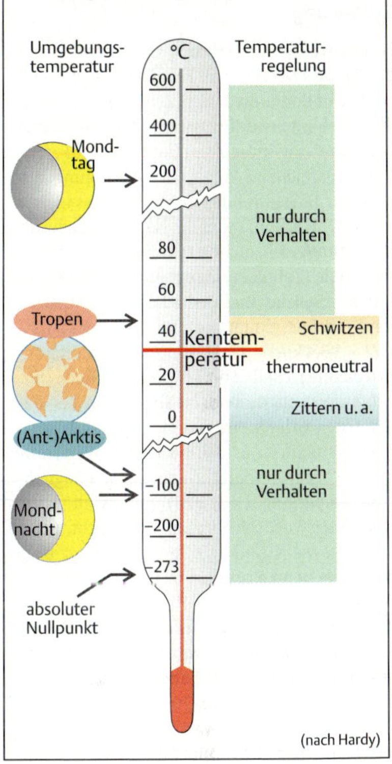

B. Arteriovenöser Wärmeaustausch

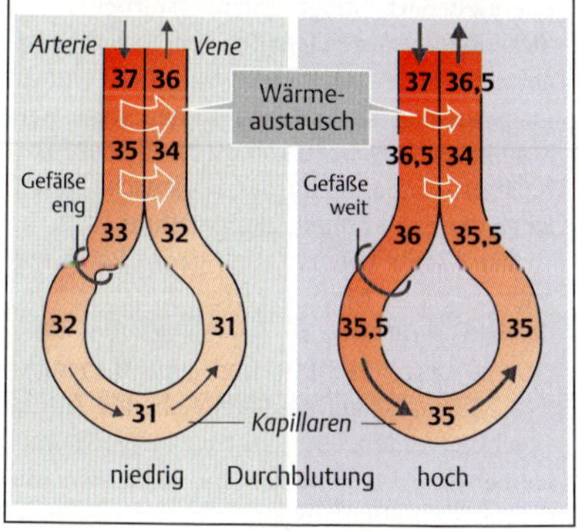

D. Nervale Beeinflussung des Wärmehaushaltes

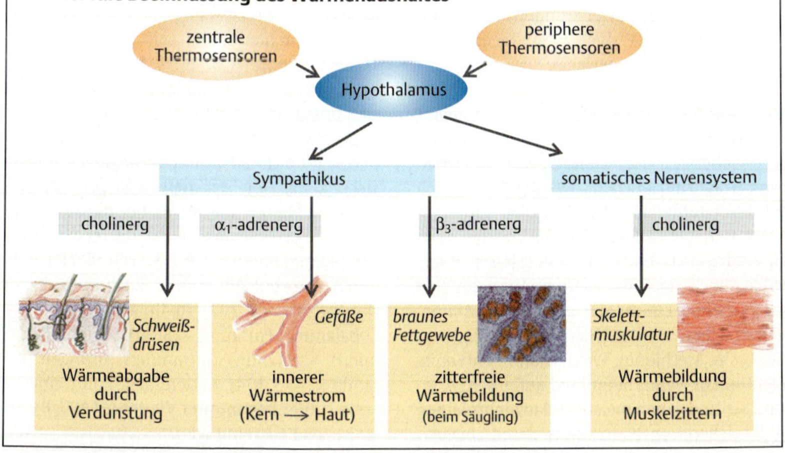

Ernährung

Eine **ausreichende Nahrung** muss dem Körper genügend Energie, eine Mindestmenge an Eiweiß und Kohlenhydraten, Mineralstoffe (inkl. Spurenelemente), die essenziellen Amino- und Fettsäuren sowie die Vitamine zuführen. Ferner muss ausreichend Wasser zur Verfügung stehen. Zur Sicherstellung normaler Passagezeiten, v. a. im Kolon, muss die Nahrung auch sog. *Ballaststoffe*, d. h. nichtverdauliche Pflanzenbestandteile (Zellulose, Lignin etc.) enthalten.

Der **tägliche Energiebedarf**, gleichbedeutend mit Energieumsatz und Leistung (1 J/s = 1 W = 86,4 kJ/d), hängt von vielen Bedingungen ab und ist selbst bei körperlicher Ruhe (*Ruheumsatz*) sehr unterschiedlich. Man hat daher einen *Grundumsatz* definiert, der 1. morgens, 2. nüchtern, 3. in Ruhe liegend, 4. bei normaler Körpertemperatur und 5. bei Behaglichkeitstemperatur (→ S. 224) gemessen wird. Sein Wert wechselt je nach Geschlecht, Alter, Körpergewicht und -größe und beträgt grob gemittelt beim Erwachsenen etwas mehr als 7 MJ/d (= rund 80 W). Körperliche Arbeit erhöht den Energiebedarf auf ca. 11 MJ/d (127 W) und bei beruflicher Schwerstarbeit bei Frauen auf ca. 15 MJ/d (= 175 W) und bei Männern auf ca. 20 MJ/d (230 W) pro 70 kg Körpergewicht. Diese *Arbeitsumsätze* werden über Jahre geleistet. An Einzeltagen leisten Schwerstarbeiter bis max. 50 MJ/d (600 W). Leistungssportler bringen es über zwei Stunden (Marathonlauf) auf ca. 1600 W, doch ist ihr Tagesumsatz natürlich wesentlich geringer.

Gedeckt wird der Energiebedarf durch die drei Grundnahrungsstoffe *Eiweiß* (*Proteine*), *Fett* und *Kohlenhydrate* (→ **B** und Lehrbücher der Biochemie). Der *Mindestbedarf* an **Proteinen** beträgt zum lebensnotwendigen Ausgleich der Stickstoffbilanz etwa 0,5 g/kg Körpergewicht und Tag (*Bilanzminimum*), wobei etwa die Hälfte als tierisches Eiweiß (Fleisch, Fisch, Milch, Eier) zugeführt werden muss, um eine ausreichende Zufuhr der ***essenziellen Aminosäuren*** sicherzustellen (Histidin, Isoleucin, Leucin, Lysin, Methionin, Phenylalanin, Threonin, Tryptophan, Valin; beim Kind außerdem Arginin). Sie sind in den meisten Pflanzenproteinen unzureichend enthalten, was deren *„biologische Wertigkeit"* auf ca. die Hälfte herabsetzt.

Der restliche, überwiegende Energiebedarf wird von **Kohlenhydraten** (Stärke, Zucker, Glykogen) und **Fetten** (tierische und pflanzliche Fette und Öle) gedeckt, die sich als Energieträger weitgehend gegenseitig vertreten können: Der Kohlenhydratanteil an der durch die Nahrung zugeführten Energie kann auf Werte von 10% (normal ca. 60%) gesenkt werden, bevor Stoffwechselstörungen auftreten. Fett andererseits ist entbehrlich, wenn für die Zufuhr der *fettlöslichen Vitamine* (Vitamine E, D, K, A) und der ***essenziellen Fettsäuren*** (Linolsäure u. a.) gesorgt ist

Im Durchschnitt werden mit Fett (1/3 als essenzielle Fettsäuren) ca. 25–30% der Energie zugeführt (→ **A**), ein Anteil, der bei erhöhtem Energiebedarf steigt (Schwerstarbeiter ca. 40%). Relativ zu den leichten Arbeitsbedingungen wird in der westlichen Welt meist eine zu energiereiche Kost aufgenommen (Fett statt Kohlenhydrate). Dazu kommt häufig der Alkoholkonsum (ca. 30 kJ/g). *Übergewicht* ist die Folge dieser zu hohen Energiezufuhr.

Der Körper benötigt eine ganze Reihe von anorganischen **Mineralstoffen**: Besonders bei *Calcium* (800 mg/d; → S. 290 f.), *Eisen* (10–20 mg/d; → S. 90) und *Jod* (0,15 mg/d; → S. 288) muss auf eine ausreichende Zufuhr geachtet werden. Eine Reihe weiterer **„Spurenelemente"** (As, F, Cu, Si, V, Sn, Ni, Se, Mn, Mo, Cr, Co) sind ebenfalls lebensnotwendig, werden jedoch bei einer normalen Ernährung in genügender Menge aufgenommen. Zu hohe Zufuhr kann hier toxisch sein.

Die **Vitamine** (A, B_1, B_2, B_6, B_{12}, C, D_2, D_3, E, H, K_1, K_2, Folsäure, Niacinamid, Pantothensäure) sind organische Verbindungen, die der Körper im Stoffwechsel (meist als Coenzyme) braucht und *selbst nicht oder nur ungenügend synthetisieren kann*. Trotz der meist sehr geringen benötigten Menge kommt es bei deren Unterschreitung zu spezifischen Mangelerscheinungen (*Avitaminosen*): z. B. Nachtblindheit (Vitamin A), Skorbut (Vitamin C), Rachitis (Vitamin D = Calciol; → S. 292), Anämie (Vitamin B_{12} = Cobalamine; Folsäure; → S. 90), Beriberi (Vitamin B_1 = Thiamin), Gerinnungsstörungen (Vitamin K; → S. 104). Andererseits führt eine zu hohe Zufuhr bestimmter Vitamine (A, D, B_3) zu toxischen Erscheinungen.

A. Energiegehalt der Nahrungsstoffe und Energiebedarf

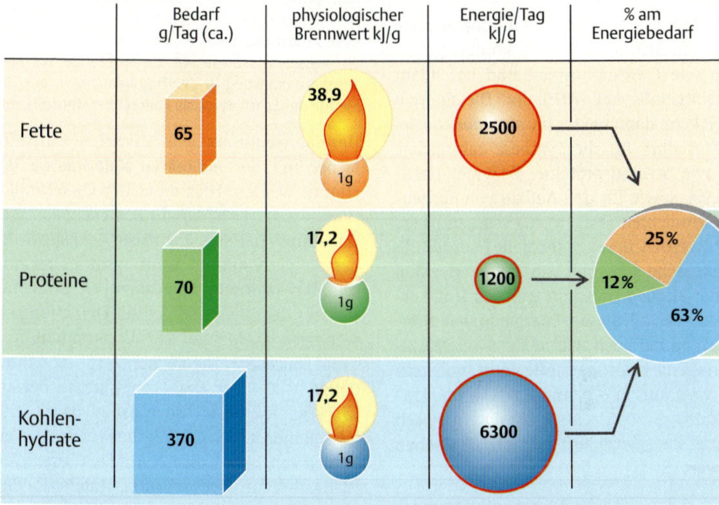

*berechnet für einen Mann mit 70 kg Körpergewicht bei leichter Arbeit

B. Chemischer Aufbau von Fetten, Proteinen und Kohlenhydraten

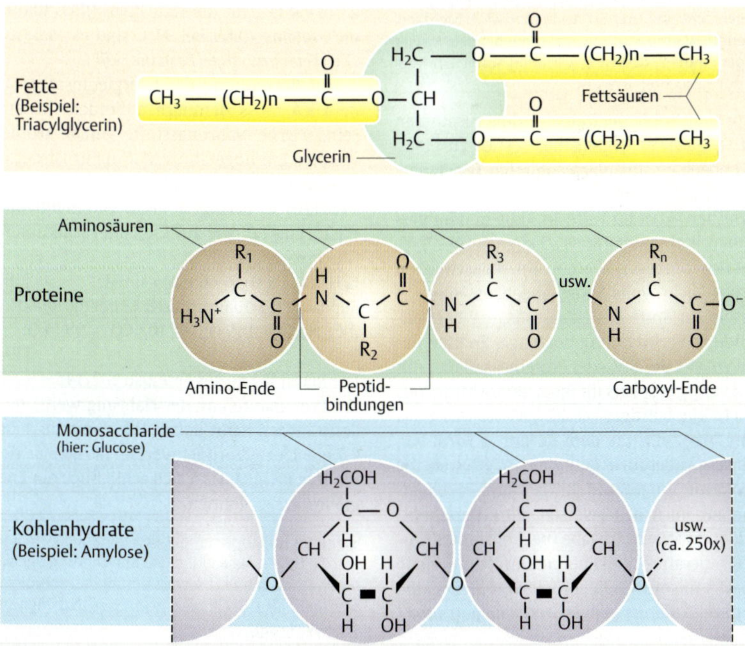

Energieumsatz und Kalorimetrie

Der Stoffwechsel setzt die chemische Energie der Nahrungsstoffe in die von körpereigenen Stoffen wie Creatinphosphat und vor allem Adenosintriphosphat (**ATP**) um. Die Energie des ATP kann dann weiter für *mechanische Arbeit* (Muskeln), für die *Synthese* zahlreicher Stoffe wie Strukturproteine, Enzyme, Harnstoff u.v.a. sowie für den Aufbau von *Konzentrationsgradienten* (Na^+, K^+, Ca^{2+} u.a.m.) verwendet werden, deren potenzielle Energie z. B. die elektrische Erregung von Zellen oder den sekundär-aktiven Transport weiterer Stoffe ermöglicht. Bei all diesen Energieumwandlungen wird immer auch *Wärme* frei (→ S. 38 f.).

Werden die Nahrungsstoffe vollständig oxidiert („verbrannt"), d. h. mit O_2 zu CO_2 und H_2O abgebaut (→ S. 39, C), entspricht ihr biologisch nutzbarer Energiegehalt ihrem **physikalischen Brennwert** (Bw_{pk}).

Der Bw_{pk} wird mit dem **Verbrennungskalorimeter** bestimmt (→ **A**). In einem wärmeisolierten Wasserbehälter befindet sich eine Brennkammer, in die eine bestimmte Menge des jeweiligen Nahrungsstoffes eingebracht und (mit O_2) verbrannt wird. Die dabei erzeugte Wärme wird von dem umgebenden Wasser aufgenommen, dessen Erwärmung somit ein Maß für den gesuchten BW_{pk} ist.

Fette und **Kohlenhydrate** werden zusammen mit O_2 auch im Organismus restlos zu CO_2 + H_2O abgebaut. Ihr **physiologischer Brennwert** (Bw_{pl}) ist daher identisch mit dem Bw_{pk}. *Im Mittel* beträgt er für Fette 38,9 kJ/g und für verdaubare Kohlenhydrate 17,2 kJ/g (→ S. 227, A). **Proteine** hingegen werden im menschlichen Körper nicht vollständig abgebaut, sondern nur bis zur Stufe des Harnstoffs, der bei vollständiger Verbrennung nochmals Energie liefern würde. Der Bw_{pk} der Proteine ist daher mit ca. 23 kJ/g größer als ihr Bw_{pl}, der im Mittel nur ca. 17,2 kJ/g beträgt (→ S. 227, A).

In Ruhe wird die dem Körper in Form von Nahrung zugeführte Energie zum größten Teil in **Wärme** umgewandelt, da kaum mechanische äußere Arbeit geleistet wird. Dabei entspricht die Wärmeabgabe (bei konstanter Körpertemperatur) dem Energieumsatz innerhalb des Organismus (z. B. Arbeit von Herz- und Atemmuskulatur; aktiver Stofftransport usw.).

Die Wärmemenge, die der Körper abgibt, kann direkt gemessen werden: sog. **direkte Kalorimetrie** (→ **B**). Dabei wird das Versuchstier in einen Behälter gesetzt; ein Flüssigkeits- oder Eismantel nimmt die zu messende Wärme auf, deren Menge aus dem Temperaturanstieg in der Flüssigkeit bzw. aus der Menge des Schmelzwassers berechnet werden kann.

Der Energieumsatz beim Menschen kann einfacher mit der **indirekten Kalorimetrie** bestimmt werden. Hier dient der *O_2-Verbrauch* ($\dot{V}_{O_2}$; → S. 120) *als Maß für den Energieumsatz.* Dazu muss das sog. *kalorische Äquivalent* des gerade „verbrannten" Nahrungstoffes bekannt sein. Das **kalorische Äquivalent** (**KÄ**) errechnet sich aus dem Bw_{pl} und der zur Oxidation notwendigen O_2-Menge. Zur Verbrennung von 1 mol Glucose werden 6 mol O_2 (6 · 22,4 l) benötigt (→ **C**). Der Bw_{pl} von Glucose beträgt 15,7 kJ/g. 180 g Glucose ergeben damit eine Wärmemenge von 2827 kJ bei einem O_2-Verbrauch von 134,4 l, also 21 kJ/l O_2. Dieser Wert ist das KÄ für Glucose unter Standardbedingungen (→ **C**). Im Mittel beträgt KÄ für die verschiedenen *Kohlenhydrate* (KH) in der Nahrung unter Standardbedingungen (0 °C) 21,15 kJ/l O_2, für die *Fette* 19,6 kJ/l O_2 und für die *Proteine* 19,65. Bei 37 °C sind es *18,8 (KH), 17,6 (Fett) bzw. 16,8 (Proteine) kJ/l O_2.*

Zur Berechnung des Energieumsatzes aus dem KÄ muss demnach außerdem bekannt sein, *welche* Nahrungsstoffe gerade oxidiert werden. Ein ungefähres Maß dafür ist der **respiratorische Quotient** (**RQ** = $\dot{V}_{CO_2}/\dot{V}_{O_2}$, → S. 120). Er beträgt bei reiner Kohlenhydraternährung 1,0, wie aus folgender Reaktion für Glucose ersichtlich ist:

$$C_6H_{12}O_6 + 6\,O_2 \rightleftharpoons 6\,CO_2 + 6\,H_2O. \qquad [10.1]$$

Für das Fett Tripalmitin z. B. lautet die Reaktion:

$$2\,C_{51}H_{98}O_6 + 145\,O_2 \rightleftharpoons 102\,CO_2 + 98\,H_2O. \qquad [10.2]$$

Der RQ ist für dieses Fett also 102/145 = 0,7. Da der Proteinanteil an der Nahrung weitgehend konstant ist, kann jedem RQ zwischen 1 und 0,7 ein KÄ zugeordnet werden (→ **D**). Aus dem Produkt *KÄ · $\dot{V}O_2$* lässt sich schließlich der **Energieumsatz** errechnen.

Nahrungsaufnahme erhöht den Verbrauch von Energie, die für die Absorption und Speicherung der Nahrung verbraucht wird. Eiweiß erhöht den Energieumsatz mehr als z. B. Glucose (sog. **spezifisch-dynamische Wirkung**).

A. Verbrennungskalorimeter

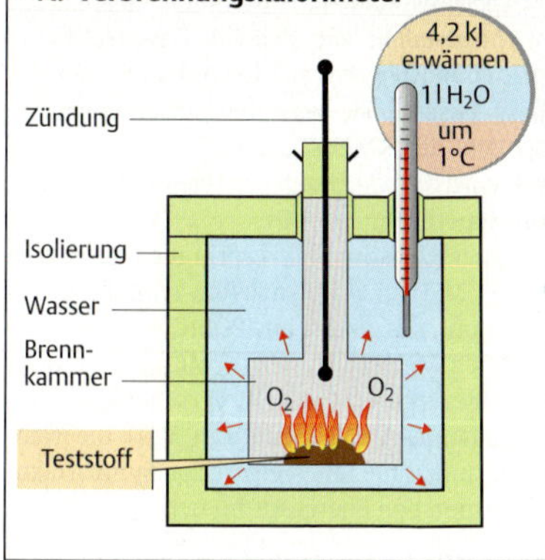

B. Direkte Kalorimetrie (Lavoisier)

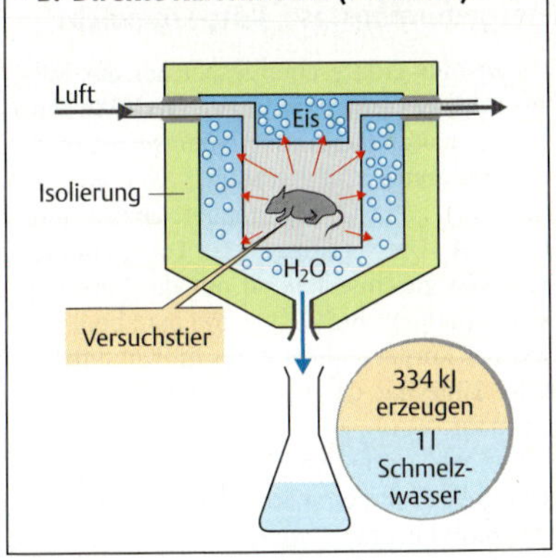

C. Glucoseverbrennung: Brennwert, kalorisches Äquivalent und RQ

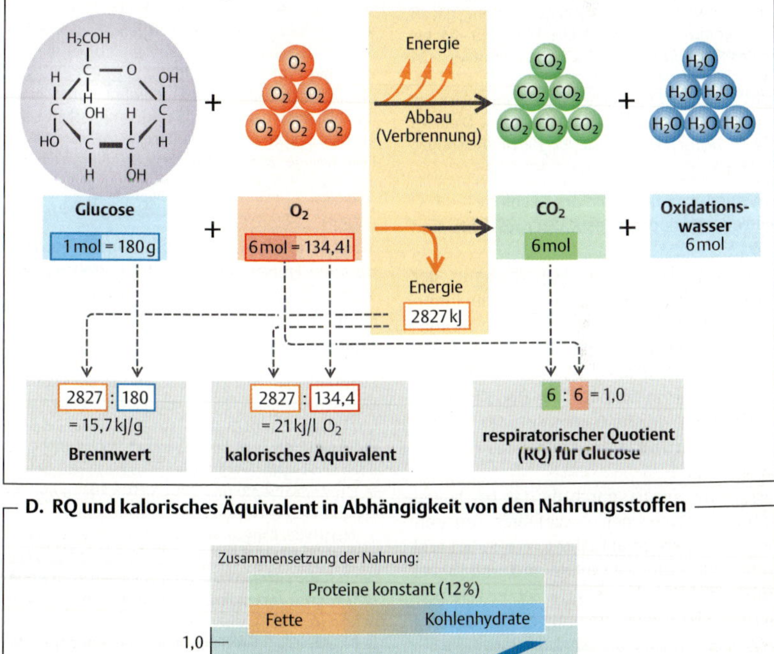

D. RQ und kalorisches Äquivalent in Abhängigkeit von den Nahrungsstoffen

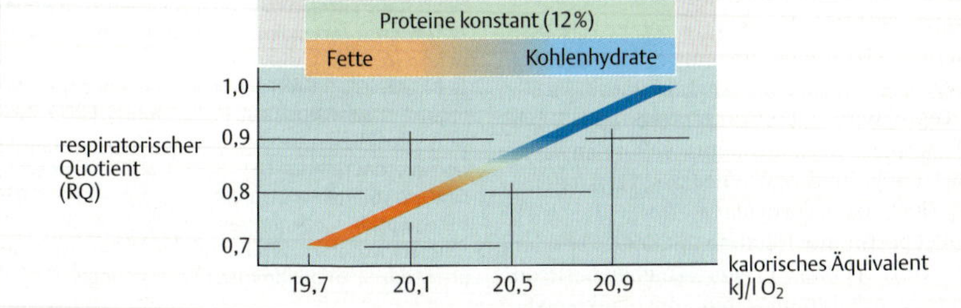

Energiehomöostase, Körpergewicht

Der weitaus größte Energiespeicher des Körpers sind die **Fettdepots**. Um deren Größe konstant zu halten (*Lipostasemechanismus*), müssen Aufnahme und Verbrauch von Energie langfristig präzise aufeinander abgestimmt sein (→ **A**). Die Regelung dieser **Energiehomöostase** ist gleichbedeutend mit der Regelung des **Körpergewichts** (KG), wenn man bedenkt, dass das Körpergewicht eines Individuums in erster Linie mit der Masse seiner Fettdepots schwankt.

Normal-, Unter- und Übergewicht werden gewöhnlich mit dem *Körpermasse-Index* (KMI, engl. BMI) bestimmt, wobei

$$KMI = KG\,[kg]/(Körpergröße\,[m])^2. \qquad [10.3]$$

Gemessen an der höchsten Lebenserwartung, gilt als *Normalgewicht*, wenn der KMI bei Frauen 19–24, bei Männern 20–25 beträgt. Werte darüber (KMI > 24 bzw. 25: *Übergewicht*; KMI > 30: *Adipositas* = Fettsucht = Obesitas) vermindern die Lebenserwartung, denn ein zu hoher KMI geht gehäuft mit Diabetes mellitus (Typ II), Hochdruck und Herzerkrankungen einher.

Entscheidende Elemente der Regelung (→ S. 4) der Fettdepots oder des **Körpergewichts** sind (→ **B**)

- das Regelzentrum, der Hypothalamus, der für diese Aufgabe doppelläufig mit dem limbischen System, der Hirnrinde und dem Stammhirn verbunden ist;
- *afferente Meldungen* über die Größe der Fettdepots v. a. in Form des von den Fettzellen produzierten 16 kDa-Proteohormons **Leptin**, dessen Plasmakonzentration mit der Fettzellmasse steigt;
- *efferente Signale*, durch die (a) bei hohen Leptinkonzentrationen (= „gefüllter Fettspeicher") die Nahrungsaufnahme vermindert und der Energieverbrauch erhöht wird, und (b) bei niedrigen Leptinspiegeln (= „leere Fettspeicher") die Nahrungsaufnahme erhöht und der Energieverbrauch eingeschränkt wird (→ **B**).

Leptin wird an **Leptinrezeptoren** vom Typ b (Ob-Rb) des Hypothalamus gebunden (u. a. Nucl. dorso- und ventromedialis, Nucl. lateralis, Nucl. paraventricularis, Nucl. arcuatus), wobei bestimmte Neurone mit Ob-Rb vor der Blut-Hirn-Schranke liegen. (Daneben besitzen aber auch T-Lymphozyten und Pankreas-B-Zellen Ob-Rb.)

Leptinwirkungen. Leptin führt zu einer *Gewichtsabnahme*, die sich (im Gegensatz zum primären Hungern) auf den Abbau der Fettdepots beschränkt, was die Rückkoppelungsschleife des Regelprozesses schließt. Vermittelt wird dies v. a. durch zwei Neurotransmitter im Hypothalamus (→ **B**):

- Einerseits stimuliert Leptin die Freisetzung von α-MSH (= a-Melanozyten-stimulierendes Hormon), das zu den aus POMC (→ S. 280) gebildeten Melanocortinen (= MC) gehört. Über MC4-Rezeptoren (MC4-R) verschiedener Hypothalamus-Areale hemmt α-MSH die Nahrungsaufnahme und steigert den Sympathikotonus und den Energieverbrauch.

Wie α-MSH den Energieverbrauch erhöht, ist unklar. Zum einen scheinen die alltägliche Skelettmuskelaktivität und der Muskeltonus unbewusst erhöht zu werden. Zum anderen wurden jüngst auch in der Skelettmuskulatur und im weißen Fettgewebe **Uncoupling Proteins** (Typ UCP2 und UCP3) entdeckt, die die innere Mitochondrienmembran für H^+-Ionen durchlässiger machen, damit die Atmungskette entkoppeln und so chemische Energie mehr in Wärme (und weniger in ATP) umsetzen. Diese Proteine, deren Expression möglicherweise durch α-MSH gefördert wird, wirken also ganz ähnlich wie Thermogenin (= UCP1; → S. 222).

- Andererseits hemmt Leptin im Hypothalamus die Freisetzung von NPY (= Neuropeptid Y), das Hunger und Appetit steigert, den Parasympathikotonus erhöht und den Energieverbrauch herabsetzt.

Leptinmangel. NPY erhöht u. a. (→ **B**) die Sekretion von Gonadoliberin (GnRH). Bei extrem abgemagerten Frauen kommt es daher zur *Amenorrhö*. Bei **Gendefekten**, die die Leptinbildung (*ob*[esitas]-Gen) oder den Leptinrezeptor (*db* -[diabetes]Gen) betreffen, unterbleibt die pubertäre Entwicklung, und die Patientinnen entwickeln früh eine *Adipositas*.

Neben der Langzeitregelung der Fettdepots (s. o.) gibt es weitere, dem Leptin z. T. nachgeschaltete Neurotransmitter und -peptide. Einige wirken **Appetit fördernd** (**orexigen**) (z. B. Orexin A und B, Noradrenalin [α_2-Rez.]), während andere **anorexigen** sind (z. B. CCK, CRH, CART [cocaine- and amphetamine-regulated transcript], Insulin, Serotonin). Einige Peptide signalisieren *Sattheit* (z. B. CCK, GLP-1 [glucagon-like peptide amide], Somatostatin, Glucagon, GRP [gastrin-releasing peptide]), d. h., diese **Sattheitspeptide** begrenzen, im Verein mit Geschmacksreizen und Dehnung der Magenwand, die pro Mahlzeit aufgenommene Essensmenge.

A. Energiegleichgewicht

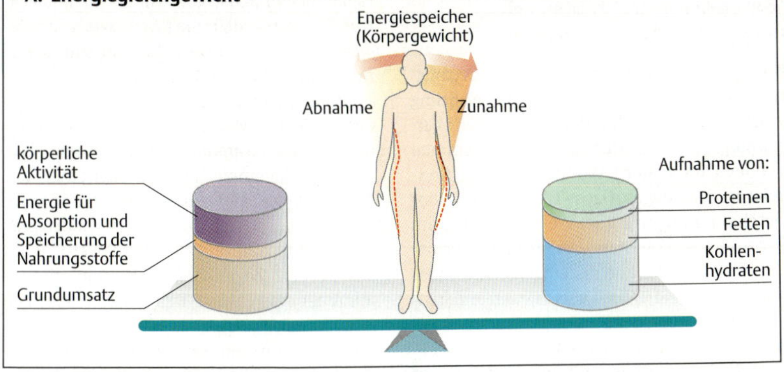

B. Regelung des Körpergewichts durch Leptin, α-MSH und NPY

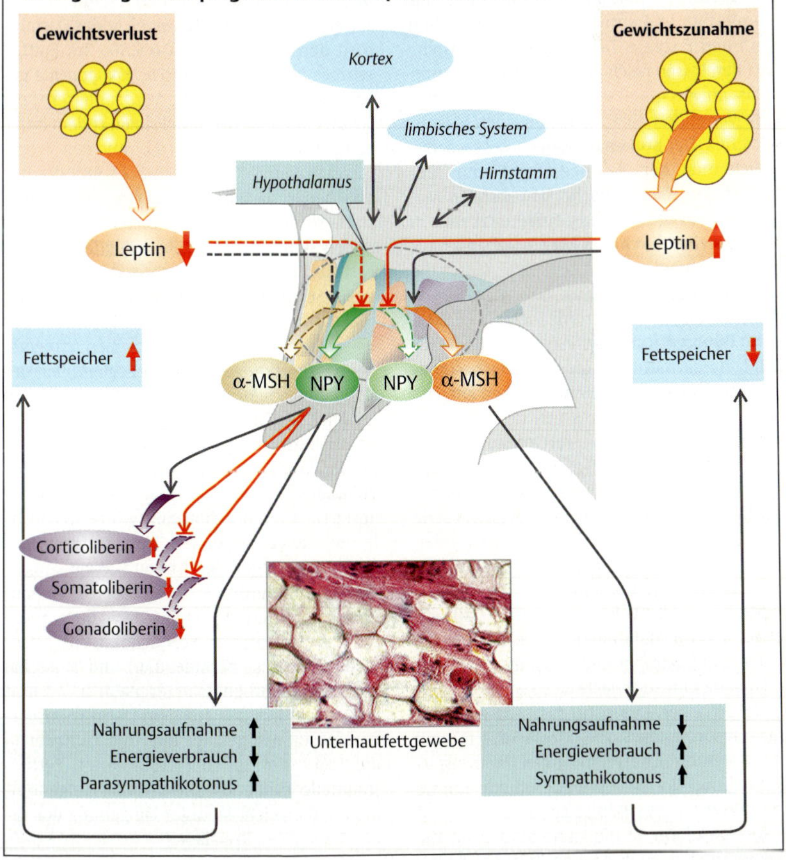

Magen-Darm-Trakt: Übersicht, Immunabwehr, Durchblutung

Um den Stoff- und Energiebedarf des Organismus zu decken (→ S. 228 f.), muss die Nahrung geschluckt, aufbereitet und aufgespalten (**Verdauung**) sowie aus dem Darm aufgenommen werden (**Absorption**). Die dreischichtige **Muskulatur** des Magen-Darm-Traktes dient der Durchmischung und dem Weitertransport des Darminhaltes. Die **Passagezeiten** der Speiseröhre, des Magens und der einzelnen Darmabschnitte sind individuell verschieden und hängen v. a. stark von der Nahrungszusammensetzung ab (mittlere Werte → **A**).

Feste Kost wird zerkaut, wobei der Bissen mit **Speichel** gemischt wird. Er dient als Schmierfilm und enthält auch Abwehrstoffen (s. u.) und Enzyme. Der **Ösophagus** transportiert den Bissen rasch in den Magen. Der untere Ösophagussphinkter öffnet sich dabei nur kurz, verhindert aber ansonsten einen Magensaftreflux. Der **proximale Magen** dient v. a. der Speicherung der Nahrung. Sein Tonus bestimmt den Nachschub für den **distalen Magen**, in dem die Nahrung aufbereitet und in dem Proteine durch den Magensaft angedaut werden. Dem distalen Magen obliegt auch die Portionierung des Chymus. Außerdem sezerniert der Magen den *Intrinsic Factor* (→ S. 90).

Im **Dünndarm** spalten *Enzyme* aus **Pankreas** und Dünndarmmukosa die Nahrungsbestandteile zu absorbierbaren Bruchstücken auf. Das HCO_3^- des Pankreassaftes neutralisieren den sauren Chymus. Für die Fettverdauung sind auch die mit der **Galle** angelieferten Gallensalze essenziell. Die Verdauungsprodukte (Monosaccharide, Aminosäuren und Dipeptide sowie Monoglyceride und freie Fettsäuren) werden ebenso im Dünndarm absorbiert wie Wasser, Mineralstoffe und Vitamine.

Mit der von der **Leber** sezernierten Galle gelangen *Ausscheidungsprodukte* (z. B. Bilirubin) in den Stuhl. Darüber hinaus hat die Leber viele Aufgaben im Stoffwechsel; so ist sie u. a. obligate Zwischenstation für fast alle aus dem Darm resorbierten Stoffe (Pfortader, s. u.) und *entgiftet* zahlreiche Fremdstoffe (*Biotransformation*) und Stoffwechselendprodukte, um sie dann ihrer Ausscheidung zuzuführen.

Der **Dickdarm** ist die letzte Station für die Wasser- und Ionenabsorption. Er ist von *Bakterien* besiedelt und besitzt mit **Zäkum** und **Rektum** Speicherorte für die Fäzes, so dass die *Defäkation* trotz häufiger Nahrungsaufnahme nur relativ selten erfolgen muss.

Immunabwehr. Die ca. 100 m^2 große Innenoberfläche des Magen-Darm-Trakts bedarf einer hochwirksamen Immunabwehr (s. a. S. 94). So hemmen Speichelbestandteile wie *Muzine, Immunglobulin A* (*IgA*) und *Lysozym* das Eindringen von Erregern. Der *Magensaft* wirkt bakterizid, und mit den **Peyer-Plaques** besitzt der Magen-Darm-Trakt ein eigenes immunkompetentes Lymphgewebe. Spezielle *M*(embranöse)-*Zellen* im Mukosaepithel verschaffen luminalen Antigenen Zugang zu den Peyer-Plaques, die in Kooperation mit *Makrophagen* mit der Ausschüttung von **IgA** antworten können (→ S. 98). IgA erreicht das Darmlumen durch Transzytose (→ S. 30); im Epithel wird es an eine *sekretorische Komponente* gekoppelt, die es gegen die Verdauungsenzyme schützt. Im Mukosaepithel sitzen zudem *intraepitheliale Lymphozyten* (*IEL*) mit den Eigenschaften von T-Killerzellen (→ S. 98), die mit den benachbarten Enterozyten über Signalstoffe reziprok kommunizieren. *Makrophagen* in den Sinusoiden der Leber (*Kupffer-Sternzellen*) sind eine weitere Bastion der Immunabwehr. Schließlich schützt die Besiedelung des Dickdarms als physiologische **Darmflora** vor einer Ausbreitung von pathogenen Erregern. Beim Neugeborenen wird die Schleimhaut des Verdauungstraktes v. a. durch IgA aus der Muttermilch geschützt.

Der **Blutversorgung** von Magen, Darm, Leber, Pankreas und Milz (= ca. 30 % des Herzzeitvolumens) dienen drei Hauptäste der Bauchaorta. Die Darmdurchblutung wird durch lokale Reflexe, das vegetative Nervensystem und Hormone geregelt. Sie ist von Schwankungen des Gesamtblutdrucks weitgehend unabhängig (*Autoregulation*), steigt nach dem Essen stark an (Transmitter: Acetylcholin, VIP = vasoactive intestinal peptide u. a.) und sinkt bei körperlicher Arbeit (Noradrenalin u. a.). Das *venöse Blut* mit den aus dem Darm resorbierten Substanzen gelangt über die *Pfortader* in die *Leber*. Ein Teil der resorbierten Fettbestandteile wird in die *Darmlymphe* aufgenommen und erreicht so unter Umgehung der Leber den großen Kreislauf.

A. Funktion der Organe des Magen-Darm-Trakts

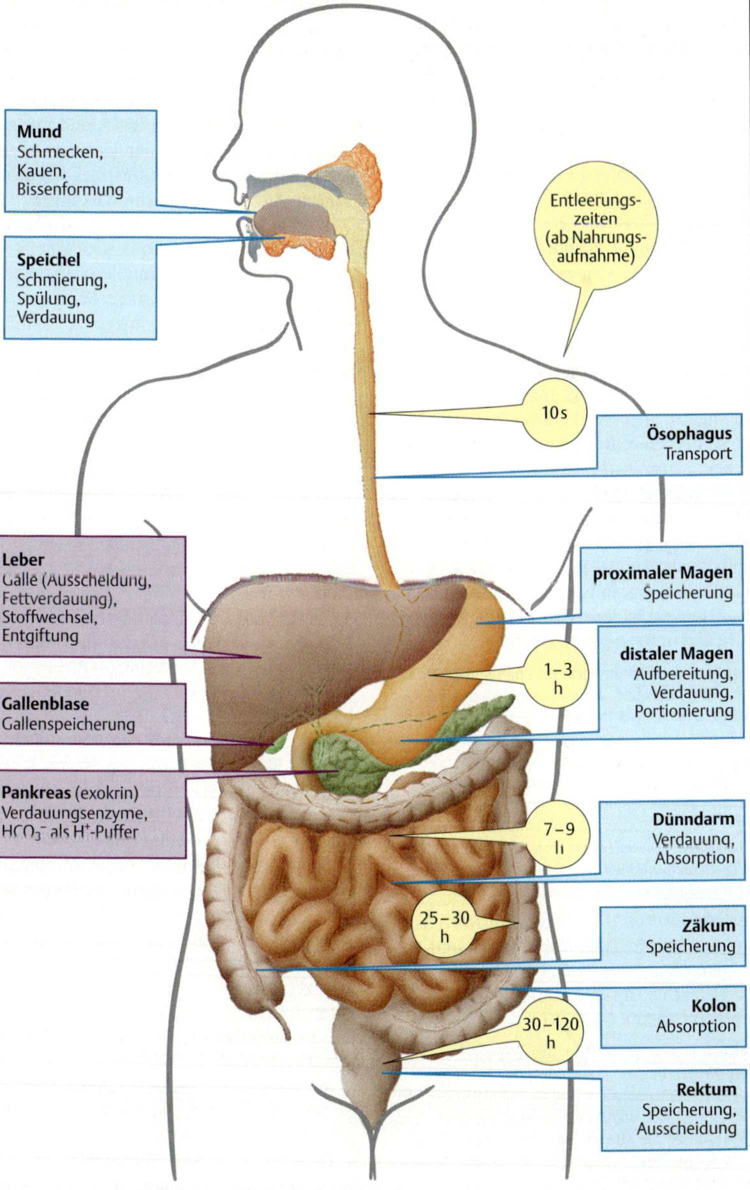

(nach Kahle, Leonhardt u. Platzer)

Nervale und hormonale Integration

Motilität, Sekretion, Durchblutung und *Wachstum* im Magen-Darm-Trakt (MD-Trakt) werden durch *Hormone* und *parakrin wirksame Signalstoffe* des MD-Trakts sowie *neuronal* gesteuert. In den Plexus myentericus und submucosus (*enterisches Nervensystem; ENS*) laufen *endogene Reflexe* ab, und die *äußere Innervierung* moduliert die ENS-Aktivität.

Endogene Reflexe. Räumlich eng begrenzt sind *lokale Reflexe*, die durch Dehnungssensoren in der Wand von Ösophagus, Magen und Darm oder Chemosensoren im Mukosaepithel ausgelöst und mit einer Kontraktion oder Erschlaffung benachbarter Muskelfasern beantwortet werden. Weiter nach oral (ca. 2 mm) oder analwärts (20–30 mm) greifen Reflexe aus, die z.T. über Interneurone laufen und bei der Weiterbeförderung des Lumeninhalts mitwirken: *peristaltischer Reflex*.

Die **äußere Innervation** des MD-Trakts (s.a. S. 78 f.) besorgen der *Parasympathikus* (für unteren Ösophagus bis Colon ascendens), der *Sympathikus* sowie *viszeral-afferente Fasern* (innerhalb sympathischer oder parasympathischer Nerven), in denen u.a. die afferenten Impulse *überregionaler Reflexe* laufen.

Zwar kann das ENS weitgehend unabhängig von der äußeren Innervation arbeiten, doch hat diese den Vorteil, dass (a) relativ weit voneinander entfernte Teile des Verdauungstraktes neuronal über die Bauchganglien (kurze viszerale Afferenzen) oder das ZNS (lange viszerale Afferenzen) rasch miteinander kommunizieren können, (b) die MD-Trakt-Funktionen denen des Gesamtorganismus untergeordnet werden können und (c) Vorgänge im Magen-Darm-Trakt auf Gehirnebene verarbeitet, ja sogar bewusst werden können (z.B. Bauchweh).

Neurotransmitter. Das vegetative Nervensystem setzt im MD-Trakt *Noradrenalin* und *Acetylcholin* (ACh) frei, wobei Letzteres sowohl prä- als auch postganglionären (= enterischen) Fasern entstammt (→ S. 78 f.).

Weitere Neurotransmitter des ENS sind u.a.: *VIP* (= **v**asoactive **i**ntestinal **p**eptide), das zur Relaxation der glatten Ring- und der Gefäßmuskulatur des MD-Trakts führt; *Met- und Leu-Enkephalin*, die über Opioid-Rezeptoren die Kontraktion des unteren Ösophagussphinkters, des Pylorus und des Ileozökalsphinkters verstärken; *GRP* (= **g**astrin-**r**eleasing **p**eptide), das die Gastrinfreisetzung stimuliert; *CGRP* (**c**alcitonin **g**ene-**r**elated **p**eptide), das u.a. die SIH-Freisetzung fördert.

Alle **endokrinen** (= über den systemischen Blutkreislauf wirksamen) **Hormone** des MD-Trakts sind *Peptide* und werden in den endokrinen Zellen der Mukosa gebildet. Strukturell sehr ähnlich sind (a) *Gastrin* und *Cholecystokinin* (*CCK*) einerseits sowie (b) *Sekretin* und *GIP* (wie auch Glucagon, → S. 282 f., und VIP, s.o.) andererseits. Hormone der gleichen Familie haben daher in hoher (d.h. pharmakologischer) Konzentration sehr ähnliche Wirkungen.

Gastrin kommt in einer kurzen (*G 17* mit 17 AS) und in einer langen Form (*G 34* mit 34 AS) vor, wobei G 17 90% des antralen Gastrins ausmacht. Gebildet wird Gastrin in Magenantrum und Duodenum (→ **A1**), freigesetzt wird es neuronal durch GRP sowie durch Magenwanddehnung und Proteinbruchstücke im Magen, während ein pH-Wert < 3,5 im Magen-/Duodenallumen die Sekretion hemmt (→ **A1**). Hauptwirkungen sind Säuresekretion und Mukosawachstum des Magens (→ **A2**).

CCK (33 AS) wird in der ganzen Dünndarmmukosa gebildet, und langkettige Fettsäuren, Aminosäuren und Oligopeptide im Lumen stimulieren seine Sekretion (→ **A1**). CCK löst die Gallenblasenkontraktion aus, hemmt die Magenentleerung und fördert das Wachstum des Pankreas sowie dessen Enzym- und (via Sekretin, s.u.) die HCO_3^--Sekretion (→ **A2**).

Sekretin (27 AS) wird v.a. im Duodenum gebildet und durch sauren Chymus freigesetzt (→ **A1**). Sekretin hemmt die Säuresekretion und das Mukosawachstum im Magen, stimuliert die HCO_3^--Sekretion (potenziert durch CCK, s.o.) und das Wachstum des Pankreas sowie den Gallenfluss in der Leber (→ **A2**).

GIP (**g**lucose-**d**ependent **i**nsulinotropic **p**eptide mit 42 AS; früher: gastric inhibitory peptide = Enterogastron). GIP wird in Duodenum und Jejunum gebildet und durch Protein-, Fett- und Kohlenhydratbruchstücke (Glucose!) freigesetzt (→ **A1**). Es stimuliert die Insulinfreisetzung (deshalb setzt orale Glucose mehr Insulin frei als infundierte!) und hemmt die Säuresekretion (→ **A2**).

Motilin (22 AS) wird im Dünndarm über Neurone freigesetzt und steuert die interdigestive Motilität (→ **A1,2**).

Parakrin wirksame Signalstoffe im MD-Trakt sind u.a. *Histamin*, *Somatostatin* und *Prostaglandine*.

A. Magen-Darm-Hormone

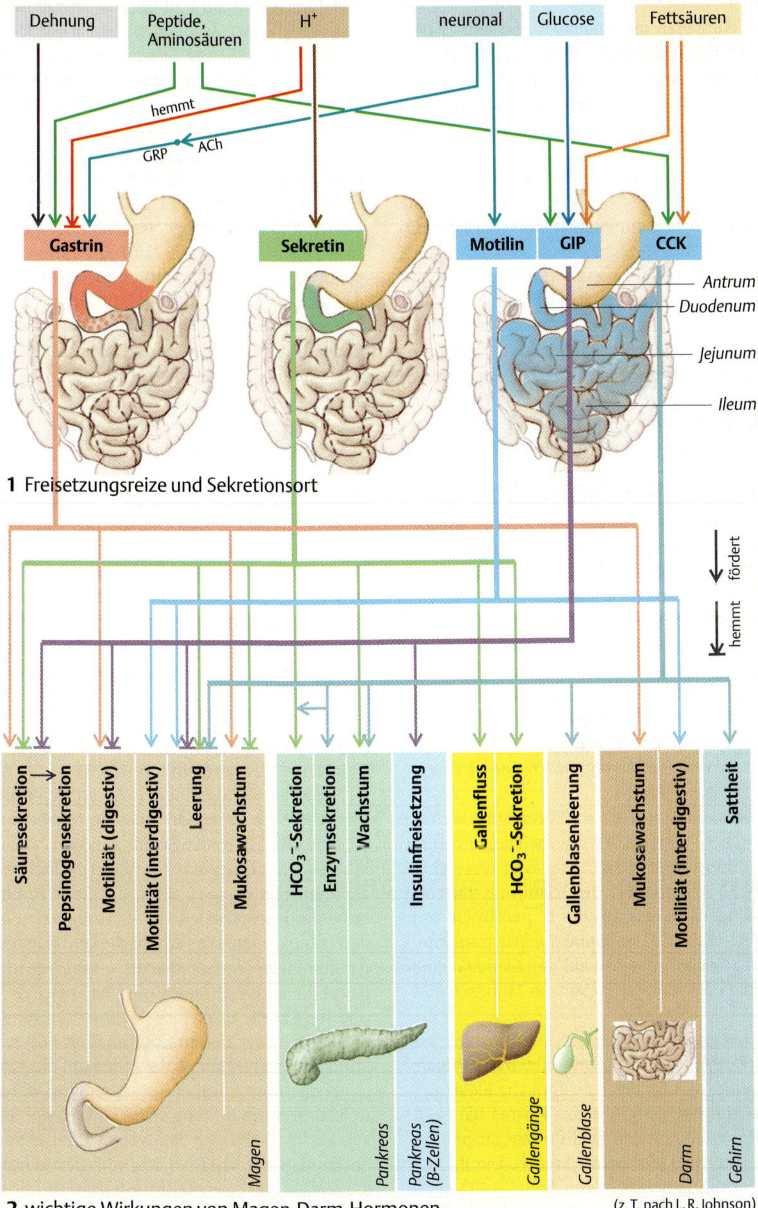

2 wichtige Wirkungen von Magen-Darm-Hormonen

(z. T. nach L. R. Johnson)

Speichel

Die **Aufgaben** des Speichels spiegeln sich in seiner **Zusammensetzung** wider: *Schleimstoffe* (*Muzine*) machen den Bissen schlüpfrig und damit schluckfähig; auch erleichtern sie Kau- und Sprechbewegungen. Nahrungsbestandteile werden im Speichel *gelöst*, eine Voraussetzung u.a. für das Wirksamwerden von Geschmacksreizen (→ S. 338) sowie für die Mund- und Zahnreinigung. Speichel ist *NaCl-arm* und *hypoton* und eignet sich daher auch für die intermittierende Spülung der Geschmackssensoren (NaCl!) während des Essens. Der Säugling braucht den Speichel für die Abdichtung der Lippen beim Stillen. Mit der α-Amylase (= Ptyalin) kann die *Verdauung* von Stärke bereits im Mund beginnen, während *Immunglobulin A* und *Lysozym* der Immunabwehr dienen (→ S. 94 f.). Der hohe *HCO_3^--Gehalt* puffert den Speichel auf ca. pH 7, was dem pH-Optimum der Amylase entspricht und es außerdem ermöglicht, dass verschluckter Speichel den sauren *Magensaft puffert*, der in den Ösophagus gelangt ist (→ S. 238). Diese Funktion hat auch die starke Speichelsekretion vor dem Erbrechen, bei dem sonst die Magensäure dem Zahnschmelz schaden würde. Da die Speichelproduktion stark vom Wassergehalt des Körpers abhängig ist, werden Mund und Rachen bei Wassermangel trocken; das trägt zum Gefühl des *Durstes* bei, der für die Flüssigkeitsbilanzierung im Körper wichtig ist (→ S. 168 u. 184).

Sekretionsrate. Je nach Stimulation werden zwischen 0,1 und 4 ml/min Speichel sezerniert (10 – 250 µl/min pro g Drüse, → **B**), was sich zu *0,5 – 1,5 l/d* summiert. Bei 0,5 ml/min stammen 95 % des Speichels aus der *G. parotis* (seröser Speichel) und *G. submandibularis* (muzinreicher Speichel), der Rest aus den *Glandulae sublinguales* sowie den Drüsen der Mundschleimhaut.

Die **Speichelbildung** geschieht in zwei Stufen: Die *Azini* (Endstücken) bilden den *Primärspeichel* (→ **A,C**), der eine ähnliche Elektrolytzusammensetzung wie das Plasma hat (→ **B**) und der dann in den Ausführungsgängen modifiziert wird (*Sekundärspeichel*). Die Bildung des **Primärspeichels** in den *Azini* (→ **C1**) ist die Folge des *transzellulären Transports von Cl^-*: Es wird auf der Blutseite sekundär-aktiv durch einen Na^+-K^+-2 Cl^--Cotransport-Carrier in die Zelle aufgenommen und luminal (zusammen mit HCO_3^-) über Anionen-Kanäle abgegeben. Dadurch entsteht ein lumennegatives transepitheliales Potenzial, das Na^+ parazellulär ebenfalls ins Lumen treibt, und Wasser folgt schließlich aus osmotischen Gründen nach. Der **Sekundärspeichel** entsteht in den *Ausführungsgängen*. Dort werden während der Passage Na^+ und Cl^- aus dem Lumen resorbiert sowie K^+ und (carboanhydraseabhängig) HCO_3^- sezerniert (→ **A**). Da die NaCl-Resorption gegenüber der *$KHCO_3$-Sekretion* überwiegt und die Wasserdurchlässigkeit des Gangsystems gering ist, wird der Speichel *hypoton* (bis weit unter 100 mosm/kg H_2O; → **B**). Steigt die Flussrate stark an, geraten diese Prozesse ins Hintertreffen, und die Zusammensetzung des Sekundärspeichels nähert sich der des Primärspeichels (→ **B**).

Die **Auslösung der Speichelproduktion** in den großen Speicheldrüsen geschieht *reflektorisch* (→ **D**). Reize sind u.a. Geruch und Geschmack der Speisen, Berührung der Mundschleimhaut, Kauen sowie Übelkeit. Auch *bedingte Reflexe* spielen eine Rolle. (Sie müssen erlernt werden. Ein ursprünglich nebensächlicher Begleitumstand, z.B. Tellerklappern vor dem Essen, würde später alleine als Reiz genügen.) Schlaf und Dehydratation hemmen die Speichelsekretion.

Stimuliert wird die Sekretion von Sympathikus und Parasympathikus (→ **C2**):

- Noradrenalin löst über β_2-Adrenozeptoren und *cAMP* die Sekretion eines an Muzin reichen, hoch viskösen Speichels aus.
- Acetylcholin bewirkt (a) über M_1-Cholinozeptoren und IP_3 (→ S. 82 u. 274) eine Anhebung der zytosolischen Ca^{2+}-Konzentration in den Azinuszellen. Dies erhöht die Leitfähigkeit des luminalen Anionenkanals – und bewirkt damit die Bildung eines wässrigen Speichels – und steigert die Exozytose der Speichelproteine. (b) Über M_3-Cholinozeptoren führt ACh zur Kontraktion *myoepithelialer Zellen* um die Azini, so dass deren Inhalt ausgepresst wird. (c) ACh fördert die Bildung von Kallikreinen, die aus Plasmakininogen *Bradykinin* freisetzen. Zusammen mit *VIP* (→ S. 234) dilatiert dieses die Gefäße der Speicheldrüsen. Das ist nötig, da der maximale Speichelfluss die Ruhedurchblutung weit übersteigt.

A. Speichelbildung

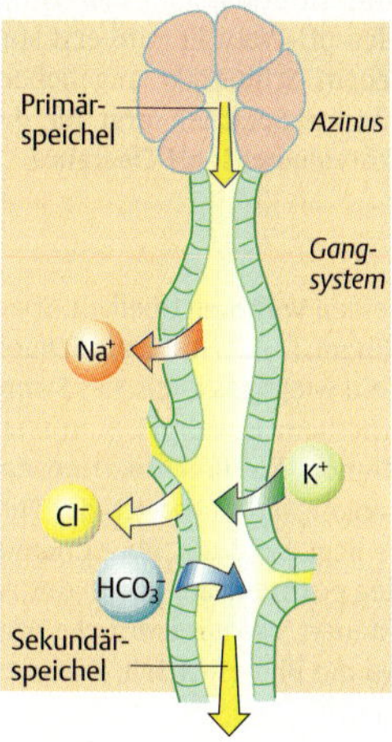

B. Elektrolyte des Speichels

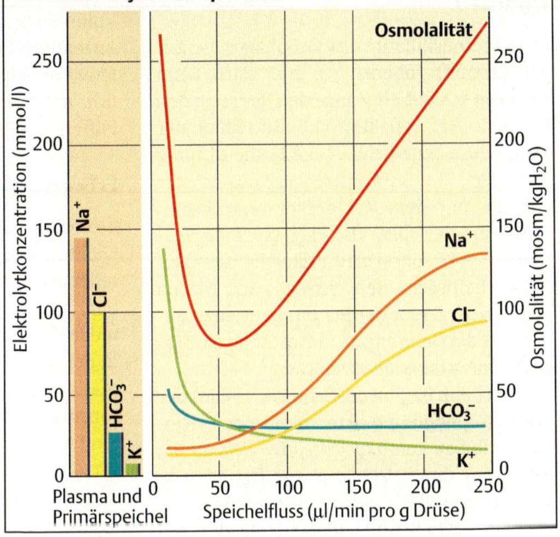

C. Mechanismus (1) und Steuerung (2) der Speichelbildung in den Azinuszellen

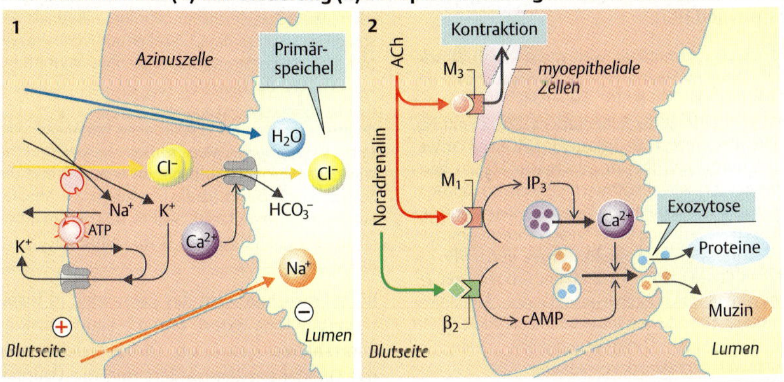

D. Auslösung der Speichelsekretion

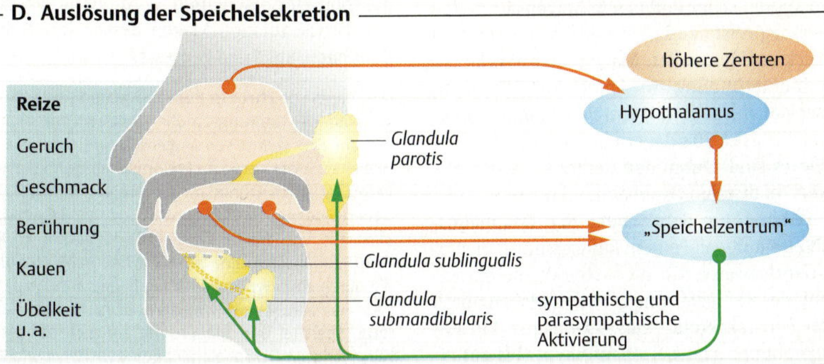

Schlucken

Die Wandmuskulatur des Ösophagus ist z.T. quer gestreift (oberes $^1/_3$), z.T. glatt. Beim **Schlucken** schiebt die Zunge den Bissen in den Rachen (→ **A1**); reflektorisch wird sodann der Nasen-Raum abgedichtet (→ **A2**), die Atmung angehalten, die Stimmritze geschlossen, die Luftröhre mit dem Kehldeckel verschlossen (→ **A3**) und der *obere Ösophagussphinkter* geöffnet (→ **A4**). Eine Peristaltikwelle des Ösophagus befördert den Bissen zum Magen (→ **A5, B1,2**). Bleibt der Bissen unterwegs stecken, löst die Dehnung an dieser Stelle eine *sekundäre peristaltische Welle* aus.

Schon beim Beginn des Schluckens wird der **untere Ösophagussphinkter** durch einen vagovagalen Reflex geöffnet (*rezeptive Relaxation*; → **B3**), was durch VIP- und NO-freisetzende Neurone vermittelt wird; ansonsten ist er meist geschlossen und bildet eine Barriere gegen den Reflux des aggressiven Magensafts (Pepsin und HCl).

Die Ösophagusmotilität wird meist durch **Druckmessungen** im Lumen geprüft, so das Wandern der Peristaltikwelle (→ **B1,2**). Innerhalb des *unteren Sphinkters* beträgt der Ruhedruck ca. 20 – 25 mmHg, während der rezeptiven Relaxation fällt er auf die wenigen mmHg ab, die im proximalen Magen herrschen (→ **B3**), was ein Öffnen des Sphinkters anzeigt. Bei der *Achalasie* fehlt die rezeptive Relaxation, so dass sich die Nahrung in der Speiseröhre ansammelt.

Gesenkt wird der **Sphinkterdruck** durch VIP, Sekretin, CCK, NO, GIP (→ S. 234) und Progesteron. *Erhöht* wird er durch Acetylcholin, Gastrin, Motilin sowie durch einen hohen Intraabdominaldruck, da ein Teil des unteren Ösophagussphinkters selbst im Bauchraum liegt (Druck von außen).

Ein sporadischer **Reflux** von Magensaft in den Ösophagus ist häufig, sei es beim unverhofften Druck auf den vollen Magen, beim *Schlucken* (Sphinkteröffnung für mehrere Sekunden) oder bei den sog. *transienten Sphinkteröffnungen*, die bis zu 30 s dauern und Teil des *Aufstoßreflexes* sind. Durch den Reflux sinkt der pH-Wert im distalen Ösophagus stark ab.

Wichtig für den **Schutz der Ösophagusschleimhaut** nach einem Reflux sind: 1. Die **Volumenclearance**, d. h. die rasche Wiederentleerung des Refluxvolumens in den Magen durch den Peristaltikreflex des Ösophagus. Ein Refluxvolumen von z.B. 15 ml bleibt (bis auf einen kleinen Rest) normalerweise nur 5 – 10 s im Ösophagus. 2. Die Magensaftreste, die die Volumenclearance zurücklässt, haben einen unverändert tiefen pH-Wert. Er wird erst stufenweise bei jedem Schluckakt angehoben, d.h. der verschluckte Speichel sorgt für die Pufferung des Restvolumens: **pH-Clearance.**

Erbrechen

Erbrechen mit seinen **Vorboten** Übelkeit, Speichelfluss und Würgen (→ **C**) ist v. a. ein *Schutzreflex* aber auch ein wichtiges klinisches *Symptom*, z.B. bei erhöhtem Hirndruck (intrakranielle Blutung, Tumor). Das **Brechzentrum**, das in der Medulla oblongata im Bereich der Formatio reticularis liegt, wird u. a. über **Chemosensoren** der Area postrema am Boden des IV. Ventrikels angesteuert (*chemosensorische Triggerzone, CTZ*), wo die Blut-Hirn-Schranke weniger dicht ist.

Aktiviert wird die CTZ u. a. von Nikotin u. a. Toxinen sowie von Dopamin-Agonisten wie Apomorphin (therapeutisches *Emetikum*). Für ihre neuronale Ansteuerung besitzen die CTZ-Zellen außerdem Rezeptoren für Neurotransmitter. Auch ohne Vermittlung der CTZ kann das Brechzentrum aktiviert werden, so bei unphysiologischer Reizung des Gleichgewichtsorgans (*Kinetose*), bei *Überdehnung von Magen oder Darm*, bei *verzögerter Magenentleerung* sowie bei *Entzündungen* der Bauchorgane. Im ersten Drittel der *Schwangerschaft* tritt häufig Übelkeit und Erbrechen auf (*Vomitus matutinus*), wobei u. U. auch erbrechensbedingte Störungen (s. u.) auftreten (*Hyperemesis gravidarum*).

Beim **Erbrechen** wird das Zwerchfell in Inspirationsstellung fixiert, und die Bauchmuskeln kontrahieren sich rasch. Da sich gleichzeitig das Duodenum kontrahiert und die Ösophagussphinkter erschlaffen, wird durch den hohen Druck auf den Magen dessen Inhalt via Ösophagus ins Freie gepresst.

Die Folgen von **chronischem Erbrechen** sind auf die verminderte Nahrungszufuhr (*Unterernährung*) sowie auf den *Verlust von Magensaft* zurückzuführen, wobei auch der verschluckte Speichel, Getränke sowie u. U. auch Dünndarmsekrete verloren gehen. Neben einer *Hypovolämie* entwickelt sich wegen des Verlustes von Magensäure (10 – 100 mmol H^+-Ionen/l Magensaft!) eine *nichtrespiratorische Alkalose*, die durch eine *Hypokaliämie* noch verstärkt wird. K^+ geht nämlich sowohl mit dem Erbrochenen (Nahrung, Speichel und Magensaft) als auch mit dem Harn verloren (hypovolämiebedingter *Hyperaldosteronismus*; → S. 180 f.).

A. Schlucken

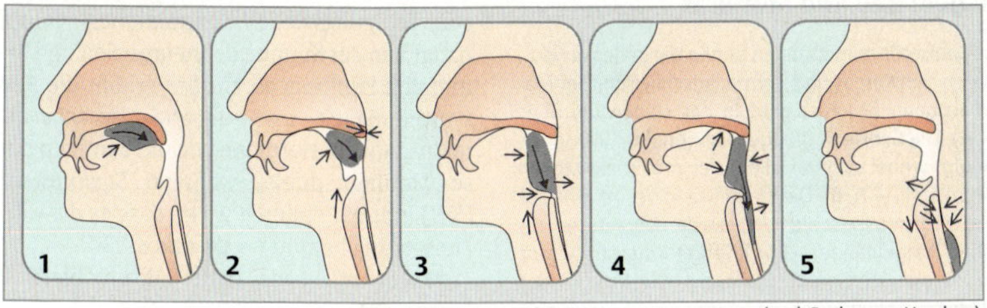

(nach Rushmer u. Hendron)

B. Motilität des Ösophagus

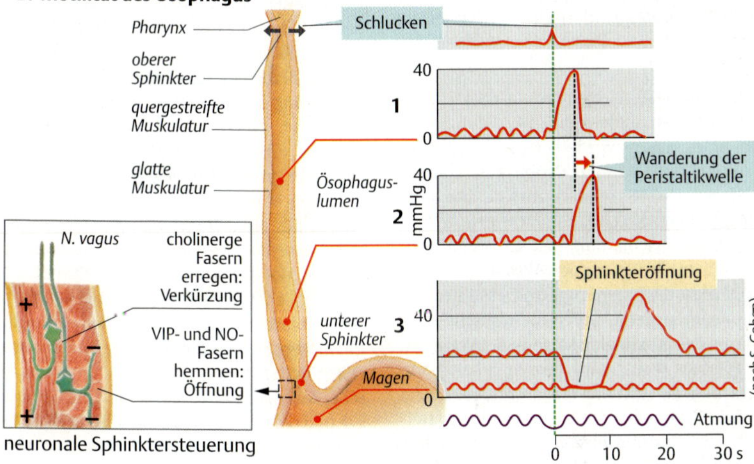

C. Erbrechen

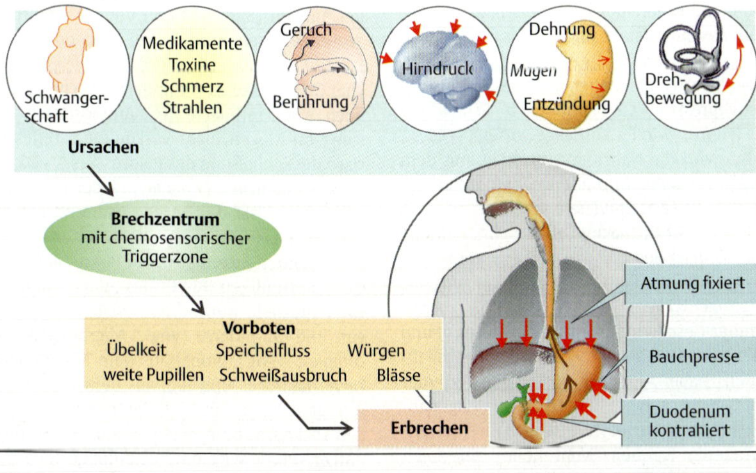

Magen: Bau und Motilität

Die Speiseröhre mündet an der *Kardia* in den *Fundus*, an den sich *Korpus* und *Antrum* anschließen. Der Magenausgang (*Pylorus*) geht in das *Duodenum* über (→ **A**). Die **Größe** des Magens ist von der Füllung abhängig, wobei sich vor allem der proximale Magen vergrößert (→ **A, B**). Die Magenwand besitzt eine äußere Längsmuskelschicht (nur an den Kurvaturen, reguliert Magenlänge), eine kräftige Ringmuskulatur und innere, schräge Muskelfasern. Die Mukosa der *tubulären Magendrüsen* in Fundus und Korpus enthält *Hauptzellen* (**HZ**) und *Belegzellen* (**BZ**) (→ **A**), die die Bestandteile des Magensaftes produzieren (→ S. 242). Die Magenschleimhaut besitzt zudem *endokrine Zellen* (u.a. Bildung von Gastrin im Antrum) und Schleim absondernde Nebenzellen (**NZ**).

Funktionell lässt sich ein *proximaler* von einem *distalen Magen* abgrenzen (→ **A**). Beim Schlucken eines Bissens wird über vago-vagale Reflexe nicht nur der untere Ösophagussphinkter geöffnet (→ S. 238) sondern auch der **proximale Magen** kurzzeitig dilatiert (*rezeptive Relaxation*). Diese Erschlaffung hält an, wenn Nahrung eintritt (vago-vagaler *Akkomodationsreflex*), so dass der Innendruck trotz erhöhter Füllung kaum ansteigt. Durch die tonische Kontraktion des proximalen Magens, der vor allem als *Speicher* dient, wird dessen Inhalt dann langsam in den **distalen Magen** geschoben. An dessen Obergrenze (mittleres Korpusdrittel) liegt eine *Schrittmacherzone* (s. u.). Besonders bei lokaler Reizung der Magenwand (z. T. direkt reflektorisch, z. T. über Gastrin; → **D1**) starten von hier aus peristaltische Wellen, die im Antrum besonders stark sind und bis zum Pylorus laufen. Dadurch wird der Speisebrei in Richtung Pylorus geschoben (→ **C5,6,1**), zusammengepresst (→ **C2,3**) und, nach Schließung des Pylorus, wieder zurückgeworfen (→ **C3,4**). Dabei wird die Nahrung *zermahlen*, mit dem Magensaft *gemischt* und *angedaut*; außerdem werden die Fette *emulgiert*.

In den **Schrittmacherzellen** (= interstitielle Cajal-Zellen) des distalen Magens kommt es etwa alle 20 s zu Potenzialschwankungen (sog. *langsame Wellen*, → S. 244), die mit zunehmender Geschwindigkeit (0,5 bis 4 cm/s) und Amplitude (0,5 bis 4 mV) zum Pylorus hinablaufen. Dabei wird die potenzielle Aktivität von Schrittmacherzellen distalerer Magenanteile (ähnlich wie im Herz) wegen ihrer jeweils geringeren Frequenz vom höher gelegenen Schrittmacher überspielt. Ob und wie oft dieser Erregungswelle Kontraktionen folgen, hängt von der Summe der neuronalen und humoralen Einflüsse ab. *Gastrin* erhöht die Antworthäufigkeit und die Schrittmacherfrequenz. Andere Hormone wie *GIP* hemmen diese Motilität direkt, während *Somatostatin* (*SIH*) indirekt dadurch wirkt, dass es die GRP-Freisetzung hemmt (→ **D1** und S. 234).

Magenentleerung. Feste Nahrung bleibt so lange im Magen, bis sie in Teilchen von < 1 mm Durchmesser suspendiert ist (*Chymus*); erst dann fließt sie ins Duodenum ab. Die Zeit, nach der 50 % der aufgenommenen Menge den Magen wieder verlassen haben, beträgt für *Wasser* 10 – 20 min; dieser Wert erhöht sich für *feste Nahrung* je nach deren Zusammensetzung auf 1 – 4 h (Verweildauer: Kohlenhydrate < Proteine < Fette). Die Entleerung ist v. a. vom *Tonus des proximalen Magens* und des *Pylorus* abhängig. *Motilin fördert* die Magenentleerung (Tonus des prox. Magens steigt, Pylorus dilatiert). *Gehemmt* wird die Entleerung, wenn im Chymus der pH sinkt sowie die Osmolalität und der Gehalt an freien langkettigen Fettsäuren und (aromatischen) Aminosäuren steigen. Chemosensorische Enterozyten und Bürstenzellen in der Dünndarmmukosa, enterogastrische Reflexe und die Hormone *CCK*, *Sekretin*, *GIP* und *Gastrin* (→ S. 234) vermitteln diese Regelung (→ **D2**). Dabei ist der **Pylorus** aber meist etwas geöffnet (freier Abfluss von „fertigem" Chymus). Er kontrahiert sich nur 1. am Ende der Antrum-„Systole" (s. o.), um feste Nahrung zurückzuhalten, und 2. bei Duodenumkontraktionen, um einen Reflux magenschädlicher Gallensalze zu verhindern. Geschieht dies doch, lösen refluierte freie Aminosäuren, die sonst im Magen nicht vorkommen, reflektorisch die Schließung des Pylorus aus (→ **D2**).

Unverdauliches (Knochen, Fasern, Fremdkörper) verlässt den Magen während der digestiven Phase überhaupt nicht. Erst in der anschließenden **interdigestiven Phase** laufen im ca. 1,5-stündigen Rhythmus einer „inneren Uhr" spezielle Kontraktionswellen über Magen und Dünndarm (engl.: *Migrating motor complex; MMC*), wobei aus dem Magen auch Unverdauliches und u. a. aus dem Dünndarm retrograd eingewanderte Bakterien zurück in den Dickdarm befördert werden. Diese „Ausputzer"-Phase wird durch *Motilin* gesteuert.

A. Anatomie des Magens

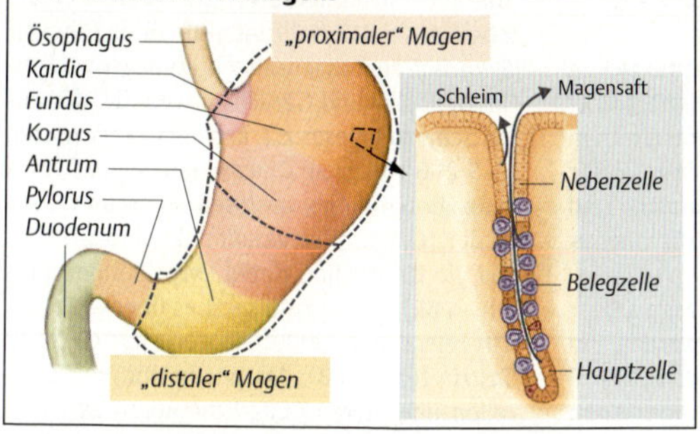

B. Füllungszustände

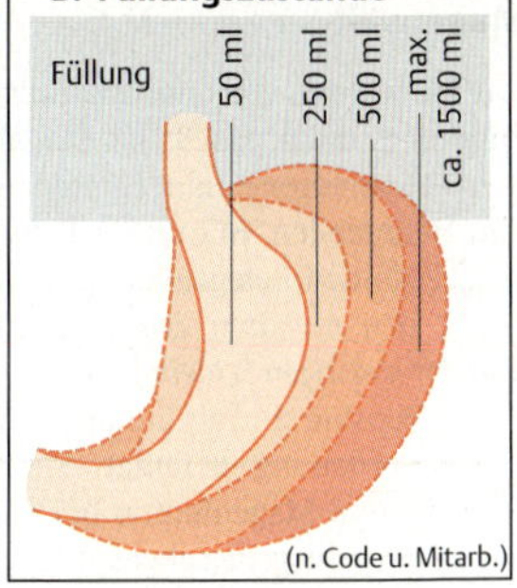

C. Motilitätszyklus des distalen Magens

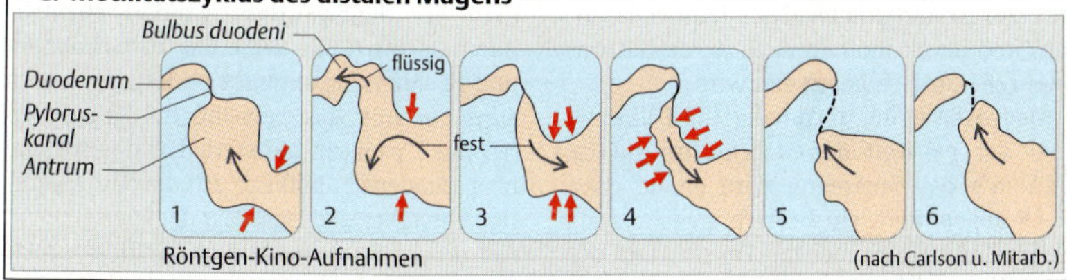

D. Einflüsse auf die Magenmotilität

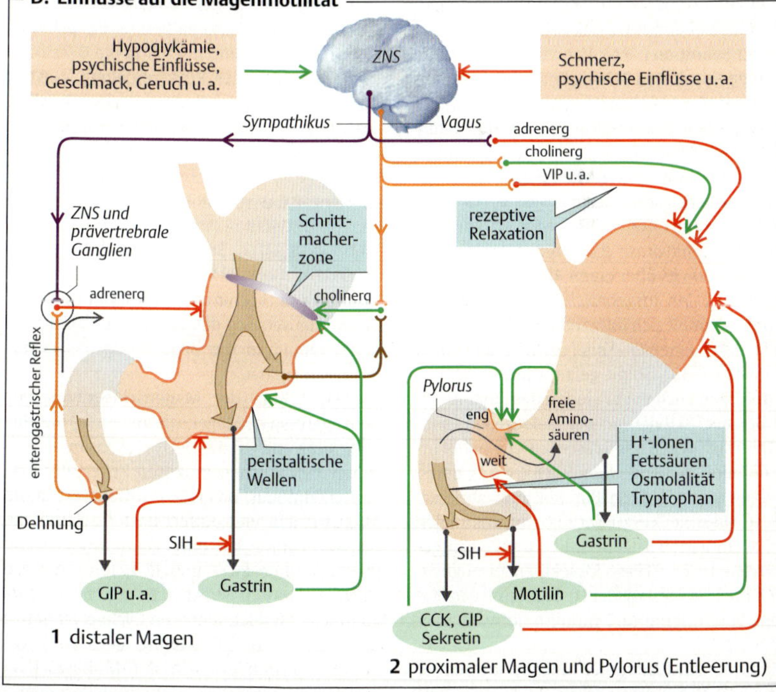

Magensaft

Pro Tag werden von den *tubulären Drüsen* von Fundus und Korpus 3–4 l Magensaft sezerniert. *Pepsinogene* und *Lipasen* entstammen den Hauptzellen, *HCl* und der *Intrinsic Factor* (→ S. 260) den Belegzellen sowie *Muzine* und *HCO_3^- den mukösen Zellen des Drüsenhalses und der sonstigen Schleimhaut.*

Die **Pepsine** sind als Endopeptidasen an der Proteinverdauung beteiligt. Sie werden im Drüsen- und Magenlumen bei einem pH < 6 aus den *Pepsinogenen* abgespalten, die von den Hauptzellen exozytiert werden. Hauptaktivator dafür ist *Acetylcholin*, das z. T. durch H^+-Ionen (und damit indirekt auch durch Gastrin) lokal-reflektorisch freigesetzt wird.

Magensäure. Bei maximaler HCl-Sekretion sinkt der *pH-Wert des Magensaftes* auf ca. 0,8. Durch den Speisebrei wird er auf etwa 1,8–4 abgepuffert, ein Bereich, in dem auch die pH-Optima der meisten Pepsine und der Magenlipase liegen. Der niedrige pH-Wert trägt zudem zur *Denaturierung* der Nahrungsproteine bei und wirkt *bakterizid*.

HCl-Sekretion (→ **A**). Von einer *H^+/K^+-ATPase* in der luminalen Belegzellmembran werden H^+-Ionen (im Austausch gegen K^+-Ionen) ca. 10^7fach im Magenlumen angereichert (*primär-aktiver Transport*, → **A1** u. S. 26). K^+ rezirkuliert über einen luminalen *K^+-Kanal* zurück ins Lumen. Für jedes sezernierte H^+-Ion verlässt ein HCO_3^--Ion (aus CO_2 + OH^- unter Mitwirkung von *Carboanhydrase* [CA]) die Zelle auf der Blutseite, wo es über einen *Anionencarrier* gegen ein *Cl^--Ion* ausgetauscht wird (→ **A2**). Dadurch sammelt sich intrazellulär Cl^- an, das die Zelle durch einen *Cl^--Kanal* in Richtung Lumen verlässt (→ **A3**). Somit gelangt pro sezerniertem H^+-Ion auch ein Cl^--Ion in das Lumen.

Bei der **Aktivierung der Belegzellen** (s. u.) öffnen sich gegen das Drüsenlumen hin tief ins Zellinnere reichende *Kanälchen* (→ **B2**), deren Wände einen dichten Bürstensaum besitzen. Diese enorme Vergrößerung der luminalen Zellmembranoberfläche mit ihren dichtgepackten H^+/K^+-ATPase-Molekülen ermöglicht eine max. Steigerung der H^+-Sekretion des Magens von in Ruhe ca. 2 mmol/h auf weit über 20 mmol/h.

Bei der **Auslösung der Magensäuresekretion** (→ **B**) lassen sich nervale, lokal-gastrische und intestinale Einflüsse („Phasen") unterscheiden (→ **B1**). Nahrungsaufnahme führt *reflektorisch* zur Magensaftsekretion, wobei Seh-Geschmacks- und Geruchsnerven die afferenten Schenkel dieser z. T. *bedingten Reflexe* sind (→ S. 236). Auch ein Glucosemangel im Gehirn kann diesen Reflex auslösen. Efferenter Nerv ist der N.vagus. *Acetylcholin* aktiviert im Fundus die Belegzellen direkt (M_3-Cholinozeptoren, → **B2**); im Antrum setzt es über GRP(**g**astrin-**r**eleasing **p**eptide)-Neurone aus G-Zellen *Gastrin* frei (→ **B3**), das wiederum die Belegzellen über deren CCK_B-Rezeptoren aktiviert. Die H- oder ECL-Zellen (**e**ntero**c**hromaffin-**l**ike) der Fundusdrüsen werden ebenfalls durch Gastrin (CCK_B-Rez.), aber auch cholinerg und β_3-adrenerg, aktiviert (→ **B2**); sie setzen *Histamin* frei, das benachbarte Belegzellen (H_2-Rez.) parakrin aktiviert. Lokal-gastrische bzw. duodenale Einflüsse auf die Säuresekretion entstehen dadurch, dass der Speisebrei im Antrum bzw. im Duodenum *Gastrin* freisetzt (→ **B1** u. S. 235, A).

Zur **Hemmung der Magensäuresekretion** tragen folgende Faktoren bei: (a) Ein *pH-Wert < 3,0* im Antrumlumen schaltet die G-Zell-Sekretion ab (negative Rückkoppelung, → **B1,3**) und aktiviert zugleich die antralen *D-Zellen*, die SIH sezernieren (→ S. 234). *SIH* seinerseits hemmt parakrin die G-Zellen im Antrum (→ **B2,3**) und die H-Zellen im Fundus (→ **B2**). (b) Neuronal wird CGRP (→ S. 234) freigesetzt, das die D-Zellen in Antrum und Fundus aktiviert (→ **B2,3**). (c) Sekretin und GIP aus dem Dünndarm (→ S. 234) beeinflussen retrograd die Magensaftsekretion (→ **B1**). Damit wird die Zusammensetzung des vom Magen kommenden Chymus an die Bedürfnisse des Dünndarms angepasst.

Dem **Schutz der Magenschleimhaut** vor dem aggressiven Magensaft dienen (a) die *Mukusschicht* und (b) die *HCO_3^--Sekretion* der darunter befindlichen mukösen Zellen der Magenschleimhaut. Das HCO_3^- diffundiert in die Mukusschicht und puffert dort die Säure, die ihr vom Lumen her entgegendiffundiert. Die Prostaglandine PGE_2 und PGI_2 fördern diese HCO_3^--Sekretion. Wird z. B. durch antientzündliche Medikamente die Cyclooxygenase 1 und damit die PG-Bildung (→ S. 269) gehemmt, vermindert sich der Mukosaschutz und es kann zu Magengeschwüren kommen.

A. HCl-Sekretion durch Belegzellen

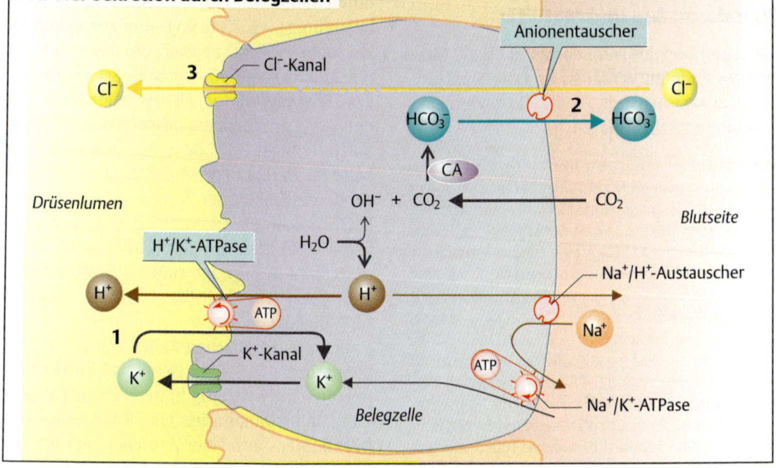

B. Steuerung der Magensäuresekretion

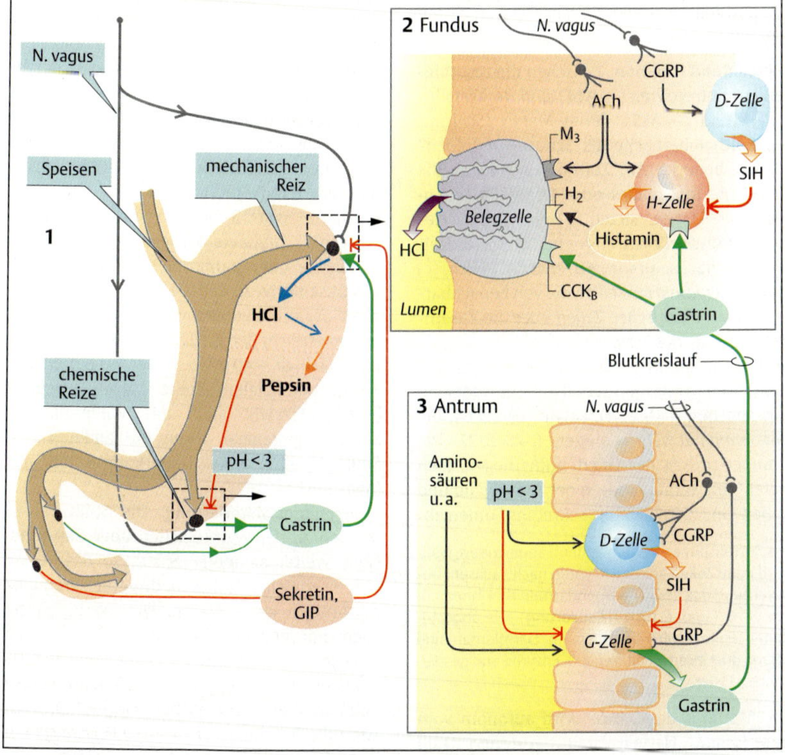

Dünndarm: Bau und Motilität

Hauptfunktion des Dünndarms ist es, die Nahrung zu Ende zu verdauen und die Spaltprodukte zusammen mit H_2O, Elektrolyten und Vitaminen zu absorbieren.

Bau. Der Dünndarm ist ein beim Lebenden ca. 2 m langes Organ, das als *Duodenum* am Magenausgang beginnt, sich als *Jejunum* fortsetzt und als *Ileum* in den Dickdarm einmündet. Der Außenschicht des Dünndarms (Serosa; → **A1**) folgt eine *Längsmuskelschicht* (→ **A2**), der *Plexus myentericus* (Auerbach, → **A3**) eine *Ringmuskelschicht* (→ **A4**), der *Plexus submucosus* (Meissner, → **A5**) und die *Schleimhaut* (*Mukosa*, → **A6**), die von *Epithelzellen* (→ **A13-15**) bedeckt ist. Über das *Mesenterium* (→ **A7**) wird der Dünndarm mit Blut- und Lymphgefäßen (→ **A8** bzw. **9**) und mit Nerven versorgt (→ **A10**). Die Grenzfläche Epithel/Lumen ist gegenüber einem glatten, zylindrischen Rohr auf das ca. 300 – 1600fache (mehr als 100 m^2) vergrößert: 3fach durch die *Kerckring-Falten* (→ **A11**), 7 – 14fach durch die *Zotten* (*Villi*; → **A12**) und 15 –40fach durch den Bürstensaum (→ **A13**) der Enterozyten.

Feinbau und Funktion. Zwischen die resorbierenden Enterozyten (→ **A14**) sind *Becherzellen* eingestreut (→ **A15**), deren *Mukus* (*Schleim*) die Epitheloberfläche als Schutz- und Gleitschicht bedeckt. Am Zottengrund liegen die *Glandulae intestinales* oder *Lieberkühn-Krypten* (→ **A16**). Hier sitzen (a) *undifferenzierte* und *mitotische Zellen*, aus denen die Zottenzellen nachwachsen (s. u.), (b) *muköse Zellen*, (c) *endo-* und *parakrine Zellen*, die von benachbarten *chemosensorischen Zellen* über die Zusammensetzung des Chymus informiert werden und daraufhin ihr jeweiliges Hormon ins Blut bzw. ihren parakrinen Signalstoff ins Interstitium abgeben (→ S. 234), sowie (d) *Zellen*, die der *Immunabwehr* dienen (→ S. 232). Die *Brunner-Drüsen* des Duodenums liegen noch tiefer (Tela submucosa) in der Darmwand und geben ein HCO_3^--reiches Sekret ins Lumen ab.

Die Zottenspitzen werden laufend abgestoßen, während neue Zellen aus den Krypten nachwachsen. Dadurch wird das gesamte Dünndarmepithel innerhalb von 3 – 6 Tagen ersetzt (**Mauserung**). Die abgestoßenen Epithelzellen zerfallen im Darmlumen und setzen dort ihren Inhalt frei, z. B. Enzyme und gespeichertes Eisen.

Die **Motilität** des Darms wird autonom vom enterischen Nervensystem gesteuert und durch Hormone und die äußere Innervation beeinflusst (→ S. 234). Im Dünndarm laufen lokal (über 1 – 4 cm) *Pendelbewegungen* (Längsmuskulatur) und *rhythmische Segmentierungen* (Ringmuskulatur) ab, die beide dazu dienen, den Darminhalt zu mischen und ihn in innigen Kontakt mit dem Mukosaepithel zu bringen. Unterstützt wird dies durch die Eigenbeweglichkeit der Zotten (Lamina muscularis mucosae). *Peristaltische Reflexwellen* (30 – 120 cm/min) hingegen, die interdigestiv besonders ausgeprägt sind (→ S. 240), *befördern* den Darminhalt (ca. 1 cm/min) in Richtung Dickdarm.

Beim **peristaltischen Reflex** löst der Darminhalt (*Bolus*, → **B**) über Dehnungssensoren reflektorisch gleichzeitig hinter sich eine Verengung und stromabwärts eine Erweiterung des Darmlumens aus. Über Zwischenneurone angesteuerte, cholinerge Motoneurone mit lang anhaltender Erregung (sog. Typ 2) aktivieren dabei gleichzeitig die Ringmuskulatur hinter und die Längsmuskulatur vor dem Bolus. Parallel dazu wird die Ringmuskulatur stromabwärts gehemmt (*Akkomodation*) und stromaufwärts enthemmt (→ **B**; s. a. S. 234).

Wie der Magen besitzt auch der Darm in Form der interstitiellen Cajal-Zellen **Schrittmacher**, deren Membranpotenzial mit einer Frequenz von 3 – 15/min um 10 – 20 mV schwankt: *langsame Wellen* (→ **C1**). Nervale, endokrine oder parakrine Einflüsse können das Gesamtniveau der Wellen anheben (= weniger negatives Potenzial) oder senken. Steigt es und erreicht der Wellenberg das Schwellenpotenzial (ca. – 40 mV), so werden Serien von Aktionspotenzialen („Spike"-Salven) ausgelöst (→ **C2**). Erreicht auch das Wellental das Schwellenpotenzial, lösen die andauernden Spikes (→ **C3**) eine Dauerkontraktion aus (*Spasmus*).

Erregungsweiterleitung. Die Spike-Salven werden zu den Muskelzellen über Gap Junctions weitergeleitet (→ S. 70), so dass diese sich in gleicher (oder niedrigerer) Frequenz rhythmisch kontrahieren. Die Weiterleitung nach anal versiegt jedoch nach einer gewissen Strecke (→ **D**, Schrittmacherzone), und distalere Zellen (mit geringerer Eigenfrequenz) übernehmen die Schrittmacherfunktion. Dies ist auch die Ursache dafür, dass die Peristaltik des Dünndarms nur von oral nach anal läuft.

A. Bau des Dünndarms (schematisch)

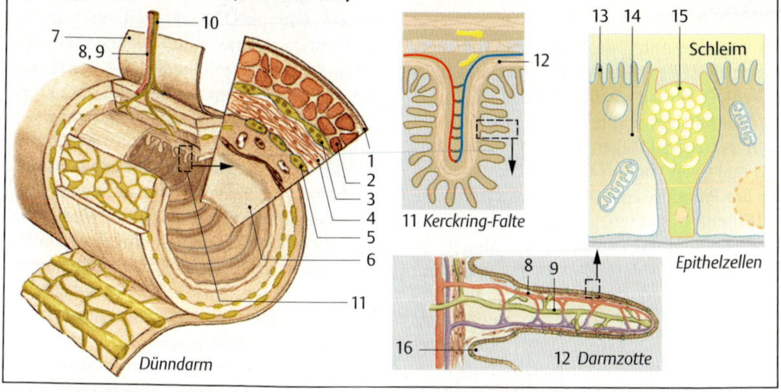

B. Peristaltischer Reflex

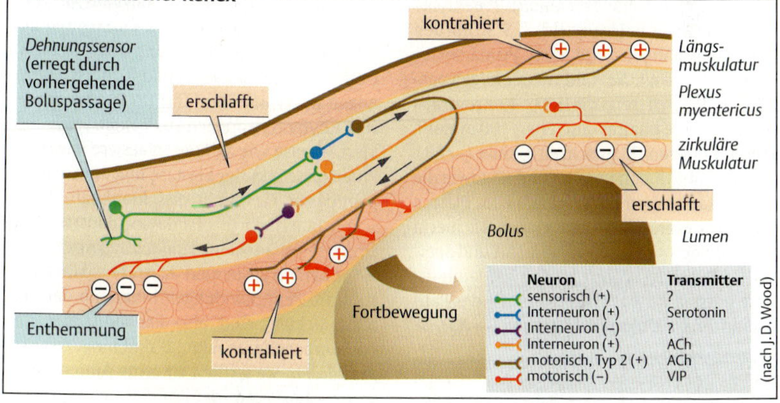

C. Langsame Wellen und Spikes

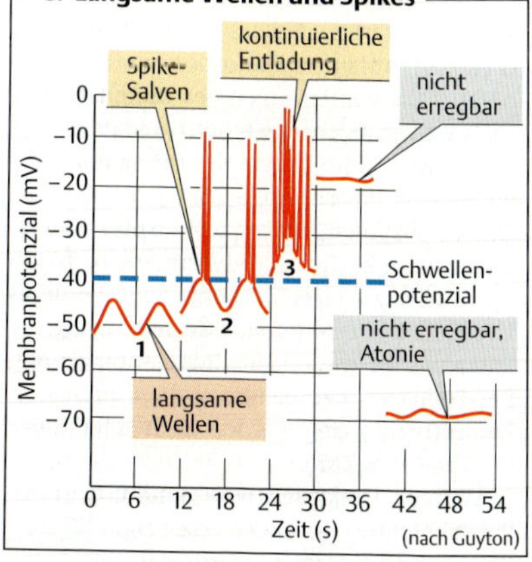

D. Schrittmacherfrequenz

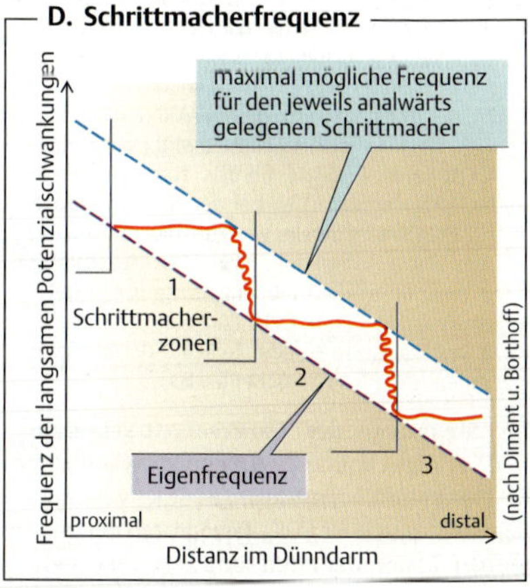

Pankreas

Der exokrine Anteil des Pankreas produziert täglich 1–2 l Pankreassaft, der ins Duodenum abfließt. Er enthält v.a. Bicarbonat (*HCO_3^-*), das der Neutralisierung (pH 7–8) des HCl-reichen Chymus aus dem Magen dient, sowie die großteils inaktiven Vorstufen der *Verdauungsenzyme*, die Proteine, Fette, Kohlenhydrate u.a.m. im Dünndarm spalten.

Die **Bildung des Pankreassaftes** ähnelt der des Speichels insofern, dass er in zwei Stufen gebildet wird und dass in den **Azini** *sekundär-aktiv Cl^- sezerniert* wird, dem Na^+ und Wasser passiv folgen (→S.236). Dieses Primärsekret entspricht in seiner Elektrolytzusammensetzung dem Plasma (vgl. **A1** mit **2**). Das Primärsekret enthält auch die *Verdauungs-Proenzyme* und andere Proteine (*Exozytose*; → S.30). In den **Ausführungsgängen** wird dem Primärsekret *HCO_3^-* beigemengt; *Na^+* und *Wasser* folgen passiv nach. Dadurch steigt die *HCO_3^-*-Konzentration des Pankreassaftes auf über 100 mmol/l, während die von Cl^- gleichzeitig sinkt (→**A3**). Die Konzentrationen von Na^+ und K^+ sowie die Osmolalität bleiben im Vergleich zum Plasma hingegen unverändert (vgl. **A1** mit **2**); hierin unterscheiden sich also Pankreassaft und Speichel (→S.237 B). Während der Verdauungsphase entstammt das Hauptvolumen des Pankreassaftes der Duktulus-Sekretion (→**A3**).

In der luminalen Membran der **Duktulus-Zellen** wird **HCO_3^-** über einen *Anionenaustauscher* sezerniert, der gleichzeitig Cl^- aus dem Lumen aufnimmt (→**B1**). Um die Menge des sezernierten HCO_3^- nicht durch die luminale Cl^--Verfügbarkeit zu beschränken, rezirkuliert Cl^- über einen Cl^--Kanal wieder zurück ins Lumen, der durch **Sekretin** (über cAMP und Proteinkinase A = PKA) vermehrt geöffnet wird (→**B2**). Dieser CFTR-Kanal (= **c**ystic **f**ibrosis **t**ransmembrane conductance **r**egulator) ist bei der **Mukoviszidose** (= *cystische Fibrose*) defekt, was zu schweren Störungen der Pankreasfunktion führt. Das sezernierte HCO_3^- entstammt der Carboanhydrase (CA)-katalysierten Reaktion CO_2 + OH^-. Für jedes sezernierte HCO_3^- verlässt ein H^+-Ion die Zelle auf der Blutseite über einen Na^+/H^+-Austauscher (→**B3**).

Die **Steuerung der Pankreassaft-Sekretion** (→**C**) erfolgt cholinerg (*N.vagus*) sowie durch die Hormone *Cholezystokinin* (CCK; verstärkt Vaguswirkung über CCK_A-Rezeptoren der cholinergen Fasern der Azini) und *Sekretin* (→**A2, 3, B, C** u. S.234). In einer Rückkoppelungsschleife wird die CCK-Sekretion durch *Trypsin* im Dünndarmlumen (s.u.) wieder abgeschaltet (→**D**). *Sekretin* erhöht die HCO_3^-- und Wassersekretion der Duktuli, wobei u.a. *CCK* und *Acetylcholin* (*ACh*) dadurch *potenzierend* wirken, dass sie die zytosolische Ca^{2+}-Konzentration erhöhen. Die Hormone beeinflussen auch die Genexpression der Pankreasenzyme.

Die **Pankreasenzyme** sind für die Verdauung unentbehrlich. Sie haben alle ein pH-Optimum von 7–8. Ist die HCO_3^--Sekretion ungenügend (z.B. bei Mukoviszidose), so bleibt der Chymus zu sauer, und eine Verdauungsinsuffizienz (*Maldigestion*) ist die Folge.

Der **Proteinspaltung** dienen Proteasen, die in ihrer inaktiven Form (Proenzyme) sezerniert werden: *Trypsinogene, Chymotrypsinogene, Pro-Elastase* und die *Pro-Carboxypeptidasen A* und *B*. Ihre Aktivierung erfolgt erst im Darm, wo eine *Enteropeptidase* zuerst Trypsinogen in *Trypsin* überführt (→**D**), das wiederum Chymotrypsinogen zu *Chymotrypsin* aktiviert, ebenso wie zahlreiche andere Pankreas-Proenzyme inkl. der Elastase und der Carboxypeptidasen. Geschieht dies krankhafterweise schon innerhalb des Pankreas, daut sich das Organ selbst an (*akute Pankreasnekrose*). Trypsin, Chymotrypsin und Elastase spalten bestimmte Peptidbindungen innerhalb der Proteinmoleküle, sind also *Endoproteasen*. Die *Carboxypeptidasen A* und *B* sind hingegen *Exopeptidasen*: Sie spalten einzelne Aminosäuren vom Carboxylende der Proteine ab.

Kohlenhydratspaltung. Die als aktives Enzym sezernierte α-Amylase spaltet Stärke und Glykogen zu Maltose, Maltotriose und α-Grenzdextrin, die von Enzymen des Dünndarmepithels weiter abgebaut werden (→S.259).

Das wichtigste Enzym der **Fettspaltung** ist die *Pankreaslipase* (s.a. S.252f.). Sie wird als aktives Enzym sezerniert und spaltet Triacylglycerine zu 2-Monoacylglycerinen und freien Fettsäuren. Zu ihrer Wirkung sind allerdings weitere Enzyme, die *Colipasen*, notwendig, die (ebenfalls durch Trypsineinwirkung) aus den Pro-Colipasen des Pankreassaftes entstehen. Zur Fettverdauung werden auch Gallensalze benötigt (→S.248).

Weitere Pankrasenzyme sind u.a. (Pro-) Phospholipase A_2, (Pro-)Elastase, RNasen, DNasen und eine Carboxylesterase.

A. Elektrolytkonzentrationen von Plasma und Pankreassaft

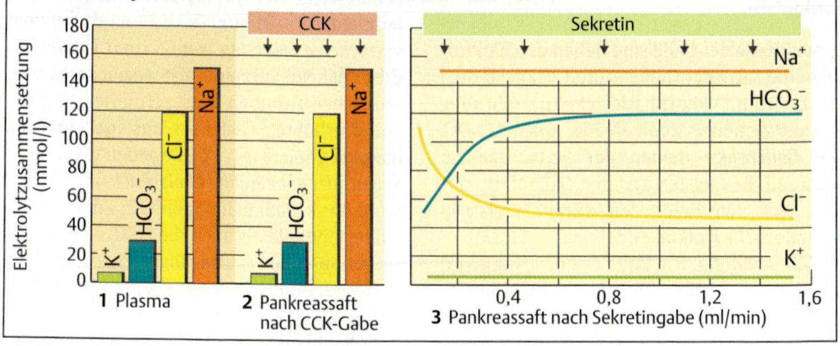

B. Sekretion in Pankreasgangzellen

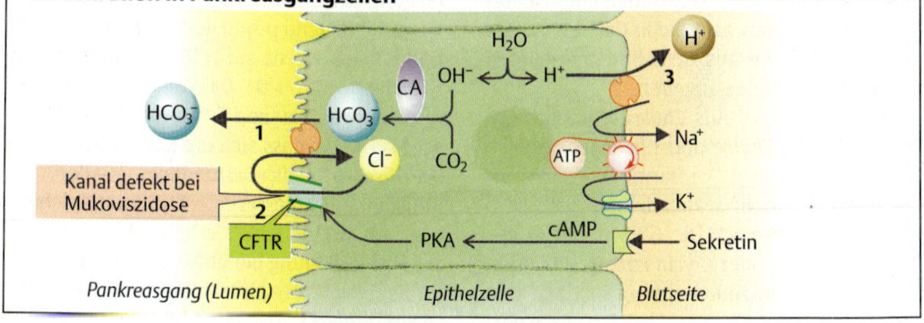

C. Steuerung der Pankreassaftsekretion

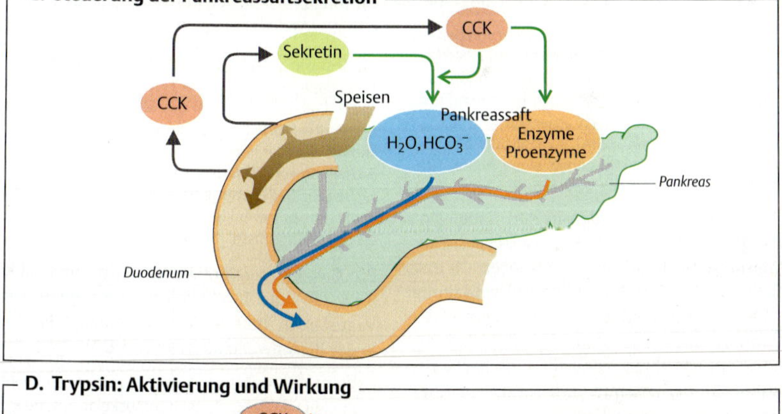

D. Trypsin: Aktivierung und Wirkung

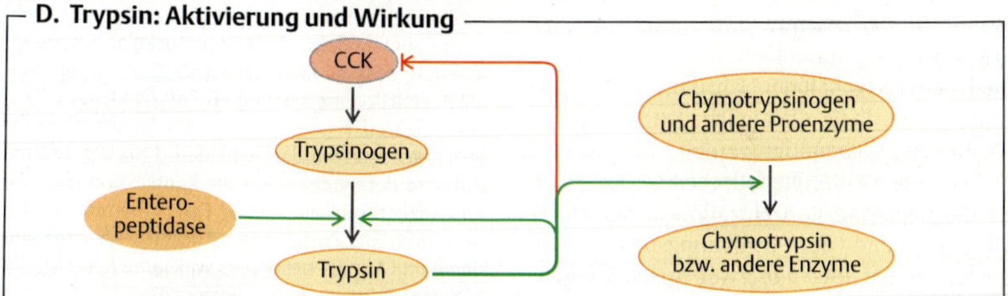

Galle

Bestandteile der Galle sind neben den Elektrolyten die Salze der Gallensäuren, Cholesterin(-ol), Lecithin (= Phosphatidylcholin), Bilirubin, Steroidhormone, Medikamente u.a.m. (→ **A**). Die *Gallensalze* dienen der Fettverdauung, während die meisten anderen Gallenbestandteile mit den Fäzes den Körper verlassen (*exkretorische Funktion der Leber*; → S. 250).

Gallenbildung. Die Galle (ca. 0,7 l/Tag) wird von den Leberzellen direkt in die zwischen jeweils zwei Leberzellen gelegenen *Gallekanälchen* (*Canaliculi*) sezerniert (→ **A**). Die Hepatozyten besitzen in ihrer sinusoidalen und kanalikulären Membran zahlreiche Carrier, die die Gallenbestandteile aus dem Blut aufnehmen bzw. in die Canaliculi abgeben.

Gallensalze (**GS**). Aus *Cholesterin* synthetisiert die Leber *Cholat* und *Chenodeoxycholat*, die sog. *primären GS*. Die Darmbakterien wandeln sie z.T. um in *sekundäre GS* (z.B. Desoxycholat, Litocholat). Die GS werden in der Leber mit *Taurin* oder *Glycin konjugiert* und in dieser (für die Mizellenbildung in Galle und Darm benötigten) Form in die Galle sezerniert (→ **A**).

GS-Carrier. Die konjugierten GS werden von den Leberzellen über einen Na^+-Symport-Carrier (NTCP = **N**a⁺-**t**aurocholate **c**otransporting **p**olypeptide) aus dem Sinusblut sekundär-aktiv aufgenommen und über einen ATP-abhängigen Carrier (hBSEP = **h**uman **b**ile **s**alt **e**xport **p**ump = cBAT = **c**analicular **b**ile **a**cid **t**ransporter) primär-aktiv gegen einen hohen Gradienten in die Kanälchen transportiert.

Unkonjugierte GS werden in den Gallengängen gleich wieder resorbiert (*cholehepatischer Kreislauf*), während die konjugierten GS erst nach ihrer Verwendung bei der Fettverdauung (→ S. 252) aus dem terminalen Ileum (Na^+-Symport-Carrier) resorbiert werden und zur Leber zurückkehren: **enterohepatischer Kreislauf** (→ **B**). Der gesamte *Gallensalzbestand* des Körpers (2–4 g) durchläuft diesen Kreislauf (je nach dem Fettgehalt der Nahrung) etwa 6–10-mal pro Tag, da für die tägliche Fettabsorption ca. 20–30 g GS benötigt werden.

Durch den enterohepatischen GS-Kreislauf ist die **Gallensalz-Konzentration in der Pfortader** während der Verdauungsphase sehr hoch. Das hat folgende zwei Auswirkungen: (a) Die hepatische *GS-Synthese* wird *gehemmt* (Cholesterol-7α-Hydroxylase; negative Rückkoppelung; → **B**), und (b) es kommt zu einer *vermehrten Sekretion von GS* (und Lipiden) in die Canaliculi. Letzteres löst wegen des aus osmotischen Gründen mitsezernierten Wassers einen erhöhten Gallefluss aus: **gallensalzabhängige Cholerese** (→ **C**). Daneben gibt es eine *gallensalzunabhängige Cholerese* (→ **C**), der sowohl die kanalikuläre Sekretion anderer Gallenbestandteile als auch die HCO_3^-- und H_2O-Sekretion in den *Gallengängen* zugrunde liegt. Hier setzt die choleretische Wirkung des N. vagus und des Sekretins an.

Gallenblase. Ist der Sphinkter zwischen Gallengang und Duodenum geschlossen, so gelangt die laufend produzierte *Lebergalle* in die Gallenblase, wo sie auf 1/10 *eingedickt* und *gespeichert* wird (→ **D**). Das Gallenblasenepithel resorbiert v.a. Na^+ und Cl^- zusammen mit Wasser (→ **D1**), so dass sich die Konzentration der *spezifischen Gallenbestandteile* (Gallensalze, Bilirubin, Cholesterin, Phosphatidylcholin u.a.) auf ein Vielfaches erhöht. Wird die Galle zur Fettverdauung benötigt (oder läuft eine interdigestive Peristaltikwelle durch, → S. 240), so *kontrahiert* sich die Gallenblase (→ **D2**), und ihr Inhalt mischt sich portionsweise dem duodenalen Speisebrei zu.

Cholesterin wird in der Galle in *Mizellen* transportiert, die es zusammen mit *Lezithin* und den *Gallensalzen* bildet. Ändert sich das Mischungsverhältniss dieser drei Stoffe (→ **E**) zugunsten des Cholesterins, kommt es in der hoch konzentrierten Blasengalle zur Ausfällung von *Cholesterinkristallen*, was eine der Ursachen für **Gallensteine** ist. Der rote und der grüne Punkt in **E** symbolisieren beispielhaft zwei Mischungsverhältnisse.

Die **Gallenblasenkontraktion** wird durch CCK (→ S. 234) und durch die von präganglionären Vagusfasern innervierten neuronalen Plexus in der Blasenwand ausgelöst (→ **D2**).

CCK wirkt in physiologischen Konzentrationen wohl nicht direkt an der Gallenblasenmuskulatur, sondern dadurch, dass es über neuronale CCK_A-Rezeptoren die Acetylcholinfreisetzung erhöht. CGRP (→ S. 234) und Substanz P (→ S. 86), die von sensorischen Fasern freigesetzt werden, scheinen ähnlich zu wirken, während der Sympathikus die Kontraktion über α_2-Adrenozeptoren cholinerger Fasern hemmt. Außer Fettsäuren und Proteinbruchstücken (→ S. 234) sind Eigelb und $MgSO_4$ besonders wirksame Reize für die CCK-Ausschüttung (sog. *Cholagoga*).

A. Gallenbestandteile und -sekretion in der Leber

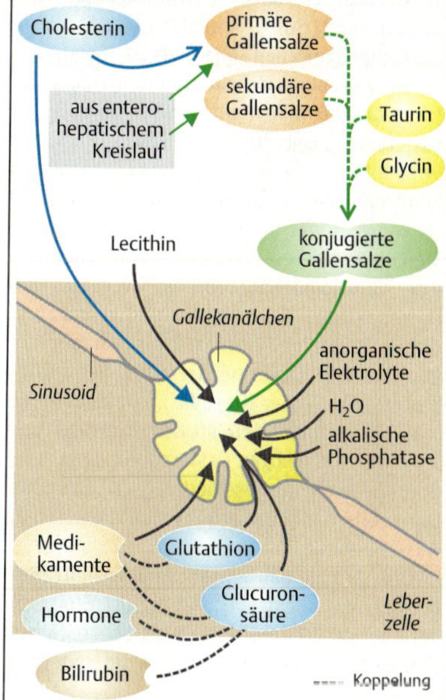

B. Enterohepatischer Gallensalz-Kreislauf

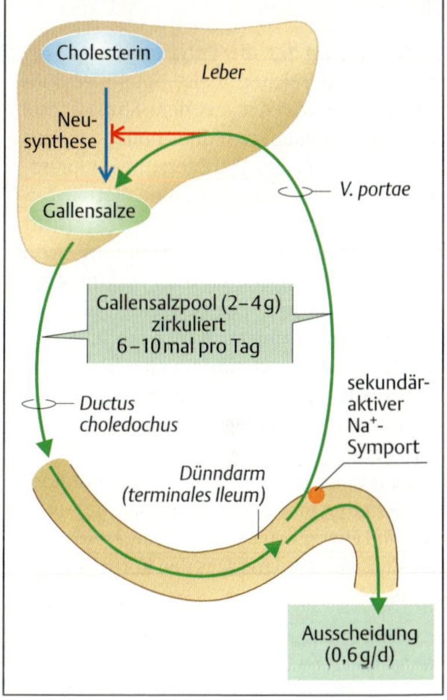

C. Gallenfluss

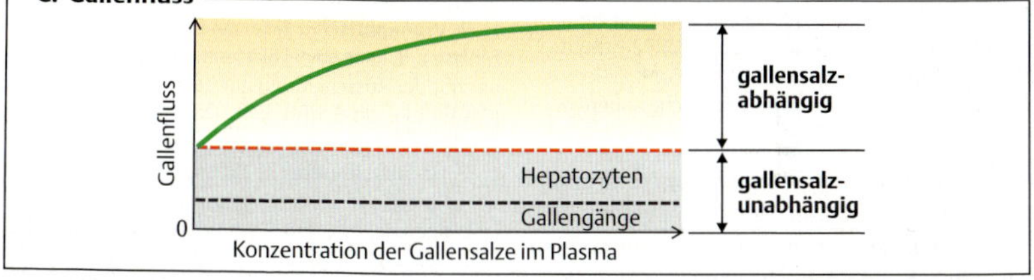

D. Gallenblase

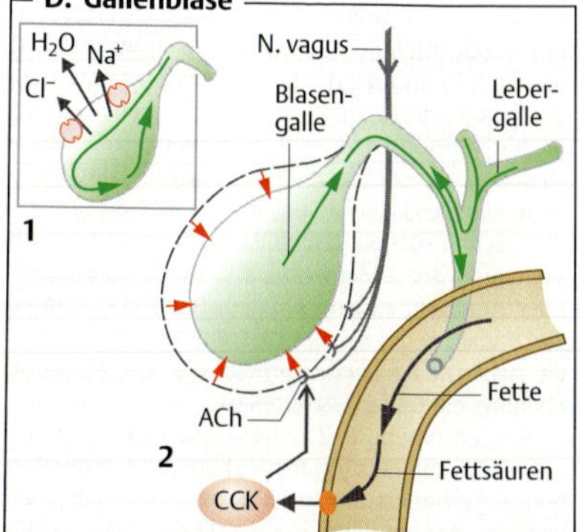

E. Mizelläre „Lösung“ von Cholesterin in der Galle

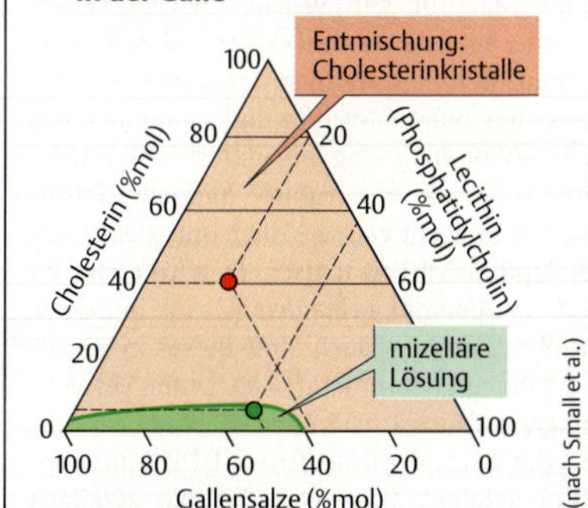

Ausscheidungsfunktion der Leber, Bilirubin

Die Leber sorgt für die Entgiftung und Ausscheidung zahlreicher, meist lipophiler Substanzen, die entweder aus dem Stoffwechsel (z.B. Bilirubin oder Steroidhormone) oder aus dem Darm (z.B. das Antibiotikum Chloramphenicol) stammen. Dazu ist eine **Biotransformation** notwendig: In einem *ersten Schritt* werden den hydrophoben Substanzen enzymatisch (Monooxigenasen u.a.) reaktive OH-, NH_2- oder COOH-Gruppen angefügt, über die die Stoffe dann in einem *zweiten Schritt* u.a. an *Glucuronsäure, Acetat, Glutathion, Glycin* oder *Sulfat* gekoppelt werden können. Die so wasserlöslicher gemachten Konjugate werden entweder von der Niere weiterverarbeitet und mit dem Harn ausgeschieden (bei Glutathionkonjugaten z.B. als Merkaptursäuren) oder von den Leberzellen *in die Galle sezerniert*, um anschließend mit den Fäzes den Körper zu verlassen.

Die Hepatozyten besitzen in ihrer Kanalikulärmembran verschiedene, meist *ATP-getriebene* **Carrier**, so MDR1 (**m**ulti**d**rug **r**esistance protein 1) für relativ hydrophobe, meist kationische Metabolite, MDR3 für Phosphatidylcholin und cMOAT (= **c**analicular **m**ultispecific **o**rganic **a**nion **t**ransporter = MRP2 = **m**ultidrug **r**esistance **p**rotein 2) für Glutathion-, Glucuronid- und Sulfatkonjugate sowie zahlreiche andere organische Anionen.

Bilirubinquellen und **-konjugation.** Bilirubin stammt zu etwa 85% aus dem Hämoglobin der *Erythrozyten*, der Rest aus anderen Hämproteinen wie z.B. den Cytochromen (→ **A** u. **B**). Beim Abbau des Hämoglobins (hauptsächlich in den Makrophagen) werden die Globinkomponente und das Eisen (→ S. 90) abgespalten, und aus dem Porphyringerüst entstehen über Zwischenstufen *Biliverdin* und schließlich das gelbe *Bilirubin* (35 mg Bilirubin pro 1 g Hämoglobin). Das freie Bilirubin (*„indirektes Bilirubin“*) ist schlecht wasserlöslich und wegen seiner Lipidlöslichkeit toxisch. Es wird daher *im Blut an Albumin gebunden* (2 mol Bilirubin/1 mol Albumin), jedoch ohne dieses in die Leberzelle aufgenommen (→ **A**). Unter Verwendung von Glucose, ATP und UTP wird dort mittels der *Glucuronyltransferase* UDP-Glucuronsäure gebildet, mit dem Bilirubin zweifach konjugiert wird (s.o.). Das so entstandene, wasserlösliche **Bilirubinbisglucuronid wird** primär-aktiv (cMOAT = hBSEP, s.o. u. S. 248) in die Gallenkanälchen sezerniert.

Die **Bilirubinausscheidung** *mit der Galle* beträgt ca. 200–250 mg/d, wovon ca. 85% mit den Fäzes ausgeschieden werden. Im Darm wird Bilirubin (von Bakterien) zum farblosen *Stercobilinogen* abgebaut (→ **B**). Dieses wird teilweise zu der braun gefärbten Verbindung *Stercobilin* oxidiert (Farbe des Stuhls). Ca. 15% des Bilirubinbisglucuronids werden von Darmbakterien dekonjugiert und gelangen in dieser lipophilen Form (z.T. als Stercobilinogen) aus dem Darm wieder zur Leber zurück (enterohepatischer Kreislauf). Ein kleiner Teil (ca. 1%) erreicht den großen Kreislauf und wird als *Urobilinogen* (= Stercobilinogen, s.u.) über die Niere ausgeschieden (→ **B**). Bei einer Leberzellschädigung erhöht sich diese renale Ausscheidung.

Die normale **Bilirubin-Plasmakonzentration** beträgt max. 17 μmol/l (= 1 mg/dl). Steigt sie auf über ca. 30 μmol/l (= 1,8 mg/dl) an, färben sich die Skleren und später auch die Haut gelb: *Gelbsucht (Ikterus)*.

Ikterus-Ursachen:

1. **Prähepatischer Ikterus:** Durch verstärkte Hämolyse z.B. kann soviel Bilirubin anfallen, dass die Leber mit der Ausscheidung nur bei erhöhten Bilirubinplasmaspiegeln Schritt hält. Dabei erhöht sich besonders das *nichtkonjugierte („indirekte“) Bilirubin*.

2. Der **intrahepatische Ikterus** entsteht (a) durch Schädigung der Leberzellen z.B. durch Gifte (Knollenblätterpilz) oder Entzündungen (*Hepatitis*), wobei Transport und Konjugation des Bilirubins beeinträchtigt sind; (b) beim Neugeborenenikterus durch Hämolyse, durch totales Fehlen (Crigler-Najjar-Syndrom) oder Unreife des Glucuronidierungssystems; (c) durch Hemmung der Glucuronyltransferase, z.B. durch Steroide; (d) durch einen angeborenen Defekt (Dubin-Johnson) oder eine Hemmung (z.B. durch Medikamente oder Steroidhormone) der Bilirubinsekretion in die Gallenkanälchen.

3. Beim **posthepatische Ikterus** kommt es durch Verlegung der Gallenwege, z.B. durch *Gallensteine* oder Tumoren, zu einem Gallenstau. Dabei sind im Blut vor allem das *konjugierte („direkte“) Bilirubin* und die *alkalische Phophatase erhöht*, die normalerweise ebenfalls ein Gallebestandteil ist.

Bei den Typen 2a, 2d und 3 erscheint das konjugierte Bilirubin auch vermehrt im Urin (Braunfärbung). Besonders bei Typ 3 ist zusätzlich der Stuhl entfärbt, da kein Bilirubin mehr in den Darm gelangen und somit kein Sterkobilin mehr entstehen kann.

A. Bilirubinkonjugierung und -sekretion in der Leber

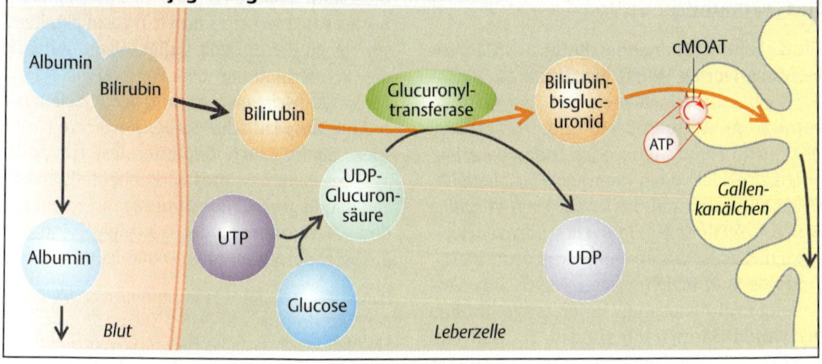

B. Bilirubinstoffwechsel und -ausscheidung

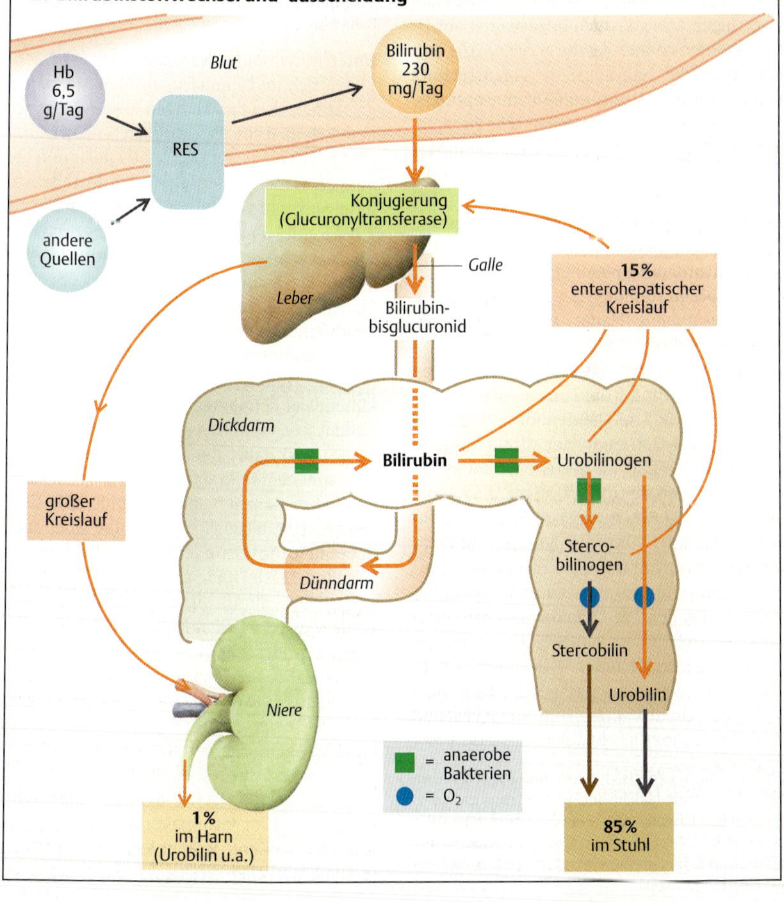

Fettverdauung

Die tägliche **Fettaufnahme** (Butter, Öl, Margarine, Milch, Fleisch, Wurst, Eier, Nüsse etc.) ist individuell sehr verschieden (10–250 g/d) und beträgt im Mittel 60–100 g/d. Hauptanteil (90%) sind Neutralfette oder *Triacylglycerine* (= Triglyceride); dazu kommen *Phospholipide, Cholesterinester* und die *fettlöslichen Vitamine* A, D, E, K. All diese Lipide werden normalerweise zu mehr als 95% im Dünndarm absorbiert.

Lipide sind *schlecht wasserlöslich*. Ihre Verdauung und Absorption im wässrigen Milieu des Magen-Darm-Traktes und ihr Transport im Plasma (→ S. 254) bedürfen daher besonderer Mechanismen (→ **A**). Obwohl Triacylglycerine in geringen Mengen auch ungespalten absorbiert werden können, ist die *enzymatische Aufschließung* der Nahrungsfette Voraussetzung für eine normale Absorption. Für eine optimale Enzymwirkung, ist eine mechanische **Emulgierung** der Fette erforderlich (v. a. durch die Motorik des „distalen" Magens, → S. 240), da die Fetttröpfchen einer Emulsion (1–2 µm; → **B1**) den Lipasen eine (relativ zur Fettmasse) große Angriffsfläche bieten. Folgende **Enzyme** sind an der Lipidverdauung beteiligt:

Die **Lipasen** stammen aus *Zungengrunddrüsen, Magenfundus* (Haupt- und Nebenzellen) und *Pankreassaft* (→ **A** u. S. 246). Rund 10–30% der Fette werden bereits im Magen gespalten (saures pH-Optimum der Zungen- und Magenlipasen), 70–90% in Duodenum und oberem Jejunum (pH-Optimum der Pankreaslipase 7–8). Lipasen sind an der Grenze zwischen Fett- oder Ölphase und wässriger Umgebung aktiv (→ **B**). Die *Pankreaslipase* (*Triacylglycerinlipase*) entfaltet ihre lipolytische Aktivität (max. 140 g Fett/min!) in Anwesenheit von Ca^{2+} und *Colipasen*, die ihrerseits durch Trypsineinwirkung aus den *Pro-Colipasen* des Pankreassaftes entstehen. Die Pankreas-Lipase spaltet die *Triacylglycerine* unter H_2O-Zufuhr v. a. an der 1. und 3. Esterbindung (→ S. 227 B), so dass als Spaltprodukte v. a. *freie Fettsäuren* (FFS) und *2-Monoacylglyzerine* entstehen.

Um das Enzym bildet sich dabei eine sog. *viskös-isotrope Phase*, mit gleichzeitig wässrigen und hydrophoben Bereichen (→ **B2**). Bei Ca^{2+}-Überschuss oder zu geringen Monoacylglycerinkonzentrationen reagiert ein Teil der Fettsäuren zu **Ca^{2+}-Seifen**, die ausgeschieden werden.

Die **Phospholipase A_2** (aus Pro-Phospholipase A_2 des Pankreassaftes durch Trypsin aktiviert) spaltet im Beisein von Gallensalzen und Ca^{2+} die 2. Esterbindung der *Phospholipide* (v. a. *Phosphatidylcholin = Lecithin*) der Mizellen.

Eine **unspezifische Carboxylesterase** (= unspez. Lipase, auch Cholesterinester[hydrol]ase) des Pankreassaftes wirkt ebenfalls an Mizellen und greift *Cholesterinester* an sowie alle drei Esterbindungen der Triacylglycerine und die Ester der Vitamine A, D und E.

Diese Lipase kommt auch in der *Frauenmilch* (nicht in der Kuhmilch) vor, was dem gestillten Säugling zum Milchfett gleich auch das Enzym zur Verdauung mitliefert. Das Enzym ist hitzelabil; Pasteurisierung von Humanmilch reduziert die Milchfettverdauung bei Frühgeborenen daher erheblich.

Unter Mitwirkung der *Gallensalze* (→ S. 248) bilden sich im Dünndarm aus den Monoacylglycerinen, den langkettigen FFS und den anderen Lipiden spontan **Mizellen** (→ **B3**). (Kurzkettige FFS hingegen sind relativ polar und benötigen weder Gallensalze noch Mizellen zu ihrer Absorption.) Mit ihrer Größe von nur ca. 20–50 nm (und einem ca. 50-mal größeren Oberflächen/Volumen-Verhältnis als die oben genannten Emulsionströpfchen) erlauben die Mizellen einen innigen Kontakt der lipophilen Lipidspaltprodukte mit der Darmwand und sind daher notwendige Voraussetzung für eine normale Lipidabsorption. Die polaren Molekülteile der beteiligten Stoffe (v. a. konjugierte Gallensalze, Monoacylglycerine und Phospholipide) sind dabei der wässrigen Umgebung, ihre apolaren Teile dem Inneren der Mizelle zugekehrt. Gänzlich apolare Lipide (z. B. Cholesterinester, fettlösliche Vitamine, aber auch lipophile Gifte) befinden sich im Inneren der Mizellen. Diese Lipide sind bei all diesen Vorgängen lückenlos in ein lipophiles Milieu (sog. *Kohlenwasserstoff-Kontinuum*) eingebettet und erreichen so schließlich auch die (ebenfalls lipophile) Bürstensaummembran des Epithels. Dort werden sie durch einen passiven Prozess (FFS z. T. Carrier-vermittelt) in die Mukosazelle aufgenommen. Die Fettabsorption ist spätestens am Ende des Jejunums abgeschlossen, wohingegen die freiwerdenden *Gallensalze* der Mizellen im terminalen Ileum absorbiert und anschließend wiederverwendet werden (*enterohepatischer Kreislauf*; → S. 249 B).

A. Fettverdauung: Übersicht

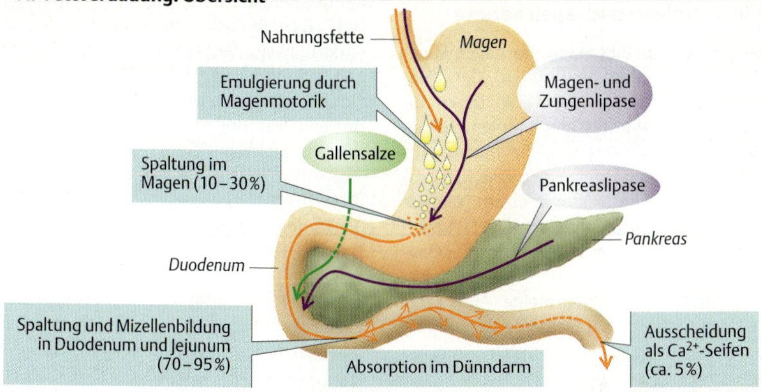

B. Fettverdauung: Spaltung und Mizellenbildung

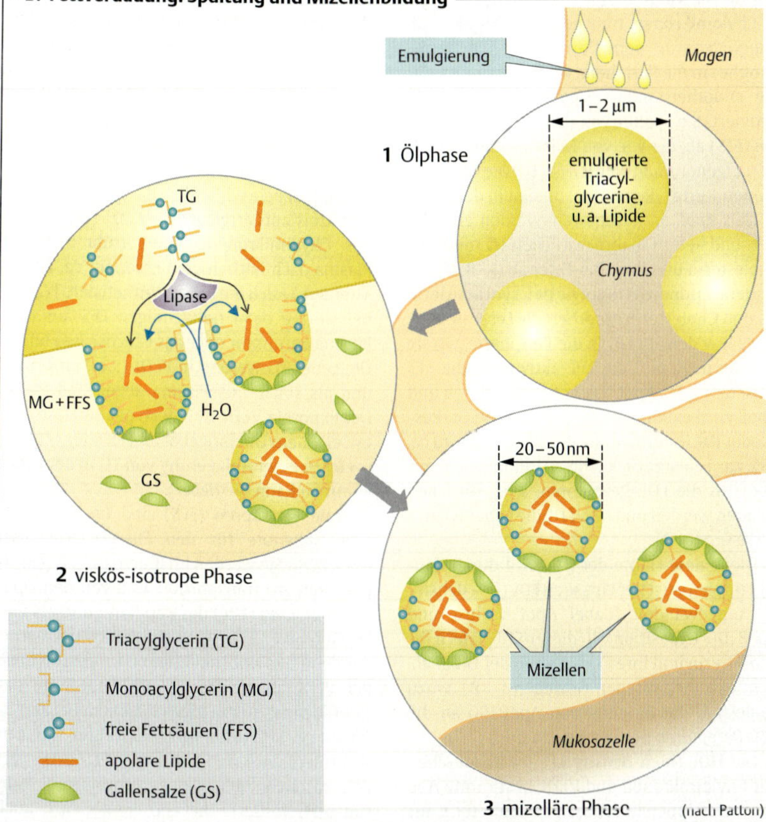

(nach Patton)

Lipidverteilung und -speicherung

Lipide werden im Blut in kugelförmigen Molekülkomplexen (Mikroemulsionen), den **Lipoproteinen** (**LP**), transportiert (→ **A**). Deren Außenschicht besteht aus amphiphilen Lipiden (*Phospholipide, Cholesterin*), ihr Inneres aus stark hydrophoben Lipiden, den *Triacylglycerinen* (**TG**) und den *Cholesterin-Estern* (**Cho-Ester**) sowie aus *Apolipoproteinen*. Die LP unterscheiden sich (→ **A**) nach Größe, Dichte (density, s.u.), Lipidzusammensetzung, Bildungsort sowie durch ihre **Apolipoproteine** (**Apo**). Letztere dienen als Strukturelemente der LP (z.B. ApoAII und -B48), als Liganden (z.B. ApoB100 und -E) für LP-Rezeptoren in der Membran der LP-Zielzellen (B- bzw. E-Rezeptor) sowie als Enzym-Aktivatoren (z.B. ApoAI, -CII).

Chylomikronen transportieren Lipide, v.a. *Triacylglycerine*, vom Darm (über die Darmlymphe) in die Peripherie (→ **D**), wo ihr *ApoCII* die endothelständige *Lipoproteinlipase* (*LPL*) aktiviert. Sie spaltet von den TG *freie Fettsäuren* (*FFS*) ab, die v.a. von Muskel- und Fettzellen aufgenommen werden (→ **D**). Die **Chylomikronen-Reste** (-Remnants) binden in der Leber mittels *ApoE* an Rezeptoren, werden endozytiert und liefern so ihre restlichen TG sowie ihr Cholesterin und ihre Cho-Ester ab (→ **B, D**).

Derart importierte sowie neu synthetisierte TG und Cholesterin *exportiert die Leber* in **VLDL** (**v**ery **l**ow **d**ensity **LP**) in die Peripherie, wo sie mit ihrem ApoCII die LPL aktivieren, die FFS freisetzt (→ **D**). ApoCII geht dabei verloren und ApoE wird exponiert. Übrig bleiben VLDL-Reste oder **IDL** (**i**ntermediate **d**ensity **LP**), die zu ca. 50% zur Leber zurückkehren (Bindung v.a. mit ApoE an die LDL-Rezeptoren, s.u.), dort neu beladen werden und als VLDL die Leber wieder verlassen (→ **B**).

Die andere Hälfte der IDL wird durch Kontakt mit hepatischer Lipase zu **LDL** (**l**ow **d**ensity **LP**) umgewandelt (dabei ApoE-Verlust und ApoB100-Exposition). $^2/_3$ dieser LDL liefern ihr Cholesterin und ihre Cho-Ester in der Leber ab, $^1/_3$ in extrahepatischen Geweben (→ **B**), wozu beidesmal die Bindung von ApoB100 an die *LDL-Rezeptoren* notwendig ist (s.u.).

Die **HDL** (**h**igh **d**ensity **LP**s; → **B**) tauschen mit Chylomikronen und VLDL bestimmte Apo aus und nehmen überflüssiges Cholesterin aus extrahepatischen Zellen und dem Blut auf. Mit ihrem ApoAI aktivieren sie das Plasmaenzym *LCAT* (*Lecithin-Cholesterin-Acyltransferase*, bewirkt teilweise Veresterung des Cholesterins) und liefern Cholesterin und Cho-Ester u.a. an die Leber und an *Steroidhormon produzierende Drüsen* (Ovar, Hoden, Nebennierenrinde), die *HDL-Rezeptoren* besitzen.

Triacylglycerine

Die TG der Nahrung werden im Magen-Darm-Trakt zu *FFS* und *2-Monoacylglycerinen* (*MG*) gespalten (→ **C** u. S. 252). Während die kurzkettigen FFS wasserlöslich sind und deshalb als solche absorbiert und über die Pfortader zur Leber gelangen können, werden die hydrophoben Produkte, also langkettige FFS und Monoacylglycerine, im glatten endoplasmatischen Retikulum der **Darmmukosa** wieder *zu TG synthetisiert* (→ **C**). FFS-Bindungsproteine schaffen dazu die FFS von der Zellmembran zum Syntheseort. Da die TG nicht wasserlöslich sind, werden sie anschließend in *Chylomikronen* eingebaut (s.o.). Diese werden in den Extrazellulärraum exozytiert und von dort in die *Darmlymphe* (Umgehung der Leber!) abgegeben, mit der sie schließlich das Plasma des großen Kreislaufs erreichen (→ **C, D**). (Wegen seines Chylomikronengehaltes trübt sich das Plasma nach fetthaltigem Essen für ca. 20–30 Minuten.) Auch die **Leber** synthetisiert TG, wobei sie die dazu notwendigen FFS aus dem Plasma entnimmt oder aus Glucose neu bildet. Die Leber-TG werden in *VLDL* (s.o.) eingebaut und als solche ins Plasma abgegeben (→ **D**). Der Export in VLDL ist jedoch begrenzt, so dass es bei einem Überangebot an FFS oder Glucose (→ **D**) zu einer Ablagerung von TG in der Leber kommen kann (*Fettleber*).

Freie Fettsäuren (FFS) sind hochenergetische Substrate für den *Energiestoffwechsel* (→ S. 228). Sie werden im Blut v.a. als TG (in Lipoproteinen) transportiert und von den *Lipoproteinlipasen* (LPL) des Kapillarendothels vieler Organe (v.a. Fettgewebe und Muskulatur) aus den TG sowohl der Chylomikronen als auch der VLDL abgespalten (→ **D**). ApoCII auf der Oberfläche dieser beiden LP dient dabei als Aktivator der LPL. *Insulin*, das nach einer Mahlzeit sezerniert wird, induziert die LPL (→ **D**), was den raschen Abbau der resorbierten Nahrungs-TG fördert. Die LPL werden z.T. auch durch *Heparin* (z.B. aus dem Endothel oder aus

A. Lipoproteine

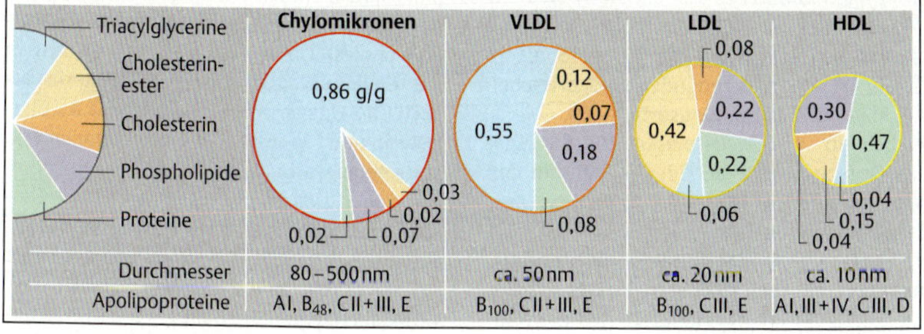

B. Quellen und Schicksal des Cholesterins

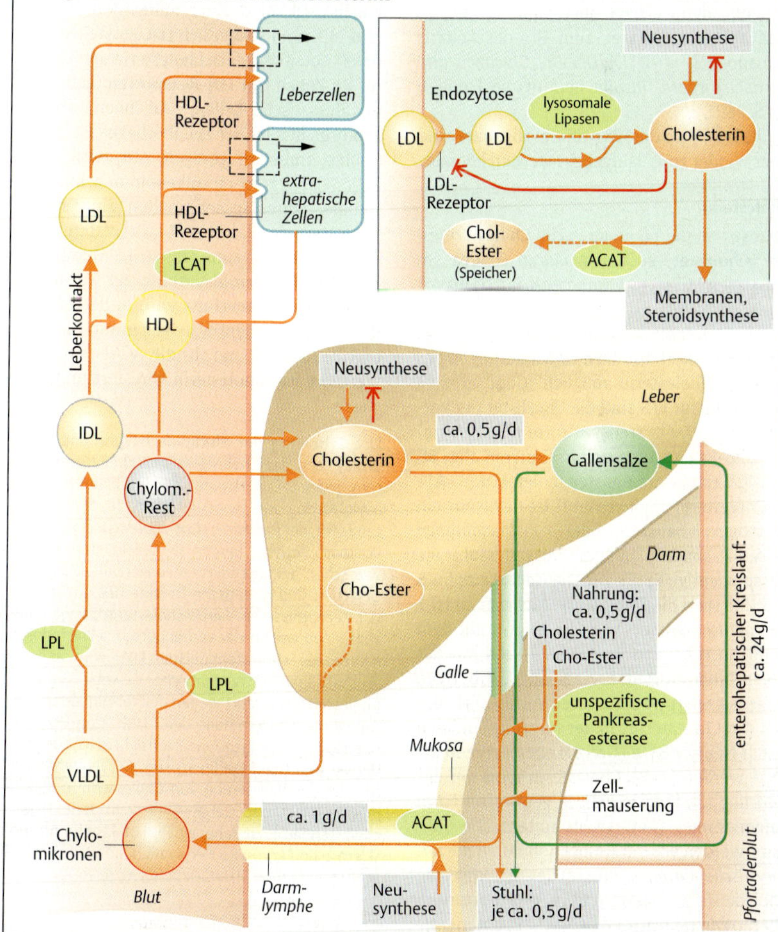

basophilen Granulozyten) aktiviert, was zur „Klärung" des durch Chylomikronen getrübten Plasmas beiträgt („*Klärfaktor*"). Die FFS, die im Plasma an Albumin gebunden sind, erreichen v.a. folgende **Bestimmungsorte** (→ **D**):

- die *Herz- und Skelettmuskulatur*, die *Niere* u.a. Organe, wo sie als Energiequelle in den Mitochondrien zu CO_2 und H_2O oxidiert werden (β-Oxidation);
- die *Fettzellen* (→ **D**), die die FFS wieder zu TG aufbauen und auch speichern. Erhöht sich der Energiebedarf oder vermindert sich die Nahrungszufuhr, werden die FFS aus den TG der Fettzelle dann erneut abgespalten (*Lipolyse*) und auf dem Blutweg zum Ort des Bedarfs transportiert (→ **D**). *Adrenalin, Glucagon* und *Cortisol* fördern, *Insulin* hemmt die Lipolyse (→ S. 282 f.);
- die *Leber*, wo die FFS oxidativ abgebaut oder aber wieder zu TG aufgebaut werden können.

Cholesterin

Ebenso wie die TG gehören die **Cholesterinester** (**Cho-Ester**) zu den *apolaren Lipiden*. Im wässrigen Milieu des Körpers ist ihr Transport (→ **B**) nur durch Einbau in Lipoproteine (oder durch Proteinbindung) und ihre Verwertung im Stoffwechsel nur nach Umwandlung in das polarere Cholesterin möglich. Ganz ähnlich wie die TG für FFS sind die Cho-Ester die Vorrats- und z.T. die Transportform für Cholesterin. Cho-Ester finden sich im Inneren aller LP, mit 42% relativ am meisten in den LDL (→ **A**).

Cholesterin (= *Cholesterol*) ist nicht nur ein wichtiger Baustein der *Zellmembranen* (→ S. 14), sondern auch die Ausgangssubstanz für so wichtige Stoffe wie die *Gallensalze* (→ **B** u. S. 248) und die *Steroidhormone* (→ S. 294 ff.). Der *tägliche Verlust* von Cholesterin mit dem Stuhl (in Form von *Koprostanol*) und mit der abgeschilferten Haut beträgt ca. 0,6 g, der von Gallensalzen rund 0,5 g. Diese Verluste (abzüglich des Cholesterins in der Nahrung) müssen durch Neusynthese (Darm, Leber) laufend ersetzt werden (→ **B**). Cholesterin wird mit der *Nahrung* z.T. in freier, z.T. in veresterter Form aufgenommen (→ **B**, rechts unten). Die Cho-Ester werden vor der Resorption durch die *unspezifische Carboxyesterase* des Pankreas zu Cholesterin gespalten und in dieser Form im oberen Dünndarm absorbiert (→ **B**, unten). Die *Mukosazelle* enthält ein Enzym, das einen Teil des Cholesterins erneut verestert (**ACAT** [**Acyl**-CoA-**C**holesterin-**A**cyl**t**ransferase]), so dass in die Chylomikronen sowohl Cholesterin als auch Cho-Ester eingebaut werden (→ **A**). Cholesterin und Cho-Ester der *Chylomikronenreste* (s.o.) gelangen in die *Leber*, wo die lysosomalen, *sauren Lipasen* Cho-Ester wieder zu Cholesterin spalten. Cholesterin aus dieser und anderen Quellen (LDL, HDL) kann von der Leber aus dann u.a. folgende Wege gehen (→ **B**): 1. Ausscheidung in die Galle (→ S. 248); 2. Umwandlung in *Gallensalze* (→ S. 249, B); 3. Einbau in VLDL, aus den unter Einwirkung von LPL (s.o.) IDL und schließlich **LDL** entstehen (→ **B**, links). Letztere liefern Cholesterin und Cho-Ester an Zellen mit **LDL-Rezeptoren** (Leber und extrahepatische Zellen; → **B**, oben). Die Rezeptordichte auf der Zelloberfläche ist je nach Cholesterinbedarf geregelt. LDL wird in die Zellen endozytotisch aufgenommen, und lysosomale, saure Lipasen spalten Cho-Ester zu Cholesterin (→ **B**, rechts oben). Letzteres steht der Zelle damit zum Einbau in Membranen oder für die Steroidsynthese zur Verfügung. Bei Cholesterinüberfluss wird in der Zelle (a) die Cholesterinsynthese gehemmt (3-HMG-CoA-Reduktase) und (b) die ACAT (s.o.) aktiviert, die das Cholesterin verestert und speichert.

Eine **Erhöhung der Blutlipide (Hyperlipoproteinämie)** kann das Cholesterin (> 200 – 220 mg/dl Serum; jeder 5. Erwachsene in Deutschland!), die Triacylglycerine oder beide betreffen. Bei der schwersten Form, der *familiären Hypercholesterinämie*, ist das Plasmacholesterin bereits ab Geburt stark erhöht, was schon bei Jugendlichen zu Herzinfarkten führt. Ursachen sind genetische Defekte des hochaffinen LDL-Rezeptors. Das Serumcholesterin steigt dabei zum einen wegen der verminderten zellulären Aufnahme der cholesterinreichen LDL; zum anderen synthetisieren extrahepatische Gewebe vermehrt Cholesterin, weil dort wegen der verminderten LDL-Aufnahme die Hemmung der 3-HMG-CoA-Reduktase entfällt. Die Folge ist eine vermehrte Bindung von LDL an den (niedrigaffinen) sog. Scavenger-Rezeptor, der die Einlagerung von Cholesterin in Makrophagen, Haut und Gefäßwände vermittelt. Hypercholesterinämie ist daher ein Risikofaktor für Arteriosklerose und koronare Herzkrankheit.

C. Fettabsorption

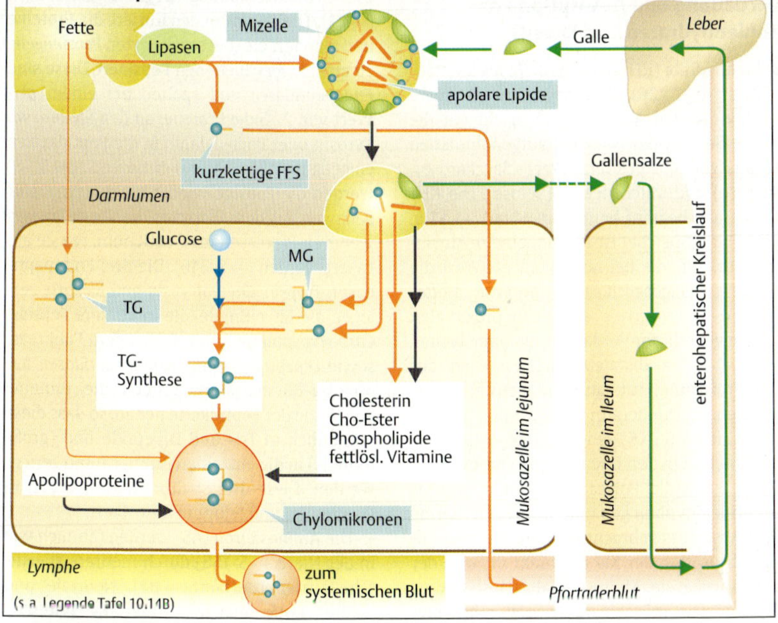

(s. a. Legende Tafel 10.14B)

D. Quellen und Schicksal von Triacylglycerinen und freien Fettsäuren

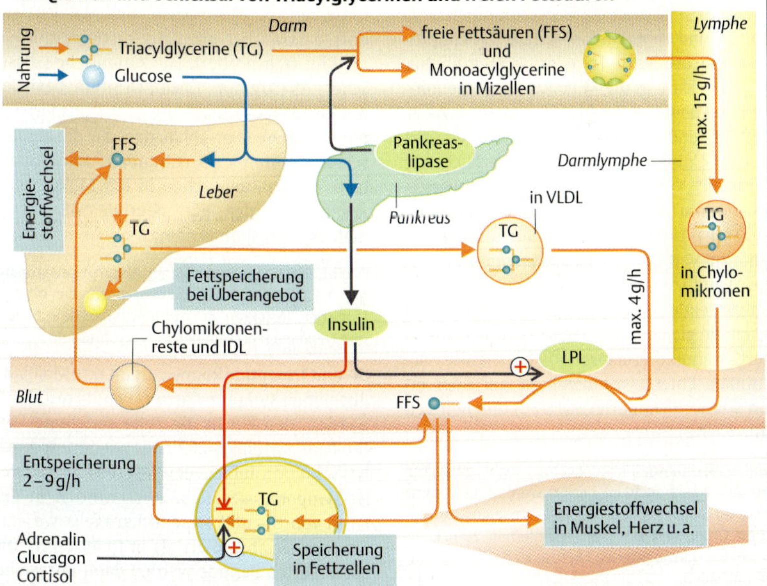

Verdauung und Absorption von Kohlenhydraten und Eiweiß

Kohlenhydrate (KH) decken ca. ²/₃ des Energiebedarfs (→ S. 226). Das Polysaccharid *Stärke* (= Amylose und Amylopectin) macht gut die Hälfte der mit der Nahrung aufgenommenen KH aus, gefolgt von Rohrzucker (= Saccharose = Sucrose) und Milchzucker (Lactose). Die KH-Verdauung beginnt bereits im *Mund* (→ **A1** u. S. 236): Im Speichel ist *Ptyalin*, eine α-Amylase, enthalten, die bei neutralem pH-Wert die Stärke zu Oligosacchariden (*Maltose, Maltotriose, α-Grenzdextrine*) spaltet. Im proximalen Magen geht dieser Verdauungsvorgang weiter, wird aber im distalen Magen wegen der Durchmischung mit sauren Magensaft unterbrochen. Im Duodenum gelangt mit dem Pankreassaft (→ S. 246) eine weitere α-(Pankreas-)Amylase in den Chymus (pH-Optimum 8). Damit kann die Polysaccharidverdauung bis zur Stufe der oben genannten Oligosaccharide zum Abschluss gebracht werden. Die eigentliche **Absorption** der KH geschieht in Form der Monosaccharide. Maltose, Maltotriose und α-Grenzdextrin müssen daher weiter hydrolysiert werden. In die luminale Membran der Enterozyten sind dazu die Bürstensaumenzyme *Maltase* und *Isomaltase* integriert. Das Endprodukt **Glucose** wird (wie im Nierentubulus, → S. 158) aktiv in die Mukosazelle aufgenommen (*sekundär-aktiver* Na^+*-Symport*; → **A2** u. S. 29 B1) und anschließend passiv durch den Glucose-Uniport-Carrier GLUT2 („erleichterte Diffusion"; → S. 22) ins Pfortaderblut abgegeben. Für die Spaltung von **Saccharose**, **Lactose** und Trehalose stehen weitere Bürstensaumenzyme zur Verfügung: *Lactase, Saccharase* (= Sucrase) und Trehalase. Die dabei neben Glucose freiwerdende *Galactose* (aus Lactose) wird durch die gleichen Carrier wie Glucose absorbiert, während *Fructose* (aus Saccharose) die luminale Enterozytenmembran nur über einen passiven Uniporter (GLUT5) durchqueren kann (→ **A2**).

Bei **Lactasemangel** kann Lactose nicht gespalten und daher auch nicht resorbiert werden. Es kommt daher zu Durchfällen, da 1. die Lactose aus osmotischen Gründen Wasser im Darmlumen zurückhält und 2. die Darmbakterien Lactose zu toxischen Stoffen umbauen.

Die **Proteinverdauung** beginnt im *Magen* (→ **B1**). Die *Salzsäure* denaturiert die Proteine und aktiviert die drei sezernierten *Pepsinogene* zu etwa 8 verschiedenen **Pepsinen**. Diese sind *Endopeptidasen* und spalten bei einem pH-Wert von 2–5 die Proteine an den Stellen, wo Tyrosin oder Phenylalanin in die Peptidketten eingebaut ist. Im Dünndarmmilieu (pH 7–8) werden die Pepsine wieder inaktiviert. Dafür gelangen aus dem Pankreas die Vorstufen von weiteren Proteasen ins Duodenum, wo sie aktiviert werden (→ S. 246). Die drei Endopeptidasen *Trypsin, Chymotrypsin* und *Elastase* zerlegen die Eiweißmoleküle in kürzere Peptide. *Carboxypeptidase A* und *B* (aus dem Pankreas) sowie *Dipeptidasen* und *Aminopeptidasen* des Mukosa-Bürstensaums greifen die Proteine vom Ende der Peptidkette her an, so dass diese schließlich in Tri- und Dipeptide und (größtenteils) in die einzelnen Aminosäuren zerlegt werden. Diese drei Spaltprodukte werden in Duodenum und Jejunum absorbiert.

Die **Aminosäuren** (**AS**) werden (ähnlich wie in der Niere, → S. 158) durch mehrere spezifische Carrier absorbiert (→ **B2**). „Neutrale" und „saure" L-AS gelangen durch Na^+-Symport-Mechanismen sekundär-aktiv aus dem Darmlumen in die Mukosazelle und werden von dort passiv, aber ebenfalls carriervermittelt, ins Blut transportiert. Für kationische („basische") AS (Arginin⁺, Lysin⁺, Ornithin⁺) existieren eigene (Na^+-unabhängige?) Transportsysteme, weitere (Na^+-abhängige) für die anionischen („sauren") AS (Glutamat⁻ und Aspartat⁻), die großteils schon in der Mukosazelle abgebaut werden. Für „neutrale" AS gibt es mehrere Transportsysteme.

Es gibt eine Reihe angeborener **Absorptionsstörungen** bestimmter *Aminosäurengruppen*, die oft mit ähnlichen Defekten am Nierentubulus kombiniert sind (*renale Aminoazidurien*, z. B. Zystinurie).

Di- und Tripeptide können als intakte Moleküle über einen Symport-Carrier (PepT1) resorbiert werden, den ein in die Zelle gerichteter *H^+-Gradient* antreibt (→ **B2**), der wiederum durch H^+-Sekretion aufgebaut wird („tertiär" aktiver H^+-Symport, → S. 29 B5). AS werden in der Form von Di- und Tripeptiden meist wesentlich rascher absorbiert als in freier Form. Die absorbierten Peptide werden dann intrazellulär weiter zu freien AS hydrolysiert.

A. Kohlenhydratverdauung und Absorption von Monosacchariden

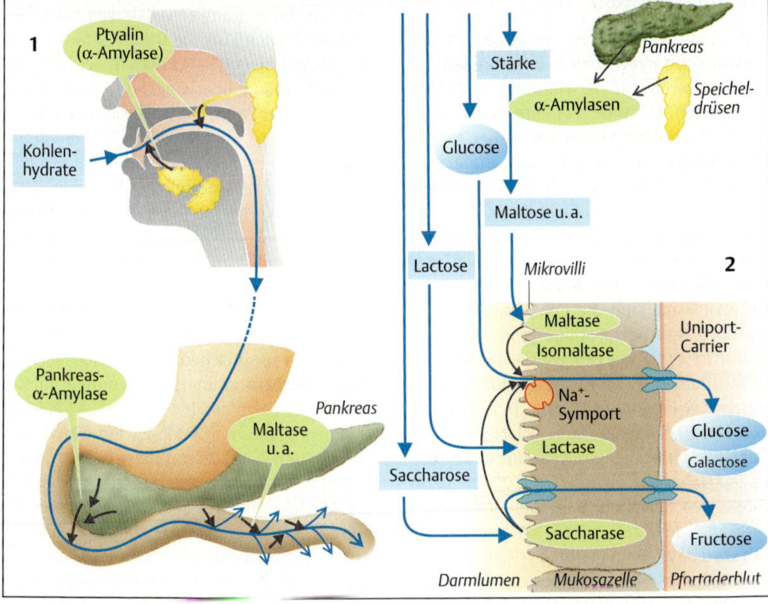

B. Eiweißverdauung und Absorption von Aminosäuren und Oligopeptiden

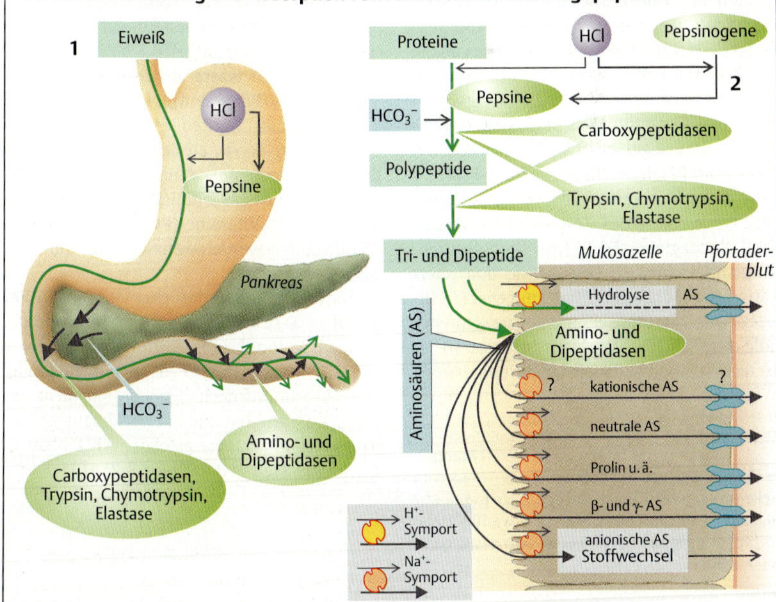

Vitaminabsorption

Cobalamine (B_{12}-Vitamine) werden durch Mikroorganismen synthetisiert und müssen von höheren Tieren mit der Nahrung aufgenommen werden. Tierische Produkte (Leber, Niere, Fleisch, Fisch, Eier, Milch) sind daher für den Menschen die wichtigsten Cobalaminquellen. Da die Cobalamine (CN-, OH-, Methyl-, Adenosylcobalamin) relativ große und schlecht lipidlösliche Moleküle sind, bedarf es zur intestinalen Absorption eigener *Transportmechanismen* (→ **A**). Während der Magen-Darm-Passage und im Plasma sind die Cobalamine an verschiedene **Transportproteine** gebunden: 1. *Intrinsic Factor* (**IF**) (aus Belegzellen des Magens) im Darmlumen, 2. *Transcobalamin II* (**TC II**) im Plasma, 3. *R-Proteine* in Plasma (**TC I**), Granulozyten (**TC III**), Speichel, Galle, Milch u. a. Cobalamine werden von der *Magensäure* aus Proteinen der **Nahrung** freigesetzt und v. a. an das R-Protein des Speichels und (bei hohem pH-Wert) auch an IF gebunden (→ **A1**). Im Duodenum wird das R-Protein durch *Trypsin* verdaut; das Cobalamin wird dabei frei und vom (trypsinresistenten) IF aufgenommen. Die Mukosa des *terminalen Ileums* besitzt hochspezifische *Rezeptoren* für den Cobalamin-IF-Komplex, bindet diesen und nimmt ihn per *Endozytose* in ihre Zellen auf. Ca^{2+}-Ionen und ein pH > 5,6 sind dazu notwendig (→ **A2**). Die Rezeptorendichte und damit die Absorption steigen während der Schwangerschaft. Im **Plasma** wird Cobalamin an TC I, II und III gebunden (→ **A3**). TC II dient der Verteilung vor allem an alle *teilungsaktive Zellen* des Körpers (TC II-Rezeptoren, Endozytose). TC III (aus Granulozyten) bringt überschüssige Cobalamine und unerwünschte Cobalaminderivate zur **Leber** (TC III-Rezeptoren), wo diese *gespeichert* bzw. mit der Galle *ausgeschieden* werden. TC I ($t_{1/2}$ ca. 10 Tage) dient als Kurzzeitspeicher für Cobalamine im Plasma.

Ausschließlich pflanzliche Kost oder Störungen der Cobalaminabsorption führen zu schweren **Mangelerscheinungen**, wie perniziöse Anämie, Schäden im Rückenmark (funikuläre Myelose) u. a. Sie treten erst nach Jahren auf, weil im Körper das etwa 1000fache der täglich benötigten Menge von 1 µg gespeichert ist (→ S. 90).

Folsäure oder *Pteroylglutaminsäure* (**Pte-Glu₁**) wird in seiner stoffwechselaktiven Form (*Tetrahydrofolsäure*) für die DNS-Synthese benötigt (*Tagesbedarf* 0,1 – 0,2 mg). In der Nahrung kommt Folsäure überwiegend in Formen vor, die statt einer Pteroylglutaminsäure (Pte-Glu_1) bis zu sieben Glutamylreste (γ-verknüpfte Peptidkette) enthalten (*Pte-Glu_7*). Da nur Pte-Glu_1 aus dem Darmlumen (proximales *Jejunum*) absorbierbar ist (→ **B**), muss die Polyglutamylkette vor der Absorption durch spezifische Enzyme (*Pteroylpolyglutamathydrolasen*) gekürzt werden. Sie sind wahrscheinlich in der luminalen Membran der Dünndarmmukosa lokalisiert. Die *Absorption* von Pte-Glu_1 wird von einem spezifischen, *aktiven Transportmechanismus* besorgt. In der *Mukosazelle* entstehen in der Folge aus Pte-Glu_1 z. T. *N^5-Methyltetrahydrofolsäure* (5-Me-H_4-Pte-Glu_1) u. a. Metaboliten (→ **B**). Wenn diese bereits in der Nahrung vorliegen, werden auch sie durch den o. g. Mechanismus aus dem Darmlumen absorbiert. (Gleiches gilt für das zytostatisch wirksame Medikament *Methotrexat.*) Zur Umwandlung von 5-Me-H_4-Pte-Glu_1 in die stoffwechselaktive Tetrahydrofolsäure ist Methyl-Cobalamin nötig. Die Folsäurespeicher des Körpers (ca. 7 mg) reichen für den Bedarf einiger Monate (Folatmangel → S. 90).

Die anderen **wasserlöslichen Vitamine** (B_1 [Thiamin], B_2 [Riboflavin], C [Ascorbinsäure], H [Biotin, Niacin]) werden sekundär-aktiv durch *Na^+-Symport-Carrier* absorbiert, also ganz ähnlich wie Glucose oder Aminosäuren (→ **C**). Resorptionsort ist das Jejunum, für Vitamin C das Ileum. Die B_6-Vitamine (Pyridoxal, Pyridoxin, Pyridoxamin) werden wahrscheinlich nur passiv resorbiert.

Die Resorption **fettlöslicher Vitamine** (A[Retinol], D_2[Cholecalciferol], E[Tocoperol], K_1[Phyllochinon], K_2[Farnochinon]) bedarf wie die von Fetten (→ S. 252) der **Mizellenbildung**. Die Absorptionsmechanismen sind nicht geklärt (z. T. sättigbar und energieabhängig). Der Transport im Plasma erfolgt nach Einbau in Chylomikronen und VLDL (→ S. 254 f.).

A. Cobalamin (B_{12})-Transport

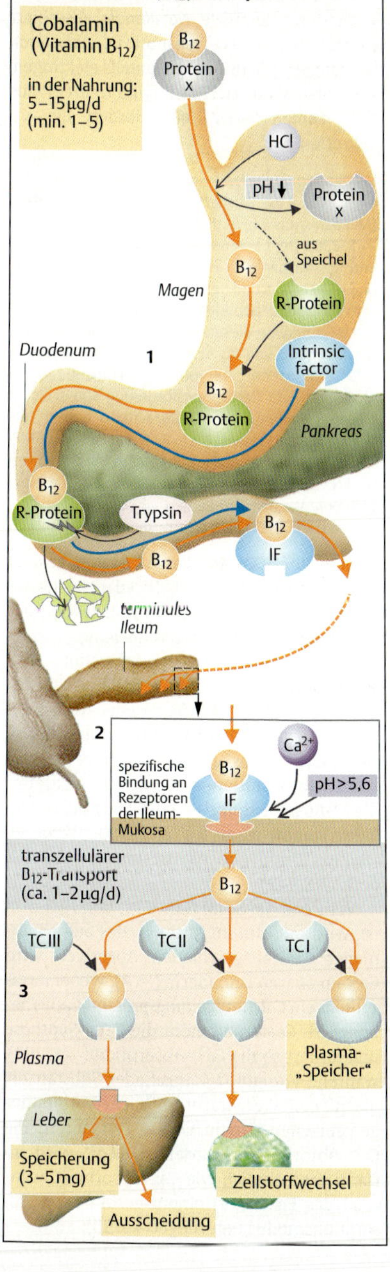

B. Folsäureabsorption

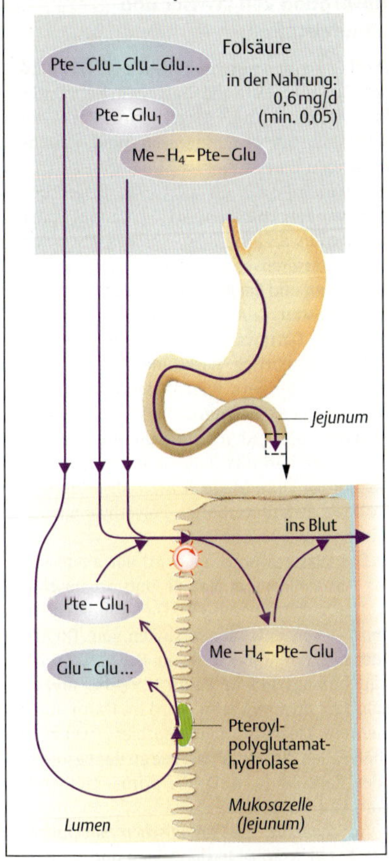

C. Sekundär-aktive Vit.-Absorption

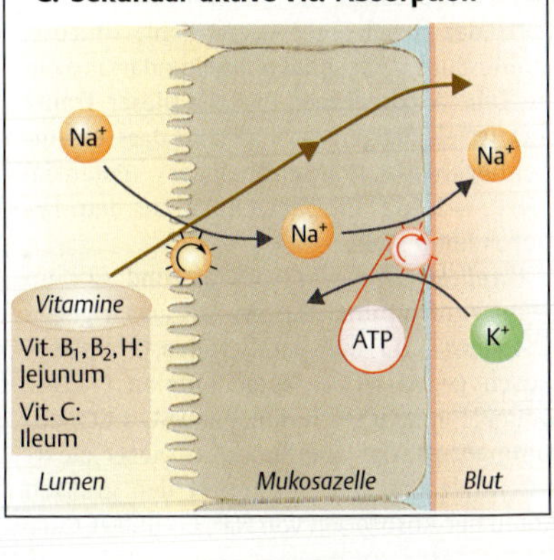

Absorption von Wasser und Mineralstoffen

Pro Tag werden durchschnittlich ca. *1,5 l Wasser* (Getränke, Nahrung) aufgenommen. Daneben werden in den Magen-Darm-Kanal zusätzlich an *Speichel, Magensaft, Galle, Pankreassaft* und *Darmsaft* etwa 7 l/d abgegeben. Da mit dem Stuhl nur etwa 0,1 l/Tag ausgeschieden werden, müssen im Verdauungskanal mindestens *8,4 l/Tag netto-absorbiert* werden. Diese **Wasserabsorption** findet hauptsächlich in *Jejunum* und *Ileum*, zum kleineren Teil auch im *Kolon* statt (→ **A**). Bewegungen von Wasser durch die Darmwand sind *osmotisch bedingt*. Werden osmotisch wirksame Teilchen (z. B. Na^+, Cl^-) absorbiert, folgt Wasser nach (→ **B**); werden umgekehrt Substanzen ins Lumen sezerniert oder werden nicht absorbierbare Stoffe mit der Nahrung aufgenommen, so fließt Wasser zur Lumenseite. Schwer absorbierbare Stoffe (z. B. Sulfate, Sorbit, Polyethylenglykol) wirken so als Abführmittel.

Die Wasserabsorption wird vor allem von der **Absorption von Na^+, Cl^-** und **organischen Stoffen** angetrieben (→ **B**). Die luminalen Na^+ und Cl^--Konzentrationen sinken vom Duodenum bis zum Kolon stetig ab. Die von Na^+ beträgt anfangs 145, im Ileum 125 (→ **C**) und im Kolon ca. 40 mmol/l. Na^+ wird im Darm durch mehrere Mechanismen absorbiert, wobei in allen Fällen die *Na^+-K^+-ATPase* an der basolateralen Zellseite (→ **B, D**) die primär treibende Kraft ist (→ S. 26):

◆ *Na^+-Symport mit organischen Substanzen* (s. a. S. 26 f. u. 258): In *Duodenum* und *Jejunum* findet ein passiver Na^+-Einstrom in die Zelle statt, der gleichzeitig dazu dient, Glucose, Aminosäuren, Phosphat u. a. sekundär-aktiv in die Zelle aufzunehmen (→ **D1**). Dieser Transport ist elektrogen (→ S. 28), so dass ein lumennegatives transepitheliales Potenzial (*L*NTP, → S. 162) Cl^- parazellulär aus dem Lumen treibt (→ **D2**).

◆ *Paralleler Transport von Na^+ und Cl^-*: Im *Ileum* wird luminal Na^+ im Austausch gegen H^+-Ionen (→ **D3**) und, parallel dazu, Cl^- im Austausch gegen HCO_3^- aufgenommen (→ **D4**), wobei H^+ mit HCO_3^- luminal zu $H_2O + CO_2$ zusammentritt, das abdiffundiert. Dieser elektroneutrale Transport bestreitet den größten Anteil der Absorption von Na^+, Cl^- und H_2O.

◆ *Na^+-Diffusion*: Vor allem im *Kolon* wird Na^+ auch durch luminale *Na^+-Kanäle* absorbiert (→ **D5**). Dieser Na^+-Transport ist *Aldosteron*-abhängig (→ S. 182) und ebenfalls elektrogen. Das entstehende *L*NTP (s. o.) und treibt Cl^- aus dem Lumen (→ **D2**) oder fördert die K^+-Sekretion.

In den Epithelzellen v. a. der *Lieberkühn-Krypten* (→ S. 245, A16) existiert auch eine **Cl^--Sekretion** (Mechanismus wie in den Azini der Speicheldrüsen; → S. 236). Der Cl^--Ausstrom ins Lumen, der von Na^+ und Wasser begleitet ist, wird von cAMP stimuliert und ist neuronal und hormonal gesteuert (VIP [**v**asoactive **i**ntestinal **p**eptide], Prostaglandine). Physiologische Aufgaben dieser H_2O-Sekretion könnten die Verflüssigung von zu viskösem Chymus und eine H_2O-Rezirkulation (Krypten → Lumen → Villi → Krypten) zur Resorptionsförderung von schlecht gelösten Stoffen sein. **Cholera-Toxin** hemmt die GTPase des G_S-Proteins (→ S. 274), so dass die cAMP-Konzentration maximal erhöht bleibt. Mit der so verstärkten Cl^--Sekretion werden Na^+ und große Mengen von Wasser ins Lumen abgegeben, was zu schwersten Durchfällen führen kann (max. 1 l/h!).

Neben dem **HCO_3^-** des Pankreassaftes gelangt HCO_3^- auch aus Dünn- und Dickdarmzellen ins Darmlumen (→ **A**). **K^+** wird von den Kryptenzellen des *Kolons aldosteronabhängig* sezerniert (luminale K^+-Konzentration ca. 90 mmol/l!) und vom Oberflächenepithel durch eine *H^+/K^+-ATPase* wieder resorbiert (Mechanismus ähnlich wie im Magen, → S. 243, A). Das aldosterongesteuerte Verhältnis K^+-Sekretion/K^+-Resorption bestimmt die K^+-Ausscheidung (→ **A** u. S. 180). Bei *Durchfällen* kommt es zu K^+- und *HCO_3^--Verlusten* (Hypokaliämie und nichtrespiratorische *Azidose*; → S. 142).

Während der Stuhl Na^+-, Cl^-- und H_2O arm ist, wird mit ihm im Mittel $^1/_3$ des aufgenommenen **Ca^{2+}** ausgeschieden. Absorbiert wird Ca^{2+} im oberen Dünndarm (→ **A**), wobei intrazellulär ein *Calciumbindungsprotein* (CaBP) beteiligt ist. *Calcitriol* erhöht die CaBP-Synthese und fördert so die Ca^{2+}-Absorption (→ S. 292), während *Vitamin-D-Mangel* oder Substanzen, die mit dem Ca^{2+} wasserunlösliche Verbindungen eingehen (Phytin, Oxalat, Fettsäuren), die Ca^{2+}-Absorption herabsetzen. **Mg^{2+}** wird im Darm ganz ähnlich wie Ca^{2+} absorbiert, während das **Eisen** (Fe) einem gesonderten Absorptionsmodus unterliegt (→ S. 90).

A. Wasser- und Elektrolytabsorption im Darm

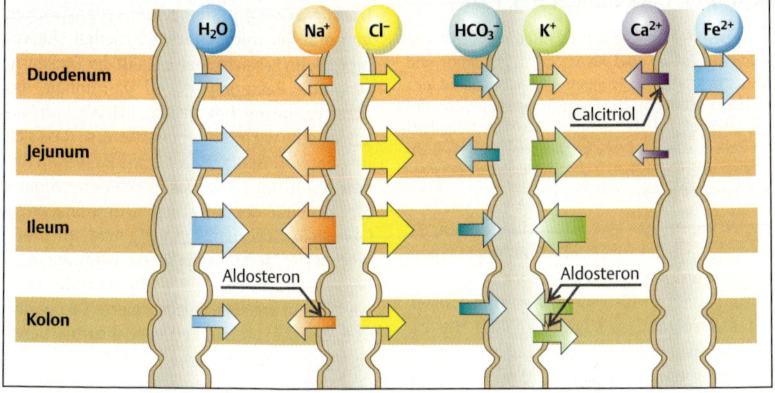

B. Na$^+$- und H$_2$O-Absorption im Darm (Modell)

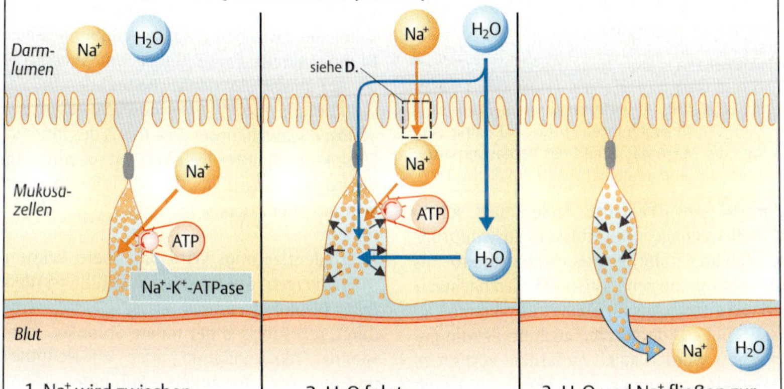

1. Na$^+$ wird zwischen den Zellen angereichert

2. H$_2$O folgt: der Druck steigt

3. H$_2$O und Na$^+$ fließen zur Zellbasis und ins Blut

C. Na$^+$- und K$^+$-Austausch im Ileum

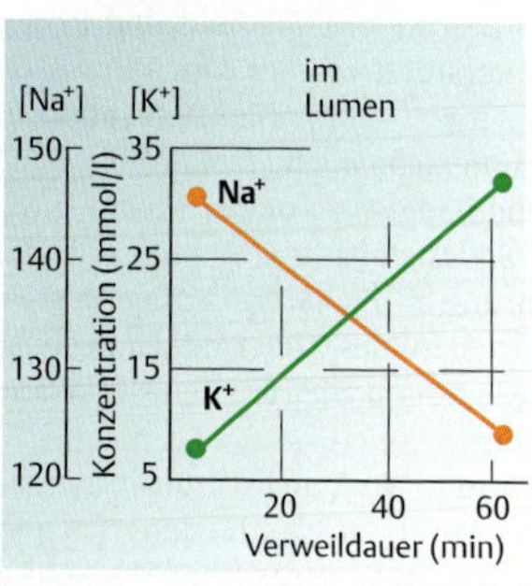

D. Na$^+$- und Cl$^-$-Absorption im Darm

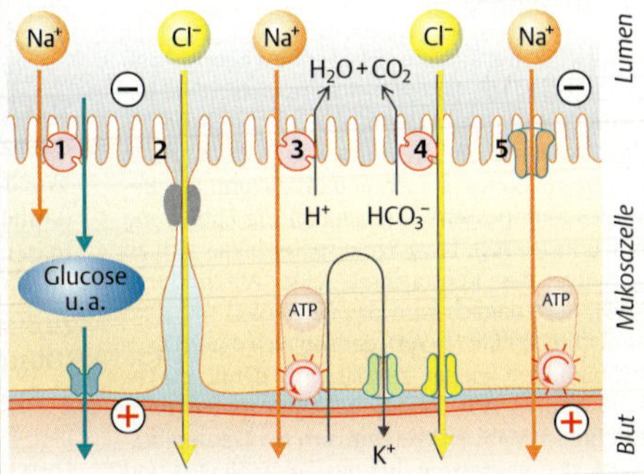

Dickdarm, Darmentleerung, Fäzes

Der letzte Teil des Magen-Darm-Kanals wird von *Dickdarm* (*Zäkum* und *Kolon*, ca. 1,3 m lang) und *Mastdarm* (*Rektum*) gebildet. Die *Schleimhaut* des Dickdarms ist durch tiefe Einsenkungen (*Krypten*) gekennzeichnet, die überwiegend von Schleim bildenden Zellen, sog. *Becherzellen*, ausgekleidet sind. Ein Teil der oberflächlichen Zellen (mit einem *Bürstensaum*) dient der Absorption.

Der Dickdarm hat zwei **Hauptfunktionen**: Er dient als *Speicher* für den Darminhalt (1. Speicher: Zäkum u. Colon ascendens; 2. Speicher: Rektum) und er absorbiert weiterhin *Wasser* und *Elektrolyte* (→ S. 262), so dass die ca. 500 – 1500 ml Chymus, die pro Tag in den Dickdarm eintreten, auf ca. 100 – 200 ml eingedickt werden. Der Dickdarm ist nicht lebensnotwendig. Große Teile davon können z. B. bei Tumoren entfernt werden.

Künstlich in das Rektum eingefülltes Wasser (*Einlauf*) kann resorbiert werden. Auch eingeführte Medikamente (*Zäpfchen*) diffundieren durch die Darmwand ins Blut. Die so zugeführten Stoffe sind damit dem Einfluss der Magensäure und der Verdauungsenzyme entzogen und umgehen außerdem die Leber.

Motorik. Am Dickdarm lassen sich lokale *Mischbewegungen* mit starken Einschnürungen (*Haustrierung*) sowie sowohl antero- als auch retrograde *peristaltische Wellen* nachweisen (Schrittmacher im Colon transversum), so dass Stuhl aus dem Kolon auch im Zäkum gespeichert werden kann. Außerdem kommt es 2 – 3-mal/d zu einer sog. *Massenbewegung* (→ **A**). Sie wird gewöhnlich bei den Mahlzeiten ausgelöst; ein sog. *gastrokolischer Reflex* sowie *Magen-Darm-Hormone* werden dafür verantwortlich gemacht.

Ein typischer Ablauf einer **Massenbewegung** kann im *Röntgenbild* mit bariumhaltigem *Kontrastbrei* beobachtet werden (→ **A1** – **A8**): Kontrastbreigabe um 7 Uhr (→ **A1**); 12 Uhr: Der Kontrastbrei ist bereits in den letzten Ileumschlingen und im Zäkum. Der Beginn des Mittagessens beschleunigt die Entleerung des Ileums (→ **A2**). Etwa 5 min später bildet sich an der Spitze des Kontrastbreis eine Abschnürung (→ **A3**), kurz danach wird das Querkolon mit dem Kontrastbrei gefüllt (→ **A4**), der sogleich durch *Quereinschnürungen* wieder zerteilt und damit durchmischt wird (→ **A5**). Wenige Minuten später (noch während der Mahlzeit) verengt sich der Darm plötzlich um den vordersten Teil des Darminhaltes und befördert diesen in ganz kurzer Zeit (→ **A6** – **8**) bis hinab in das Sigmoid.

Darmbakterien. Der bei der Geburt sterile Darmtrakt wird in den ersten Lebenswochen von oral her mit Bakterien besiedelt (Anarobier). Beim Erwachsenen enthält der Dickdarm 10^{11} – 10^{12} Bakterien pro ml Darminhalt, das Ileum ca. 10^6/ml. Der niedrige pH-Wert im Magen ist eine wichtige Keimbarriere, so dass sich im oberen Dünndarm fast keine Bakterien finden (0 – 10^4/ml). Die Darmbakterien erhöhen die Aktivität der intestinalen Immunabwehr („*physiologische Entzündung*"), und ihr Stoffwechsel ist für den „Wirt" bedeutsam. Sie wandeln unverdauliche (z. B. Cellulose) oder oralwärts nicht vollständig absorbierte Saccharide (z. B. Lactose) zu kurzkettigen, absorbierbaren Fettsäuren und zu *Gasen* um (Methan, H_2, CO_2); sie können außerdem Vitamin K bilden.

Der **Anus** ist normalerweise verschlossen. Dazu tragen bei (→ **B1**): Die sog. Kohlrausch-Falte, die zwischen zwei gegenüberliegende Falten eingreift; weiterhin die *Mm. puborectales*, der *innere*, unwillkürliche und der *äußere*, willkürliche *Analsphinkter* und schließlich ein venöser Schwellkörper. Der Tonus des inneren Sphinkters (glatter Muskel) ist α-adrenerg über den Sympathikus, der des äußeren (quer gestreift) über den N. pudendus *tonisch kontrahiert*.

Stuhlentleerung. Wird das obere Rektum (*Ampulla recti*) mit Darminhalt gefüllt, werden dort *Dehnungssensoren* erregt (→ **B2**), wodurch reflektorisch der innere Sphinkter entspannt (Akkomodation über VIP-Neurone) und der Tonus im äußeren Sphinkter erhöht sowie der **Stuhldrang** ausgelöst wird. Wird ihm nachgegeben, verkürzt sich das Rektum, die Mm. puborectales und der äußere Analsphinkter erschlaffen und die Ringmuskulatur von Colon descendens, Sigmoid und Rektum treiben, unterstützt von der Bauchpresse, den Stuhl ins Freie (→ **B3**). Die **Defäkationsfrequenz** ist unterschiedlich (3-mal/d bis 3-mal/Woche) und hängt v. a. von der Menge unverdaulicher *Ballaststoffe* (z. B. Zellulose, Lignin) in der Nahrung ab. Zu häufige Entleerung eine dünnflüssigen Stuhles (*Durchfall*) kann ebenso zu Störungen führen wie zu seltene Defäkation (Obstipation).

Stuhl (**Fäzes**; → **C**). Durchschnittlich werden 60 – 80 g/d Stuhl ausgeschieden (> 200 g: Durchfall). Er besteht zu ca. 1/4 aus Trockensubstanz, wovon wiederum 1/3 von *Bakterien* aus dem Dickdarm herrührt.

A. Massenbewegung im Dickdarm

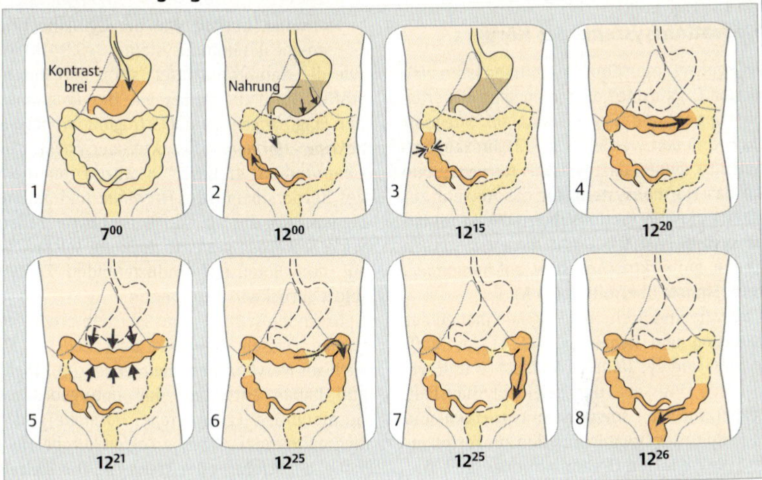

(nach Hertz u. Newton)

B. Analverschluss und Defäkation

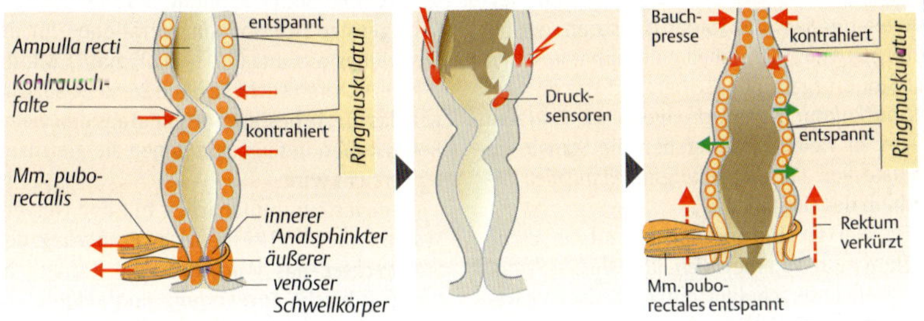

C. Zusammensetzung der Fäzes

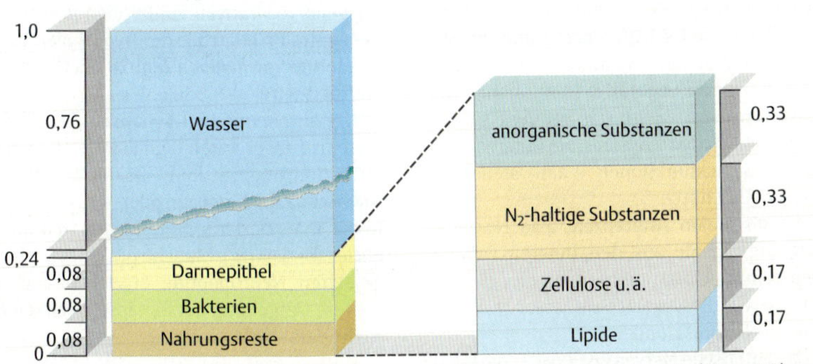

Integrationssysteme des Körpers

Im Gegensatz zum Einzeller müssen beim vielzelligen Organismus die vielen spezialisierten Zellgruppen und Organe sinnvoll *integriert* und *koordiniert* werden (s. a. S. 2). Im Säugeorganismus dienen dazu v. a. das **Nervensystem** und das **Hormonsystem**, für die Abwehr zusätzlich die Informationsübermittlung im **Immunsystem** (→ S. 94 f.). Mit diesen Systemen werden, auf *elektrischem* bzw. auf *humoralem* Wege, **Signale** übermittelt (→ **A**).

Nervale und hormonale Signale dienen der **Steuerung und Regelung** (→ S. 4) des *Stoffwechsels* und des *„inneren Milieus“* (Blutdruck, pH-Wert, Wasser- und Elektrolythaushalt, Temperatur etc.) sowie dem *Wachstum* und der *Reifung* des Organismus, den zur *Fortpflanzung* notwendigen Organfunktionen und Verhaltensweisen und schließlich den *Äußerungen des Organismus gegenüber seiner Umwelt*. An dieser Steuerung und Regelung sind Meldungen der *Sensoren* (Sinnessensoren) der inneren Organe, des Bewegungsapparates und der Sinnesorgane ebenso beteiligt wie die *Skelettmuskulatur*, *psychisch-emotionale Faktoren* u. a. m. In vielen Fällen stehen die Signale im Dienste von *Rückkoppelungsmechanismen* innerhalb des Organismus (→ S. 4).

Die **Nerven** sind spezialisiert auf die *rasche Weiterleitung* von meist *fein abgestuften Signalen*. Man unterscheidet ein *Zentralnervensystem* (ZNS; → S. 310 ff.) von *peripheren Nervensystemen*. Zu Letzteren gehören

- das **somatische Nervensystem**, das die Informationen von den nichtviszeralen Sinnen zentralwärts leitet (Afferenzen) und die Skelettmuskulatur steuert (Efferenzen),
- das periphere **vegetative** (= autonome) **Nervensystem** (→ S. 78 ff.), das efferent ist und hauptsächlich den Kreislauf, die inneren Organe, die Sexualfunktionen u. a. m. steuert. Es wird ergänzt durch
- die **viszeralen Afferenzen**, also Nervenfasern, die Signale aus den inneren Organen nach zentral leiten und meist in den gleichen Nerven wie die vegetativen Fasern verlaufen (z. B. im N. vagus), und
- das **enterische Nervensystem**, das die lokale Funktion von Ösophagus, Magen und Darm integriert (→ S. 234).

Hormone, ebenso wie die Cytokine und Chemokine des Immunsystems (→ S. 94 ff.) sowie die Neurotransmitter (s. u.), sind **Botenstoffe**. Hormone dienen v. a. der *langsamen* und *langfristigen Signalübertragung*, wobei *endokrine Hormone* das *Kreislaufsystem* zur Überwindung größerer Distanzen innerhalb des Körpers benützen. Hormone und andere Signalstoffe, die nur auf benachbarte Zellen wirken, werden *parakrin* genannt, solche, die auf den Botenstoff-produzierenden Zelltyp selbst zurückwirken, *autokrin*.

Hormone stammen aus Hormon produzierenden Drüsen, Geweben oder Zellen (z. T. auch aus Nervenzellen: *neuroendokrine Zellen*) und haben entweder eine untergeordnete Hormondrüse (*glandotrope Hormone*) oder nichtendokrines Gewebe (*aglandotrope Hormone*) als Erfolgs- oder Zielorgan. Die **Zielzellen** besitzen spezifische Bindungsstellen (**Rezeptoren**) für das jeweilige Hormon und binden es mit hoher Affinität, d. h. es genügen sehr geringe Hormonkonzentrationen für die Signalübermittlung (10^{-6} – 10^{-12} mol/l). Mit ihren Rezeptoren sucht sich die Zielzelle sozusagen das für sie bestimmte Signal aus den vielen Botenstoffen heraus, von denen sie gleichzeitig erreicht wird.

In enger Zusammenarbeit mit den Nervensystemen regeln Hormone die *Ernährung*, den *Stoffwechsel*, das *Wachstum*, die körperliche und psychische *Entwicklung* und *Reifung*, die *Fortpflanzungsmechanismen*, die *Leistungsanpassung* und das „innere Milieu“ (*Homöostase*) des Körpers (→ **A**). Die meisten dieser überwiegend vegetativen Funktionen unterstehen der zentralen Kontrolle des **Hypothalamus**, der wiederum von *höheren Zentren des Gehirns* beeinflusst wird (→ S. 330).

Die an chemischen **Synapsen** des Nervensystems freigesetzten Signalstoffe, die der Informationsübermittlung an postsynaptische Nervenfasern, Muskeln oder Drüsen dienen, nennt man *Überträgerstoffe* oder *Neurotransmitter* (→ S. 50 ff.). Manche präsynaptisch freigesetzten Neuropeptide erreichen auch die weitere Umgebung der Synapsen, wirken also auch „parakrin“.

A. Steuerung vegetativer Funktionen (Übersicht)

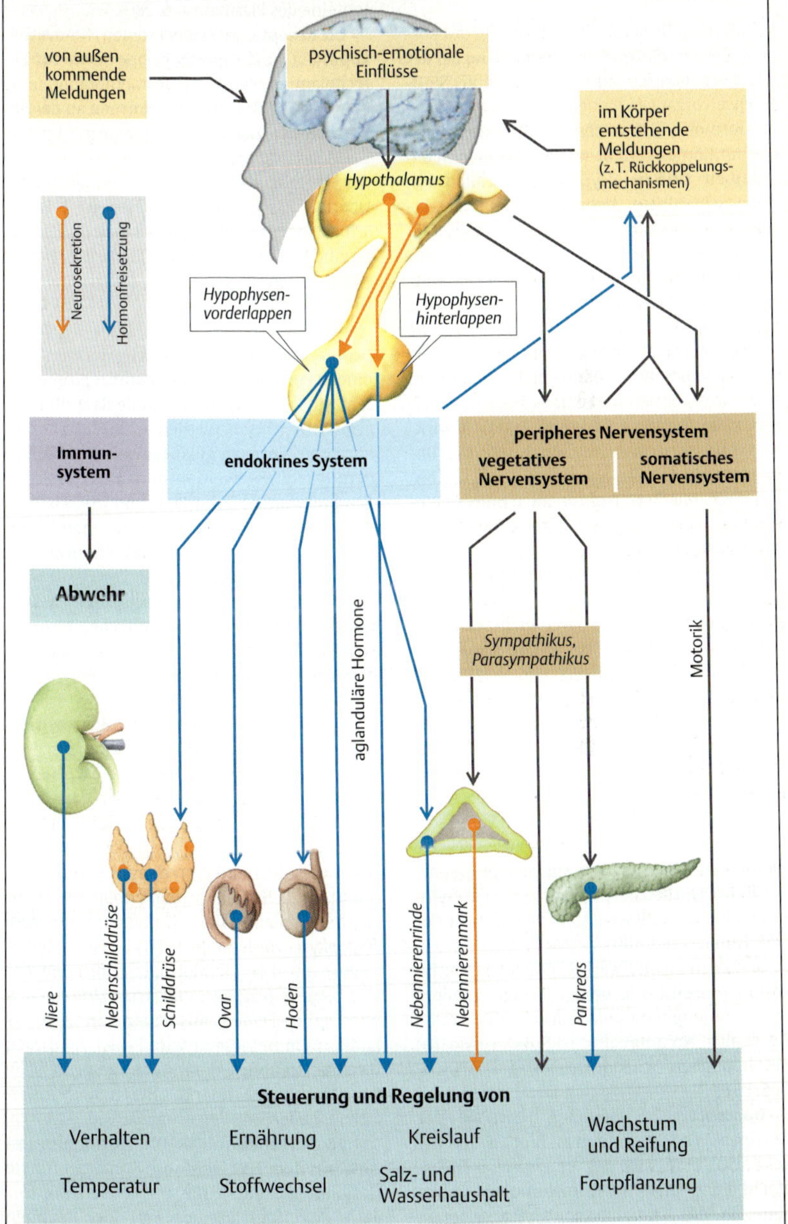

Die Hormone

Hormone sind chemische Botenstoffe des Körpers, die der **Informationsübertragung** bei der Regelung von Organfunktionen und Stoffwechselvorgängen dienen (→ S. 266). Endokrine Hormone, also solche, die über den Kreislauf im Körper verteilt werden, werden in **endokrinen Drüsen** (Hypophyse, Schilddrüse, Nebenschilddrüse, Nebenniere, Pankreas-Inseln, Ovar, Hoden) oder in diffus verstreuten **endokrinen Zellen** in ZNS, C-Zellen der Schilddrüse, Thymus, Herzvorhof, Niere, Leber, Gastrointestinaltrakt u. a.) gebildet. Auch *parakrin*, d. h. nur auf Nachbarzellen wirkende Hormone (Gewebshormone oder *Mediatoren*, s. u.) werden von verstreut liegenden Zellen sezerniert. *Neurone* sezernieren ebenfalls Hormone, z. B. Adrenalin, Oxytocin, Adiuretin. Endokrin wirksam sind auch manche Signalstoffe des *Immunsystems*, z. B. Thymosin und div. Cytokine.

Der **chemischen Struktur** und damit der **Biosynthese** nach lassen sich drei Gruppen von Hormonen unterscheiden:

1. Die hydrophilen **Peptidhormone** (→ **A**, dunkelblaue Felder) und **Glykoproteinhormone** (→ **A**, hellblaue Felder) werden in *Sekretgranula* gespeichert und bei Bedarf exozytiert. Durch alternatives Splicing und posttranslationale Modifikation (→ S. 8 f.) können aus einem Gen verschiedene Hormone entstehen (→ z. B. POMC, S. 280).

2. Die **Steroidhormone** (→ **A**, gelbe Felder) und das chemisch verwandte Hormon *Calcitriol* sind lipophil und entstehen im *Stoffwechsel* aus Cholesterin (→ S. 294 bzw. 292). Sie werden nicht gespeichert, sondern bei Bedarf vermehrt synthetisiert; sie verlassen die endokrinen Zellen wahrscheinlich über Carrier der OAT-Familie (→ S. 160).

3. Zu den im *Stoffwechsel* entstehenden **Tyrosinderivaten** (→ **A**, orange Felder) gehören (a) die hydrophilen *Catecholamine* (Dopamin, Adrenalin, Noradrenalin; → S. 84) sowie (b) die lipophilen *Schilddrüsenhormone* (T_3, T_4; → S. 286).

Transport. Die lipophilen Hormone der Gruppen 2 und 3 b werden im Blut an Proteine gebunden, Corticoide z. B. an *Cortisolbindungsglobulin* und *-albumin*, Testosteron und Östrogene an das *Sexualhormonbindungsglobulin* und T_3 und T_4 an Albumin und zwei weitere Proteine des Plasmas (→ S. 286).

Die **Rezeptoren** (Andockstellen) für die Glykoprotein- und Peptidhormone sowie für Catecholamine sind Transmembranproteine (→ S. 14), die das jeweilige Hormon an der *Außenseite der Zellmembran* spezifisch binden. Bei vielen solchen Hormonen wird dadurch an der Membraninnenseite ein intrazellulärer Überträgerstoff („*Second Messenger*") losgeschickt, der das Hormonsignal in der Zelle weitergibt. Solche „zweite (und z. T. dritte) Boten" sind z. B. cAMP, cGMP, Inositoltrisphosphat, Diacylglycerol, Ca^{2+} und NO (→ S. 274 ff.). Manche Peptidhormone (Insulin, Prolactin, Atriopeptin und zahlreiche Wachstumsfaktoren) binden von außen an Membranrezeptoren, deren zytosolische Molekülanteile daraufhin *enzymatisch wirksam* werden (→ S. 278). Steroidhormone hingegen gelangen *selbst* ins Zellinnere (→ S. 278), werden dort an *zytosolische Rezeptorproteine* gebunden und erreichen so den Zellkern, wo sie die Transkription beeinflussen (genomische Wirkung). Ähnliches gilt für Calcitriol, T_3 und T_4.

Eine Zielzelle kann verschiedene Rezeptoren sowohl für unterschiedliche Hormone (z. B. für Insulin und Glucagon) als auch für dasselbe Hormon (z. B. α_1 und β_2-Adrenozeptoren für Adrenalin) besitzen.

Hierarchie der Hormone (→ **A**). In vielen Fällen wird eine Hormonausschüttung durch einen *nervalen Reiz im ZNS* ausgelöst. Nerval-hormonale Schaltstelle ist v. a. der *Hypothalamus* (→ S. 280 u. 330). Er setzt das neuronale Signal in eine Hormonabgabe aus dem *Hypothalamus* selbst und dem damit neuronal verbundenen *Hypophysenhinterlappen* (HHL, Neurohypophyse) oder (sekundär) aus dem *Hypophysenvorderlappen* (HVL, Adenohypophyse) um. Die glandotropen Hormone des HVL steuern *periphere endokrine Drüsen* (→ **A oben**, grüne Felder), aus denen dann erst das Endhormon freigesetzt wird (→ **A**). An diesen Umschaltstationen kann das ursprüngliche Signal nicht nur *verstärkt*, sondern auch mehrfach *moduliert* werden (→ S. 272).

Hypophysenhormone. Die Hormonfreisetzung aus dem **HVL** wird durch übergeordnete Hormone gesteuert, die die Freisetzung fördern (*Releasing-Hormone, RH*) oder hemmen (*Release-Inhibiting-Hormone, IH*) (→ **A** u. Tabelle). Die meisten HVL-Hormone sind glandotrop (→ S. 280). Die beiden Hormone des **HHL** (ADH, Oxytocin) werden durch neuronale Signale freigesetzt (→ S. 280).

Weitere endokrine Hormone, die weitgehend unabhängig von der Hypothalamus-Hypophysen-Achse sind, sind die *Pankreashormone, Parathormon, Calcitonin* und *Calcitriol, Angiotensin* und *Aldosteron* (→ S. 182 f.), *Erythropoietin* (→ S. 88) sowie die *Magen-Darm-Hormone* (→ S. 234). Die Sekretion von *Atriopeptin* wird durch Drucksignale (→ S. 170), die des Epiphysenhormons *Melatonin* durch neuronale Afferenzen gesteuert (Lichtreize u. a., → S. 334).

Parakrine Wirksamkeit, z. B. in endokrinen und exokrinen Drüsen, in der Magenwand sowie bei Entzündungsprozessen haben (neben einigen der o. g. Hormone, z. B. Angiotensin II) eine Reihe von sog. Gewebshormonen oder **Mediatoren**. Dazu gehören Bradykinin (→ S. 214 u. 236), Histamin (→ S. 100 u. S. 242), Serotonin (= 5-Hydroxytryptamin, → S. 102) und die Eicosanoide.

Zu den **Eicosanoiden** (von griech. εικοσι = zwanzig [C-Atome]) gehören die *Prostaglandine (PG), Thromboxane (TX), Leukotriene* und *Epoxyeicosatrienoate*, die beim Menschen aus der Fettsäure *Arachidonsäure (AA)* gebildet werden. (PG, die sich von der AA herleiten, haben den Index 2). AA entstammt der Nahrung (Fleisch) oder wird aus der essenziellen Fettsäure Linolsäure synthetisiert. Im Körper wird AA, die in der Phopholipidschicht der Zellmembran als Ester vorliegt, durch *Phospholipase* A_2 freigesetzt.

Die **Synthese** der Eicosanoide aus AA läuft über drei Wege:

1. *Cyclooxygenase(COX)-Weg*: Durch die COX-1 und COX-2 wird AA zu PGG_2 umgewandelt, aus dem PGH_2 entsteht, der Muttersubstanz der biologisch aktiven Verbindungen PGE_2, PGD_2, $PGF_{2\alpha}$, PGI_2 (= Prostacyclin) und TXA_2. COX-1 und -2 werden durch nichtsteroidale antientzündliche Pharmaka (z. B. Acetylsalicylsäure) gehemmt.

2. *Lipoxygenase-Weg*: Durch die *5-Lipoxygenase* (v. a. in neutrophilen Granulozyten) entsteht aus AA (über das Zwischenprodukt 5-HP ETE = 5-Hydroperoxyeikosatetraenoat) *Leukotrien* A_4, die Ausgangssubstanz für die Leukotriene C_4, D_4 und E_4. Die Bedeutung der *12-Lipoxygenase* (v. a. in Thrombozyten) ist noch unklar, während die *15-Lipoxygenase* die gefäßaktiven *Lipoxine* (LXA_4, LXB_4) bildet.

3. Durch die *Cytochrom* P_{450}*-Epoxygenase* entstehen Epoxyeicosatrienoate (EpETrE = EE).

Einige typische **Effekte** von Eicosanoiden sind:

$\mathbf{PGE_2}$ dilatiert die Bronchial- und Gefäßmuskulatur (und hält den Ductus arteriosus und das Foramen ovale offen; → S. 220), kontrahiert die Darm- und Uterusmuskulatur, schützt die Magenmukosa (→ S. 242), hemmt die Lipolyse, erhöht die GFR, ist an der Fieberentstehung beteiligt (→ S. 224), sensibilisiert nozizeptive Nervenendigungen (Schmerz!) und erhöht die Gefäßpermeabilität (Entzündung!). $\mathbf{PGD_2}$ führt zur Bronchokonstriktion. $\mathbf{PGI_2}$ (= Prostacyclin), das im Endothel gebildet wird, wirkt vasodilatierend und hemmt die Thrombozytenaggregation, während $\mathbf{TXA_2}$ (in Thrombozyten) diese fördert und vasokonstriktorisch wirkt (→ S. 102). **11,12-EpETrE** wirkt gefäßdilatierend (= EDHF, → S. 214).

Hypothalamus- und Hypophysenhormone

Kurznamen*	Synonyme
Hypothalamus	
Corticoliberin	Corticotropin-RH, CRF, CRH
Gonadoliberin	ICSH, Gn-RH, FSH/LH-RH
Prolactostatin	Dopamin, Prolactin-IH, PIF, PIH
Somatoliberin	GH-RH, GRH, SRF, SRH
Somatostatin*	IH für STH, SIH, GH-IH
Thyroliberin	RH für TSH, TRF, TRH
Hypophysenvorderlappen	
Corticotropin	Adrenokortikotropes H., ACTH
Follitropin	Follikel stimulierendes H., FSH
Lutropin	Luteinisierendes (Interstitialzellen stimulierendes) H., LH, ICHS
Melanotropin = α-Melanocortin	α-Melanozyten stimulierendes Hormon, α-MSH
Somatotropin	Wachstumshormon (Growth hormone), STH, GH
Thyrotropin	Schilddrüsen stimulierendes Hormon, TSH
Prolactin	Mammotropes (laktotropes) Hormon, PRL
Hypophysenhinterlappen	
Oxytocin	Ocytozin
Adiuretin	(Arginin-)Vasopressin, antidiuretisches Hormon, ADH, AVP

* Wird auch in Organen des Magen-Darm-Traktes gebildet.

A. Die Hormone (vereinfacht und ohne Gewebshormone)

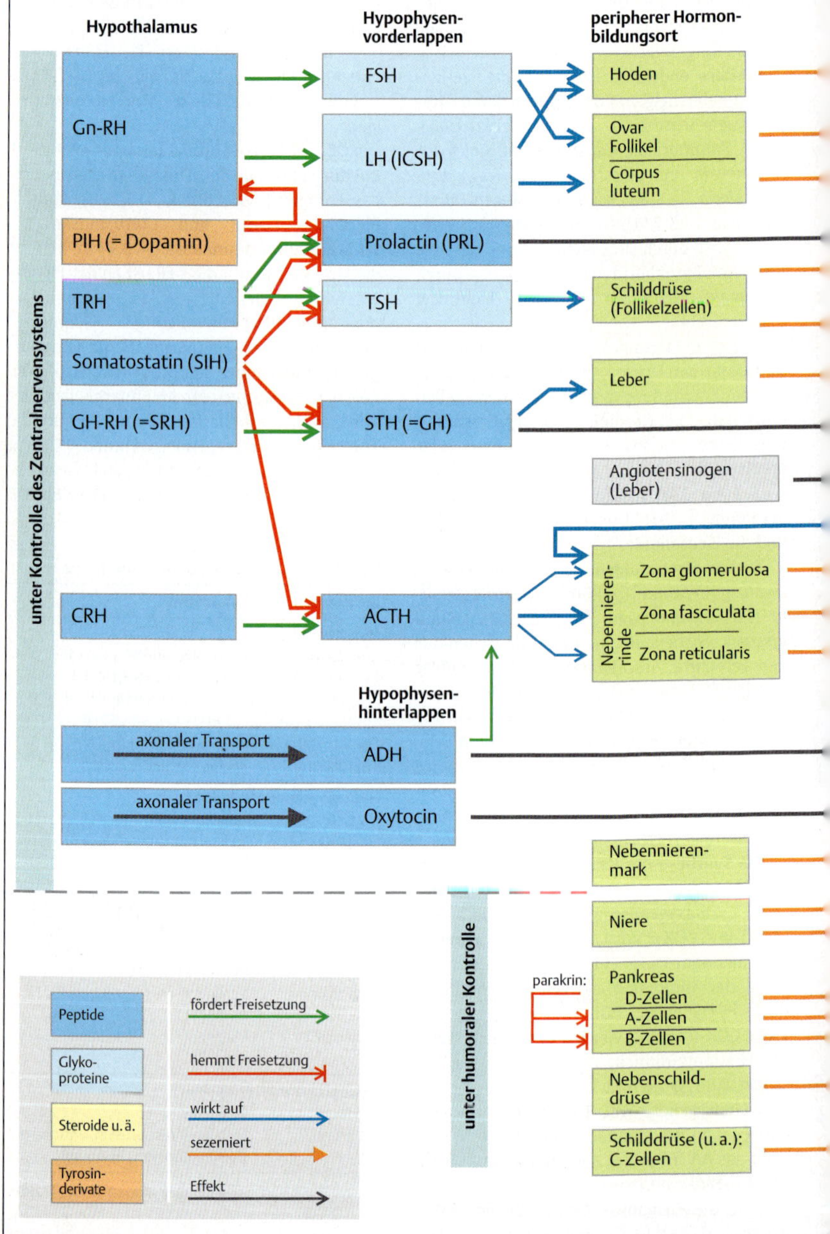

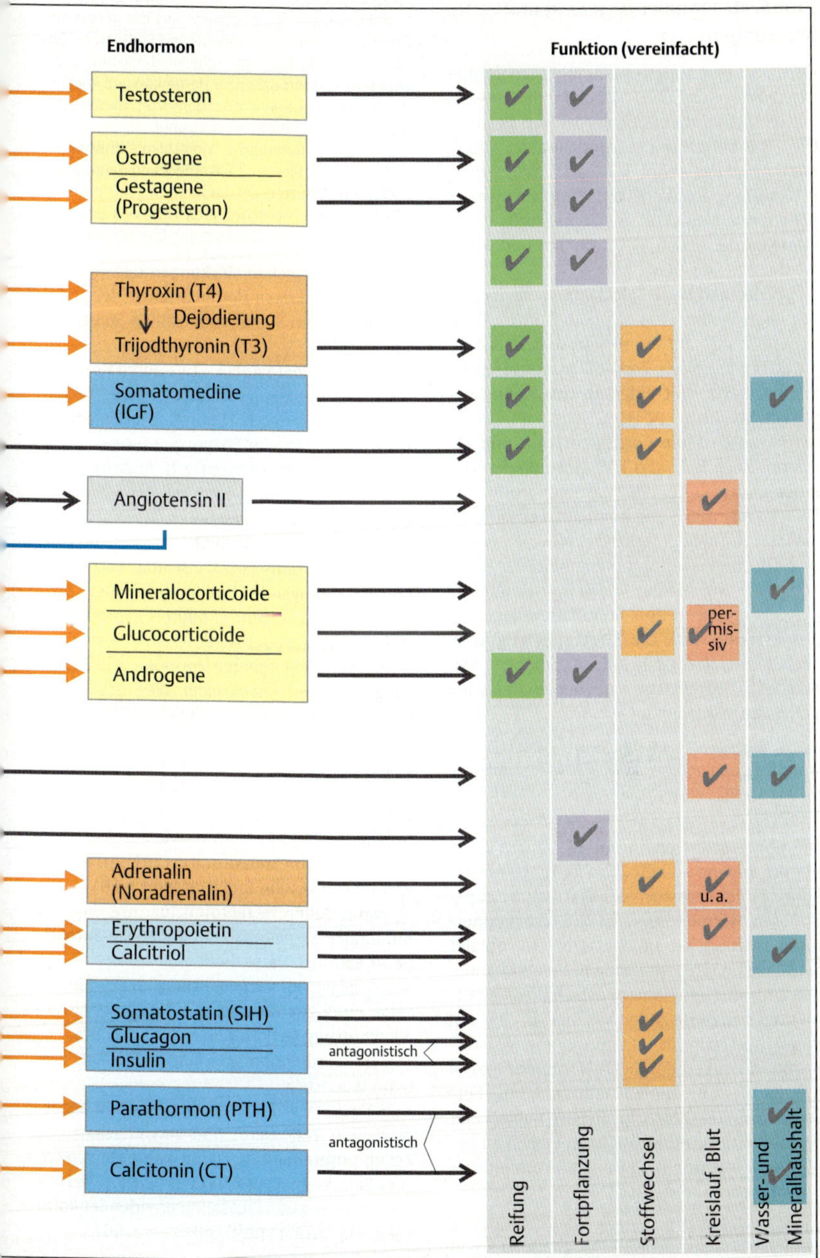
Endhormon
Funktion (vereinfacht)
Testosteron
Östrogene
Gestagene (Progesteron)
Thyroxin (T4)
Dejodierung
Trijodthyronin (T3)
Somatomedine (IGF)
Angiotensin II
Mineralocorticoide
Glucocorticoide
Androgene
per-mis-siv
Adrenalin (Noradrenalin)
u. a.
Erythropoietin
Calcitriol
Somatostatin (SIH)
Glucagon
Insulin
antagonistisch
Parathormon (PTH)
antagonistisch
Calcitonin (CT)
Reifung
Fortpflanzung
Stoffwechsel
Kreislauf, Blut
Wasser- und Mineralhaushalt

Humorale Signale: Regelung und Wirkungen

Hormone und andere humorale Signale dienen der Regelung (→ S. 4), bei der die Antwort auf ein Signal dem Signalgeber (im Beispiel: Die Hormondrüse) zurückgemeldet wird: *Rückkoppelung* (engl. feedback). Wie *schnell* die Regelung ablaufen kann, hängt v. a. von der *Abbaugeschwindigkeit des Signalstoffs* ab: Je schneller der Abbau, desto rascher und damit flexibler die Regelung.

Bei der **negativen Rückkoppelung** reagiert der Signalgeber (z. B. Hypothalamus, CRH-Ausschüttung) auf die rückgemeldete Signalantwort (im Beisp.: Cortisolkonzentration im Plasma, → **A1**) mit einer Abschwächung der Signalkette CRH ⇒ ACTH ⇒ Nebennierenrinde (NNR), so dass die Cortisolausschüttung abnimmt. Auch kann das HVL-Hormon den Hypothalamus (→ **A2**) oder das Endhormon den HVL (→ **A3**) rückläufig hemmen. Ferner kann die vom Hormon gesteuerte *Stoffwechselgröße* (z. B. Glucosekonzentration im Blut) das Rückkoppelungssignal sein (im Beisp.: Hemmung der Glucagonsekretion, Stimulation der Insulinsekretion; → **B**). Die Rückkoppelung kann auch neuronale Signale mit einschließen (*neuroendokrine Regelkreise*), z. B. bei der Regelung der Plasmaosmolalität (→ S. 170).

Bei der **positiven Rückkoppelung** verstärkt die Antwort das ursprüngliche Signal, das wiederum zu einer verstärkten Antwort führt usw. (s. u.: autokrine Regelung).

Die übergeordneten Hormone steuern nicht nur die *Bildung* und die *Ausschüttung des Endhormons*, sondern auch das **Wachstum der peripheren Hormondrüse**. Ist z. B. die Endhormonkonzentration im Blut trotz maximaler Synthese und Ausschüttung in den vorhandenen Drüsenzellen immer noch zu niedrig, vermehren sich diese Zellen so lange, bis die von ihnen sezernierten Endhormonmenge ausreicht, die übergeordnete Hormondrüse zu drosseln (→ z. B. Kropfentstehung, S. 288). Eine solche **kompensatorische Hypertrophie** einer peripheren Hormondrüse ist z. B. auch zu beobachten, wenn ein Teil einer Hormondrüse operativ entfernt wurde.

Werden *Hormone* (z. B. Cortison) *künstlich zugeführt*, wirken diese genau so hemmend auf die Ausschüttung der übergeordneten Hormone (im Beisp.: ACTH u. CRH) wie das normalerweise aus der peripheren Drüse (im Beisp.: NNR) abgegebene Endhormon (im Beisp.: Cortisol). Die chronische Verabreichung eines Endhormons führt daher zur Hemmung und Rückbildung des normalen Produktionsortes dieses Hormons: **Kompensatorische Atrophie.**

Von einem **Rebound-**(„Rückschlag"-)**Phänomen** spricht man in diesem Zusammenhang dann, wenn nach dem Absetzen der Endhormongabe die Ausschüttung des übergeordneten Hormons (im vorigen Beisp.: ACTH) vorübergehend übernormal ist.

Zu den **prinzipiellen Wirkungen** der *endokrinen* und *parakrinen Hormone* sowie der anderen humoralen Signalstoffe zählen Steuerung und Regelung

- von *Enzymaktivitäten*, etwa durch Konfigurationsänderungen (sog. allosterische Mechanismen) oder durch Hemmung oder Förderung (Induktion) der Enzymsynthese;
- von *Transportprozessen*, z. B. Änderung der Einbau- oder Syntheserate von Ionenkanälen oder Carriern sowie von deren Öffnungswahrscheinlichkeit bzw. Affiniät;
- des *Wachstums* (s. o.), also u. a. Förderung von Zellteilungsrate (Proliferation) oder „programmiertem" Zelltod (Apoptose), durch Zelldifferenzierung oder -dedifferenzierung;
- der *Sekretion* anderer Hormone. Die Steuerung kann auf *endokrinem* Weg geschehen (z. B. Cortisolfreisetzung durch ACTH, → **A5**), über kurze, *pfortaderähnliche Verbindungen* innerhalb des Organs (z. B. Wirkung von CRH auf die ACTH-Freisetzung, → **A4**, oder von Cortisol aus der NNR auf die Adrenalinsynthese im Nebennierenmark, → **A6**) sowie *parakrin* (z. B. der Einfluss von Somatostatin (SIH) auf die Sekretion von Insulin und Glucagon; → **B**).

Wenn Zellen Rezeptoren für ihre eigenen humoralen Signale haben, senden sie **autokrine Signale** aus. Diese dienen

- der *negativen Rückkoppelung* an der Einzelzelle, etwa zur Beendigung der Transmitterausschüttung (z. B. Noradrenalin; → S. 84),
- der *Koordination gleichartiger Zellen*, z. B. beim Wachstum,
- der *positiven Rückkoppelung* an der sezernierenden Zelle selbt und von gleichartigen Zellen untereinander. Damit kann ein schwaches Einzelsignal verstärkt werden, z. B. bei der Ausschüttung von Eicosanoiden oder der kolonalen Expansion von T-Zellen (→ S. 96 f.).

A. Regelung der Cortisol- und Adrenalinkonzentration im Plasma

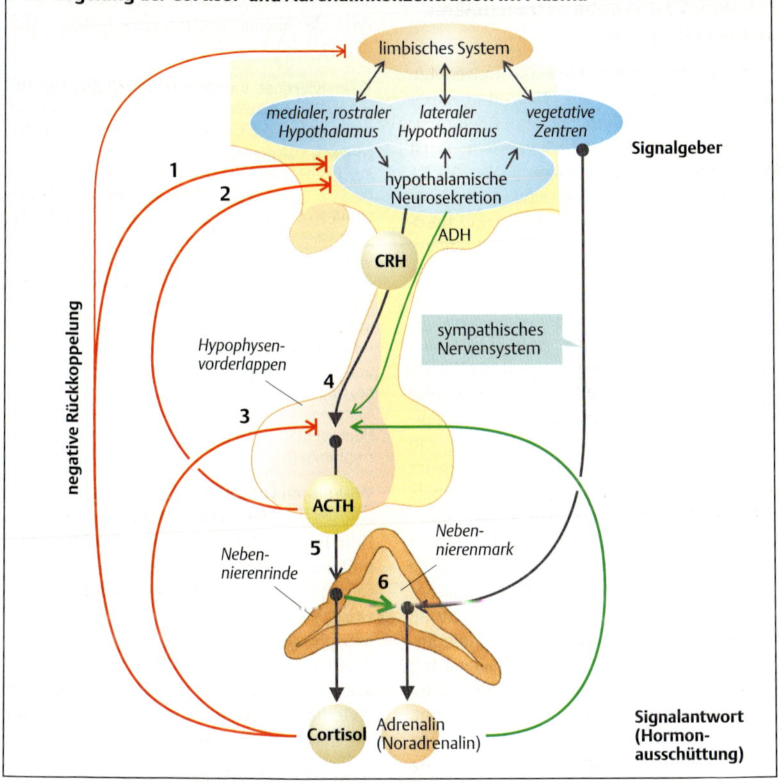

B. Regelung der Blutglucose

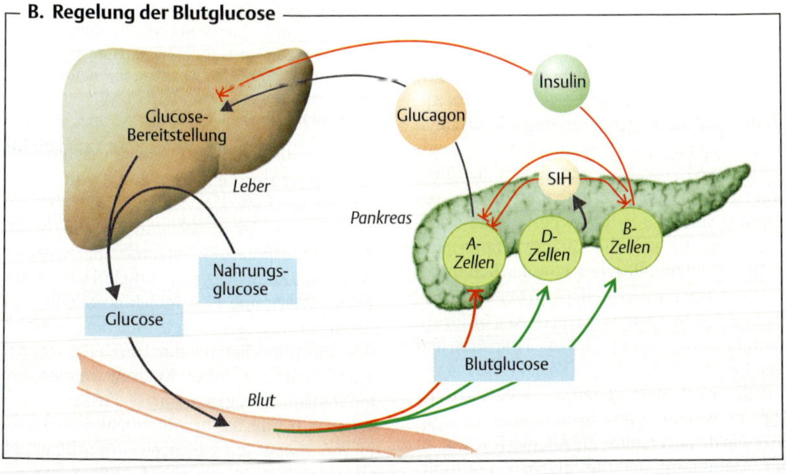

Zelluläre Weitergabe extrazellulärer Botenstoffsignale

Hormone, ebenso wie eine Reihe anderer humoraler Signalstoffe wie Neurotransmitter (→ S. 55 u. S. 82), Cytokine und Chemokine (→ S. 94 ff), erreichen als *Botenstoffe* (First Messenger) auf extrazellulärem Weg die jeweilige Zielzelle. Diese besitzt **Rezeptoren** (**Rez.**), die für den jeweiligen Botenstoff **spezifisch** sind und ihn mit hoher Affinität binden.

Glykoprotein- und Peptidbotenstoffe sowie die **Catecholamine** docken an der Außenseite der Zielzellmembran an. Durch die *Botenstoff-Rezeptor-Bindung* kommt es (mit einigen Ausnahmen, z. B. bei Insulin und Prolactin; → S. 278) über bestimmte Reaktionsschritte zwischen Proteinen (z. T. auch Phospholipiden) der Zellmembran zur Freisetzung von zweiten Botenstoffen (**Second Messengers**) im Zellinneren, die das Signal dort weitergeben. Zyklisches Adenosin- und Guanosinmonophophat (*cAMP, cGMP*), Inositol-1,4,5-Trisphophat (*IP_3*) und 1,2-Diacylglycerin(ol) (*DAG*) sowie Ca^{2+} gehören dazu. Da die Spezifität der Botenstoffwirkung durch die Rezeptorausstattung der Zielzelle gewahrt wird, können viele Botenstoffe den gleichen Second Messenger benützen. Außerdem kann dessen Konzentration in der Zelle durch den einen Botenstoff erhöht, durch den anderen erniedrigt werden. Für denselben Botenstoff existieren zudem häufig mehrere Rezeptortypen.

cAMP als Second Messenger

Für eine cAMP-vermittelte Zellantwort muss die Zielzellmembran neben dem Rezeptor **s**timulierende und/oder **i**nhibitorische **G**(uanylnucleotid-bindende)-**Proteine**, **G_s** bzw. **G_i**, enthalten (→ **A1**). Diese G-Proteine bestehen aus 3 unterschiedlichen Untereinheiten α_s (bzw. α_i), β und γ, sind also heterotrimer. An die α-Untereinheit ist in Ruhe **G**uanosin**di**phosphat (**GDP**) gebunden. Reagiert nun der **B**otenstoff mit dem **R**ezeptor, so bindet sich der B-R-Komplex an G_s-GDP (bzw. G_i-GDP; → **A2**). GDP wird daraufhin durch zytosolisches GTP ersetzt, und gleichzeitig werden der $\beta\gamma$-Komplex sowie der B-R-Komplex abgespalten (→ **A3**). Dazu ist *Mg^{2+}* notwendig. Übrig bleibt α_s-GTP bzw. α_i-GTP, von denen ersteres die **Adenylylcyclase** an der Membraninnenseite *aktiviert* (zytosolische *cAMP-Konzentration steigt*), während α_i-GTP sie *hemmt* (*cAMP-Konzentration sinkt*; → **A3**).

G_s-aktivierende Botenstoffe (**cAMP-Anstieg**) sind u. a. ACTH, Adenosin (A_{2A}-, A_{2B}-Rez.), Adiuretin = Vasopressin (V_2-Rez.), Adrenalin und Noradrenalin (β_1-, β_2-Rez.), Calcitonin, CGRP, CRH, Dopamin (D_1-, D_5-Rez.), FSH, Glucagon, Histamin (H_2-Rez.), Oxytocin (V_2-Rez., s. o.), diverse Prostaglandine (DP-, IP-, EP_2-, EP_4-Rez.), Serotonin = 5-Hydroxytryptamin (5-HT_4-, 5-HT_7-Rez.), Secretin, VIP sowie (Teilwirkungen) TRH und TSH.

G_i-aktivierende Botenstoffe (**cAMP-Senkung**) sind z. T. die gleichen wie oben, dann aber an einem anderen Rezeptor. G_i-aktivierend sind Acetylcholin (M_2-, M_4-Rez.), Adenosin (A_1-, A_3-Rez.), Adrenalin und Noradrenalin (α_2-Rez.), Angiotensin II, Chemokine, Dopamin (D_2-, D_3-, D_4-Rez.), GABA ($GABA_B$-Rez.), Glutamat ($mGLU_{2-4}$-, $mGLU_{6-8}$-Rez.), Melatonin, Neuropeptid Y, Opioide, Serotonin = 5-Hydroxytryptamin (5-HT_1-Rez.), Somatostatin u. a. m.

Wirkungen von cAMP. cAMP aktiviert *Proteinkinasen vom Typ A* (**PKA = A-Kinase**), mit deren Hilfe Proteine (meist Enzyme oder Membranproteine, darunter u. U. auch der Rezeptor selbst) *phosphoryliert* werden (→ **A4**). Die spezifische Zellantwort hängt von der Art des phosphorylierten Proteins ab, was wiederum durch die jeweiligen in der Zielzelle vorhandenen Proteinkinasen bestimmt wird. Manche Proteine werden durch die Phosphorylierung aktiviert, andere inaktiviert.

In der Leberzelle z. B. fördert cAMP über PKA den **Glykogenabbau** in doppelter Hinsicht: Das Enzym Glykogensynthase, das den Glykogenaufbau katalysiert, wird durch die Phosphorylierung inaktiviert, während das den Glykogenabbau fördernde Enzym Glykogenphosphorylase durch die cAMP-vermittelte Phosphorylierung aktiviert wird.

Die gesamte Signalkette von der Botenstoffbindung bis zum zellulären Effekt wird **Transduktion** genannt. Das Signal wird dabei (a) durch andere Signale *beeinflussbar* und (b) um viele Zehnerpotenzen *verstärkt:* Ein einziges aktiviertes Adenylylcyclasemolekül kann zahlreiche cAMP- und PKA-Moleküle bilden, von denen jedes wiederum sehr viele Enzymmoleküle phosphorylieren kann. Durch das Dazwischenschalten weiterer Kinasen können bei der Transduktion ganze Kinase-Kaskaden entstehen (s. u.), die das ursprüngliche Signal weiter verstärken und gleichzeitig Angriffspunkt zusätzlicher regulatorischer Einflüsse sind.

A. cAMP als Second Messenger

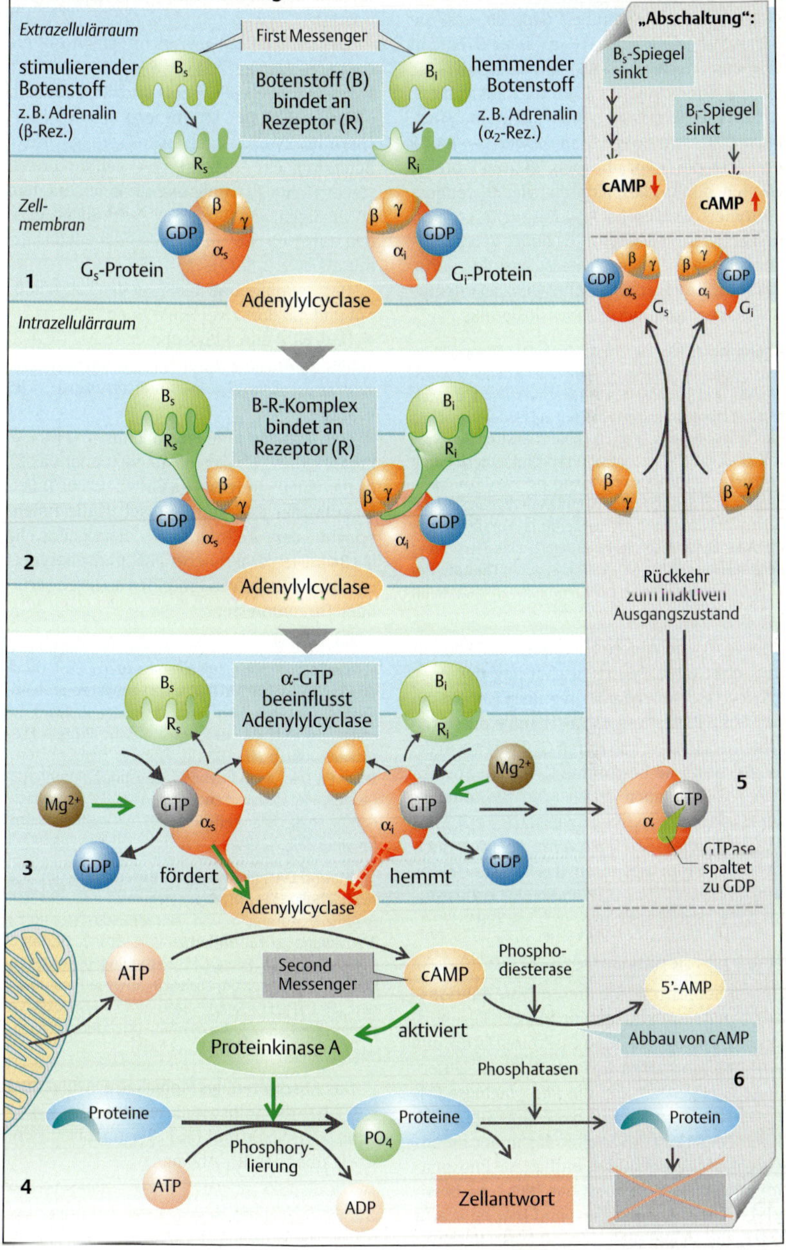

Das **Abschalten des Signalkette** (→ **A rechts**) besorgt die α-Untereinheit dadurch, dass sie das an ihr gebundene GTP mit ihrer *GTPase* in GDP und P_i spaltet (→ **A5**) und danach wieder mit βγ zum trimeren G-Protein zusammentritt. Außerdem wird cAMP durch eine *Phosphodiesterase* zu 5'-AMP inaktiviert (→ **A4,6**), und auch die zuvor phosphorylierten Proteine können durch *Phosphatasen* wieder dephosphoryliert werden (→ **A4**). Ein weiterer Weg, den aktivierten Rezeptor bei hoher Botenstoffkonzentration abzuschalten, besteht darin, dass er selbst durch Phosphorylierung unempfindlich gemacht wird: *Desensitisierung*.

Choleratoxin blockiert die GTPase. Damit entfällt deren „Abschalt"-Wirkung auf die Adenylylcyclase (→ **A5**), und die cAMP-Konzentration steigt in der Zelle auf extrem hohe Werte an (bezüglich der Folgen für die Darmzelle → S. 262). Zu einem Anstieg der zytosolischen cAMP-Konzentration kommt es auch durch **Pertussis** (Keuchhusten)-**Toxin**, das das G_i-Protein hemmt und damit dessen *hemmende Wirkung* auf die Adenylylcyclase *aufhebt*, sowie durch **Forskolin**, das die Adenylylcyclase direkt aktiviert. Eine Hemmung der Reaktion cAMP → 5'-AMP, z. B. durch **Theophyllin** oder **Coffein**, verlängert die cAMP-Lebensdauer und damit den Effekt des Botenstoffs.

Über G_s, G_i und andere G-Proteine (**G_o**) können (mit oder ohne Zwischenschaltung der Adenylylcyclase) **Ionenkanäle** reguliert werden. So werden z. B. bestimmte Ca^{2+}-Kanäle durch G_s-Proteine aktiviert und durch G_o-Proteine inaktiviert, während bestimmte K^+-Kanäle sowohl durch G_o- als auch durch (den βγ-Komplex der) G_i-Proteine aktiviert werden (→ z. B. S. 83 B). Zur Familie der G-Proteine gehören auch das **G_{olf}** der Riechsensoren, das **Transducin** der Sehstäbchen (→ S. 348 f.) sowie das **α-Gustducin** der Geschmackssensoren (→ S. 338).

IP_3 und DAG als Second Messenger

Binden Botenstoffe, die diesen Transduktionsweg benützen, extrazellulär an ihren Rezeptor, so wird, analog wie beim G_s-Protein (s. o.), aus dem heterotrimeren **G_q-Protein** die α_q-Untereinheit freigesetzt, die die *Phospholipase C-β* (**PLC-β**) an der Innenseite der Zellmembran aktiviert (→ **B1**). PLC-β spaltet das in der Innenschicht der Zellmembran enthaltene Phosphatidylinositol-4,5-Bisphosphat (**PIP_2**) zu Inositol-1,4,5-Trisphosphat (**IP_3**) und Diacylglycerin (**DAG**), die als parallele Second Messenger unterschiedliche Wirkungen haben und z. T. kooperieren (→ **B1**):

Das hydrophile **IP_3** erreicht via Zytosol die Ca^{2+}-Speicher der Zelle (v. a. das ER; → S. 36), wo es an Ca^{2+}-Kanäle bindet und diese dadurch öffnet (→ **B2**). **Ca^{2+}** strömt jetzt aus den Speichern ins Zytosol, wo es sozusagen als *dritter Botenstoff* ein Vielzahl von Zellfunktionen steuern kann, u. a. über Interaktionen mit dem cAMP-Signalweg. Viele Ca^{2+}-Wirkungen werden durch das Ca^{2+}-bindende *Calmodulin* vermittelt (→ z. B. S. 70).

Das lipophile **DAG** bleibt in der Zellmembran und hat dort zwei Funktionen:

- DAG wird durch Phospholipase A-2 (PLA-2) weiter zu *Arachidonsäure* gespalten, die ihrerseits zu *Eicosanoiden* metabolisiert wird (→ **B3** u. S. 269),
- DAG aktiviert eine *Proteinkinase C* (**PKC** = **C-Kinase**); diese ist Ca^{2+}*-abhängig* (daher das C), da das von IP_3 freigesetzte Ca^{2+} (s. o.) zur Translokation der PKC vom Zytosol in die Innenschicht der Zellmembran notwendig ist (→ **B4**). Die so aktivierte PKC phosphoryliert eine ganze Reihe von Proteinen an ihren Serin- oder Threoninresten.

PKC löst z. B. eine Kaskade von weiteren Phosphorylierungen aus (hohe Signalverstärkung, s. o.), durch die schließlich die **MAP**(Mitogen-activated protein)-**Kinase** phosphoryliert wird, die in den Zellkern gelangt und dort das genregulatorische Protein Elk-1 aktiviert. Auch **NF-κB**, ein weiteres genregulatorisches Protein, wird durch PKC-Phosphorylierung freigesetzt. PKC aktiviert zudem den Na^+/H^+-Austauschcarrier, so dass der **Zell-pH** steigt, ein weiteres Signal für viele Zellprozesse.

IP_3 und DAG aktivierende Botenstoffe sind u. a. Acetylcholin (M_1-, M_3-Rez.), Adiuretin = Vasopressin (V_1-Rez.), Adrenalin und Noradrenalin (α_1 -Rez.), Bradykinin, CCK, Endothelin, Gastrin, Glutamat ($mGLU_1$-, $mGLU_5$-Rez.), GRP, Histamin (H_1-Rez.), Leukotriene, Neurotensin, Oxytocin, diverse Prostaglandine (FP-, TP-, EP_1-Rez.), Serotonin = 5-Hydroxytryptamin (5-HT_2-Rez.), Tachykinin, Thromboxan A_2 sowie (Teilwirkungen) TRH und TSH.

Das **Abschalten des Signalkette** erfolgt auch hier über die Selbst-Inaktivierung des G-Proteins (GTP-Spaltung) und Phosphatasen (s. o.) sowie über den IP_3-Abbau.

B. Diacylglycerin und Inositol-1,4,5-Trisphosphat als Second Messengers

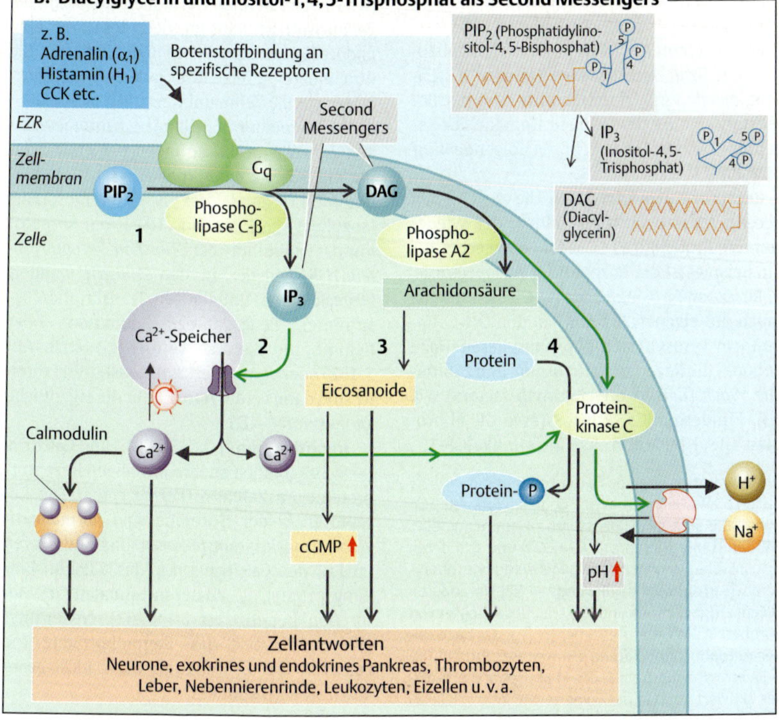

C. Rezeptor-Tyrosinkinasen

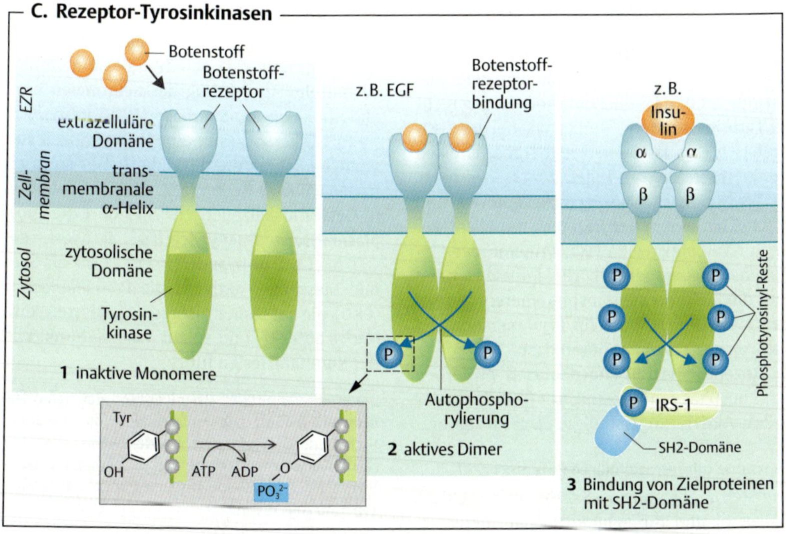

▶

Enzymgekoppelte Botenstoffrezeptoren der Zellmembran

Diese Rezeptoren wirken (G-Proteinunabhängig) mit ihrer zytosolischen Domäne als *Enzym*, das dadurch aktiviert wird, dass der Botenstoff an die extrazelluläre Domäne des Rezeptors bindet. Dazu gehören folgende fünf Klassen:

1. Rezeptor-Guanylylcyclasen, die aus GTP den Second Messenger **cGMP** bilden, der wiederum die Proteinkinase G (**PKG**) aktiviert (s. u.). Ein Beispiel ist der Rezeptor für *Atriopeptin*.

2. Rezeptor-Tyrosinkinasen (→ **C**), die Proteine (auch der eigenen Art, s. u.) an den OH-Gruppen von Tyrosylresten phosphorylieren. Dazu gehören die Rezeptoren für *Insulin* und zahlreiche *Wachstumsfaktoren* (**g**rowth **f**actors) wie z. B. E[pidermal]GF, PDGF, N[erve]GF, F[ibroblast]GFs, H[epatocyte]GF, I[nsulinlike]GF-1.

Die Information über die Botenstoffbindung wird oft dadurch ans Zellinnere weitergegeben (z. B. bei *EGF* und *PDGF*), dass zwei Rezeptoren zusammengeführt werden (Dimerisierung; → **C1**⇒ **C2**) und sich deren zytosolische Domänen dann gegenseitig phosphorylieren (**Autophosphorylierung**, → **C2**). In anderen Fällen, z. B. bei *Insulin* und *IGF-1*, ist der Rezeptor von vornherein ein Heterotetramer ($\alpha_2\beta_2$), das nach seiner Autophosphorylierung ein weiteres Protein (*insulin receptor substrate-1, IRS-1*) phosphoryliert; dieses aktiviert dann in der Folge solche intrazellulären Zielproteine, die eine sog. SH2-Domäne besitzen (→ **C3**).

3. Rezeptor-Serin/Threonin-Kinasen, z. B. der *TGF-β-Rezeptor*, arbeiten ähnlich wie die Gruppe 2, nur dass die Phosphorylierung nicht an Tyrosin-, sondern, ähnlich wie bei der C-Kinase (s. o.), an den Serin-/ oder Threoninresten der Zielproteine stattfindet.

4. Tyrosinkinase-assoziierte Rezeptoren sind solche, bei denen der Rezeptor mit Nicht-Rezeptor-Tyrosinkinasen (v. a. Proteine der *Src-Familie*) zusammentritt, die ihrerseits dann erst die Zielproteine phosphorylieren. Die Rezeptoren für *STH, Prolactin, Erythropoietin* und zahlreiche *Cytokine* gehören dazu.

5. Rezeptor-Tyrosin-Phosphatasen entfernen das Phosphat von Tyrosinresten (z. B. der an der T-Zell-Aktivierung beteiligte CD45-Rezeptor).

Hormone mit intrazellulären Rezeptoren

Die Steroidhormone (→ S. 270 f., gelbe Felder), Calcitriol und die Schilddrüsenhormone haben mit den anderen Hormonen die *spezifische Zellantwort* gemeinsam, doch lösen sie eine andere Art der Signalkette in der Zelle aus. Sie durchqueren infolge ihrer guten *Lipoidlöslichkeit* leicht die Zellmembran.

Die **Steroidhormone** binden in ihrer jeweiligen Zielzelle an das zu ihnen passende *zytoplasmatische Rezeptorprotein* (→ **D**). Diese Bindung führt dazu, dass sich Hemmproteine (sog. heat shock proteins, HSP) vom Rezeptor lösen, woraufhin der *Hormon-Rezeptorprotein(H-R)-Komplex* in den *Zellkern* wandert (*Translokation*) und dort die Transkription bestimmter Gene anregt (**Induktion**) oder hemmt. Die dadurch vermehrt (→ z. B. AIP, S. 182) oder vermindert synthetisierten Proteine sind dann verantwortlich für die eigentliche Zellantwort (→ **D**).

Triiodthyronin (**T**$_3$; → S. 286 f.) und **Calcitriol** (→ S. 292) binden an ihre jeweiligen Rezeptorproteine im Zellkern (*Kernrezeptor*). Die Rezeptoren beider Hormone sind *hormonaktivierte Transkriptionsfaktoren* und induzieren im Fall des Calcitriols u. a. das Calcium-Bindungsprotein, das an der intestinalen *Ca^{2+}-Absorption* beteiligt ist (→ S. 262). Neuerdings gibt es Hinweise, dass Steroidhormone und Calcitriol die Zellfunktion auch *nicht-genomisch* steuern können.

NO als Signalmolekül

In *nitrergen Neuronen* und im *Endothel* wird **NO** (Stickstoffmonoxid) durch Ca^{2+}-Calmodulin-vermittelte Aktivierung der neuronalen bzw. endothelialen **NO-Synthase** (**NOS**) freigesetzt (→ **E**). NO hat zwar nur eine Halbwertszeit von wenigen Sekunden, diffundiert aber so rasch in benachbarte Zellen (z. B. aus dem Endothel in Gefäßmuskelzellen), dass es dort die **zytoplasmatische Guanylylcyclase** aktiviert, die GTP in cGMP umwandelt (→ **E**). **cGMP** als Second Messenger aktiviert die *Proteinkinase G* (**PKG**), die auf bisher nicht ganz geklärte Weise *$[Ca^{2+}]_i$ absenkt* und so zur *Vasodilatation* z. B. der Koronararterien führt.

Die cGMP-vermittelte Vasodilatation der tiefen **Penisarterien** führt zur Peniserektion, die therapeutisch dadurch verlängert werden kann, dass der cGMP-Abbau mit Hemmern (z. B. Sildenafilcitrat = Viagra®) der cGMP-spezifischen Phosphodiesterase Typ 5 verzögert wird.

D. Wirkungsmechanismen von Steroidhormonen

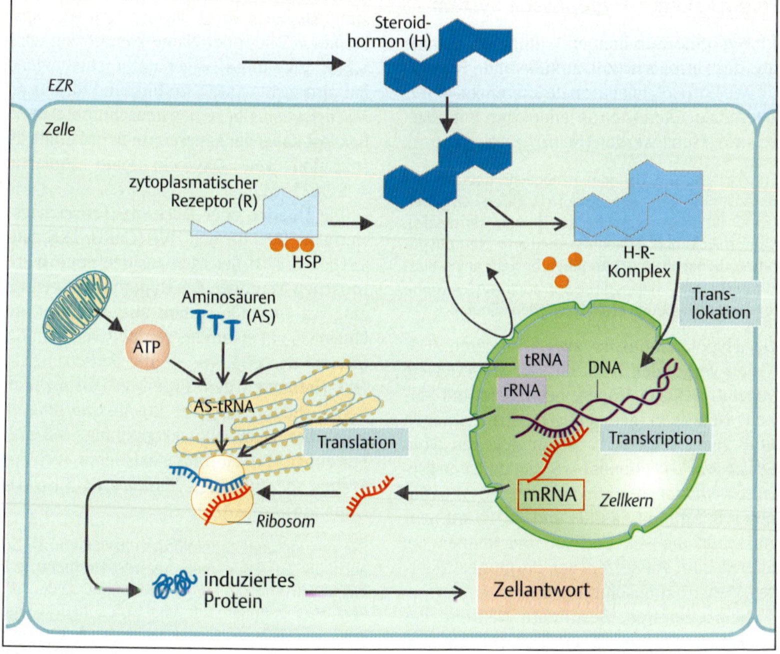

E. NO als Signalstoff

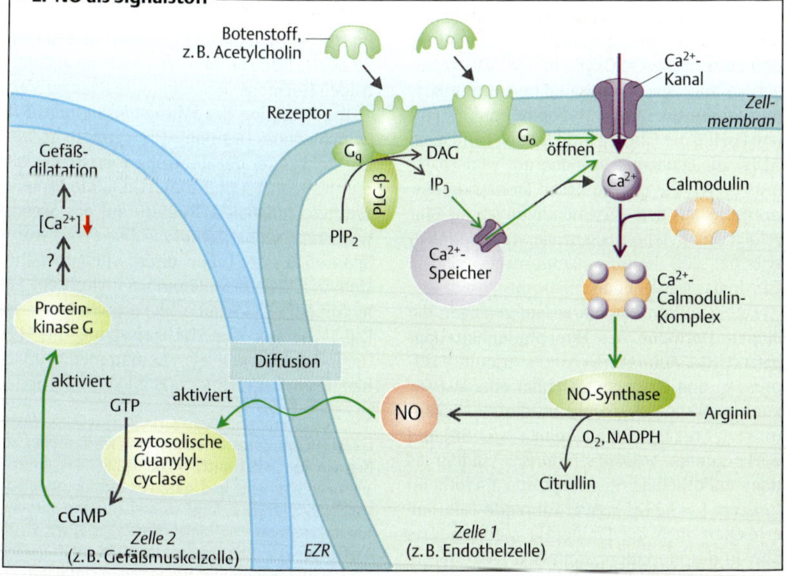

Hypothalamus-Hypophysen-System

Im **Hypothalamus** können 1. humorale Signale aus der Peripherie (z. B. zirkulierende Hormone wie Cortisol) in neuronale Efferenzen und 2. neuronale Afferenzen in endokrine Botschaften umgesetzt werden (*Neurosekretion*).

Ersteres wird u. a. dadurch ermöglicht, dass der Hypothalamus den **zirkumventrikulären Organen** (OVLT [Organum vasculosum laminae terminalis], Subfornikalorgan, Eminentia mediana, Neurohypophyse) benachbart ist. An ihnen besteht keine Blut-Hirn-Schranke, so dass diese z. B. auch von hydrophilen Peptidhormonen erreicht werden können.

Der Hypothalamus ist eng mit anderen ZNS-Teilen verbunden (→ S. 330). Er steuert viele vegetative Regulationen, beeinflusst mit seinen Neuropeptiden höhere Hirnleistungen und zeigt seinerseits Abhängigkeiten vom *Schlaf-Wach-Rhythmus* (→ S. 334) und von *psychisch-emotionellen Faktoren*. Stresssituationen z. B. führen (via CRH und ACTH, s. u.) zur Ausschüttung von Cortisol und können bei Frauen zum Aussetzen der hormongesteuerten Menstruationsblutung führen.

Neurosekretion. Bestimmte Neurone des Hypothalamus sind in der Lage, Hormone zu synthetisieren, in Granula einzubauen, in dieser Form ans Ende der Neuriten zu schaffen (*axoplasmatischer Transport*; → S. 42) und *ins Blut* zu sezernieren. Oxytocin und ADH gelangen so von den magnozellulären Hypothalamuskernen bis in den Hypophysenhinterlappen (HHL), die Liberine und Statine (und auch ADH) zur *Eminentia mediana* des Hypothalamus (→ **A**). Die exozytotische *Freisetzung* der Hormone aus den Nervenendigungen ins Blut erfolgt durch *Aktionspotenziale*, wobei, ähnlich wie bei den Neurotransmittern (→ S. 50 f.), Ca^{2+} in das Nervenende einströmt.

Direkt in den *Körperkreislauf* gelangen die beiden **Hormone des Hypophysenhinterlappens** (**HHL**), Adiuretin (= ADH = Arginin-Vasopressin) und Oxytocin. **ADH** hat eine Wasser konservierende Wirkung an den V_2-Rezeptoren der renalen *Sammelrohre* (→ S. 166) und wirkt zudem *vasokonstriktorisch*, indem es über endotheliale V_1-Rezeptoren Endothelin freisetzt (→ S. 212 f.). ADH-führende Neurone erreichen auch die Eminentia mediana. Das dort in das Pfortadersystem (s. u.) sezernierte ADH reguliert im Hypophysenvorderlappen (HVL) zusammen mit CRH die ACTH-Freisetzung. **Oxytocin** wirkt bei der Frau *wehenfördernd* (→ S. 304; der Name kommt von ωκυτοκος [oky-tokos] = geburtsbeschleunigend, hat also nichts mit O_2 zu tun) und fördert die *Milchejektion*. Über einen neurohumoralen Reflex löst dabei der Saugreiz an der Mamille die Sekretion von Oxytocin (und Prolactin, → S. 303) aus.

Die **Liberine** oder *Releasing-(Freisetzungs-) Hormone* (**RH**) für den HVL (GnRH, TRH, SRH, CRH; → S. 270 f.) werden aus den neurosekretorischen Neuronen des Hypothalamus erst in eine Art **Pfortadersystem** ausgeschüttet, gelangen so auf einem kurzen Blutweg zum Gefäßnetz des HVL, wo sie die *Freisetzung der HVL-Hormone* in den Körperkreislauf bewirken (→ **A**). Die *Regelung der RH-Ausschüttung* erfolgt über negative Rückkoppelung (→ S. 272). Für einige HVL-Hormone existieren auch sog. **Statine** oder *Inhibiting-Hormone*, **IH** (SIH, PIH = Dopamin; → S. 270 f.).

Die Liberine und Statine fördern bzw. hemmen z. T. auch die Sekretion mehrerer HVL-Hormone (z. B. TRH u. SIH, → S. 270 f.). Außerdem sind an der HVL-Regulation periphere Hormone (u. a. zur Rückkoppelung, → S. 272), ADH und zahlreiche **Neurotransmitter** beteiligt, z. B. Neuropeptid Y (NPY), Noradrenalin (NA), Dopamin (s. o.), VIP und Opioide.

Im **HVL** werden die vier glandotropen Hormone *ACTH*, *TSH*, *FSH* und *LH* sowie die aglandotropen Hormone *Prolactin* und *STH* sezerniert.

Die Sekretion des *Wachstumshormons* **STH** (somatotropes Hormon = GH = growth hormone) steht unter der Kontrolle von GH-RH, SIH und IGF-1 (s. u.) und fördert u. a. die Proteinsynthese (*anabole Wirkung*) und das *Skelettwachstum*, wobei *Somatomedine* (Wachtumsfaktoren aus der Leber) dazwischengeschaltet sind, so z. B. beim Sulfateinbau im Knorpel. Somatomedin C (= **i**nsulin-like **g**rowth **f**actor-1 = IGF-1) hemmt die STH-Freisetzung im HVL (neg. Rückkoppelung). Somatomedin-unabhängig wirkt STH lipo- und glykogenolytisch.

Das Vorläuferpeptid des ACTH ist *Pro-Opiomelanocortin* (**POMC**). Aus diesem entstehen (im oder außerhalb des HVL) auch β-Endorphin, das im ZNS schmerzhemmend und peripher immunmodulatorisch wirkt, sowie α-MSH (α-Melanozyten-stimulierendes Hormon = α-Melanocortin), das im Hypothalamus u. a. das Körpergewicht mitreguliert (→ S. 230) und peripher Melanozyten stimuliert.

A. Hypothalamus-Hypophysen-System (schematisch)

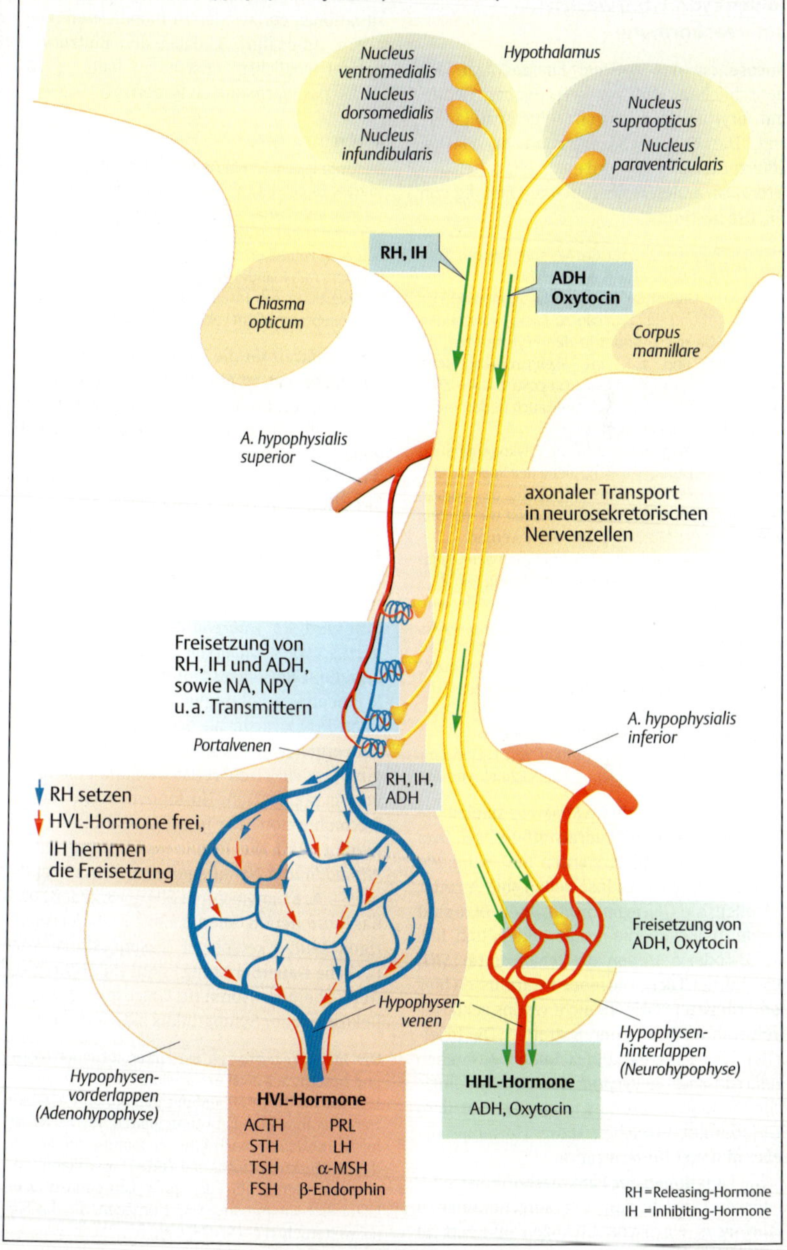

Kohlenhydratstoffwechsel, Pankreashormone

Glucose ist der *zentrale Energieträger* des menschlichen Stoffwechsels, wobei Gehirn und Erythrozyten absolut glucoseabhängig sind. Die **Glucosekonzentration** im Plasma („*Blutzuckerspiegel*") wird einerseits durch den *Verbrauch*, andererseits durch die *Bildung* von Glucose bestimmt.

Folgende Begriffe sind für das Verständnis des Kohlenhydratstoffwechsels (→ **A, C**) wichtig:

1. Unter **Glykolyse** im engeren Sinn wird der anaerobe Abbau der Glucose zu Lactat verstanden (→ S. 72). Glykolyse findet in den Erythrozyten, im Nierenmark und z. T. im Skelettmuskel statt (→ S. 72). Aerob-oxidativ wird Glucose v. a. im ZNS, im Herz- und Skelettmuskel, aber auch in den meisten anderen Organen abgebaut.

2. Die **Glykogenese**, d. h. die Glykogenbildung aus Glucose (Leber, Muskel), dient der Speicherung von Glucose und der Konstanthaltung des Blutzuckerspiegels. Im Muskel kann Glykogen nur für den Eigenbedarf des Muskels gespeichert werden.

3. Als **Glykogenolyse** bezeichnet man den Glykogenabbau zu Glucose, also die Umkehrung von 2.

4. Mit **Gluconeogenese** (Leber, Nierenrinde) wird die Neubildung von Glucose aus Nicht-Zuckern, nämlich Aminosäuren (z. B. Glutamin), Lactat (aus der anaeroben Glykolyse von Muskel und Erythrozyt) und Glycerin (aus dem Fettabbau), bezeichnet.

5. **Lipolyse** ist der Abbau von Fetten, wobei Glycerin und freie Fettsäuren entstehen, während

6. mit **Lipogenese** der Aufbau von Fetten (zur Speicherung in den Fettdepots) bezeichnet wird.

Die **Langerhans-Inseln** im *Pankreas* spielen die Hauptrolle im Kohlenhydratstoffwechsel. Drei *Zelltypen, A, B, und D,* werden unterschieden (→ S. 273, B). 25 % der Inselzellen sind A-(oder α-)Zellen, die *Glucagon* produzieren, 60 % sind B-(oder β-)Zellen, die *Insulin* bilden, und 10 % sind D-(oder δ-)Zellen, die *Somatostatin* (*SIH*) ausschütten. Diese Hormone beeinflussen hier *parakrin* gegenseitig (in nicht restlos geklärter Weise) ihre Bildung und Sekretion. Die Inselzellen des Pankreaskopfes bilden zusätzlich *Pankreatisches Polypeptid*, dessen physiologische Funktion allerdings unklar ist. Mit dem Pfortaderblut erreichen diese Hormone die *Leber* in hoher Konzentration.

Die **Funktionen der Pankreashormone** sind: 1. für die Speicherung der aufgenommenen Nahrung in Form von Glykogen und Fett zu sorgen (Insulin), 2. die Energiereserven während der Hungerphase oder bei Arbeit, Stresssituationen etc. wieder zu mobilisieren (Glucagon, Adrenalin), 3. dabei den Blutzuckerspiegel möglichst konstant zu halten (→ **A**) und 4. das Wachstum zu fördern.

Insulin

Bildung: Insulin ist ein *Peptid* (6 kDa) mit 51 Aminosäuren. Es entsteht durch Heraustrennung der sog. C-Kette aus *Proinsulin* (84 Aminosäuren), das seinerseits von *Präproinsulin* abgespalten wird. Insulin enthält zwei Peptidketten (A und B), die durch Disulfidbrücken miteinander verbunden sind. **Abbau:** Die Halbwertszeit des Insulins beträgt ca. 5–8 min; es wird hauptsächlich in Leber und Niere abgebaut.

Der Hauptreiz für die **Insulinausschüttung**, die *pulsatil* erfolgt, ist ein *erhöhter Blutzuckerspiegel* (→ **B**, rechts), wobei folgende Schritte ablaufen: Plasmaglucose ↑ ⇒ Glucose in der B-Zelle ↑ ⇒ Glucoseoxidation ↑ ⇒ Zell-ATP ↑ ⇒ ATP-gesteuerte K^+-Kanäle schließen ⇒ Depolarisation ⇒ potenzialgesteuerte Ca^{2+}-Kanäle öffnen sich ⇒ Ca^{2+} in der Zelle ↑. Der Ca^{2+}-Anstieg führt (a) zur *Exozytose* von Insulin und (b) zur Wiederöffnung der K^+-Kanäle (Abschaltung durch Rückkoppelung). Die Insulinsekretion wird v. a. *während der Verdauung* **gefördert**, so von *cholinergen* Vagusfasern, *Gastrin, Secretin, GIP* (→ S. 234) und *GLP-1* (glucagon-like peptide = Enteroglucagon), das vom enteralen Proglucagon abgespalten wird. Außerdem erhöhen bestimmte *Aminosäuren* (v. a. Arginin, Leucin), freie *Fettsäuren* und eine Reihe von hypophysären Hormonen sowie einige Steroidhormone die Insulinausschüttung. **Gehemmt** wird die Insulinausschüttung durch *Adrenalin* und *Noradrenalin* (α_2-Adrenozeptoren; → **A, B**) sowie durch SIH (→ S. 273, B) und das Neuropeptid *Galanin*. Ein z. B. stark erniedrigter Blutzuckerspiegel (Fasten, starke körperliche Dauerbelastung) wird im ZNS registriert (Chemosensoren für Glucose), worauf reflektorisch der Sympathikus aktiviert wird.

Der **Insulinrezeptor** ist ein Heterotetramer ($\alpha_2\beta_2$) und besteht aus zwei extrazellulären α-Untereinheiten, die der Hormonbindung dienen, und aus zwei transmembranalen β-Untereinheiten, die als *Rezeptor-Tyrosinkinasen* nach ihrer Autophosphorylierung das *Insulinrezeptorsubstrat 1* (**IRS-1**) assoziieren und phosphorylieren. IRS-1 phosphoryliert dann intrazelluläre Proteine mit sog. SH2-Domänen, die das Signal weitergeben (→ S. 277, C3).

A. Glucosestoffwechsel (vereinfachte Übersicht)

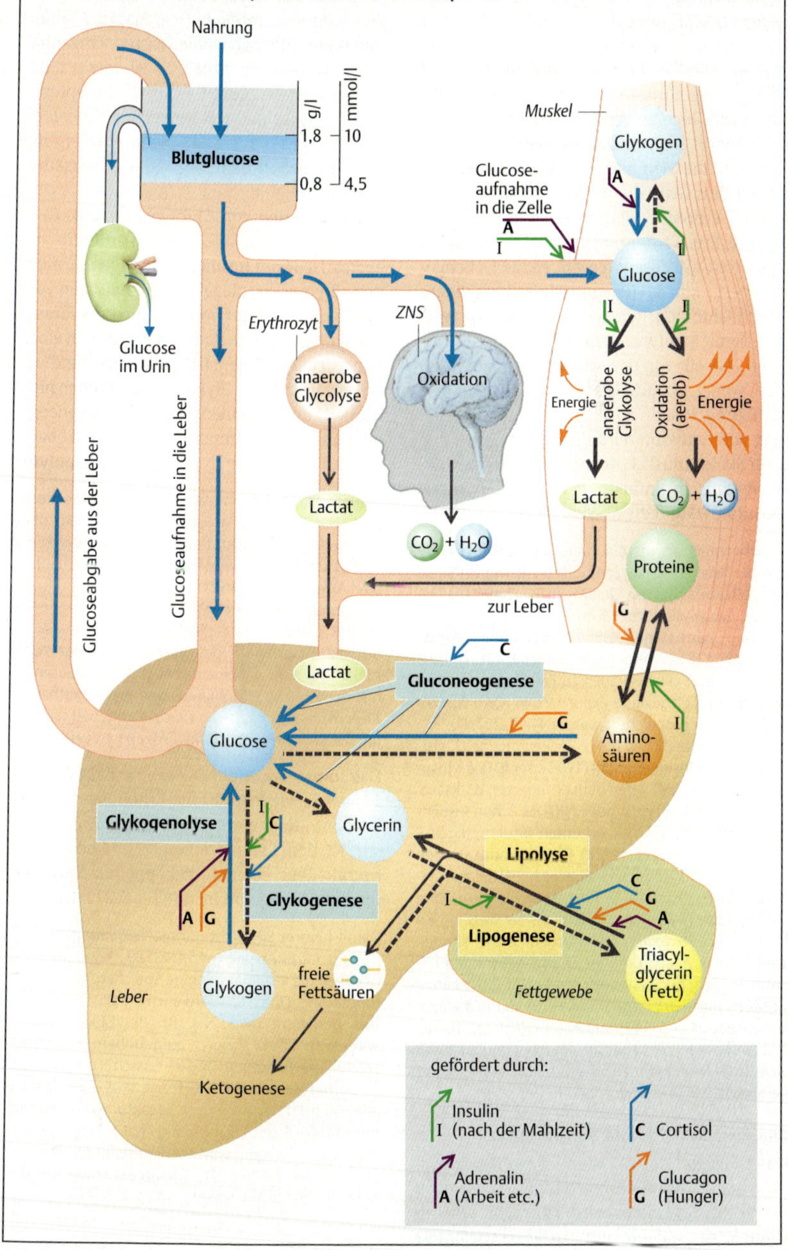

▶

Insulinwirkung (→ **A, B, C**): Insulin wirkt *Blutzucker senkend, anabol* und *lipogen* und fördert die *Speicherung von Glucose* v.a. in der Leber. Dort *induziert* es Enzyme, die Glykolyse und Glykogenese fördern, und *reprimiert* solche, die an der Gluconeogenese beteiligt sind. Insulin vermehrt auch den Einbau des GLUT-4-Uniporters in die Membran der Skelettmuskelzellen. All dies *senkt* die (nach der Nahrungsaufnahme erhöhte) Plasmakonzentration von Glucose. Etwa $^2/_3$ der postprandial im Darm absorbierten Glucose werden so zwischengespeichert, um in der interdigestiven Phase (durch Glucagon) wieder mobilisiert zu werden. Damit steht v.a. dem stark glucoseabhängigen ZNS ein von der Nahrungsaufnahme relativ wenig abhängiges Glucoseangebot zur Verfügung. Insulin sorgt auch für die *Speicherung von Aminosäuren* in Form von Protein, v. a. im Skelettmuskel (*Anabolismus*), fördert das *Wachstum*, beeinflusst den *Fettstoffwechsel* (→ S. 257, D) und die *K^+-Verteilung* (→ S. 180).

Ein **Übermaß an Insulin** führt zu **Hypoglykämie** was bei Werten < ca. 2 mmol/l (< 35 mg/dl) Energiesubstratmangel des Gehirns (u.U. *Koma*) zur Folge hat: *hypoglykämischer Schock*.

Eine übermäßige Kohlenhydratzufuhr (**Mast**) überfordert die Glykogenspeicherkapazität, so dass die Leber jetzt Glucose auch zu Fettsäuren umwandelt, die, ins Fettgewebe exportiert, in Form von *Triacylglycerinen* gespeichert werden (→ S. 257, D).

Diabetes mellitus (DM, Zuckerkrankheit) entsteht u.a. bei Insulinmangel (**Typ I** oder **IDDM** = insulin-dependent DM) oder bei verringerter Wirksamkeit des Insulins (**Typ II** oder **NIDDM** = non-insulin-dependent DM, z.T. mit erhöhten Insulinspiegeln). Der DM ist durch eine erhöhte Glucosekonzentration im Blut (*Hyperglykämie*) gekennzeichnet, die zur *Glukosurie* führen kann (→ S. 158). Auch die Hemmung der Lipolyse (→ S. 257, D) entfällt, so dass große Mengen an *Fettsäuren* frei werden. Diese können zwar z.T. via Acetyl-CoA zur Energiegewinnung genutzt werden, doch entsteht aus Acetyl-CoA Acetessigsäure und in der Folge β-Oxybuttersäure (*metabolische Azidose*! → S. 142) und Aceton (*Ketose*). Da die Fettsynthese in der Leber Insulinunabhängig ist und viele freie Fettsäuren zur Verfügung stehen, lagert sie außerdem Triacylglycerine ein (*Fettleber*).

Glucagon, Somatostatin, Somatotropin

Das Glucagon der A-Zellen ist ein Peptidhormon mit 29 Aminosäuren, das aus *Proglucagon* (= Glicentin) gebildet wird. Glucagon wird in *Granula* gespeichert und *exozytiert*. *Gefördert* wird die **Sekretion** durch Aminosäuren aus den Nahrungsproteinen (v.a. Alanin, Arginin), durch eine Hypoglykämie (Fasten, langanhaltende körperliche Arbeit, → **B**) sowie durch Sympathikuserregung (via $β_2$-Rezeptoren; → **A**). Glucose und SIH hingegen *hemmen* die Freisetzung (→ S. 273, B). Auch eine erhöhte Plasmakonzentration von freien Fettsäuren wirkt hemmend.

Die **Wirkung** von Glucagon (→ **A, B, C**) ist cAMP-vermittelt (→ S. 274) und großteils antagonistisch zum Insulin. Sie besteht v.a. darin, den Blutzuckerspiegel auch zwischen den Mahlzeiten und bei hohem Glucoseverbrauch hochzuhalten und damit die Energieversorgung sicherzustellen. Dies wird erreicht durch (a) eine vermehrte Glykogenolyse (Leber, nicht Muskel) und (b) eine vermehrte Gluconeogenese aus Lactat, Aminosäuren (Proteinabbau = Katabolismus) und Glycerin (aus der Lipolyse).

Erhöhte Plasmakonzentrationen von **Aminosäuren** (**AS**) stimulieren die Insulinausschüttung, was ohne gleichzeitige Glucosezufuhr zu einer *Hypoglykämie* führen würde. Diese wird jedoch dadurch verhindert, dass AS gleichzeitig auch die Freisetzung des Blutzucker-steigernden Glucagons fördern. Glucagon stimuliert allerdings auch die Gluconeogenese aus AS, d.h. diese werden z.T. dem *Energiestoffwechsel* zugeführt. Will man daher z.B. bei einem Patienten AS mit der Absicht infundieren, den Proteinaufbau zu fördern, muss *gleichzeitig Glucose* gegeben werden, um die Verstoffwechselung dieser AS zu verhindern.

Das **Somatostatin** der D-Zellen (mit 14 AS: **SIH-14**) wird (wie Insulin) bei Erhöhung der Blutkonzentrationen von Glucose und Arginin (also nach dem Essen) freigesetzt und hemmt *parakrin* (über einen G_i-gekoppelten Rezeptor) die Freisetzung von Insulin (→ S. 273, B).

Damit hemmt SIH nicht nur die verdauungsfördernde Gastrinfreisetzung (→ S. 243, B3), sondern beendet auch die insulinabhängige Speicherung der Nahrungsstoffe. Durch SIH wird auch die Glucagonsekretion gehemmt (→ S. 273, B). Bei Glucosemangel wird dieser Effekt dadurch aufgehoben, dass freigesetzte Catecholamine die SIH-Ausschüttung *senken*.

Somatotropin (**STH, GH**) hat akut einen insulinähnlichen Effekt, der durch Somatomedine vermittelt wird (→ S. 280). Langfristig lässt STH den Blutzucker aber ansteigen, was wachstumsfördernd wirkt.

Über den Einfluss der **Glucocorticoide** auf den Kohlenhydratstoffwechsel (→ **C**) s.a. S. 296.

B. Hormonale Regelung der Glucosekonzentration im Blut

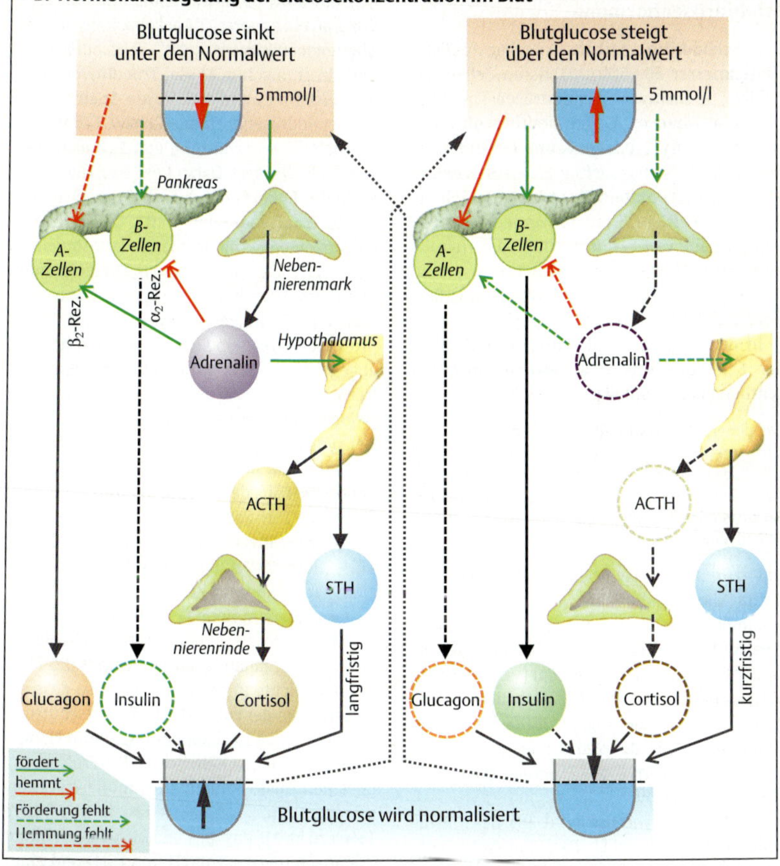

C. Hormoneffekte auf den Kohlenhydrat- und Fettstoffwechsel

Hormon **Funktion**	Insulin satt ←	Puffer	Glucagon → hungrig	Adrenalin Alarm, Arbeit	Cortisol Bereitstellung
Glucose					
Aufnahme in die Zelle	+ (Muskel, Fettgewebe)			+ (Muskel)	− (Muskel, Fettgewebe)
Glykolyse	+		−	+	−
Gluconeogenese (Leber)	−		+	+	+
Glykogen Bildung ← / → Abbau	← (Leber, Muskel)		→ (Leber)	→ (Leber, Muskel)	← (Leber)
Fett Bildung ← / → Abbau	← (Leber, Fettgewebe)		→ (Fettgewebe)	→ (Fettgewebe)	→ (Fettgewebe)

Schilddrüsenhormone

Die **Schilddrüse** enthält kugelige *Follikel* (Durchmesser 50–500 µm), deren Zellen die beiden iodhaltigen Schilddrüsen(Thyroid-) Hormone *Thyroxin* (**T_4**, Tetraiodthyronin) und *Triiodthyronin* (**T_3**) bilden. T_3 und T_4 werden im *Kolloid* der Follikel *gespeichert* (→ **A, B1**), wobei sie an das Glykoprotein *Thyreoglobulin* gebunden sind (→ **B2**). Gesteuert werden Synthese und Freigabe von T_3 und T_4 durch die Thyroliberin(**TRH**)-Thyrotropin(**TSH**)-Achse (→ **A** u. S. 270 f.). T_3/T_4 beeinflussen Wachstum, Reifung und Stoffwechsel des Körpers.

In den sog. parafollikulären oder *C-Zellen* der Schilddrüse wird außerdem *Calcitonin* synthetisiert (→ S. 292).

Das dimere **Thyreoglobulin** (660 kDa) wird an den Ribosomen der Schilddrüsenzellen synthetisiert und erhält seine Kohlenhydratkomponente im Golgi-Apparat. Das Thyreoglobulin wird dabei in Vesikel verpackt und dann durch *Exozytose* (→ **B1** u. S. 30) ins Kolloid abgegeben.

Das zur Hormonsynthese notwendige **Iod** nimmt die Schilddrüsenzelle als Iodidion (**I^-**) sekundär-*aktiv* über einen 2 Na^+-I^--Symport-Carrier (NIS) aus dem Blut auf und reichert es ca. 25fach an (→ **B2**). *TSH erhöht* (via cAMP) die Transportkapazität der basolateralen I^--Aufnahme (I^--Anreicherung bis 250fach). Andere Anionen (z. B., in der Reihenfolge ihrer Wirksamkeit, ClO_4^-, SCN^-, NO_2^-) *hemmen* die I^--Aufnahme kompetitiv.

Zur **Hormonsynthese** wird aus dem intrazellulären I^--Bestand (*I^--Pool*) laufend I^- entnommen und mit Hilfe der *Thyreoperoxidase* (TPO) an den Mikrovilli der kolloidseitigen Zellmembran zu elementarem I^0 (oder zum Ioduniumion I^+?) *oxidiert*, das mittels des gleichen Enzyms dort mit ca. 20 der 144 Tyrosylreste des Thyreoglobulins reagiert (→ **C**). Dabei wird der Phenolring des Tyrosylrests in 3- und/oder 5-Position iodiert, so dass die Proteinkette nun *Diiodtyrosyl-(DIT-)* bzw. *Monoiodtyrosyl-(MIT-) Reste* enthält. Diese Syntheseschritte werden durch *TSH* (via IP_3) *gefördert*, durch Thiouracil, Thiocyanat, Glutathion u. a. reduzierende Stoffe *gehemmt*. Die Struktur des Thyreoglobulins erlaubt es nun, dass die iodierten Tyrosylreste (weiterhin im Kolloid) miteinander reagieren; dabei wird der Phenolring eines DIT (oder MIT) über eine Etherbindung an ein anderes DIT *gekoppelt*, so dass die Thyreoglobulinkette jetzt *Tetraiodthyronyl-* und (in geringerem Maße) *Triiodthyronylreste* aufweist (→ **C**). Sie stellen die **Speicherform** der Schilddrüsenhormone T_4 bzw. T_3 dar.

Auch die **Ausschüttung von T_3 und T_4** wird von *TSH stimuliert*. Dabei wird das Thyreoglobulin des Kolloids durch *Endozytose* wieder in die Zelle aufgenommen (→ **B3, C**). Diese Vesikel fusionieren mit primären Lysosomen zu *Phagolysosomen*, in denen das Thyreoglobulin durch Proteasen hydrolysiert wird. Dabei werden T_3 und T_4 freigesetzt (ca. 0,2 bzw. 1–3 mol pro mol Thyreoglobulin). Sie werden ins Blut abgegeben (→ **B3**), während vom gleichfalls freiwerdenden MIT und DIT das I^- durch eine Deiodase abgespalten wird und so wieder zur Neusynthese zur Verfügung steht.

Regulation der Hormonsekretion. Das Tripeptid **TRH** aus dem Hypothalamus (→ S. 280) *fördert* die TSH-Sekretion im HVL, während **Somatostatin** (**SIH**) sie *hemmt* (→ **A** u. S. 270). Der TRH-Effekt wird durch T_4 des Plasmas modifiziert. Wie in anderen Zielzellen auch, muss dazu das aufgenommene T_4 intrazellulär zu T_3 5'-deiodiert werden. T_3 hemmt die TRH-Sekretion im Hypothalamus und verringert die TRH-Rezeptordichte in der Hypophyse, so dass die TSH- und, in der Folge, die T_3/T_4-Ausschüttung sinkt (negative Rückkoppelung). Beim Neugeborenen scheint Kälte die TRH-Freisetzung über neuronale Bahnen zu stimulieren (Thermoregulation, → S. 224). Das heterodimere **TSH** (26 kDa), das aus einer α-Untereinheit (identisch mit der von LH und FSH) und einer β-Untereinheit besteht, steuert *sämtliche Funktionen der Schilddrüse*, also die Iodidaufnahme, die T_3/T_4-Synthese und -Ausschüttung (→ **A–C**) sowie die Durchblutung und das Wachstum des Organs.

Ein **Kropf** (**Struma**) ist eine diffuse oder knotige *Vergrößerung der Schilddrüse*. Ursache einer diffusen Struma kann z. B. ein *Iodmangel* sein. Die Folge ist ein Mangel an T_3/T_4, der u. a. eine Erhöhung der TSH-Ausschüttung bewirkt. Chronisch vermehrtes TSH führt dann zum Kropf, da sich unter TSH die Follikelzellen vermehren (*hyperplastischer Kropf*). Es steigt nun die T_3/T_4-Synthese, was zur Normalisierung der Blutkonzentration dieser Hormone führen kann: *euthyreote Struma*. Ein solcher Kropf bleibt oft auch dann bestehen, wenn die ursprüngliche „Kropfnoxe" (z. B. Iodmangel) wegfällt.

A. Schilddrüsenhormone (Übersicht)

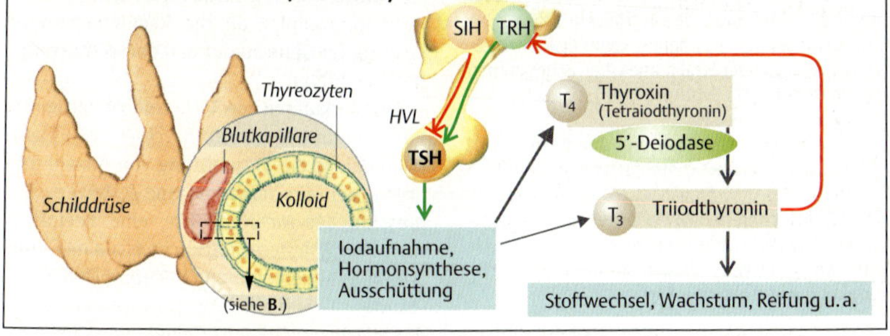

B. Hormonsynthese und -sekretion

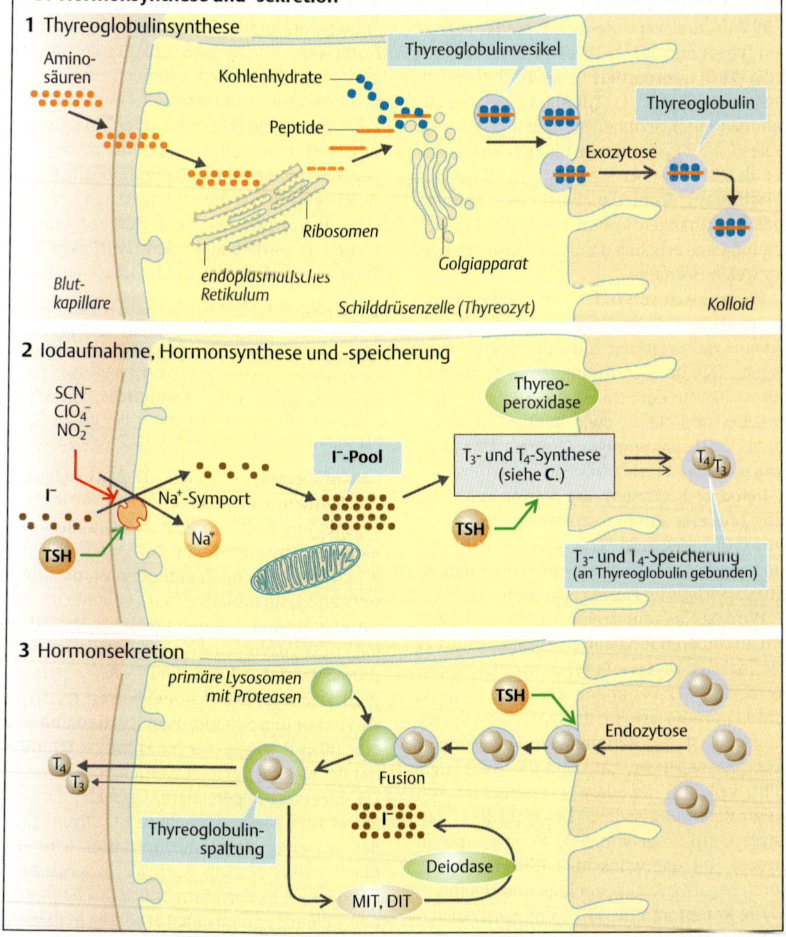

▶

Zu einem Mangel an T_3/T_4 (**Hypothyreose**) kommt es, wenn auch die vergrößerte Schilddrüse nicht mehr genug T_3/T_4 liefern kann: *hypothyreoter Kropf*. Ein solcher entsteht auch bei angeborenen Störungen der T_3/T_4-Synthese (s. u.), bei Schilddrüsenentzündungen u. a. m.

Bei einer **Hyperthyreose** produziert ein Schilddrüsentumor („heißer Knoten") oder eine diffuse Struma (bei *Basedow-Krankheit*) TSH-unabhängig zu viel T_3/T_4. In letzterem Fall wird ein *Autoantikörper gegen den TSH-Rezeptor* an diesen gebunden. Dieser Antikörper wirkt wie TSH und stimuliert die T_3/T_4-Produktion und -sekretion.

T_3- und T_4-Transport. T_3 und T_4 liegen im Plasma im Verhältnis 1 : 40 vor und sind dort zu > 99% an drei verschiedene Proteine gebunden (bevorzugt T_4): 1. *Thyroxinbindendes Globulin* (**TBG**) transportiert ²/₃ des T_4; 2. *thyroxinbindendes Präalbumin* (**TBPA**) transportiert zusammen mit 3. *Serumalbumin* den Rest des T_4. Freies T_3 und T_4 machen im Blut nur weit weniger als 0,3% aus, doch stellen sie die an der Zelle wirksame Form dar. Bestimmte Medikamente verdrängen T_3 und T_4 aus der Proteinbindung und erhöhen damit die Plasmaspiegel der freien Hormone.

Wirksamkeit von T_3/T_4. T_3 ist 3 – 8fach wirksamer als T_4 und wirkt außerdem schneller (T_3 hat eine Halbwertszeit von 1 Tag, T_4 eine von 7 Tagen.) Das im Blut zirkulierende T_3 stammt nur zu 20% aus der Schilddrüse, 80% entstehen in Leber und Niere sowie in allen Zielzellen durch Iodabspaltung von T_4. Diese **Umwandlung von T_4 zu T_3** wird durch eine mikrosomale **5'-Deiodase** katalysiert, die das Iod in 5'-Stellung (äußerer Ring) abspaltet (→ **D**). Aus all diesen Gründen wird T_3 als das wirksame Hormon angesehen, während dem T_4 die Funktion eines *Speichers im Plasma* zukommt.

Wird das Iod (durch eine 5-Deiodase) dagegen am inneren Ring entfernt, entsteht aus T_4 das inaktive **reverse T_3** (**rT_3**). Normalerweise werden in der Peripherie etwa gleichviel T_3 und rT_3 produziert (ca. 25 µg/d). Beim *Fasten* hingegen ist die Bildung von T_3 verringert (Energieeinsparung, s. u.) und die von rT_3 erhöht, weil die 5'-Deiodase gehemmt wird. Von dieser Hemmung ist die 5'-Deiodase der Hypophyse (s. u.) ausgenommen, so dass eine (in diesem Fall unerwünschte) TSH-Freisetzung durch negative Rückkoppelung unterbleibt.

Die **Rezeptoren** für T_3/T_4 sind *hormonempfindliche Transkriptionsfaktoren* (Typ α und β). Sie befinden sich im *Zellkern*, wo der Hormon-Rezeptor-Komplex an die Regulatorproteine bestimmter Gene bindet und deren Transkription beeinflusst.

Die **Wirkungen von T_3/T_4** sind vielfältig, v. a. wird der *Intermediärstoffwechsel* beeinflusst. Dazu gehört die Vermehrung von Anzahl und Cristae der *Mitochondrien*, eine gesteigerte Expression der *Na^+-K^+-ATPase*, eine Beeinflussung des *Cholesterinstoffwechsels* u. a. m. Damit erhöht T_3 allgemein den *O_2-Verbrauch* bei **verstärktem Energieumsatz** und vermehrt damit die *Wärmeproduktion*. Gezielt wird Letztere dadurch erhöht, dass T_3 die Expression des Entkopplerproteins Thermogenin im braunen Fettgewebe erhöht (→ S. 222). T_3 beeinflusst auch die *Wirksamkeit anderer Hormone*. So verlieren Insulin, Glucagon, STH und Adrenalin z. B. bei der Hypothyreose ihren Energieumsatz steigernden Effekt, während bei der Hyperthyreose die Adrenalinempfindlichkeit ansteigt (gesteigerte Herzfrequenz u. a.). Wahrscheinlich erhöht T_3 die β-Adrenozeptoren-Dichte. T_3 fördert außerdem *Wachstum* und *Reifung*, von allem von Gehirn und Knochen.

Ein Mangel an Schilddrüsenhormonen beim *Neugeborenen* führt daher zu Wachstums- und Reifungsrückstand (*Zwergwuchs, verzögerte Sexualentwicklung* u. a.) und zu Störungen im ZNS (*Intelligenzdefekte, Krampfanfälle* u. a.): **Kretinismus**. Gabe von Schilddrüsenhormonen innerhalb der ersten 6 Lebensmonate kann die Störungen z. T. verhindern.

Iodstoffwechsel (→ **D**). Iod zirkuliert *im Blut* in drei Formen: 1. anorganisches I^- (2 – 10 µg/l), 2. organisches, nichthormonales Iod (Spuren) als iodiertes Thyreoglobulin, MIT, und DIT und 3. Iod, das in T_3 und T_4 enthalten ist, die ihrerseits an Plasmaproteine (s. o.) gebunden sind: „protein bound iodine" (*PBI*) (35 bis 80 µg Iod/l). 90% davon sind T_4, ein Anteil, der auch „butanolextrahierbares Iod" (*BEI*) genannt wird. Der *Tagesbedarf* an Iod beträgt ca. 150 µg (bei Fieber und Schilddrüsenüberfunktion 250 bis 500 µg). Ausgeschiedenes Iod (→ **D**) muss mit der **Nahrung** ersetzt werden. Iodreich sind z. B. Meersalz, Meerestiere, Getreide, das auf iodreichem Boden gewachsen ist. Ungenügender Iodgehalt der Nahrungsmittel wird oft durch *Iodzusatz* zum Kochsalz ausgeglichen. Da Iod auch in der *Muttermilch* erscheint, haben stillende Frauen einen erhöhten Iodbedarf (ca. 200 µg/Tag).

C. Synthese, Speicherung und Mobilisierung der Schilddrüsenhormone

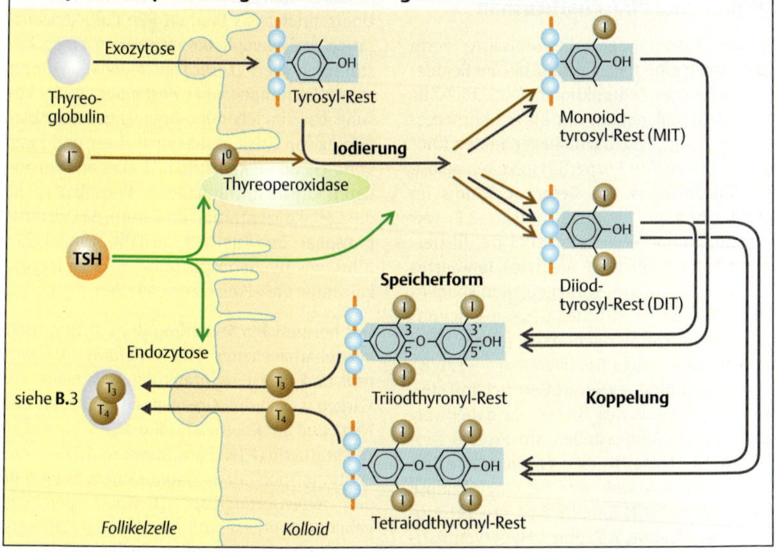

D. Iodhaushalt

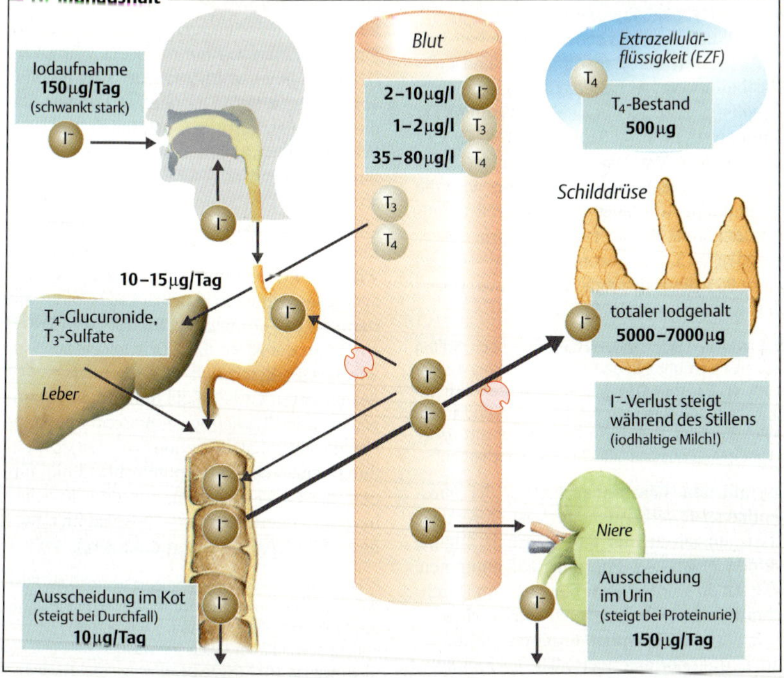

Calcium- und Phosphathaushalt

Calcium, insbesondere die ionisierte Form (**Ca^{2+}**), spielt eine zentrale Rolle bei der Regulation zahlreicher Zellfunktionen (→ S. 36, 62 ff., 192 u. 276). Calcium ist mit 2% am Körpergewicht beteiligt; 99% davon liegen in den Knochen, 1% ist in den Körperflüssigkeiten gelöst. Die Konzentration des **Gesamt-Calciums** im Serum beträgt normalerweise *2,1 bis 2,6 mmol/l*. Rund 60% davon sind frei filtrierbar, wovon wiederum 4/5 als freies, **ionisiertes Ca^{2+}** (**1,1 – 1,3 mmol/l**) vorliegen, 1/5 in *komplex gebundener* Form. 40% des Gesamt-Calciums im Serum sind **proteingebunden**, v. a. am Albumin, und damit nicht frei filtrierbar (→ S. 178). Diese Proteinbindung vergrößert sich mit steigendem pH-Wert des Blutes, da dabei vermehrt Ca^{2+}-Bindungsstellen am Protein freiwerden. Die Folge ist, dass das *ionisierte Ca^{2+} bei einer Alkalose sinkt* und bei einer Azidose steigt (um ca. 0,21 mmol/l Ca^{2+} pro pH-Einheit). Eine *Alkalose*, z. B. durch Hyperventilation, kann also ebenso zu einer *Tetanie* führen wie eine Hypokalzämie (s. u.).

Für einen ausgeglichenen **Calciumhaushalt** (→ **A**) müssen sich Ca^{2+}-Aufnahme und Ca^{2+}-Abgabe die Waage halten. Die tägliche *Ca^{2+}-Aufnahme* beträgt ca. 12 – 35 mmol/Tag (1 mmol = 2 mval = 40 mg). Milch, Käse, Eier und „hartes" Wasser sind besonders Ca^{2+}-reich. Bei ausgeglichener Ca^{2+}-Bilanz wird die aufgenommene Menge wieder größtenteils mit dem *Stuhl*, der Rest mit dem *Urin* ausgeschieden (→ S. 178), während bei Ca^{2+}-Mangel bis zu 90% des Nahrungs-Ca^{2+} im Darm absorbiert werden (→ **A** u. S. 262).

Während der **Schwangerschaft** und beim **Stillen** besteht ein erhöhter Bedarf an Ca^{2+}, das über die Plazenta (ca. 625 mmol) bzw. über die Muttermilch (bis zu 2000 mmol) vom Kind aufgenommen und in sein Skelett eingebaut wird. Ein *Ca^{2+}-Mangel* tritt daher oft während und nach einer Schwangerschaft auf.

Eng mit dem Calciumhaushalt ist der **Phosphathaushalt** verbunden, doch ist er weniger strikt geregelt als der Ca^{2+}-Haushalt. Täglich werden etwa 1,4 g Phosphat aufgenommen, 0,9 g davon werden absorbiert und im Durchschnitt auch wieder renal ausgeschieden (→ S. 178). Die **Phosphatkonzentration** im Serum beträgt normalerweise 0,8 – 1,4 mmol/l.

Calciumphosphatsalze sind *schlecht löslich*. Überschreitet das Produkt von Ca^{2+}-Konzentration mal Phosphatkonzentration einen bestimmten Wert (*Löslichkeitsprodukt*), kommt es zur Calciumphosphat-*Ausfällung* aus der Lösung, bzw. im lebenden Organismus zur Ablagerung von Calciumphosphatsalzen, und zwar vorwiegend im *Knochen*, u. U. aber auch in anderen Organen. Infundiertes Phosphat senkt die Ca^{2+}-Konzentration im Serum, da Calciumphosphat im Knochen ausfällt. Umgekehrt führt eine Hypophosphatämie zu einer Hyperkalzämie (Ca^{2+}-Freisetzung aus dem Knochen).

Der **hormonalen Steuerung** des Calcium- und Phosphathaushaltes dienen *Parathyrin*, *Calcitriol* und, mit Einschränkung, *Calcitonin*. Sie wirken v. a. an *drei Organen*: am *Darm*, an der *Niere* und am *Knochen* (→ **B** u. **D**).

Parathyrin (**PTH, Parathormon**). PTH ist ein Peptidhormon mit 84 Aminosäuren. Es wird in den *Nebenschilddrüsen* (Epithelkörperchen) gebildet. Synthese und Abgabe von PTH werden durch die Konzentration des *ionisierten Ca^{2+}* im Plasma geregelt, für das die Drüsenzellen eigene *Ca^{2+}-Sensoren* besitzen (→ S. 36). Sinkt die Konzentration unter den Normwert (*Hypokalzämie*), wird vermehrt PTH ins Blut abgegeben, steigt sie darüber, vermindert sich die PTH-Ausschüttung (→ **D, links**). Die **PTH-Wirkungen** zielen alle auf eine Wiederanhebung des (vorher abgesunkenen) Ca^{2+}-Spiegels ab (→ **D**): (1) Im **Knochen** werden die Osteoklasten (s. u.) aktiviert, d. h. es kommt zum *Knochenabbau*, wobei Ca^{2+} (und Phosphat) frei wird. (2) PTH stimuliert den letzten, renalen Syntheseschritt von Calcitriol, das dann am **Darm** die Ca^{2+}-Aufnahme fördert (s. u.). (3) PTH *erhöht* an der **Niere** die Calcitriolsynthese sowie die *Ca^{2+}-Resorption*, was besonders wegen des erhöhten Ca^{2+}-Anfalls durch die Wirkungen (1) und (2) wichtig ist. Außerdem hemmt PTH die Phosphatresorption (→ S. 178). Die dadurch entstehende Hypophosphatämie fördert die Ca^{2+}-Freisetzung aus dem Knochen bzw. verhindert, dass Ca^{2+}-Phosphat im Gewebe ausfällt (Löslichkeitsprodukt; s. o.).

PTH-Mangel oder -Unwirksamkeit (*Hypo- bzw. Pseudohypoparathyreoidismus*) führt zur **Hypokalzämie** (destabilisiert Ruhepotenzial → Krämpfe: *Tetanie*) und zu sekundärem Calcitriol-Mangel, während ein Übermaß an PTH (*Hyperparathyreoidismus*) ebenso ▶

A. Calciumhaushalt

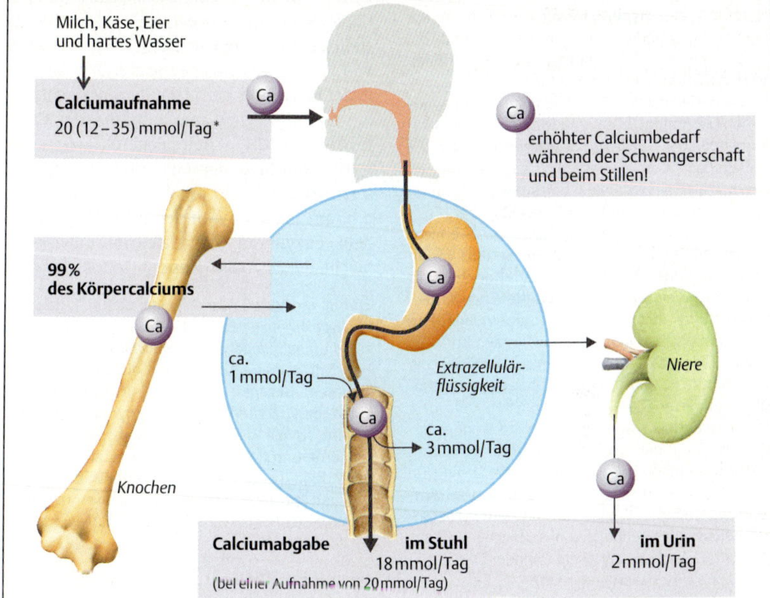

* 1 mmol Ca^{2+} = 2 mval Ca^{2+} = 40 mg Ca^{2+}

B. Einflüsse auf die Ca^{2+}-Konzentration im Blut

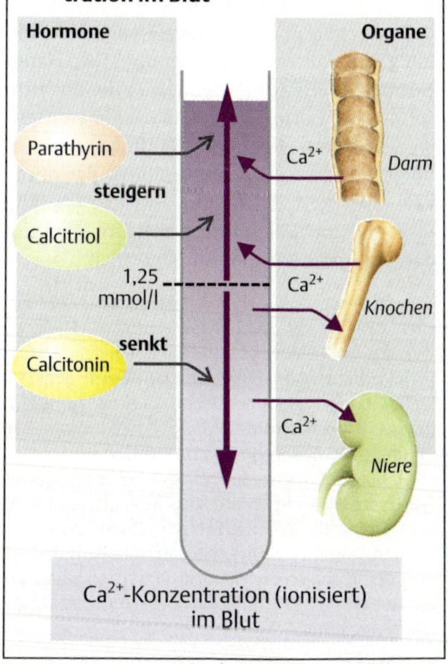

C. Bildung von Calcitriol

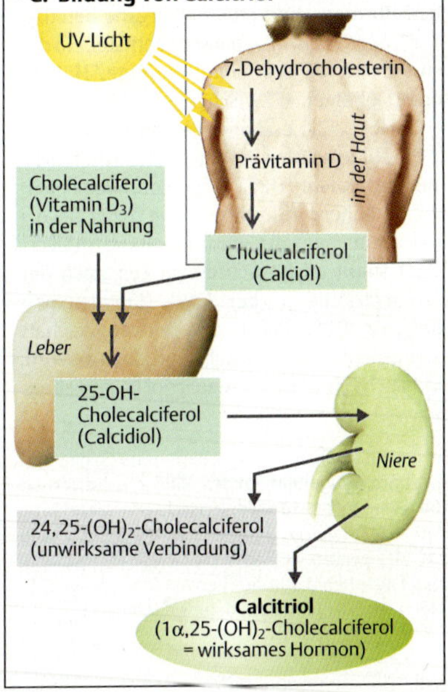

▶

wie eine maligne Osteolyse, die die Ca^{2+}-Regulation überfordert, eine **Hyperkalzämie** zur Folge hat, die längerfristig zu Verkalkungen (Niere u. a.) und, bei $[Ca^{2+}] > 3{,}5$ mmol/l, zu Koma, Niereninsuffizienz und Herzrhythmusstörungen führen.

(Thyro-)**Calcitonin** (**CT**) ist ebenfalls ein Peptidhormon (32 Aminosäuren) und wird v. a. in den parafollikulären oder *C-Zellen der Schilddrüse* gebildet, die ebenfalls Ca^{2+}-Sensoren besitzen (→ S. 36). Durch eine Hyperkalzämie wird die CT-Plasmakonzentration um ein Vielfaches erhöht (→ **D, rechts**), bei $[Ca^{2+}] < 2$ mmol/l ist kein CT mehr nachweisbar. CT erniedrigt den (erhöhten) Ca^{2+}-Gehalt des Serums vor allem durch seine Wirkung auf den **Knochen**. Es hemmt dort die durch PTH geförderte *Osteoklastentätigkeit*, führt also (zumindest vorübergehend) zu einem vermehrten Einbau von Ca^{2+} in den Knochen (→ **D5**). Einige *Magen-Darm-Hormone* erhöhen die CT-Ausschüttung, wodurch der Einbau des postprandial absorbierten Ca^{2+} in den Knochen gefördert wird. Dieser Effekt sowie evtl. ein retardierender Einfluss des CT auf die Verdauungstätigkeit verhindern eine postprandiale Hyperkalzämie, was ja eine (in diesem Fall unerwünschte) Hemmung der PTH-Ausschüttung und in der Folge eine vermehrte Nierenausscheidung des gerade erst absorbierten Ca^{2+} zur Folge hätte. Auch an der Niere können CT-Wirkungen nachgewiesen werden (→ **D6**).

Calcitriol (= 1,25-$(OH)_2$-Cholecalciferol). An der **Synthese** dieses lipophilen, Steroidähnlichen Hormons sind mehrere Organe beteiligt (→ **C**). Aus *7-Dehydrocholesterin* entsteht in der **Haut** durch *UV-Bestrahlung* (Sonne, Höhensonne) über eine Zwischenstufe (*Prävitamin D*) **Calciol** (= Cholecalciferol = **Vitamin D_3**). Beide Produkte werden im Blut an das *Vitamin-D-Bindungsprotein* (DBP) gebunden, wobei Calciol die höhere Affinität hat und daher bevorzugt abtransportiert wird. Prävitamin D verbleibt somit auch noch einige Zeit nach der UV-Einwirkung in der Haut (Kurzzeitspeicher). An DBP, das in der Schwangerschaft östrogenabhängig vermehrt produziert wird, sind auch Calcidiol und Calcitriol (s. u.) gebunden.

Bei unzureichender UV-Exposition muss Calciol **oral als Vitamin** zugeführt werden. Kinder benötigen ca. 400 Einheiten = 10 µg/d, Erwachsene die Hälfte. Statt des aus Tieren gewonnenen Vitamin D_3 kann auch das ebenso wirksame *Ergocalciferol* (= *Vitamin D_2*) pflanzlichen Ursprungs Verwendung finden. (Die folgenden Schritte gelten dafür sinngemäß.)

Calciol wird in der **Leber** zu **Calcidiol** (= 25-OH-Cholecalciferol) umgewandelt. Im Plasma stellt es mit 25 µg/l und einer Halbwertszeit von 15 d die wesentliche *Speicherform* dar. Erst in der **Niere** (und u. U. in der Plazenta) entsteht die eigentlich wirksame Substanz, das **Calcitriol** (= 1,25-$(OH)_2$-Cholecalciferol; → **C**).

Die **Regelung** der Calcitriolplasmaspiegel setzt sowohl an der renalen *1-α-Hydroxylase*, d. h. am letzten Syntheseschritt, als auch an dem Enzym an, das Calcitriol unwirksam macht, die *24-Hydroxylase*.

Erhöht wird der Calcitriolspiegel dadurch, dass das bei *Hypokalzämie* vermehrt sezernierte *PTH* (→ **D2**), ein *Phosphatmangel* sowie *Prolactin* (Laktation!) die 1-α-Hydroxylase aktivieren und die 24-Hydroxylase hemmen. **Gesenkt** wird der Calcitriolspiegel dadurch, dass *Calcitriol* (a) die 1-α-Hydroxylase direkt hemmt, (b) die PTH-Ausschüttung hemmt sowie (c) via Förderung der intestinalen Ca^{2+}- und Phosphat-Absorption (s. u.) die Plasmakonzentrationen von Ca^{2+} und Phosphat wieder anhebt. Beide Ionen hemmen die 1-α-Hydroxylase, Phosphat aktiviert zudem die 24-Hydroxylase.

Wichtigstes **Zielorgan** des Calcitriols ist der **Darm**, doch wirkt es auch auf **Knochen**, Niere, Plazenta, Milchdrüsen, Haarfollikel, Haut u. a. Organe. Es bindet an seinen Kernrezeptor und induziert die Expression von Calciumbindungsprotein und Ca^{2+}-ATPase (→ S. 278, 36). Einige Effekte sind nicht genomischer Natur. Normalerweise fördert Calcitriol die *Ca^{2+}-Absorption* im Darm (→ **D4**) und die *Mineralisation* des Skeletts; bei Überdosierung *entkalkt* es hingegen den Knochen, ein Effekt, der durch PTH potenziert wird. Auch an Niere (→ 178), Plazenta und Milchdrüsen steigert Calcitriol den Transport von Ca^{2+} und Phosphat.

Bei vorübergehender **Hypokalzämie** dient der Knochen zwar als kurzzeitiger Ca^{2+}-Puffer (→ **D**), doch wird das Ca^{2+}-Defizit letztendlich durch eine via Calcitriol erhöhte Aufnahme aus dem Darm gedeckt. Steht hingegen nicht genügend Calcitriol zur Verfügung, z. B. bei **Vitamin-D-Mangel** durch verringerte Zufuhr oder Absorption (Störung der Fettverdauung), durch UV-Licht-Mangel oder bei verminderter 1-α-Hydroxylierung (Niereninsuffizienz), kommt es zur Demineralisation des Skeletts (*Osteomalazie*; bei Kindern: *Rachitis*). Grund dafür ist vor allem die wegen der chronischen Hypokalzämie anhaltend erhöhte PTH-Ausschüttung (*kompensatorischer Hyperparathyreoidismus*).

D. Hormonale Regelung der Ca^{2+}-Konzentration im Blut

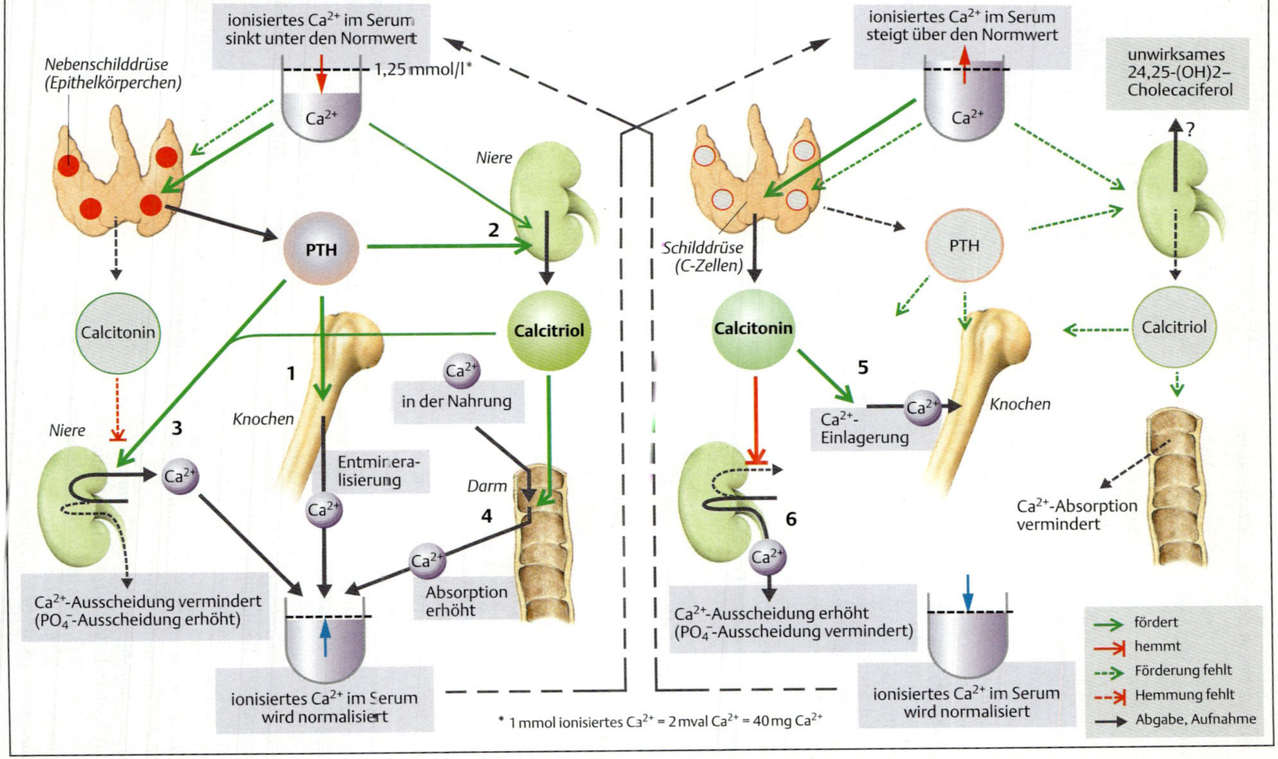

* 1 mmol ionisiertes Ca^{2+} = 2 mval Ca^{2+} = 40 mg Ca^{2+}

Biosynthese der Steroidhormone

Cholesterin (Cholesterol) ist die Muttersubstanz der Steroidhormone (→ **A**). Es entsteht v. a. in der *Leber* über mehrere Zwischenstufen (*Squalen, Lanosterin* u. a.) aus *Acetyl-CoA* und wird durch Lipoproteine zu den endokrinen Drüsen transportiert (→ S. 256). Auch in der Nebennierenrinde kann Cholesterin de novo synthetisiert werden, nicht jedoch in der Plazenta (→ S. 304). Steroidhormone werden nur in geringer Menge an ihren jeweiligen Produktionsorten (Nebennierenrinde, Ovar, Hoden, Plazenta) gespeichert, bei Bedarf müssen sie also erst aus dem zellulären Cholesterinvorrat synthetisiert werden.

Cholesterin enthält 27 C-Atome. Über mehrere Zwischenstufen entsteht die Ausgangssubstanz der Steroidhormone, **Pregnenolon** (21 C-Atome; → **A,a**). Aus Pregnenolon wird **Progesteron** gebildet (→ **A,b**), das nicht nur selbst ein wirksames (weibliches Sexual-)Hormon ist (→ S. 298 ff.), sondern aus dem auch alle anderen Steroidhormone synthetisiert werden können: 1. die *Hormone der Nebennierenrinde* (**NNR**) mit 21 C-Atomen (→ **A**, gelbe und orange Felder), 2. die männlichen Sexualhormone (*Androgene*) mit 19 C-Atome im *Hoden* (→ S. 306), im *Ovar* und in der *NNR* (→ **A**, grüne und blaue Felder) und 3. weitere weibliche Sexualhormone (*Östrogene*; → S. 298 ff.) mit 18 C-Atomen im Ovar (→ **A**, rote Felder).

Die Ausgangssubstanzen der Steroidhormonsynthese sind in allen Steroidhormondrüsen vorhanden. Welches Hormon endgültig wo produziert wird, hängt daher davon ab, 1. welche *Rezeptoren* für die übergeordneten Steuerhormone (ACTH, FSH, LH etc.) vorhanden sind und 2. welche *Enzyme* zur Veränderung des Steroidmolekülgerüstes in der jeweiligen Hormondrüsenzelle dominieren. Die **Nebennierenrinde** enthält *17-, 21- und 11-Hydroxylasen*, also Enzyme, die eine OH-Gruppe an dem der Zahl entsprechenden C-Atom des Steroids einführen (Nummerierung → **A**, links oben). Hydroxylierung am C-Atom 21 (→ **A,c**) macht das Steroid für die 17-Hydroxylase unangreifbar: Es können, wie in der *Zona glomerulosa* der NNR, dann nur noch die **Mineralcorticoide** (→ S. 182), also *Corticosteron* und *Aldosteron* (→ **A, d** und **e**), gebildet werden. Wird zuerst am C-Atom 17 hydroxyliert (→ **A, f** oder **g**), führt der weitere Syntheseweg einerseits zu den **Glucocorticoiden** (v. a. *Zona fasciculata* der *NNR* [→ **A, h-j-k**]), andererseits zu den sog. **17-Ketosteroiden** mit einer Ketogruppe am C-Atom 17 (→ **A, l** und **m**). Glucocorticoide und 17-Ketosteroide können also, auch unter Umgehung des Progesterons, aus *17α-OH-Pregnenolon* gebildet werden.

Von den 17-Ketosteroiden führt ein direkter Weg zu den beiden **Östrogenen** (→ S. 302) *Östron und Östradiol* (→ **A, o-p**) oder ein indirekter über das androgene Hormon *Testosteron* (→ **A, q-r-p**). An manchen Zielzellen für Androgene (z. B. Prostata) ist *Dihydrotestosteron* oder *Östradiol* die eigentlich wirksame Substanz; beide entstehen aus Testosteron (→ **A, s** bzw. **r**).

17-Ketosteroide werden in den Gonaden (Hoden, Eierstöcke) und in der NNR gebildet. Sie erscheinen auch im Urin, was beim sog. *Metopiron-(Methopyrapon-)Test* zur Prüfung der *ACTH-Reserve* ausgenützt wird: Normalerweise steht die ACTH-Ausschüttung unter der (Rückkoppelungs-)Kontrolle der Glucocorticoide (→ S. 296). Metopiron hemmt die 11-Hydroxylase (→ **A, d** und **j**), so dass unter dem nun enthemmten ACTH-Antrieb normalerweise vermehrt 17-Ketosteroide entstehen. Ist dies (bei gesunder NNR) nicht der Fall, muss auf eine krankhafte Veränderung der ACTH-Ausschüttung geschlossen werden.

Der **Abbau der Steroidhormone** findet hauptsächlich in der **Leber** statt. Sie werden dort meist mit ihren OH-Gruppen an *Sulfat* oder *Glucuronsäure* gekoppelt und anschließend mit der Galle oder dem Harn ausgeschieden (→ S. 160 u. 250). Hauptausscheidungsform der Östrogene ist das *Östriol*, die der Gestagene (Progesteron, 17α-OH-Progesteron) *Pregnandiol*. Seine Messung im Urin kann dem *Schwangerschaftsnachweis* dienen (→ S. 304). Ein Anstieg des Östrogenspiegels beim *Mann* (Normalwerte → Tabelle auf S. 302), z. B. durch verminderten Östrogenabbau (*Leberschaden*), führt u. a. zur Entwicklung von Brüsten (Gynäkomastie).

A. Biosynthese der Steroidhormone

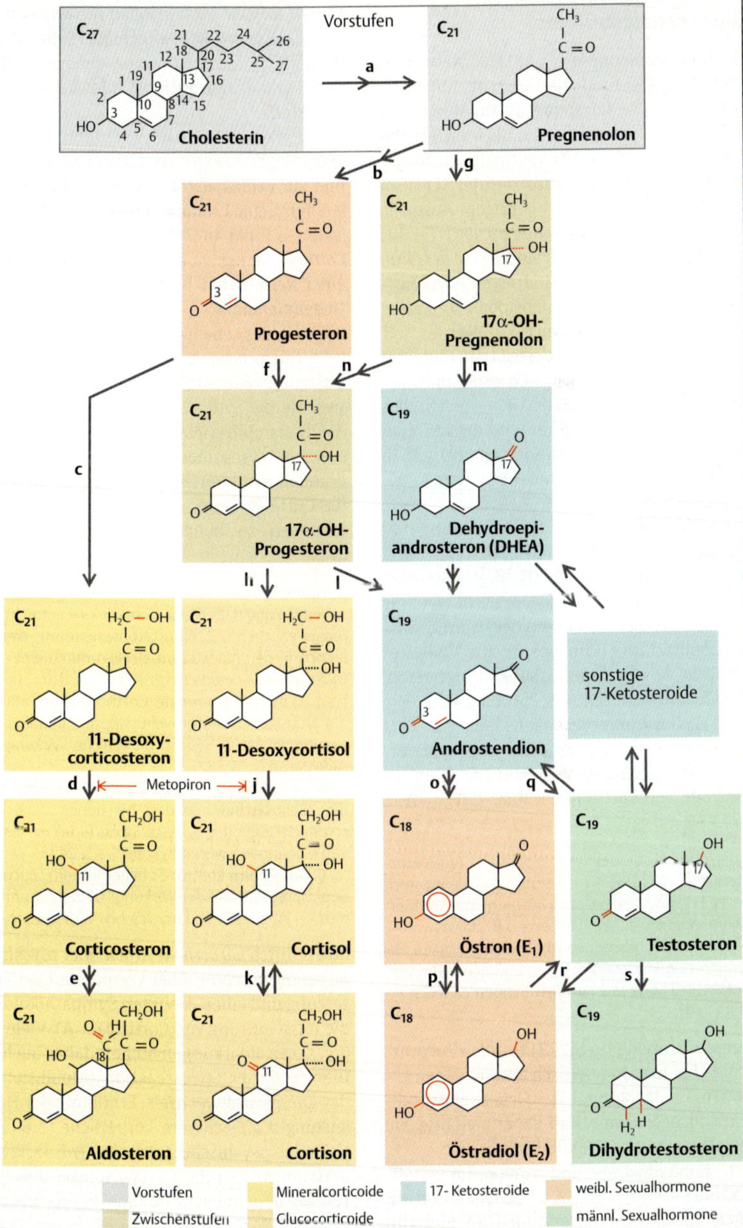

Nebennierenrinde: Glucocortico(stero)ide

Die *Zona glomerulosa* (→ **A1**) der Nebennierenrinde (**NNR**) produziert die sog. *Mineralocortico*(stero)*ide Aldosteron*, Corticosteron und 11-Desoxycorticosteron (→ S. 182 f. u. 294). Die *Zona fasciculata* (→ **A2**) synthetisiert hauptsächlich das *Glucocortico*(stero)*id Cortisol* (= Hydrocortison) und (in geringem Ausmaß) Cortison (→ S. 294). Die *Zona reticularis* (→ **A3**) ist Hauptursprungsort der *Androgene der NNR*, die, wie z. B. Dehydroepiandrosteron, als Ausgangssubstanz für Sexualhormone in andere Gewebe exportiert werden (→ S. 304).

Für den **Transport des Cortisols** im Blut wird dieses v. a. an *Transcortin* (= *Cortisol-bindendes Globulin* = *CBG*) gebunden, ein spezifisches Transportprotein mit hoher Bindungsaffinität. Ändert sich die Konformation von CBG, z. B. in der Umgebung von Entzündungen, wird Cortisol freigesetzt.

Für die **Regelung** der Cortisolbildung und -freisetzung sind *CRH* und *ACTH* verantwortlich (→ **A4,5** u. S. 270). ACTH sorgt außerdem für die Aufrechterhaltung der NNR-Struktur und für die Bereitstellung der Hormonausgangssubstanzen (Cholesterin aus Cholesterinestern sowie Neusynthese; Progesteron, 17α-OH-Progesteron; → S. 256 bzw. 294). Die *ACTH-Ausschüttung* wird einerseits von *CRH* und Adrenalin gefördert und steht andererseits unter der (negativen Rückkoppelungs-) Kontrolle von *Cortisol* (z. T. über CRH, → **A** u. S. 273 A).

Zudem existiert noch ein spontaner **Tag-Nacht-Rhythmus** der CRH-Ausschüttung und damit auch der ACTH- und Cortisolausschüttung, die am Morgen ihren höchsten Wert haben (→ **B**, „Mittelwert"). Messungen der Hormonkonzentration in kurzen Abständen zeigen, dass die ACTH- und damit die Cortisolausschüttung in 2- bis 3-stündigen *Episoden* erfolgt (→ **B**).

Rezeptorproteine (→ S. 278) für die Glucocorticoide hat man in praktisch allen Organen gefunden. Die **Wirkungen** der (lebensnotwendigen) Glucocorticoide sind daher vielfältig. Sie beeinflussen u. a. folgende Funktionen:

1. **Kohlenhydrat- und Aminosäurenstoffwechsel** (→ auch S. 283, A u. S. 285, C): Cortisol *erhöht die Glucosekonzentration* im Blut (im Extremfall: „Steroiddiabetes"), wozu *Aminosäuren* aus dem Proteinabbau verwendet werden. Cortisol wirkt also *katabol* (Substrat abbauend bis hin zu Gewebe abbauend). Dadurch erhöht sich auch die Ausscheidung von Harnstoff.

2. **Herz- und Kreislauf:** Hier führen die Glucocorticoide zu einer *Verstärkung der Herzkraft* und zur *Gefäßkonstriktion*, was in beiden Fällen durch eine *Verstärkung der Catecholamineffekte* (→ S. 194 u. 214) geschieht: *permissive Cortisolwirkung*. Außerdem führt Cortisol zu einer vermehrten Bildung von Adrenalin im Nebennierenmark (→ **A6**) und von Angiotensinogen in der Leber (→ S. 184).

3. Glucocorticoide wirken (v. a. in höherer Dosierung) **antientzündlich** und **antiallergisch**, weil sie die Synthese von Lymphokinen und die Histaminfreisetzung (→ S. 100) hemmen sowie die Lysosomen stabilisieren. Umgekehrt erhöhen u. a. Interleukin 1 und 2 sowie TNFα die CRH-Sekretion, was z. B. bei schweren Infektionen zu hohen Cortisolspiegeln führt (s. u.).

4. **Niere:** Glucocorticoide verzögern die *Wasserausscheidung* und halten eine normale *GFR* aufrecht. Sie reagieren auch mit Aldosteronrezeptoren, werden jedoch in den Aldosteronzielzellen durch eine *11β-Hydroxysteroid-Oxidoreduktase* zu Cortison umgebaut. Daher sind normale Cortisolkonzentrationen am Aldosteronrezeptor nicht wirksam. In hoher Dosierung zeigen sie jedoch die gleiche Wirkung wie Aldosteron (→ S. 182).

5. Am **Magen** schwächen die Glucocorticoide den Mukosaschutz, so dass bei hoher Glucocorticoiddosierung oder starkem Stress (s. u.) die Gefahr von Magengeschwüren besteht (→ S. 242).

6. Am **Gehirn** kommt es bei erhöhtem Glucocorticoidspiegel neben der Wirkung auf den Hypothalamus (→ **A**) zu *EEG*- und *psychischen Veränderungen*.

Stress durch *körperliche Arbeit* oder *psychische Belastungen* erhöht über vermehrte CRH-Freisetzung und einen erhöhten Sympathikotonus die Ausschüttung von Cortisol (→ **A**). Viele der o. g. Cortisolwirkungen stehen daher auch im Dienste dieser Stressreaktion (Mobilisierung des Energiestoffwechsels, Erhöhung der Herzleistung u. a.). Schwere körperliche (z. B. Sepsis) oder psychische Erkrankungen (z. B. Depression) halten die Cortisolspiegel den ganzen Tag über auf sehr hohem Niveau (bis zum 10fachen Normalwert).

A. Nebenniere

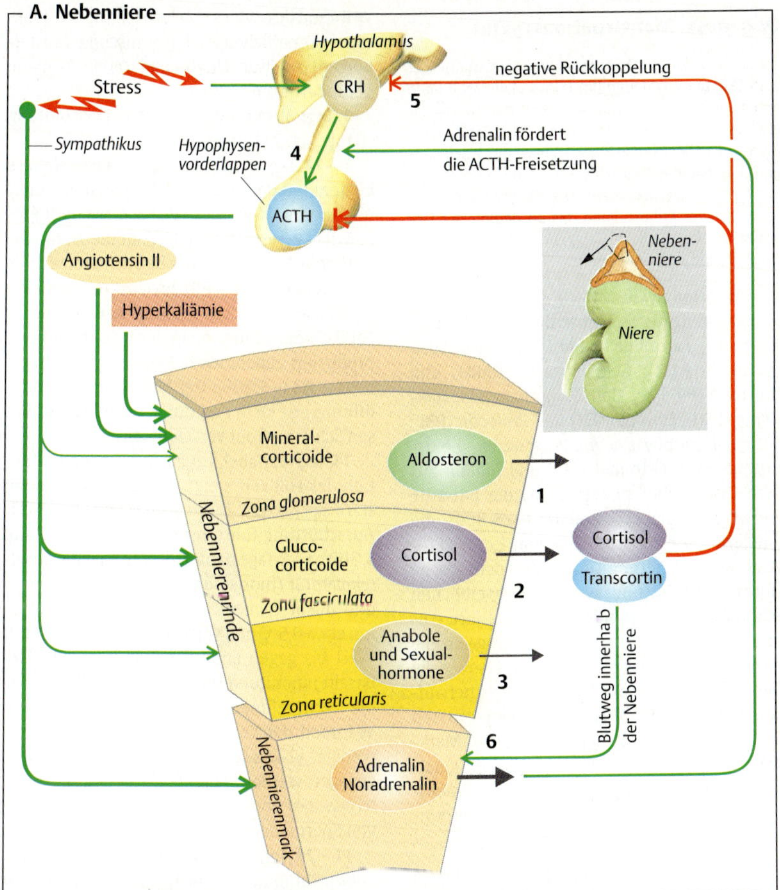

B. Tag-Nacht-Rhythmus der ACTH- und Cortisol-Sekretion

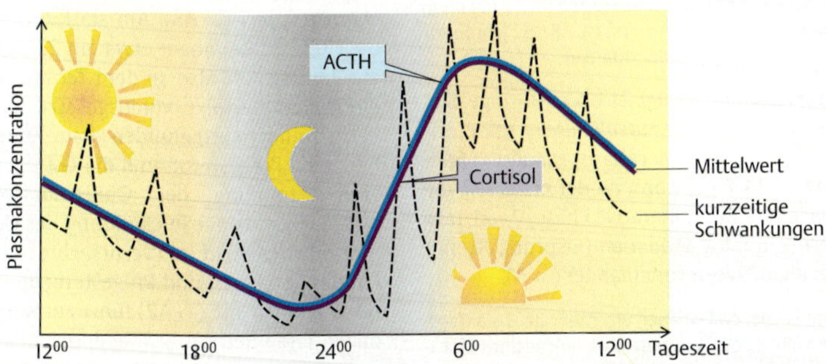

Oogenese, Menstruationszyklus

Die Ei-Entwicklung (**Oogenese**) von der Oogonie bis zum *Oozyten 1. Ordnung* (im Primordialfollikel) läuft bereits weit vor der Geburt ab, also viel früher als die entsprechenden Stufen der Spermatogenese (→ S. 306). Diese fetale Phase ist nach der 1. Schwangerschaftswoche abgeschlossen, danach entstehen keine neuen Eizellen mehr. Die Oozyten verharren dann in einer Ruhestellung, bis ab Beginn der Geschlechtsreife ca. alle 28 Tage ein Ei im Graaf-Follikel zur Befruchtung heranreift.

Menstruationszyklus. Nach Eintritt der Geschlechtsreife der Frau unterliegt die Sekretion folgender Hormone einem ca. 28-tägigen Zyklus (→ **A1,2**): *Gonadoliberin* (**GnRH**) und *Dopamin* (**PIH**) aus dem Hypothalamus, *Follitropin* (**FSH**), *Lutropin* (**LH**) und *Prolactin* (**PRL**) aus der Hypophyse sowie *Progesteron*, die *Östrogene* (v. a. *Östradiol* = **E_2**) und *Inhibin* aus dem Ovar. Dabei steuert GnRH die pulsatile Freisetzung von FSH und LH (→ S. 300), die wiederum die Ausschüttung von E_2 und Progesteron regulieren. Durch die periodische Hormonausschüttung werden die weiblichen Sexualfunktionen mit dem Ziel gesteuert, einmal pro Monat eine befruchtungsfähige Eizelle im Ovar heranreifen zu lassen (→ **A4**) sowie die Geschlechtsorgane der Frau auf die Samenaufnahme und die Einnistung eines befruchteten Eies (*Nidation*) vorzubereiten (→ **A5**). Merkmal dieses *Menstruationszyklus* ist die monatlich wiederkehrende, vaginale *Menstruations-* oder *Regelblutung*, deren Einsetzen definitionsgemäß der Zyklusbeginn ist.

Die erste Regelblutung (**Menarche**) tritt bei Mitteleuropäerinnen mit ca. 13 Jahren auf. Ab etwa dem 40. Lebensjahr werden die Zyklen unregelmäßiger, und nach einer Übergangsphase von bis zu 10 Jahren (**Klimakterium**) kommt es mit ca. 48 – 52 Jahren zur letzten Regelblutung (**Menopause**).

Die **Zykluslänge** beträgt 21 bis zu 35 Tage. Der zweite Zyklusteil, die *Lutealphase* (= sekretorische oder Gelbkörperphase) dauert regelmäßig ca. 14 Tage, während der erste Teil, die *Follikelphase* (= proliferative Phase) 7 – 21 Tage dauern kann. Die *Ovulation* (Eisprung) trennt die beiden Phasen voneinander (→ **A**).

Schwankt die Zyklusdauer um mehr als 2 – 3 Tage, findet wohl keine Ovulation statt. Solche **anovulatorischen Zyklen** machen auch bei gesunden Frauen bis zu 20% der Zyklen aus.

Während des Zyklus spielen sich (neben sonstigen körperlichen und psychischen Umstellungen) an *Ovar*, *Uterus* und *Zervix* folgende Veränderungen ab (→ **A**):

1. Tag: Beginn der Menstruationsblutung (Dauer: ca. 2 – 6 Tage).

1. – 14. Tag (variabel, s. o.): Die **Follikelphase** beginnt mit dem 1. Tag der Blutung und dauert bis zur Ovulation. Diese Phase dient dem Aufbau der *Uterusschleimhaut* (Endometrium), die so für die Aufnahme einer befruchteten Eizelle vorbereitet wird (→ **A5**). Im *Ovar* reifen in dieser Phase unter dem Einfluss von FSH ca. 20 *Follikel* heran. Einer davon wird dominant und produziert zunehmende Mengen von *Östrogenen* (→ **A4** u. S. 300). Der *Muttermund* (Zervixöffnung) ist klein und durch einen hochviskösen Schleimpfropf verschlossen.

14. Tag (variabel, s. o.): Die Östrogenproduktion des Follikels steigt ab dem 12. bis 13. Tag stark an (→ **A2**). Die dadurch verstärkte LH-Ausschüttung führt zur **Ovulation** (→ **A 1,4** u. S. 300). 1 – 2 Tage danach erhöht sich die *Basaltemperatur* (morgendliche, vor dem Aufstehen und nüchtern gemessene Körpertemperatur) um etwa 0,5 °C und verbleibt auf dem erhöhten Wert bis gegen Ende des Zyklus (→ **A3**). Der Basaltemperatursprung wird als Indikator für die stattgefundene Ovulation verwendet. Während der Ovulation ist der *Zervixschleim* weniger viskös (er kann in langen Fäden ausgezogen werden: *Spinnbarkeit*) und der *Muttermund* ist etwas geöffnet, was den Durchtritt von Spermien ermöglicht.

14. – 28. Tag: Die **Lutealphase** ist durch die Entwicklung des *Gelbkörpers* (→ **A4**), das von ihm sezernierte *Progesteron* (→ **A2**) und durch Sekretion der *Drüsen der Uterusschleimhaut* charakterisiert (→ **A5**). Am stärksten reagiert die Uterusschleimhaut etwa am 22. Zyklustag auf Progesteron, also an dem Termin, an dem die *Nidation* erfolgt, vorausgesetzt, dass eine Befruchtung stattgefunden hat. Andernfalls bewirken Progesteron und die Östrogene nun eine Hemmung der GnRH-Ausschüttung (→ S. 300), was zur Rückbildung des Gelbkörpers führt. Der dadurch verursachte rasche Abfall des Östrogen- und Progesteronkonzentrationen im Plasma (→ **A2**) führt zur Konstriktion der Endometriumgefäße und zur Ischämie: Es kommt zur Abstoßung der Uterusschleimhaut, also zur **Menstruationsblutung** (→ **A5**).

A. Menstruationszyklus

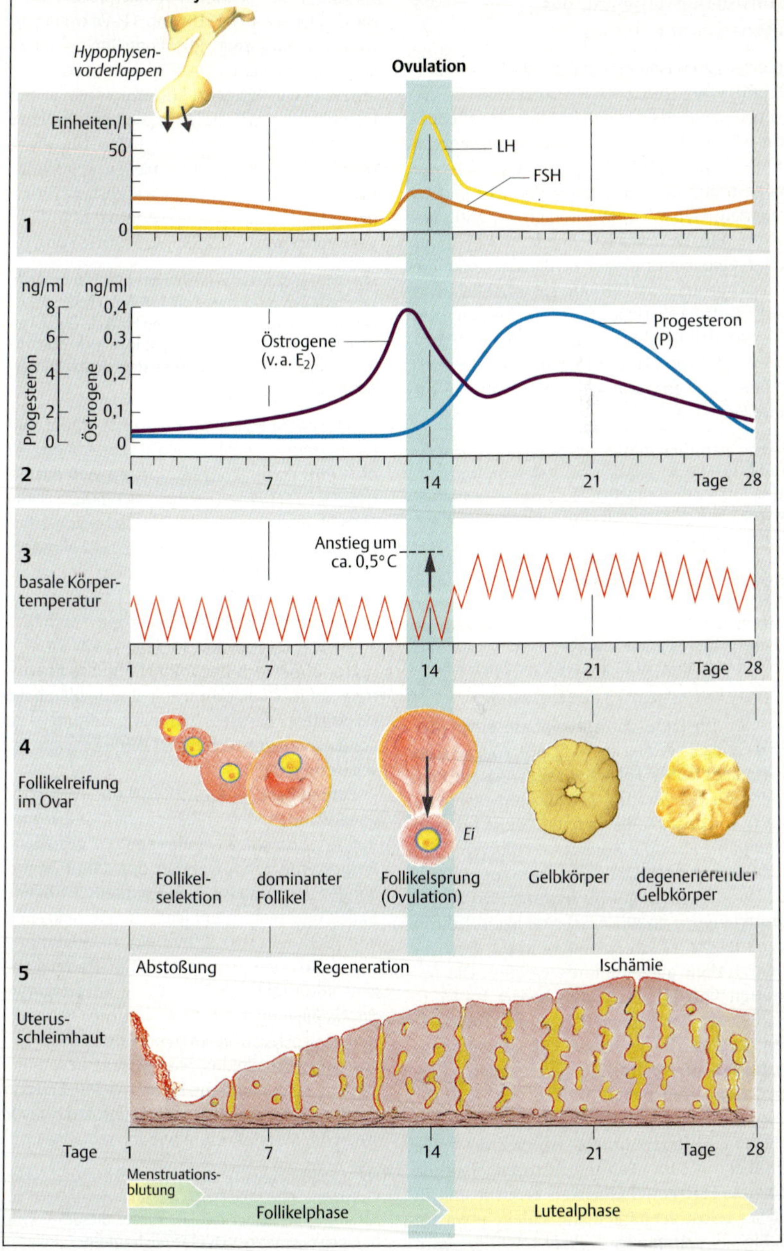

Hormonale Regelung des Menstruationszyklus

Bei der geschlechtsreifen Frau wird unter dem Einfluss verschiedener Neurotransmitter das gonadotrope Releasing-Hormon **Gonadoliberin** oder **GnRH** alle 60 – 90 min in Pulsen von 1 min Dauer (*pulsatil*) sezerniert, was die ebenso pulsatile Freisetzung von **FSH** und **LH** aus dem Hypophysenvorderlappen (HVL) bewirkt. Ein wesentlich schnellerer Rhythmus oder eine kontinuierliche Abgabe senkt die Ausschüttung von FSH und LH erheblich, was zur Unfruchtbarkeit führt. Während des Menstruationszyklus ändert sich die Ausschüttung von LH und FSH auch *relativ zueinander*, d. h. es gibt noch andere Einflüsse auf ihre Freisetzung.

Neben **zentralnervösen Wirkungen** (psychische Einflüsse, Stress), die von einer Reihe von **Transmittern** im hypothalamischen Pfortaderblut vermittelt werden (z. B. Noradrenalin [NA] und Neuropeptid Y [NPY]), sind es die Ovarialhormone *Östrogene* (E_1, E_2, E_3, s. u.), *Progesteron* und *Inhibin*, die die LH- und FSH-Freisetzung modulieren. Der Einfluss der Ovarialhormone auf die GnRH-Sekretion ist ein indirekter: Sie beeinflussen Nervenzellen des ZNS, die die GnRH-sezernierenden Neurone u. a. über Glutamat, NA und NPY stimulieren sowie über GABA und Opioide hemmen.

Bereits am **Ende der Lutealphase** steigt der FSH-Spiegel wieder an (→ S. 299, A1), so dass FSH in der **frühen Follikelphase** (→ **A1**) die Proliferation des Stratum granulosum einer Kohorte von ca. 20 Follikeln bewirkt und in deren *Granulosazellen* die *Aromatase* induziert. Dieses Enzym bildet die beiden *Östrogene* E_2 bzw. E_1 aus den Androgenen *Testosteron* und *Androstendion* (→ S. 295, A, Schritt *r* bzw. *o*), die in den *Thekazellen* synthetisiert und von den Granulosazellen aufgenommen werden. Die Sekretion von LH ist relativ niedrig (→ **A1** u. S. 299, A1), doch aktiviert es in den Thekazellen Enzyme, die die für die Östrogensynthese notwendigen Androgene bereitstellen (17β-Hydroxysteroid-Dehydrogenase, C17-C20-Lyase). Die Östrogene im Follikel erhöhen dessen eigene FSH-Rezeptordichte, so dass derjenige Follikel mit dem höchsten Östrogengehalt die höchste FSH-Empfindlichkeit erreicht und in dieser selbst verstärkenden Schleife etwa am 6. Tag als *dominanter Follikel* selektiert wird (→ **A2**). In der mittleren Follikelphase halten die Östrogene die FSH- und LH-Sekretion in Grenzen (negative Rückkoppelung, unterstützt durch *Inhibin*; → **A2**), induzieren aber anschließend vermehrt LH-Rezeptoren an den Granulosazellen. Daraufhin produzieren diese jetzt auch Progesteron (Beginn der „*Luteinisierung*"), das von den Thekazellen aufgenommen (→ **A3**) und als Ausgangssubstanz für eine weitere Steigerung der Androgensynthese verwendet wird (→ S. 295, A, Schritte *f* und *l*).

Die Östrogene und das Inhibin des dominanten Follikels hemmen zunehmend die FSH-Sekretion, so dass in den anderen, mitgewachsenen Follikeln die Östrogenproduktion sinkt. Folglich stauen sich dort die Androgene, was zur **Apoptose der nichtselektierten Follikel** führt.

In der **späten Follikelphase** (→ **A3**) erhöht sich die *Freisetzung* von LH und FSH zunehmend, so dass ihre Plasmakonzentrationen steil ansteigen. Der *FSH-Peak* (ca. 13. Tag) induziert die *1. Reifeteilung* der Eizelle. Die Östrogene erhöhen (v. a. via Hypothalamus) die LH-Sekretion, mehr Androgene und somit mehr Östrogene werden gebildet (*positive Rückkoppelung*), so dass der LH-Spiegel rasch auf ein Maximum anwächst: **LH-Peak** am **14. Tag** (→ **A2**). Ca. 10 h später öffnet sich der Follikel und das Ei wird freigesetzt: **Ovulation.** Fehlt dieser plötzliche LH-Anstieg oder ist er zu niedrig, kommt es zu keiner Ovulation, d. h., es ist keine Schwangerschaft möglich.

Lutealphase (→ **A4**). LH, FSH und die Östrogene wandeln den Follikel in den Gelbkörper um, der nun stark zunehmend das gestagene **Progesteron** produziert. In der damit beginnenden Lutealphase (→ **A**) wirken Östrogene und Progesteron *hemmend* auf die Sekretion von FSH und LH (z. T. indirekt via Hemmung von GnRH, s. o.), so dass deren Plasmakonzentration rasch absinkt. Diese jetzt *negative Rückkoppelung* führt dazu, dass die Östrogen- und Progesteron-Plasmakonzentrationen gegen Ende des Zyklus (ca. 26. Tag) besonders stark absinken, und die **Menstruationsblutung** wird auslöst (→ S. 299, A2). Schon kurz davor steigt die FSH-Sekretion wieder an (→ **A4**).

Führt man bereits in der ersten Hälfte des Zyklus Östrogene *zusammen* mit Gestagenen künstlich zu, kommt es zu keiner Ovulation. Auf diesem Prinzip beruhen die meisten **Ovulationshemmer („Pille")**.

A. Hormonale Regulation des Menstruationszyklus

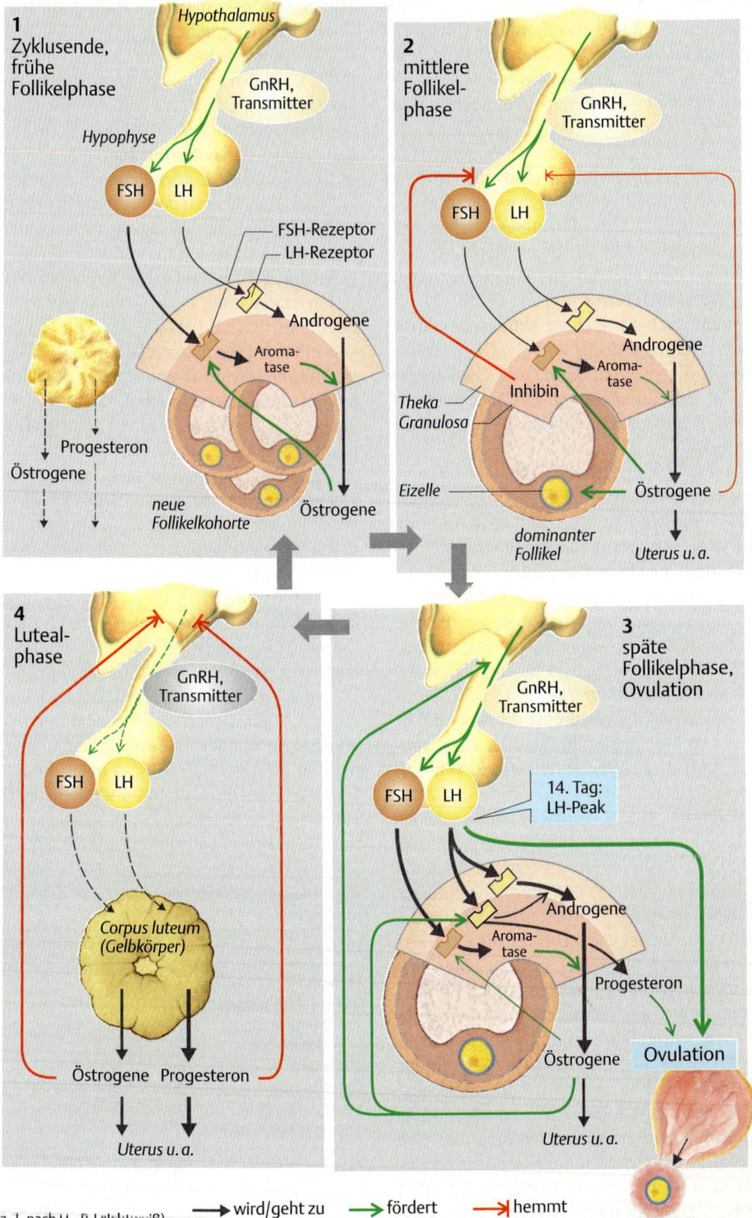

(z. T. nach H.-P. Leichtweiß)

Östrogene

Östrogene (E) sind Steroidhormone mit 18 C-Atomen und werden in erster Linie aus dem 17-Ketosteroid Androstendion, z.T. via Testosteron, gebildet (→ S. 295, A). **Bildungsorte** sind das *Ovar* (Granulosa- und Thekazellen), die *Plazenta* (→ S. 304), die *Nebennierenrinde* und die *Leydig-Zwischenzellen des Hodens* (→ S. 306). In einigen Zielzellen des Testosterons wird es in Östradiol umgewandelt, um dort als solches wirksam zu werden.

Neben dem wichtigsten Östrogen *Östradiol* (**E_2**) haben auch *Östron* (**E_1**) und *Östriol* (**E_3**) eine, wenn auch schwächere, **Wirksamkeit** (relative Wirkung E_2:E_1:E_3 = 10 : 5 : 1). Zum **Transport** im Blut werden die E (und Testosteron) v.a. an das *Sexualhormon-bindende Globulin* (*SHBG*) gebunden. Wesentliches *Abbauprodukt* von E_2 ist E_3.

Oral aufgenommenes E_2 ist praktisch wirkungslos, da es schon bei der ersten Leberpassage weitgehend aus dem Blut entfernt wird. **Oral wirksame Östrogene** müssen daher einen etwas anderen chemischen Aufbau haben.

Wirkungen. E sind für die Entwicklung der weiblichen Geschlechtsmerkmale von Bedeutung, allerdings bei weitem nicht in dem Umfang wie es die Androgene für die männliche Geschlechtsentwicklung sind (→ S. 306). Zu einer optimalen Progesteronwirkung (s. u.) ist oft ein vorbereitender Einfluss der E notwendig (Uterus u. a.). Weitere wichtige E-Wirkungen sind:

- Während des **Menstruationszyklus** (→ S. 298 u. Tabelle) fördern die E die Follikelreifung im Ovar. Im Uterus fördern die E die Proliferation (Aufbau) der Uterusschleimhaut und verstärken die Kontraktionen der Uterusmuskulatur. In der Vagina führen die E zur Verdickung der Schleimhaut und zu einer vermehrten Abstoßung glykogenhaltiger Epithelzellen. Das Glykogen erlaubt eine vermehrte Milchsäureproduktion durch die Döderlein-Bakterien, was den pH-Wert in der Scheide auf 3,5 – 5,5 erniedrigt und damit die Infektionsgefahr verringert. In der *Zervix* ist der Muttermund mit dem *zervikalen Schleimpfropf* eine wesentliche Barriere für das Eindringen der Spermien in den Uterus. Östrogen verändert die Konsistenz dieses Schleimes in einer Weise, die, besonders am Ovulationstermin, die Wanderung der Spermien fördert und ihre Überlebenszeit erhöht.
- Für den **Befruchtungsvorgang** bereiten die E die Spermien (im weiblichen Organismus) auf das Eindringen in die Eihülle vor (*Kapazitation*) und regeln die Wanderungsgeschwindigkeit des Eies durch den Eileiter.
- **Extragonadale E-Wirkungen:** E stimuliert während der Pubertät das Brustwachstum, die Veränderungen an der Vagina, die subkutane Fettverteilung sowie (zusammen mit Androgenen) die Scham- und Achselbehaarung. Weiterhin erhöhen die E die *Gerinnungsfähigkeit* des Blutes, was z. B. bei Gabe der „Pille" eine etwas erhöhte Thrombosegefahr mit sich bringt, und führen sowohl an der Niere als auch lokal zur H_2O- und Salzretention. Letzteres führt zu einem lokalen Ödem, was zur Hautstraffung mittels E-haltiger Kosmetika genutzt wurde. Am *Knochen* wird durch die E das Längenwachstum gebremst, der Epiphysenschluss beschleunigt (auch beim Mann) und die Osteoblastentätigkeit gefördert. Daher führt ein E-Mangel nach der Menopause zum Verlust von Knochenmasse (*Osteoporose*). E senken außerdem die Konzentration von *LDL* und erhöhen die von VLDL und HDL (→ S. 254 f.), womit erklärt werden könnte, dass Arteriosklerose bei Frauen vor der Menopause seltener vorkommt als beim Mann. E machen die *Haut* dünner und weicher, vermindern die Talgdrüsen und vermehren die Fettablagerung in der Unterhaut. Schließlich beeinflussen die E zahlreiche *ZNS-Funktionen*, so das sexuelle und soziale Verhalten, die psychische Reaktionsweise u. a. m.

Plasmakonzentrationen von Östradiol und Progesteron (ng/ml):

Phase	Östradiol	Progesteron
Frau		
frühe Follikelphase	0,06	0,3
mittlere u. späte Follikelphase	0,1 ⇒ 0,4	1,0
Ovulation	0,4	2,0
mittlere Lutealphase	0,2	8 – 16
Schwangerschaft	7 – 14	40 ⇒ 130
1 d nach Entbindung		20
Mann	0,05	0,3

Progesteron

Das bei weitem wirksamste gestagene (schwangerschaftserhaltende) Hormon ist das **Progesteron** (**P**). Es ist ein Steroidhormon mit 21 C-Atomen, das aus Cholesterin via Pregnenolon gebildet wird (→ S. 295). *Bildungsorte* sind der *Gelbkörper*, der *Follikel*, die *Plazenta* (→ S. 304) und, auch beim Mann, die *Nebennierenrinde*. Zum **Transport** im Plasma wird es (wie Cortisol) v. a. an das Cortisolbindende Globulin (CBP = Transcortin) gebunden. Wie E_2 wird P schon bei der ersten Leberpassage weitgehend abgebaut, so dass oral gegebenes P praktisch unwirksam ist. Wesentliches *Abbauprodukt* von Progesteron ist *Pregnandiol*.

Wirkungen. Die *Hauptaufgabe* von P ist es, den Genitaltrakt der Frau für die Aufnahme und Reifung des befruchteten Eies vorzubereiten und die **Schwangerschaft zu erhalten** (→ Tabelle). P antagonisiert viele E-Wirkungen, doch ist für zahlreiche P-Wirkungen ein vorhergehender (z. B. E-induzierte Vermehrung der P-Rezeptoren in der Follikelphase) oder gleichzeitiger *Einfluss von E* notwendig (z. B. Brustwachstum, s. u.).

◆ Der **Uterus** ist das wichtigste Zielorgan des P. Nach vorhergehendem E-Einfluss fördert P das Wachstum der Uterusmuskulatur (Myometrium), bewirkt in der Uterusschleimhaut (Endometrium), die unter E-Einfluss aufgebaut worden ist, den drüsigen Umbau (→ S. 298) und verändert dort die Gefäßversorgung und den Glykogengehalt: Umwandlung von proliferativem zu sekretorischem Endometrium (Höhepunkt ca. am 22. Zyklustag). Jetzt wird P auch wichtig für die eventuelle Einnistung (Nidation) eines befruchteten Eies. P reduziert außerdem die Myometriumaktivität, was während der Schwangerschaft wichtig ist. An der **Zervix** verkleinert P den Muttermund und verändert die Konsistenz des Schleimpfropfes in einer Weise, die diesen für Spermien praktisch undurchdringbar macht.

P hemmt in der Lutealphase die LH-Freisetzung. Werden progesteronähnliche Gestagene auch in der Follikelphase gegeben, beeinträchtigt dieser Hemmeffekt die Ovulation, was zusammen mit der Wirkung auf die Zervix (s. o.) und einem die Kapazitation der Spermien (→ S. 302) hemmenden Effekt kontrazeptiv wirkt (**„Mini-Pille“**).

◆ Im **ZNS** wirken hohe P-Dosen (über das Abbauprodukt Pregnenolon) anästhetisch. P fördert die Bereitschaft für epileptische Anfälle, hat einen sog. thermogenen Effekt, der zur Erhöhung der Basaltemperatur führt (→ S. 298) und ist wahrscheinlich die Ursache für Verhaltensstörungen und Depressionen vor der Menstruationsblutung und am Ende der Schwangerschaft.

◆ An der **Niere** hemmt P etwas die Aldosteronwirkung, was zu einer vermehrten NaCl-Ausscheidung führt.

Prolactin, Oxytocin

Die Sekretion von Prolactin (**PRL**) wird durch *Prolactostatin* (**PIH**, identisch mit **Dopamin**) gehemmt und durch *Thyroliberin* (**TRH**) gefördert (→ S. 270). PRL erhöht bei Mann und Frau im Hypothalamus die Ausschüttung von PIH (negative Rückkoppelung). E_2 und P hemmen hingegen die PIH-Freisetzung (ähnlich wie beim GnRH indirekt über Transmitter, s. o.), so dass sich die PRL-Ausschüttung v. a. in der 2. Zyklushälfte und während der Schwangerschaft erhöht. Bei der Frau fördert PRL (zusammen mit E, P, Glucocorticoiden, Insulin) während der Schwangerschaft das *Brustwachstum* sowie anschließend die *Laktogenese* (Milchbildung). Während des Stillens ist das Saugen an der mütterlichen Brustwarze (*Saugreiz*) dann der Auslöser für eine besonders starke PRL-Sekretion: **Laktationsreflex**. Dabei wird auch *Oxytocin* vermehrt sezerniert, was einerseits zum Einschießen der Milch (*Milchejektion*) notwendig ist und andererseits den *Uterus* zu verstärkten Kontraktionen antreibt, was die Ausscheidung des nachgeburtlichen Lochialsekrets fördert. *Abstillen* senkt den PRL-Spiegel und lässt die Milchproduktion rasch versiegen.

Hyperprolaktinämie. *Stress* und bestimmte *Medikamente* hemmen die Ausschüttung von PIH und erhöhen damit die von PRL. Eine *Hyperprolaktinämie* kann u. a. durch eine *Hypothyreose* (→ S. 288) verursacht sein, bei der der erhöhte TRH-Spiegel die PRL-Freisetzung stimuliert. Bei Frauen führt eine Hyperprolaktinämie zu einer (schwangerschaftsunabhängigen) Milchbildung (*Galaktorrhö*) und zur *Ovulationshemmung*. Dieser Umstand wird von manchen Naturvölkern insofern zur Empfängnisverhütung genutzt, als die Mütter langjährig stillen (s. o.) und somit in dieser Zeit (häufig) unfruchtbar sind.

Hormonale Regelung von Schwangerschaft und Geburt

Neben ihren anderen Aufgaben (→S. 220) deckt die **Plazenta** den Großteil des Hormonbedarfs während der Schwangerschaft (Schw.). Besonders an deren Beginn sind dazu auch die Hormone des mütterlichen Ovars nötig (→**A**).

Plazentahormone. Die Plazenta produziert **HCG** (**h**uman **c**horionic **g**onadotropin), *Corticoliberin* (**CRH**), *Östrogene* (**E**), *Progesteron* (**P**), **HPL**, POMC (→S. 280) u. a. Dabei beherrscht HCG das 1. Trimenon (Dreimonatsperiode; ab letzter Regelblutung gerechnet), während bei der Mutter HPL und die CRH-gesteuerten E erst im 3. Trimenon stark ansteigen (→**B**). Die plazentaren Hormone gelangen sowohl in den mütterlichen als auch in den fetalen Organismus. Wegen der engen Verknüpfung der Hormonbildung in Mutter, Fetus und Plazenta (→**A**) spricht man von **fetoplazentarer Einheit**.

HCG hat die Aufgabe, (a) in der fetalen NNR die Produktion von DHEA, DHEA-S u. a. Steroiden zu stimulieren (s. u.), (b) im mütterlichen Ovar die Follikelbildung zu unterdrücken und (wie zuvor LH), (c) im *Gelbkörper* die *P*- und *E-Produktion* aufrechtzuerhalten (→**A1**). Ab der 6. Woche ist dies nicht mehr nötig, da jetzt die Plazenta genug P und E bildet.

Die meisten **Schwangerschaftstests** basieren auf dem *Nachweis von HCG im Urin* (ab dem ca. 6.–8. Tag nach der Befruchtung). Da während der Schw. die E- und P-Sekretion stark ansteigt (→Tab. auf S. 302), werden diese Hormone und ihre Abbauprodukte, Östriol bzw. Pregnandiol, im Harn von Schwangeren vermehrt ausgeschieden. Auch diese Tatsache kann zum Nachweis einer Schw. dienen.

Im Gegensatz zu anderen endokrinen Organen ist die Plazenta für die **Produktion der Steroidhormone P** und **E** auf die *Zulieferung der jeweiligen Vorstufen* (Cholesterin bzw. Androgene; →S. 294) aus der mütterlichen und *fetalen Nebennierenrinde* (NNR; →**A2**) angewiesen. (Im Fetus hat dieses Organ eine fetale und adulte Zone [FZ, AZ] und ist zeitweise größer als die Niere!). So nimmt die Plazenta Cholesterin und Pregnenolon auf und bildet daraus P. P gelangt u. a. zurück zur fetalen NNR und wird dort in der FZ zu *Dehydroepiandrosteron* (*DHEA*) und dessen Sulfat (*DHEA-S*) umgewandelt. Beide erreichen die Plazenta, die daraus E bildet. Im *Hoden* des männlichen Fetus wird *P* zu *Testosteron* umgebaut.

Die Konzentration von **HPL** (**h**uman **p**lacental **l**actogen = HCS = **h**uman **c**horionic **s**omato[mammo]tropin) steigt in der Schw. kontinuierlich an. Wie Prolactin (→S. 303) kann HPL Wachstum und Milchproduktion der Brustdrüse erhöhen und, wie STH (→S. 280), beeinflusst HPL allgemein Wachstum und Entwicklung. Eine wichtige Funktion von HPL scheint die *Erhöhung des mütterlichen Glucosespiegels* zu sein.

Bei der **hormonale Regulation der Geburt** spielt das *in der Plazenta gebildete* **CRH** eine Schlüsselrolle. Ab der 12. Schw.-Woche steigt seine Konzentration im mütterlichen Blut exponentiell an, und zwar vor einer Frühgeburt schneller und vor einer verspäteten Geburt langsamer als vor einer termingerechten Geburt, d. h., das Tempo der plazentaren CRH-Produktions-Zunahme bestimmt die Dauer der Schw. Dieses CRH stimuliert (a) ACTH-Sekretion in der fetalen Hypophyse, so dass in der fetalen NNR (AZ) vermehrt Cortisol gebildet wird, das die CRH-Ausschüttung fördert (positive Rückkoppelung) und außerdem die Lungenreifung vorantreibt, und (b) in der fetalen NNR (FZ) die Produktion von DHEA und DHEA-S, aus dem die Plazenta vorwiegend E synthetisiert (s. o.).

Die mütterliche E-Konzentration steigt gegen Ende der Schw. steil an und antagonisiert dabei auch die Schw. erhaltenden P-Wirkungen: E induzieren an der Uterusmuskulatur *Rezeptoren für Oxytocin* (→S. 303), α_1-Adrenozeptoren (→S. 84 f.) sowie *Gap Junctions* (→S. 16 f.). Außerdem werden die Uteruszellen *depolarisiert*, also alles Effekte, die die *Erregbarkeit des Uterus steigern*. Zudem steigt die *Bildung von P*. Sie induzieren Kollagenasen, die das straffe Kollagen der Zervix erweichen. Dehnungssensoren im Uterus sprechen auf Größenzunahme und Bewegungen des Fetus an, was, nerval zum Hypothalamus gemeldet, die *Ausschüttung von Oxytocin* vermehrt, das in der Folge wiederum zu gesteigerten Uteruskontraktionen führt (positive Rückkoppelung). Die Gap Junctions sorgen dafür, dass sich die spontane Erregung einzelner Schrittmacherzellen im Fundus „konzertiert" auf das ganze Myometrium (ca. 2 cm/s) ausdehnen kann (→S. 70).

A. Hormonproduktion von Plazenta, Mutter und Fetus: fetoplazentare Einheit

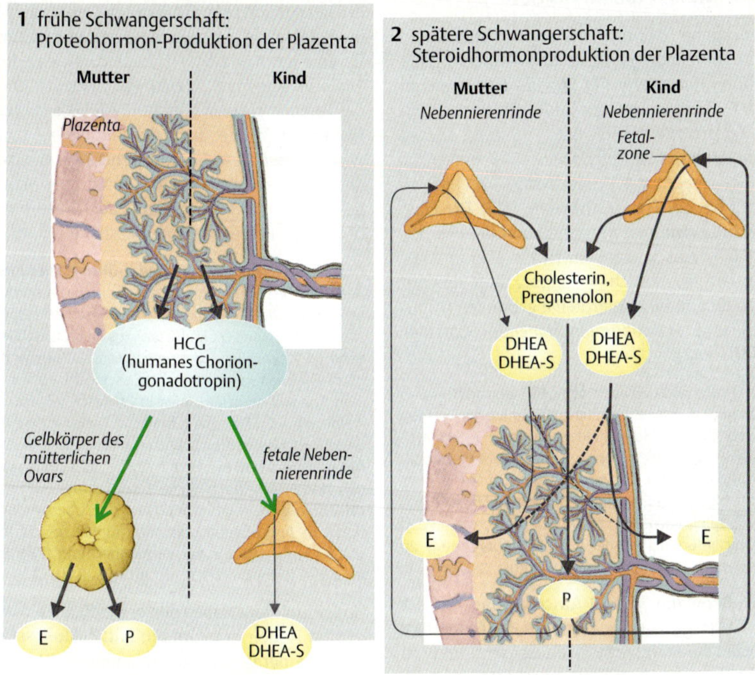

Steroidhormone:
P = Progesteron DHEA(-S) = Dehydroepiandrosteron(sulfat) E = Östrogene

B. Hormonplasmakonzentrationen während der Schwangerschaft

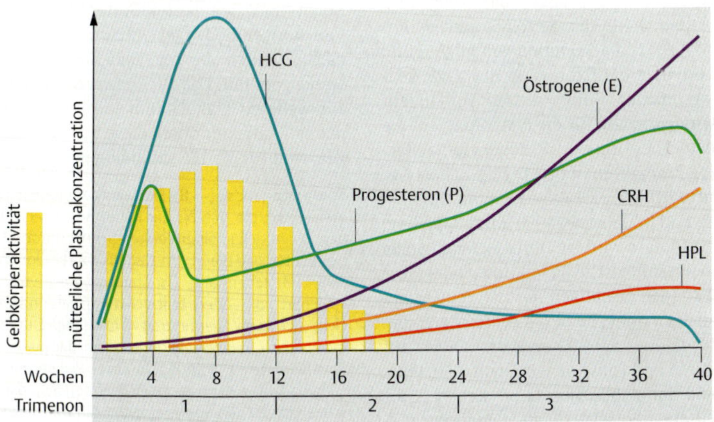

Androgene, Hodenfunktion

Androgene (männliche Geschlechtshormone) sind *Steroidhormone* mit 19 C-Atomen. Dazu gehören *Testosteron* (**T**), *5α-Dihydrotestosteron* (**DHT**) und die weniger androgen wirksamen *17-Ketosteroide* (DHEA u. a., → S. 294). T wird beim Mann zu 95 % *im Hoden* (→ **A2**) und zu 5 % in der Nebennierenrinde (NNR, → **A1**) sezerniert, bei der Frau in *Ovar* und *NNR*. Die Plasmakonzentrationen liegen beim Mann ca. 15-mal höher als bei der Frau, sinken aber im Alter langsam ab. Ähnlich wie andere Steroide wird T im Blut zu 98 % an Proteine gebunden (Albumin und *Sexualhormon-bindendes Globulin, SHBG* → **A2**).

Vom Hoden werden auch kleine Mengen an **DHT** und **Östradiol** (**E_2**) sezerniert. In größerer Menge werden sowohl DHT (via 5α-Reduktase) als auch E_2 (via Aromatase) aus Testosteron in dessen Zielzellen gebildet und gelangen z. T. von dort aus ins Plasma. DHT und T binden an den gleichen intrazellulären Rezeptor. E_2 spielt auch beim Mann eine Rolle, z. B. an den Epiphysenfugen, bei der Ejakulataufbereitung, an der Hypophyse und im Hypothalamus.

Die **Regelung der T-Ausschüttung** erfolgt durch **LH**. Ihm übergeordnet ist das **GnRH**, das, wie bei der Frau, stoßweise ausgeschüttet wird (1,5- bis 2-stündiger Rhythmus). LH fördert die T-Ausschüttung aus den *Leydig-Zwischenzellen* des Hodens (→ **A2**). T und E_2 hemmen die LH- und die GnRH-Sekretion (negative Rückkoppelung).

FSH, das ebenfalls über GnRH freigesetzt wird, stimuliert in den *Sertoli-Stützzellen* des Hodens (→ **A3**) die Sekretion von **Inhibin** und induziert dort die Expression des *Androgenbindungsproteins* (*ABP*), dessen Vorhandensein Voraussetzung für die T-Wirkung auf die *Spermatogenese* ist (s. u.). FSH induziert außerdem LH-Rezeptoren in den Leydig-Zellen. Gehemmt wird die FSH-Ausschüttung durch T, DHT, E_2 und Inhibin (negative Rückkoppelung; → **A**), gefördert wird sie durch *Activin*, wobei dessen physiologische Bedeutung unklar ist.

Neben den wichtigen **Testosteronwirkungen** auf die männliche Geschlechtsdifferenzierung, auf die Spermatogenese sowie auf Wachstum und Funktion von Genitalien, Prostata und Samenbläschen (s. u.) steuert T die Ausbildung der *sekundären männlichen Geschlechtsmerkmale*, also Behaarungstyp, Körperbau, Kehlkopfgröße (Stimmbruch), Talgdrüsenaktivität (Akne) u. a. m. Eine ausreichende T-Sekretion ist außerdem Voraussetzung für eine normale *Libido* (Geschlechtstrieb), die *Potentia generandi* (Zeugungsfähigkeit) und die *Potentia coeundi* (*Begattungsfähigkeit*) des Mannes. T fördert auch die *Blutbildung* und wirkt *anabol* (Gewebe aufbauend), was u. a. zu der stärker entwickelten Muskulatur des Mannes führt. Im **ZNS** beeinflusst T auch bestimmte *Verhaltensweisen* wie Aggressivität u. a. m.

Geschlechtsentwicklung und -differenzierung. Nach der Festlegung des *genetischen* (*chromosomalen*) *Geschlechts* (→ **B**) bilden sich die geschlechtsspezifischen Gonaden (Keimdrüsen) aus, in die anschließend die Keimzellen (*Spermatogonien*, s. u.) einwandern. Die weitere somatische Geschlechtsentwicklung und -differenzierung ist in Abwesenheit von T weiblich (→ **C**). Für eine männliche Geschlechtsentwicklung ist bei beiden Schritten T notwendig (→ **C**), für manche Schritte (z. B. den Abstieg des Hodens in den Hodensack) noch ein weiterer Faktor (CGRP? = **c**alcitonin **g**ene-**r**elated **p**eptide). Eine Überproduktion von Androgenen oder ihre künstliche Zufuhr (*Anabolika!*) kann u. a. zur Vermännlichung (*Virilisierung*) des weiblichen Organismus führen (→ **C**).

Hodenfunktion. Neben den o. g. Aufgaben werden im Hoden in mehreren Entwicklungsstufen (*Spermatogenese*) die männlichen Samenzellen (*Spermatozoen, Spermien*) gebildet, wobei der Hoden auch Zielorgan von T ist (→ **A3**). Die Spermatogenese vollzieht sich in den *Hodenkanälchen* (*Tubuli seminiferi;* Gesamtlänge ca. 300 m!), deren Keimepithel aus den Keimzellen und den Sertoli-Stützzellen besteht. Vom übrigen Hodengewebe sind die Hodenkanälchen durch die sog. *Blut-Hoden-Schranke* streng getrennt. Das zur Spermienreifung und zur weiteren Ejakulataufbereitung (→ S. 308) nötige T kann nur durch diese Schranke gelangen, wenn es an *ABP* gebunden ist.

Spermatogenese (→ **B**). Die Spermatogonien (Ursamenzellen), die sich bis zur Pubertät entwickelt haben, teilen sich in einem ersten Schritt mitotisch. Eine Tochterzelle bleibt (im Gegensatz zur Oogenese, → S. 298) lebenslang als Stammzellreservoir „gespeichert", die andere teilt sich mehrmals und entwickelt sich zum *Spermotozyt 1. Ordnung*. Durch die *meiotische 1. Reifeteilung* entstehen daraus je zwei *Spermatozyten 2. Ordnung*. In der *2. Reifeteilung* entstehen daraus dann je zwei *Spermatiden*, die sich schließlich zu den Spermatozoen differenzieren. Ab der 1. Reifeteilung haben die Zellen nur noch einen einfachen (haploiden) Chromosomensatz.

A. Regulation u. Transport androgener Hormone, Testosteronwirkung am Hoden

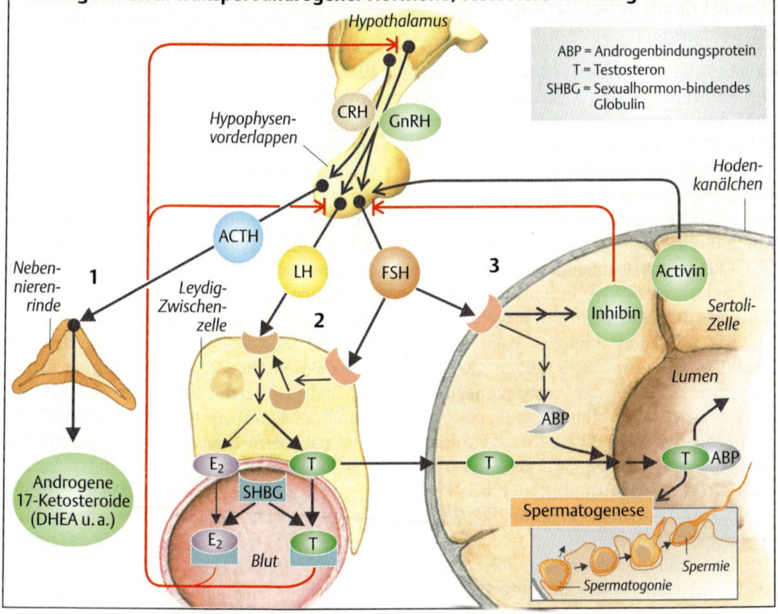

B. Genetische Geschlechtsbestimmung

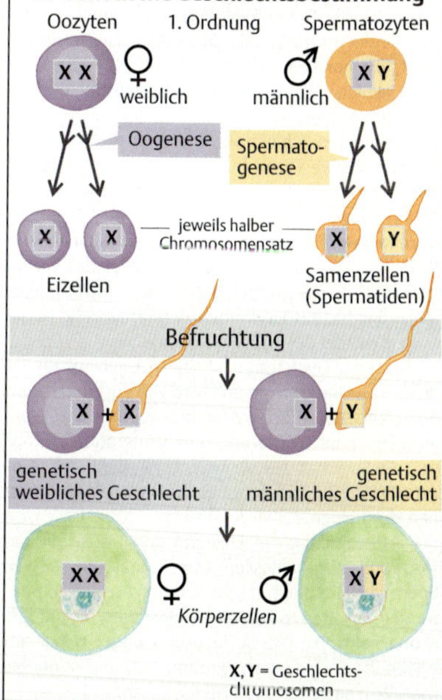

C. Einfluss der Androgene auf die Geschlechtsdifferenzierung

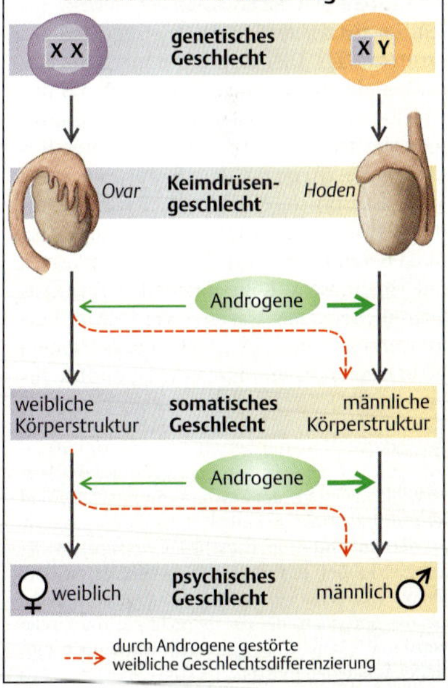

Sexualreflexe, Kohabitation, Befruchtung

Sexualreflexe beim Mann (→ **A1**). Impulse taktiler Hautsensoren der Genitalien (v.a. der Glans penis) oder anderer Hautareale („*erogene Zonen*") werden ins *Erektionszentrum* im Sakralmark (S2 – S4) geleitet und dort auf parasympathische Neurone der Nn. pelvici splanchnici umgeschaltet, die die sexuelle Erregung (**Erektion**) auslösen. Entscheidend für diesen Reflex sind bahnende und hemmende *Einflüsse aus dem Gehirn*, die u.a. durch Sinneseindrücke und Vorstellungen ausgelöst werden. Die efferenten Impulse lösen in den Schwellkörpern des Penis (über NO; s.a. S. 278) eine Dilatation der Verzweigungen (Aa. helicinae) der A. profunda penis aus, und gleichzeitig wird der Blutabfluss gedrosselt. Dadurch entsteht in den Kavernen ein extrem hoher Druck (< 1000 mmHg), der den Penis versteift und aufrichtet: Erektion. Sobald die Erregung ein bestimmtes Maß überschreitet, wird das *Ejakulationszentrum* im Rückenmark (L2 – L3) aktiviert (→ **A2**). Efferente Sympathikus-Impulse lösen nun die (einer Ejakulation unmittelbar vorausgehende) Teilentleerung der *Prostata* und die **Emission** des Samens aus dem *Ductus deferens* in den hinteren Teil der Harnröhre aus. Dies löst reflektorisch die **Ejakulation** des Samens aus, was vom **Orgasmus** begleitet ist, einer maximalen sexuellen Erregung, die den ganzen Körper erfasst (Atemfrequenz-, Herzfrequenz-und Blutdruckanstieg, Schweißausbruch, erhöhter Skelettmuskeltonus). Bei der Ejakulation wird die Harnblase durch deren internen Sphinkter verschlossen, und rhythmische Kontraktionen des Ductus deferens, der Samenblasen sowie der Mm. bulbocavernosus und ischiocavernosus treiben die Samenflüssigkeit durch die Harnröhre ins Freie.

Das **Ejakulat** (2 – 6 ml) besteht aus 35 – 200 Millionen Spermien/ml und dem *Samenplasma*, das u.a. Prostaglandine (aus der Prostata) für die Förderung der Uteruskontraktion enthält. Gelangt das Ejakulat bei der **Kohabitation** (Geschlechtsverkehr) in die Scheide, erhöht das alkalische Samenplasma dort den pH-Wert, eine Voraussetzung für die Beweglichkeit der Spermien, die zur Befruchtung der Eizelle (wozu nur 1 Samenzelle gebraucht wird!) noch zum Eileiter aufsteigen müssen.

Sexualreflexe der Frau (→ **A2**). Ähnliche Reize wie beim Mann (s.o.) führen in der *Erektionsphase* zu erhöhter Blutfüllung der *Schwellkörper* von Scheidenvorhof und Klitoris. Daraufhin geben die Drüsen der kleinen Schamlippen ihr Sekret ab und eine seröse Transsudation der Scheidenwand wird ausgelöst, was die Gleitfähigkeit weiter erhöht. Auch die Mamillen werden erigiert. Bei anhaltender Stimulation steigen afferente Impulse ins Lendenmark auf, woraufhin sympathische Efferenzen in der **Orgasmusphase** (Klimax) rhythmische Kontraktionen der Scheidenwand (*orgastische Manschette*), eine Verlängerung und Erweiterung der Scheide und ein Aufrichten des Uterus auslösen. Dies schafft Platz für das Ejakulat, und gleichzeitig öffnet sich der Muttermund, der danach noch für ca. $^1/_2$ h offen bleibt. Kurz nach dem Orgasmus treten Uteruskontraktionen auf (wahrscheinlich durch lokales Oxytocin ausgelöst). Obwohl die körperlichen Begleitreaktionen ähnlich sind wie beim Mann (s.o.), ist die Orgasmusphase bei der Frau wesentlich variabler. Erektion und Orgasmus sind bei ihr keine notwendige Voraussetzung für eine *Konzeption* (Empfängnis).

Befruchtung. Die Vereinigung von Samen- und Eizelle findet normalerweise in der *Ampulle des Eileiters* statt, die nur von $10^2 - 10^3$ der $10^7 - 10^8$ Spermien des Ejakulats erreicht werden. Auf dem Weg dorthin (**Spermienaszension**) müssen die Spermien durch den zervikalen Schleimpropf, der für mehrere Tage ein Spermienreservoir bildet. Die ca. 5 h, in denen die Spermien bis zur Ampulle schwimmen, werden zu ihrer **Kapazitation** (→ S. 302) gebraucht. Bei der **akrosomalen Reaktion** werden speziesspezifische Rezeptoren für die Spermienbindung an das Ei freigelegt sowie das proteolytische Enzym *Acrosin* aktiviert, das für das Eindringen der Samenzelle in die *Corona radiata* der Eizelle notwendig ist.

Nach der Ovulation (→ S. 298 ff.) gelangt die Eizelle in den Bauchraum und wird von dort durch eine Tube aufgenommen. Treffen nun Spermie und Eizelle aufeinander (Förderung durch Chemotaxis) koppelt die Spermatozoe an Rezeptoren der *Zona pellucida* des Eies an und dringt in das Ei ein; die Membranen der beiden Zellen *fusionieren*. Gleichzeitig wird die 2. Reifeteilung des Eies und damit auch die *Befruchtung* abgeschlossen. Das Eindringen weiterer Spermien wird durch rasche proteolytische Veränderungen an den Rezeptoren des Eies verhindert (**Zonareaktion**). Die Befruchtung findet meist am ersten Tag nach der Kohabitation statt und ist nur bis max. 24 h nach der Ovulation möglich.

A. Bahnen der Sexualreflexe

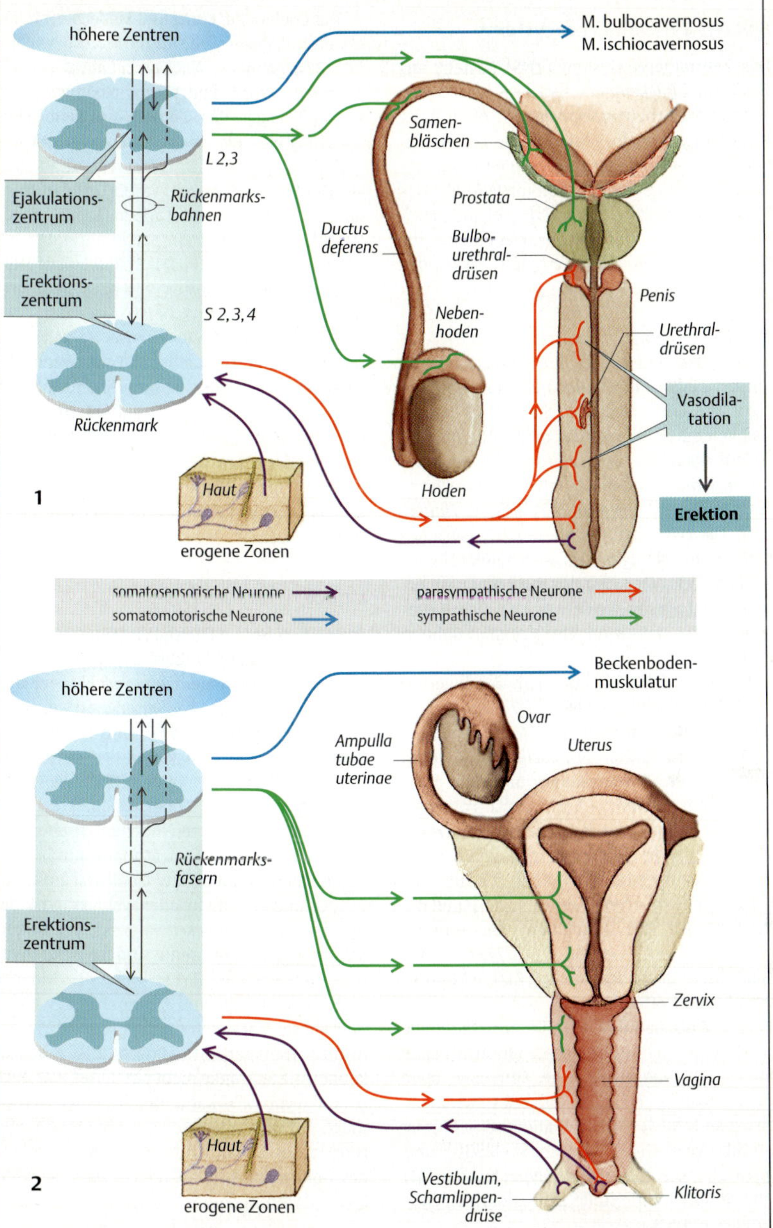

Bau des Zentralnervensystems

Das Zentralnervensystem (**ZNS**) besteht aus *Gehirn* und *Rückenmark*. Letzteres ist entsprechend den Wirbeln in *Segmente* eingeteilt, es ist jedoch kürzer als die Wirbelsäule (→ **A**). Trotzdem verlassen die Spinalnerven den Wirbelkanal erst in Höhe des zugehörigen Wirbels. Der **Spinalnerv** enthält die zum ZNS ziehenden (afferenten) Fasern der *Hinterwurzel* und die zur Peripherie ziehenden (efferenten) Fasern der *Vorderwurzel*. Ein *Nerv* ist also ein Bündel von Nervenfasern (→ S. 42) mit z. T. unterschiedlicher Funktion und Verlaufsrichtung.

Der Querschnitt des **Rückenmarks** (→ **A**) enthält eine dunklere, schmetterlingsförmige Figur, die *graue Substanz*. Sie enthält hauptsächlich die Zellkörper der efferenten Bahnen (vorwiegend zur Muskulatur: *Motoneurone*) im *Vorderhorn* und die Zellen der *Interneurone* (Schaltneurone innerhalb des ZNS) im *Hinterhorn*. Die Zellkörper der afferenten Fasern liegen z. T. im *Spinalganglion*, also außerhalb des Rückenmarks. Der Rest des Rückenmarkquerschnitts ist die sog. *weiße Substanz*, die vorwiegend Axone auf- und absteigender Bahnen enthält.

Das **Gehirn** besteht aus dem verlängerten Mark (*Medulla oblongata*; → **D7**), der Brücke (*Pons*; → **D6**), dem Mittelhirn (*Mesenzephalon*; → **D5**), dem Kleinhirn (*Zerebellum*; → **E**), dem Zwischenhirn (*Dienzephalon*) und dem Endhirn (*Telenzephalon*; → **E**). Medulla, Pons und Mesenzephalon werden zusammen **Hirnstamm** genannt; er ist prinzipiell wie das Rückenmark aufgebaut und enthält z. B. die Zellkörper der *Hirnnerven* (Kerne [Nuclei]) und die Neurone für die *Regulation von Atmung* (→ S. 132) und *Kreislauf* (→ S. 212 ff.). Das **Kleinhirn** ist besonders wichtig für die Motorik des Körpers (→ S. 326 ff).

Das **Zwischenhirn** enthält im *Thalamus* (→ **C6**) eine wichtige Umschaltstation fast aller Afferenzen (von Haut, Auge, Ohr usw., aber auch von anderen Hirnteilen). Zum Zwischenhirn gehört auch der *Hypothalamus* (→ **C9**); er ist Sitz vegetativer Zentren (→ S. 330) und spielt über die anhängende *Hypophyse* (→ **D4**) eine dominierende Rolle im endokrinen System (→ S. 266 ff.).

Das **Endhirn** hat *Kerne* und *Rindenbezirke*. Zu ersteren zählen u. a. die für die Motorik wichtigen **Basalganglien**, *Nucleus caudatus* (→ **C5**), *Putamen* (→ **C7**) und *Globus pallidus* (→ **C8**) und z. T. auch das *Corpus amygdaloideum* (→ **C10**). Letzteres gehört zusammen mit anderen Hirnteilen (z. B. Gyrus cinguli; → **D2**) zum **limbischen System** (→ S. 330). Die **Hirnrinde** (Kortex) wird in vier Lappen (*Lobus*) eingeteilt, die durch Furchen (*Sulci*) getrennt sind, z. B. Sulcus centralis (→ **D1, E**) und Sulcus lateralis (→ **C3, E**). Der Kortex wird nach *Brodmann* in histologisch unterscheidbare Felder oder Areae eingeteilt (→ **E**, kursive Zahlen), die meist auch unterschiedlichen Funktionen entsprechen (→ **E**). Die beiden Endhirnhälften sind über den *Balken* (→ **C1** und **D3**) miteinander eng verbunden. Der Kortex ist der Ursprung aller bewussten und vieler unbewusster Handlungen, Sammelstation aller bewussten Sinneseindrücke, Sitz des Gedächtnisses usw.

Liquor

Das Gehirn ist von Flüssigkeit (**Liquor cerebrospinalis**) umgeben (äußere Liquorräume) und besitzt auch in seinem Inneren Flüssigkeitsräume (*Ventrikel*). Zwei Seitenventrikel (→ **B, C2**) sind mit dem III. und IV. Ventrikel und dem Zentralkanal des Rückenmarks verbunden (→ **B**). Pro Tag werden in den *Plexus chorioidei* (→ **B, C4**) ca. 650 ml Liquor produziert und in den Arachnoidalzotten (schematisch → **B**) wieder resorbiert. Der Stoffaustausch zwischen Blut und Liquor bzw. Gehirn ist außer für CO_2, O_2 und H_2O mehr oder weniger stark behindert (*Blut-Hirn-Schranke* bzw. *Blut-Liquor-Schranke*). Eine Ausnahme sind die *zirkumventrikulären Organe* (OVLT; → S. 280). Manche Stoffe, z. B. Glucose und Aminosäuren, werden über diese Schranken durch spezielle Mechanismen transportiert, andere, z. B. Proteine, können die Schranke nicht passieren, was auch bei Gabe von Medikamenten beachtet werden muss („*Liquorgängigkeit*"). Abflussbehinderungen des Liquors führen zur Kompression des Gehirns und (bei Kindern) zum „Wasserkopf" (*Hydrozephalus*).

A. Zentralnervensystem (ZNS)

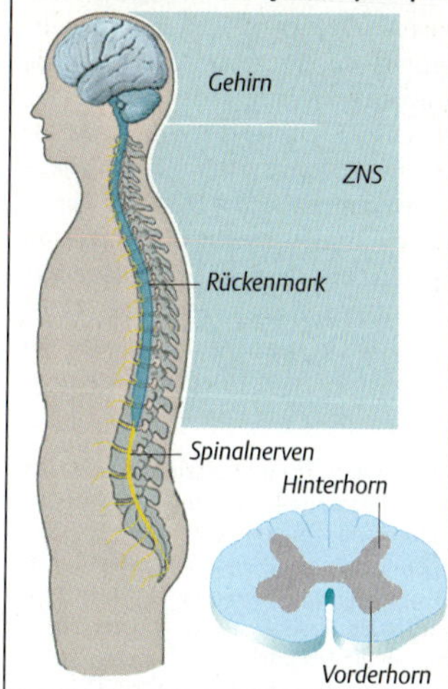

B. Gehirn: Liquorräume

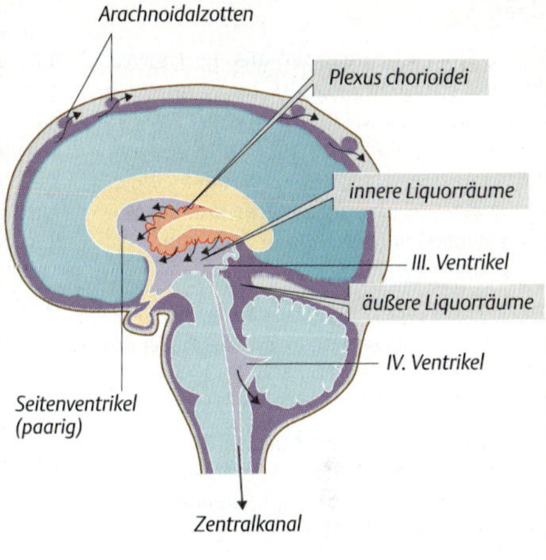

C. Gehirn: Querschnitt

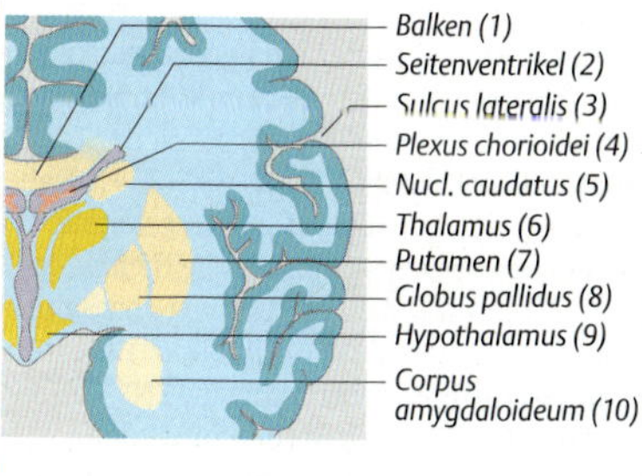

D. Gehirn: Längsschnitt in der Mitte

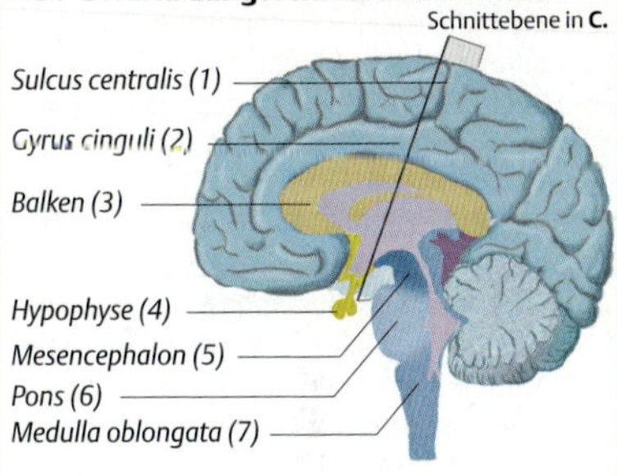

E. Felder des Kortex (K.)

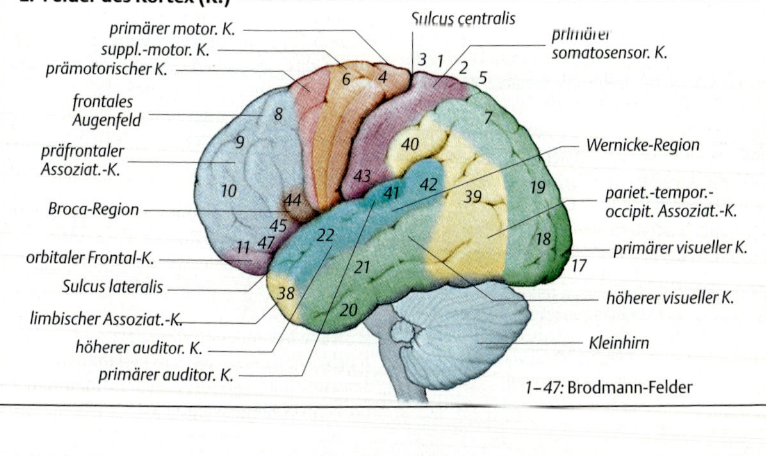

Aufnahme und Verarbeitung von Reizen

Mit den **Sinnen** nehmen wir aus der Umwelt sehr viele **Informationen** (10^9 bit/s) auf, doch wird uns nur ein winziger Teil davon ($10^1 - 10^2$ bit/s) *bewusst*; der Rest wird unterbewusst verarbeitet oder gar nicht verwendet. Umgekehrt geben wir über die *Sprache* und die *Motorik* (*Mimik!*) Informationen von rund 10^7 bit/s an die Umwelt ab (→ **A**).

Bit (engl.: Binary digit) ist ein Maß für den *Informationsinhalt* (8 bit = 1 byte); bit/s ist also ein Maß für den *Informationsfluss*. Eine Buchseite hat ca. 1000 bit. Ein Fernsehbild überträgt mehr als 10^6 bit/s.

Reize treffen in *unterschiedlichen Energieformen* auf den Körper (elektromagnetische Energie bei Sehreizen, mechanische Energie beim Tasten usw.), für die es spezifische **Sensoren** gibt, die entweder zu **Sinnesorganen** zusammengefasst oder über die Körperoberfläche (Hautsensoren) oder im Körperinneren (Osmosensoren etc.) verstreut sind. (Um Verwechslungen zu vermeiden, wird das Wort *Rezeptor* in diesem Buch nur für Bindungsproteine, z. B. solche für Hormone, verwendet, nicht aber für Sinneszellen). Umgekehrt hat jede Sinneszelle ihren *adäquaten Reiz*, der jeweils spezifische sensorische Eindrücke (Sinnes-*Modalitäten*, z. B. Schall) hervorruft; innerhalb einer Modalität können wiederum oft verschiedene *Qualitäten* des Reizes unterschieden werden (z. B. Stärke und Frequenz des Schalls).

Reizaufnahme (→ **B**). Der Reiz löst an der Sensorzelle ein *Sensor*-(Generator-, Rezeptor-)*Potenzial* aus (**Transduktion**), das depolarisierend (meist) oder hyperpolarisierend (z. B. Retina) sein kann. *Je stärker der Reiz, desto höher das Sensorpotenzial* (→ **C1**). Erreicht dieses einen *Schwellenwert* (→ **B1**), wird in der Nervenfaser ein *Aktionspotenzial* (**AP**; → **B1** u. S. 46 f.) ausgelöst: **Transformation** des Reizes. Je *stärker* der Reiz und je *höher* damit das Sensorpotenzial ist, desto *öfter* wird ein *AP* ausgelöst und weitergeleitet (→ **C2**).

Befindet sich zwischen Sensor und afferenter Faser eine Synapse, spricht man von *sekundärer Sinneszelle* (z. B. Geschmacks- und Schallsensoren), bei einem Sensor mit eigener afferenter Faser von *primärer Sinneszelle* (z. B. Geruchs-, Nozisensoren).

Signalcodierung. Bei der Codierung des Reizes in Form der AP-*Frequenz* (Impulse/s) kann diese proportional der Reizstärke (*P-Sensor*) oder ihrer zeitlichen Änderung (*D-Sensor*) oder beidem (PD-Sensor) sein (→ z. B. S. 314). An der nächsten *Synapse* wird die Information wieder *decodiert*: Je höher dabei die Frequenz der ankommenden APs, desto mehr Überträgerstoff wird freigesetzt und desto höher ist das *exzitatorische postsynaptische Potenzial* (EPSP; → S. 50 ff.). Erreicht auch dieses wieder eine *Schwelle* (→ **B2**), werden erneut APs weitergeleitet.

Bei der **Codierung in Frequenzform** wird die Nachricht sicherer übermittelt, als wenn die Potenzialhöhe als Informationsträger diente: Über lange Leitungsstrecken würde die Potenzial*höhe* viel leichter verändert werden (und damit die Nachricht verfälscht werden) als die AP-*Frequenz*. Andererseits soll an der Synapse die Nachricht (durch andere Neurone) verstärkt oder abgeschwächt werden. Dazu eignet sich besser die Potenzial*höhe*, so dass hier vorher decodiert wird.

Hemmende und fördernde Verschaltungen an den Synapsen werden z. B. zur **Kontrastierung** einer Information während der Weiterleitung zum ZNS verwendet (→ **D** u. S. 354). Dabei werden eng benachbart weitergeleitete Erregungen abgeschwächt: *laterale Hemmung*.

Objektiv kann die Verarbeitung von Sinnesreizen, z. B. anhand von Zellpotenzialmessungen, bis zu ihrer Integration im ZNS verfolgt werden. Das Bewusstwerden muss dann aber *subjektiv* eruiert werden. Als erste Stufe können wir *Sinneseindrücke* (z. B."grün") und *Empfindungen* (z. B. kleine grüne Striche") beschreiben. Erfahrung und Vernunft interpretieren das Geschehene dann, und es kommt zur *Wahrnehmung* „Tannenzweig" oder auch „Weihnachten". Vexierbilder zeigen, dass der gleiche Sinneseindruck sogar bei ein und derselben Person zu unterschiedlicher Wahrnehmung führen kann.

Weitere **wichtige Begriffe der Sinnesphysiologie** sind: *Absolutschwelle* (→ S. 340 f., 352, 362), *Unterschiedsschwelle* (→ S. 340 f., 352, 368), *räumliche und zeitliche Summation* (→ S. 52, 352), *Adaptation* (Erhöhung der Reizschwelle bei andauerndem Reiz; → S. 352), *rezeptives Feld* (→ S. 354) sowie *Habituation* und *Sensitivierung*. Letztere Mechanismen sind v. a. für Lernvorgänge wichtig (→ S. 336).

A. Aufnahme, Bewusstmachung und Abgabe von Information

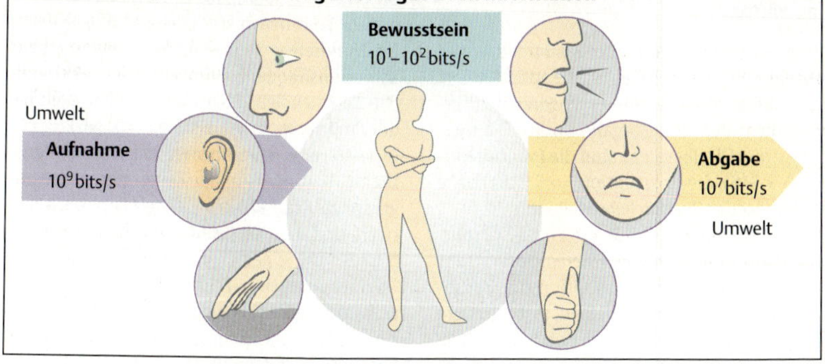

B. Reizverarbeitung und Informationskodierung

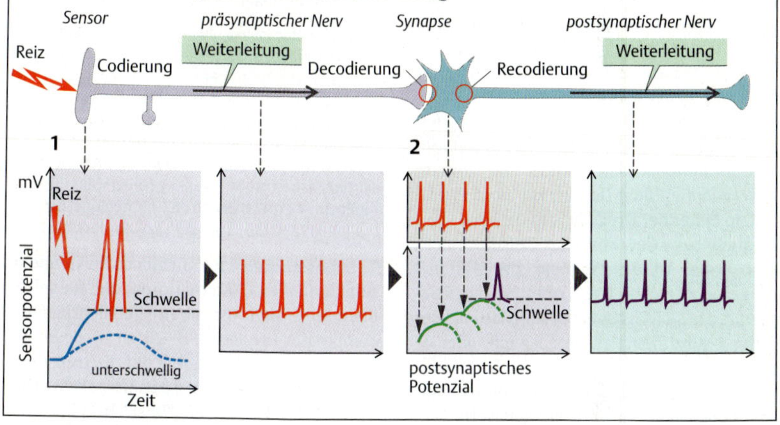

C. Beziehung zwischen Reiz, Sensor- und Aktionspotenzial

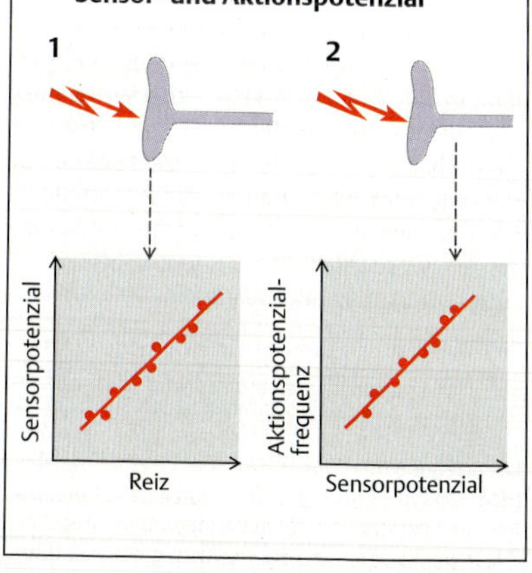

D. Kontrastierung

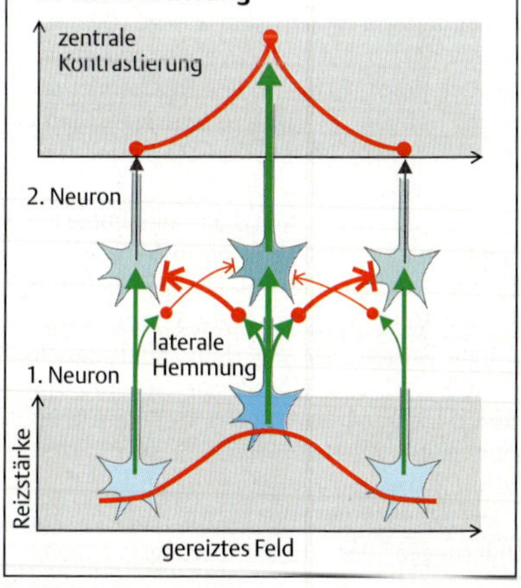

Hautsinne

Unter **Somatosensorik** oder *somatoviszeraler Sensibilität* versteht man alle Empfindungen, die durch Reizung der Sinnessensoren des Körpers (nicht der Sinnesorgane im Kopf) ausgelöst werden. Teilbereiche sind die *Propriozeption* (→ S. 316), die Nozizeption (→ S. 318) sowie die *Haut- oder Oberflächensensibilität*.

Der **Tastsinn** ist ein für die *Form-, Gestalt- und Raumwahrnehmung* (*Stereognosie*) sehr wichtiger Sinn. Hauptlokalisation der Sensoren ist die Innenfläche der Hand, insbesondere die *Fingerspitzen* sowie Zunge und Mundhöhle. Für die stereognostische Wahrnehmung muss das ZNS die Signale aus benachbarten Sensoren zu einem Raummuster integrieren und dieses mit der **Tastmotorik** koordinieren.

Die *unbehaarte Haut* (→ **A links**) besitzt folgende **Mechanosensoren**:

- Die spindelförmigen Ruffini-Kolben (→ **A3**) sind jeweils mit einer myelinisierten Nervenfaser in Kontakt, deren Ende ein langsam (**s**low) **a**daptierender *Drucksensor* vom Typ **SA II** ist. Je höher der Druck (p) auf die Haut (Eindringtiefe bzw. Gewicht eines Gegenstandes), umso höher ist die Frequenz der Aktionspotenziale (APs) (→ **B1**). Dabei ist die Reizantwort des SA II-Sensors nur **p**roportional der (Druck-) Reizintensität: Intensitäts- oder *P-Sensor*.
- An den Merkel-Zellen (→ **A2**) enden Aufzweigungen markhaltiger Nervenfasern. Dieser Merkelzell-Axon-Komplex ist ein **SA I**-Sensor. Er misst ebenfalls den Druck (P-Eigenschaft), doch ist die AP-Frequenz zusätzlich von der *Geschwindigkeit* der Druck*änderung* (dp/dt) abhängig (**D**ifferenzialeigenschaft). Der SA I-Sensor ist also ein *PD-Sensor* (Mischung aus **B1** und **2**).
- Auch an den Meissner-Zellkomplexen (→ **A1**) endet eine myelinisierte Nervenfaser, die ein **r**asch **a**daptierender, reiner *D-Sensor* für Druckänderungen ist: **RA-Sensor**. Damit können *Berührungen* der Haut (Eindringtiefe 10 – 100 μm) und *Vibrationen* (10 – 100 Hz) entdeckt werden. An der behaarten Haut übernehmen dies die **Haarfollikelsensoren** (→ **A5**), die auf Haarverbiegungen reagieren.
- Die Pacini-Körperchen (→ **A4**) reagieren auf Änderungen der Druckänderungsgeschwindigkeit (Beschleunigung d^2p/dt^2) und sind daher auf *Vibrationen* spezialisiert (100–400 Hz; Eindringtiefe < 3 μm). Die AP-Frequenz ist zur Vibrationsfrequenz proportional (→ **B3**). Solche *Beschleunigungssensoren* spielen auch bei der *Propriozeption* eine Rolle (→ S. 316).

SA I- und RA-Sensoren haben eine hohe Dichte, besonders in der Zeige- und Mittelfingerspitze (ca. $100/cm^2$) sowie im Mundbereich, und ihre Nervenfasern erhalten Reizzuflüsse von einem sehr kleinen Hautareal (kleines rezeptives Feld). Da auch weiter zentralwärts keine Signalkonvergenz auf eine geringere Neuronanzahl stattfindet, haben beide Sensoren im Finger- und Mundbereich ein sehr *hohes Auflösungsvermögen* für taktile Reize.

Ein Maß dafür ist die **Zweipunkt-** oder **simultane Raumschwelle**, d. h. ab welcher Distanz zwei gleichzeitige Druckreize als getrennt wahrgenommen werden können. Sie beträgt an Fingern, Lippen und Zungenspitze ca. 1 mm, in der Handfläche ca. 4 mm, am Arm ca. 15 und am Rücken über 60 mm.

SA II-Sensoren, deren Funktion noch nicht geklärt ist, haben große rezeptive Felder. Dies gilt auch für **Pacini-Körperchen**, so dass sie geeignet sind, Vibrationen (z. B. des Erdbodens) zu entdecken.

Thermosensoren der Haut gibt es für Temperaturen unter 36 °C (*Kaltsensoren*) und für solche über 36 °C (*Warmsensoren*). Je niedriger die Temperatur (Bereich: 36–20 °C) ist, desto höher ist die AP-Frequenz bei den Kaltsensoren; bei den Warmsensoren ist es umgekehrt (Bereich: 36–43 °C; → **C**). Zwischen 20 °C und 40 °C kommt es zu einer *raschen Adaptation der Thermozeption* (= PD-Sensoren: Wasser von 25 °C wird nur anfangs als kalt empfunden). Extremere Temperaturen werden dagegen dauernd als kalt bzw. warm registriert (Schutz vor einem Absinken der Kerntemperatur und Hautschäden). Während für diese Funktionen nur ein paar Kalt- und Warmsensoren/cm^2 Haut genügen, ist die Sensordichte im *Mundbereich* wesentlich höher (Temperatur„messung" mit Lippen oder Wange!).

Für Temperaturen über 45 °C gibt es eigene **Hitzesensoren**. Es sind dies die gleichen Sensoren, mit denen wir auch Capsaicin schmecken, den Stoff, der die „heiße" Schärfe von Chilli-Schoten u.Ä. ausmacht. Die Erregung des *Capsaicin-Sensors* (= VR1 = vanilloid receptor Typ 1) führt zur Öffnung eines Kationenkanals in nozizeptiven Nervenendigungen, was dort zur Depolarisation und zur Auslösung von APs führt.

A. Hautsensoren

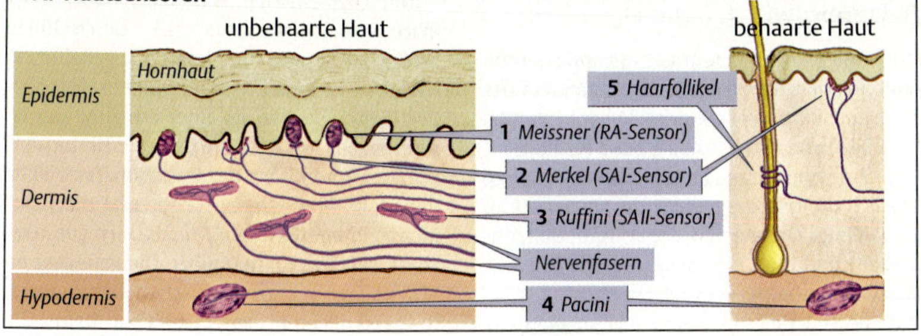

B. Reaktion der Hautsensoren für Druck (1), Berührung (2) und Vibration (3)

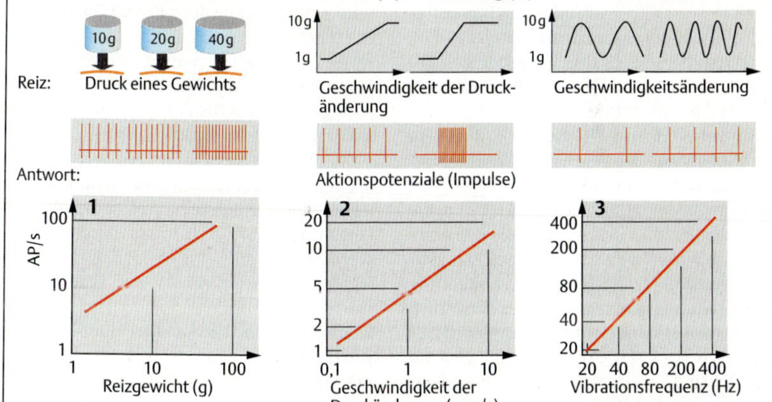

(nach Zimmermann u. Schmidt)

C. Reaktion der Thermosensoren

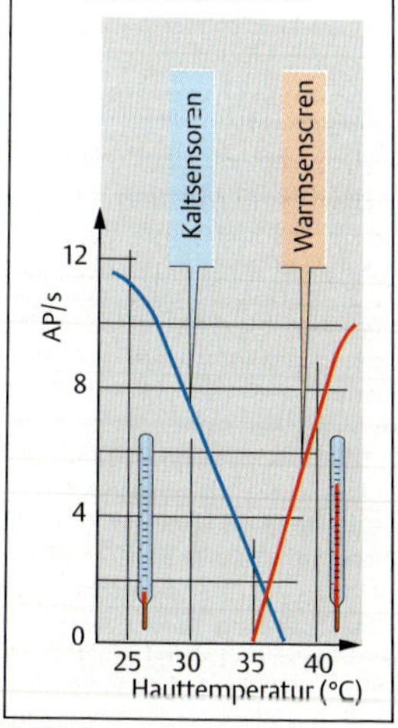

D. PD-Propriozeption: Reaktion auf Geschwindigkeit und Winkel der Gelenkbeugung (Text s. nächste Seite)

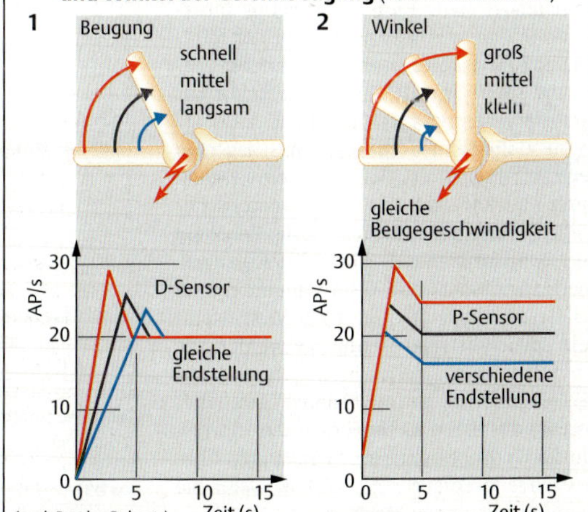

(nach Boyd u. Roberts)

Tiefensensibilität, Dehnungsreflex

Zur Tiefensensibilität oder **Propriozeption** zählen der *Kraftsinn*, der *Stellungssinn* und der *Bewegungssinn*. Neben dem Vestibularorgan (→ S. 342) und den Mechanosensoren der Haut (→ S. 314) sind daran *Propriosensoren* beteiligt, nämlich die *Muskelspindeln*, die *Sehnensensoren* (= Golgi-Organe; an der Muskel-Sehnen-Grenze) und die *Gelenksensoren*. Die Muskelspindeln enthalten P- und D-Sensoren (s. u.) und messen **Gelenkstellung und -bewegung**. Die *Geschwindigkeit* der Stellungsänderung findet in der vorübergehend hohen Impulsfrequenz (D-Sensor, → S. 315 D1: Kurvengipfel), die endgültige Gelenk*stellung* in der sich anschließenden, konstanten Impulsfrequenz (P-Sensor) ihren Ausdruck (→ S. 315 D2).

Muskelspindeln (→ **A1**) dienen der **Regelung der Muskellänge**. Sie liegen *parallel* zur (extrafusalen) Arbeitsmuskulatur und enthalten zwei Typen von *intrafusalen Muskelfasern*, die *Kernkettenfasern* (P-Sensor) und die *Kernsackfasern* (D-Sensor). Beide sind von den Endigungen afferenter *Typ-Ia-Neuronen* spiralförmig umwickelt, die Kernkettenfasern zusätzlich von solchen afferenter *Typ-II-Neuronen* (Neuronen-Typen s. S. 49 C). Diese *anulospiralen Endigungen* sind die Sensoren für die (Längs-)Dehnung der intrafusalen Fasern und melden sowohl ihre *Länge* (Ia- und II-Afferenzen) als auch die Längen*änderung* (Ia-Afferenzen) zum Rückenmark. γ-(oder *Fusi-*)*Motoneurone* innervieren die kontraktilen Enden der beiden intrafusalen Fasertypen *efferent*, so dass deren Länge und somit ihre Dehnungs-*Empfindlichkeit verstellt* werden kann (→ **A1**, **B1**).

Die **Golgi-Sehnenorgane** (→ **A2**) liegen *in Serie* zur Arbeitsmuskulatur. Sie werden schon durch die Kontraktion weniger motorischer Einheiten erregt und dienen v. a. der **Regelung der Muskelspannung**. Ihre Ib-Afferenzen, ebenso wie Haut- und Gelenkafferenzen, ein Teil der Ia- und II-Afferenzen der Muskelspindeln sowie absteigende Impulse werden zur *multimodalen Integration* im Rückenmark auf gemeinsame sog. *Ib-Interneurone* geschaltet (→ **D2**), die die α-Motoneurone des eigenen Muskels hemmen (*autogene Hemmung*). Über erregende Interneurone (→ **D5**) aktivieren sie die antagonistischen Muskeln.

Monosynaptischer Dehnungsreflex (→ **C**). Wird ein Skelettmuskel, z. B. durch einen Schlag auf seine Sehne, plötzlich gedehnt, so sind davon auch die Muskelspindeln betroffen. Ihre Dehnung führt zu einer Erregung der Ia-Afferenzen (→ **B2, C**), die über die Hinterwurzel zum Vorderhorn des Rückenmarks ziehen und dort *direkt* (monosynaptisch) die *(A)α-Motoneurone desselben Muskels* erregen, was zu dessen Kontraktion führt. Die *Reflexzeit* eines solchen monosynaptischen Dehnungsreflexes ist daher besonders kurz (ca. 30 ms). Da Reiz und Antwort im selben Organ erfolgen, wird diese Reaktion auch *Eigenreflex* genannt. Die **Funktion** dieses Reflexes ist die rasche Korrektur „ungewollter" Änderungen der Muskellänge und damit der Gelenkstellung.

Supraspinale Aktivierung (→ **B3**). Bei „gewollten" Muskelkontraktionen werden α- und γ-Motoneurone gemeinsam aktiviert (α-γ-Coaktivierung). Der Längensensor wird so auf eine Soll-Länge eingestellt. Weicht die Muskellänge davon ab, z. B. bei unerwartetem Lastwechsel, wird die α-Innervation nachgeregelt (*Lastkompensationsreflex*). Auch können erwartete Änderungen der Muskellänge, v. a. bei komplizierteren Bewegungen, durch (zentral gesteuerte) Aktivität der γ-Fasern insofern präzisiert werden, dass die *Vordehnung* der intrafusalen Fasern und damit ihre Dehnungsempfindlichkeit erhöht wird (*„Fusimotor-Set"*).

Die Dehnungsreflexbahn kann (z. B. mit Hautelektroden) auch durch unterschiedlich starke elektrische Reizung des (gemischten) Muskelnervs und durch gleichzeitige Registrierung der Muskelerregung geprüft werden: **H**(offmann)**-Reflex**.

Ergänzt wird der Dehnungsreflex durch einige zusätzliche, **polysynaptische Schaltungen**, die auch von den Typ-II-Afferenzen ausgehen. Läuft der Dehnungsreflex z. B. am *Streckmuskel* ab (wie beim sog. *Patellarsehnenreflex*), müssen, um eine wirksame Streckung zu ermöglichen, die α-Motoneurone des zugehörigen Beugers gehemmt werden, was über inhibitorische Ia-Interneurone geschieht (→ **D1**).

Zur **Beendigung der Reflexantwort** wird die Kontraktion des Streckers folgendermaßen gehemmt: (a) Die *Muskelspindel* wird *entdehnt*, was zum Rückgang der Erregung in der Ia-Faser führt. (b) Die Sehnensensoren hemmen das α-Motoneuron über Ib-Interneurone (→ **D2**). (c) Die α-Motoneurone hemmen sich selbst rückläufig über Kollateralen (→ **D3**), sog. *Renshaw-Zellen* (→ **D4**): *rekurrente Hemmung* (s. a. S. 321 C1).

A. Muskelspindel und Sehnensensor

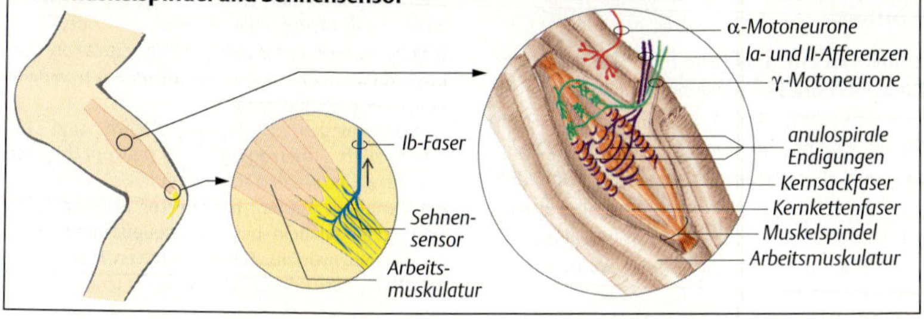

B. Funktion der Muskelspindeln

1 Ausgangslänge des Muskels

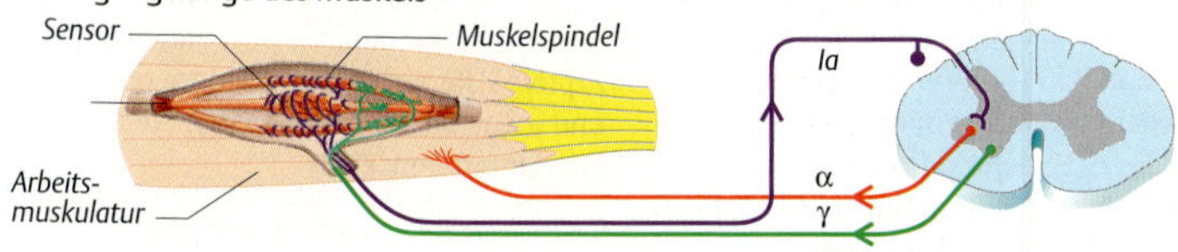

2 Spindelerregung durch „ungewollte" Dehnung des Muskels

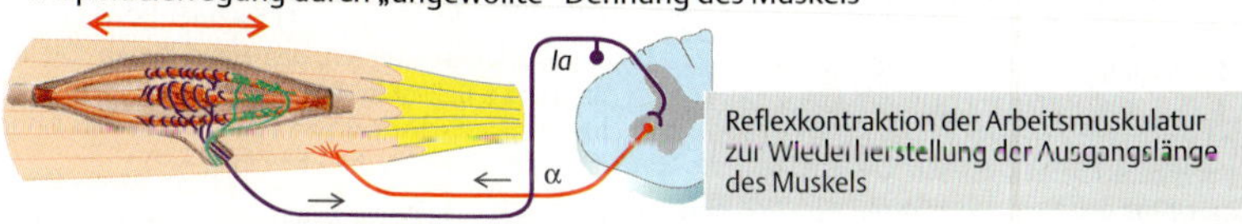

3 supraspinale Aktivierung des Muskels

„gewollte" Änderung der Muskellänge mit Voreinstellung (über γ-Fasern)
a. der Soll-Länge (α-γ-Coaktivierung)
b. einer erhöhten Sensorempfindlichkeit (Fusimotor-Set)

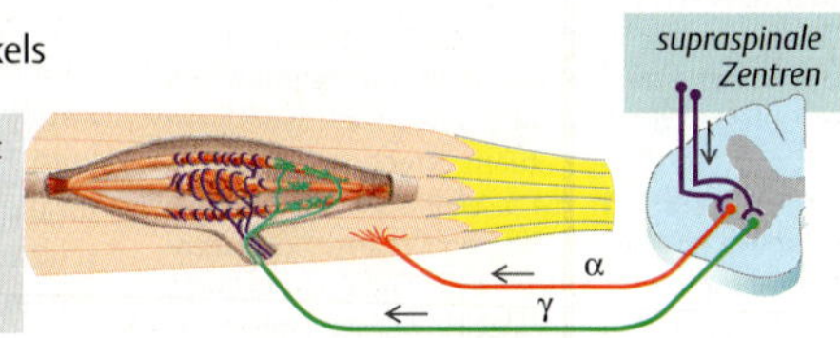

C. Monosynaptischer Dehnungsreflex

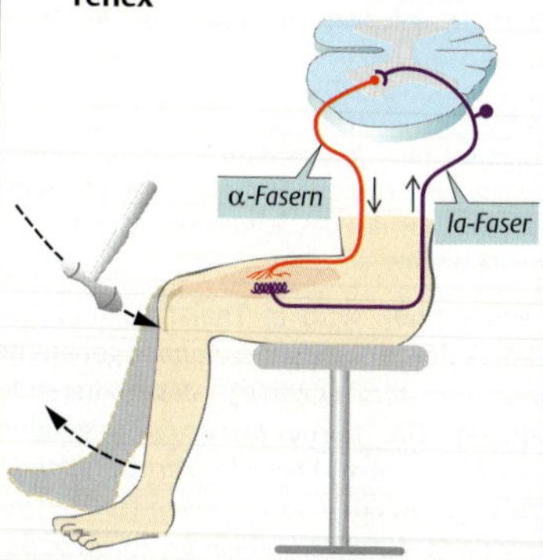

D. Polysynaptische Reaktionen

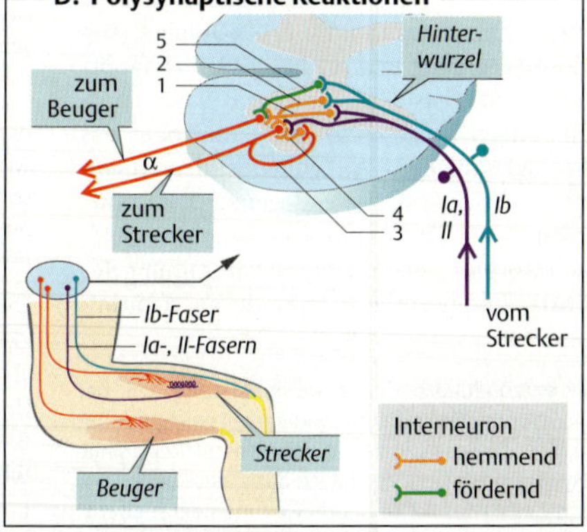

Schmerz

Schmerz ist eine unangenehme Sinnesempfindung, verbunden mit einem unlustbetonten Gefühlserlebnis. Er ist ein Signal, dass dem Körper ein Schaden (*Noxe*) droht. Mit *Nozizeption* wird die Reizaufnahme durch *Nozisensoren*, die nervale Weiterleitung und die zentrale Verarbeitung der noxischen Signale bezeichnet, während der anschließende Schmerz eine subjektive Empfindung ist.

Außer Gehirn und Leber besitzen alle Gewebe des Körpers **Nozisensoren** (NoS). Es sind dies die perlschnurartig aufgetriebenen Endigungen von peripheren Axonen (→ **A**), deren Somata sich in den Hinterwurzelganglien und in den Kernen des N. trigeminus befinden. Die Mehrzahl dieser Fasern sind langsam (< 1 m/s) leitende *C-Fasern*, der Rest sind myelinisierte *Aδ-Fasern* (5 – 30 m/s; → Fasertypen S. 49 C).

Bei einer Verletzung verspürt man zuerst den hellen „*schnellen Schmerz*" (Aδ-Fasern) und später den dumpfen „langsamen Schmerz" (C-Fasern), der länger anhält und weniger gut lokalisierbar ist. NoS adaptieren nicht (tagelange Zahnschmerzen!), ja Sensibilisierung senkt sogar ihre Schwelle (s. u.).

Spezifität der NoS. Die meisten NoS sind **polymodal** (C-Fasern), die sowohl auf mechanische als auch auf chemische, Kälte- und Hitzereize hoher Intensität reagieren. Zu den selteneren **unimodalen NoS** gehören die *thermischen NoS* (Aδ-Fasern), die durch extreme Temperaturen erregt werden (> 45 °C, < 5 °C; → S. 314), die *mechanischen NoS* (Aδ-Fasern) sowie (v. a. in den inneren Organen) „*schlafende*" *Nozisensoren*, die z. B. bei einer Entzündung durch Sensibilisierung (s. u.) „geweckt" werden können.

NoS besitzen Rezeptoren für Signalstoffe, die *erregungshemmend* sind, z. B. die Opioide, (**Desensibilisierung**), und solche, die *erregungsfördernd* sind (**Sensibilisierung**), z. B. das bei Entzündungen freigesetzte Bradykinin oder das Prostaglandin E_2 (→ **A**). Schmerzstillend (*analgetisch*) wirken daher endogene (Dynorphin, Enkephaline, Endorphine) oder exogene *Opioide* (Morphin), ebenso wie eine Hemmung der Prostaglandinsynthese (z. B. durch Aspirin®; → S. 269).

Die entzündungsbedingte Sensibilisierung, z. B. bei einem Sonnenbrand, führt andererseits nicht nur dazu, dass die Schwelle der NoS für noxische Reize sinkt (**Hyperalgesie**), sondern auch dazu, dass nichtnoxische Reize wie leichte Hautberührung oder moderate Wärmereize (z. B. 37 °C warmes Wasser) Schmerz auslösen (**Allodynie**). Werden Nozisensoren erregt, so setzen sie *Neuropeptide* wie Substanz P oder CGRP (calcitonin gene-related peptide) frei, die auf die umliegenden Gefäße entzündungsfördernd wirken: **neurogene Entzündung**.

Schädigungen nozizeptiver Fasern sind oft schmerzhaft (**neurogener** = **neuropathischer Schmerz**) und werden so empfunden, als ob sie aus der Peripherie kämen: **projizierter Schmerz** (z. B. Schmerzen im Bein bei Nervenquetschung durch Bandscheibenvorfall). Die nozizeptiven Fasern können durch Kälte oder Lokalanästhetika blockiert werden.

Nozizeptive Bahnen (→ **C1**). Die zentralen Axone der nozizeptiven Neurone enden im Hinterhorn des Rückenmarks. Dort enden auch nozizeptive Afferenzen aus den inneren Organen, und zwar oft an den gleichen Neuronen wie die Hautafferenzen.

Die Konvergenz von somatischen und viszeralen nozizeptiven Afferenzen ist wohl die Hauptursache für den **übertragenen Schmerz**, bei dem viszerale noxische Reize als Schmerzen in bestimmten Hautarealen empfunden werden, den **Head-Zonen**. Die für das Herz z. B. liegt im Brustbereich (Angina pectoris bei Myokardischämie) und reicht oft in den linken Arm und in die Oberbauchregion (→ **B**).

Nach Seitenkreuzung werden die nozizeptiven Afferenzen (→ **C1**) in den **Vorderseitenstrangbahnen**, v. a. im Tractus spinothalamicus (mit Zuflüssen vom N. trigeminus), zentralwärts zum **Thalamus** geleitet. Von dessen Ventrolateralkomplex aus erreichen v. a. die sensorischen Aspekte (s. u.) die SI- und SII-Areale des **Kortex**, von den medialen Kernen gehen Bahnen u. a. zum limbischen System.

Der Schmerz hat folgende **Komponenten** (K.): eine *sensorische K.*, d. h. Bewusstwerdung von Ort, Dauer und Stärke des Schmerzes, eine *motorische K.* wie Fluchtreflexe (→ S. 320) und Schonhaltungen, eine *vegetative K.* (z. B. Tachykardie) und eine *affektive K.* wie Unlustgefühle. Parallel dazu kommt es mithilfe der erinnerten Schmerzerfahrungen zur **Schmerzbewertung**, aus der das **Schmerzverhalten** (z. B. Jammern) resultiert.

Die Nozizeption wird in Thalamus und Rückenmark durch *absteigende Bahnen* gehemmt (Transmitter v. a. Opioide): **deszendierende Hemmung**. Die Kerne dieser absteigenden Bahnen (→ **C2**, blau) liegen im *Hirnstamm* und werden v. a. über den nozizeptiven Tractus spinoreticularis aktiviert (negative Rückkoppelung).

A. Nozisensor

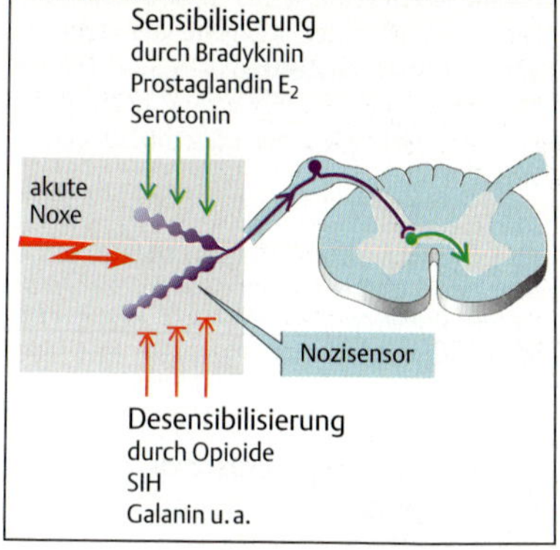

B. Übertragender Schmerz

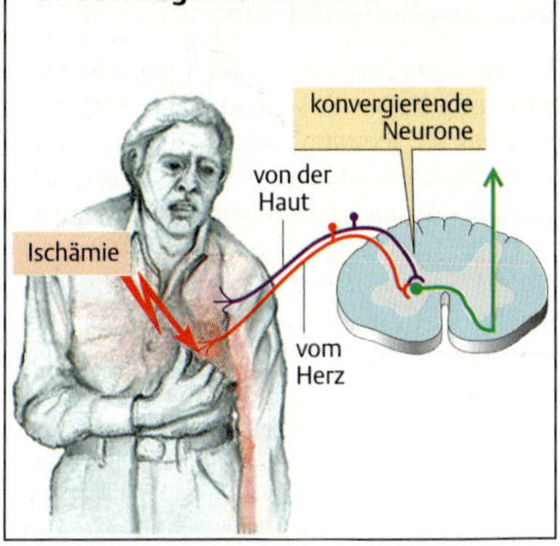

C. Auf- und absteigende Bahnen der Nozizeption

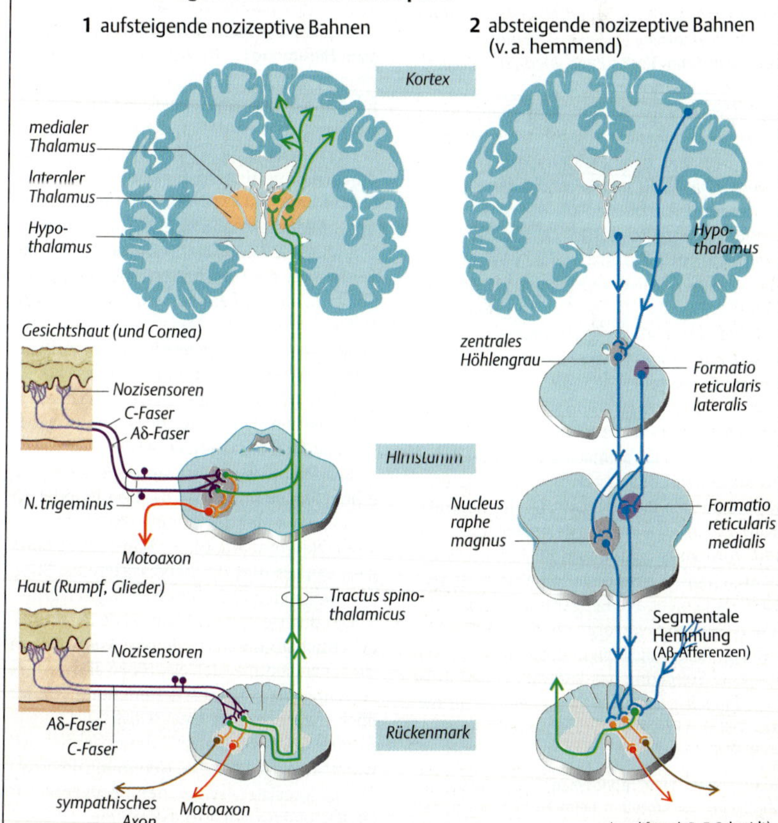

(modif. nach R. F. Schmidt)

Polysynaptische Reflexe

Im Gegensatz zum Eigenreflex (→ S. 316) sind beim **Fremdreflex** die Sensoren vom Erfolgsorgan *räumlich getrennt* angeordnet. Der Reflexbogen läuft über mehrere Synapsen (*polysynaptisch*). Daraus resultiert eine *Reflexzeit* relativ *lange*. Das Ausmaß der Reflexantwort ist von der *Reizdauer* und der *Reizintensität* abhängig (wechselnde *zeitliche* und *räumliche Summation* im ZNS, → S. 52). Beispiel: Jucken in der Nase ⇒ Niesen. Die Reflexantwort *breitet sich* bei erhöhter Reizintenstität *aus* (z. B. Hüsteln ⇒ Würgehusten). Zu den Fremdreflexen zählen die *Schutzreflexe*, z. B. Fluchtreflexe (s. u.), Kornealreflex, Tränenfluss, Husten und Niesen, sowie die *Nutritionsreflexe* (z. B. Schlucken, Saugen), die *Lokomotionsreflexe* und die vielen *vegetativen Reflexe*. Diagnostisch genutzt werden z. B. der *Fußsohlen-*, der *Kremaster-* und der *Bauchhautreflex*.

Fluchtreflex (→ **A**): Ein noxischer Reiz an der rechten Fußsohle z. B. führt ipsilateral zu einer Beugung in allen Gelenken des Beins (**Beugereflex**). Die nozisensorischen Afferenzen (→ S. 318) werden im Rückenmark über erregende Interneurone (IN, → **A1**) zu den Motoneuronen (MN) der ipsilateralen Beuger und über hemmende IN (→ **A2**) zu den MN der ipsilateralen Strecker (→ **A3**) weitergeleitet, die dadurch erschlaffen (*antagonistische Hemmung*). Zur Reflexantwort gehört auch der **gekreuzte Streckreflex**, der die (Flucht-)Entfernung des Nozisensors von der Schmerzursache zusätzlich erhöht und der Abstützung des Körpers dient. Er beinhaltet die Kontraktion der kontralateralen Strecker (→ **A5**) und, über hemmende IN, die Erschlaffung der kontralateralen Beuger (→ **A4,6**). Die nozizeptive Afferenz wird auch zu anderen Rückenmarkssegmenten (auf- u. absteigend; → **A7,8**) weitergeleitet, da ja nicht alle Beuger und Strecker von einem Segment versorgt werden. Außerdem löst der Reiz eine Beugung des ipsilateralen und eine Streckung des kontralateralen *Arms* aus (*doppelt gekreuzter Streckreflex*). Im Gehirn löst der Reiz die Schmerzempfindung aus (→ S. 316).

Im Gegensatz zum monosynaptischen Dehnungsreflex läuft die Erregung beim Fremdreflex in den α- und γ-MN parallel (α-γ-Koaktivierung; → S. 316).

Die *Reflexerregbarkeit der α-MN* steht über zahlreiche IN unter weitgehender **Kontrolle von supraspinalen Zentren** (→ S. 324). Das Gehirn kann so z. B. in Erwartung nozizeptiver Reize die Laufzeiten der Rückenmarksreflexe verkürzen.

Supraspinale Störungen oder Unterbrechung der absteigenden Bahnen (z. B. *Querschnittsläsion*) können zu abnorm lebhaften (**Hyperreflexie**) und gleichzeitig sehr *stereotypen* Reflexen führen, während **fehlende Reflexe** auf bestimmte Störungen im Rückenmark oder im peripheren Nerv schließen lassen.

Hemmung der synaptischen Übertragung

Hemmende Transmitter im Rückenmark sind GABA (γ-aminobutyric acid) und Glycin (→ S. 55 F). Die im ZNS verbreitete **präsynaptische Hemmung** (→ **B**), z. B. die an der Synapse zwischen Ia-Afferenz und α-Motoneuron, erfolgt durch eine *axoaxonale Synapse* eines GABAergen Interneurons an der präsynaptischen Ia-Nervenendigung. GABA hemmt dort dadurch, dass es die Leitfähigkeit für Cl^- ($GABA_A$-Rezeptoren) und K^+ ($GABA_B$-R.) erhöht und damit die Membran kurzschließt und die Ca^{2+}-Leitfähigkeit herabsetzt ($GABA_B$-R.). All dies vermindert die Transmitterfreisetzung an der Endigung des zu hemmenden Neurons (→ **B2**) und somit die Höhe dessen postsynaptischen EPSPs (→ S. 50). *Aufgabe* der präsynaptischen Hemmung ist es, bestimmte Einflüsse auf das MN zu reduzieren, ohne dass, wie bei der postsynaptischen Hemmung, die Gesamterregbarkeit der Zelle herabgesetzt wird.

Bei der **postsynaptischen Hemmung** (→ **C**) erhöht ein hemmendes IN die Cl^-- oder K^+-Leitfähigkeit der Membran des postsynaptischen Neurons, v. a. in der Nähe des Axonhügels, so dass dort der depolarisierende Strom der erregenden EPSPs kurzgeschlossen wird.

Das postsynaptisch hemmende IN wird dabei entweder durch *rückläufige Axonkollateralen* der zu hemmenden Neuronen aktiviert (**rekurrente** oder **Rückwärts-Hemmung** von MN über glycinerge *Renshaw-Zellen*; → **C1**), oder es wird *direkt* von einem anderen Neuron „*vorwärts*" erregt (→ **C2**). Die Hemmung der ipsilateralen Strecker (→ **A2,3**) beim Beugereflex ist ein Beispiel für Vorwärtshemmung.

A. Fluchtreflex

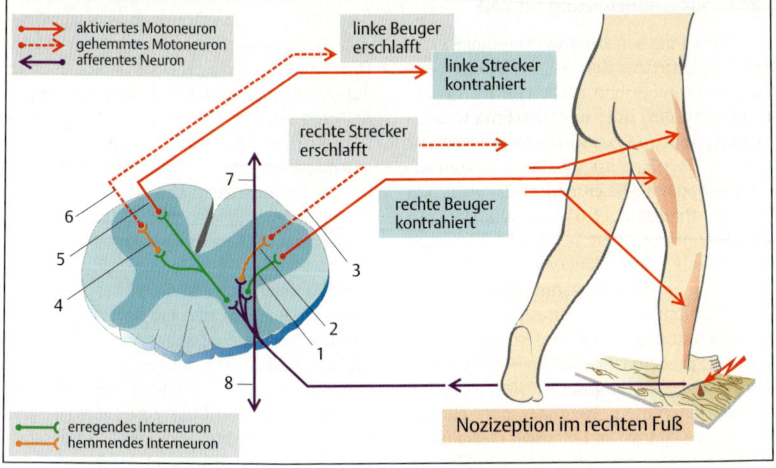

B. Präsynaptische Hemmung

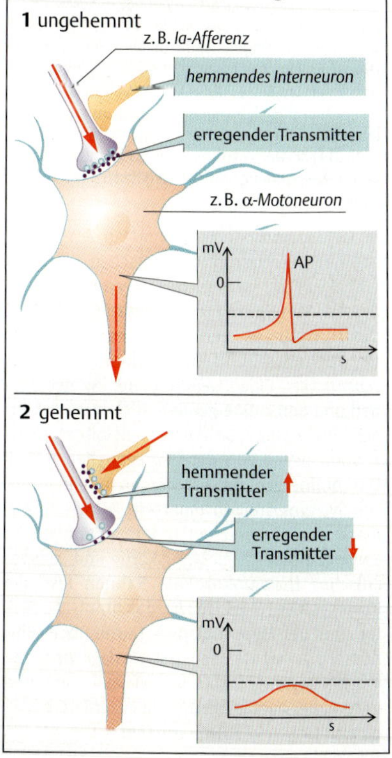

C. Postsynaptische Hemmung

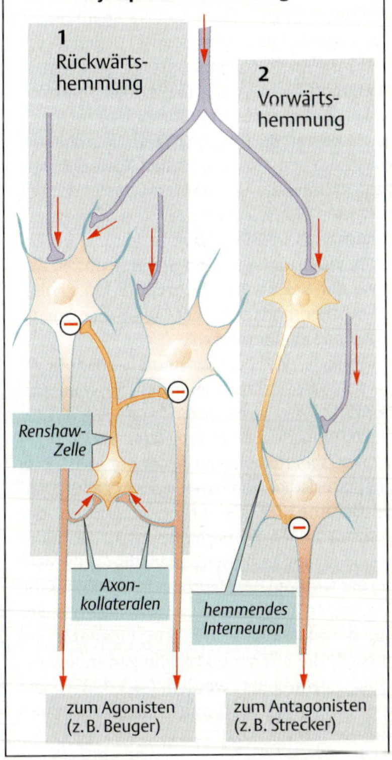

Sinnesreizweiterleitung im ZNS

Ein Großteil der sensorischen Meldungen von der Haut und von den Propriozeptoren erreicht den somatosensorischen Kortex S I (*Gyrus postcentralis*) über das **Hinterstrang-Lemniskus-System** (→ **C**, grün). Die Meldungen von der Haut (*Oberflächensensibilität*) und vom Bewegungsapparat (*Tiefensensibilität*) erreichen über die *Hinterwurzel* das Rückenmark. Ein Teil dieser primär afferenten Fasern läuft *ohne* Umschaltung in den *Hinterstrangbahnen* weiter zu den *Hinterstrangkernen* der kaudalen Medulla oblongata (Nucl. cuneatus et gracilis). Die Hinterstrangbahnen sind somatotopisch geordnet, je weiter kranial die Herkunft der Fasern ist, desto weiter lateral liegen sie. Die sekundär-afferenten Neurone der Hinterstrangkerne *kreuzen im Lemniscus medialis* auf die andere Seite und erreichen den Ventrobasalkern des *Thalamus* (ventroposteroo*lateraler* Anteil, *VPL*), wo sie ebenfalls somatotopisch geordnet sind. Die somatosensorischen Fasern des Gesichts (N. trigeminus) enden im ventropostero*medialen* Anteil (*VPM*) des Ventrobasalkerns. Dessen tertiär-afferente Neurone erreichen schließlich die quartären Neurone im S I-Feld des somatosensorischen Kortex. **Aufgabe** des Hinterstrang-Lemniskus-Systems ist es, in seinen überwiegend *rasch leitenden* Fasern Informationen über Tastreize (Druck, Berührung, Vibration) und über Stellung und Bewegung der Gelenke (Propriozeption) mit hoher räumlicher und zeitlicher Auflösung an die Hirnrinde zu übermitteln.

Ähnlich wie bei der motorischen Rinde (→ S. 325 B) sind im **somatosensorischen Kortex** (**S I**, *Gyrus postcentralis*, → **A**) jedem Körperteil entsprechende *Projektionsfelder* zugeordnet (*somatotopische Gliederung*; → **B**). Drei Charakteristika sind dabei, dass (1) jeweils eine Gehirnhälfte die Informationen aus der kontralateralen Körperhälfte erhält (Bahnenkreuzung im Lemniscus medialis, → **C**), dass (2) der Großteil der Neurone des S I-Feldes die Afferenzen von den Tastsensoren der Finger und der Mundregion (→ S. 314) bekommt und dass (3) die afferenten Meldungen in Kortexsäulen verarbeitet werden (→ S. 333 A), die spezifisch für bestimmte Reizmodalitäten (z. B. Berührung) sind.

Anterolateral-spinothalamisches System (→ **C**, violett). Die Afferenzen von den *Nozi-* und *Thermosensoren* und der restliche Teil der Druck- und Berührungsbahnen werden bereits auf Rückenmarksebene (z. T. über Interneurone) umgeschaltet. Die nachgeschalteten Neurone *kreuzen* bereits im jeweiligen Rückenmarkssegment auf die Gegenseite und laufen im *Vorderseitenstrang* des Rückenmarks als *Tractus spinothalamicus* zum *Thalamus*.

Die sensorischen Zuflüsse zum Kortex können an allen Umschaltstationen (Rückenmark, Medulla oblongata und Thalamus) durch **absteigende Bahnen** (aus dem Kortex) gehemmt werden. Sie dienen u. a. der Änderung des rezeptiven Feldes, der Schwellenverstellung und (bei gemeinsamer Afferenz verschiedener Herkunft) der Unterdrückung unwichtiger und dem „Heraussuchen" wichtiger Sinnesmodalitäten und -reize („Lauschen", „Spähen").

Bei einer *halbseitigen Durchtrennung des Rückenmarks* (→ **D**) treten unterhalb des verletzten Segmentes folgende Störungen auf (**Brown-Séquard-Syndrom**): Es kommt zu einer *motorischen Lähmung* auf der verletzten Seite, die zuerst schlaff, später spastisch ist, und zu Störungen des Tastsinns auf der verletzten Seite (erhöhte Zwei-Punkt-Schwelle, → S. 314) sowie zu solchen der Schmerz- und Temperaturempfindung auf der Gegenseite (*dissoziierte Empfindungslähmung*).

Im Gegensatz zu den oben und bei den Sinnesorganen geschilderten spezifischen Systemen gibt es ein sog. **unspezifisches System** (→ **E**), in dessen Mittelpunkt die **Formatio reticularis** des Hirnstamms steht. Es ist ein komplexes Verarbeitungs- und Integrationssystem mit *sensorischen Eingängen* von allen Sinnesorganen und den aufsteigenden Rückenmarksbahnen (Auge, Ohr, Oberflächensensibilität, Nozizeption usw.), von den Basalganglien u. a. m. Die cholinergen und adrenergen *Ausgänge* dieses Systems steigen einerseits zum Rückenmark ab und erreichen andererseits über die „unspezifischen" Thalamuskerne und „unspezifische" thalamokortikale Bahnen fast alle Kortexgebiete (→ S. 333 A), das limbische System und den Hypothalamus. Damit übt es Einflüsse u. a. auf die *Bewusstseinslage* und den *Wachheitsgrad* („*arousal activity*") aus und wird daher auch **a***szendierendes* **r***etikuäres* **A***ktivierungs***s***ystem*, **ARAS**, genannt.

A. Sensorische Zentren des Gehirns

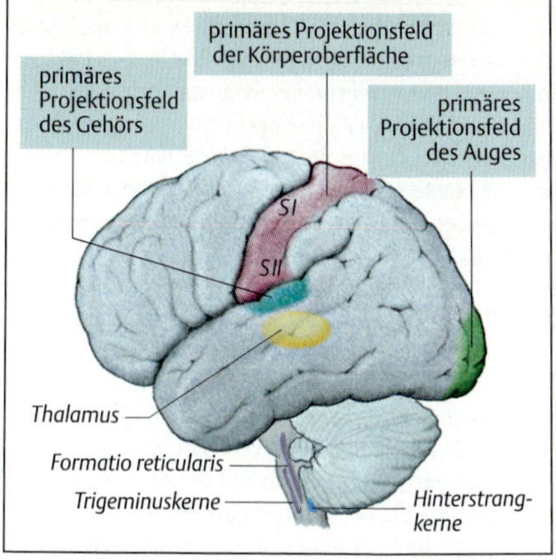

B. Somatotopie in SI

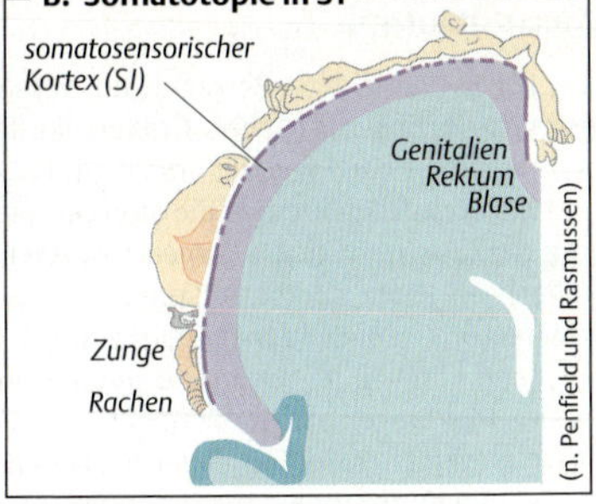

C. Somatosensorische Bahnen

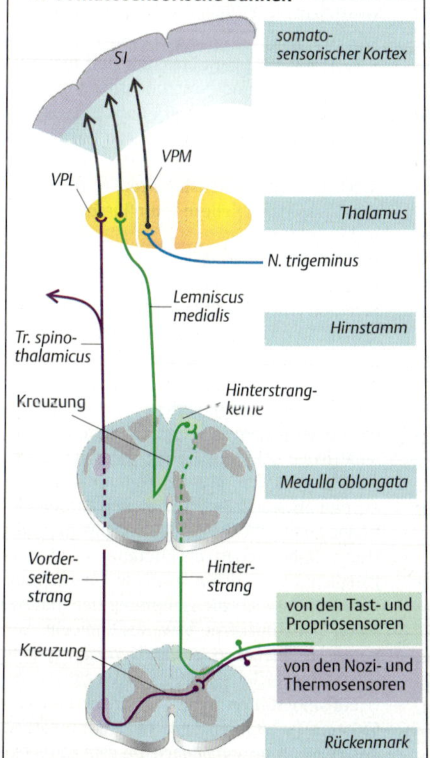

D. Halbseitenlähmung

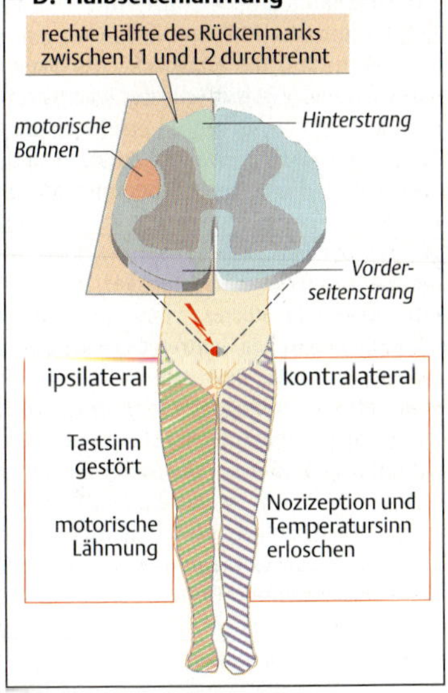

E. Unspezifisches System

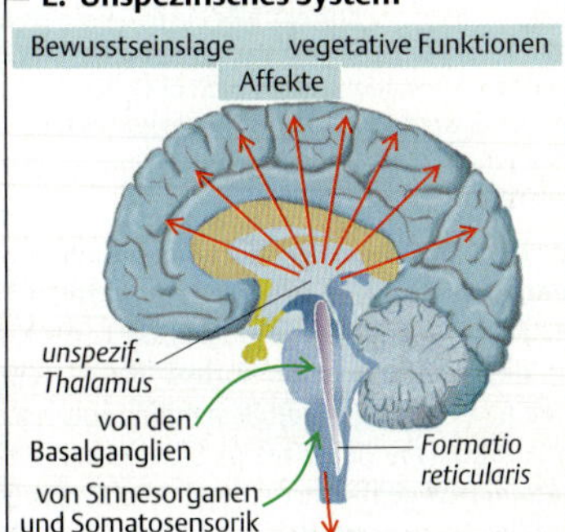

(Senso-)Motorik

Die für zielgerichtete Bewegungen verantwortliche *Zielmotorik* (Gehen, Greifen, Werfen usw.) ist funktionell von der *Stützmotorik* begleitet, deren Aufgabe es ist, die *aufrechte Stellung*, das *Gleichgewicht des Körpers* sowie seine *Stellung im Raum* zu kontrollieren. Ziel- und Stützmotorik laufen immer gleichzeitig und nur dann sinnvoll ab, wenn die ununterbrochenen Meldungen aus der Peripherie (*Sensorik*) mitverarbeitet werden, daher auch der Name *Sensomotorik*.

Die α-Motoneurone (α-MN) im Vorderhorn des Rückenmarks (RM) bzw. in den Kernen der Hirnnerven sind die *Endstrecke* der Skelettmuskelaktivierung. Nur Teile des Tractus corticospinalis und Ia-Afferenzen erreichen die α-MN monosynaptisch. Weitere Zuflüsse zu den α-MN (über Hunderte von hemmenden und erregenden Interneuronen pro α-MN) kommen aus der *Peripherie* (Proprio-, Nozi-, Mechanosensoren), von *anderen RM-Segmenten*, vom motorische Kortex, vom *Kleinhirn* und von den motorischen Zentren des *Hirnstamms*.

Willkürmotorik. Bewusste Bewegung entsteht durch die Abfolge der Phasen *Entschluss* ⇒ *Programmierung* (mit Abrufung von erlernten Teilprogrammen) ⇒ *Durchführung* der Bewegung (→ **A1 – 4**), wobei laufend rückkoppelnde (*Re-)Afferenzen* aus den motorischen Teilsystemen sowie Meldungen aus der Peripherie berücksichtigt werden. Damit sind Korrekturen sowohl *vor dem Beginn* als auch *während der Bewegung* möglich.

Die neuronale Aktivität der ersten beiden Phasen schließt zahlreiche Kortexareale ein und kann als negatives **kortikales Bereitschaftspotenzial** (v. a. über den Assoziationsfeldern und über dem Vertex) abgeleitet werden. Es ist umso höher und es setzt vor Bewegungsbeginn umso früher ein (ca. 0,3 – 3 s), je schwieriger die Bewegung ist.

Zu den **motorischen Kortexgebieten** (→ **C oben**; Area-Nummern → S. 311 E) zählen (a) der *primäre* motorische Kortex, M I (Area 4), (b) der *prämotorische* Kortex, PM (laterale Area 6) und (c) das *supplementär*-motorische Areal, SMA (mediale Area 6). Sie sind selbst *somatotopisch* gegliedert (für M I in **B** gezeigt) und in somatotopischer Anordnung auch wechselseitig eng *miteinander verbunden*.

Kortexafferenzen kommen (a) aus der *Körperperipherie* (via Thalamus ⇒ S1 [→ S. 323 A] ⇒ sensorischer Assoziationskortex ⇒ PM), (b) aus den *Basalganglien* (via Thalamus ⇒ M I, PM und SMA [→ **A2**] ⇒ präfrontaler Assoziationskortex), (c) aus dem *Kleinhirn* (via Thalamus ⇒ M I und PM, → **A2**), sowie (d) aus den sensorischen und posterior-parietalen *Kortexarealen* (Area 1 – 3 bzw. 5 und 7).

Motorische **Kortexefferenzen** (→ D, E, F) (→ **C**) ziehen u. a. (a) zum *RM*, (b) zu den *subkortikalen motorischen Zentren* (→ s. u. und S. 328) und (c) über kommissurale Bahnen nach *kontralateral*.

Die **Pyramidenbahn** enthält den *Tractus corticospinalis* und einen Teil der *kortikobulbären Fasern*. Sie besitzt mehr als 90% dünne Fasern, über deren Funktion wenig bekannt ist. Die dicken, schnellleitenden Fasern des **Tractus corticospinalis** (→ **C**) ziehen von Area 4 und 6 sowie vom sensorischen Kortex (Area 1,2,3) zum RM, nämlich (a) zum kleineren Teil monosynaptisch zu α- und γ-Motoneuronen der Fingermotorik (*Präzisionsgriff*), und (b) großteils zu den Interneuronen des RM, wo sie den *Eingang peripherer Afferenzen* sowie den *motorischen Ausgang* (via Renshaw-Zellen) und damit u. a. die spinalen Reflexe beeinflussen.

Funktion der Basalganglien

Die Basalganglien sind in mehrere, parallel ablaufende kortiko-kortikale *Signalschleifen* eingebaut. Sog. **assoziative Schleifen**, die im frontalen und limbischen Kortex entspringen, sind an mentalen Leistungen wie Wertung sensorischer Informationen, Verhaltensanpassung an den emotionalen Kontext, Motivation und langfristige Aktionsplanung beteiligt. Zwei weitere Schleifen, die skeletomotorische und die okulomotorische (s. u.), dienen der *Koordination und Geschwindigkeit von Bewegungsabläufen* . Dabei steuern die Efferenzen der Basalganglien die *thalamo-kortikale Übertragung* dadurch, dass sie die Hemmung der motorischen Thalamuskerne bzw. des Colliculus superior abschwächen (*Disinhibierung*; direkter Weg) oder vertiefen (indirekter Weg).

Eingangsstation der Basalganglien ist das **Striatum** (= Putamen und Nucleus caudatus), dessen Neurone von *Bahnen aus dem gesamten Kortex* erregt werden (*Glutamat* als Transmitter; → **D**). ▶

A. Vom Bewegungsantrieb zur Ausführung

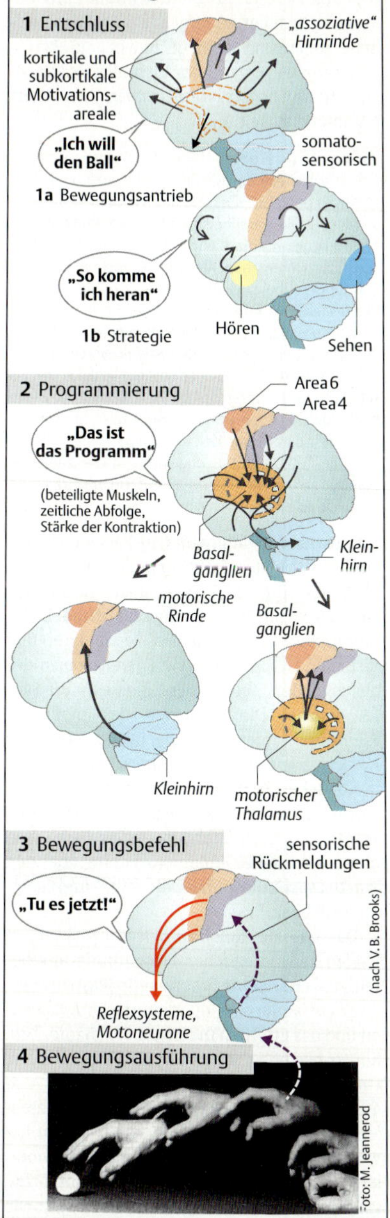

C. Absteigende motorische Bahnen

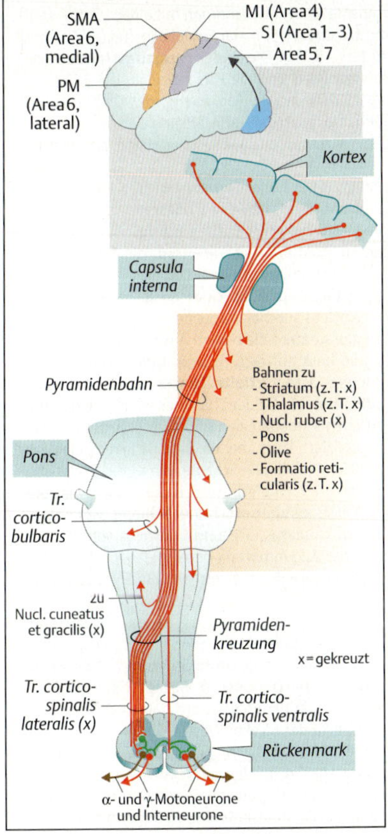

B. Somatotopische Gliederung der primär-motorischen Hirnrinde (MI)

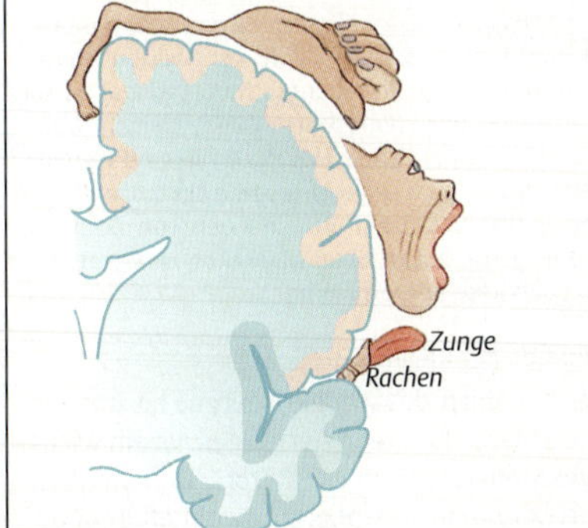

Erregte Striatum-Neurone setzen den hemmenden Transmitter *GABA* zusammen mit einem Cotransmitter, *Substanz P* (SP) oder *Enkephalin*, frei (→ **D**; Transmitter → S. 55). Die beiden **Ausgangsstationen** der Basalganglien sind die *Pars* ***r****eticulata* der ***S****ubstantia* ***n****igra* (**SNr**) und die *Pars* ***i****nterna* des ***G****lobus* ***p****allidus* (**GPi**), die durch die GABA/SP-Neurone des Striatums gehemmt werden (→ **D**). Sowohl SNr als auch GPi hemmen ihrerseits GABAerg den ventrolateralen Thalamus mit hoher Spontanaktivität. Erregung des Striatums führt daher auf diesem, sog. **direkten Weg** zur **Thalamus-Enthemmung**. Werden hingegen im Striatum Neurone erregt, die GABA + Enkephalin ausschütten, so hemmen diese die *Pars* **e***xterna* des **G**lobus **p**allidus (**GPe**), die ihrerseits GABAerg den Nucleus subthalamicus hemmt. Letzterer erregt nun glutamaterg die beiden Ausgangskerne SNr und GPi, so dass auf diesem, sog. **indirekten Weg** als Endeffekt eine **vertiefte Thalamus-Hemmung** zustande kommt. Da der Thalamus wieder zu den motorischen Rindenarealen und zum präfrontalen Kortex projiziert, läuft über die Basalganglien eine korti-ko-thalamo-kortikale Schleife, die in die Skelettmotorik eingreift (**skeletomotorische Schleife** via Putamen). Die **okulomotorische Schleife** verläuft via Nucleus caudatus, SNr und Colliculus superior und ist an der Augenmotorik beteiligt (→ S. 342 u. 360). Absteigende Bahnen erreichen vom SNr das Tectum und den Nucl. pedunculus pontinus.

Pathophysiologisch wichtig ist, dass die *Pars compacta der Substantia nigra*, **SNc**, mit ihren *dopaminergen Neuronen* das gesamte Striatum mit **Dopamin** „berieselt" (→ **D**). Über D_1-Rezeptoren (cAMP-Anstieg) werden dadurch die striatalen GABA/SP-Neuronen, d. h. der direkte Weg (s. o.), erregt und über D_2-Rezeptoren (cAMP-Senkung) die GABA/Enkephalin-Neurone, d. h. der indirekte Weg (s. o.), gehemmt. Diese Dopamineinflüsse sind essenziell für eine normale Striatumfunktion. Degenerieren $>$ ca. 70 % der dopaminergen Neurone der SNc (**Morbus Parkinson**), z. B. bei vererbter Veranlagung, durch Traumen (Boxer!), Infektionen etc., so kommt es meist zu einer *überschießenden Hemmung* des motorischen Thalamus und damit *der Willkürmotorik*. **Symptome** sind Bewegungsarmut (*Akinesie*) und -verlangsamung (*Bradykinesie*) mit kleinen Gehschritten, kleiner Schrift (*Mikrographie*) und verminderter Mimik (*Maskengesicht*) sowie ein *grober Ruhetremor* (mit „Geldzähl"-Bewegungen von Daumen und Fingern), ein erhöhter Muskeltonus (*Rigor*) und eine gebückte Körperhaltung.

Funktion des Kleinhirns

Das Kleinhirn, das so viele Neurone besitzt wie alle anderen Hirnteile zusammen, ist ein wichtiges **Steuerzentrum der Motorik** und mit dem Kortex und der Peripherie sowohl afferent als auch efferent verbunden (→ **F oben**). Es ist an *Planung, Durchführung* und *Kontrolle* einer Bewegung beteiligt; es sorgt auch für die motorische Anpassung an neue Bewegungsabläufe (*motorisches Lernen*). Das Kleinhirn ist zudem in andere, *höhere Hirnleistungen* involviert (Aufmerksamkeit u. a. m.).

Anatomie (→ **F oben**). Die entwicklungsgeschichtlich älteren Teile des Kleinhirns, das *Archizerebellum* (*Nodulus* und *Flocculus*) und das *Paläozerebellum* (Pyramide, Uvula, Paraflocculus und Teile des Lobus anterior) liegen **median**. Auch die *Pars intermedia* kann noch zum medianen Kleinhirn gerechnet werden. Das jüngere, beim Menschen stark entwickelte *Neozerebellum* liegt **lateral**. Wegen der Herkunft der jeweilig dominierenden Efferenzen werden Archizerebellum und Vermis auch als *Vestibulozerebellum*, das Paläozerebellum als *Spinozerebellum* und das Neozerebellum als *Pontozerebellum* bezeichnet. Die Kleinhirnrinde mit ihren Falten (Folien) besteht (von außen nach innen) aus der *Molekularschicht* (mit den Purkinje-Zell-Dendriten und ihren Afferenzen), der *Purkinje-Zellschicht* (Purkinje-Somata) und der *Körnerzellschicht*.

Das **mediane Kleinhirn** und die Pars intermedia sind v. a. an der Steuerung der Halte- und Stützmotorik (→ **F1,2**) sowie an der Blickmotorik (→ S. 342 u. 360) beteiligt. **Eingänge**: Es erhält *Afferenzkopien* spinalen, vestibulären und visuellen Ursprungs sowie *Efferenzkopien* der absteigenden motorischen Signale für die Skelettmotorik. Die **Ausgänge** des medianen Kleinhirns laufen über die intrazerebellären *Nuclei fastigii, globosus et emboliformis* zu den motorischen Zentren von RM und Hirnstamm sowie zu den extrazerebellären *Vestibulariskernen* (v. a. zum lateralen *Deiters-Kern*). Von hier aus wird die Okulomotorik und, über den Tractus vestibulospinalis, die Stütz- und Gangmotorik beeinflusst

Das **laterale Kleinhirn** (= Hemisphären) ist v. a. an der motorischen Programmierung beteiligt (→ **F3**). Seine funktionelle Plastizität ermöglicht außerdem die motorische Adaptation und das Erlernen motorischer Abläufe. Zum Kortex bestehen bidirektionale Verbindungen. **Eingänge** kommen (a) via *Ponskerne* und *Moosfasern* (s. u.) von denjenigen Kortexarealen, die an den Vorbereitungsphasen von Bewegungen beteiligt sind (parietaler, präfontaler und prämotorischer *Assoziationskortex*, sensomotorischer und visueller Kortex), sowie

D. Basalganglien: afferente und efferente Bahnen

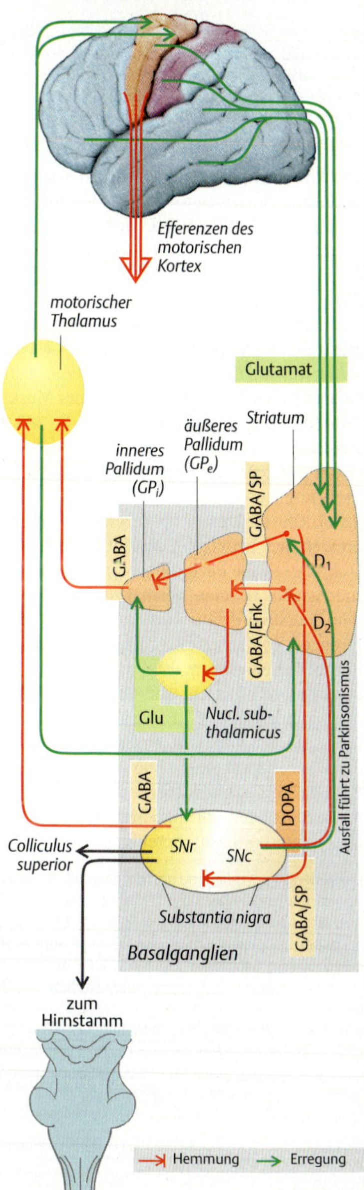

(z.T. nach Delong)

E. Zentren, Bahnen und Afferenzen der Stützmotorik

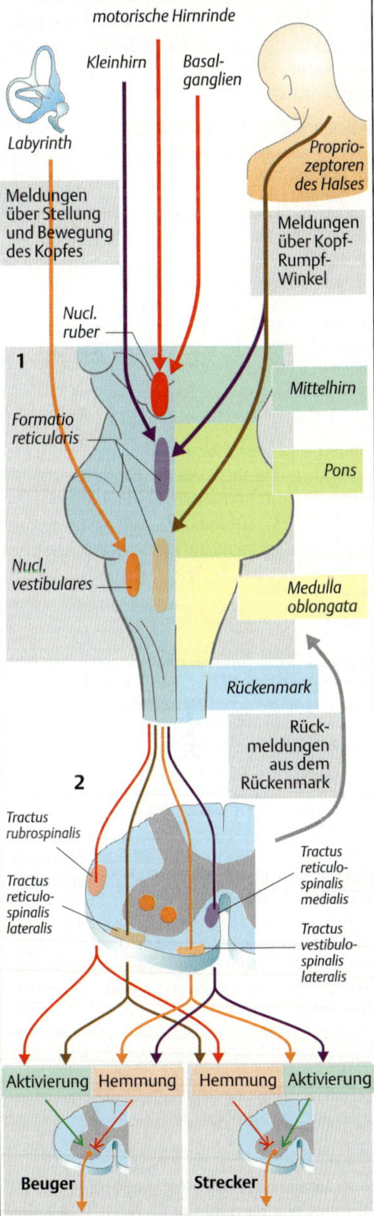

▶
(b) via *untere Olive* und *Kletterfasern* (s.u.) aus *kortikalen* und *subkortikalen motorischen Zentren*. Die **Efferenzen** des lateralen Kleinhirns ziehen von dessen Nucleus dentatus aus über den motorischen Thalamus zu den *motorischen Kortexfeldern*.

Läsionen des medianen Kleinhirns haben Gleichgewichts- und blickmotorische Störungen (Schwindel, Übelkeit bzw. Pendelnystagmus) sowie Rumpf- und Gang-Ataxie zur Folge.

Bei **Läsionen der Kleinhirnhemisphären** ist die Initialisierung, die Koordination und die Beendigung der zielgerichteten Motorik sowie die rasche „Umprogrammierung" auf entgegengesetzte Bewegungen (= Diadochokinese) gestört. Es kommt zum Zittern vor dem Bewegungsziel (*Intentionstremor*), zum „Danebengreifen" (*Dysmetrie*), zum Nachpendeln beim Bewegungsstopp (*Rückschlagphänomen*) und zur *Adiadochokinese*. Außerdem ist die Sprache langsam, monoton und verwaschen (*Dysarthrie*).

Feinbau und **Verschaltung** sind in der Kleinhirnrinde einheitlich. Die **Ausgänge** der Kleinhirnrinde bestehen ausschließlich aus Neuriten der ca. $15 \cdot 10^6$ *Purkinje-Zellen*. Sie wirken über GABA *hemmend* auf die nachgeschalteten Neurone der Nucl. fastigii, emboliformis, dentatus und vestibularis lateralis (Deiters) (→ **F rechts**).

Eingänge. Die in der *unteren Olive* umgeschalteten Afferenzen aus dem Rückenmark (Tr. spinocerebellares) enden als *erregende* **Kletterfasern** (Aspartat als Transmitter) divergent (1 : 15) an einem *quer* zum Folium angeordneten Streifen von Purkinje-Zellen: *sagittale Erregungsherde*. Dort enden auch serotonerge Fasern aus den *Raphekernen* und noradrenerge Bahnen aus dem *Locus coeruleus*. Die **Moosfasern** (pontine, retikuläre und spinale Afferenzen) erregen die *Körnerzellen*, deren Axone sich T-förmig teilen (*Parallelfasern*) und in der Molekularschicht mit *hoher Konvergenz* (ca. 10^5:1) *längs* zum Folium angeordnete, mehrere mm lange Streifen von Purkinje-Zellen erregen: *Erregungsherde in Längsrichtung*. Es wird angenommen, dass das Kletterfasersystem (an den „Kreuzungspunkten" der rechtwinklig zueinander orientierten Erregungsherde) relativ schwache Moosfaserafferenzen zu den Purkinje-Zellen verstärkt. Zahlreiche Interneurone (Golgi-, Stern- und Korbzellen) verschärfen dabei durch laterale und rückläufige Hemmung den Kontrast der Erregungsmuster auf dem Kleinhirnkortex.

Stützmotorik

Schon auf der Ebene des **Rückenmarks** sind neben den *Dehnungsreflexen* (→ S. 316) auch die komplizierteren *Beuge-* und gekreuzten *Streckreflexe* möglich (→ S. 320).

Bei einer Rückenmarksdurchtrennung (**Querschnittslähmung**) kommt es unterhalb der Läsion zwar vorübergehend zu einem Erlöschen der peripheren Reflexe (*Arreflexie; spinaler Schock*), doch sind später trotz fortbestehender Durchtrennung wieder Reflexe auslösbar.

Die spinalen Reflexe stehen v. a. im Dienste der supraspinalen Zentren (→ **E**). Die Kontrolle der Stützmotorik obliegt v. a. den **motorischen Zentren des Hirnstammes** (→ **E1**): *Nucleus ruber, Vestibularkerne* (v. a. der laterale *Deiters-Kern*) und Teile der *Formatio reticularis*. Sie sind Schaltstationen für die **Halte-** und **Stellreflexe**, die die *Körperhaltung* und das *Gleichgewicht* (unwillkürlich) aufrechterhalten. Haltereflexe dienen der *Tonusverteilung* der Muskulatur und der *Augeneinstellung* (→ S. 343 C). **Zuflüsse** dafür kommen vom Gleichgewichtsorgan (*tonische Labyrinthreflexe*) und von den Propriosensoren des Halses (*tonische Halsreflexe*). Die gleichen Afferenzen sind an den *Stellreflexen* beteiligt (Labyrinth- bzw. Halsstellreflexe), die dazu dienen, den Körper immer wieder in seine Normalstellung zu bringen. Zuerst wird dabei (als Antwort auf die Afferenzen von den Halspropriosensoren) der Rumpf in seine Normalstellung gebracht. Zusätzlich beeinflussen Afferenzen von Kleinhirn, motorischer Hirnrinde (→ **C**), Auge, Ohr, Geruchsorgan und Hautsensoren diese Stellreflexe. Für Körperhaltung und -stellung sind außerdem sog. *statokinetische Reflexe* wichtig, die z. B. an der Sprungbereitschaft und am Nystagmus (→ S. 360) beteiligt sind.

Die vom *Nucleus ruber* und von der *medullären Formatio reticularis* zum Rückenmark **absteigenden Bahnen** (*Tractus rubrospinalis* bzw. *reticulospinalis lateralis*) haben im Wesentlichen hemmenden Einfluss auf die α- und γ-Motoneurone (→ S. 316) der Streckmuskulatur und einen erregenden Einfluss auf die Beuger (→ **E2**). Umgekehrt hemmen die vom Deiters-Kern und von den pontinen Teilen der Formatio reticularis kommenden Bahnen (*Tractus vestibulospinalis* bzw. *reticulospinalis medialis*) die Beuger und erregen die α- und γ-Fasern der Strecker.

Wird der Hirnstamm unterhalb des Nucleus ruber durchtrennt, kommt es zur sog. *Enthirnungsstarre*, weil der Extensoreneinfluss des Deiters-Kernes dann überwiegt.

F. Kleinhirnbahnen und Kleinhirnfunktionen

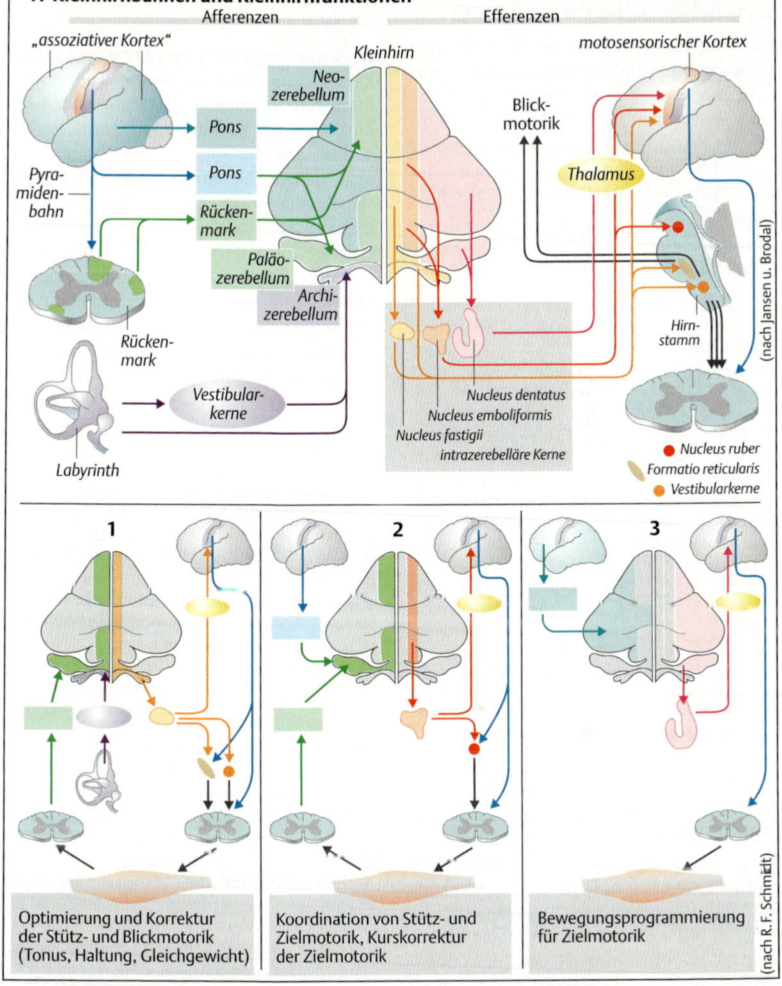

Die **Integrations- und Koordinationsleistung des sensomotorischen Systems** zeigt z. B. eine Tennisspielerin: Während der Tennispartner den Ball aufschlägt, wird der Körper in Richtung Ballziel bewegt (*Zielmotorik*), wobei eine adäquate Stützung (rechtes Bein) und Balance (linker Arm) erhalten bleiben müssen (*Stützmotorik*). Die *Blickmotorik* „behält" den Ball „im Auge", die Sehrinde analysiert Flugbahn und Geschwindigkeit des Balles. Die „assoziative" Hirnrinde entwirft die Bewegung „Zurückschlagen", wobei Ball, Netz, gegnerisches Feld und Spielpartnerstellung berücksichtigt und u. a. der Rückstoß beim Schlagen des Balles wieder mit Stützbewegungen ausgeglichen werden müssen. Mit Bewegungsprogrammen von Kleinhirn und Basalganglien führt schließlich der motorische Kortex die gezielte Schlagbewegung aus, wobei der Ball nicht nur getroffen und ins gegnerische Spielfeld geschlagen, sondern meist auch durch einen tangentialen Schlag („Schneiden") in Rotation versetzt wird (*erlernte schnelle Zielmotorik*).

Hypothalamus, limbisches System

Der Hypothalamus koordiniert alle *vegetativen* und die meisten endokrinen (→ S. 266 ff.) Prozesse. Zudem integriert er die Regelung des *inneren Milieus*, des *Wach-Schlaf-Rhythmus* sowie von *Wachstum, körperlicher und geistiger Entwicklung* und *Fortpflanzung*. Er wird mit zahlreichen *sensorischen und humoralen Meldungen* versorgt (→ **A**). Peptidhormone z. B. können die Blut-Hirn-Schranke dabei über die *zirkumventrikulären Organe* umgehen (→ S. 224).

Afferenzen. Der Hypothalamus selbst besitzt u. a. Thermosensoren für die Regelung der *Körpertemperatur* (→ S. 224), Osmosensoren für die Regelung der *Osmolalität* und des *Wasserhaushaltes* (→ S. 168) und Glucosesensoren für die Aufrechterhaltung einer Mindest-*Glucosekonzentration*. Weitere Informationen über den Istzustand des inneren Milieus erreichen ihn über Neurone von räumlich getrennten Sensoren, so z. B. von Thermosensoren der Haut, Osmosensoren in der Leber (→ S. 170) und Dehnungssensoren der Herzvorhöfe (→ S. 214 f.). Zudem besitzen der Hypothalamus bzw. die zirkumventrikulären Organe zahlreiche *Hormonrezeptoren* (z. B. Cortisol bzw. Angiotensin II), die z. T. in Regelkreise für die *Energie- und Stoffwechselhomöostase* eingebaut sind, so z. B. für Cortisol, ACTH un CRH sowie Leptin und CCK. Auch für seine Aufgaben bei **Wachstum** und **Reproduktion** erreichen den Hypothalamus *neuronale Afferenzen*, die z. B. über die Öffnung des Muttermundes bei Beginn der Geburt oder über das Saugen des Säuglings informieren, sowie *hormonale Signale* aus den Gonaden.

Übergeordnet ist dem Hypothalamus v. a. das **limbische System** (→ **A**). Es steuert angeborenes und erworbenes *Verhalten* (*„Programmauswahl“*, s. u.) und ist Ursprungsort von Trieben, Motivation und Emotion („Innenwelt“). Es steuert auch den *Ausdruck von Emotionen* (Angst, Wut, Zorn, Unlust, Freude, Glück usw.), was für die soziale Umgebung eine wichtige *Signalwirkung* besitzt. Umgekehrt sind *Gerüche* als Signale aus der Umgebung eng mit dem Verhalten verknüpft, was in Redewendungen wie „heimische Atmosphäre“ (kein Alarmverhalten nötig) oder „jemanden nicht riechen können“ (Alarm!) zum Ausdruck kommt.

Das limbische System hat kortikale (*Hippocampus, Gyrus parahippocampalis, Gyrus cinguli*, Teile des Riechhirns) und subkortikale Anteile (*Corpus amygdaloideum, Nuclei septi, Nucleus thalami ant.*). Reziproke *Verbindungen* bestehen zum lateralen Hypothalamus (v. a. *Abruf von Programmen*, s. u.) sowie zum temporalen und frontalen Kortex.

Die Verbindungen mit dem **Kortex** dienen vor allem der für das Verhalten wichtigen Einbindung von *Wahrnehmung und Bewertung der Meldungen aus der „Außenwelt“* sowie von *Gedächtnisinhalten*.

Verhaltensprogramme (→ **A**). Der laterale Hypothalamus kann die ihm untergeordneten hormonellen, vegetativen und motorischen Prozesse mit unterschiedlichen Programmen steuern, die nach außen als bestimmte Verhaltensweisen in Erscheinung treten und im Körperinneren von zahlreichen vegetativen und hormonalen Aktivitäten begleitet sind.

So gibt es ein

- **Abwehrverhalten** (Alarmreaktion) mit somatischen (abweisende Mimik und Körperhaltung, Flucht oder Gegenangriff), hormonalen (Adrenalin, Cortisol) und vegetativen (Sympathikus) Anteilen: Bereitstellung von energiereichen freien Fettsäuren, Hemmung der Insulinfreisetzung, Blutdruck- und Atmungssteigerung, Durchblutung der Skelettmuskulatur erhöht, aber des Magen-Darm-Trakts vermindert, u. a. m.
- Programm bei **körperlicher Arbeit**, das ganz ähnliche vegetative und hormonale Komponenten wie das Abwehrverhalten beinhaltet;
- **nutritives Verhalten**, das der Ernährung, Verdauung und Flüssigkeitsaufnahme dient, so z. B. die Essenssuche im Kühlschrank, die Aktivierung des Parasympathikus mit reger Magen-Darm-Sekretion und -Motorik und postprandialer Minimierung der Skelettmuskelaktivität u. a. m.;
- **reproduktives Verhalten**, zu dem die Partnerwerbung, die neuronalen Mechanismen der Sexualerregung, die hormonale Regelung in der Schwangerschaft (→ S. 304) u. a. m. gehören;
- **thermoregulatorisches Verhalten**, das es uns erlaubt, auch bei extremen Außentemperaturen und/oder schwerster körperlicher Arbeit (hohe Wärmeproduktion) die Körperkerntemperatur weitgehend konstant zu halten (→ S. 224).

Für die Gesamtregulation des Verhaltens sind die **monoaminergen Bahnsysteme** (*noradrenerge, dopaminerge* und *serotoninerge* Neurone) wichtig, die vom Hirnstamm aus zu fast allen Hirnteilen ziehen. Experimentelle Reizung v. a. noradrenerger Teile führt zu positiver Verstärkung (Auslösung von Lust und Belohnung), während die serotoninergen Neurone evtl. Teile eines „Unlustsystems“ sind. Die monoaminergen Systeme sind auch Angriffspunkt vieler *Psychopharmaka*.

A. Limbisches System und Hypothalamus

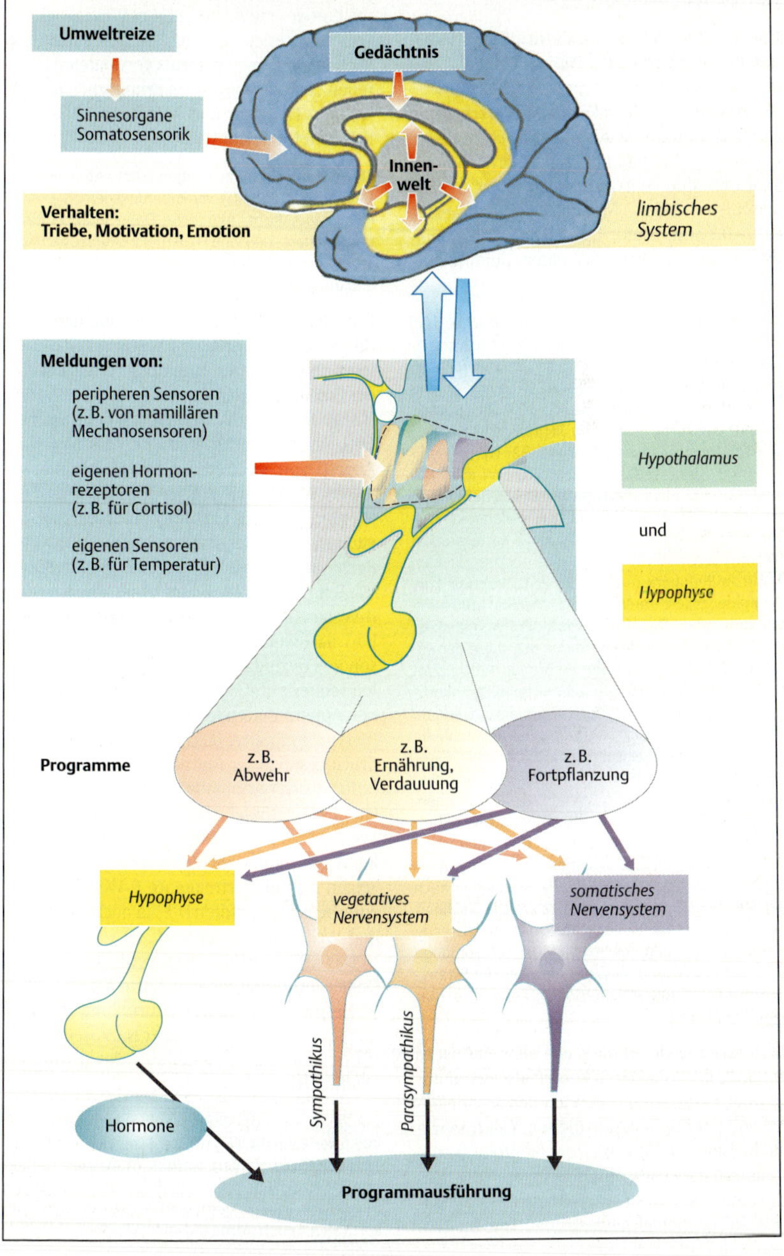

Kortexorganisation, EEG

Eine funktionsfähige Großhirnrinde ist für *bewusste Wahrnehmung, Planen, Handeln* und *Willkürmotorik* notwendig (s. a. S. 322 ff.).

Feinbau und **intrakortikale Verschaltung** (→ **A**). Der Kortex ist aus *sechs Schichten* (I–VI) aufgebaut, die parallel zur Oberfläche angeordnet sind. *Senkrecht* dazu ist er in *Kortexsäulen-* oder *-module* (Durchmesser 0,05–0,3 mm, Tiefe 1,3–4,5 mm) aufgeteilt, die durch alle sechs Schichten hindurchreichen.

Die **afferenten Bahnen** aus dem spezifischen und unspezifischen Thalamus enden v. a. in Schicht IV bzw. in Schicht I und II (→ **A3**), die von anderen Kortexarealen v. a. in Schicht II (→ **A2**). Die großen und kleinen **Pyramidenzellen** (→ **A1**; 80 % aller Kortexzellen) liegen in Schicht V bzw. III (meist Glutamat als Transmitter, z. B. im Striatum, → S. 325 D). Die Pyramidenzell-*Axone* verlassen die Schicht VI ihrer Kolumne als die einzigen **Ausgangsbahnen** des Kortex; sie ziehen größtenteils zu anderen, ipsilateralen (Assoziationsfasern) oder kontralateralen Kortexarealen (Kommissurenfasern) (→ **A2**) und nur zum kleinen Teil in die Peripherie (→ **A4** u. S. 325 C). Lokal sind die Pyramidenzellen durch Axonkollateralen miteinander verbunden. Der *Hauptdendrit* der Pyramidenzellen läuft zu den oberflächlicheren Schichten der Kolumne. Er besitzt viele dornenförmige Auftreibungen (**Spines**), an denen u. a. zahlreiche thalamokortikale, Assoziations- und Kommisurenfasern enden. Die afferenten Fasern verwenden ganz unterschiedliche **Transmitter**, u. a. Noradrenalin, Dopamin, Serotonin, Acetylcholin und Histamin. Der intrakortikalen Informationsverarbeitung dienen die zahlreichen, morphologisch sehr unterschiedlichen **Sternzellen** (→ **A1**), die z. T. erregend (VIP, CCK und andere Peptide als Transmitter), z. T. hemmend wirken (GABA-erg). Die Dendriten sowohl der Pyramiden- als auch der Sternzellen erreichen auch zahlreiche Nachbarsäulen, so dass die Säulen untereinander Tausende von Verbindungen besitzen. Für Lernvorgänge (→ S. 336) ist wichtig, dass die Synapsen der Pyramidenzellen abhängig von ihrer Aktivität modifizierbar sind (**Plastizität**).

Kortexpotenziale. Ähnlich wie beim EKG ist es möglich, die kollektiven Potenzialschwankungen der Hirnrinde im Bereich der Schädeldecke von der Kopfhaut abzuleiten: **Elektroenzephalogramm** (**EEG**; → **B**). Den Hauptbeitrag dazu liefern die EPSPs, einen geringeren die relativ niedrigen IPSPs (→ S. 50 ff.) an den *Synapsen der Pyramidenzelldendriten*. Die im EEG sichtbaren Rhythmen werden nur z. T. direkt im Kortex erzeugt (α- und γ-Wellen bei bewusstem Erleben, s. u.), niederfrequentere Wellen werden dem Kortex von anderen Hirnteilen „aufgezwungen" (*entrainment*), α-Wellen vom Thalamus und θ-Wellen wahrscheinlich vom Hippokampus.

EEG-Potenzialschwankungen nach unten sind (im Gegensatz zum EKG) vereinbarungsgemäß positiv. Etwas vereinfacht, führt eine Depolarisation (Erregung) tieferer und eine Hyperpolarisation oberflächlicher Kortexschichten zu einer Zacke nach unten (+) und umgekehrt.

Die Potenzialschwankungen werden v. a. durch den *Wachheitsgrad* bestimmt und variieren sowohl in der Amplitude (*a*) als auch in der Frequenz (*f*) der Kurven (→ **B, C**): α-Wellen ($f \approx 10$ Hz; $a \approx 50\,\mu$V) herrschen beim wachen Erwachsenen (entspannt, bei *geschlossenen* Augen) vor; sie treten meist gleichzeitig an vielen Ableitorten auf: *synchronisiertes EEG*. Werden die Augen geöffnet, andere Sinnesorgane gereizt oder wird z. B. eine schwierige Rechnung durchgeführt, verschwinden die α-Wellen (α-Blockade), und es lassen sich jetzt β-Wellen ($f \approx 20$ Hz; kleineres *a* als bei α-Wellen) nachweisen, beim Augenöffnen z. B. besonders okzipital (→ **B**) und parietal. Die Wellenfrequenz und -amplitude ist an verschiedenen Ableitpunkten jetzt viel unterschiedlicher (*desynchronisiertes EEG*). β-Wellen sind Ausdruck gesteigerter Aufmerksamkeit und einer (z. B. durch Adrenalin) erhöhten Aktivität (*„arousal activity"*) des ARAS (→ S. 322). γ-Wellen (> 30 Hz) treten u.a beim Lernen auf. Beim *Einschlafen* (Schlafstadien A/B/C [→ **D**]) zeigen sich niederfrequente *θ-Wellen*, die bis zum *Tiefschlaf* (Stadien D/E) in noch langsamere *δ-Wellen* übergehen (→ **C, D**).

Das EEG dient der Diagnostik der Epilepsie (lokalisierte oder generalisierte *Krampfwellen* und *-spitzen*; → **C**), der Beurteilung des Reifungsgrades des Gehirns, der Narkoseüberwachung und der Feststellung des Hirntodes (*Null-Linien-EEG*).

Zur genaueren Lokalisierung von Aktivitätsherden im Kortex kann das EEG mit der *Magnetenzephalographie* (**MEG**) kombiniert werden (Auflösung wenige mm!), bei der über der Schädeldecke die winzigen *magnetischen Felder* gemessen werden, die durch die kortikalen Ionenströme induziert werden.

A. Kortexschichten I–VI (eine Kortexsäule mehrfach dargestellt)

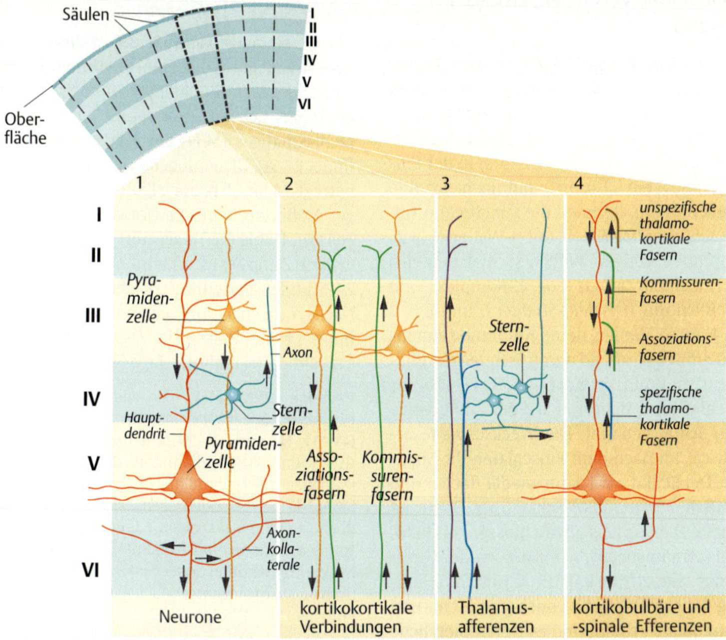

(nach Szentágothai u. Birbaumer/Schmidt)

B. Ableitung des Elektroenzephalogramms (EEG)

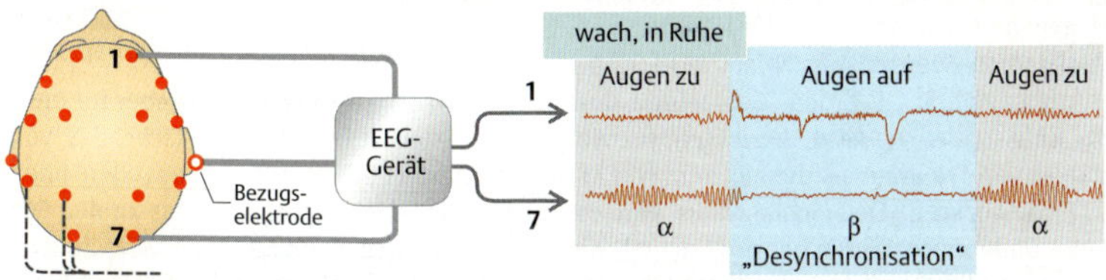

C. EEG-Kurven

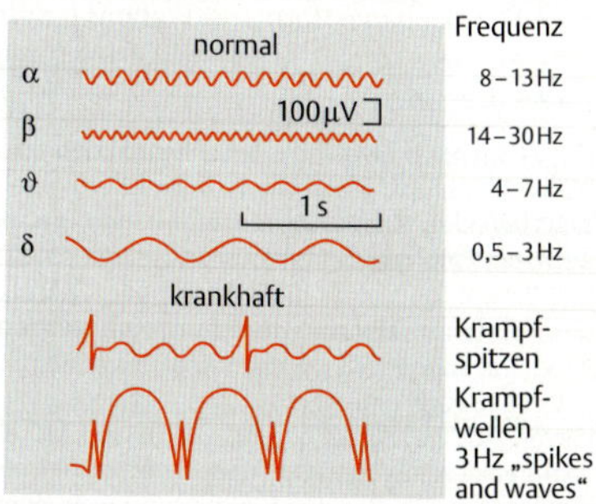

D. Schlafstadien, REM-Schlaf

(Text s. auch nächste Seite)

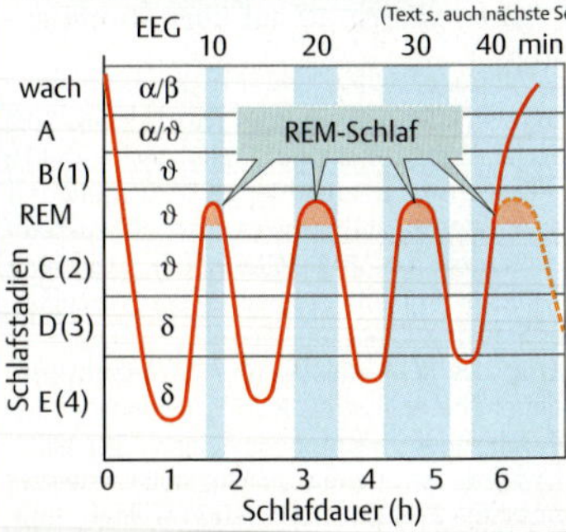

(nach Iovanović)

Wach-Schlaf-Verhalten, zirkadiane Rhythmik

Mit dem EEG (→ S. 332) lassen sich unterschiedliche **Schlafstadien** festhalten (→ S. 333 D). Ausgehend vom entspannten Wachsein mit geschlossenen Augen (α-Wellen), schränkt sich das Bewusstsein in der *Einschlafphase A* ein („Dösen"); nur noch einzelne α-Wellen. Dann kommen die zunehmend tieferen *Schlafstadien B* (= 1) mit θ-Wellen, *C* (= 2) mit spindelförmigen Wellen (Schlafspindeln) und einzelnen Zacken (sog. K-Komplex) und schließlich die *Tiefschlaf-Stadien D* und *E* (= 3 bzw. 4) mit δ-Wellen, deren Amplitude zunehmend größer wird und deren Frequenz in Phase E ein Minimum erreicht (→ S. 333 D). Dieser Tiefschlaf wird daher auch **SWS** (**s**low **w**ave **s**leep)-**Schlaf** genannt. Die Weckschwelle erreicht ca. 1 h nach dem Einschlafen ihr Maximum. Der Schlaf wird dann wieder flacher und geht in den ersten REM-Schlaf über. Damit ist der erste *Schlafzyklus* abgeschlossen. Im **REM-Schlaf** („Traumschlaf", s. u.) ist zwar der Großteil der Skelettmuskulatur atonisch (Hemmung der Motoneurone), doch sind Atem- und Herzfrequenz erhöht, und es treten plötzliche Gesichts- und Fingerzuckungen, eine Peniserregung sowie schnelle Augenbewegungen (**ra**pid **e**ye **m**ovements) auf. Alle anderen o. g. Schlafstadien werden als **N**(icht)**REM**-Schlaf zusammengefasst. Werden Schlafende aus dem REM-Schlaf geweckt, berichten sie viel häufiger von **Träumen** als die aus dem NREM-Schlaf Geweckten. Den **Schlafzyklus** von ca. 90 min Dauer durchlaufen wir pro Nacht 4- bis 5-mal (→ S. 333 D). Dabei wird morgens der NREM-Schlaf kürzer und flacher, während die REM-Phasen von ca. 10 auf über 30 min anwachsen.

Säuglinge schlafen am längsten (ca. 16 h mit 50 % REM-Schlafanteil), 10-jährige Kinder noch ca. 10 h (20 % REM-Schlaf), während junge Erwachsene mit 7–8 h und über 50-jährige mit ca. 6 h Schlaf auskommen (weiterhin ca. 20 % REM-Schlaf). Der SWS-Schlafanteil nimmt dabei zugunsten des Prozentsatzes des Stadiums C (= 2) deutlich ab.

Entzug des REM-Schlafes (durch Wecken während dieser Phase) lässt die REM-Schlafdauer in den darauf folgenden Nächten ansteigen. Der REM-Schlaf wird damit offenbar „nachgeholt". *Essenziell* sind die ersten 2–3 Schlafzyklen (**Kernschlaf**). Totaler Schlafentzug führt zum Tode. Der Grund dafür ist bisher unklar, weil zu wenig über die physiologische Rolle des Schlafes bekannt ist.

Der ca. eintägige **Wach-Schlaf-Zyklus** und andere **zirkadiane** (= diurnale) **Rhythmen** werden von *endogenen Rhythmusgeneratoren* gesteuert, wobei sich die „Zentral-Uhr" im Nucl. suprachiasmaticus (SCN) des Hypothalamus befindet (→ A). Die endogene zirkadiane Periode beträgt 24 bis 25 h, doch läuft sie nur bei völliger Isolierung von der Umwelt (Keller ohne Fenster, Höhle etc.) ungestört ab (→ **B**). Durch *externe Zeitgeber* (s. u.) wird er auf die genaue 24-Stunden-Periodik *synchronisiert*. Eine Nachsynchronisation bei einer Zeitverschiebung (weite Reisen in Ost-West-Richtung) braucht dabei mehrere Tage (*Jetlag*).

Wichtige **„Zahnräder"** der endogenen „Zentral-Uhr" der Säuger sind kürzlich entdeckt worden (→ A1). Neurone des SCN enthalten die Proteine CLOCK und BMAL1, die mittels Bindung ihrer PAS-Domänen ein Heterodimer bilden. Dieses CLOCK-BMAL1-Dimer gelangt in den Zellkern, bindet dort über eine Promotorsequenz („E-Box") an die Oszillatorgene per(iod) 1, per2 und per3 und aktiviert damit die Transkription dieser Gene. Nach einer Latenzperiode ergibt ihre anschließende Expression die drei Proteine PER1, PER2 und PER3, die nun als Trimer ihrerseits die CLOCK-BMAL1-Wirkung blockieren, womit die negative Rückkoppelungsschleife geschlossen ist. Wie dieser Zyklus die nachgeschalteten neuronalen Reaktionen (Membranpotenzial) hervorruft, ist noch unklar.

Der wichtigste **externe Zeitgeber** für die 24-h-Synchronisation ist *helles Licht*, das von bestimmten retinalen Ganglienzellen über den Tractus retinohypothalamicus an den SCN gemeldet wird (→ **A2,3**). Die SCN-Zellen sind miteinander gekoppelt (→ **A3**) und bewirken über verschiedene Effektorsysteme des ZNS (→ **A4**) zirkadiane Hormonsekretions-, Kerntemperatur- und Wach-Schlaf-Rhythmen (→ **A5** u. **B, oben**).

Der Zeitgeber bremst oder beschleunigt den endogenen Rhythmus, je nachdem, in welcher Phase er sich befindet. Die Zeitgeberinformation gelangt auch zur **Epiphyse** (Zirbeldrüse, Glandula pinealis) und bewirkt dort, dass die (nachts hohe) Sekretion des Hormons **Melatonin** gehemmt wird. Melatonin wirkt u. a. auf den SCN. Melatoningabe vor dem Zubettgehen kann eine Nachsynchronisation stark verkürzen, was v. a. darauf beruht, dass es über MT_2-Rezeptoren den SCN „stilllegt" und so nächtlichen neuronalen Input (außer durch Licht, s. o.) weitgehend fern hält.

A. Zirkadianer Rhythmusgenerator im Nucleus suprachiasmaticus (SCN)

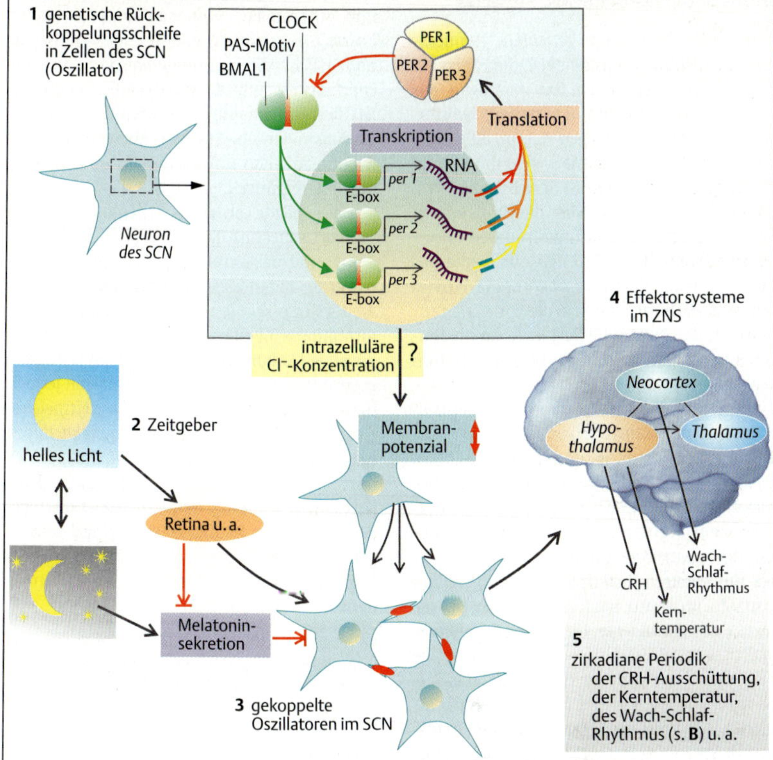

B. Zirkadiane Periodik des Wach-Schlaf-Rhythmus

Bewusstsein, Gedächtnis, Sprache

Bewusstsein beinhaltet *gerichtete Aufmerksamkeit, Abstrahierungsfähigkeit*, die Fähigkeit, Vorgänge zu *verbalisieren*, das Vermögen, aus Erfahrungswerten *Pläne* zu erstellen, *Selbsterkenntnis, Wertvorstellungen* u.a.m. Bewusstsein befähigt u.a. dazu, mit ungewohnten und schwierigen Situationen in der Umwelt fertig zu werden (*Anpassung*). Über die für Bewusstsein und kontrollierte Aufmerksamkeit nötige Gehirnaktivität (LCCS, s.u.) ist nur wenig bekannt, so etwa, dass dafür *subkortikale Aktivierungssysteme* nötig sind, u.a. die Formatio reticularis (→ S. 322), sowie Systeme, die im Thalamus den Zustrom zum Kortex via Striatum hemmen (→ S. 326).

Aufmerksamkeit. Aufgenommene Sinnesreize werden im *sensorischen Gedächtnis* (→ **A**) in Bruchteilen einer Sekunde mit dem Inhalt des Langzeitgedächtnisses verglichen und bewertet. Bei Routinesituationen, z.B. im Straßenverkehr, werden diese *unbewusst* gehandhabt (*automatisierte Aufmerksamkeit*), so dass dies mit anderen Reaktionsabläufen (z.B. ein Gespräch im Auto) nicht interferiert. Unsere *bewusste, kontrollierte* (*gerichtete*) *Aufmerksamkeit* erregen neuartige oder mehrdeutige Reize, wobei die Reaktion darauf (z.B. das Setzen von Prioritäten) weite Teile des Gehirns involviert (*Kontrollsystem der limitierten Kapazität*, LCCS). Die Kapazität für gerichtete Aufmerksamkeit ist begrenzt, so dass wir sie in der Regel nur auf eine Reizsituation richten können.

Es gibt ein **implizites** (*prozedurales*) **Gedächtnis**, das u.a. Fertigkeiten speichert sowie für assoziatives (Konditionierung bedingter Reflexe; → z.B. S. 236) und nicht-assoziatives Lernen (Habituation und Sensibilisierung von Reflexwegen) sorgt. An diesem unbewussten Gedächtnis sind die Basalganglien, das Kleinhirn, der motorische Kortex, die Amygdala (emotionale Reaktionen) u.a.m. beteiligt.

Das **explizite** (*deklarative, Wissens-*)**Gedächtnis** hingegen speichert Fakten (semantisches Wissen) und Erlebnisse (episodisches Wissen) ab (v.a. wenn sie mit gerichteter Aufmerksamkeit erlebt werden) und gibt sie *bewusst* wieder. Für die *Abspeicherung* der Informationen, die in den uni- und polymodalen *Assoziationsfeldern* aufbereitetet wurden, sorgt das *mediale Temporallappensystem* (Hippokampus, peri- und entorhinaler sowie parahippokampaler Kortex): Es stellt den *Kontext* der zeitlichen und örtlichen Ereignisumgebung her und speichert das Ergebnis dann rückläufig in den *Spines* der Kortexdendriten (→ S. 322) der Assoziationsfelder ab. Für ein Abrufen des Gedächtnisinhalts genügt dann das Auftreten eines Teilereignisses.

Das **explizite Lernen** (→ **A**) beginnt im *sensorischen Gedächtnis*, das nur *sehr kurz* (< 1 s) den Sinneseindruck (automatisch) festhält. Ein geringer Bruchteil dieser Informationen gelangt weiter in das *primäre Gedächtnis*, das rund 7 Informationseinheiten (z.B. Nummerngruppen) für einige Sekunden speichern kann (*Kurzzeitgedächtnis*). Dazu wird die Information jedoch meist schon *verbalisiert*. Die *Langzeitspeicherung* im *sekundären Gedächtnis* gelingt durch häufiges Üben: *Konsolidierung*. Ein Abrufen der dort gespeicherten Information geht jedoch relativ langsam. Im sog. *tertiären Gedächtnis* werden besonders häufig geübte Dinge gespeichert (Schreiben, Lesen, eigener Name), die ein Leben lang nicht vergessen werden und trotzdem sehr rasch abrufbar bleiben.

Korrelat des primären (*Kurzzeit-*)*Gedächtnisse* sind wahrscheinlich in den Neuronenverbänden *kreisende Erregungen*, während für das *Langzeitgedächtnis* vorwiegend *biochemischen Mechanismen* ablaufen. Neben langfristigen *genomischen Veränderungen* könnte beim Lernen eine nach wiederholter Reizung stunden- bis tagelang anhaltende *Verstärkung synaptischer Verbindungen* (**LTP**, **l**ong-**t**erm **p**otentiation) an den Spines der Kortexdendriten eine wesentliche Rolle spielen.

LTP-Mechanismus. Präsynaptisch freigesetztes Glutamat (→ S. 55 F), aktiviert den AMPA-Rezeptor und einströmendes Na^+ depolarisiert die postsynaptische Membran. Auch der NMDA-Rezeptor wird aktiviert, doch lässt er erst $\mathbf{Ca^{2+}}$ in die Zelle, wenn die seinen Ionenkanal blockierenden Mg^{2+}-Ionen durch die Depolarisation abdiffundiert sind. Die zytosolische Ca^{2+}-Konzentration, $[Ca^{2+}]_i$, steigt daraufhin an. Wiederholt sich dies oft genug, so kommt es über Calmodulin zur Autophosphorylierung von CaM-Kinase II (→ S. 36), die auch anhält, wenn $[Ca^{2+}]_i$ wieder absinkt. Die CaM-Kinase II phosphoryliert AMPA-Rezeptoren (Erhöhung ihrer Leitfähigkeit) und vermehrt deren Einbau in die postsynaptische Membran, so dass die synaptische Übertragung längerfristig verstärkt wird (LTP).

Gedächtnisstörungen (**Amnesien**)**.** Klinisch versteht man unter *retrograder* (zurückreichender) *Am-*

A. Informationsspeicherung im Gehirn (explizites Gedächtnis)

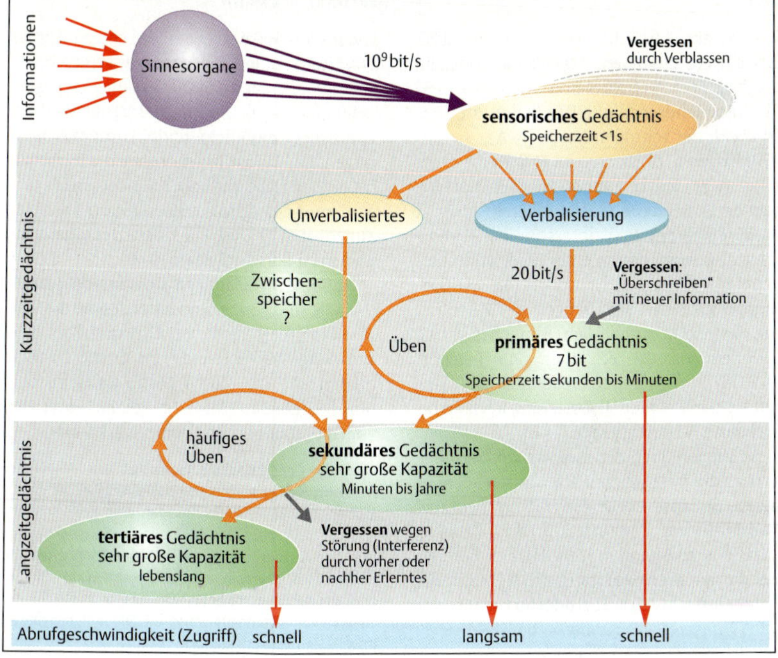

nesie einen Verlust des primären Gedächtnisses und (vorübergehende) Schwierigkeiten beim Abrufen aus dem sekundären Gedächtnis (Ursachen: Gehirnerschütterung, Elektroschock u. a.). *Anterograde Amnesie* heißt die Unfähigkeit, neue Informationen vom primären ins sekundäre Gedächtnis zu übertragen (sog. *Korsakoff-Syndrom*).

Sprache dient einerseits als *Kommunikationsmittel: Nachrichtenaufnahme* durch Auge, Ohr und u. U., z. B. beim Blinden, durch den Tastsinn; *Nachrichtenabgabe* durch Schreiben und Sprechen (s. a. S. 370). Andererseits ist Sprache auch notwendig, um Sinneseindrücke bewusst zu verarbeiten, d. h. *Begriffe* zu bilden, *Konzepte* zu erarbeiten, die wiederum *verbalisiert* werden. Erst damit ist eine *ökonomische Speicherung* im Gedächtnis möglich. Die Begriffs- und Sprachbildung und ihre Verarbeitung sind ungleich auf die beiden Hirnhälften verteilt. Bei Rechtshändern ist fast immer die linke Großhirnhemisphäre Hauptsitz des Sprachvermögens (sog. *dominante Hemisphäre*, großes *Planum temporale*), bei Linkshändern ist es zu 30–40% die rechte Hemisphäre. Die *nichtdominante Hemisphäre* ist u. a. wichtig für Worterkennung, Satzmelodie und zahlreiche nichtverbale Leistungen (z. B. Musik, räumliches Denken, Gesichtererkennung).

Illustriert wird dies durch das Verhalten von Patienten, denen die Verbindungen zwischen den beiden Hirnhälften (wegen ansonsten unbehandelbaren schweren Epilepsien) durchtrennt werden mussten. Betastet ein solcher **Split-Brain-Patient** z. B. mit der rechten Hand (Meldung in die linke Hemisphäre) einen Gegenstand, kann er ihn sprachlich benennen. Beim Betasten mit der linken Hand (rechte Hemisphäre) ist dies nicht möglich, doch kann er mit der linken Hand auf einen ähnlichen Gegenstand auf einem Foto zeigen. Da eine völlige Durchtrennung der Hemisphärenverbindungen auch von zahlreichen anderen schweren Störungen begleitet ist, wird eine solche Operation nur noch bei Patienten mit anderweitig nicht beherrschbaren, schwersten Krampfanfällen durchgeführt.

Glia

Das ZNS enthält ca. 10^{11} Nervenzellen und 10-mal soviele **Gliazellen** (*Oligodendrozyten, Astrozyten, Ependymzellen* und *Mikroglia*, → **A**). Die **Oligodendrozyten** (ODZ) bilden die *Myelinscheide* der zentralen Axone (→ **A**).

Astrozyten (AZ) sorgen im ZNS für die extrazelluläre **K^+- und H^+-Homöostase**: Bei hochfrequenter Erregung geben Neuronen *K^+-Ionen* ab (→ **B**). Einer erhöhten interstitiellen K^+-Konzentration und damit einer unerwünschten Depolarisierung von Neuronen (Nernst-Gleichung; → S. 32, Gl. 1.18) beugen die AZ dadurch vor, dass sie K^+ aufnehmen. Ähnliches gilt für H^+-Ionen. Da die AZ über *Gap Junctions* (→ S. 16 f.) miteinander verbunden sind, können sie die K^+- oder H^+-Belastung auch an benachbarte AZ weitergeben (→ **B**).

AZ dienen auch der *Synapsenabschirmung*, so dass die freigesetzten Transmitter nicht an andere Synapsen gelangen. AZ *nehmen* auch *Transmitter auf*. Glutamat (Glu) wird dabei intrazellulär zu Glutamin ($GluNH_2$) amidiert und reexportiert, von wo aus es die Nervenzellen wieder aufnehmen und erneut zu Glu umwandeln (*Transmitter-Recycling*, → **B**).

Manche AZ haben einerseits **Rezeptoren für Transmitter** (Glu z. B. löst eine von AZ zu AZ weitergeleitete Ca^{2+}-Welle aus), andererseits sind sie in der Lage, die Ca^{2+}-Konzentration im Zytosol der Neurone zu verändern, so dass die beiden Zelltypen offenbar miteinander „sprechen“. AZ vermitteln auch den Stofftransport zwischen Blutkapillaren und Neuronen und sorgen u. a. auch durch Glykogensynthese und -abbau für die *Energiehomöostase* der Nervenzellen. Während der frühen Embryonalentwicklung dienen die lang gestreckten Fortsätze der AZ den noch undifferenzierten Nervenzellen bei ihrer Migration in ihr Zielgebiet als *Leitstrukturen*. Auch wird die für die ZNS-Entwicklung notwendige Genexpression in den Nervenzellverbänden z. T. durch *Wachstumsfaktoren* (NGF = nerve growth factor; BDGF = brain-derived GF; GDNF = glial cell line-derived neurotropic factor) aus den Gliazellen gesteuert, wobei GDNF ein trophischer Faktor auch für ausgereifte Neurone ist.

Die immunkompetente **Mikroglia** (→ **A**) hat bei Verletzungen und Infektionen des ZNS ähnliche Aufgaben wie die Makrophagen außerhalb des ZNS (→ S. 94 ff). **Ependymzellen** kleiden die inneren Hohlräume des ZNS aus (→ **A**). Gliazellen sind teilungsfähig und können daher auch **Narben** (mögliche Epilepsieherde) sowie **Tumore** bilden (Gliome).

Geschmackssinn

Jeweils 50 – 100 der (in ca. 2-wöchigem Turnus ersetzten) *sekundären* Sinneszellen der Zunge sind in einer der ca. 5000 *Geschmacksknospen* gebündelt (→ **D**). Die Sensorerregung wird auf Endigungen des VII., IX. und X. Hirnnervs übertragen, im *Nucleus tractus solitarii* umgeschaltet und erreicht mit hoher Konvergenz (a) via Thalamus den Gyrus postcentralis (→ S. 323 B, Zunge) und (b) via Pons den Hypothalamus und das limbische System (→ **C**).

Außer den geläufigen **Geschmacksqualitäten**, *süß, salzig, sauer* und *bitter*, für die die Sensoren in unterschiedlicher Dichte auf der ganzen Zunge verteilt sind, gibt es die Qualität *Umami*, die u. a. durch Mono-Natrium[sodium]-L-Glutamat (MSG) ausgelöst wird, das v. a. in proteinreichen Speisen vorkommt.

Über die **Geschmackssensoren** ist u. a. Folgendes bekannt: **Salzig** schmecken Kationen (Na^+, K^+ u. a.), wobei auch anwesende Anionen eine Rolle spielen. Na^+ z. B. tritt über Na^+-Kanäle in die Sensorzelle ein und depolarisiert sie. **Sauer:** H^+-Ionen schließen K^+-Kanäle, was ebenfalls depolarisierend wirkt. **Bitter:** Eine große Genfamilie (> 50 Gene) codiert für ein Arsenal von Bitterstoff-Sensoren. Die meisten dieser jeweils für bestimmte Stoffe spezifischen Sensorproteine werden in einer Sensorzelle exprimiert, so dass sie für ganz unterschiedliche Bitterstoffe empfindlich ist. Die (über das G-Protein *α-Gustducin*) weitergeleitete Information ist in jedem Fall nur „bitter“, also ein Warnsignal (s. u.), und sagt nichts über die Art des Bitterstoffs aus. **Umami:** Bestimmte Geschmackszellen enthalten einen metabotropen Glutamatsensor (mGluR4), dessen Erregung die zytosolische cAMP-Konzentration senkt und zu dessen Aktivierung eine viel höhere MSG-Konzentration nötig ist als zu der des mGluR4-Rezeptors im Gehirn.

Schwellen. Die *Erkennungsschwellen* (mol/l) betragen für Chininsulfat und Saccharin ca. 10^{-5}, für HCl 10^{-3} sowie für Rohrzucker und NaCl ca. 10^{-2}. Die relative *Intensitätsunterschiedsschwelle* $\Delta I/I$ (→ S. 352) beträgt ca. 0,20. Die *Konzentration* des Stoffes bestimmt, ob sein Geschmack angenehm oder unangenehm ist (→ **E**). Zur *Adaptation* s. S. 341 C.

Aufgaben des Geschmackssinnes sind u. a. die *Nahrungskontrolle* (schlechter oder bitterer Geschmack [niedrige Schwelle!]: Warnung, da meist giftig) und die *Auslösung der Speichel-* und *Magensaftsekretion* (→ S. 236 und 242).

A. Gliazellen

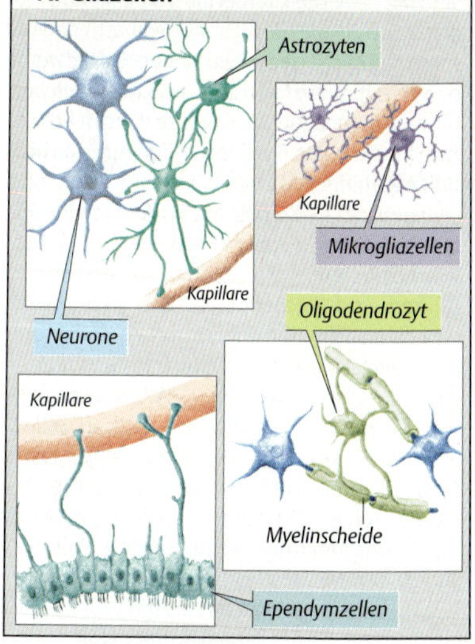

B. Gliafunktionen

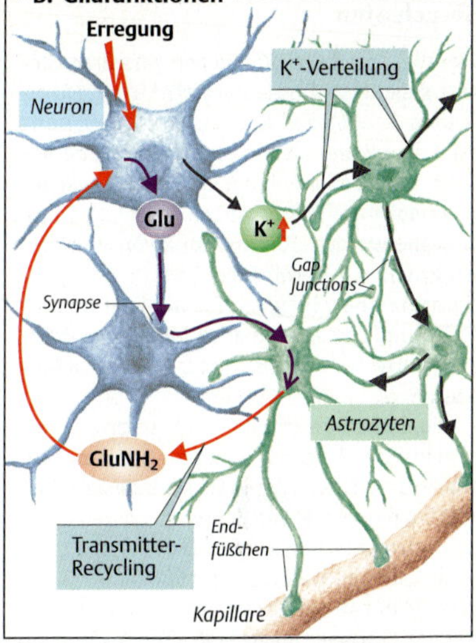

C. Geschmacksbahnen

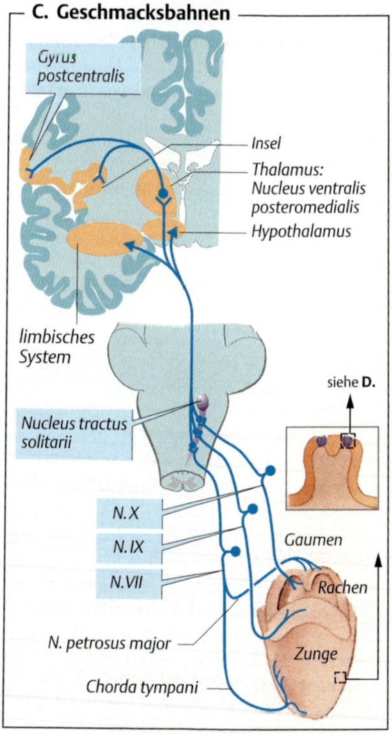

D. Geschmacksknospe

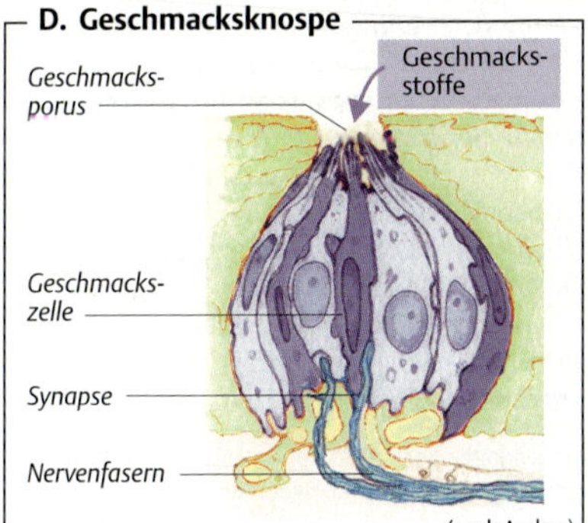

(nach Andres)

E. Bewertung von Geschmacksreizen

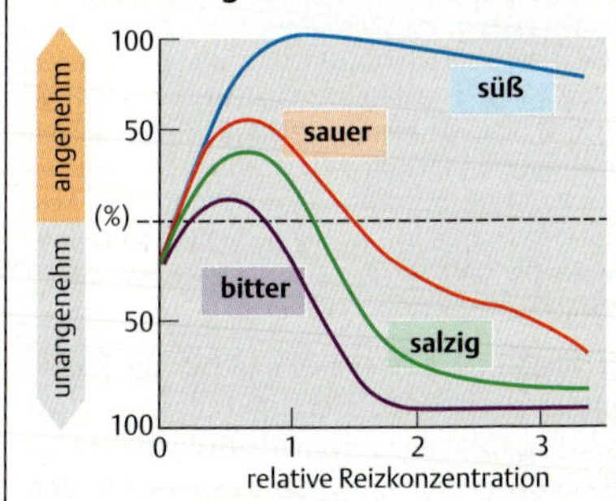

(nach Pfaffmann)

Geruchssinn

Die 10^7 geruchsempfindlichen *primären* **Sinneszellen** liegen im Neuroepithel der *Regio olfactoria* (→ **A1**). Sie sind bipolar; ihr Dendrit trägt an seinem Ende 5–20 schleimbedeckte *Zilien*, während die Axone in Bündeln (*Fila olfactoria*) zentralwärts ziehen (→ **A1,2**). Diese Neurone werden durch Teilung von Basalzellen erneuert (30–60-Tage-Zyklus). Auf manche aggressiven Reize (z. B. Säure- oder Ammoniakdämpfe) reagieren auch *freie Nervenendigungen* (N. trigeminus) in der Nasenschleimhaut.

Die Duftstoffe (M_r 15–300) gelangen mit der Luft (durch Schnüffeln verstärkt) zur Regio olfactoria, wo sie in deren *Schleimschicht* gelöst werden müssen, um an die **Sensorproteine** der *Zilienmembran* zu gelangen. Diese werden von einer riesigen Genfamilie (500–750 Gene, verteilt auf die meisten der Chromosomen) codiert, wobei höchstwahrscheinlich *eine Sensorzelle* jeweils nur *eines dieser Gene* exprimiert. Da ca. 40% dieser Gene nur Teilsequenzen exprimieren, gibt es wohl ca. 200–400 humane **Sensortypen**. Diese sind an *G_S (= G_{olf})-Proteine gekoppelt* (→ **B** u. S. 274 ff.), die die Kationenleitfähigkeit der Sensormembran erhöhen, so dass Na^+ und Ca^{2+} einströmen und die Membran depolarisieren.

Sensorspezifität (→ **A3**). Die Sensoren erkennen jeweils ganz *spezifische molekulare Struktureigenschaften* der Duftstoffe.

Der geklonte Sensor I7 der Ratte z. B. reagiert auf den Aldehyd *n*-Octanal, nicht jedoch auf Octanol und Octansäure oder Aldehyde, die im Vergleich zu *n*-Octanal um mehr als zwei Methylengruppen verkürzt oder verlängert sind. Bei aromatischen Verbindungen erkennt ein Sensortyp z. B., ob diese *ortho-*, *meta-* oder *para*-substituiert sind, und ein anderer, welche Länge der Substituent hat, ganz gleich wo er am Ring sitzt. Mit seinen verschiedenen Molekülteilen erregt ein Duftstoff daher mehrere Sensortypen (→ z. B. **A3**, rechts oben). Jasminblüten oder Wein enthalten Dutzende bzw. Hunderte riechender Substanzen. Ihr Duft ist daher eine noch komplexere (im Riechhirn integrierte) Empfindung.

Riechbahn (→ **A2**). Die Axone der im Riechepithel verstreuten Sensoren des gleichen Typs (ca. 10^3) nehmen innerhalb der *Glomeruli olfactorii* des *Bulbus olfactorius* Kontakt zu den Dendriten derselben *Mitral-* und *Pinselzellen* auf (MZ, PZ). Die Glomeruli sind also Konvergenzzentren, die die Signale gleichartiger Sensoren sammeln und weitergeben. Das jeweilige Sensorprotein bestimmt auch, bei welchen Glomeruli neu aussprossende Sensor-Axone Anschluss finden. *Periglomeruläre* und *Körnerzellen* verbinden MZ und PZ untereinander und *hemmen* sie (→ **A2**). Die MZ wirken an denselben *reziproken Synapsen* (→ **A**, „+/_") in umgekehrter Richtung erregend auf die periglomerulären und Körnerzellen, die andererseits durch den primären olfaktorischen Kortex und den kontralateralen Nucl. olfactorius anterior *efferent gehemmt* werden (→ **A2**, violette Bahnen). Diese Schaltungen ermöglichen *Selbst-* und *Umfeldhemmung* (Kontrastierung) sowie *Disinhibierung* durch höhere Zentren. Die MZ-Axone ziehen (a) nach Umschaltung im Nucl. olfactorius anterior über die vordere Kommissur zu den MZ des *kontralateralen Bulbus* sowie (b) als *Tractus olfactorius* zum *primären olfaktorischen Kortex* (präpiriformer Kortex, Tuberculum olfactorium, Nucl. corticalis amygdalae). Die dort verarbeiteten Geruchsinformationen gelangen dann zu *Hypothalamus* und *limbischem System* (Mandelkern: emotionale Komponente! s. a. S. 330), zur *Formatio reticularis* und via Thalamus oder direkt zum Neokortex (Insel, orbitofrontaler Kortex).

Schwellen. Nur $4 \cdot 10^{-15}$ g Methylmercaptan (im Knoblauch) pro l Luft genügen für die Empfindung „Es riecht nach etwas" (= *Wahrnehmungs- oder Absolutschwelle*). Bei $2 \cdot 10^{-13}$ g/l wird dieser Duftstoff erkannt (*Erkennungsschwelle*). Diese Schwellen sind abhängig von Luftfeuchtigkeit und -temperatur und liegen für andere Stoffe bis zu 10^{10}fach höher. Die relative *Intensitätsunterschiedsschwelle* $\Delta I/I$ (→ S. 352) ist mit 0,25 relativ hoch. Die **Adaptation** (→ **C**) ist z. T. sensorbedingt (Desensitisierung), z. T. neuronal.

Die **Aufgaben des Geruchssinnes** sind u. a.: 1. die Auslösung der *Speichel-* und *Magensaftsekretion* durch angenehme bzw. die *Warnung* vor verdorbenen Speisen durch unangenehme Gerüche, 2. die *Hygieneüberwachung* (Schweiß, Exkremente), 3. die *soziale Information* „Familie", „Feind" etc. (→ S. 330), 4. Einflüsse auf des Sexualverhalten und 5. auf die Affektlage (Lust- und Unlustgefühle u. Ä.).

A. Riechbahn und Sensorspezifität

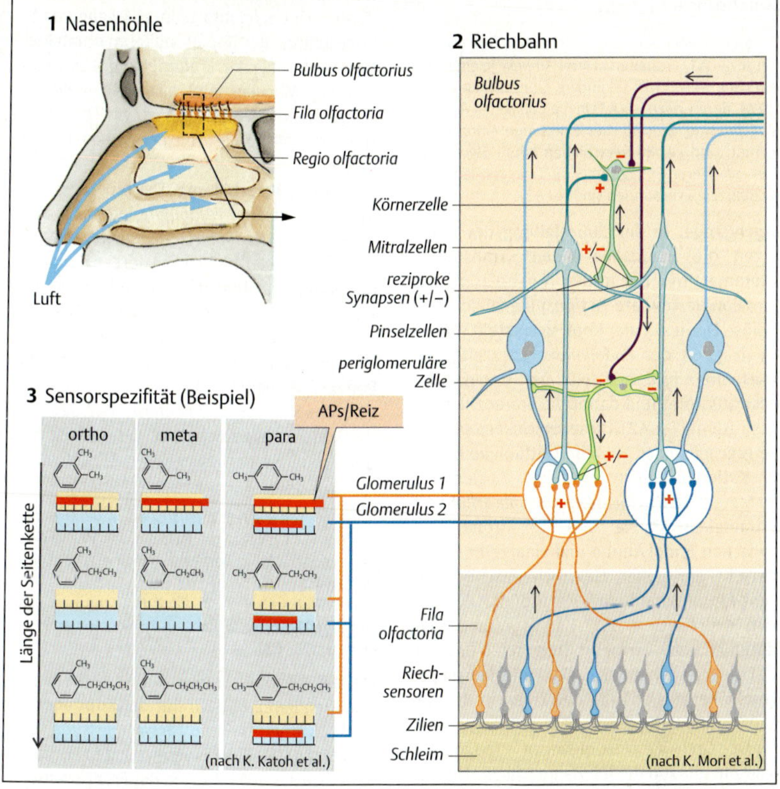

B. Transduktion des Geruchsreizes

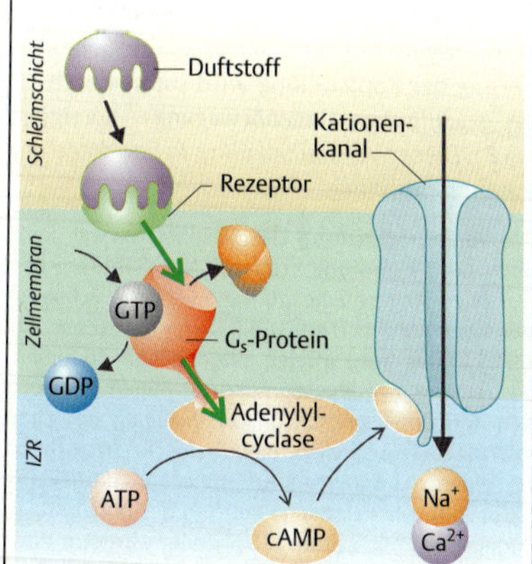

C. Adaptation von Geruch u. Geschmack

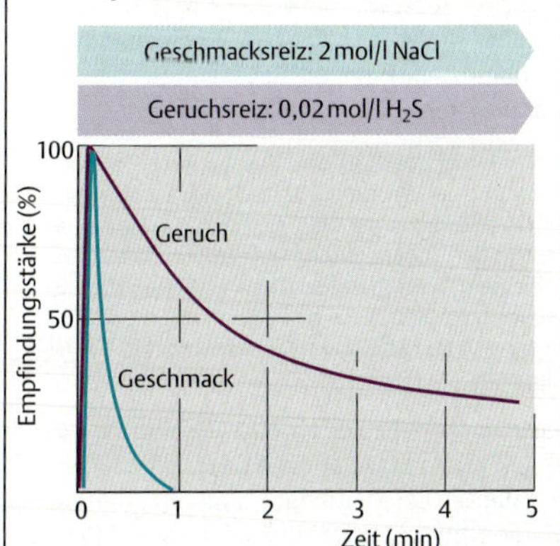

(nach Engel sowie Ekman et al.)

Gleichgewichtssinn

Die drei zueinander senkrecht stehenden **Bogengänge** (→ **A1**) enthalten in ihrer *Ampulle* je eine Leiste (*Crista*; → **A2**) mit sekundäre Sinneszellen (*Haarzellen*), deren *Zilien* (→ **A3**) in die *Cupula* (→ **A2**) eingebettet sind. Es sind dies eine lange *Kinozilie* am Zellrand und ca. 80 verschieden lange *Stereozilien* oder *-villi*, deren Spitzen über *Tip Links* mit längeren Nachbarzilien verbunden sind (→ **A3**).

Bogengänge. In der Ruhestellung der Zilien setzen die Haarzellen bereits Transmitter (Glutamat) frei, der in den Nervenfasern des Ganglion vestibulare Aktionspotenziale (APs) auslöst. Dreht sich der Kopf, so entsteht infolge der Trägheit der *Endolymphe* kurzzeitig ein *Druckunterschied* beidseits der Cupula, der diese auswölbt und damit die Stereozilien etwas auslenkt (→ **A2**). Diese *verschieben sich* dabei *gegeneinander*, was die Leitfähigkeit ziliärer Kationen-Kanäle verändert. Auslenkung der Stereozilien *in Richtung Kinozilie erhöht* die Leitfähigkeit, K^+, Na^+ und Ca^{2+} strömen ein (zwischen Endolymphe und Haarzellinnerem herrscht ein hoher elektrochemischer Gradient für alle drei Ionen, s. a. S. 366). Die Zelle wird depolarisiert, Ca^{2+}-Kanäle öffnen sich, Glutamat wird vermehrt freigesetzt und die AP-Frequenz erhöht sich. Das Umgekehrte geschieht bei Auslenkung der Zilien in die Gegenrichtung. **Aufgabe** der 3 Bogengänge ist es, *Winkel-(Dreh-)Beschleunigungen* (adäquater Reiz) um alle möglichen Raumachsen (Nicken, Wenden und Seitwärtsneigen des Kopfes) zu registrieren. Da die normalen Kopfbewegungen aber nur $< 0{,}3$ s dauern (Beschleunigung ⇒ Abbremsung), gibt die Bogengangserregung eher die Dreh*geschwindigkeit* wieder.

Bei **Drehung des Körpers** über **längere Zeit** verschwindet der Druckunterschied. Beim *Abbremsen* der Drehbewegungen baut sich nun ein Druckgradient in der Gegenrichtung auf: Erhöhte die Zilienverbiegung beim Start der Drehbewegung die AP-Frequenz, so sinkt diese beim Abbremsen und umgekehrt. Diese Reize führen zu **Schwindel** und **Nystagmus** (s. u.).

Maculae. Die Zilien der in *Sacculus* und *Utriculus* gelegenen Maculae (→ **A1,4**) tauchen in eine gallertartige Membran (→ **A4**) ein, die mit relativ schweren Kalzitkristallen (*Statolithen*; Dichte ≈ 3,0) angereichert ist. Diese verschieben die Statolithenmembran und damit die in sie hineinragenden Zilien (→ **A4**), und zwar bei Kopfbewegungen infolge ihrer *Trägheit* und in Ruhestellung des Kopfes im Raum durch Richtungsänderung der *Erdanziehung*. Die **Aufgaben der Maculae** sind also, (a) *geradlinige (Translations-)Bewegungen* sowie (b) *Abweichungen* des Kopfes *von der Senkrechten* zu melden.

Zentrale Verschaltung. Die bipolaren Neurone des *Ganglion vestibulare* leiten die Erregung zu den *Vestibularkernen* weiter (→ **A, B**). Wichtige Bahnen ziehen von dort zu denen der *Gegenseite*, zu den *Augenmuskelkernen*, zum *Kleinhirn* (→ S. 326), zu den Motoneuronen der *Skelettmuskulatur* und zum *Gyrus postcentralis* (bewusste Raumorientierung). Die **Vestibular-Reflexe** dienen (a) der Gleichgewichterhaltung des Körpers (*Stützmotorik*; → S. 328) und (b) dem „Im-Auge-Behalten" der Umwelt trotz Kopf- und Körperbewegungen (*Blickmotorik*, → **B** u. S. 360).

Wird z. B. unter einer Versuchsperson die Unterlage gekippt (→ **C**), führt die Reizung des Vestibularorgans zur Streckung von Arm und Oberschenkel auf der Talseite (Stützung) und zur Beugung des Arms auf der Bergseite (→ **C2**). Ein Patient mit gestörtem Gleichgewichtsorgan kann nicht so reagieren und kippt um (→ **C3**).

Da das Vestibularorgan selbst nicht unterscheiden kann, ob sich nur der Kopf oder der ganze Körper bewegt (*Bewegungssinn*) bzw. bewegt hat (*Stellung*), werden in den *Vestibulariskernen* auch Meldungen der *Propriosensoren der Halsmuskulatur* sowie *visuelle Informationen* mitverrechnet. Efferenzen gehen an die beidseitigen *Augenmuskelkerne*, und jede Änderung der Kopfstellung wird sofort durch eine *gegenläufige Augenbewegung* korrigiert (→ **B**). Dieser *vestibulookuläre Reflex* dient der *Raumorientierung*.

Die **klinische Prüfung** des Vestibularorgans kann über die Blickmotorik erfolgen. Nach Abbremsung des zuvor längere Zeit um seine vertikale Achse rotierenden Körpers (Drehstuhl) kommt es wegen der Reizung der horizontalen Bogengänge zu einem *postrotatorischen* **Nystagmus**: Die Augen bewegen sich horizontal *langsam in Drehrichtung*, um dann *rasch zurückzuschnellen*, wobei eine Rechtsrotation zu einem Linksnystagmus führt u. umgekehrt (→ S. 360). Die kalorische Reizung des horizontalen Bogengangs mit kaltem (30 °C) oder warmem Wasser (44 °C) im Gehörgang führt zum *kalorischen Nystagmus* und erlaubt eine seitengetrennte Prüfung.

A. Gleichgewichts-(Vestibular-)Organ

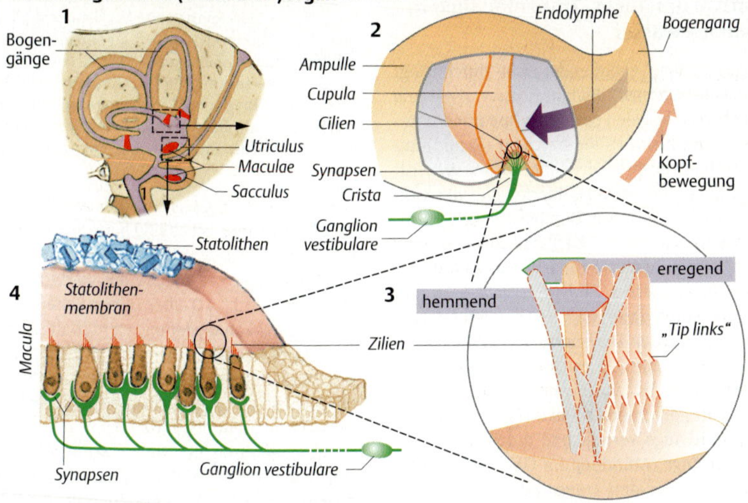

B. Vestibularorgan: Wirkung auf die Blickmotorik

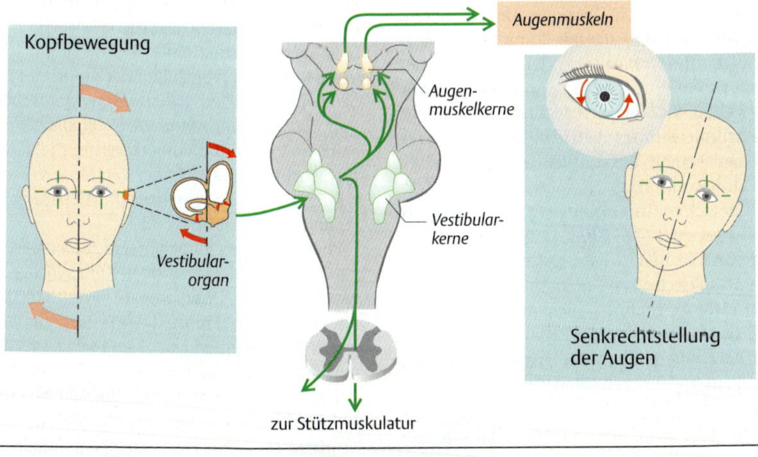

C. Vestibularorgan: Wirkung auf die Stützmotorik

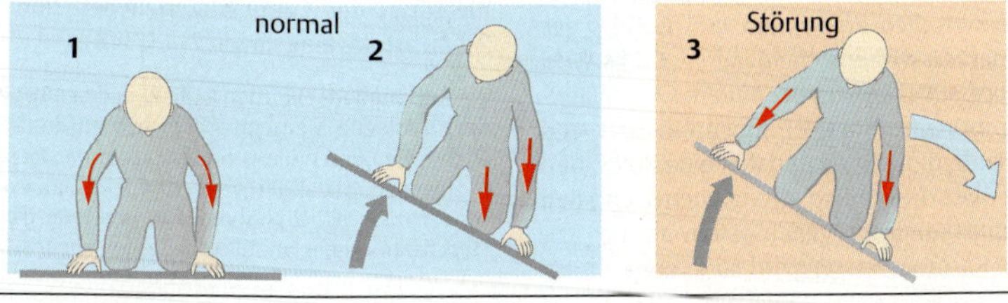

(nach Kornhuber)

Aufbau des Auges, Tränenflüssigkeit, Kammerwasser

Das ins Auge einfallende Licht durchdringt *Hornhaut* (*Kornea*), *Kammerwasser*, *Linse* und *Glaskörper*, also den **optischen Apparat** des Auges (→ **A**), bevor es die *Netzhaut* (*Retina*) mit den Photosensoren erreicht. Dieser entwirft ein (*umgekehrtes*) *verkleinertes Bild* der Umwelt auf der Netzhaut. Durchsichtigkeit, Formkonstanz und glatte Oberfläche der einzelnen Teile dieses Apparats sind Voraussetzung für eine einwandfreie Bildwiedergabe. Bei der *Kornea* sorgt dafür v.a die **Tränenflüssigkeit.** Sie wird von den *Tränendrüsen* (außen oben in der Augenhöhle gelegen) ausgeschüttet (Bildung ähnlich wie beim Primärspeichel; → S. 236), durch den reflektorischen *Lidschlag* über das Auge verteilt und durch die beiden *Tränengänge* (Mündung im Ober- und Unterlid; → **B**) über den *Tränensack* in die Nasenhöhle abgeleitet. Die Tränenflüssigkeit verbessert die optischen Eigenschaften der Kornea durch Ausgleich von Unebenheiten, schwemmt Staub, ätzende Dämpfe u.a. weg, schützt die Kornea vor dem Austrocknen (Trübwerden), enthält u.a. Immunglobulin A (→ S. 98 u. 232) zur Erregerabwehr und dient als Schmierfilm für die *Lider*. Darüber hinaus dienen Tränen bekanntlich als emotionales Ausdrucksmittel.

Der Lichteintritt ins Auge wird durch die **Iris** (→ **A**) geregelt (→ S. 353 C1). Sie enthält dazu ringförmige und radiäre glatte Muskelfasern. Als *M. sphincter* bzw. *dilatator pupillae* verengen (*Miosis*; cholinerg) bzw. erweitern (*Mydriasis*; adrenerg) sie die Pupille.

Die *Formerhaltung* des Augapfels (*Bulbus*) wird einerseits durch seine Hülle (Sklera; → **A, C**), andererseits durch einen gegenüber der Umgebung erhöhten **Augeninnendruck** gewährleistet (normalerweise 15–22 mm Hg). Für die Konstanz des Druckes ist das Gleichgewicht zwischen Produktion und Abfluss des **Kammerwassers** entscheidend (→ **C**). Es wird im *Processus ciliaris* in der *hinteren Augenkammer* produziert (aktiver Ionentransport und Carboanhydrase spielen dabei eine Rolle) und fließt über die *vordere Augenkammer* und den *Schlemm-Kanal* ins Venensystem ab. Das gesamte Kammerwasser wird so in etwa 1 h ersetzt.

Der Abfluss kann u.U. dadurch akut beeinträchtigt sein, dass der stark kontrahierte M. dilatator pupillae den Kanal komprimiert. Dadurch kommt es zu einem **erhöhten Augeninnendruck** (*Glaukom: grüner Star*), was zu Schmerzen und einer Schädigung der Retina führt. Drosselung der Kammerwasserproduktion durch Carboanhydrasehemmer und Pupillenverengung sind zwei der Therapiemaßnahmen beim Glaukom.

Die **Linse** des Auges ist an den *Zonulafasern* (→ **C**) aufgehängt. Diese sind beim Sehen in die Ferne (*Fernakkommodation*) gespannt, wodurch die Linse (besonders die Vorderfläche) abgeflacht wird (→ **D**, oben). Beim Sehen in die Nähe (*Nahakkommodation*) werden die Zonulafasern durch die *An*spannung des *Ziliarmuskels ent*spannt, und die Linse nimmt infolge ihrer Elastizität wieder ihre ursprüngliche Form an (→ **D**, unten und S. 346).

Die Innenseite der Bulbuswand wird bis weit nach vorne von der **Retina** ausgekleidet. Ausgespart davon bleibt die Stelle, wo der Sehnerv (N. opticus; → **A**) den Bulbus verlässt (*Papilla n. optici*; → **A**). Gegenüber der Pupillenöffnung ist die Retina leicht vertieft (*Fovea centralis*; → **A**). Die Retina eines Auges enthält folgende Schichten (von außen nach innen, → **E**): *Pigmentepithelzellen, Photosensoren* (*Stäbchen* und *Zapfen*), *Horizontalzellen, Bipolarzellen, amakrine Zellen* und *Ganglienzellen*. Die zentralen Fortsätze (ca. 10^6) der Letzteren verlassen den Bulbus als *N. opticus* (Verschaltung in der Retina: → S. 355 ff.).

Photosensoren. Stäbchen und Zapfen bestehen aus einem lichtsensitiven *Außenglied*, das über ein dünnes Übergangsstück (enthält das Zilium) mit dem Hauptteil der Sensorzelle (*Innenglied*), verbunden ist (→ S. 349 C1). Das Innenglied enthält die normalen Zellorganellen und stellt den synaptischen Kontakt zu den nachgeschalteten Zellen her. In die ca. 800 *Membranscheibchen* des Stäbchenaußenglieds sowie in die kammförmig eingefaltete Plasmamembran der Zapfenaußenglieder sind die Sehfarbstoffe eingelagert (→ S. 348).

Die **Außenglieder** werden laufend dadurch **regeneriert**, dass alte Membranscheibchen an der Spitze abgestoßen und neue vom Innenglied nachgeschoben werden. Die abgestoßenen Scheibchen werden vom *Pigmentepithel* phagozytiert, und zwar die der Stäbchen morgens und die der Zapfen abends.

A. Rechtes Auge (Horizontalschnitt)

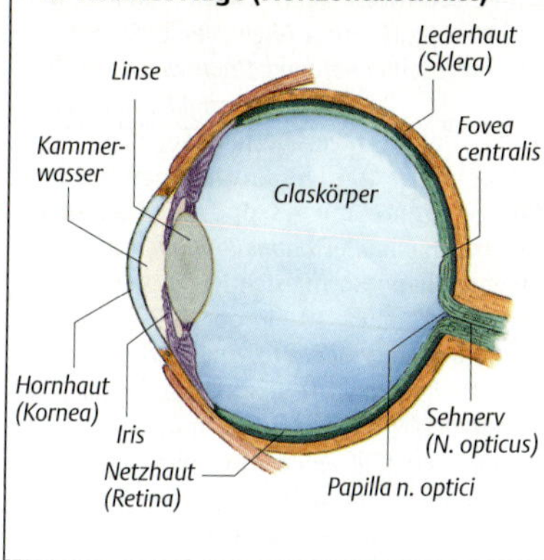

B. Rechtes Auge, Tränenzu- u. -abfluss

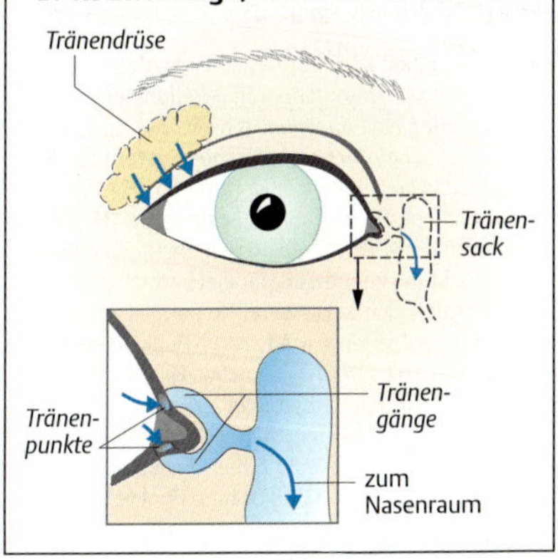

C. Kammerwasserzu- und -abfluss

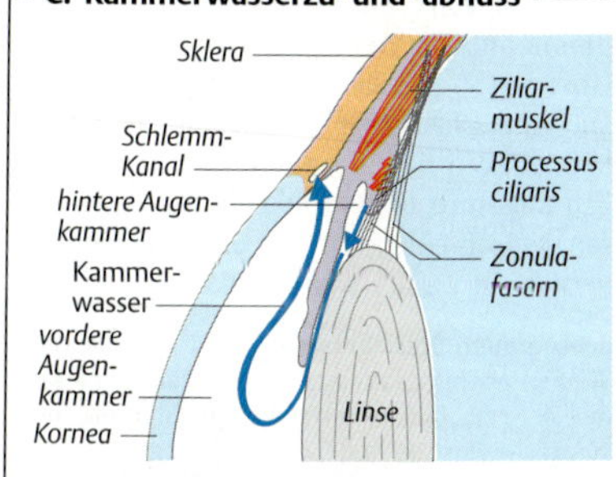

D. Akkommodation

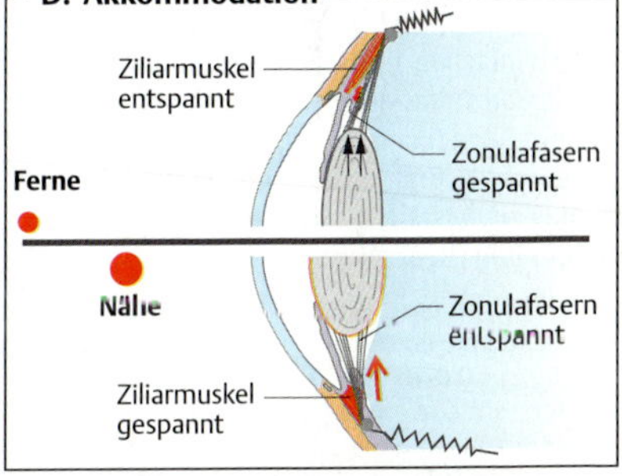

E. Netzhaut

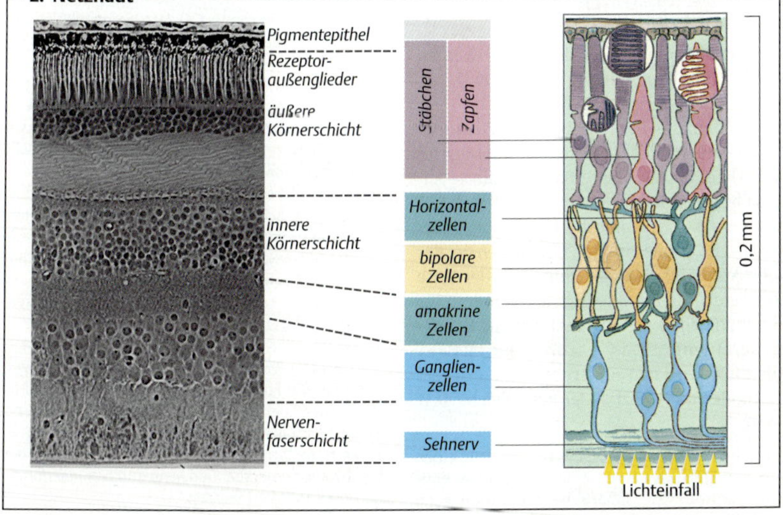

Der optische Apparat des Auges

Physik. Bei einer kugelförmigen Grenzfläche zwischen Luft und einem anderen Medium entsteht durch Brechung eine *Abbildung* jenseits der Grenzfläche. Ein solches **einfaches optisches System** (→ **A**) hat einen *vorderen Brennpunkt* (in Luft) (**F_v**), einen *hinteren Brennpunkt* (**F_h**), einen *Hauptpunkt* (**H**) und einen *Knotenpunkt* (**K**). Strahlen von einem weit entfernten Punkt (∞) können als parallel betrachtet werden. Sie treffen sich in F_h, wenn sie parallel zur *optischen Achse* eintreffen (→ **A1**, roter Punkt). Treffen sie *schräg* dazu ein, werden sie *neben* F_h, aber in derselben (*Brenn-*)*Ebene* abgebildet (→ **A1**, violetter Punkt). Strahlen von einem nahen Punkt sind *nicht parallel* und werden deshalb *hinter* der Brennebene abgebildet (→ **A2**, grüne und braune Punkte).

Der **optische Apparat** des Auges besteht aus mehreren Grenzflächen und Medien: *zusammengesetztes optisches System*. Es lässt sich zu einem einfachen optischen System vereinfachen („*reduziertes Auge*“): Strahlen von einem mit dem Auge fixierten Gegenstand (G) gehen alle durch K und divergieren dann wieder (Winkel α), bis sie die Netzhaut treffen und dort ein Bild (B) erzeugen (→ **A2**).

Damit lässt sich errechnen, dass zwei 1 mm voneinander entfernte Punkte im Abstand von 3 m ($\tan\alpha = 1/3000$; $\alpha = 0{,}0175° \approx 1'$) auf der Retina 5 µm voneinander entfernt sind. Bei normalem Visus (→ S. 348) können diese zwei Punkte gerade noch getrennt wahrgenommen werden, weil die 5 µm in der Fovea drei Zapfen entsprechen: zwei werden erregt, der dazwischen nicht.

Bei **Fernakkommodation** des Auges werden parallele Strahlen (ferner Punkt) bei F_h als Punkt („scharf“) abgebildet (→ **B1**, roter Punkt). Genau bei F_h liegt bei Fernakkommodation auch die *Retina*, so dass sie ein scharfes Bild erhält. Das gleiche fernakkomodierte Auge sieht einen Punkt in der Nähe jedoch unscharf, da er erst *hinter* der Retina abgebildet wird (→ **B1**, grüne Punkte). Erhöht sich bei der **Nahakkommodation** die Krümmung der Linse und damit ihr *Brechwert* (s. u.), wandert die Abbildung eines nahen Punktes in die Retinaebene, er wird „scharf“ (→ **B2**, grüne Punkte). Allerdings wird nun ein ferner Punkt unscharf abgebildet, da F_h jetzt in der Retinaebene liegt (→ **B2**, F_h).

Der optische Apparat des Auges hat am Rand einen größeren Brechwert (s. u.) als in der Nähe der optischen Achse. Diese **sphärische Aberration** kann durch Engerstellung der Pupille minimiert werden.

Unter **Brechwert** oder -„**kraft**“ (Maßeinheit: Dioptrie [dpt]) eines Auges versteht man den *Kehrwert* seiner *vorderen Brennweite* (m) (Strecke $F_v - H = 0{,}017$ m bei *Fernakkommodation*: → **B1**). Der Brechwert beträgt hier also 1 : 0,017 = 58,8 dpt, woran die Brechung an der Luft-Kornea-Grenze mit 43 dpt den Hauptanteil hat. Bei maximaler *Nahakkommodation* (eines jugendlichen Normalsichtigen) wächst der Brechwert um ca. 10–14 dpt. Diese Zunahme (**Akkommodationsbreite,** AkBr) errechnet sich aus *1/Nahpunkt – 1/Fernpunkt* [m^{-1} = dpt]. Der **Nahpunkt** (NP) ist die Entfernung, in der gerade noch scharf gesehen wird, bei normalsichtigen Jugendlichen 0,07–0,1 m. Der **Fernpunkt** (FP) liegt beim Normalsichtigen (Emmetropen) im Unendlichen (∞). Die AkBr beträgt bei einem NP von 0,1 m also 10 dpt, da 1/∞ = 0. Sie nimmt im Alter wegen der starrer werdenden Linse ab (50-Jährige: 1 bis 3,5 dpt), es kommt zur **Alterssichtigkeit** (*Presbyopie*) (→ **C1–3**), bei der zwar das Sehen in die Ferne gewöhnlich ungestört ist (→ **C1**), zum Nahsehen (Lesen) jedoch eine Brille mit einer *Sammellinse* verwendet werden muss (→ **C3**).

Beim **grauen Star** (**Katarakt**) trübt sich die Linse. Wird sie operativ entfernt, muss sie durch eine Sammellinse von mindestens + 15 dpt (Starbrille oder künstliche Linse im Auge) ersetzt werden.

Bei der **Kurzsichtigkeit** (*Myopie*) schneiden sich parallele Strahlen schon *vor* der Retina (meist, weil der Bulbus zu lang ist; → **C4**). Der „Fernpunkt“ ist bei der Myopie in der Nähe (→ **C5**). Eine *Zerstreuungslinse* (– *dpt*), die parallele Strahlen so zerstreut, als ob sie aus diesem „Fernpunkt“ kämen, korrigiert die Myopie (→ **C6**) (Beispiel: FP = 0,5 m, Linse von [– 1/0,5 =] – 2 dpt notwendig); um dann auch in der Nähe scharf zu sehen, muss die Augenlinse (wie beim Emmetropen) akkommodieren (→ **C7**). Bei der **Weit-** oder **Übersichtigkeit** (*Hyperopie*) ist der Bulbus zu kurz. Schon beim Sehen in die Ferne muss nahakkommodiert werden (→ **C8**), womit schon ein Teil der AkBr verbraucht wird, d. h., für das Nahsehen reicht die Brechkraft nicht mehr aus (→ **C9**). Eine *Sammellinse* (+ *dpt*) korrigiert diese Fehlsichtigkeit (→ **C10** und **C11**).

Die Oberfläche der Kornea ist oft in einer (meist in senkrechter) Richtung stärker gekrümmt als in der anderen. Die Folge ist ein Brechkraftunterschied in den beiden Ebenen, so dass ein Punkt als Strich (eine Ebene unscharf!) erscheint: Stabsichtigkeit oder (regulärer) **Astigmatismus**. Er macht sich häufig bei Presbyopie bemerkbar und kann durch *zylinderförmige Linsen* korrigiert werden.

A. Abbildung entfernter (1) und naher (2) Punkte

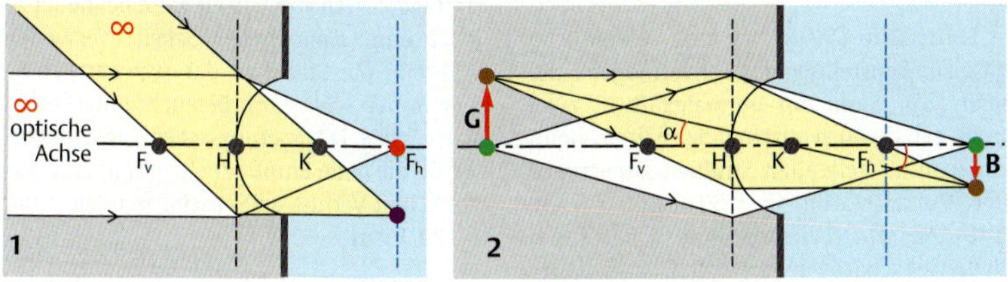

B. Auge: Fernakkommodation(1), Nahakkommodation (2)

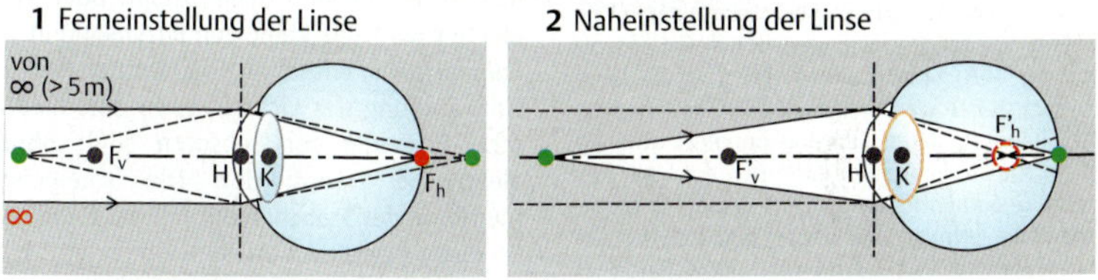

C. Alterssichtigkeit, Kurzsichtigkeit und Weitsichtigkeit

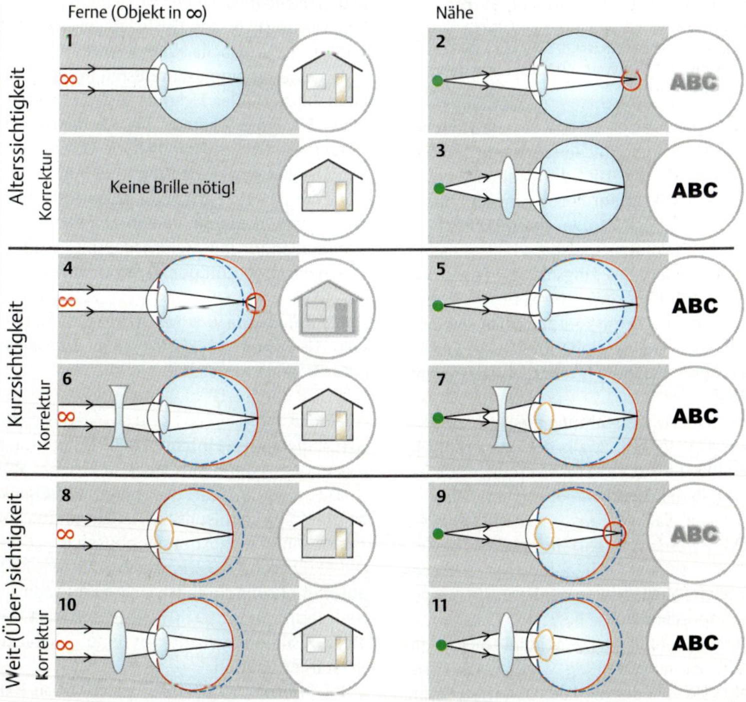

Sehschärfe, Photosensoren

Die **Sehschärfe** (**Visus**) ist eine wesentliche Größe zur Beurteilung des Sehvermögens. Bei *gutem Licht* kann ein normales Auge zwei Punkte gerade noch auseinander halten, wenn die davon ausgehenden Strahlen zueinander einen Winkel (α) von 1′ (= 1/60°) bilden (→ **A** u. S. 346). Aus $1/\alpha$ (Winkelminute^{-1}) berechnet sich die Sehschärfe, im Normalfall ist sie daher 1/1.

Praktisch verwendet man zur **Visusprüfung** Sehtafeln mit verschieden großen Buchstaben, deren Einzelheiten aus der jeweils angegebenen Entfernung (z. B. 5 m; → **A**) unter dem Winkel 1′ erscheinen. Statt Buchstaben werden u. a. auch Ringe (Landolt-Ringe) benützt, deren Öffnung unter 1′ gesehen wird (→ **A**). Die Sehschärfe lässt sich dann aus Ist-Entfernung/Soll-Entfernung, aus denen der Buchstabe (bzw. die Öffnung des Ringes) erkannt wird, errechnen. Beispiel: Aus 3,3 m Entfernung soll normalerweise erkannt werden, wo sich die Öffnung der rechten Ringes (→ **A**) befindet. Ist das der Fall, beträgt der Visus 3,3/3,3 = 1,0 (normal). Kann aus 3,3 m Entfernung nur die Öffnung im linken Ring erkannt werden, ist der Visus 3,3/8,5 = 0,39, da die Öffnung im linken Ring schon aus 8,5 m Entfernung gesehen werden sollte.

$6 \cdot 10^6$ **Zapfen** und ca. 20-mal soviele **Stäbchen** sind die lichtempfindlichen Sensoren der Retina (→ S. 345 E). Sie sind dort unterschiedlich verteilt (→ **B1**): In der Fovea centralis finden sich ausschließlich Zapfen, deren Dichte peripher schnell abnimmt, während die Stäbchen am häufigsten ca. 30° rings um die Fovea centralis anzutreffen sind. Zur Retinaperipherie hin nimmt ihre Dichte kontinuierlich von max. $1{,}5 \cdot 10^5/mm^2$ auf ca. ein Drittel ab. An der Papilla n. optici finden sich keine Sensoren: *„blinder Fleck"*.

Zur genauen Betrachtung eines Objekts bei Tag wird es „fixiert", d. h. in der **Fovea centralis** abgebildet. So löst etwa eine auftauchende Bewegung in der Gesichtsfeldperipherie eine reflektorische Sakkade aus (→ S. 360), die das Objekt in der Fovea centralis abbildet. Der Visus (s. o.) bezieht sich auf diesen „Ort des schärfsten Sehens" der in der Retina 5° temporal der optischen Achse liegt. Der Visus nimmt extrafoveal schnell ab (→ **B2**) und spiegelt damit die Zapfenverteilung wider (→ **B2**). Die Empfindlichkeit der dunkeladaptierten Retina entspricht hingegen ganz der Stäbchenverteilung (→ **B1,2**). Die **Zapfen** werden also für das (farbige) Sehen von Einzelheiten bei heller Beleuchtung (*photopisches Sehen*) verwendet, während die **Stäbchen** das (schwarz-weiße) Sehen bei schlechter Beleuchtung (*skotopisches Sehen, Dämmerungssehen*) ermöglichen, wobei die hohe Empfindlichkeit mit einem erheblichen Verlust an Sehschärfe erkauft wird (→ **B2**, Visus).

Sensorfunktion

In den Zapfen und Stäbchen (→ **C1**) sind die lichtabsorbierenden *Sehfarbstoffe* oder *-pigmente* sowie eine Reihe von *Enzymen* und *Signalmolekülen* enthalten, die Mittler bei der Umwandlung des Lichtreizes in eine elektrische Erregung der Sensoren sind: **photoelektrische Transduktion**. Die Scheibchenmembran der **Stäbchen** enthält das *Rhodopsin* (→ **C2**). Es besteht aus dem integralen Membranprotein *Opsin*, das die Scheibchenmembran sieben Mal durchspannt, und dem Aldehyd *11-cis-Retinal*. Dieser ist, gebunden an einen Lysinrest, in das Opsin eingebettet und wird durch schwache Wechselwirkungen mit zwei weiteren Aminosäureresten in seiner Lage stabilisiert. Der *Lichtreiz* löst die primäre *photochemische Reaktion* im Rhodopsin aus (Dauer: $2 \cdot 10^{-14}$ s), nämlich die Umlagerung von 11-*cis*-Retinal zu all-*trans*-Retinal (→ **C3**). Ohne dass weiter Licht nötig ist, entsteht dann zuerst *Bathorhodopsin* und anschließend über *Lumirhodopsin* und *Metarhodopsin I* schließlich (nach insgesamt nur 10^{-3} s) *Metarhodopsin II* (→ **D1**).

Metarhodopsin II (= **MR II**) reagiert mit einem G_S-Protein (→ S. 274), dem *Transducin* (= G_t-Protein), das sich daraufhin, nach Ersatz von GDP durch GTP, in die α_S- und die $\beta\gamma$-Untereinheit spaltet (→ **D1**). An so aktiviertes **α_S-GTP** bindet nun die inhibitorische Untereinheit (**I_{PDE}**) der *cGMP-Phosphodiesterase,* **PDE** (→ **D2**), und die derart disinhibierte PDE *senkt* daraufhin die zytolsolische Konzentration von zyklischem Guanosinmonophosphat, **cGMP** Die Aktivierung eines einzigen Stäbchen-Rhodopsinmoleküls durch ein Lichtquant kann zur Hydrolyse von bis zu 10^6 cGMP/s führen, d. h. diese Reaktionskaskade hat eine erhebliche Verstärkerfunktion.

Im Dunkeln (→ **D**, links) ist cGMP an Kationen-(**Na^+, Ca^{2+}**-)**Kanäle** in der Zellmembran ▶

A. Sehschärfe (Visus)

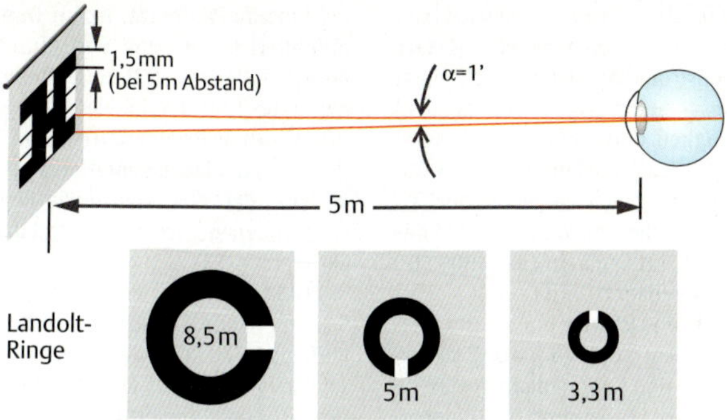

B. Retina: Sensorenverteilung, Dunkelempfindlichkeit und Visus

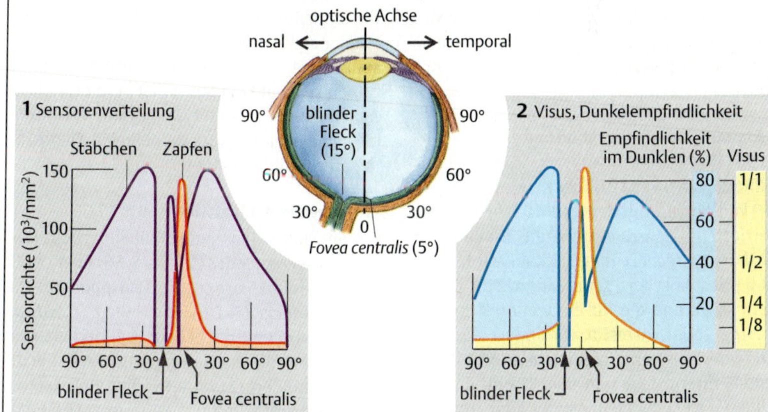

C. Photosensoren

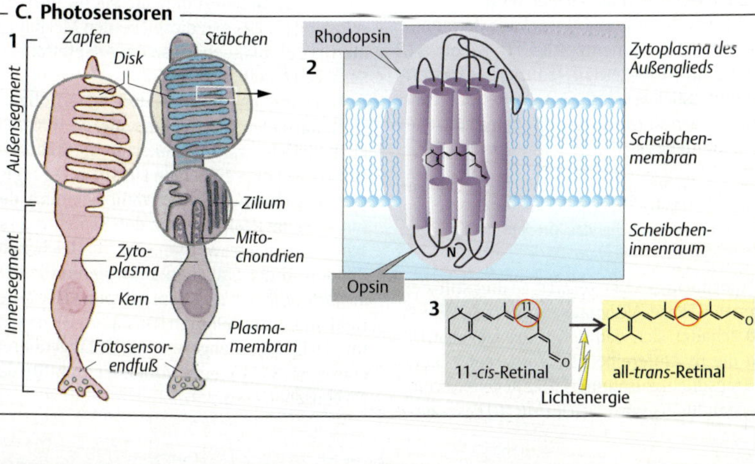

des Außenglieds gebunden und hält diese offen, so dass Na^+ und Ca^{2+} in die Zelle einströmen und sie auf ca. – 40 mV *depolarisieren* (→ **D3,4**). (Dieser „Dunkelstrom" beinhaltet auch einen K^+-Ausstrom aus dem Innenglied des Sensors.) Das ins Außenglied einströmende Ca^{2+} wird durch einen Na^+/Ca^{2+}-Austauscher (→ S. 36) der Plasmamembran gleich wieder aus der Zelle geschafft, so dass die zytosolische Ca^{2+}-Konzentration, **$[Ca^{2+}]_i$**, im Dunkeln (bei 350–500 nmol/l) konstant gehalten wird (→ **D6**).

Sinkt nun auf den **Lichtreiz** hin die intrazelluläre cGMP-Konzentration ab (→ **D2**), so dissoziiert cGMP von den Kationenkanälen ab, so dass diese schließen: Es kommt zur *Hyperpolarisation* von ca. – 70 mV: *Sensorpotenzial* (→ **D**, rechts). Dieses *hemmt* die Freisetzung des Transmitters *Glutamat* am Fuß des Sensors (→ **D5**), was in den nachgeschalteten Retinaneuronen zu Potenzialänderungen, also zum elektrischen Signal führt (→ S. 354).

Abschaltung der Lichtreaktion und Regenerationszyklen

◆ **Rhodopsin** (→ **E2**). Eine Rhodopsinkinase (RK) konkurriert mit dem (100fach höher konzentrierten) Transducin um die Bindung an MR II (→ **E2**, rechts). Bindet RK an MR II, wird MR II phosphoryliert, seine Affinität für Transducin sinkt, und die für ein weiteres Protein, *Arrestin*, steigt. Arrestin verhindert die Bindung von weiterem Transducin an MR II, all-*trans*-Retinal trennt sich vom Opsin, das anschließend wieder dephosphoryliert und mit frischem11-*cis*-Retinal beladen wird.

◆ **all-trans-Retinal** (→ **E1**) wird aus dem Photosensor ins Pigmentepithel transportiert, dort zu all-*trans*-Retinol reduziert, verestert und schließlich wieder zu 11-*cis*-Retinal regeneriert. Nach Rücktransport in den Photosensor verbindet es sich erneut mit Opsin (→ **E2**).

Retinol ist das **Vitamin A_1**. Chronischer Mangel an diesem Vitamin bzw. seinen Vorstufen (Karotinoide) führt wegen unzureichender Rhodopsinbildung zur *Nachtblindheit* (→ S. 352).

◆ **Transducin** (→ **E3**). α_S-GTP spaltet mit der eigenen GTPase-Aktivität sein GTP zu GDP + P_i und schaltet sich dadurch selbst ab. α_S-GDP und die $\beta\gamma$-Untereiheit treten darauf wieder zu Transducin zusammen. Die Regenerierung des Tranducins wird durch *GAP* (**G**TPase-**a**ctivating **p**rotein) stark beschleunigt. Ein weiteres Protein, *Phosducin*, ist im Dunkeln phosphoryliert (→ **D6**) und wird durch Licht dephosphoryliert (→ **D7**). In letzterer Form bindet es die $\beta\gamma$-Untereinheit (→ **D7, E3**) und blockiert so die Regenerierung von Transducin (Rolle bei der Lichtadaptation s. u.).

◆ **PDE.** Bei der Transducin-Regenerierung wird I_{PDE} wieder freigesetzt und damit PDE inaktiviert (→ **E3**).

◆ **cGMP.** Nach dem Lichtreiz-bedingten Schließen des Ca^{2+}-Lecks am Kationenkanal läuft der 3 Na^+/Ca^{2+}-Austauscher (s.o) weiter, so dass **$[Ca^{2+}]_i$** jetzt absinkt. Werden ca. 100 nmol/l erreicht, verliert das Ca^{2+}-bindende GCAP (**g**uanylyl **c**yclase-**a**ctivating **p**rotein) seine 4 Ca^{2+}-Ionen und aktiviert in dieser Form die Gyanylylzyklase dazu, die cGMP-Synthese wieder anzukurbeln. Die cGMP-Konzentration steigt daraufhin wieder, die Kationen-Kanäle öffnen sich, und der Sensor ist bereit für einen neuen Lichtreiz. Dieser Ca^{2+}-Zyklus vermittelt also eine negative Rückkoppelungsschleife für die cGMP-Bildung.

Ca^{2+}-Ionen und Adaptation (s. a. S. 352)

Bei der hohen $[Ca^{2+}]_i$ im Dunkeln erhöht *Calmodulin*-gebundenes Ca^{2+} (→ S. 36) über cAMP und Phosphokinase A die Phosphorylierung von *Phosducin* (→ **D6**). Im Hellen (niedriges $[Ca^{2+}]_i$), wird Phosducin dephosphoryliert, und die rasche Regenerierung des Transducins wird verhindert (→ **D7, E3**). Über ein weiteres Ca^{2+}-bindendes Protein, *Recoverin*, beschleunigt Ca^{2+} im Hellen zudem die MR II-Phosphorylierung (→ **E2**). Mit diesen beiden Mechanismen ist Ca^{2+} maßgeblich an der **Adaptation der Sensoren** beteiligt (→ S. 352).

Trotz ähnlicher Enzym- und Signalstoffausstattung haben die **Zapfen** eine ca. 100-mal kleinere Lichtempfindlichkeit als die Stäbchen, so dass sie keine einzelnen Lichtquanten registrieren können. Das liegt wahrscheinlich daran, dass die Reaktionen in den Zapfen viel rascher inaktiviert werden. Im Vergleich zum Rhodopsin der Stäbchen absorbieren die drei *Sehfarbstoffe* der drei Zapfentypen (11-*cis*-Retinal mit wechselndem Opsinanteil) jeweils nur Licht eines engeren Wellenlängenbereiches (→ S. 357 E), eine Voraussetzung für das Farbensehen (→ S. 356).

D. Sensorerregung und Adaptation

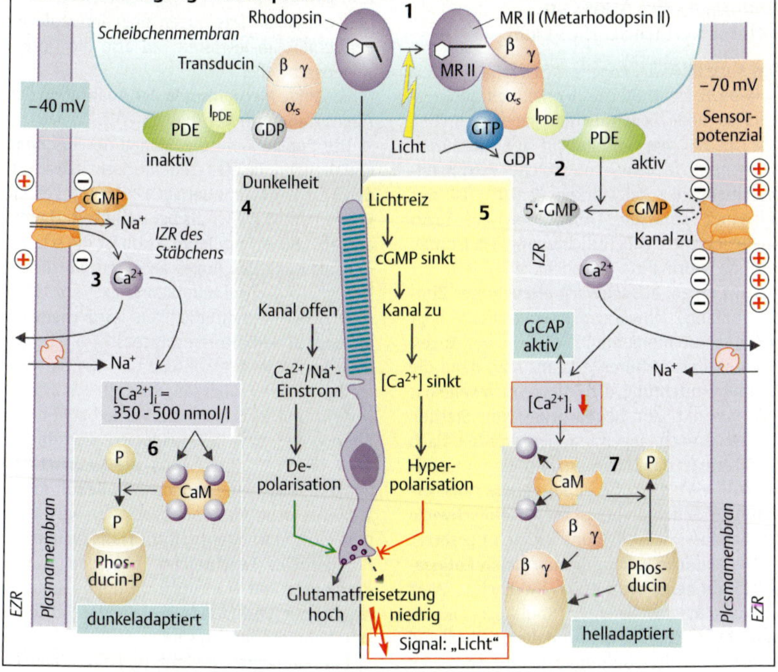

E. Regenerationszyklen

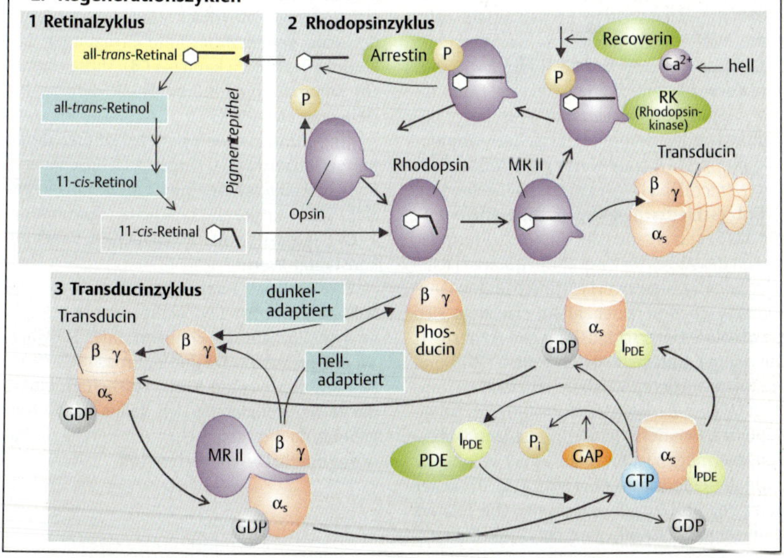

Anpassung des Auges an unterschiedlich starkes Licht

Das Auge ist in der Lage, so schwache Lichtreize wie z. B. kleine Sterne zu erkennen, andererseits so hohe Leuchtdichten zu verarbeiten, wie sie z. B. bei Sonnenlicht auf Gletschern herrschen. Die Auswertung solcher extrem unterschiedlicher Reizstärken ($1:10^{12}$) ist nur mit einer Anpassung (**Adaptation**) des Auges an die jeweilige Leuchtdichte möglich. Ist man z. B. an normales Tageslicht adaptiert, erscheint einem ein schwach erleuchtetes Zimmer anfangs schwarz: die Leuchtdichte liegt tiefer als die momentane Schwelle des Auges. Nach einigen Minuten erkennt man dann die Zimmereinrichtung, d. h., die Reizschwelle hat sich gesenkt. Zur Beobachtung von Sternen z. B. muss noch länger adaptiert werden. Nach ca. 30 min ist das Maximum der Adaptation erreicht (→ **A**), d. h., die dabei gerade noch erkennbare Leuchtdichte ist die **Absolutschwelle des Sehens**. (Sie ist in **A** und **B** gleich 1 gesetzt).

Der *zeitliche Verlauf der* normalen **Retinaadaptation** zeigt beim etwa 2000fachen Wert der Absolutschwelle einen (Kohlrausch-)Knick (→ **A**, blaue Kurve). Hier wird die Leuchtdichte erreicht, bei der voll dunkeladaptierte *Zapfen* gerade noch erregt werden („*Schwelle des Tagessehens*"). Der weitere Kurvenverlauf nach unten wird durch die etwas nachhinkende Adaptation der *Stäbchen* bestimmt (→ **A**, violette Kurve). Letztere kann beim total Farbblinden („*Stäbchenmonochromat*") isoliert bestimmt werden, während die isolierte Zapfenadaptation (→ **A**, rote Kurve) bei *Nachtblindheit* (*Hemeralopie* , → S. 350) zu beobachten ist.

Unterschiedsschwellen (= Differenzlimen). Für das Sehen ist auch die Unterscheidungsfähigkeit des Auges für zwei ähnlich starke Lichtreize wichtig. Sind zwei Lichtintensitäten I und I' gerade noch unterscheidbar, errechnet sich die *absolute* Unterschiedsschwelle ΔI aus I – I'. Die *relative* Unterschiedsschwelle ist ΔI/I und in einem mittleren Reizbereich ziemlich konstant (*Weber-Beziehung*) ΔI/I ist für das Sehen mit 0,01 besonders klein (d. h., das Unterscheidungsvermögen ist besonders gut), wenn eine optimale Beleuchtung herrscht (ca. 10^9facher Wert der Absolutschwelle; → **B**). Die relative Unterschiedsschwelle wird bei Dunkeladaptation sehr viel größer, steigt aber auch bei allzu hellem Licht an. Das Tragen einer Sonnenbrille verkleinert im letzteren Fall also die Unterschiedsschwelle.

Folgende **Mechanismen der Adaptation** des Auges stehen zur Verfügung (→ **C**):

◆ Die **Pupille** kann die Menge des ins Auge einfallenden Lichtes reflektorisch etwa um den Faktor 16 verändern (**C1**). Bei Dunkelheit ist die Pupille weiter als bei Helligkeit. Hauptaufgabe dieser Pupillenreaktion ist die schnelle Anpassung des Auges an einen *plötzlichen* Helligkeitswechsel (Pupillenreflex; → S. 358).

◆ Die Sensorempfindlichkeit wird **chemisch** an die Lichtverhältnisse angepasst (→ **C2**). Viel Licht senkt die zytosolische *Ca^{2+}-Konzentration* der Sensoren über längere Zeit, was via *Recoverin* und *Phosducin* die Verfügbarkeit von Rhodopsin bzw. Transducin vermindert (→ S. 348 f.). Dadurch sinkt die Wahrscheinlichkeit, dass ein Rhodopsinmolekül durch weiteres Licht (Photonen) getroffen wird bzw. dass ein Metarhodopsin II auf Transducin trifft. Bei geringer Leuchtdichte hingegen stehen Rhodopsin und Transducin in hoher Konzentration zur Verfügung, so dass die Sensoren sehr lichtempfindlich sind.

◆ Eine umfangreiche Empfindlichkeitsanpassung des Auges ist auch dadurch möglich, dass sich diejenige Retinafläche (Sensorenzahl), aus der eine Sehnervfaser ihre Erregungen bekommt, verändern kann (→ **C3**). Diese **räumliche Summation** nimmt bei Dunkelheit zu, bei Helligkeit ab (→ S. 354).

◆ Kurze, unterschwellige Reize können durch Reizverlängerung („längeres Hinschauen") überschwellig werden und ein Aktionspotenzial (AP) auslösen (**zeitliche Summation**; → **C4**). Intensität mal Reizdauer ist dabei ein konstanter Wert.

Eine „lokale" Adaptation kann beim sog. **Sukzessivkontrast** beobachtet werden. Blickt man ca. 20 s auf das Zentrum eines Schwarz-Weiß-Musters (→ **D**) und dann schnell daneben auf den weißen Kreis, erscheinen einem die vorher dunklen Partien heller als die Umgebung, da die entsprechenden Nerzhautareale empfindlicher geworden sind.

A. Adaptationsverlauf

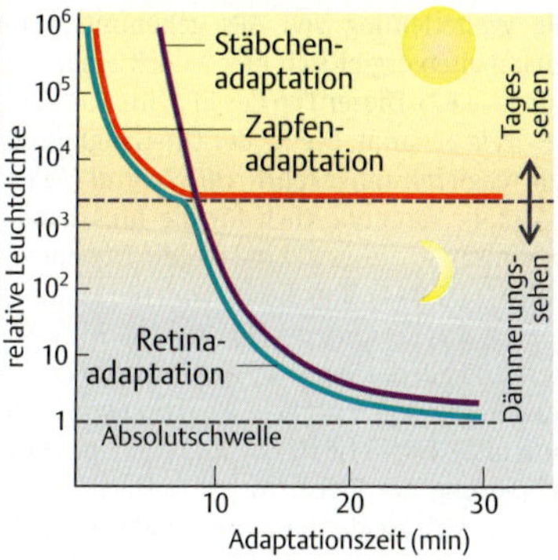

B. Unterschiedsschwelle u. Leuchtdichte

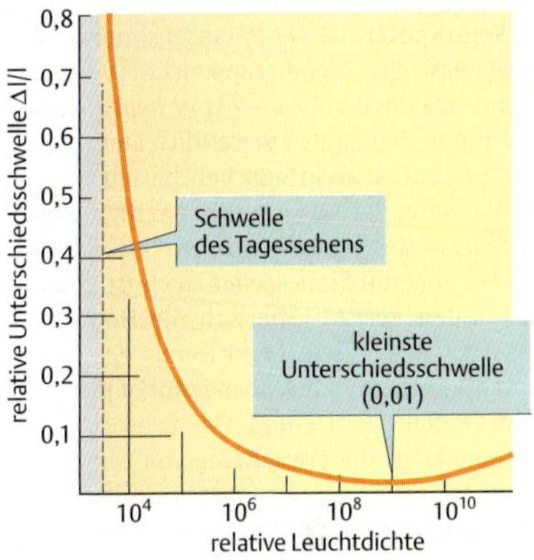

(nach G. Schubert)

C. Mechanismen zur Adaptation

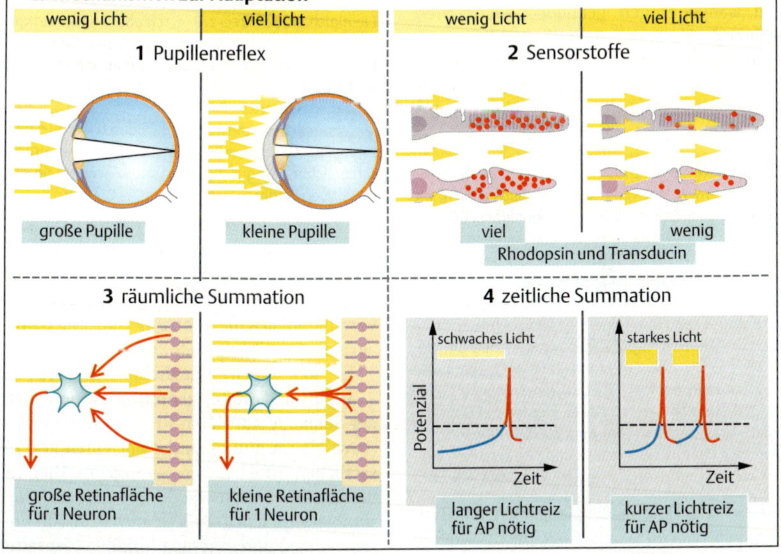

D. Sukzessivkontrast („lokale Adaptation") (siehe Text)

Retinale Verarbeitung des Sehreizes

Das **Sensorpotenzial** der Photosensoren (→ **A**, links), das das Membranpotenzial von ca. – 40 mV maximal auf ca. – 70 mV *hyperpolarisiert* und in den Zapfen wesentlich steiler ansteigt und abfällt als in Stäbchen, beruht auf einer Abnahme der Na^+- und Ca^{2+}-Leitfähigkeit der Sensor-Außengliedmembran (→ S. 348 f.). Wie bei anderen Sinneszellen auch ist einem bestimmten Reizstärkebereich die Höhe des Sensorpotenzials dem *Logarithmus* des Quotienten *Reizstärke/Schwellenreizstärke* proportional (*Fechner-Beziehung*). Das Sensorpotenzial *vermindert* die Freisetzung von Glutamat aus dem Sensor. Bei der Weitergabe dieses Signals in der Retina unterscheidet man einen *„direkten"* **Signalfluss** für photopisches Sehen von einem *„lateralen"* Signalfluss für das skotopische Sehen. Aktionspotenziale werden nur in den Ganglienzellen gebildet (→ **A**, rechts), während die anderen Retinaneurone (→ **A**, Mitte) reizabhängige Änderungen ihrer *Amplitude* aufweisen, die bei den kurzen Distanzen in der Retina z. T. elektrotonisch weitergeleitet werden (→ S. 48 f.).

Der **„direkte" Signalfluss** kann von den Zapfen zwei Wege nehmen, entweder über *On-Bipolarzellen*, die bei Licht *depolarisiert* werden (Signal-Invertierung) und ihre nachgeschalteten *On-Ganglienzellen* ebenfalls erregen (→ **A**), oder über die *Off-Bipolarzellen*, die bei Licht hyperpolarisiert werden, was auf ihre Off-Ganglienzellen hemmend wirkt. Der **„laterale" Signalfluss** kann u. a. folgenden Weg nehmen: Stäbchen ⇒ Stäbchen-Bipolarzelle ⇒ Stäbchen-amakrine Zelle ⇒ On- oder Off-Bipolarzelle ⇒ On- bzw. Off-Ganglienzelle. Sowohl die Stäbchen-Bipolar- als auch die Stäbchen-amakrinen Zellen werden bei Licht depolarisiert. Letztere hemmen die Off-Bipolarzellen über eine chemische Synapse und erregen die On-Bipolarzellen über eine elektrische Synapse (→ S. 50).

Ein Lichtreiz löst in On-Ganglienzellen *Aktionspotenziale* (*APs*) aus (→ **A**, rechts), deren Frequenz mit der Höhe des Sensorpotenzials wächst. Leitet man mit Mikroelektroden die APs der *On-Ganglienzelle* ab, kann man diejenige Retinafläche bestimmen, von der erregende und hemmende Einflüsse auf die Frequenz dieser APs stammen. Ein solches Areal ist das **rezeptive Feld** (**RF**) dieses Neurons. Die RF der Retinaganglienzellen sind konzentrisch und zeigen bei *Helladaptation* zwei Bereiche: ein *Zentrum* und eine ringförmige *Peripherie* (→ **B**). Belichtet man das Zentrum, erhöht sich in On-Ganglienzellen die AP-Frequenz (→ **B1**), belichtet man hingegen die Peripherie, wird die Weiterleitung von APs gehemmt; beim Ausschalten ergibt sich hier jedoch eine Erregung (→ **B2**). Dieser Typ des RF wird *On-(Zentral-)Feld* genannt. Die RF der Off-Ganglienzellen reagieren umgekehrt: *Off-(Zentral-)Felder* (→ **B3,4**). Verantwortlich für die funktionelle Organisation dieser RF sind v. a. die *Horizontalzellen* (→ S. 344). Von diesen wird die Meldung der Photosensoren der RF-Peripherie invertiert und auf die Sensoren des Zentrums übertragen. Die gegensätzliche Reaktion von Zentrum und Peripherie des RF führt zu einer **Kontrastierung** der Reize: An einer Hell-Dunkel-Grenze wird die dunkle Seite dunkler, die helle heller gesehen. Wird das ganze RF beleuchtet, dominiert meist die Meldung aus dem Zentrum.

Ein gleich grauer Kreis z. B. erscheint in heller Umgebung dunkler als in dunkler Umgebung: **Simultankontrast** (→ **C**, links). Betrachtet man schwarz-weiße Gitter (→ **C**, rechts), erscheint ein weißes Gitter an den Kreuzungsstellen dunkler, ein schwarzes heller. Verursacht ist dieser Eindruck durch die dort verminderte Kontrastierung. Sie kann mit der unterschiedlichen Erregung („Reizsumme") innerhalb der rezeptiven Felder erklärt werden (→ **C**, Mitte).

Das *Zentrum* des RF *vergrößert* sich bei **Dunkeladaptation** auf Kosten der Peripherie, die schließlich verschwindet. Damit erhöht sich die räumliche Summation (→ S. 353 C3), doch vermindert sich die Kontrastierung und damit auch die Sehschärfe (→ S. 349 B2).

Es gibt auch Ganglienzellen (Typ β, → S. 358) und weiter zentral gelegene Zellen der Sehbahn, auf deren RF rotes und grünes (bzw. blaues und gelbes) Licht einen gegensätzlichen Effekt haben (→ S. 357 E). Hier ist die **Gegenfarbentheorie** des Sehens (nach *Hering*) verwirklicht. Damit ist auch beim Farbensehen eine Kontrastierung (erhöhte Farbsättigung, → S. 356) gegeben. Betrachtet man z. B. eine farbige Fläche (→ S. 359 C) für ca. ½ min und blickt dann auf einen neutralen Hintergrund, erscheint jeweils die Komplementärfarbe (*farbiger Sukzessivkontrast*).

Auch für **höhere Zentren** der Sehbahn (V_1, V_2, → S. 358) können RF bestimmt werden, doch ändert sich hier ihre Form. *Streifen-* und *eckenförmige* Lichtreize sowie deren *Länge*, *Achsenorientierung* und *Bewegungsrichtung* spielen dort eine große Rolle.

A. Potenziale in Sensor, On-Bipolar- und On-Ganglienzelle

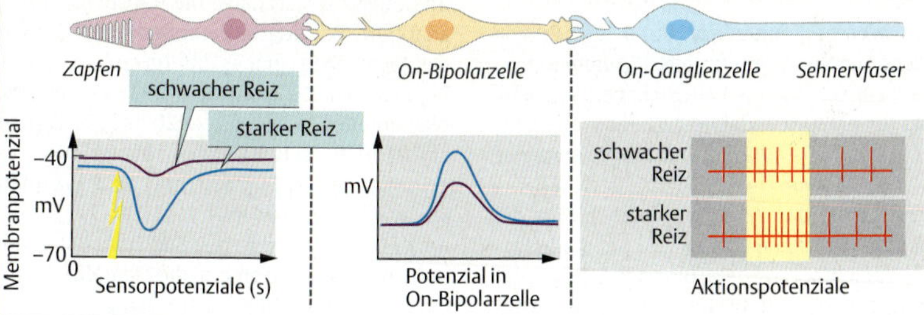

B. Rezeptive Felder von On-Ganglienzellen (1,2) und Off-Ganglienzellen (3,4)

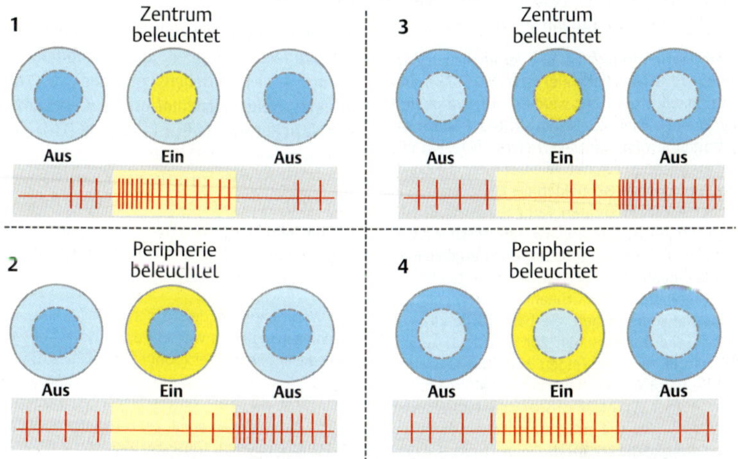

C. Kontrastierung durch rezeptive Felder (On-Zentrum)

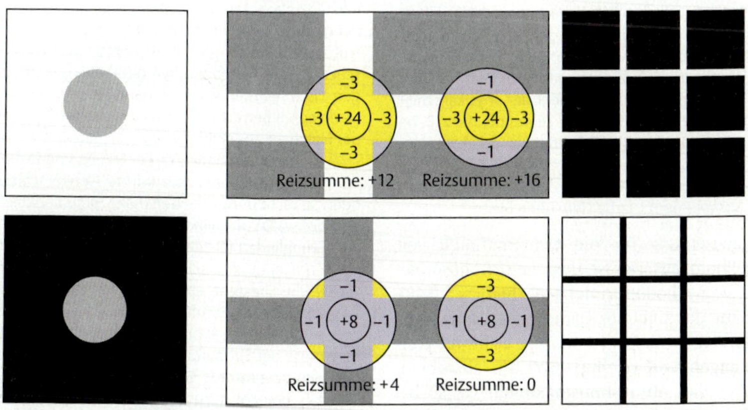

Farbensehen

Wird weißes Sonnenlicht durch ein Prisma zerlegt, entsteht ein farbiges *Empfindungs-Spektrum von Rot bis Violett* (Regenbogenfarben). *Rot* entspricht dabei etwa der Wellenlänge (λ) von *650–700 nm* und *Violett* etwa der von *400–420 nm* (→ **A**). Für Strahlen dieses λ-Bereiches ist das Auge empfindlich. Für die *Empfindung weißen Lichtes* sind nicht alle Farben des sichtbaren Spektrums nötig. Es genügt schon, wenn zwei bestimmte (**Komplementär-**)**Farben additiv** miteinander **gemischt** werden. Oranges Licht (612 nm) und blaues Licht (490 nm) z. B. sind ein solches Paar.

In einem **Farbendreieck** (→ **B**) oder ähnlichen Darstellungen (z. B. Normfarbtafel nach DIN 5033) kann dies anschaulich gemacht werden: Auf den oberen beiden Dreieckschenkeln ist das sichtbare Spektrum aufgetragen, im Inneren des Dreiecks liegt ein mit „Weiß" bezeichneter Punkt. Alle Geraden, die durch diesen Punkt gehen, schneiden die Dreieckseiten in Höhe der komplementären Farbenpaare (z. B. 612 und 490 nm, → **B**). Die additive Farbmischung von etwa gleichen Teilen an Rot und Grün ergibt einen gelben Farbeindruck (→ **C**). Ist der Rotanteil höher, entsteht Orange, ist der Grünanteil höher, entsteht Gelbgrün, also die Farben, die beim Farbendreieck auf dem Schenkel zwischen Rot und Grün liegen. Ähnliches gilt für Mischungen zwischen Grün und Violett (→ **B** und **C**). Kombiniert man Rot und Violett, entsteht Purpur, das nicht im Spektrum enthalten ist (→ **B**). Das heißt, mit unterschiedlichen additiven Anteilen *drei* geeigneter *Spektralfarben* (übereinkommensgemäß *Rot* [700 nm], *Grün* [546] und *Blau* [435 nm]) lassen sich *alle anderen Farbempfindungen* herstellen, einschließlich Weiß, da aus den drei Spektralfarben auch alle möglichen Paare von Komplementärfarben gemischt werden können.

Ein der physiologischen, additiven Farbmischung (→ **C**) gegenteiliges Prinzip liegt der physikalischen, **subtraktiven Farbmischung** zugrunde, die z. B. bei Malerfarben oder bei Farbfiltern in der Fotografie verwendet wird. Ein gelber Lack bzw. ein Gelbfilter absorbiert vom weißen Licht den Blauanteil, so dass die Komplementärfarbe Gelb übrig bleibt.

Voraussetzung für die **Lichtempfindlichkeit** der Photosensoren ist, dass sie *Licht absorbieren*. Vom Rhodopsin der **Stäbchen** (→ S. 348), die für das unbunte Dämmerungssehen verantwortlich sind, wird im Auge Licht mit Wellenlängen von ca. 400–600 nm absorbiert, wobei das Absorptionsmaximum (λ_{max}) bei 500 nm liegt (→ **E1**). Nachts erscheint deshalb grünblaues Licht relativ am hellsten und rotes am dunkelsten. Das Tragen einer roten Brille im Hellen z. B. lässt daher die Stäbchen dunkeladaptiert. Bei den farbempfindlichen **Zapfen** des Tagessehens gibt es *drei Typen* (→ **E1**): Das Pigment der K-Zapfen absorbiert **k**urzelliges, blauviolettes Licht (λ_{max} = 420 nm), M-Zapfen absorbieren **m**ittelwelliges, blaugrünes bis gelbes Licht (λ_{max} = 535 nm) und L-Zapfen **l**angwelliges, gelbes bis rotes Licht (λ_{max} = 565 nm). (Die physiologischen Sensitivitätskurven in **E1** berücksichtigen u. a. die Lichtabsorption durch die Linse.) *Ultraviolette* (λ_{max} < 400 nm) und *infrarote* (λ_{max} > 700 nm) Strahlen sind nicht sichtbar.

Mit den Meldungen dieser drei Zapfentypen (= periphere Gültigkeit der *trichomatischen Theorie des Farbensehens*) und der Umsetzung in einen *Helligkeitskanal* und in *Gegenfarbenkanäle* in Retina und CGL (→ **E2** u. S. 354) ist die Sehrinde (s. a. S. 358) in der Lage, die verschiedenen **Farbarten** zu erkennen, wobei neben den 200 verschiedenen *Farbtönen* (absolute *Farbunterschiedsschwelle* 1–2 nm; → **D**, „Norm") die *Sättigung* der Farben (Graubeimischung) mitverrechnet wird.

Die Wahrnehmung der Farben ist allerdings noch komplexer, weil z. B. weißes Papier „weiß" aussieht, ganz gleich, ob weißes (Sonne), gelbliches (Glühbirne) oder gar rotes Licht benützt wird. Wir nehmen auch nicht die ganz unterschiedlichen Farben der Partien eines Hauses wahr, die z. T. in der Sonne, z. T. im Schatten liegen. Diese **Farbkonstanz** ist das Ergebnis der retinalen und zentralen Verarbeitung des Retinasignals. Ganz Ähnliches gilt für die **Größen-** und **Formkonstanz**: Ein Mensch in 200 m Entfernung ist auf der Netzhaut viel winziger als in 2 m; trotzdem nehmen wir ihn als normal großen Menschen wahr. Einen (von oben gesehenen) rechteckigen Tisch nehmen wir auch dann als solchen wahr, wenn er bei Betrachtung von der Seite als Raute auf der Netzhaut abgebildet wird.

9 % der Männer und 0,5 % der Frauen sind **farbenblind**, d. h. sie können bestimmte Farben schlecht oder gar nicht unterscheiden (*hohe Farbunterschiedsschwelle*; → **D**). Rotblinde (*Protanope*) werden dabei von Grünblinden (*Deuteranope*) und Blauviolettblinden (*Tritanope*) unterschieden. Wenn nur eine Farb-„Schwäche" besteht, spricht man von *Prot-*(*Deuter-*, *Trit-*)*anomalie*. Die Farbtüchtigkeit wird mit *Farbtafeln* oder mit dem sog. *Anomaloskop* geprüft. An Letzterem muss der Proband (additiv, s. o.) aus Rot und Grün ein bestimmtes Gelb mischen. Ein Rotschwacher z. B. braucht dazu zu hohe Rotintensitäten, ein Grünschwacher zu viel Grün. Ein Rotblinder bezeichnet alle Farben mit λ > ca. 520 nm als gelb.

A. Zusammensetzung des Sonnenlichts

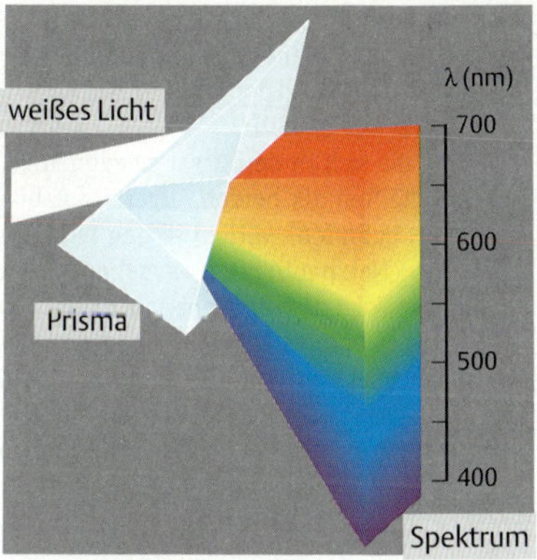

B. Farbendreieck

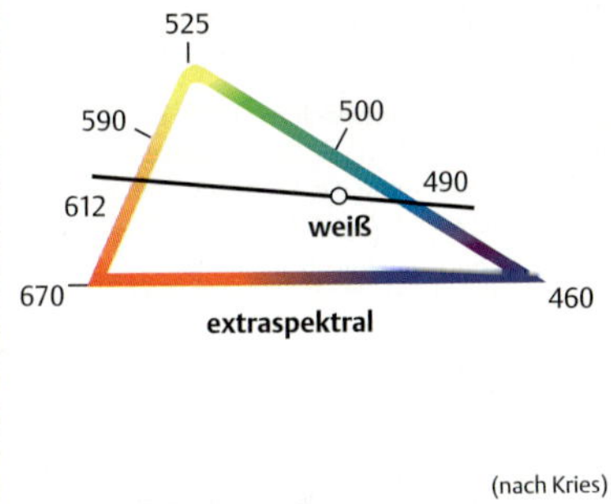

C. Additive Farbmischung

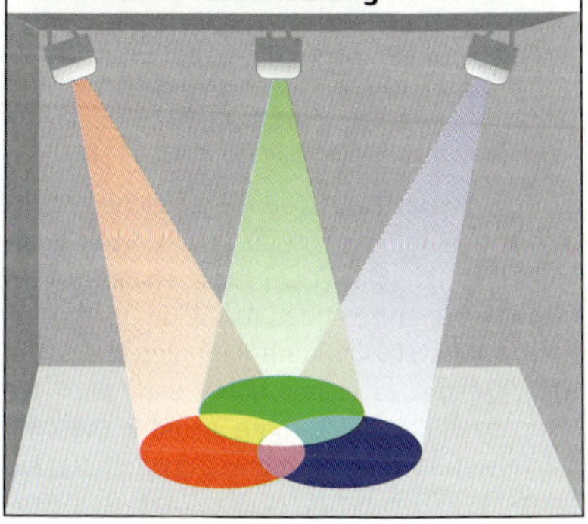

D. Unterschiedsschwelle für Wellenlängen

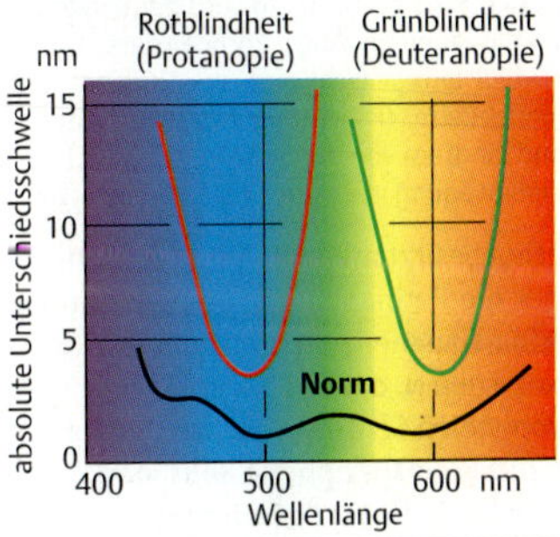

E. Physiologische Sensitivität der Stäbchen und Zapfen (1) und Verschaltung als Gegenfarben (2)

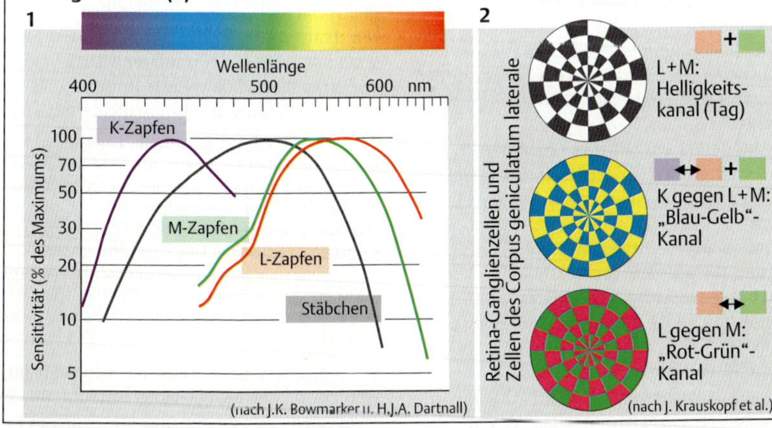

Gesichtsfeld, Sehbahn und Sehreizverarbeitung im ZNS

Als **Gesichtsfeld** bezeichnet man den Ausschnitt der Umwelt, den ein *unbewegtes* Auge bei fixiertem Kopf sieht (→ **A1**).

Die **Prüfung des Gesichtsfeldes** erfolgt mit dem **Perimeter**, im Prinzip eine hohle Halbkugel, in deren Zentrum sich das Auge des Probanden befindet. Er gibt jedes Mal an, wenn von der Seite (von oben, von unten usw.) hereingeführte Lichtpunkte o.Ä. in seinem Gesichtsfeld erscheinen oder innerhalb des Gesichtsfeldes verschwinden. Partielle Ausfälle des Gesichtsfeldes werden **Skotome** genannt. Ursachen dafür können Störungen im optischen Apparat (z.B. Katarakt; → S. 346), in der Retina oder entlang der Sehbahn sein (s. u.). Eine 15° temporal gelegene Aussparung im normalen Gesichtsfeld ist der *blinde Fleck* (→ **A**); er entspricht der nasalen Retinaunterbrechung an der *Papilla n. optici* (→ S. 349 B). Im binokularen Gesichtsfeld (→ S. 361 A) wird der blinde Fleck vom jeweils anderen Auge kompensiert. Das Gesichtsfeld für farbige Lichtreize ist kleiner als das für Hell-Dunkel-Reize. (Führt man z.B. einen roten Gegenstand langsam von der Seite in das Gesichtsfeld, wird die Bewegung viel früher als die Farbe erkannt.)

Die Retina besitzt mehr als 10^8 Photosensoren, die über die Retinaneurone (→ S. 354) mit ca. 10^6 Retina-Ganglienzellen verbunden sind, deren Axone den **N. opticus** bilden. Diese *Konvergenz* von vielen Sensoren auf wenige Neurone ist für die Retinaperipherie sehr stark ausgeprägt (mehr als 1000 : 1), während in der Fovea centralis schon wenige oder gar einzelne Zapfen ihre „eigene" Verbindung zur Hirnrinde haben. Die geringe Konvergenz der Foveasignale führt zu einer hohen Sehschärfe bei geringerer Lichtempfindlichkeit, während die hohe Konvergenz der Signale aus der Peripherie den umgekehrten Effekt hat (s.a. *räumliche Summation*, → S. 353 C3).

Die Retina enthält *drei* **Ganglienzelltypen**: 10% sind große α-(*Y*-)*Zellen* (*magnozelluläres System*) mit schnell leitenden Axonen, die auf Licht v.a. mit einer kurzen, „phasischen" Antwort reagieren (Bewegungssehen), 80% sind kleine β-(*X*-)*Zellen* (*parvozelluläres System*) mit dünneren Axonen, die kleine rezeptive Felder haben (hohe räumliche Auflösung), auf konstantes Licht anhaltend („tonisch") reagieren und damit der Muster- und Farbanalyse dienen. Bei beiden Zelltypen sind On- und Off-Zellen (→ S. 354) gleich häufig. Der dritte Typ (10%), die γ-(*W*-)*Zellen* (*koniozelluläres System*) mit noch dünneren, zum Mittelhirn ziehenden Axonen, dient der Steuerung der Pupillenweite (s. u.) und der reflektorischen Sakkaden (→ S. 348 u. 360).

Dinge, die sich in den nasal gelegenen Gesichtsfeldhälften der beiden Augen (→ **B**, blau und grün) befinden, werden in den temporal gelegenen Netzhauthälften abgebildet und umgekehrt. Folgt man der **Sehbahn**, bleiben die Fasern des N. opticus, die von der temporalen Retina kommen, auf der gleichen Seite (→ **B**, blau und grün), die Fasern von der nasalen Netzhauthälfte kreuzen im *Chiasma opticum* die Seite (→ **B** , orange und rot). Fasern aus der Fovea centralis sind beidseitig repräsentiert.

Eine **Schädigung** z.B. des linken N. opticus führt daher zum Ausfall (*Skotom*) des ganzen linken Gesichtsfeldes (→ **Ba**), während eine Läsion des linken *Tractus opticus* die beiden rechten Gesichtsfeldhälften ausfallen lässt (→ **Bc**). Eine Schädigung in der Mitte des Chiasma opticum führt beidseitig zu einem temporalen Skotom („Scheuklappenblindheit", → **Bb**).

Die Fasern des *Tractus opticus* erreichen das 6-schichtige, *retinotop* gegliederte **Corpus geniculatum laterale** (**CGL**) des Thalamus. In Schicht 2, 3 und 5 enden Axone des ipsilateralen, in 1, 4 und 6 des kontralateralen Auges. Die α-Zell-Axone erreichen dabei die Zellen der magnozellulären Schichten 1 und 2, die Zwischenstation für die rasch weitergeleiteten *Bewegungsreize* zum Kortex sind. Die β-Zell-Axone ziehen zu den parvozellulären CGL-Schichten 3 – 6, die v.a. der Verarbeitung von *Farben und Formen* dienen. α- wie β-Zellen projizieren dann in der retinotop gegliederten Sehstrahlung weiter zum primären visuellen **Kortex** (V_1) und, nach jeweiliger Umschaltung, zu weiteren okzipitalen Sehrindenfeldern (V_{2-5}).

Das **V_1-Areal** mit den in die Tiefe (x-Richtung) gehenden Schichten I – VI (→ S. 333 A) ist aus dreidimensionalen, retinotop aneinander gereihten **Analysemodulen** (sog. Hyperkolumnen; 3 × 1 × 1 mm) aufgebaut, die in y-Richtung *okuläre Dominanzsäulen* enthalten („Fächer" mit Eingängen abwechselnd aus dem rechten und linken Auge) und, senkrecht dazu (z-Richtung), *Orientierungssäulen* („Fächer" für Reizrichtungen) sowie (in x-Richtung) Zylinder, die *Farbe* verarbeiten.

Wie z.T. bereits in der subkortikalen Sehbahn, werden ab V_1 **Farbe,** hochaufgelöste stationäre **Form** sowie **Bewegung** und stereoskopische

A. Gesichtsfeld

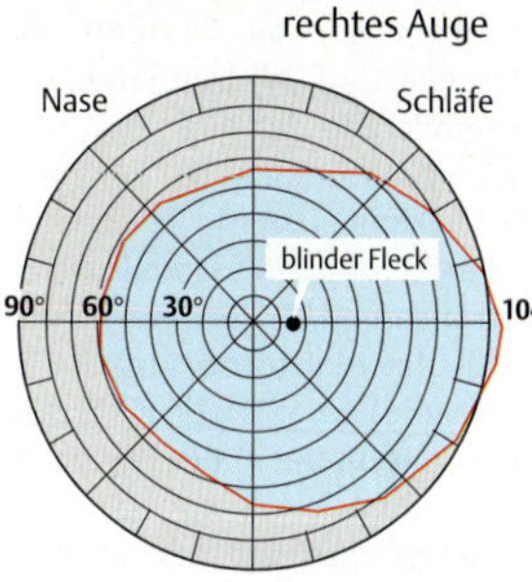

B. Sehbahn und Gesichtsfeldausfälle

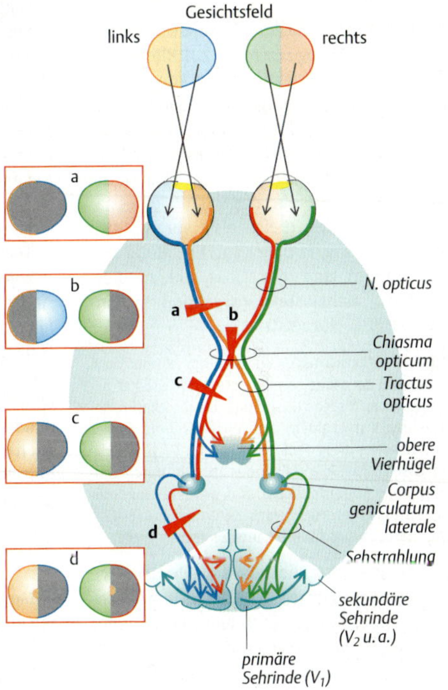

C. Farbiger Sukzessivkontrast

Text siehe 12.23

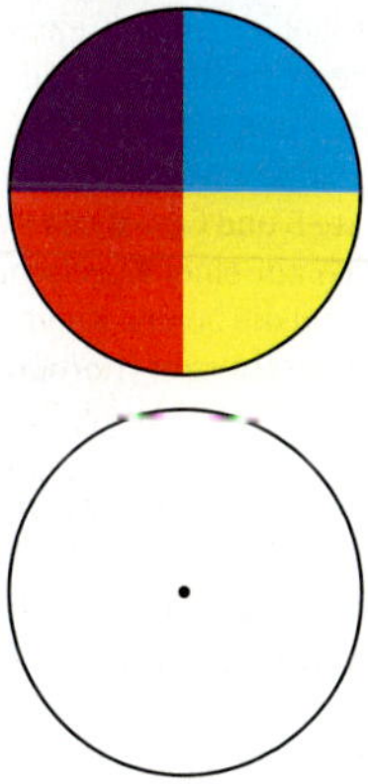

Tiefe in getrennten Informationskanälen weiterverarbeitet. Erst die Integration dieser Einzelaspekte erlaubt die visuelle Wahrnehmung. Bei tagaktiven Primaten, zu denen ja auch der Mensch gehört, ist mehr als die Hälfte des Kortex an der Verarbeitung der visuellen Information beteiligt, wobei, vereinfacht, der parietale Kortex das „Wo?" und der temporale das „Was?" des Gesehenen analysiert.

Axone des Tractus opticus (v. a. solche der γ-Zellen) ziehen zu zahlreichen **subkortikalen Hirnteilen**, u. a. (a) zur *prätektalen Region*, von wo aus *Vergenz-* und *senkrechte Augenbewegungen* gesteuert werden, (b) zu den *oberen vier Hügeln*, denen die Steuerung von *Sakkaden* (→ S. 360) obliegt, (c) zum *Hypothalamus* (Synchronisation der Zirkadianperiodik; → S. 334) sowie (d) zur *Area praetectalis*, wo die Pupillenweite geregelt wird.

Der **Pupillenreflex** wird durch plötzlich vermehrt einfallende Lichtstrahlen ausgelöst (→ S. 350). Das efferente Signal läuft über die parasympathischen Fasern des N. oculomotorius und bewirkt ein Engerwerden (*Miosis*) der Pupille. Dabei reagieren *beide* Pupillen gleichzeitig, auch wenn der Lichtreiz nur ein Auge trifft (*konsensueller Reflex*). Die Pupillen verengen sich auch bei der *Naheinstellungsreaktion* (→ S. 360).

Der **Kornealreflex** ist ein Schutzreflex des Auges. Berührung der Kornea (Afferenz: N. trigeminus) oder nur das Nähern z. B. einer Fliege in Richtung Auge (Afferenz: N. opticus) führt zum Schließen der Lider.

Augenbewegungen, plastisches Sehen und Entfernungssehen

Wenn die *äußeren Augenmuskeln* die Augen in die gleiche Richtung bewegen (z. B. Blickwechsel links/rechts), spricht man von *konjugierten* Augenbewegungen; entgegenlaufende (divergierende oder konvergierende) Augenbewegungen heißen *Vergenzbewegungen*. Zur Konvergenz der Augachsen (die beim Blick in die Ferne parallel sind) führt das Fixieren eines nahen Gegenstandes. Gleichzeitig verengt sich reflektorisch die Pupille (zur Erhöhung der Schärfentiefe) und die Linse akkomodiert (→ S. 346): **Naheinstellungsreaktion** (= Konvergenztrias = Horner-Trias).

Schielen (Strabismus). Weitsichtige Kinder z. B. müssen bei der Naheinstellungsreaktion stärker akkommodieren als Normalsichtige. Da die Akkommodation stets mit einem Konvergenzimpuls einher geht, schielen diese Patienten häufig. Weichen die Augachsen zu weit voneinander ab, z. B. durch Lähmung eines Augenmuskels, wird das Bild eines Auges zentral unterdrückt, was chronisch zur Erblindung dieses Auges führen kann (*Schielamblyopie*).

Beim Abtasten des Blickfeldes macht das Auge *ruckartige Bewegungen* (**Sakkaden**) zum Wechsel des Fixierpunktes (z. B. beim Lesen einer Zeile). Diese Bildverschiebungen werden im Moment der Augenbewegung zentral unterdrückt: *sakkadische Suppression*. (Schaut man seine beiden Augen im Spiegel abwechselnd an, nimmt man die Augenbewegungen selbst nicht wahr, sondern nur ein zweiter Beobachter.) Das Auge macht andauernd sehr kleine Bewegungen, da für ein (experimentell) fixiertes Auge das Bild rasch unsichtbar wird.

Ein bewegter Gegenstand in der Gesichtsfeldperipherie wird reflektorisch in der Fovea centralis abgebildet (→ S. 348); um ihn dann „im Auge" zu behalten, macht das Auge **langsame Folgebewegungen**. Die Kombination vom langsamen und diesen entgegengerichteten, schnellen Augenbewegungen wird **Nystagmus** genannt. Dabei wird die Richtung des Nystagmus (rechts, links) nach der schnellen Phase benannt (→ z. B. postrotatorischer Nystagmus, S. 342). Ein *optokinetischer Nystagmus* tritt auf, wenn z. B. ein Baum vom fahrenden Zug aus betrachtet wird (Folgebewegung); nach dem Zurückschnellen der Augen (Rückstellsakkade) kann dann ein neuer Gegenstand fixiert werden usw. Ein *krankhafter Nystagmus* kann z. B. bei Schädigungen von *Kleinhirn* oder *Gleichgewichtsorgan* (→ S. 342) auftreten.

Die **Programmierung** der Augenbewegungen erfolgt v. a. im Hirnstamm: Die horizontalen schnellen (konjugierten) Bewegungen (Sakkaden, schnelle Nystagmusanteile) in der *Pons*, die vertikalen und torsionellen im *Mesenzephalon*. Für die Feinabstimmung ist das *Kleinhirn* notwendig (s. a. S. 326). Für Vergenzbewegungen sind Neurone in der Region des *Edinger-Westphal-Kerns* verantwortlich.

Das **Entfernungssehen** und das **plastische Sehen** sind in erster Linie eine Leistung beider Augen gemeinsam und beschränken sich daher v. a. auf das **binokulare Gesichtsfeld** (→ **A**). Fixiert man mit beiden Augen einen Punkt (→ **B**, A), wird dieser beidseitig auf der Fovea abgebildet (A_L, A_R), und zwar auf sog. *korrespondierenden Netzhautstellen*. Gleiches gilt auch für die Punkte B und C (→ **B**), da sie auf einem Kreis (an sich auf einer Kugelschale) liegen, der durch A und die beiden Knotenpunkte K (→ S. 347 B) der Augen geht (**Horopterkreis**). Auf einem (gedachten) *Mittelauge*, das die beiden Netzhäute (im Kortex) zur Deckung bringt, entsprechen korrespondierende Netzhautstellen einem Punkt (→ **C**, $A_L + A_R \triangleq A_M$). Liegt ein Punkt (D; → **C**, links) *außerhalb* des Horopterkreises, sieht das Mittelauge statt D ein Doppelbild (D′, D″), wobei D′ vom linken Auge stammt (D_L). Liegen D und A nicht zu weit auseinander, entsteht durch zentrale Verarbeitung des Doppelbildes der Eindruck, dass D *hinter* A liegt, also eine *Tiefenwahrnehmung*. Ähnliches geschieht mit einem Punkt (E; → **C**, rechts), der näher als A ist, nur dass jetzt E′ vom rechten Auge stammt (E'_R). E wird dadurch als „näher" erkannt.

Tiefenwahrnehmung in der Ferne. Auf weite Entfernungen und bei einäugigem Sehen dienen der Tiefenwahrnehmung Konturüberschneidungen, Dunst vor ferneren Dingen, Schattenwurf, Größenunterschiede u. a. m. (→ **D**). *Bewegungen des Kopfes* oder des ganzen Körpers erleichtern die Tiefenwahrnehmung: Ein näherer Gegenstand bewegt sich dabei nämlich schneller im Gesichtsfeld als ein entfernterer (→ **D**, Stationsschild im Vergleich zur Mauer). Mitwandern des Mondes und Zurückbleiben der Berge beim Fahren sind ein ähnliches Beispiel.

A. Binokulares Gesichtsfeld

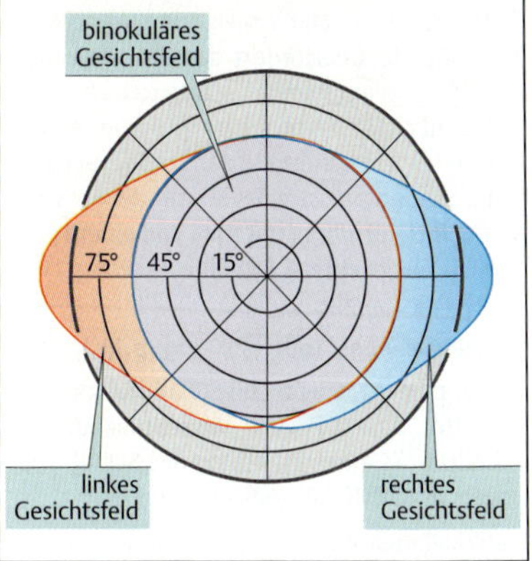

B. Horopterkreis

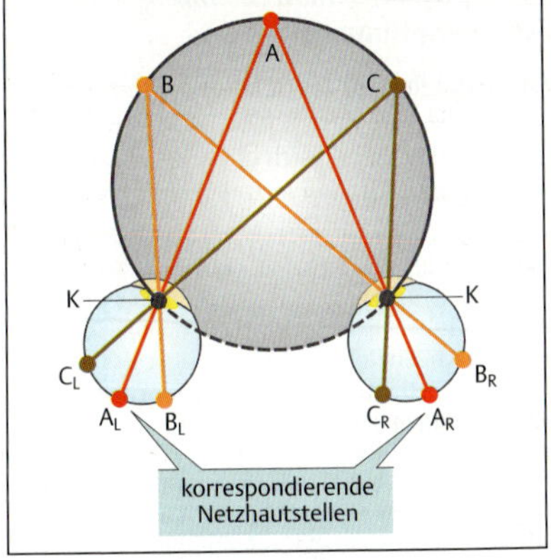

C. Plastisches Sehen mit beiden Augen

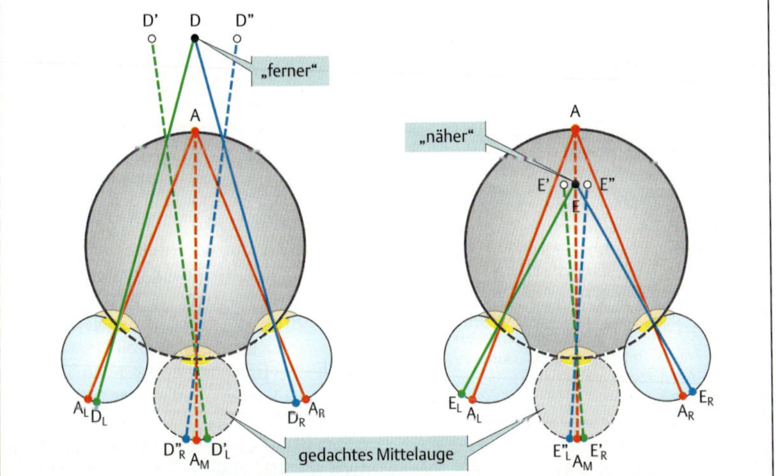

D. Entfernungssehen

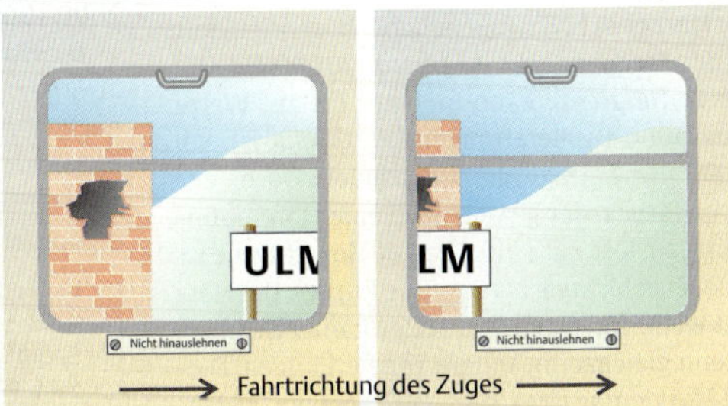

Schallphysik, Schallreiz und Schallempfindung

Adäquater Reiz für das Gehörorgan sind **Schallwellen**, die von einer Schallquelle (z.B. Gong; → **A1**) ausgehen und sich in Gasen, Flüssigkeiten und festen Stoffen fortpflanzen.

Hauptschallträger ist die *Luft*. An der Schallquelle wird die Luft abwechselnd verdichtet (erhöhter Druck) und verdünnt (erniedrigter Druck). Diese Druckschwankungen (Schallwellen) breiten sich mit **Schallgeschwindigkeit** (**c**) aus , die in Luft bei 0° C 332 m/s beträgt. Trägt man die **Schalldruckschwankungen** graphisch auf (→ **A1**), ergeben sich wellenförmige Kurven. Der Abstand zweier benachbarter Orte gleichen Schalldrucks wird mit **Wellenlänge** (λ) bezeichnet, die maximale Abweichung des Druckes von der Ruhelage als **Amplitude** (**a**) (→ **A1**). Vergrößert (verkleinert) sich λ, wird ein tieferer (höherer) Ton gehört. Eine Abnahme (ein Anstieg) von a hingegen hat einen leiseren (lauteren) Ton zur Folge (→ **A1**). Die **Tonhöhe** wird meist durch Angabe der **Tonfrequenz** (**f**) charakterisiert, die angibt, wie oft an einer Stelle des Schallfeldes die Schalldruckschwankung auftritt. Einheit der Frequenz ist das **Hertz** ($Hz = s^{-1}$). Frequenz, Wellenlänge und Schallgeschwindigkeit sind miteinander verknüpft:

$$f\,(Hz) \cdot \lambda\,(m) = c\,(m \cdot s^{-1}). \qquad [12.1]$$

Streng genommen wird nur eine reine, sinusförmige Schwingung als **Ton** bezeichnet. Der „Ton" der meisten Schallquellen (Musikinstrumente, Gesang) setzt sich jedoch aus Tönen unterschiedlicher Frequenzen und Amplituden zusammen. Dabei entsteht eine komplizierte, aber doch periodenförmige Schwingung, ein sog. **Klang** (→ **A2**). Der darin enthaltene niedrigste Ton bestimmt die „Ton"-Höhe des Klanges, die höheren Töne ergeben die *Klangfarbe* (*Obertöne*). Ein „eingestrichenes" a (440 Hz = Kammerton a) klingt von einem Tenor gesungen oder auf der Harfe anders als auf der Orgel oder am Klavier. Ein Spezialfall sind Überlagerungen zweier sehr ähnlicher Töne (→ **A3**, blau), wobei eine sog. *Schwebung* mit sehr viel niedrigerer Frequenz entsteht (→ **A3**, rot).

Hörbereich. Ein Jugendlicher hört Schall mit einer Frequenz von *16 bis ca. 20000 Hz*. Die *obere Hörgrenze* kann im Alter bis auf Werte von 5000 Hz herabsinken (*Presbyakusis*). Bei 1000 Hz beträgt die **Hörschwelle**, d.h. der Schalldruck, der gerade noch eine Hörempfindung auslöst, ca. $3 \cdot 10^{-5}$ Pa. Die Hörschwelle ist *frequenzabhängig* (→ **B**, grüne Kurve). Die Hörschwelle für einen Ton steigt ganz erheblich, wenn gleichzeitig andere Töne erklingen. Diese *Maskierung* ist es, die z.B. Gespräche bei lautem Hintergrund so schwierig machen. Ein Schalldruck von ca. 60 Pa, also das etwa $2 \cdot 10^6$fache des Schalldrucks der Hörschwelle bei 1000 Hz, überfordert das Ohr: Es kommt zur *Schmerzempfindung* (→ **B**, rote Kurve).

Handlicher ist eine logarithmische Maßeinheit für den Schalldruck, der **Schalldruckpegel** (engl.: **s**ound **p**ressure **l**evel) mit der Messgröße *Dezibel* (dB SPL). Geht man von einem (willkürlich festgelegten) Schalldruck von $p_o = 2 \cdot 10^{-5}$ Pa aus, so gilt:

$$\textbf{Schalldruckpegel (dB)} = 20 \cdot \log (p_x/p_o), \qquad [12.2]$$

wobei p_x der tatsächliche Schalldruck ist. Das bedeutet, dass z.B. eine Verzehnfachung des Schalldrucks einer Erhöhung des Schalldruckpegels um 20 dB SPL gleichkommt.

Die **Schallintensität** I [$W \cdot m^{-2}$] ist die pro Zeit durch eine Flächeneinheit hindurchtretende Schallenergie. I ist proportional $(p_x)^2$. Daher lassen sich dB-Werte nicht einfach linear verrechnen; zwei Lautsprecher, die getrennt jeweils 70 dB ($p_x = 6{,}3 \cdot 10^{-2}$ Pa) erzeugen, verursachen zusammen *nicht* 140 dB. Da sich p_x (s. Gl. 12.2) bei Verdoppelung von I nur um den Faktor $\sqrt{2}$ erhöht, erzeugen die beiden Lautsprecher zusammen nur ca. 73 dB (Einsetzen von $\sqrt{2} \cdot 6{,}3 \cdot 10^{-2}$ als p_x in Gl. 12.2).

Subjektiv haben Schallwellen unterschiedlicher Frequenz bei gleichem Schalldruck *nicht* die gleiche **Lautstärke**: Ein Ton von 63 Hz wird erst dann so laut wie ein Vergleichston von 20 dB und 1000 Hz gehört, wenn der Schalldruck des 63-Hz-Tones ca. 30fach vergrößert wird (+29 dB). Nach solchen subjektiven Angaben kann man in das dB-Hz-Diagramm Kurven gleicher Lautstärke einzeichnen (*Isophone;* → **B**, blaue Kurven). Einheit des *Lautstärkepegels* ist das *Phon*; bei 1000 Hz ist die Phonskala zahlenmäßig gleich der Dezibelskala (→ **B**). Auch die Hörschwelle ist eine Isophone (4 Phon; → **B**, grüne Kurve). Die höchste Empfindlichkeit hat unser Gehör im Bereich von 2000–5000 Hz.

Die **Hörfläche** im Hz/dB-Diagramm (→ **B**) ist also begrenzt von der höchsten und tiefsten noch hörbaren Schallfrequenz einerseits und den Isophonen von Hörschwelle und Schmerzschwelle andererseits. Wichtig für die Verständigung ist der *Hauptsprachbereich* (→ **B**).

Für die Feststellung, ob ein Ton von unveränderter Frequenz z.B. doppelt oder halb so laut ist, wurde der Begriff **Lautheit** eingeführt (Maßeinheit: *sone* [1 sone=40 Phon bei 1000 Hz]). 2 (bzw. 0,5) sone hat ein Schall, der bei gleicher Frequenz doppelt (bzw. halb) so laut empfunden wird.

A. Wellenlänge, Amplitude und Schwingungsformen

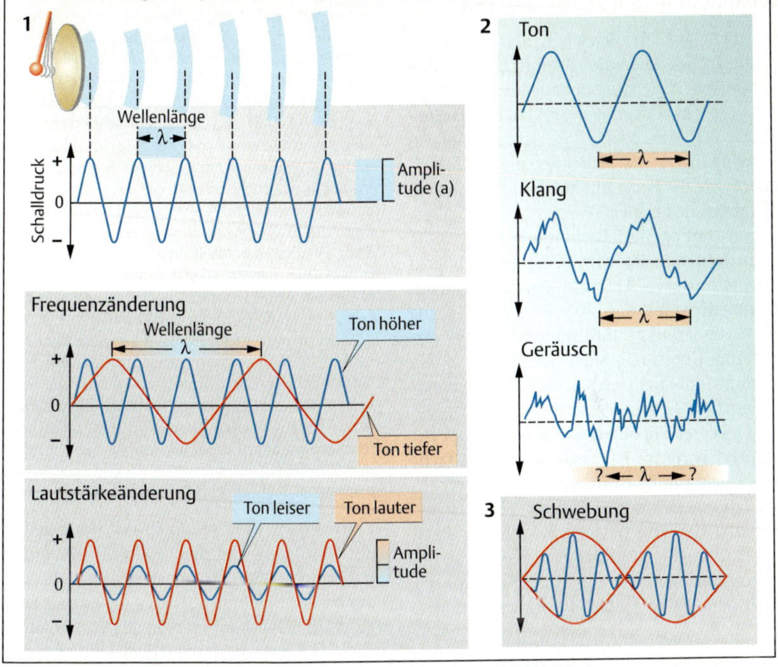

B. Schalldruck, Schalldruckpegel (Schallstärke) und Lautstärke

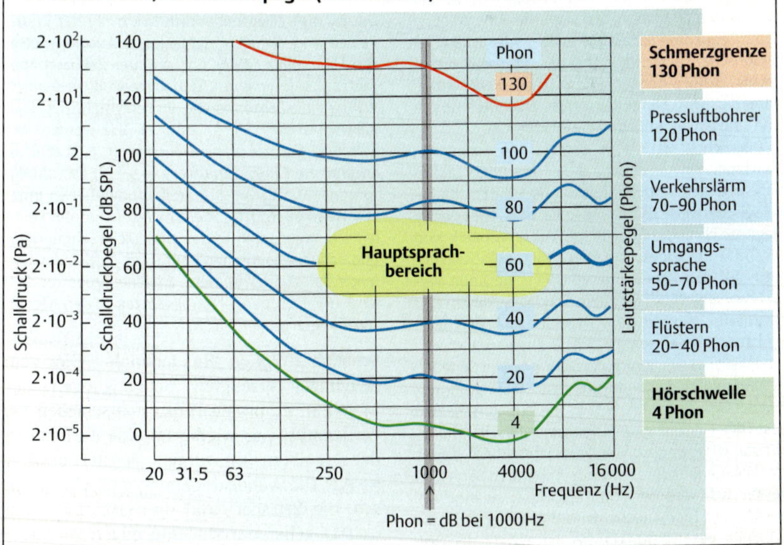

Schallleitung und Schallsensoren

Die Schallwellen erreichen das Hörorgan hauptsächlich über die Ohrmuschel und den Gehörgang (*Außenohr*), der am *Trommelfell* endet. Die Schalldruckschwankungen (**Luftleitung, LL**) versetzen das Trommelfell in Schwingungen, die sich über die *Gehörknöchelchen* in der Paukenhöhle (*Mittelohr*) auf die Membran des *ovalen Fensters* (→ **A1,2**) übertragen. Dort beginnt das *Innenohr* (*Labyrinth*).

Im **Mittelohr** übertragen *Hammer, Amboss und Steigbügel* (→ **A1,2**) die Schwingungen des Trommelfells auf das ovale Fenster (22-fache Druckverstärkung). Ihre Aufgabe ist die verlustarme Übertragung des Schalls von einem Medium mit niedrigem (Luft) zu einem mit hohem (Flüssigkeit) Wellenwiderstand (Impedanz). Dieser **Impedanzwandlung**, die bei $f <$ 2400 Hz wirksam ist, liegt eine ca. 22-fache Druckverstärkung zu Grunde (Flächenverhältnis Trommelfell/ovales Fenster 17 : 1; Hebelwirkung der Knöchelchen Faktor 1,3). Fehlt dieser Impedanzwandler (z. B. zerstörte Gehörknöchelchen), ist ein Hörverlust von ca. 20 dB die Folge (Schallleitungsschwerhörigkeit).

Die zwei **Muskeln** des Mittelohrs (*M. tensor tympani*, Ansatz am Hammergriff, und *M. stapedius*, Ansatz am Steigbügel) sind in der Lage, die Übertragung niederfrequenten Schalls etwas abzuschwächen. Reflektorische Konstanthaltung der Intensität dieses Schalls, Schutz gegen lauten Schall, Reduzierung störender, vom Hörenden selbst erzeugter Geräusche sind einige Aufgaben dieser Muskeln.

Der Schall setzt auch den ganzen Schädel in Schwingungen, die direkt auf die Hörschnecke übertragen werden: **Knochenleitung** (**KL**). Sie spielt physiologischerweise kaum eine Rolle, doch wird sie zur Diagnose herangezogen: Beim **Weber-Versuch** wird der Griff einer angeschlagenen a^1-Stimmgabel in der Mitte auf den Kopf aufgesetzt. Eine gesunde Versuchsperson lokalisiert den Tongeber durch den symmetrischen Höreindruck tatsächlich in der Mitte. Ein Patient mit einseitiger *Schallleitungsschwerhörigkeit* lokalisiert die Stimmgabel zur kranken Seite hin (*Lateralisation*), da der dort fehlende Maskierungseffekt der Umweltgeräusche den Ton lauter erscheinen lässt (KL). Liegt hingegen eine *Innenohrschwerhörigkeit* vor, wird zur gesunden Seite lateralisiert, da das kranke Innenohr den Ton leiser empfindet. Beim **Rinne-Versuch** wird der Stimmgabelgriff solange auf das Mastoid (den Knochenwulst hinter dem Ohr) einer Seite gesetzt (KL+LL), bis der Patient den Ton nicht mehr hört, um dann die Stimmgabel-Zinken vor das Ohr zu halten (LL). Sowohl der Gesunde als auch der der Innenohrschwerhörige hört den Ton dann wieder („Rinne-positiv"), der Schallleitungsschwerhörige jedoch nicht („Rinne-negativ").

Das **Innenohr** besteht aus dem **Gleichgewichtsorgan** (→ S. 342) und aus einem schneckenförmigen, 3–4 cm langen Gang (**Kochlea**) im Felsenbein, in den ein mit *Endolymphe* gefüllter Schlauch (*Scala media* [Ductus cochlearis]) eingelagert ist, der an der Basis über den Ductus reuniens mit dem Endolymphraum des Gleichgewichtsorgans verbunden ist. Die Scala media wird beidseits von zwei weitere Flüssigkeitsräumen, der *Scala vestibuli* und der *Scala tympani* bis zur Schneckenspitze begleitet. Diese beiden Gänge sind mit *Perilymphe* gefüllt und gehen an der Schneckenspitze (*Helikotrema*) ineinander über. Die Scala vestibuli beginnt am *ovalen Fenster* und die Scala tympani endet an der Membran des *runden Fensters* (→ **A2**). Die Perilymphe ist ähnlich wie das Plasmawasser zusammengesetzt (→ S. 93 C), die Elektrolytkonzentration der Endolymphe gleicht eher dem Zytosol (s. u.). Im Corti-Tunnel und in den Nuel-Räumen (→ **A4**) zirkuliert Perilymphe.

Corti-Organ. Die (sekundären) Sinneszellen des Hörorgans sind die 10 000 – 12 000 *äußeren* und die 3500 *inneren* **Haarzellen**, die auf der Basilarmembran aufsitzen (→ **A4**). Sie sind ganz ähnlich gebaut wie die des Vestibularorgans (→ S. 342), besitzen jedoch kein oder nur ein rudimentäres Kinozilium.

Die ca. 100 Zilien (eigentlich Mikrovilli) der in drei Reihen angeordneten schlank-zylindrischen **äußeren Haarzellen** (**äHZ**) sind an ihrer Zellbasis über Stützzellen *fest mit der Tektorialmembran verbunden*, während die Zellkörper von der Perilymphe der Nuel-Räume umspült sind (→ **A4**). Die äHZ werden vom Spiralganglion v. a. *efferent innerviert* (u. a. Acetylcholin über N_M-Cholinozeptoren, → S. 82). Die birnenförmigen, völlig von Stützzellen umgebenen **inneren Haarzellen** (**iHZ**), deren *Zilien frei* in die Endolymphe ragen, sind in nur einer Reihe angeordnet und haben synaptischen Kontakt zu > 90 % der *afferenten* Spiralganglionfasern. *Efferente Axone* aus dem Nucl. olivaris superior lateralis setzen an den afferenten Endigungen an.

Schallübertragung im Innenohr. Die vom Steigbügel erzeugten Schwingungen der Membran im ovalen Fenster verschieben die Perilymphe, was wiederum eine Auslenkung der Membran am runden Fenster bewirkt (→ **A2**). Die Wände des Endolymphschlauches, d. h. die Reissner- und die Basilarmembran (→ **D1**), geben der wellenförmigen Volumen-

A. Schallaufnahme und -weiterleitung

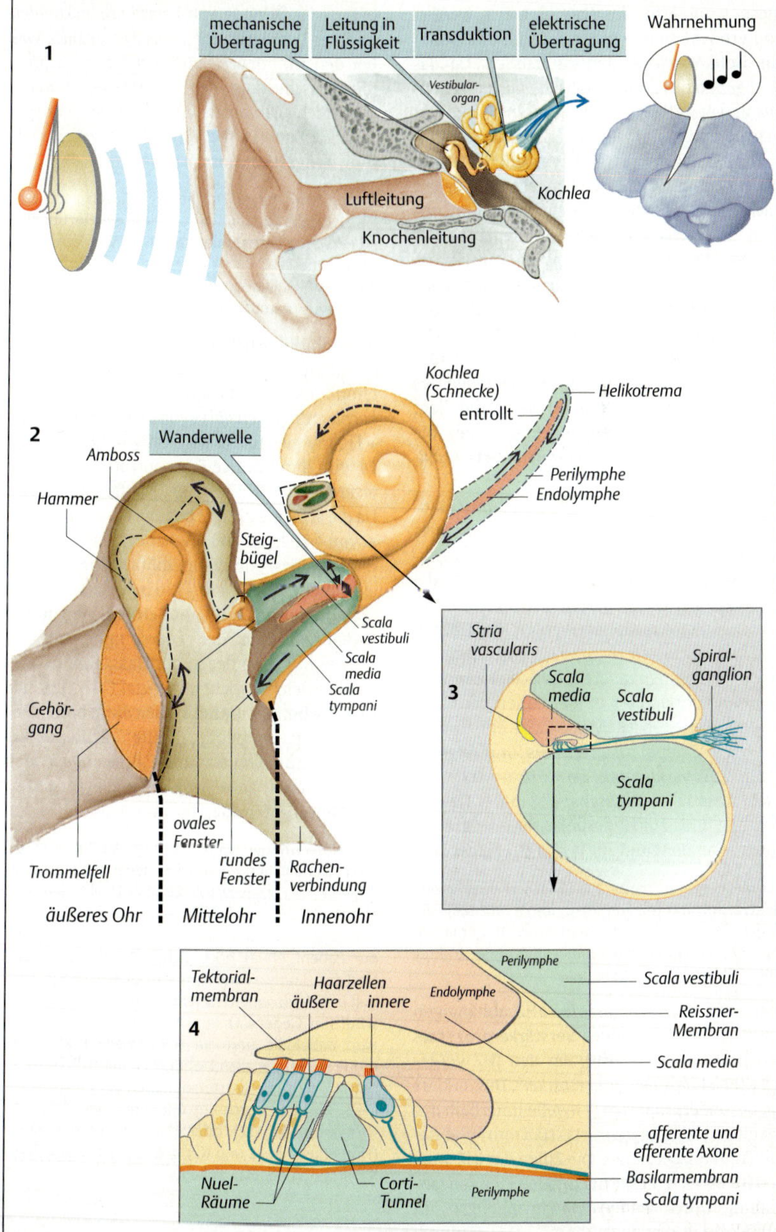

verschiebung (**Wanderwelle**, → **B** u. **C**) nach. Diese kann also „kurzgeschlossen" werden und erreicht so das runde Fenster, ohne über das Helikotrema laufen zu müssen. Da das Nachgeben des Endolymphschlauches wellenförmig verläuft, schwingen Reissner- und Basilarmembran einmal gegen die Scala vestibuli, einmal gegen die Scala tympani (→ **D1, 2**). Dabei nehmen die Wellengeschwindigkeit (*nicht* gleich der Schallgeschwindigkeit, sondern viel langsamer) und die Wellenlänge dieser Wanderwelle, die am ovalen Fenster beginnt, laufend ab (→ **B**). Gleichzeitig wächst ihre *Amplitude* zu einem *Maximum* (→ **B**, „Hüllkurve"), um dann schnell zu verebben. Der **Ort** dieser maximalen Auslenkung des Endolymphschlauches ist für die Wellenlänge des gehörten Klanges charakteristisch und liegt umso näher beim Steigbügel, je höher die Schallfrequenz ist (→ **C**) (**Frequenz-Orts-Abbildung**).

Die Schwingungen des Endolymphschlauches verursachen winzige (ca. 0,3 nm) Verschiebungen der Tektorialmembran gegenüber der Basilarmembran (→ **D3**), so dass die Zilien der **äHZ** abgeschert und so ihrerseits gegeneinander verschoben werden. Evtl. durch *Tip Links* vermittelt (→ S. 342), öffnen sich dadurch Kationenkanäle (*mechanosensitive Transduktionskanäle*) in der Zilienmembran, so dass Kationen (K^+, Na^+, Ca^{2+}) einströmen und die äHZ depolarisieren. Dies führt reizsynchron zur *Verkürzung der äHZ* (→ **D3**). Die nachfolgende Zilienabscherung in der Gegenrichtung führt zur Hyperpolarisation (Öffnung von K^+-Kanälen) und zur *Verlängerung der äHZ*.

Der Mechanismus dieser äußerst rasch ablaufenden **Elektromotilität** (bis zu 20 kHz, also $2 \cdot 10^4$mal/s) ist unklar, doch scheint er mit dem hohen Turgor in den äHZ (128 mmHg!) und der ungewöhnlichen Struktur ihrer Zellwand zu tun zu haben.

Diese von der Erregung der äHZ abhängigen Vorgänge sind Teil eines **Verstärkerprozesses** (ca. 100fach, d. h. 40 dB), der den iHZ vorgeschaltet ist (*kochleärer Verstärker*). Dies erklärt die besonders niedrige Schwelle innerhalb des jeweiligen, sehr engen Orts- (0,5 mm) und damit Frequenzbereiches. Die Zilien der **iHZ** werden im Bereich dieser maximalen Frequenzabbildung durch *Endolymphschwingungen* im Subtektorialraum abgeschert (→ **D4**). Dadurch kommt es (wie bei den äHZ und im Vestibularorgan) zur Öffnung von *Transduktionskanälen* und zur Depolarisation (*Sensorpotenzial*), was bei den iHZ, den *eigentlichen Schallsensoren*, die Ausschüttung des Transmitters (wahrscheinlich Glutamat an AMPA-Rezeptoren; → S. 55 F) und in der Folge die Reizweiterleitung zum ZNS auslöst.

Diese Schwingungen im Innenohr lösen auch eine Schallabgabe nach außen aus. Diese **evozierten otoakustischen Emissionen** kann man vor dem Trommelfell messen. Damit kann die Innenohrfunktion z. B. bei Säuglingen geprüft werden, die ja nichts über ihre Hörempfindungen berichten können.

Innenohrpotenziale (→ S. 369 C). Die Haarzellen grenzen auf der Zilienseite an den Endolymphraum, der ein *Bestandspotenzial* (= *endokochleares Potenzial*) von ca. + 80 mV bis + 110 mV gegenüber der Perilymphe aufweist. Es wird durch aktive Transportprozesse in der *Stria vascularis* (→ S. 369 C) aufrechterhalten. Da die äHZ und die iHZ in Ruhe ein Zellpotenzial von – 70 bzw. – 40 mV haben, herrscht über die zilienbesetzte Zellmembran eine Potenzialdifferenz von ca. 150 – 180 bzw. 120 – 150 mV (Zellinneres negativ). Außerdem gleicht die *K^+-Konzentration* der Endolymphe mit ca. 140 mmol/l etwa der in der Haarzelle, so dass das K^+-Gleichgewichtspotenzial (→ S. 32) hier ca. 0 mV beträgt. Damit stehen diese hohen Potenziale als treibende „Kräfte" nicht nur für den Einstrom von Na^+ und Ca^{2+}, sondern auch für den von K^+ zur Verfügung und erzeugen so das **Sensorpotenzial**.

Das Hörvermögen wird mit dem **Audiometer** erfasst. Dem Patienten werden dabei Schalle unterschiedlicher Frequenz sowohl über LL als auch über KL angeboten. Der Schalldruck liegt anfangs unter der Hörschwelle und wird jeweils so lange erhöht, bis der Patient etwas hört (**Schwellenaudiogramm**). Sind dazu lautere Töne als normalerweise nötig, handelt es sich um einen *Hörverlust*, der in dB angegeben wird. (Im Gegensatz zum Diagramm auf S. 363 B wird dabei die normale Hörschwelle [→ S. 363 B, grüne Kurve] bei allen Frequenzen mit 0 dB bezeichnet!) Hörverluste entstehen neben der Presbyakusis (→ S. 362) z. B. durch Entzündungen des Mittelohrs (Hörverlust bei LL) oder durch Innenohrschäden (Hörverlust bei LL und KL), z. B. ausgelöst durch ein Knalltrauma der Haarzellen.

B. Wanderwelle in der Kochlea: Schwingungsmaxima und plastisches Momentbild

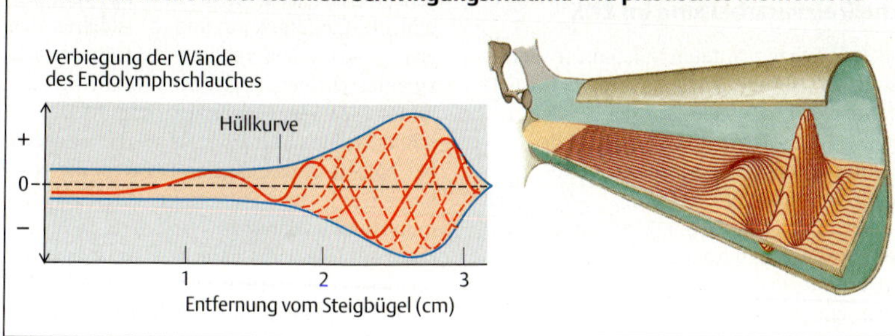

C. „Abbildung" der Tonhöhe entlang der Kochlea

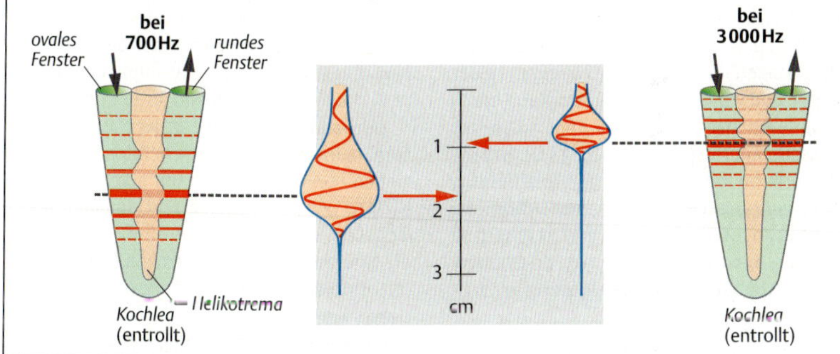

D. Erregung der Haarzellen durch Membranausbuchtung

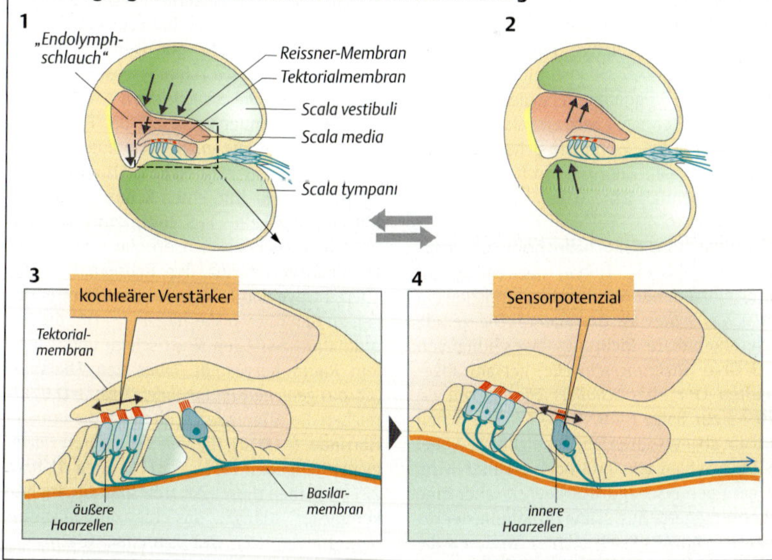

Schallreizverarbeitung im ZNS

Folgende Schallqualitäten müssen zur Weiterleitung im Hörnerv codiert werden: 1. Schallfrequenz(en), 2. Schallintensität, 3. Schallrichtung und 4. Entfernung der Schallquelle.

Unterschiedliche Frequenzen werden entlang der Kochlea getrennt „abgebildet" (→ S. 367 C), in getrennten Fasern der Hörbahn weitergeleitet und zentral identifiziert. Können, was etwa den tatsächlichen Verhältnissen entspricht, z. B. 1003 Hz von 1000 Hz gerade noch unterschieden werden, beträgt der Unterschied 3 Hz, was eine relative *Frequenzunterschiedsschwelle* (→ S. 352) von 0,003 bedeutet. Zu diesem feinen Unterscheidungsvermögen tragen die *Frequenz-„Abbildung"* in der Kochlea und v. a. die dortige *Verstärkung* durch die äußeren Haarzellen (→ S. 366) sowie die neuronale *Kontrastierung* (→ S. 313 D) entlang der Hörbahn bei. Diese feine Abstimmung (engl. *tuning*) bedeutet, dass eine bestimmte Frequenz an ihrem „Abbildungs"-Ort eine ganz besonders niedrige Schwelle hat. Erst höhere Schalldrücke führen zur Rekrutierung benachbarter Fasern (s. u.).

Eine größere **Schallintensität** führt (a) zu häufigeren Aktionspotenzialen (APs) in der ableitenden Nervenfaser und (b) zur Einbeziehung (*Rekrutierung*) benachbarter Nervenfasern (→ **A**). Die relative *Intensitäts-Unterschiedsschwelle* (→ S. 352) ist mit 0,1 sehr viel gröber als die Frequenzunterschiedsschwelle, d. h., ein Schallereignis wird erst als lauter und leiser empfunden, wenn die Schallintensität um mehr als den Faktor 1,1 (d. h. der Schalldruck um mehr als den Faktor $\sqrt{1,1} = 1,05$) verändert wird.

Zur Erkennung der **Schallrichtung** ist *binaurales* (beidohriges) *Hören* notwendig: (a) *Schräg* eintreffende Schallwellen erreichen ein Ohr etwas *später* als das andere. Die gerade noch erkennbare Richtungsabweichung von ca. 3 Grad (*Richtungsschwelle*) hat am abgewandten Ohr eine *Schallverspätung* von ca. $3 \cdot 10^{-5}$ s zur Folge (→ **B**, links). (b) Der Schall wird am abgewandten Ohr *leiser* gehört, wobei ein Unterschied von 1 dB noch erkannt wird. Ein geringerer Schalldruck bewirkt aber eine etwas verzögerte Auslösung (Erhöhung der Latenzzeit) von APs (→ **B**, rechts), wodurch die vom abgewandten Ohr stammende Erregung zentral (Nucleus accessorius, → **D5**) *verspätet* eintrifft. Die Effekte (a) und (b) addieren sich also (→ **B**). Das äußere Ohr hilft darüber hinaus zu unterscheiden, ob der Schall von vorn oder hinten (bzw. oben oder unten) kommt. Das geschilderte binaurale Hören ermöglicht es auch, bei hohem Umgebungslärm (Party) die Hörbarkeit z. B. einer Stimme im Vergleich zum monoauralen Hören zu verbessern. Sichtkontakt zum Mund des Sprechenden ist eine zusätzliche Erleichterung.

Die **Entfernung** einer **Schallquelle** wird u. a. dadurch erkannt, dass hohe Frequenzen bei der Schallübertragung mehr gedämpft werden als niedrige. Je länger daher der Schall unterwegs war, desto geringer ist der Anteil der hohen Frequenzen beim Eintreffen des Schalls (z. B. Donner bei nahen und fernen Gewittern).

Hörbahn (→ **D**). Die Hörnervfasern, deren Somata im *Ganglion spirale* der Kochlea liegen, ziehen von dort (→ **D1**) zum anteroventralen (→ **D2**), posteroventralen und dorsalen *Kochleariskern* (→ **D3**). In diesen drei Kernen sind die Afferenzen nach Frequenzen (*tonotopisch*) mit unterschiedlicher Komplexität geordnet. Durch laterale Hemmung (→ S. 313 D) findet hier u. a. eine *Kontrastierung*, d. h. eine *Rauschunterdrückung* statt. In der *oberen Olive* (→ **D4**) und im *Nucleus accessorius* (→ **D5**), die erstmals von kontralateral Impulse empfangen, findet der Intensitäts- und Laufzeitvergleich (Richtungshören, s. o.) statt. Nächste Stationen sind der *seitliche Schleifenkern* (→ **D6**) und, nach vorwiegender Kreuzung der Fasern auf die Gegenseite, die *unteren Vierhügel* (→ **D7**). Sie werden von zahlreichen Afferenzen erreicht und sind zum einen Reflexstation (z. B. Mittelohrmuskeln, → S. 366); zum anderen wird hier auch die sensorische Analyse der Kochleariskerne mit der Raumanalyse der oberen Olive verglichen und über Verbindungen zu den oberen Vierhügeln (→ **D8**) die Koordination zwischen akustischem und visuellem Raum hergestellt. Über den Thalamus (*Corpus geniculatum mediale, CGM;* → **D 9**) erreichen die Afferenzen schließlich die *primäre* **Hörrinde** (→ **D10**), die von *sekundären Hörregionen* umgeben ist (→ S. 311 D, Area 41 bzw. 22). Aufgaben dieser Zentren sind die Analyse komplexer Klänge, das Kurzzeitgedächtnis beim Tonvergleich, das „Lauschen" u. a. m.

A. „Laut-leise-Information“ im Hörnerv (Schallfrequenz unverändert)

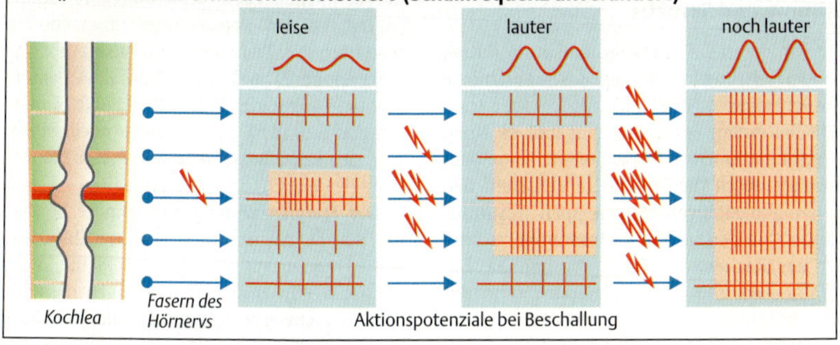

B. Räumliches Hören: Schallverspätung und Latenzzeitdifferenz

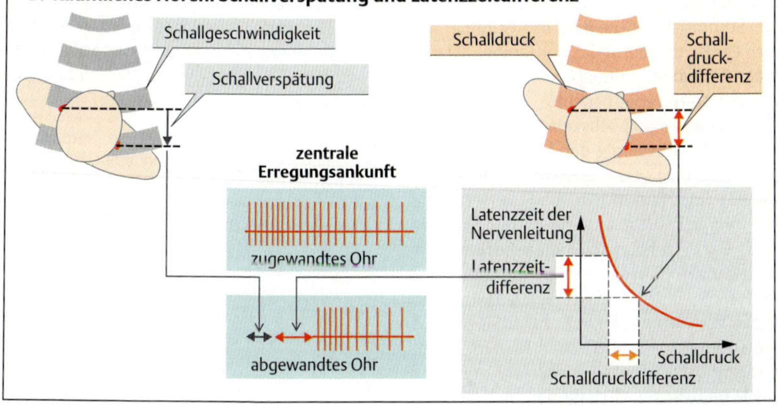

C. Bestandspotenziale und Elektrolytverteilung in der Kochlea

(Text s. vorige Seite)

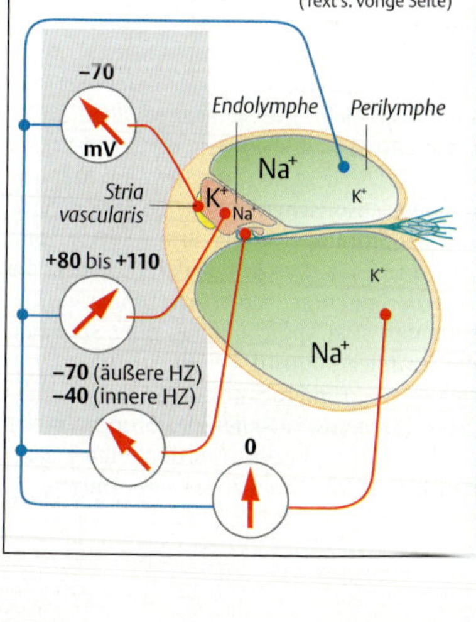

D. Afferente Hörbahn

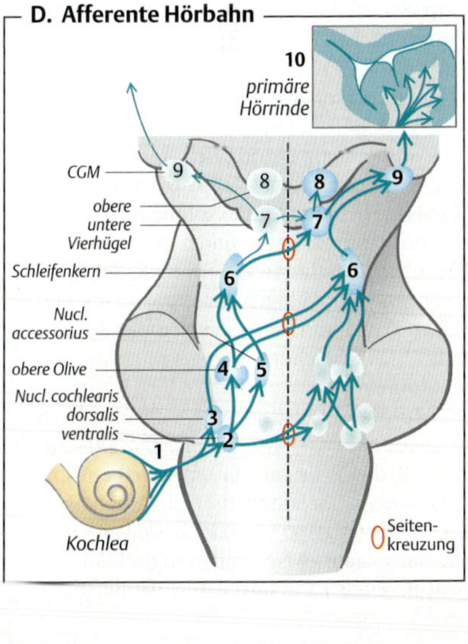

Stimme und Sprache

Die Stimme ist v. a. ein **Kommunikationsmittel**, dessen Leistungen ganz auf das menschliche Hörvermögen (→ S. 363 B) ausgerichtet sind. Wie bei einem Blasinstrument gibt es einen *Windraum* (Trachea, Bronchien etc.), von dem die Luft durch die *Stimmritze* zwischen den schwingungsfähigen *Stimmlippen* („Stimmbänder") in den *Luftraum* (*Ansatzrohr*) strömt, der aus Rachen, Mund-und Nasenhöhle besteht (→ **A**). Die große Variationsbreite der Stimme erklärt sich daraus, dass sowohl Stärke des Luftstroms (*Lautstärke* der Stimme), Spannung der Stimmlippen sowie Weite und Form der Stimmritze (*Grundton* der Stimme) als auch Größe und Form des Luftraumes (*Klangfarbe, Formanten*) durch eine Vielzahl von Muskeln stark variierbar sind.

Die Gelenke und Muskeln des **Kehlkopfes** dienen zur Einstellung der *Stimmbänder* und der *Stimmritze*. Der Luftstrom öffnet und schließt die Stimmritze und versetzt die Stimmlippen in eine Art Abrollbewegung (→ **B**). Dabei ist bei tiefen Tönen die Stimmritze länger geschlossen als offen (Verhältnis 5 : 1 bei 100 Hz). Bei höheren Tönen (400 Hz) sinkt dieses Verhältnis auf 1,4 : 1; beim Singen mit Kopfstimme (→ **C**, blau) oder Flüstern bleibt die Stimmritze dauernd offen.

Die **motorischen Signale** stammen aus dem motosensorischen Kortex (→ S. 325 C u. B, „Zunge, Rachen") und gelangen zum Kerngebiet des N. vagus. Er versorgt den Kehlkopf nicht nur motorisch, sondern auch sensibel, was außer für Schutzreflexe (*Husten*!) auch für die Stimmbildung wichtig ist: Sensible Fasern aus der Schleimhaut des Kehlkopfes und sensorische Fasern seiner Muskelspindeln (→ S. 316) melden laufend Lage und Spannung der Stimmbänder zentralwärts. Diese Reflexe und die engen Verbindungen der Hörbahn mit den bulbären und kortikalen Zentren der Sprachmotorik sind wichtig für die **Feineinstellung** der Stimme.

Gesprochene **Vokale** unterscheiden sich auch bei ähnlicher *Grundfrequenz* (100 – 130 Hz; → **D**) durch die beigemischten hohen Töne (**Formanten**). Charakteristisch sind die *Vokale A, U* und *I* (→ **D**). *O, E* und die *Umlaute* sind Übergangslaute zwischen diesen drei Vokalen („*Vokaldreieck*"). Die Formanten werden durch die Verformung des Ansatzrohres bestimmt (→ **D**). Bei den **Konsonanten** unterscheidet man *nach dem Bildungsort* (im Ansatzrohr) *labiale* (Lippe, Zähne), z. B. P, B, W, F, M, *dentale* (Zähne, Zunge), z. B. D, T, S, N, *linguale* (Zunge, hinterer Gaumen), z. B. G, K, *sowie nach der Bildungsart Verschlusslaute* (P, B, T, D, K, G), *Reibelaute* (F, W, S, Ch) und *Zitterlaute* (R).

Der **Frequenzumfang** der Stimme beträgt mit den Formanten ca. 40 bis über 2000 Hz. Hohe Frequenzanteile haben Zischlaute (S, Z), die bei Presbyakusis und anderen Formen der Innenohrschwerhörigkeit oft nicht gehört werden (z. B. Unterschied „Bass" und „Bad"). Auch an Telefon- und Radioübertragung stellen Zischlaute besondere Ansprüche. Der **Stimmumfang** (Grundton; → **C**) beträgt *beim Sprechen* ca. eine Oktave, *beim Singen* ca. 2 Oktaven (bei Sängern über 3 Oktaven).

Die normale **Tonleiter** basiert auf der Frequenzverdoppelung, der **Oktave**. Bei wohltemperierter Stimmung ist die Oktave in 12 Halbtonschritte geteilt, deren Frequenzen jeweils um den Faktor 1,0595 ($\sqrt[12]{2}$) voneinander abweichen.

Sprache (s. a. S. 336). Zur sprachlichen Kommunikation gehören (a) die Verarbeitung des Gehörten (→ S. 368), (b) die zentrale Sprachproduktion und (c) die ausführende Sprechmotorik. Das *Sprachverständnis* ist v. a. im posterioren Teil vom Kortex-Areal 22 (→ S. 311 D), der *Wernicke-Region*, lokalisiert. Störungen in diesem Bereich führen zur *sensorischen Aphasie*. Die Patienten reden zwar flüssig, aber oft unverständlich, das merken sie aber wegen des gestörten Sprachverständnisses nicht. Auch komplizierte Sätze oder Gelesenes verstehen sie nicht. Die *Sprachproduktion* findet v. a. im Areal 44 und 45 statt, der *Broca-Region* (→ S. 311 D). Sie ist den *primären Sprechzentren* im motosensorischen Kortex (s. o.) übergeordnet. Bei Störungen in der Broca-Region (und z. B. auch im Gyrus angularis) leidet die Sprachproduktion (*motorische Aphasie*). Die Patienten sind sprechunfähig oder sprechen nur im Telegrammstil. Bei einer dritten Form stehen Wortfindungsstörungen im Vordergrund (*amnestische Aphasie*). Störungen in der ausführenden Motorik (kortikobulbäre Bahnen, Kleinhirn) führen zu *Sprechstörungen*.

A. Kehlkopf (Schnitt)

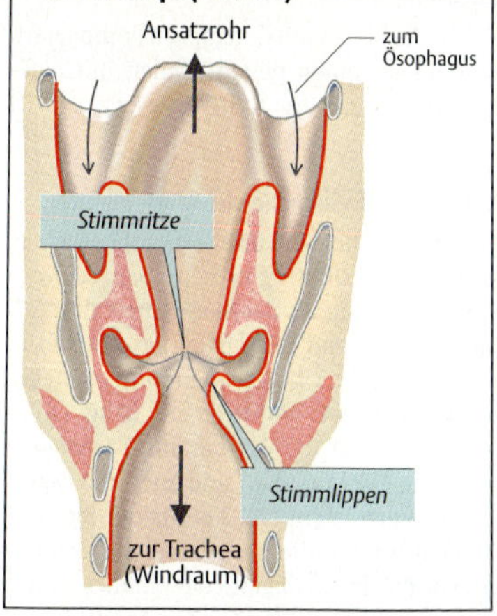

B. Stimmlippenbewegungen

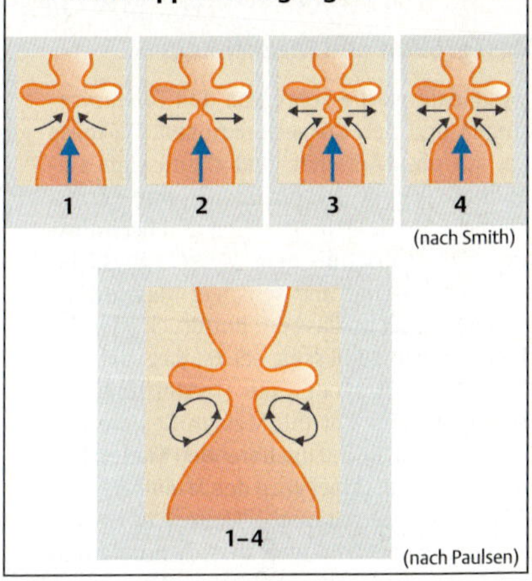

C. Stimmumfang und Stimmlagen

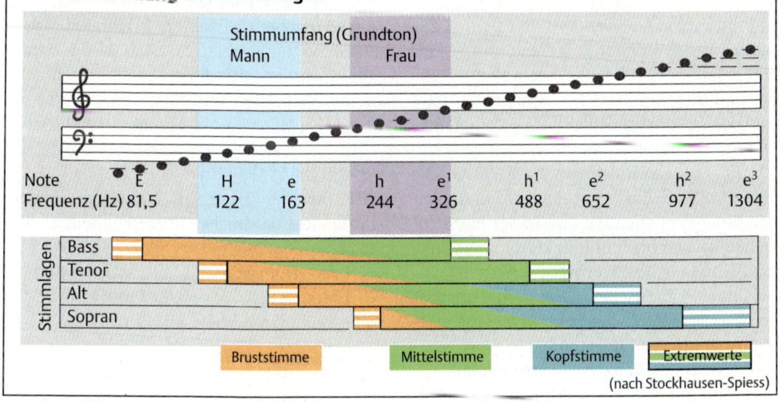

D. Vokalbildung: Vokaldreieck, Form des Ansatzrohrs und Formantbereich

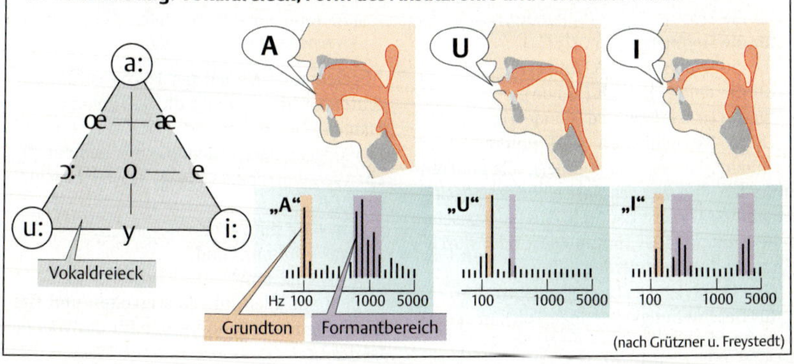

Messgrößen und Maßeinheiten

Physiologie ist die Lehre von den Lebensvorgängen und den Körperfunktionen. Da diese u.a. auf physikalischen und chemischen Gesetzmäßigkeiten beruhen, ist ihre Erforschung, Erlernung, Beurteilung und Beeinflussung untrennbar mit dem Messen physikalischer, chemischer und sonstiger **Messgrößen** verbunden, sei es, dass der Blutdruck oder das Hörvermögen gemessen, sei es, dass der pH-Wert des Blutes oder die Herzleistung bestimmt werden. Für die Messgrößen werden im Folgenden die dazugehörenden **Maßeinheiten** angegeben. Dabei wird den *SI-Einheiten* (SI = Système International d'Unités) deswegen der Vorzug gegeben, weil sie sich problemlos miteinander verrechnen lassen. (Die in der BRD darüber hinaus zugelassenen Einheiten sind mit einem * versehen.) Die Faktoren zur Umrechnung von älteren Einheiten in SI-Einheiten sind ebenfalls angegeben. Kompliziertere und ungewohntere Messgrößen der Physiologie, z.B. Wandspannung, Compliance oder Strömungswiderstand, werden gewöhnlich dort, wo sie in diesem Buch verwendet werden, erklärt. Eine Ausnahme davon sind einige besonders wichtige und in der Physiologie häufig (und nicht immer korrekt) benützte Begriffe, nämlich Konzentration, Aktivität, Osmolalität, osmotischer Druck, onkotischer Druck und pH-Wert, denen anschließend eigene Abschnitte gewidmet sind.

Die **Basiseinheiten des SI-Systems** sind

- für die *Länge:* m (Meter),
- für die *Masse:* kg (Kilogramm),
- für die *Zeit:* s (Sekunde),
- für die *Stoffmenge:* mol (Mol),
- für die *Stromstärke:* A (Ampere),
- für die *Temperatur:* K (Kelvin),
- für die *Lichtstärke:* cd (Candela).

Diese Basiseinheiten sind untereinander unabhängig und genau definiert; alle anderen Einheiten sind *von den Basiseinheiten abgeleitet*, und zwar meist dadurch, daß die Basiseinheiten miteinander multipliziert oder durcheinander dividiert werden, z.B.

- für Fläche (Länge · Länge): (m · m) = m^2,
- für Geschwindigkeit (Länge/Zeit): m · s^{-1}.

Wird die neue Einheit dabei zu kompliziert, bekommt sie einen neuen Namen mit eigenem Symbol, z.B. für Kraft: m · kg · s^{-2} = N (→ **Tab. 1**).

Bruchteile und Vielfache von Maßeinheiten

Da es umständlich und unübersichtlich ist, z.B. 10000 g oder 0,00001 g zu schreiben, verwendet man *Vorsilben* vor der Maßeinheit, die *dezimale Vielfache und Bruchteile* (gewöhnlich in 1000er Schritten) bezeichnen; im eben genannten Beispiel würde man 10 kg (Kilogramm) bzw. 10 μg (Mikrogramm) schreiben bzw. sagen. Die Vorsilben sind mit ihren Faktoren und Symbolen in **Tab. 2** enthalten. Sie werden nicht nur vor die Basiseinheiten, sondern auch vor die davon abgeleiteten Einheiten mit eigenem Symbol gesetzt (→ **Tab. 1**). 10^3 Pascal z.B. sind 1 kPa. Für manche Maßeinheiten sind noch Vorsilben für kleinere Dezimalschritte in Verwendung (da, h, d, c; → **Tab. 2**). Bei *Zeitangaben* werden auch die gewohnten, nichtdezimalen Vielfachen weiter verwendet, also *Sekunde* (s), *Minute* (min), *Stunde* (h) und *Tag* (d).

Länge, Fläche, Volumen

SI-Einheit der **Länge** ist das *Meter* (m). Andere bisher gebräuchliche Längeneinheiten sind u.a.:

1 Ångström (Å) = 10^{-10} m = 0,1 nm
1 Mikron (μ) = 10^{-6} m = 1 μm
1 Millimikron (mμ) = 10^{-9} m = 1 nm

Amerikanische und britische Längeneinheiten sind:
1 inch = Zoll = 0,0254 m = 25,4 mm
1 foot (Mehrzahl: feet) = Fuß = 0,3048 m
1 yard = Elle = 0,9144 m
1 (statute) mile = Meile = 1609,344 m ≈ 1,61 km
1 Nautische Meile = 1,853 km

Abgeleitete SI-Einheit der **Fläche** ist das *Quadratmeter* (m · m = m^2), die des **Volumens** *Kubikmeter* (m · m · m = m^3). Bei Umrechnungen in Vielfache oder Bruchteile mit den entsprechenden Vorsilben (**Tab. 2**) ist zu beachten, dass z.B.

1 m = 10^3 mm, aber
1 m^2 = 10^6 mm^2 und
1 m^3 = 10^9 mm^3.

Eine vor allem für Flüssigkeiten und Gase häufig benützte Sondergröße für das *Volumen* ist das *Liter** (l):

Tab. 1 Einige aus den SI-Basiseinheiten m, kg, s und A abgeleitete SI-Einheitenlz

C	Coulomb	elektrische Ladung	$s \cdot A$
F	Farad	elektrische Kapazität	$C \cdot V^{-1} = m^{-2} \cdot kg^{-1} \cdot s^4 \cdot A^2$
Hz	Hertz	Frequenz	s^{-1}
J	Joule	Arbeit, Energie, Wärmemenge	$N \cdot m = m^2 \cdot kg \cdot s^{-2}$
lm	Lumen	Lichtstrom	$cd \cdot sr$
lx	Lux	Beleuchtungsstärke	$lm \cdot m^{-2} = cd \cdot sr \cdot m^{-2}$
N	Newton	Kraft	$m \cdot kg \cdot s^{-2}$
Pa	Pascal	Druck	$N \cdot m^{-2} = m^{-1} \cdot kg \cdot s^{-2}$
S	Siemens	elektrischer Leitwert	$\Omega^{-1} = m^{-2} \cdot kg^{-1} \cdot s^3 \cdot A^2$
sr	Steradiant	räumlicher Winkel[1]	$1\ (m^2 \cdot m^{-2})$
T	Tesla	magnetische Flussdichte	$Wb \cdot m^{-2} = kg \cdot s^{-2} \cdot A^{-1}$
V	Volt	elektrische Spannung	$W \cdot A^{-1} = m^2 \cdot kg \cdot s^{-3} \cdot A^{-1}$
W	Watt	Leistung	$J \cdot s^{-1} = m^2 \cdot kg \cdot s^{-3}$
Wb	Weber	magnetischer Fluss	$V \cdot s = m^2 \cdot kg \cdot s^{-2} \cdot A^{-1}$
Ω	Ohm	elektrischer Widerstand	$V \cdot A^{-1} = m^2 \cdot kg \cdot s^{-3} \cdot A^{-2}$

[1] Der räumliche Winkel eines Kegels ist definiert als Quotient aus der ausgeschnittenen Fläche (F) auf der Oberfläche einer Kugel (mit Mittelpunkt an der Kegelspitze) und dem Quadrat des Kugelradius (r^2). Die SI-Einheit sr ist derjenige räumliche Winkel, bei dem r = 1 m und F = 1 m^2 beträgt, d. h. 1 sr = 1 $m^2 \cdot m^{-2}$.

Tab. 2 Vorsilben für Bruchteile und Vielfache von Maßeinheiten

Vorsilbe	**Symbol**	**Faktor**	**Vorsilbe**	**Symbol**	**Faktor**
Deka-	da	10^1	Dezi-	d	10^{-1}
Hekto-	h	10^2	Zenti-	c	10^{-2}
Kilo-	k	10^3	Milli-	m	10^{-3}
Mega-	M	10^6	Mikro-	µ	10^{-6}
Giga-	G	10^9	Nano-	n	10^{-9}
Tera-	T	10^{12}	Piko-	p	10^{-12}
Peta-	P	10^{15}	Femto-	f	10^{-15}
Exa-	E	10^{18}	Atto-	a	10^{-18}

$$1\ l = 10^{-3}\ m^3 = 1\ dm^3$$
$$1\ ml = 10^{-6}\ m^3 = 1\ cm^3$$
$$1\ \mu l = 10^{-9}\ m^3 = 1\ mm^3$$

Amerikanische und britische Volumeneinheiten werden folgendermaßen umgerechnet:

1 fluid ounce (amerikanisch) = 29,57 ml
1 fluid ounce (britisch) = 28,41 ml
1 U.S. liquid gallon = 3,785 l.
1 british (imperial) gallon = 4,546 l

Geschwindigkeit, Frequenz, Beschleunigung

Die **Geschwindigkeit** ist die zurückgelegte Länge pro Zeit mit der Einheit $m \cdot s^{-1}$. Bei Geschwindigkeiten von Flüssigkeiten wird neben dieser sog. **Lineargeschwindigkeit** noch der

Begriff **„Volumengeschwindigkeit"** oder „Flussrate" verwendet. Gemeint ist damit dann ein *Volumenfluss pro Zeit* mit der Einheit $l \cdot s^{-1}$ oder $m^3 \cdot s^{-1}$.

Mit der **Frequenz** gibt man an, *wie oft* irgendein Ereignis (Pulsschlag, Atemzüge etc.) pro Zeiteinheit stattfindet. SI-Einheit ist s^{-1}, auch **Hertz** (**Hz**) genannt. Oft wird auch min^{-1} als Frequenzeinheit verwendet, wobei gilt

$min^{-1} = 1/60$ Hz ≈ 0,0167 Hz.

Unter **Beschleunigung** versteht man die Geschwindigkeits*änderung* pro Zeit, die Einheit ist daher $m \cdot s^{-1} \cdot s^{-1} = m \cdot s^{-2}$. Eine Beschleunigungsangabe mit negativem Vorzeichen wird auch *Verzögerung* genannt. Wie schnell z. B. ein Auto beschleunigen und wie rasch es gebremst werden kann, wird beidesmal in $m \cdot s^{-2}$ ausgedrückt.

Kraft, Druck

Kraft ist Masse mal Beschleunigung (Spezialfall: **„Gewicht"** = **Gewichtskraft** = Masse mal Erdbeschleunigung). Da die Einheit der Masse kg ist und die der Beschleunigung $m \cdot s^{-2}$ (s. o.), gilt: Einheit der Kraft: $m \cdot kg \cdot s^{-2}$ = N (*Newton*).

Die früher gebrauchten Krafteinheiten werden so umgerechnet:

1 dyn = 10^{-5} N = 10 μN;

1 pond = $9{,}8 \cdot 10^{-3}$ N = 9,8 mN.

Druck ist *Kraft pro Fläche*. Es gilt also: Einheit des Druckes: $N \cdot m^{-2}$ = Pa (*Pascal*).

Andere Druckeinheiten (mmHg* wird für den Druck von Körperflüssigkeiten z. T. noch verwendet), werden in die SI-Einheit Pa folgendermaßen umgerechnet:

1 mmH_2O ≈ 9,8 Pa

1 cmH_2O ≈ 98 Pa

1 mmHg* = 133,3 Pa = 0,1333 kPa

1 Torr = 133,3 Pa = 0,1333 kPa

1 techn. Atmosphäre (at) ≈ 98,067 kPa

1 physik. Atmosphäre (atm) ≈ 101,324 kPa

1 dyn · cm^{-2} = 0,1 Pa

1 bar = 100 kPa

Arbeit, Energie, Wärmemenge

Arbeit ist *Kraft mal Weg*, d. h. Einheit der *Arbeit*: N · m = J (*Joule*). **Energie** und **Wärmemenge** haben ebenfalls die Einheit J. Auch das Produkt *Druck* · *Volumen* ($[N \cdot m^{-2}] \cdot m^3$) ergibt J: Druck-Volumen-Arbeit.

Andere Einheiten für Arbeit, Wärmemenge und Energie werden in J folgendermaßen umgerechnet:

1 erg = 10^{-7} J = 0,1 μJ

1 cal ≈ 4,185 J

1 kcal ≈ 4185 J = 4,185 kJ

1 Ws = 1 J

1 kWh = $3{,}6 \cdot 10^6$ J = 3,6 MJ

Leistung ist *Arbeit pro Zeit*. Es gilt daher: Einheit der Leistung: $J \cdot s^{-1}$ = W (*Watt*). Auch der *Wärmestrom* hat die Einheit W. Andere Einheiten für die Leistung werden folgendermaßen umgerechnet:

1 erg · s^{-1} = 10^{-7} W = 0,1 μW

1 cal · h^{-1} = $1{,}163 \cdot 10^{-3}$ W = 1,163 mW

1 PS = 735,5 W = 0,7355 kW

Masse, Stoffmenge, Konzentration

Masse hat die Basiseinheit *Kilogramm* (kg), d. h., hier wurde ausnahmsweise die mit der Vorsilbe „kilo" versehene Einheit als Basiseinheit verwendet (statt Mg wird die Einheit *Tonne**, t, verwendet). Eine Masse wird meist dadurch bestimmt, dass ihre durch die Erdanziehung hervorgerufene *Gewichtskraft* (= „Gewicht", s. o.) gemessen wird, die Skala der Waage aber in Masseeinheiten (g, kg) geeicht ist.

Die Masse eines Moleküls oder eines Atoms (**Molekül-** bzw. **Atommasse**) wird häufig in *Dalton* (Da) ausgedrückt (keine SI-Einheit), wobei 1 Da = 1/12 der Masse eines ^{12}C-Atoms = 1 kg/Loschmidtsche Zahl = 1 kg/($6{,}022 \cdot 10^{23}$):

1 Da = $1{,}66 \cdot 10^{-27}$ kg

1000 Da = 1 kDa

Die **relative Molekülmasse M_r** (früher „Molekulargewicht") entspricht dem *Verhältnis* der betreffenden Molekülmasse zu 1/12 der Masse eines ^{12}C-Atoms. Als relative Größe ist sie dimensionslos.

Britisch-amerikanische Masseeinheiten werden folgendermaßen umgerechnet:

Avoirdupois weight:

1 ounce (oz.) = 28,35 g

1 pound (lb.) = 453,6 g

Apothecaries' und troy weight:

1 ounce = 31,1 g

1 pound = 373,2 g

Eine der Masse verwandte Messgröße ist die **Stoffmenge**, die in Mol (Symbol: *mol*) angegeben wird. 1 mol eines Stoffes besteht aus ebenso vielen Teilchen (Atomen, Molekülen, Ionen) wie in 12 g des Nuklids ^{12}C enthalten sind, nämlich aus $6{,}022 \cdot 10^{23}$ Teilchen. Für die **Umrechnung von Stoffmenge in Masse** gilt daher: 1 mol ist diejenige Stoffmasse (in g), die die relative Molekül-, Ionen- oder Atommasse dieses Stoffe angibt, d. h. wievielmal mehr Masse das Atom, Molekül oder Ion hat als 1/12 des ^{12}C-Atoms.

Beispiele:

- rel. Molekülmasse von H_2O: 18
  $\rightarrow$ 1 mol H_2O = 18 g H_2O.
- rel. Atommasse von Na: 23
  $\rightarrow$ 1 mol Na^+-Ionen = 23 g Na^+-Ionen.
- rel. Molekülmasse von $CaCl_2$:
  $(40 + 2 \cdot 35{,}5) = 111$
  $\rightarrow$ 1 mol $CaCl_2$ = 111 g $CaCl_2$.
  (In 1 mol $CaCl_2$ sind 2 mol Cl^--Ionen und 1 mol Ca^{2+}-Ionen enthalten.)

Teilt man mol durch die *Wertigkeit* des betroffenen Ions, ergibt sich die *Äquivalentmasse* mit der Maßeinheit *val* (engl: eq; beides keine SI-Einheiten): Bei einwertigen Ionen ist mol und val gleich groß:

1 val Na^+ = 1/1 mol Na^+.

Bei zweiwertigen Ionen (z. B. Ca^{2+}, s. o.) gilt:

1 val Ca^{2+} = ½ mol Ca^{2+} oder

1 mol Ca^{2+} = 2 val Ca^{2+}.

Eine weitere, vom Mol (mol) abgeleitete Größe ist das Osmol (*osm*) (s. u.).

Elektrische Größen

Das Wandern von elektrisch geladenen Teilchen, also z. B. von (negativ geladenen) Elektronen durch einen Draht, bezeichnet man als elektrischen Strom. Wieviel Teilchen/Zeit dabei fließen, wird mit der **Stromstärke** ausgedrückt. Deren Einheit ist das *Ampere* (*A*). Auch eine Wanderung von Ionen (Na^+, Cl^- etc.), z. B. durch eine Zellmembran, also ein *Ionenstrom*, wird in A ausgedrückt. Ein elektrischer Strom kann nur fließen, wenn eine elektrische **Potenzialdifferenz**, auch kurz **Spannung** oder **Potenzial** genannt, besteht. Eine Batterie oder ein Dynamo z. B. erzeugen eine solche Spannung. Im Organismus entstehen elektrische Spannungen meist durch den Transport von Ionen ($\rightarrow$ S. 32). Die Einheit der elektrischen Spannung ist das *Volt* (V; $\rightarrow$ **Tab. 1**).

Wieviel Strom bei gegebener Spannung fließt, hängt vom elektrischen **Widerstand** ab (*Ohm-Gesetz*: Spannung = Strom · Widerstand). Seine Einheit ist das *Ohm* (Ω; $\rightarrow$ **Tab. 1**), sein Kehrwert (1/Widerstand) der elektrische **Leitwert** mit der Einheit *Siemens* ($S = \Omega^{-1}$). In der Membranphysiologie bezieht man den Widerstand auf die Membranfläche ($\Omega \cdot m^{-2}$). Dessen Kehrwert ist die **Ionenleitfähigkeit** ($\Omega^{-1} \cdot m^2 = S \cdot m^2$) ($\rightarrow$ S. 32).

Elektrische **Arbeit** oder **Energie** wird, wie jede Arbeit, in *Joule* (J) oder *Wattsekunden* (Ws) ausgedrückt, die **elektrische Leistung**, wie jede Leistung, in *Watt* (W).

Die elektrische **Kapazität** eines Kondensators oder, in der Physiologie, etwa einer Zellmembran ist das Verhältnis von Ladung (C) zu Spannung (V). Die Einheit dafür ist das *Farad* (F; $\rightarrow$ **Tab. 1**)

Während beim **Gleichstrom** der Strom immer in derselben Richtung fließt, ändert sich die Richtung des Stromflusses beim **Wechselstrom** dauernd. Wie oft dieser Wechsel pro Zeit erfolgt, wird mit der *Frequenz* (Hz) ausgedrückt. Das normale Lichtnetz z. B. hat eine Frequenz von 50 Hz.

Temperatur

SI-Einheit der **Temperatur** ist das *Kelvin* (K), wobei 0 K (*absoluter Nullpunkt*) die tiefste, überhaupt mögliche Temperatur darstellt. Von der Kelvin-Skala abgeleitet ist die Celsius-Skala mit der Einheit *Grad Celsius** (°C). Es gilt:

Temperatur in °C =
Temperatur in K – 273,15.

Im Amerikanischen wird die Temperatur meist in *Grad Fahrenheit* (°*F*) angegeben. Für die Umrechnung in °C gilt:

Temperatur in °F = (9/5 · Temperatur in °C) + 32,
und umgekehrt:
Temperatur in °C = 5/9 · (Temperatur in °F – 32).

Einige wichtige Temperaturen ergeben umgerechnet:

	K	°C	°F
Gefrierpunkt von H_2O	273	0	+32
Zimmertemperatur	293 bis 298	+20 bis +25	+68 bis +77
Körpertemperatur	310	+37	+98,6
Fieber	311 bis 315	+38 bis +42	+100 bis +108
Siedepunkt des Wassers (Meereshöhe)	373	+100	+212

Konzentration, Fraktion und Aktivität

Der in Physiologie und Medizin vielgebrauchte Ausdruck **Konzentration** kann mehreres bedeuten, nämlich

- eine *Massenkonzentration*, d. h. die Masse eines Stoffes pro Volumeneinheit (z. B. g/l = kg/m^3),
- eine *Stoffmengenkonzentration* oder molare Konzentration, d. h. eine Stoffmenge pro Volumeneinheit *Lösung* (z. B. mol/l),
- eine *mola*le Konzentration, d. h. eine Stoffmenge pro Masse Lösungs*mittel* (z. B. mol/kg H_2O),

Mit **„fraktioneller Konzentration"** kann gemeint sein

- ein *Massenverhältnis*, d. h. Massenanteil pro Gesamtmasse (z. B. g/g),
- ein *Mengenverhältnis* (z. B. mol/mol) oder
- ein *Volumenverhältnis*, d. h. ein Volumenanteil pro Gesamtvolumen (z. B. l/l).

Die letzten drei Größen sind relative, dimensionslose Anteile; man nennt sie daher **Fraktionen**. (Der Begriff „fraktionelle Konzentration" sollte nicht mehr verwendet werden.) Das Volumenverhältnis (Fraktion, F) findet besonders in der Atmungsphysiologie Verwendung.

SI-Einheit der **Massenkonzentration** ist g/l (kg/m^3, mg/l usw.). Die Umrechnung einiger bisher benützter Größen erfolgt so:

1 g/100 ml = 10 g/l
1 g% = 10 g/l
1 % (w/v) = 10 g/l
1 g‰ = 1 g/l
1 mg% = 10 mg/l
1 mg/100 ml = 10 mg/l
1 μg% = 10 μg/l
1 γ% = 10 μg/l

SI-Einheit der **Stoffmengenkonzentration** ist mol/l (bzw. mol/m^3, mmol/l etc.). Umrechnungen:

1 M (molar) = 1 mol/l
1 N (normal) = (1/Wertigkeit) · mol/l
1 mM (mmolar) = 1 mmol/l
1 val/l (eq/l) = (1/Wertigkeit) · mol/l

In stark verdünnten Lösungen unterscheidet sich die molare von der molalen Konzentration nur dadurch, dass die Gleichung 1 l Wasser = 1 kg Wasser nur bei einer ganz bestimmten Temperatur gilt (4 °C). Physiologische Flüssigkeiten sind aber keineswegs stark verdünnte Lösungen. In ihnen kann das Volumen der gelösten Stoffe wesentlich zum Gesamtvolumen der Lösung beitragen. So besteht 1 l Plasma nur aus 0,93 l Wasser, die restlichen 70 ml sind Proteine und Salze. Hier differieren Molarität und Molalität bereits um 7 %. In der intrazellulären Flüssigkeit kann diese Differenz sogar mehr als 30 % betragen. Während es oft die Molarität ist, die (volumetrisch) gemessen wird, ist es die Molalität, die für chemische Reaktionen sowie für biophysikalische und biologische Vorgänge entscheidend ist.

Die **Fraktionen** (*Massenverhältnis*, *Mengenverhältnis* und *Volumenverhältnis*) haben die Einheit g/g, mol/mol bzw. l/l, also die „Einheit" 1 (bzw. 10^{-3}, 10^{-6} usw.). Dabei ist die ungekürzte Einheit (g/g usw.) vorzuziehen, weil sie angibt, um welche Fraktion es sich handelt. Die Fraktionen %, ‰, ppm (parts per million) und ppb (parts per billion; im Englischen: billion = 10^9) werden für alle Arten von Fraktionen verwendet.

Umrechnungen:
1 % = 0,01
1 ‰ = $1 \cdot 10^{-3}$
1 Vol% = 0,01 l/l
1 ppm = $1 \cdot 10^{-6}$
1 ppb = $1 \cdot 10^{-9}$

Ein thermodynamisches Maß für die physikochemisch *wirksame* Konzentration ist die **Aktivität (a)**. In der Physiologie wird sie häufig bei Ionen verwendet, da mit ionensensitiven Elektroden (H^+-, Na^+-, K^+-, Cl^--, Ca^{2+}-Elektroden) die Aktivität und nicht die Molalität gemessen wird. Aktivität und Molalität sind gleich, solange die gesamte **Ionenstärke** (μ) sehr klein ist, d. h. bei einer idealen Lösung; μ hängt von den Ladungen und Konzentrationen aller Ionen in der Lösung ab:

$$\mu \equiv 0{,}5\,(z_1^2 \cdot c_1 + z_2^2 \cdot c_2 + \ldots + z_i^2 \cdot c_i), \qquad [13.1]$$

wobei z_i die Ladung des Ions i, c_i seine molale Konzentration und 1,2,…,i die Ionentypen in der Lösung bedeuten. Bei der hohen Ionenstärke biologischer Flüssigkeiten beeinflussen sich die gelösten Teilchen gegenseitig, so dass die Aktivität a immer deutlich kleiner ist als die molale Konzentration c. Die Aktivität wird berechnet aus: $a = f \cdot c$, wobei f = **Aktivitätskoeffizient**. Bei einer Ionenstärke von z. B. 0,1, was einer Lösung mit 100 mmol NaCl/kg H_2O entspricht, beträgt f für Na^+ 0,76; die für biophysikalische Vorgänge entscheidende Aktivität ist also um ein Viertel geringer als die Molalität.

Bei schwachen Elektrolyten, die nicht vollständig dissoziieren, hängt die Molalität und Akti vität freier Ionen darüber hinaus natürlich auch noch vom **Dissoziationsgrad** in der betreffenden Lösung ab.

Osmolalität, osmotischer und onkotischer Druck

Ein von der Molarität (s. o.) abgeleiteter Begriff ist die **Osmolarität** (osm/l). Damit ist die *Konzentration aller osmotisch wirksamer Teilchen* in einer Lösung gemeint, gleichgültig um welche Stoffe oder Stoffmischungen es sich dabei handelt. Allerdings macht der auf das Volumen der Gesamtlösung bezogene Begriff der Osmolarität meist wenig Sinn; sowohl seine Messung mit dem Osmometer als auch seine biophysikalische Anwendung beziehen sich auf die Konzentration im Lösungs*mittel*. Aus diesem Grund (und weil Volumenangaben temperaturabhängig sind) ist die Angabe der **Osmola*l*ität** (osm/kg H_2O) meist sinnvoller.

Die **ideale Osmolalität** wird von der Molalität (s.o) der betreffenden Substanzen abgeleitet. Wird z.B. 1 mmol (= 180 mg) Glucose in 1 kg Wasser gelöst (= 1 l bei 4 °C), beträgt die Molalität 1 mmol/kg H_2O und die ideale Osmolalität 1 mosm/kg H_2O. Das ändert sich, wenn Elektrolyte wie NaCl gelöst werden, da sie dissoziieren: NaCl $\rightleftharpoons$ Na^+ + Cl^-. Jedes dieser beiden Ionen ist osmotisch aktiv. Wenn ein dissoziierender Stoff demnach in 1 kg Wasser gelöst wird, so gilt: ideale Osmolalität = Molalität mal Zahl der Dissoziationsprodukte; 1 mmol Na^+/kg H_2O ergibt also 2 mosm/kg H_2O. Im Gegensatz zu NaCl dissoziieren schwächere Elektrolyte nur teilweise; auch hier muss deren *Dissoziationsgrad* berücksichtigt werden.

Diese Berechnung gilt nur für ideale, also extrem verdünnte Lösungen. Wie oben beim Begriff Aktivität bereits erwähnt, sind die Körperflüssigkeiten jedoch **nichtideale** (**reale**) **Lösungen**, in denen die reale Osmolalität kleiner ist als die ideale. Letztere muss mit dem *osmotischen Koeffizienten* g (ist *nicht* mit dem Aktivitätskoeffizienten identisch) multipliziert werden, um den realen Wert zu erhalten. g ist konzentrationsabhängig und beträgt z. B. für NaCl bei einer (idealen) Osmolalität von 300 mosm/kg H_2O etwa 0,926. Die reale Osmolalität dieser NaCl-Lösung beträgt also 0,926 . 300 = 278 mosm/kg H_2O.

Lösungen, die die gleiche reale Osmolalität wie das Plasma haben (ca. 290 mosm/kg H_2O), werden *is(o)osmolal* genannt, solche mit höherer bzw. niedrigerer Osmolalität *hyper*- bzw. *hyp(o)osmolal*.

Osmolalität und Tonizität

Osmotisch aktive Lösungsbestandteile (reale Osmolalität, s. o.) rufen einen **osmotischen Druck** π hervor, der sich nach der **van't Hoff-Gleichung** errechnet:

$$\pi = R \cdot T \cdot c_{osm}, \qquad [13.2]$$

wobei R = allgemeine Gaskonstante (8,314 J . $K^{-1} \cdot osm^{-1}$), T = absolute Temperatur (K) und c_{osm} = reale Osmolalität in osm · $(m^3\ H_2O)^{-1}$ = mosm · $(l\ H_2O)^{-1}$. Sind zwei Lösungen unterschiedlicher Osmolalität (Δc_{osm}) durch eine wasserdurchlässige **selektive Membran** voneinander getrennt, so ruft Δc_{osm} im Steady State (Fließgleichgewicht) eine **osmotische Druckdifferenz** $\Delta\pi$ über der Membran hervor, wenn sie für die gelösten Teilchen weniger durchlässig ist als für Wasser. Dabei wird die Selektivität oder relative Dichtheit der Membran für die gelösten Stoffe durch den **Reflexionskoeffizienten** σ beschrieben. σ kann Werte zwischen 1 (undurchlässig) und 0 (genauso permeabel wie Wasser) annehmen. (Bei σ = 1 spricht man auch von einer *semipermeablen Membran*.) Unter Verwendung von Gl. 13.2 errechnet sich die osmotische Druckdifferenz $\Delta\pi$ dann nach **van't Hoff** und **Staverman** so:

$$\Delta\pi = \sigma \cdot R \cdot T \cdot \Delta c_{osm}; \qquad [13.3]$$

Gl. 13.3 zeigt, dass z.B. eine Lösung, die die gleiche Osmolalität besitzt wie das Blutplasma, an einer Membran im Steady State nur dann den gleichen osmotischen Druck hervorruft wie das Plasma (d. h. gegenüber dem Blutplasma isoton ist), wenn σ = 1, d. h., wenn die Membran streng semipermeabel ist.

Zwischen Blutplasma und dem Zytosol der Erythrozyten (und dem aller anderen Zellen im Körper) herrscht (im Steady State) Isotonie. Werden Erythrozyten nun in eine Harnstofflösung mit 290 mosm/kg H_2O überführt, herrscht, außer im ersten Moment, trotz der Isosmolalität keine Isotonie, da der Harnstoff ($\sigma < 1$) in die Erythrozyten diffundiert. Dadurch wird das Erythrozyteninnere hyperton und Wasser wird „nachgesaugt" (Osmose; → S. 24), so dass die Erythrozyten zuerst anschwellen und dann platzen.

Überall dort im Körper, wo gelöste Substanzen wasserdurchlässige Zellmembranen oder -verbände durchdringen, z. B. NaCl am Epithel des Dünndarms oder des proximalen Nierentubulus, entsteht also ein **osmotischer Gradient**, entlang dessen Wasser nachfolgt. Das Ausmaß eines solchen *Wasser-* oder *Volumenflusses* Jv ($m^3 \cdot s^{-1}$) ist von der Wasserdurchlässigkeit, der sog. *hydraulischen Leitfähigkeit* k ($m \cdot s^{-1} \cdot Pa^{-1}$), von der Durchtrittsfläche F (m^2) und von der Druckdifferenz, in diesem Fall der osmotischen Druckdifferenz $\Delta\pi$ (Pa), abhängig:

$$\mathbf{Jv} = \mathbf{k} \cdot \mathbf{F} \cdot \Delta\pi \; [m^3 \cdot s^{-1}]. \qquad [13.4]$$

Da k und F an biologischen Membranen und Zellverbänden gewöhnlich nicht getrennt bestimmbar sind, wird das Produkt k · F häufig als *Ultrafiltrationskoeffizient* K_f ($m^3 \cdot s^{-1} \cdot Pa^{-1}$) zusammengefasst (s. a. S. 152).

Ebenso wie der Transport von osmotisch wirksamen Teilchen einen Wasserfluss auslöst, reißt dieser Wasserstrom umgekehrt auch gelöste Teilchen mit sich: *konvektiver Transport* (engl.: *Solvent Drag*; → S. 24).

Ist der Zellwall undurchlässig für eine bestimmte Substanz ($\sigma = 1$), findet nicht nur kein Solvent Drag statt, sondern das Wasser wird sogar auf der Seite, wo sich diese Substanz befindet, zurückgehalten. Angewandt auf die oben genannten Epithelien heißt das z. B., dass aus dem Tubulus- bzw. Darmlumen nicht resorbierbare Substanzen zur osmotischen Diurese (→ S. 172) bzw. zu einem erhöhten Wassergehalt des Stuhles führen. Salinische Abführmittel wirken z. B. so (→ S. 262).

Onkotischer (kolloidosmotischer) Druck

Wie alle anderen gelösten Teilchen im Plasma erzeugen auch die makromolekularen Proteine einen osmotischen Druck. Er wird *onkotischer* oder *kolloidosmotischer Druck* genannt. An einer streng semipermeablen Membran (s. o.) wäre er mit seinen ca. 3,5 kPa (25 mmHg) gegenüber dem osmotischen Druck der kleinmolekularen Plasmabestandteile vernachlässigbar. Was den onkotischen Druck im Organismus so wichtig macht, ist die Tatsache, dass die Auskleidung der Blutgefäße, das **Endothel**, für all die kleinmolekularen Plasmabestandteile gut durchlässig ist ($\sigma \approx 0$), so dass nach Gl. 13.3 ihr osmotischer Druck am Endothel praktisch Null ist. Damit wird dort nur der onkotische Druck der Proteine wirksam, für die das Endothel, je nach Kapillarbezirk, eingeschränkt oder praktisch gar nicht durchlässig ist. Diese Eigenschaft ($\sigma \gg 0$) und der gegenüber dem Interstitium hohe Proteingehalt des Plasmas (ca. 75 g/l) sind es, die dem blutdruckgetriebenen Ausstrom von Plasmawasser ins Interstitium, also einer **Filtration**, entgegenwirken. Nur damit wird das Endothel zu einer wirksamen Volumenbarriere zwischen Plasmaraum und Interstitium.

Tritt, durch den Blutdruck getrieben, Wasser aus dem Blut ins Interstitium über (Filtration), so erhöht sich im Plasma die Proteinkonzentration und damit auch der onkotische Druck π (→ S. 152 u. 208). Dieser Anstieg ist wesentlich größer, als es Gl. 13.3 erwarten ließe (→ **A**). Grund dieser Abweichung sind bestimmte biophysikalische Eigenschaften der Plasmaproteine. Strömt also Wasser druckbedingt aus der oder in die Blutbahn, sorgen diese relativ hohen Änderungen des onkotischen Druckes selbsttätig für einen Gegendruck, der den Wasserstrom begrenzt.

pH-Wert, pK-Wert, Puffer

Für die *Konzentration der H^+-Ionen*, $[H^+]$, wird eine spezielle Einheit, der **pH-Wert**, verwendet. Nach *Sörensen* ist der pH-Wert der *negative dekadische Logarithmus* der *molalen* H^+-Ionenkonzentration in mol/kg H_2O. Das heißt:

1 mol/kg H_2O	= 10^0 mol/kg H_2O: pH 0	
0,1 mol/kg H_2O	= 10^{-1} mol/kg H_2O: pH 1	
usw. bis	10^{-14} mol/kg H_2O: pH 14	

Allerdings wird der pH-Wert gewöhnlich mit der Glaselektrode gemessen, d. h., es wird die **H^+-Aktivität** (s. o.) bestimmt. Deswegen gilt:

$$pH = -\log (f_H \cdot [H^+]),$$

wobei f_H der Aktivitätskoeffizient ist. Bei der Ionenstärke des Plasmas (s. o.) beträgt $f_H \approx 0{,}8$.

Betrachtet man pH-Wert-Änderungen, muss die logarithmische Natur des pH-Wertes berücksichtigt werden. Steigt z. B. der pH von 7,4 (= 40 nmol/kg H_2O) auf 7,7, so sinkt die H^+-Aktivität um 20 nmol/kg H_2O. Derselbe pH-Sprung in die Gegenrichtung, also von 7,4 auf 7,1, beinhaltet aber einen Anstieg der H^+-Aktivität um 40 nmol/kg H_2O!

Formal ähnlich dem pH-Wert ist der **pK-Wert**. Er ist der *negative dekadische Logarith-*

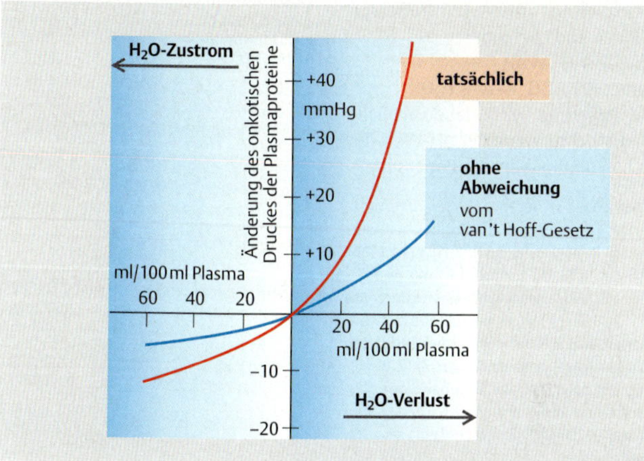

A. Physiologische Bedeutung der Abweichung des onkotischen Druckes des Plasmas von der van't Hoff-Beziehung. Ein Wasserverlust aus dem Plasma verursacht einen überproportionalen Anstieg des onkotischen Druckes, der dem Verlust von Plasmawasser entgegenwirkt. Auch bei einem Zustrom von Wasser, also einer Plasmaverdünnung, ist das überproportionale Absinken des onkotischen Druckes zu erkennen, wenn auch weniger ausgeprägt. Beides trägt wesentlich zur Konstanthaltung des Blutvolumens und gleichzeitig zur Vermeidung von Ödemen bei. (Nach Landis EM u. Pappenheimer JR, Handbook of Physiology. Section 2: Circulation, Vol. II. American Physiological Society: Washington D.C. 1963, S. 975.)

mus der Dissoziationskonstante K_a einer Säure bzw. K_b einer Base:

$pK_a = -\log K_a$

$pK_b = -\log K_b$

(Bei einer Säure und ihrer dazugehörigen Base ist $pK_a + pK_b = 14$, so dass sich pK_a aus pK_b errechnen lässt und umgekehrt.)

Dissoziiert z. B. eine schwache Säure (AH):

$$AH \rightleftharpoons A^- + H^+, \qquad [13.5]$$

so gilt nach dem Massenwirkungsgesetz, dass das Produkt der molalen Konzentration (eckige Klammer = Konzentration) der entstehenden Reaktionspartner, geteilt durch die Konzentration der undissoziierten Substanz, konstant ist:

$$K_a = \frac{[A^-] \cdot [H^+] \cdot f_H}{[AH]} \qquad [13.6]$$

Logarithmiert man diese Gleichung und setzt für $[H^+]$ die Aktivität ein, ergibt sich:

$$\log K_a = \log \frac{[A^-]}{[AH]} + \log([H^+] \cdot f_H) \qquad [13.7]$$

oder

$$\log([H^+] \cdot f_H) = -\log K_a + \log \frac{[A^-]}{[AH]} \qquad [13.8]$$

oder (nach den obigen Definitionen für den pH- und den pK_a-Wert):

$$\mathbf{pH = pK_a + \log \frac{[A^-]}{[AH]}} \qquad [13.9]$$

(Da für $[A^-]$ und [AH] hier nicht deren Aktivitäten eingesetzt sind, ist pK_a in nichtidealen Lösungen konzentrationsabhängig.)

Gl. 13.9 ist die allgemeine Form der **Henderson-Hasselbalch-Gleichung** (s. a. S. 138 ff.), zeigt also den Zusammenhang zwischen dem pH-Wert einer Lösung und dem jeweiligen Konzentrationsverhältnis der dissoziierten zur undissoziierten Form einer Substanz. Ist $[A^-]$ = [AH], das Verhältnis also gleich 1/1 = 1, ergibt sich $pH = pK_a$, da log 1 = 0.

Eine schwache Säure (AH) bildet zusammen mit ihrer dissoziierten Form (A^-) ein **Puffersystem** für H^+-Ionen und OH^--Ionen:

H^+-Zugabe: $A^- + H^+ \rightarrow AH$

OH^--Zugabe: $AH + OH^- \rightarrow A^- + H_2O$

Die *beste Pufferung* wird dabei erreicht, wenn $[AH] = [A^-]$, d.h., wenn der pH-Wert der Lösung gleich dem pK_a-Wert des Puffers ist.

Ein **Beispiel** soll das illustrieren: $[A^-]$ sei 10 mmol/l, ebenso [AH]. Der pK_a-Wert sei 7,0. Zugegeben werden 2 mmol/l H^+-Ionen, d.h., $[A^-]/[AH]$ verschiebt sich von 10/10 auf 8/12, da 2 mmol/l A^- mit den H^+-Ionen in 2 mmol/l AH umgewandelt wurden; log 8/12 ≈ -0,18, d.h. der pH-Wert verschiebt sich um 0,18 pH-Einheiten von 7,0 auf 6,82. Wäre hingegen das Verhältnis $[A^-]/[AH]$ anfangs schon 3/17 gewesen, hätte sich der pH-Wert durch Zugabe der gleichen H^+-Ionenmenge von anfangs (7 + log 3/17 =) 6,25 auf (7 + log 1/19 =) 5,7 verschoben, also um 0,55 pH-Einheiten.

Graphisch dargestellt ergibt die Titration einer Pufferlösung mit H^+- (oder OH^--)Ionen eine sog. *Pufferungskurve* (→ **B**). Ihr steiler Anteil zeigt den Bereich der besten Pufferung an, in dessen Mitte (am *Umkehrpunkt* der Kurve) der pK_a-Wert liegt. Moleküle, die mehrere H^+-Ionen aufnehmen (bzw. abgeben) können, haben mehrere pK_a-Werte und damit auch mehrere Bereiche optimaler Pufferung. Phosphorsäure (H_3PO_4) kann 3 H^+-Ionen abgeben, wobei nacheinander $H_2PO_4^-$, HPO_4^{2-} und PO_4^{3-} entstehen. Für den Organismus wichtig ist davon das Pufferpaar $HPO_4^{2-}/H_2PO_4^-$ mit einem pK_a von 6,8 (→ S. 174 f.).

Die absolute Steilheit, $d[A^-]/d(pH)$, einer Pufferkurve (Auftragung von pH gegen $[A^-]$) ist ein Maß für die **Pufferkapazität** ($mol \cdot l^{-1} \cdot [\Delta pH]^{-1}$; → S. 138).

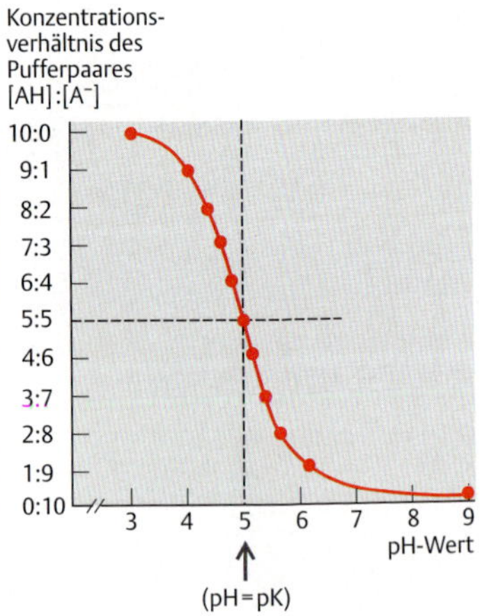

B. Pufferungskurve. Graphische Darstellung des Konzentrationsverhältnisses von Puffersäure/Pufferbase, $[AH]/[A^-]$, in Abhängigkeit vom pH-Wert. Die Zahlenwerte entsprechen etwa denen des Pufferpaares Essigsäure/Acetat (pK_a-Wert = 4,7). Ein Puffer puffert dann optimal, wenn der pH-Wert der Lösung gleich dem pK-Wert des Puffers ist, d.h., wenn $[AH] = [A^-]$ (gestrichelte Linien).

Potenzen und Logarithmus

Zahlen, die sehr viel größer oder sehr viel kleiner als 1 sind, lassen sich nur umständlich und unübersichtlich schreiben. Man verwendet daher sog. **Zehnerpotenzen**, die folgendermaßen entstehen:

$100 = 10 \cdot 10 = 10^2$

$1000 = 10 \cdot 10 \cdot 10 = 10^3$

$10000 = 10 \cdot 10 \cdot 10 \cdot 10 = 10^4$ usw.

Wie oft die 10 bei diesem Malnehmen vorkommt, wird also vereinfacht mit einer **Hochzahl** (**Exponent**) ausgedrückt. Ist die Zahl nicht genau eine Zehnerpotenz (z.B. 34500), teilt man durch die nächstniedrigere Zehnerpotenz (10000) und schreibt das Ergebnis (3,45) als Multiplikationsfaktor vor diese Zehnerpotenz: $3{,}45 \cdot 10^4$.

10 kann man nach dem eben Gesagten auch 10^1 schreiben. Noch kleinere Zahlen werden folgendermaßen gebildet:

$1 = 10 : 10 = 10^0$

$0{,}1 = 10 : 10 : 10 = 10^{-1}$

$0{,}01 = 10 : 10 : 10 : 10 = 10^{-2}$ usw.

0,04 z.B. kann man dabei ähnlich wie zuvor auflösen in $4 \cdot 0{,}01 = 4 \cdot 10^{-2}$.

Merke: Bei Zahlen, die kleiner als 1 sind, errechnet sich die (negative) Hochzahl daraus, an welcher *Stelle nach dem Komma* die 1 steht. Daher: $0{,}001 = 10^{-3}$.

Bei Zahlen ab 10 zieht man von den *Stellen vor dem Komma* 1 ab; der Rest entspricht dann der (positiven) Hochzahl. Daher $1124{,}5 = 1{,}1245 \cdot 10^3$.

Auch **Maßeinheiten** können mit Hochzahlen versehen sein, z.B. m^3. Das heißt dann, genau wie bei 10^3, dass die Basis, also m, 3mal mit sich selbst malgenommen wird (m · m · m, → S. 372). Ebenso werden negative Hochzahlen bei Maßeinheiten benützt: genau wie 1/10 = 10^{-1} kann man s^{-1} statt 1/s oder mol · l^{-1} statt mol/l schreiben.

Das **Rechnen mit Potenzen** hat eigene Regeln:

Zusammenzählen und Abziehen ist nur bei *gleicher Hochzahl* möglich, z. B.:

$(2{,}5 \cdot 10^2) + (1{,}5 \cdot 10^2) = 4 \cdot 10^2$, aber
$(2 \cdot 10^3) + (3 \cdot 10^2)$ muss umgewandelt werden in
$(2 \cdot 10^3) + (0{,}3 \cdot 10^3) = 2{,}3 \cdot 10^3$.

Malnehmen der Potenzen bedeutet Zusammenzählen der Hochzahlen. Teilen der Potenzen bedeutet Abziehen der Hochzahlen, z. B.:

$10^2 \cdot 10^3 = 10^{2+3} = 10^5$
$10^4 : 10^2 = 10^{4-2} = 10^2$
$10^2 : 10^4 = 10^{2-4} = 10^{-2}$

Zahlen *vor* den Zehnerpotenzen werden dabei wie gewohnt behandelt, z. B.:

$(3 \cdot 10^2) \cdot (2 \cdot 10^3) = 2 \cdot 3 \cdot 10^{2+3} = 6 \cdot 10^6$.

Man kann auch mit den Hochzahlen (*Exponenten*) alleine rechnen, man spricht dann vom **Logarithmenrechnen**: Wird irgendeine Zahl (z. B. 100) als Potenz zur Basis 10 (im Beispiel: 10^2) geschrieben, so wird die Hochzahl (im Beispiel: 2) als (**dekadischer**) **Logarithmus** von 100 (abgekürzt **log** 100 oder **lg** 100) bezeichnet. Solche Logarithmen finden in der Physiologie z. B. bei der Definition des pH-Wertes (s. o.) oder bei der Auftragung des Schalldruckes mit der Dezibelskala (→ S. 363) Verwendung.

Als **natürlicher Logarithmus** (**ln**) wird der Exponent zur Basis *e* verwendet, wobei

$e = 2{,}71828\ldots$

Da log x = ln x / ln 10 und ln 10 = 2,302585…, erfolgt die *Umrechnung von ln in log* und umgekehrt folgendermaßen:

$\log x = \ln x / 2{,}3$
$\ln x = 2{,}3 \cdot \log x$

Beim **Rechnen mit Logarithmen** erniedrigt sich die Rechenart um eine Stufe, d. h., aus einer Multiplikation wird eine Addition, aus einer Potenzierung eine Multiplikation usw., also:

$\log a \cdot b = \log a + \log b$
$\log (a/b) = \log a - \log b$
$\log a^n = n \cdot \log a$
$\log \sqrt[n]{a} = (\log a)/n$

Sonderfälle sind:

$\log 10 = \ln e = 1$
$\log 1 = \ln 1 = 0$
$\log 0 = \ln 0 = \pm \infty$

Graphische Darstellung von Messdaten

Um z. B. den Verlauf der Körpertemperatur bei einem Patienten über längere Zeit zu überschauen, stellt man die Temperatur mit der zugehörigen Uhrzeit graphisch dar (→ **C**). Die beiden Achsen, auf denen in diesem Fall Temperatur und Zeit aufgetragen sind, nennt man allgemein **Koordinaten**, wobei die senkrechte Achse *Ordinate* (hier Temperatur), die waagrechte Achse *Abszisse* (hier Uhrzeit) genannt wird. Auf der Abszisse wird meist die zuerst gewählte variable Größe x (hier Uhrzeit), auf der Ordinate die davon abhängige variable Größe y (hier Körpertemperatur) aufgetragen. Daher die Bezeichnung x-Achse für die Abszisse und y-Achse für die Ordinate. Mit dieser graphischen Methode kann man alle möglichen Messwerte gegen andere, jeweils zugehörige Messwerte auftragen, z. B. Körpergröße gegen Lebensalter oder Lungenvolumen gegen intrapulmonalen Druck (→ S. 117).

Dabei kann man auch erkennen, ob sich die beiden Messgrößen miteinander ändern (*korrelieren*) oder nicht: Trägt man z. B. auf der Ordinate (senkrecht) die Körpergröße auf, auf der Abszisse (waagrecht) das Alter, steigt die Kurve während des Körperwachstums an, ab ca. dem 17. Lebensjahr verläuft sie jedoch waage-

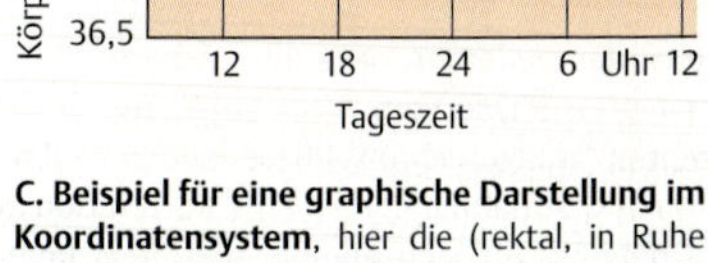

C. Beispiel für eine graphische Darstellung im Koordinatensystem, hier die (rektal, in Ruhe gemessene) Körpertemperatur in Abhängigkeit von der Tageszeit.

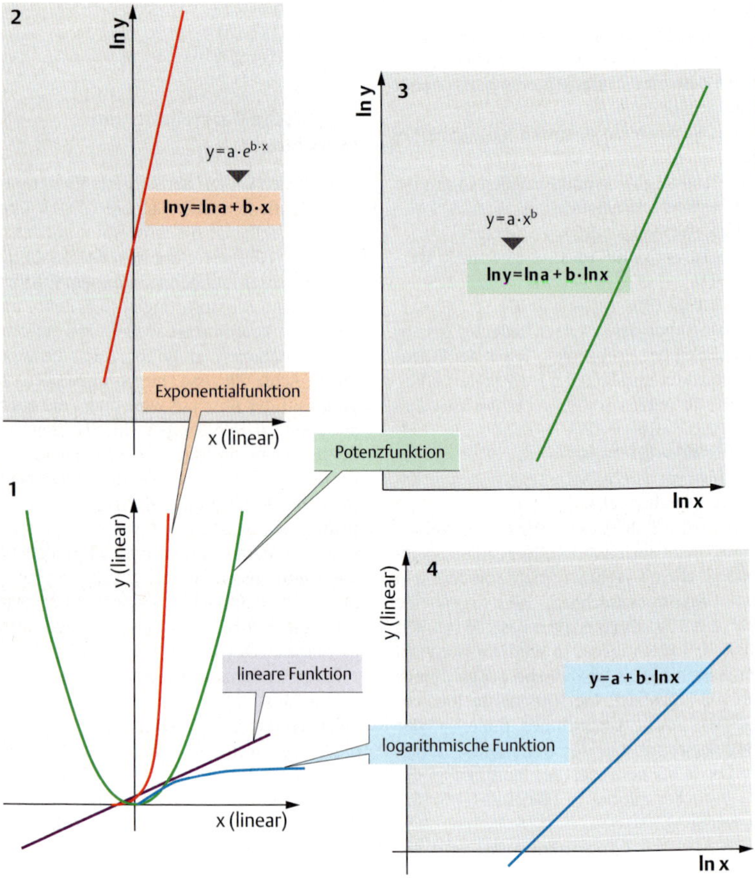

D. Graphische Darstellung verschiedener Funktionen. D1 Lineare Funktion (*violett*), Exponentialfunktion (*rot*), logarithmische Funktion (*blau*) und Potenzfunktion (*grün*) bei linearer Auftragung sowohl auf der x-Achse als auch auf der y-Achse. Die drei Kurven können graphisch linearisiert werden, wenn eine logarithmische Auftragung auf der y-Achse (Exponentialfunktion: **D2**), auf der x-Achse (logarithmische Funktion: **D4**), bzw. auf beiden Achsen (Potenzfunktion: **D3**) gewählt wird.

recht; das bedeutet, dass die Körpergröße in der ersten Phase vom Alter abhängig, in der zweiten (waagerechten) Phase jedoch weitgehend altersunabhängig ist. Eine Korrelation (s. u.) beweist für sich alleine allerdings keine *kausale* Abhängigkeit. So korrelierte z. B. im Elsaß für eine gewisse Zeit der Geburtenrückgang mit der zahlenmäßigen Abnahme der nistenden Störche.

Will man in ihrer Größe *sehr unterschiedliche Messdaten* (z. B. 1 bis 100 000) auf einer Koordinate unterbringen, können entweder die kleinen Größen nicht mehr getrennt voneinander dargestellt werden, oder aber die Koordinatenachsen werden zu lang. Man hilft sich in diesem Fall mit der Auftragung der Daten in Form ihrer *Potenzen* oder ihrer *Logarithmen* (s.o.): statt 1, 10, 100, 1000 usw. schreibt man 10^0, 10^1, 10^2, 10^3 usw. oder die Logarithmen 0, 1, 2, 3 usw. In dieser Form sind also die niedrigen Zahlen relativ genau darzustellen, und trotzdem passen die großen Zahlen noch auf die (vernünftig lange) Koordinatenachse (→ z.B. Hörkurven, S. 363 B).

Eine Korrelation kann *linear* sein (→ **D1**, violette Gerade) und gehorcht dann der **Geradengleichung**

$y = a \cdot x + b$,

wobei a die *Steigung* der Geraden und b der Schnittpunkt der Geraden mit der y-Achse (= *Achsenabschnitt*, d.h. bei x = 0) ist.

Viele Korrelationen sind allerdings nichtlinear. Bei einfacheren Funktionen kann aber durch nichtlineare (z.B. logarithmische) Auftragung der x-Werte und/oder der y-Werte eine graphische Linearisierung erreicht werden, was z.B. Extrapolationen auf Werte außerhalb des Messbereiches (s.u.) oder die Aufstellung von Eichkurven mit nur zwei Eichpunkten erlaubt (→ z.B. S. 147 C). Auch die Berechnung der „mittleren" Korrelation von streuenden Messwerten von x-y-Paaren wird damit erleichtert: *Regressionsgerade.*

Eine **Exponentialfunktion** (→ **D1**, rote Kurve)

$y = a \cdot e^{b \cdot x}$

kann durch Auftragung von ln y auf der y-Achse linearisiert werden (→ **D2**):

$\ln y = \ln a + b \cdot x$,

wobei b = Steigung und ln a = Achsenabschnitt.

Eine **logarithmische Funktion** (→ **D1**, blaue Kurve)

$y = a + b \cdot \ln x$

kann durch Auftragung von ln x auf der x-Achse graphisch linearisiert werden (→ **D4**), wobei b = Steigung und a = Achsenabschnitt.

Eine **Potenzfunktion** (→ **D1**, grüne Kurve)

$y = a \cdot x^b$

kann durch Auftragung von ln y und ln x auf den Koordinatenachsen graphisch linearilisiert werden (→ **D3**), da

$\ln y = \ln a + b \cdot \ln x$,

wobei b = Steigung und ln a = Achsenabschnitt.

Zu beachten ist, dass auf logarithmischen Koordinaten der Wert 0 für x oder y nicht existiert, da $\ln 0 = \infty$. Trotzdem wird in der Geradengleichung ln a „Achsenabschnitt" genannt, wenn die logarithmische Abszisse (→ **D3,4**) von der Ordinate bei ln x = 0, d.h. x = 1, gekreuzt wird.

Statt ln x und/oder ln y auf der x- bzw. y-Achse aufzutragen, kann man die *linearen* Werte von x und/oder y auf **Logarithmenpapier** auftragen, auf dem die Ordinate oder die Abszisse („halblogarithmisches" Papier) oder beide Koordinaten („doppellogarithmisches" Papier) logarithmisch eingeteilt sind. In den letzten beiden Fällen wird a nicht mehr Achsenabschnitt genannt, weil dessen Wert davon abhängt, wo die y-Achse die x-Achse schneidet, wobei für x alle Werte > 0 möglich sind.

Auch andere nichtlineare Funktionen können durch geeignete Wahl der Auftragung auf den Koordinatenachsen graphisch linearisiert werden, so z.B. die **Michaelis-Menten-Gleichung** (→ **E1**), der viele Enzymreaktionen und Car-

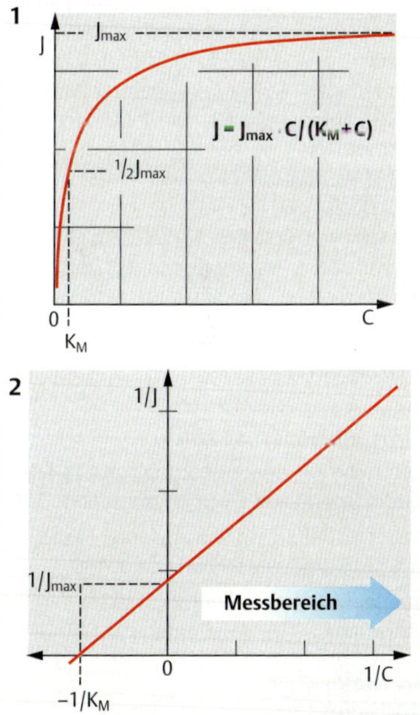

E. Zwei mögliche Darstellungen der Michaelis-Menten-Beziehung: Als Kurve (J gegen C; → **E1**) und in einer linearisierten Form (1/J gegen 1/C; → **E2**). In letzterer Form sind J_{max} und K_M durch Extrapolation außerhalb des Messbereiches ablesbar (s. Text).

rier-vermittelte Transportprozesse (→ S. 28) gehorchen:

$$J = J_{max} \cdot \frac{C}{K_M + C} \qquad [13.10]$$

wobei J = aktuelle Transportrate (z. B. in mol · $m^{-2} \cdot s^{-1}$), J_{max} die maximale Transportrate, C (mol · m^{-3}) die aktuelle Konzentration des zu transportierenden Stoffes und K_M die (Halbsättigungs-)Konzentration bei $^1/_2\, J_{max}$ bedeutet.

Eine der drei gebräuchlichen graphischen Linearisierungen der Michaelis-Menten-Gleichung, die nach *Lineweaver-Burk*, lautet:

$$1/J = (K_M/J_{max}) \cdot (1/C) + 1/J_{max}, \qquad [13.11]$$

so dass sich bei Auftragung von 1/J auf der y-Achse und 1/C auf der x-Achse eine Gerade ergibt (→ **E2**). Während bei der Auftragung J gegen C (→ **E1**) die experimentelle Bestimmung von J_{max} gar nicht exakt möglich ist (dazu wäre die Verwendung einer unendlich großen Konzentration C notwendig!), kann in der linearisierten Form (→ **E2**) aus experimentellen Daten eine Regressionsgerade errechnet werden, die auf C = ∞ *extrapoliert* werden kann: Da dann $1/C = 1/\infty = 0$, ist $1/J_{max}$ beim 0-Punkt der x-Achse ablesbar (→ **E2**). Der Kehrwert davon ergibt also das gesuchte J_{max}. Wenn man in der Gl 13.11 weiterhin 1/J = 0 setzt, lautet sie

$$0 = (K_M/J_{max}) \cdot (1/C) + 1/J_{max} \qquad [13.12]$$

oder $1/K_M = -1/C$, so dass K_M aus dem negativen Kehrwert des x-Achsenabschnittes (entspricht 1/J = 0) errechnet werden kann (→ **E2**).

Das griechische Alphabet

α	Α	Alpha
β	Β	Beta
γ	Γ	Gamma
δ	Δ	Delta
ε	Ε	Epsilon
ζ	Ζ	Zeta
η	Η	Eta
ϑ, θ	Θ	Theta
ι	Ι	Iota
ϰ	Κ	Kappa
λ	Λ	Lamda
μ	Μ	My
ν	Ν	Ny
ξ	Ξ	Xi
ο	Ο	Omikron
π	Π	Pi
ρ	Ρ	Rho
σ, ς	Σ	Sigma
τ	Τ	Tau
υ	Υ	Ypsilon
φ	Φ	Phi
χ	Χ	Chi
ψ	Ψ	Psi
ω	Ω	Omega

Normalwerte

Gesamtorganismus und Zelle	
Chemische Zusammensetzung von 1 kg fettfreier Körpermasse eines Erwachsenen	720 g Wasser; 210 g Protein; 22,4 g Ca; 12 g P; 2,7 g K; 1,8 g Na; 1,8 g Cl; 0,47 g Mg
Wasserverteilung im Erwachsenen / Kind (in % des Körpergewichtes) (s. a. S. 168)	intrazellulär: 40% / 40%; Interstitium: 15% / 25%; Plasma: 5% / 5%
Ionenkonzentrationen intra- und extrazellulär	siehe S. 93 C
Herz und Kreislauf	
Herzgewicht	250 – 350 g
Herzzeitvolumen in Ruhe / maximal	5 – 6 l / 25 l (s. a. S. 186)
Ruhepuls = Sinusrhythmus	60 – 75 (max. 100)/min
AV-Knoten-Rhythmus	40 – 55/min
Kammerrhythmus	25 – 40/min
Arterieller Blutdruck (nach Riva-Rocci)	syst./diast. 120/80 mmHg (16/10,7 kPa)
Pulmonalarteriendruck	syst./diast. 20/7 mmHg (2,7/0,9 kPa)

Zentralvenöser Druck	3–6 mmHg (0,4–0,8 kPa)
Portalvenendruck	3–6 mmHg (0,4–0,8 kPa)
Ventrikelvolumen enddiastol./endsystol.	120 ml/40 ml
Ejektionsfraktion	0,67
Druckpulswellengeschwindigkeit	Aorta: 3–5 m/s; Arterien: 5–10 m/s; Venen: 1–2 m/s
Mittlere Strömungsgeschwindigkeit	Aorta: 0,18 m/s; Kapillaren: 0,0002–0,001 m/s; Vv. cavae: 0,06 m/s

Organdurchblutung in Ruhe

(siehe auch S. 187 A u. 213 A)	% HZV	pro g Gewebe
Herz	4%	0,8 ml/min
Gehirn	13%	0,5 ml/min
Nieren	20%	4 ml/min
Gastrointestinaltrakt = Pfortaderdurchblutung	16%	0,7 ml/min
Leber, arteriell durch A. hepatica	8%	0,3 ml/min
Skelettmuskel	21%	0,04 ml/min
Haut und sonstige Organe	18%	

Lunge und Gastransport	**Männer:**	**Frauen:**
Totalkapazität TLC	7 l	6,2 l
Vitalkapazität VC (s. a. S. 112)	5,6 l	5 l
Atemzugvolumen V_T in Ruhe	0,6 l	0,5 l
Inspiratorisches Reservevolumen	3,2 l	2,9 l
Exspiratorisches Reservevolumen	1,8 l	1,6 l
Residualvolumen	1,4 l	1,2 l
Atemgrenzwert bei 30 Atemzügen/min	110 l	100 l

O_2-Partialdrücke	Luft: 21,17 kPa (159 mmHg) Alveole: 13,33 kPa (100 mmHg) arteriell: 12,66 kPa (95 mmHg) venös: 5,33 kPa (40 mmHg)
CO_2-Partialdrücke	Luft: 0,03 kPa (0,23 mmHg) Alveole: 5,2 kPa (39 mmHg) arteriell: 5,3 kPa (40 mmHg) venös: 6,1 kPa (46 mmHg)
Atemfrequenz	16/min
Totraumvolumen	150 ml
Sauerstoffkapazität des Blutes	180–200 ml O_2/l Blut = 8–9 mmol O_2/l Blut
Respiratorischer Quotient	0,84

Niere und Ausscheidung

Renaler Plasmafluss; RPF	480–800 ml/min pro 1,73 m^2 Körperoberfl.
Glomeruläre Filtrationsrate; GFR	80–140 ml/min pro 1,73 m^2 Körperoberfl.
Filtrationsfraktion = GFR/RPF	0,19
Harnzeitvolumen	0,7–1,8 l/d
Harnosmolalität	250–1000 mosm/kg H_2O
Na^+-Ausscheidung	50–250 mmol/d
K^+-Ausscheidung	25–115 mmol/d
Glucoseausscheidung	< 300 mg/d = 1,67 mmol/d
Stickstoffausscheidung	150–250 mg/d pro kg Körpergewicht
Proteinausscheidung	10–200 mg/d

Harn-pH-Wert	4,5–8,2	
titrierbare Säure	10–30 mmol/d	
Harnstoffausscheidung	10–20 g/d = 166 -333 mmol/d	
Harnsäureausscheidung	300–800 mg/d = 1,78–6,53 mmol/d	
Kreatininausscheidung	0,56–2,1 g/d = 4,95–18,6 μmol/d	

Ernährung und Stoffwechsel	**Männer**	**Frauen**
Energieumsatz (EU) bei Bettruhe	6500 kJ/d	5400 kJ/d
EU bei leichter Büroarbeit	10 800 kJ/d	9600 kJ/d
EU beim Gehen (4,9 km/h)	3,3 kW	2,7 kW
EU beim Sport (Tanzen, Reiten, Schwimmen)	4,5–6,8 kW	3,6–5,4 kW
Funktionelles Eiweißminimum	1 g/kg Körpergewicht	
Vitamine, optimale tägliche Aufnahme (IE = Internationale Einheiten)	**A**: 10.000–50.000 IE; **D**: 400–600 IE **E**: 200–800 IE; **K**: 65–80 μg; **B_1, B_2, B_3, B_5, B_6**: je 25–300 mg; **B_{12}**: 25 –300 μg; **Folat**: 0,4–1,2 mg; **H**: 25–300 μg; **C**: 500–5000 mg.	
Elektrolyte und Spurenelemente, optimale tägliche Aufnahme	**Ca**: 1–1,5 g; **Cr**: 200–600 μg; **Cu**: 0,5–2 mg; **Fe**: 15–30 mg; **I**: 50–300 μg; **K^+**: 0,8–1,5 g; **Mg**: 500–750 mg; **Mn**: 15–30 mg; **Mo**: 45–500 μg; **Na^+**: 2 g; **P**: 200–400 mg; **Se**: 50–400 μg; **Zn**: 22–50 mg.	

Nervensystem, Muskel		
Dauer eines Aktionspotentials	Nerv: 1–2 ms; Skelettmuskel: 10 ms; Myokard 200 ms	
Nervenleitungsgeschwindigkeiten (NLG)	s. S. 49 C	

Blut u. a. Körperflüssigkeiten	(siehe auch Tab. 9.1, S. 186, Tab. 9.2, S. 187)	
Blut (Angaben für Erwachsene)	**Männer:**	**Frauen:**
Blutvolumen (s. a. Tab. S. 88)	4500 ml	3600 ml
Hämatokrit (s. a. Tab. S. 88)	0,40–0,54	0,37–0,47
Erythrozytenzahl	$4{,}6–5{,}9 \cdot 10^{12}/l$	$4{,}2–5{,}4 \cdot 10^{12}/l$
Hämoglobinkonzentration im Vollblut (Hb)	140–180 g/l (2,2–2,8 mmol/l)	120–160 g/l (1,9–2,5 mmol/l)
Mittl. Volumen des Einzelerythrozyten (MCV)	80–100 fl	
Mittl. Hämoglobinkonzentration der Erythrozyten (MCHC)	320–360 g/l Erythrozyten	
Mittl. Hämoglobinmenge im Einzelerythrozyten (MCH = Hb_E)	27–32 pg	
Mittlerer Erythrozytendurchmesser	7,2–7,8 μm	
Retikulozyten	$0{,}4–2\,\%\ (20–75 \cdot 10^9/l)$	
Leukozyten (s. a. Tab. S. 88)	$3–11 \cdot 10^9/l$	
Thrombozyten	$170–360 \cdot 10^9/l$	$180–400 \cdot 10^9/l$
Blutsenkungsgeschwindigkeit	< 10 mm/erste Stunde	< 20 mm/erste Stunde
Proteine		
gesamt	66–85 g/l Serum	
Albumin	35–50 g/l Serum	55–64 rel.%
α_1-Globuline	1,3–4 g/l Serum	2,5–4 rel.%

α_2-Globuline	4–9 g/l Serum	7–10 rel.%
β-Globuline	6–11 g/l Serum	8–12 rel.%
γ-Globuline	13–17 g/l Serum	12–20 rel.%
Gerinnung	Gerinnungsfaktoren s. S. 102	
Thromboplastinzeit nach Quick	0,9–1,15 INR (International Normalized Ratio)	
Partielle Thromboplastinzeit (PTT)	26–42 s	
Blutungszeit	< 6 min	
Parameter des Glucosestoffwechsels		
Glucosekonzentration im Venenblut	3,9–5,5 mmol/l (70–100 mg/dl)	
Glucosekonzentration im Kapillarblut	4,4–6,1 mmol/l (80–110 mg/dl)	
Glucosekonzentration im Plasma	4,2–6,4 mmol/l (75–115 mg/dl)	
Grenzwert für Diabetes mellitus im Plasma	> 7,8 mmol/l (> 140 mg/dl)	
HBA_{1c} (glykosyliertes Hämoglobin A)	3,2–5,2%	
Parameter des Lipidstoffwechsels		
Triglyceride im Serum	< 1,71 mmol/l (< 150 mg/dl)	
Cholesterin, gesamt im Serum	< 5,2 mmol/l (< 200 mg/dl)	
HDL-Cholesterin im Serum	> 1,04 mmol/l (> 40 mg/dl)	
Harnpflichtige Substanzen		
Harnstoffkonzentration im Serum	3,3–8,3 mmol/l (20–50 mg/dl)	
Harnsäurekonzentration im Serum	150–390 μmol/l (2,6–6,5 mg/dl)	
Kreatininkonzentration im Serum	36–106 μmol/l (0,4–1,2 mg/dl)	
Bilirubin		
Gesamtbilirubin im Serum	3,4–17 μmol/l (0,2–1 mg/dl)	
Direktes Bilirubin im Serum	0,8–5,1 μmol/l (0,05–0,3 mg/dl)	
Elektrolyte und Blutgase		
Osmolalität	280–300 mmol/kg H_2O	
Kationen (mmol/l) im Serum	Na^+: 135–145 K^+: 3,5–5,5 ionis. Ca^{2+}: 1.0–1,3 ionis. Mg^{2+}: 0,5–0,7	
Anionen (mmol/l) im Serum	Cl^-: 95–108 $H_2PO_4^- + HPO_4^{2-}$: 0,8–1,5	
pH-Wert	7,35–7,45	
Standardbicarbonat	22–26 mmol/l	
Gesamtpufferbasen	48 mmol/l	
Sauerstoffsättigung	arteriell: 96%; gemischt-venös: 65–75%	
Sauerstoffpartialdruck bei Halbsättigung ($P_{0,5}$)	3,6 kPa; 27 mmHg	

Liquor cerebrospinalis-Lumballiquor

Druck im entspannten, waagrechten Liegen	1,4 kPa; 10,5 mmHg
Spezifisches Gewicht	1,006–1,008 g/l
Osmolalität	290 mosm/kg H_2O
Glucosekonzentration	45–70 mg/dl; 2,5–3,9 mmol/l
Proteinkonzentration	0,15–0,45 g/l
IgG-Konzentration	< 84 mg/dl
Leukozytenzahl	< 5/μl

Wichtige Formeln der Physiologie

1. **Ficksches Diffusionsgesetz** für Membrantransport (s. a. S. 20 ff.)

   $$\mathbf{J_{diff} = F \cdot D \cdot \frac{\Delta C}{\Delta x}}\ [mol \cdot s^{-1}]$$

   J_{diff} = Nettodiffusionsrate $[mol \cdot s^{-1}]$;
   F = Fläche $[m^2]$;
   D = Diffusionskoeffizient $[m^2 \cdot s^{-1}]$;
   ΔC = Konzentrationsdifferenz $[mol \cdot m^{-3}]$;
   Δx = Membrandicke [m].

   oder

   $$\mathbf{\frac{J_{diff}}{F} = P \cdot \Delta C}\ [mol \cdot m^{-2} \cdot s^{-1}]$$

   P = Permeabilitätskoeffizient $[m \cdot s^{-1}]$;
   J_{diff}, F und ΔC s. o.

   oder (für Gasdiffusion)

   $$\mathbf{\frac{\dot{V}_{diff}}{F} = K \cdot \frac{\Delta P}{\Delta x}}\ [m \cdot s^{-1}]$$

   $\dot{V}_{diff}$ = Nettodiffusionsrate $[m^3 \cdot s^{-1}]$;
   K = Krogh-Diffusionskoeffizient $[m^2 \cdot s^{-1} \cdot Pa^{-1}]$;
   ΔP = Partialdruckdifferenz [Pa]

2. **Van't Hoff-Staverman-Gleichung** (s. a. S. 377)

   $$\mathbf{\Delta\pi = \sigma \cdot R \cdot T \cdot \Delta c_{osm}}\ [Pa];$$

   $\Delta\pi$ = osmotische Druckdifferenz [Pa];
   σ = Reflexionskoeffizient [dimensionslos];
   R = allgemeine Gaskonstante $[8{,}3144\ J \cdot K^{-1} \cdot mol^{-1}]$;
   T = absolute Temperatur [K];
   Δc_{osm} = Konzentrationsdifferenz osmotisch wirksamer Teilchen $[mol \cdot m^{-3}]$.

3. **Michaelis-Menten-Gleichung** (s. a. S. 28 u. 383 f)

   $$\mathbf{J_{sätt} = J_{max} \cdot \frac{C}{K_M + C}}\ [mol \cdot m^{-2} \cdot s^{-1}],$$

   $J_{sätt}$ = Substrattransport(-umsatz) $[mol \cdot m^{-2} \cdot s^{-1}]$;
   J_{max} = maximaler Substrattransport (-umsatz) $[mol \cdot m^{-2} \cdot s^{-1}]$;
   C = Substratkonzentration $[mol \cdot m^{-3}]$;
   K_M = Michaelis-Konstante = Substratkonzentration bei $^1/_2\, J_{max}$ $[mol \cdot m^{-3}]$.

4. **Nernst-Gleichung** (s. a. S. 32)

   $$\mathbf{E_x = -61 \cdot z_x^{-1} \cdot \log \frac{[X]_i}{[X]_a}}\ [mV]$$

   E_x = Gleichgewichtspotenzial des Ions X [mV];
   z_x = Ladungszahl des Ions X;
   $[X]_i$ = intrazelluläre und
   $[X_a]$ = extrazelluläre Konzentration des Ions X $[mol \cdot m^{-3}]$.

5. **Ohm-Gesetz** (s. a. S. 32 u. 188)

   a. *für Ionentransport an der Membran:*

   $$\mathbf{I_x = g_x \cdot (E_m - E_x)}\ [A \cdot m^{-2}]$$

   I_x = Ionenstrom des Ions X pro Membranfläche $[A \cdot m^{-2}]$;
   g_x = Leitfähigkeit der Membran für das Ion X $[S \cdot m^{-2}]$;
   E_m = Membranpotenzial [V];
   E_x = Gleichgewichtspotenzial des Ions X [V]

   b. *für den Blutkreislauf:*

   $$\mathbf{\dot{Q} = \frac{\Delta P}{R}}\ [l \cdot min^{-1}];$$

   $\dot{Q}$ = Stromstärke (Gesamt-Kreislauf: Herzzeitvolumen = HZV) $[l \cdot min^{-1}]$;
   ΔP = mittlere Blutdruckdifferenz (großer Kreislauf: $\bar{P}_{Aorta} - \bar{P}_{V.\,cava}$; kleiner Kreislauf: $\bar{P}_{A.\,pul.} - \bar{P}_{Vv.\,pul.}$) [mmHg];
   R = Strömungswiderstand (großer Kreislauf: totaler peripherer Widerstand = TPR) $[mmHg \cdot min \cdot l^{-1}]$.

6. **Formeln zur Atmung** (s.a. S. 120 u. 106)

   a. *Atemzugvolumen (V_T):*

   $$\mathbf{V_T = V_D + V_A}\ [l]$$

   b. *Atemzeitvolumen ($\dot{V}_E$ oder $\dot{V}_T$):*

   $$\mathbf{\dot{V}_E = f \cdot V_T = (f \cdot V_D) + (f \cdot V_A) = \dot{V}_D + \dot{V}_A}\ [l \cdot min^{-1}]$$

   c. *O_2-Verbrauch, CO_2-Abgabe und RQ (Gesamtorganismus):*

   $$\mathbf{\dot{V}_{O_2} = \dot{V}_T\,(F_{IO_2} - F_{EO_2}) = HZV \cdot {}_{av}D_{O_2}}\ [l \cdot min^{-1}]$$

   $$\mathbf{\dot{V}_{CO_2} = \dot{V}_T \cdot F_{ECO_2}}\ [l \cdot min^{-1}]$$

   $$\mathbf{RQ = \frac{\dot{V}_{CO_2}}{\dot{V}_{O_2}}}$$

   V_D = Totraum [l];
   V_A = alveolärer Anteil an V_T [l];
   $\dot{V}_T$ = Atemzeitvolumen $[l \cdot min^{-1}]$;

f = Atemfrequenz [min^{-1}];
$\dot{V}_D$ = Totraumventilation [$l \cdot min^{-1}$];
$\dot{V}_A$ = Alveolarventilation [$l \cdot min^{-1}$];
$\dot{V}_{O_2}$ = O_2-Verbrauch [$l \cdot min^{-1}$];
$\dot{V}_{CO_2}$ = CO_2-Abgabe [$l \cdot min^{-1}$];
F_{IO_2} = inspiratorische O_2-Fraktion [l/l];
F_{EO_2} = exspiratorische O_2-Fraktion [l/l];
F_{ECO_2} = exspiratorische CO_2-Fraktion [l/l];
RQ = respiratorischer Quotient;

d. *O_2-Verbrauch und CO_2-Abgabe (Organ):*
$\mathbf{\dot{V}_{O_2} = \dot{Q} \cdot {}_{av}D_{O_2}}$ [$l \cdot min^{-1}$]
$\mathbf{\dot{V}_{CO_2} = \dot{Q} \cdot {}_{av}D_{CO_2}}$ [$l \cdot min^{-1}$]

e. *Ficksches Prinzip*
$$\mathbf{HZV} = \frac{\dot{V}_{O_2}}{{}_{av}D_{O_2}}\ [l \cdot min^{-1}]$$
HZV = Herzzeitvolumen [$l \cdot min^{-1}$];
$\dot{Q}$ = Organdurchblutung [$l \cdot min^{-1}$];
${}_{av}D_{O_2}$, ${}_{av}D_{CO_2}$ = arteriovenöse O_2- bzw. CO_2-Differenz im Gesamtkreislauf bzw. im Organkreislauf [l / l Blut].

f. *Gaspartialdruck ↔ Gaskonzentration in Flüssigkeiten*
$\mathbf{[X] = \alpha \cdot P_X}$ [mmol/l Plasma]
[X] = Konzentration des Gases X [$mmol \cdot l^{-1}$];
α = (Bunsen-)Löslichkeitskoeffizient [$mmol \cdot l^{-1} \cdot kPa^{-1}$];
P_X = Partialdruck des Gases X [kPa].

g. *Bohr-Formel* (s. a. S. 115)
$$\mathbf{V_D = V_T} \frac{(F_{ACO_2} - F_{ECO_2})}{F_{ACO_2}}$$
V_D = Totraum [l];
V_T = Atemzugvolumen [l];
F_{ACO_2} = alveoläre und
F_{ECO_2} = exspiratorische CO_2-Fraktion [l/l];

h. *Alveolargasgleichung* (s. a. S. 136)
$$\mathbf{P_{AO_2} = P_{IO_2} - \frac{P_{ACO_2}}{RQ}}\ [kPa]$$
P_{AO_2} und P_{IO_2} = alveolärer bzw. inspiratorischer O_2-Partialdruck [kPa];
P_{ACO_2} = alveolärer CO_2-Partialdruck [kPa];
RQ = respiratorischer Quotient [dimensionslos].

7. **Henderson-Hasselbalch-Gleichung** (s. a. S. 138 ff. u. 379)

a. *allgemein:*
$$\mathbf{pH = pK_a + \log \frac{[A^-]}{[AH]}}$$

b. für Bicarbonat/CO_2-Puffer (37 °C):
$$\mathbf{pH = 6{,}1 + \log \frac{[HCO_3^-]}{\alpha \cdot P_{CO_2}}}$$
pH = negativer dekadischer Logarithmus der H^+-Aktivität;
pK_a = negativer dekadischer Logarithmus der Dissoziationskonstante der im Nenner eingesetzten Puffersäure (AH bzw. CO_2);
[A^-] bzw. [HCO_3^-] = Pufferbasenkonzentration;
$\alpha \cdot P_{CO_2}$ = [CO_2], s. Gleichung 6f.

8. **Formeln zur Nierenfunktion** (s. a. S. 150 ff.)

a. *Clearance eines frei filtrierten Stoffes X (C_X):*
$$\mathbf{C_X = \dot{V}_U \cdot \frac{U_X}{P_X}}\ [l \cdot min^{-1}]$$

b. *Renaler Plasmafluss (RPF):*
$$\mathbf{RPF = \dot{V}_U \cdot \frac{U_{PAH}}{0{,}9 \cdot P_{PAH}}}\ [l \cdot min^{-1}];$$

c. *Nierendurchblutung (RBF):*
$$\mathbf{RBF = \frac{RPF}{1 - Hkt}}\ [l \cdot min^{-1}];$$

d. *Glomeruläre Filtrationsrate (GFR):*
$$\mathbf{GFR = \dot{V}_U \cdot \frac{U_{In}}{P_{In}}}\ [l \cdot min^{-1}];$$

e. *Freiwasser-Clearance (C_{H_2O}):*
$$\mathbf{C_{H_2O} = \dot{V}_U \cdot (1 - \frac{U_{osm}}{P_{osm}})}\ [l \cdot min^{-1}];$$

f. *Filtrationsfraktion (FF):*
$$\mathbf{FF = \frac{GFR}{RPF}}\ [dimensionslos];$$

g. *Fraktionelle Ausscheidung eines Stoffes X (FE_X):*
$$\mathbf{FE_X = \frac{C_X}{GFR}}\ [dimensionslos];$$

h. *Fraktionelle Resorption eines Stoffes X (FR_X):*
$\mathbf{FR_X = 1 - FE_X}$ [dimensionslos];

$\dot{V}_U$ = Urinzeitvolumen [$l \cdot min^{-1}$);
U_X, U_{PAH}, U_{In}, U_{osm} = Urinkonzentration eines Stoffes X, von p-Aminohippurat, eines geeigneten Indikatorstoffes (Inulin, endogenes Kreatinin) bzw. Urinosmolalität [$mol \cdot l^{-1}$ oder $g \cdot l^{-1}$ bzw. $osm \cdot l^{-1}$];
P_X, P_{PAH}, P_{In}, P_{osm} = Plasmakonzentration eines Stoffes X, von p-Aminohippurat, eines

geeigneten Indikatorstoffes (Inulin, endogenes Kreatinin) bzw. Plasmaosmolalität [mol · l^{-1} oder g · l^{-1} bzw. osm · l^{-1}];
Hkt = Hämatokrit [l Blutzellen/l Blut].

9. **Formeln zur Filtration** (s. a. S. 152 u. 208)
   a. *Effektiver Filtrationsdruck an Blutkapillaren (P_{eff}):*
   $\mathbf{P_{eff} = P_{kap} - P_{int} - \pi_{kap} + \pi_{int}}$ [mmHg];
   b. *dto. an Nierenglomerulus-Kapillaren:*
   $\mathbf{P_{eff} = P_{kap} - P_{Bow} - \pi_{kap}}$ [mmHg];
   c. *Filtrationsrate ($\dot{Q}$; am Glomerulus = GFR):*
   $\mathbf{\dot{Q} = \bar{P}_{eff} \cdot F \cdot k}$ [$m^3 \cdot s^{-1}$]

   P_{kap}, P_{int} = hydrostatischer Druck in Kapillare bzw. Interstitium [mmHg];
   π_{kap}, π_{int} = onkotischer Druck in Kapillare bzw. Interstitium [mmHg];
   $\bar{P}_{eff}$ = mittlerer effektiver Filtrationsdruck [mmHg];
   F = Filtrationsfläche (m^2);
   k = Wasserdurchlässigkeit (= hydraulische Leitfähigkeit) [$m^3 \cdot s^{-1} \cdot mmHg^{-1}$].

10. **Laplace-Beziehung** (s. a. S. 118, 188 u. 210)
    a. *elliptoider Hohlkörper (mit den Radien r_1 und r_2):*
    $$P_{tm} = T\left(\frac{1}{r_1} + \frac{1}{r_2}\right) \text{ [Pa]};$$
    b. *dto., Wanddicke berücksichtigt:*
    $$P_{tm} = S \cdot w\left(\frac{1}{r_1} + \frac{1}{r_2}\right) \text{ [Pa]};$$
    c. *kugelförmiger Hohlkörper ($r_1 = r_2 = r$):*
    $$P_{tm} = 2\frac{T}{r} \text{ [Pa] bzw. } P_{tm} = 2\frac{S \cdot w}{r} \text{ [Pa]};$$
    d. *zylindrischer Hohlkörper*
    ($r_2 \rightarrow \infty$, daher $1/r_2 = 0$):
    $$P_{tm} = \frac{T}{r} \text{ [Pa] bzw. } P_{tm} = \frac{S \cdot w}{r} \text{ [Pa]};$$

    P_{tm} = transmuraler Druck [Pa];
    T = Wandspannung [N · m^{-1}];
    S = Wandspannung [N · m^{-2}];
    w = Wanddicke [m].

11. **Formeln zur Herz-Kreislauf-Funktion** (s. a. Punkte 2, 5 b, 6 c, 9 und S. 186 ff.)
    a. *Herzzeitvolumen (HZV):*
    HZV = f · SV [l · min^{-1}]
    b. *Hagen-Poiseuille-Gesetz:*
    $$R = \frac{8 \cdot l \cdot \eta}{\pi \cdot r^4};$$
    SV = Schlagvolumen [l];
    f = Schlagfrequenz [min^{-1}];
    R = Strömungswiderstand in einer Röhre [Pa · s · m^{-3}] mit der Länge l [m] und dem Innenradius r [m];
    η = Viskosität [Pa · s].

Weiterführende und ergänzende Literatur

Gesamte Physiologie

Berne, R.M., Levy, M.N., Koeppen, B.M., Stanton, B.A.: Physiology, 4th ed. Mosby, St- Louis (1998)
Deetjen, P., Speckmann, E.-J.: Physiologie, 3. Aufl. Urban & Fischer, München-Stuttgart-Jena-Lübeck-Ulm (1999)
Greger, R., Windhorst, U.: Comprehensive Human Physiology, Vol. 1 and 2, Springer, Berlin, (1996)
Klinke, R., Silbernagl, S.: Lehrbuch der Physiologie, 2. Aufl., überarbeitete Sonderausgabe, Thieme, Stuttgart (2000)
Schmidt, R.F., Thews, G., Lang, F.: Physiologie des Menschen, 28. Aufl. Springer, Berlin (2000)

Einzelgebiete der Physiologie

Zellphysiologie

Alberts, B., Bray, D. Lewis, J., Raff, M., Roberts, K., Watson J.D.: Molecular Biology of the Cell, 3 rd ed. Garland Publishing, Inc., New York (1994)
Byrne, J.H., Schultz, S.G.: An Introduction to Membrane Transport and Bioelectricity, 2nd ed. Raven Press, New York (1994).
Lodish, H., Baltimore, D., Berk, A., Zipursky S. L., Matsudaira, P., Darnell J.: Molecular Cell Biology, 3 rd ed. Scientific American Books, Inc., W.H. Freeman and Company, New York (1995)

Arbeits- und Sportphysiologie

Ehm, O.F., Hahn, M., Wenzel, J.: Der neue Ehm. Tauchen noch sicherer. Tauchmedizin für Sporttaucher, Berufstaucher und Ärzte., Müller, Rüschlikon, Cham (1999)
Heath, D., Williams, D.R.: High-Altitude Medicine and Pathology, 4 th ed., Oxford Univ Press, Oxforf (1995)
Hultgren, H.: High Altitude Medicine, Hultgren Publications, (1997)
Stegemann, J.: Leistungsphysiologie. Physiologische Grundlagen der Arbeit und des Sports, 4. Aufl., Thieme, Stuttgart (1991)

Immunologie

Janeway C.A., Travers, P.: Immunologie, Spektrum Akad. Verlag, Heidelberg (1995)
Kuby, J.: Immunology, 2 nd ed., W.H. Freeman and Company, New York (1994)

Atmung und Säure-Basen-Haushalt

Crystal, R.G., West, J.B., Barnes, P.J., Weibel, E.R.: The Lung: Scientific Foundations, 2nd ed. Lippincott-Raven, Philadelphia-New York (1997).
Halperin, M.L., Goldstein, M.B.: Fluid, Electrolyte and Acid-Base Physiology, A problem-based approach, 3rd ed. W.B. Saunders Co., Philadelphia (1999)
West, J.B.: Respiratory Physiology: The Essentials, 5th ed., Williams & Wilkins, Baltimore (1995).

Niere und Elektrolythaushalt

Halperin, M.L., Goldstein, M.B.: Fluid, Electrolyte and Acid-Base Physiology, A problem-based approach, 3rd ed. W.B. Saunders Co., Philadelphia (1999)
Koeppen, B.M., Stanton, B.A.: Renal Physiology, 2nd ed. Mosby, St. Louis (1997)
Schnermann, J.B., Sayegh, S. I.: Kidney Physiology, Lippincott-Raven, Philadelphia, New York (1998)
Seldin, D.W., Giebisch, G. (eds.): The Kidney: Physiology and Pathophysiology 3 rd ed., Vol. 1 and 2, Raven Press, New York (2000)

Herz und Kreislauf

Katz, A.M.: Physiology of the Heart, 2 nd ed., Raven Press New York (1992)
Schlant, R.C., Alexander, R.W.: Hurst's The Heart, Arteries and Veins, 8 th ed. McGraw-Hill, Inc., New York (1994)
Schuster, H.-P.: EKG-Kurs für Isabel, 2. Aufl., Enke, Stuttgart (1999)

Magen, Darm, Leber

Arias, I.M., Boyer, J.L., Fausto, N., Jakoby, W.B., Schachter, D. Shafritz, D.A.: The Liver, Biology and Pathobiology, 3 rd ed., Raven Press, New York (1994)
Johnson, L.R.: Physiology of the Gastrointestinal Tract, Vol. 1 and 2, 3 rd ed., Raven Press, New York (1994)
Johnson, L.R.: Gastrointestinal Physiology 5th ed., Mosby-Year Book, St. Louis (1997)

Hormone

Felig, P., Baxter, J.D., Frohman, L.A. Endocrinology and Metabolism, 3rd ed., McGraw-Hill, New York (1995)
Greenspan, F.S., Strewler, G.J.: Basic & Clinical Endocrinology, 5th ed., Appleton & Lange, Stamford, Connecticut (1997)
Griffin, J.E., Ojeda, S.R.: Textbook of Endocrine Physiology, 3rd ed. Oxford University Press (1996).
Meng, W., Ziegler, R.: Endokrinologie – Grundlagen, Klinik, Praxis – Gustav Fischer, Stuttgart (1997)

Sexual- und Reproduktionsphysiologie

Austin, C.R., R.V. Short: Human Sexuality. Cambridge University Press, London 1980

Haeberle, E.J.: Die Sexualität des Menschen. Handbuch und Atlas. 2. Aufl., Nikol Verlagsgesellschaft, Hamburg (1999).

Knobil, E., J.D. Neill: The Physiology of Reproduction, vol. I + II. 2nd ed.,Raven, New York 1994

Masters, W.H., V.E. Johnson, Kolodny, R.C.: Liebe und Sexualität. Ullstein TB-Vlg., Berlin (1993)

Yen, S. S. C., R.B. Jaffe: Reproductive Endocrinology: Physiology, Pathophysiology, and Clinical Management, 2nd ed. Saunders, Philadelphia 1999

Nervensystem, Muskel, Sinne

Birbaumer, N., Schmidt, R.F.: Biologische Psychologie, 4th ed., Springer Verlag, Berlin-Heidelberg-New York (1999)

Delcomyn, F.: Foundations of Neurobiology, W.H. Freeman Co, New York (1998)

Dudel, J., Menzel, R., Schmidt, R.F.: Neurowissenschaft – Vom Molekül zur Kognition - Springer Verlag, Berlin-Heidelberg-New York (1996)

Kandel, E.R., Schwartz, J.H., Jessell, T.M (eds) Principles of Neural Science, 3rd ed. Elsevier, New York (1991)

Smith, C.U.M.: Biology of Sensory Systems, John Wiley, Chichester (2000)

Zenner, H.P., Zrenner, E. (Hrsg.): Physiologie der Sinne. Spektrum Akademischer Verlag, Heidelberg (1994)

Pathophysiologie

Bennett, J. C., Plum, F.: Cecil Textbook of Medicine, 20 th ed. Saunders Comp., Philadelphia (1996)

Cotran, R., Kumar, V., Robbins, S. L.: Pathologic Basis of Disease, 5 th ed. Saunders, Philadelphia (1994)

Fölsch, U.R., Kochsiek, K., Schmidt, R.F.: Pathophysiologie. Springer Verlag, Berlin-Heidelberg-New York (2000)

McCance, K.L. Huether, S. E.: Pathophysiology, The Biologic Basis for Disease in Adults and Children, 2 nd ed. Mosby-Year Book, Inc., St. Louis (1994)

McPhee, S. J., Lingappa, V.R., Ganong, W.F., Lange J.D.: Pathophysiology of Disease, An Introduction to Clinical Medicine, 2nd ed. Appleton & Lange, Stamford, Connecticut, 1997

Siegenthaler, W.: Klinische Pathophysiologie, 7. Aufl., Thieme, Stuttgart (1994)

Silbernagl, S., Lang, F.: Taschenatlas der Pathophysiologie, Thieme, Stuttgart (1998)

Pathobiochemie und Biochemie

Karlson, P., Doenecke, D., Koolman, J.: Kurzes Lehrbuch der Biochemie für Mediziner und Naturwisenschaftler, 14. Aufl. Thieme, Stuttgart (1994)

Koolman, J., Röhm, K.-H.: Taschenatlas der Biochemie, 2. Aufl., Thieme, Stuttgart (1998)

Lehninger, A.L., Nelson D.L., Cox, M.M.: Prinzipien der Biochemie, 2. Aufl. Spektrum Akademischer Verlag Heidelberg (1994)

Löffler, G., Petrides, P.E.: Biochemie und Pathobiochemie, 6. Aufl., Springer, Berlin (1999)

Scriver, C., Beaudet, A.L., Sly, W., Valle, D. (eds.) The Metabolic and Molecular Basis of Inherited Disease, 7 th ed. Vol. I-III, McGraw-Hill, Inc., New York (1995)

Stryer, L.: Biochemie, 4. Aufl., Spektrum Akademischer Verlag, Heidelberg, Berlin, Oxford (1996).

Pathologie, Anatomie und Histologie

Boecker W., Denk H., Heinz P. U.: Pathologie, Urban & Schwarzenberg, München (1997)

Cotran, R., Kumar, V., Robbins, S. L.: Pathologic Basis of Disease, 5 th ed. Saunders, Philadelphia (1994)

Drenckhahn, D., Zenker, W.: Benninghoff Anatomie, Bd. 1 und 2, 15. Aufl. Urban & Schwarzenberg, München (1994)

Frick, H., Leonhardt, H., Starck, D.: Taschenlehrbuch der gesamten Anatomie 2 Bde., 4. Aufl., Stuttgart, Thieme (1992).

Kühnel, W.: Taschenatlas der Zytologie, Histologie und mikroskopischen Anatomie, 10. Aufl., Thieme, Stuttgart (1999).

Platzer, W., Leonhardt, H., Kahle, W.: Taschenatlas der Anatomie für Studium und Praxis, 3 Bde. 7. Aufl., Thieme, Stuttgart (1999/2000)

Riede, U.-N., Schaefer, H.-E. (Hrsg.): Allgemeine und spezielle Pathologie, 4. Aufl., Thieme, Stuttgart (1999)

Riede, U.-N.: Taschenatlas der allgemeinen Pathologie, Thieme, Stuttgart (1998)

Schiebler, T.H., Schmidt, W., Zilles, K.: Anatomie, 8. Aufl., Springer Verlag, Berlin-Heidelberg-New York (1999)

Stevens, A., Lowe, J. (bearb. v. Tiedemann, K.): Histologie des Menschen, 2. Aufl., Thieme, Stuttgart (1997).

Pharmakologie

Forth, W., D. Henschler, W. Rummel: Allgemeine und spezielle Pharmakologie und Toxikologie,7. Aufl. Urban & Schwarzenberg, München (1996)

Goodman, L.S., Gilman, A. (eds.): The Pharmacologiccal Basis of Therapeutics, 9th ed., McGraw-Hill, New York (1996)
Lüllmann, H., Mohr, K.: Pharmakologie und Toxikologie, 14. Aufl., Thieme, Stuttgart (1999).
Lüllmann, H., Mohr, K., Ziegler, A.: Taschenatlas der Pharmakologie, 3. Aufl., Thieme, Stuttgart (1996)

Wissenschaftliche Tabellen und medizinische Lexika

Bunjes, W.E.: Medical and Pharmaceutical Dictionary, Englisch-German, 4th ed. Thieme, Stuttgart 1985
Pschyrembel, Klinisches Wörterbuch, 257. Aufl., Walter de Gruyter, Berlin (1994)
Smith, A.D., Datta, S.P., Howard Smith, G., Campbell, P.N., Bentley, R., McKenzie, H.A..: Oxford Dictionary of Biochemistry and Molecular Biology, Oxford University Press, Oxford (1997).
Wissenschaftliche Tabellen Geigy, Einheiten im Meßwesen, Körperflüssigkeiten, Organe, Energiehaushalt, Ernährung, Teilband Körperflüssigkeiten, 8. Aufl. Ciba-Geigy AG, Basel (1977), 2. Nachdruck (1985)
Wissenschaftliche Tabellen Geigy, Somatometrie, Biochemie, Teilband Somatometrie und Biochemie, 8. Aufl. Ciba-Geigy AG, Basel (1982), 2. Nachdruck (1985)
Wissenschaftliche Tabellen Geigy, Physikalische Chemie, Blut, Humangenetik, Stoffwechsel von Xenobiotika, Teilband Hämatologie und Humangenetik, 8. Aufl. Ciba-Geigy AG, Basel (1979), 4. Nachdruck (1985)

Zeitschriften

Annual Review of Physiology, Annual Review Inc. Palo Alto, California/USA
Nature Medicine, Nature America Inc., New York/USA
Nature, Macmillan Magazines, London/UK
NIPS (News in Physiological Sciences), Ed.: Schultz, S. G., Houston, Texas/USA
Physiological Reviews, The American Physiological Society, Bethesda, Maryland/USA
Reviews of Physiology, Biochemistry and Pharmacology, Springer Verlag, Berlin-Heidelberg-New York
Science, American Association for the Advancement of Science, New York/USA
Spektrum der Wissenschaft, Spektrum der Wissenschaft Verlagsges. mhH, Heidelberg

B

C

D

E

F

G

I

J

Sachverzeichnis

K

L

N

O

P

Q

R

S

T

U

V

W

X

Y

Z